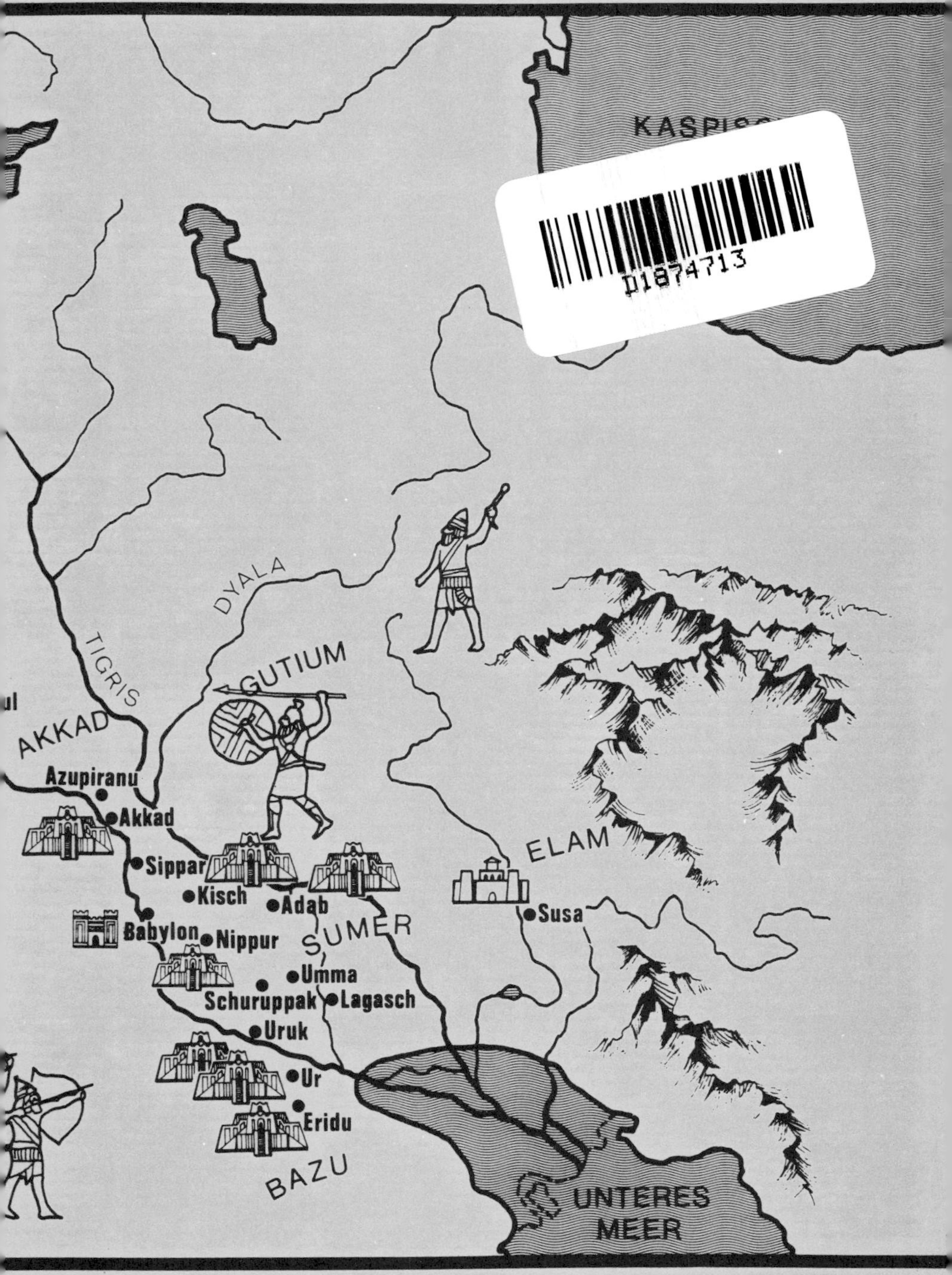
DYALA
TIGRIS
GUTIUM
AKKAD
Azupiranu
Akkad
Sippar
Kisch
Adab
Babylon
Nippur
SUMER
Umma
Schuruppak
Lagasch
Uruk
Ur
Eridu
BAZU
ELAM
Susa
UNTERES
MEER

D1874713

Josef Nyary · Lugal

Josef Nyary

LUGAL

Der Roman
Mesopotamiens

Ullstein

© 1991 by Verlag Ullstein GmbH, Frankfurt/M - Berlin
Alle Rechte vorbehalten
Satz: Graphischer Großbetrieb Pößneck GmbH
Ein Mohndruck-Betrieb
Druck und Bindung: Mohndruck, Gütersloh
Printed in Germany 1991
ISBN: 3 550 06521 3

Die Deutsche Bibliothek – CIP-Einheitsaufnahme

Nyary, Josef:
Lugal: der Roman Mesopotamiens/Josef Nyary. –
Frankfurt/M.; Berlin: Ullstein, 1991
ISBN 3-550-06521-3

Für Eva
in Liebe und Dankbarkeit

Die Menschen sind taub, verstehen nichts!
Die Menschen, so viele mit Namen benannt sind
– was verstehen sie?
Machen sie es schlecht oder gut, sie verstehen
nichts.

Aus einem sumerischen Klagelied

Liegen die Tafeln bereit, Schreiber, sind deine Griffel gespitzt? Dann mache dich ans Werk! Glatt wie das Antlitz eines Kindes ruht der Ton des Schwemmlands vor dir und wartet darauf, von den Erfahrungen meines Lebens gezeichnet zu sein. Lasse den Datteldocht lodern! Mich stört die Flamme nicht, schaue ich doch mit dem Auge des Herzens, das der Tage Schein nicht blendet noch der Nächte Dunkel trübt.

An Rimusch geht der Brief; vergiß nur keinen seiner Namen! Herr der vier Weltgegenden nennt er sich, so wie sein Vater Sargon, dem er an Titeln, nicht an Taten gleicht. Sein *me* ist nicht wie Sargons *me*. Doch welcher Schößling konnte im Schatten des Baumes gedeihen, von dessen Samen er stammt?

Sargon! Niemals werden die Völker deinen Namen vergessen, meinen aber spricht niemand mehr aus. Du warst vergöttert, als du noch lebtest; mich hat man, noch ehe ich tot bin, vergessen. Verweht ist meine Spur im Staub der Steppe, vergangen ist mein *me*.

Sargon! Einst wetteiferten die Sterne deiner und meiner Geburt. Damals kämpften wir Schulter an Schulter, und jeder Sieg war ein lustvoller Stoß in den offenen Schoß einer Zeit, der wir unseren Samen einpflanzen wollten, daß sie mit unserem Ruhm schwanger gehe und staunenswerte Erinnerungen gebäre. Wir nannten uns »Söhne des Steppenbaums« und wollten Söhne des Lebensbaums werden, der funkelnd den höchsten Himmel bewacht. Du siegtest, Sargon, ich aber stürzte. Statt auf das Sternfunkeln meiner Träume blicke ich nun auf den Sand von Makan, der Quelle des Staubs und der Fliegen, der Wildnis, in die mich deine Gnade verbannte.

Weht der Wind aus dem Zederngebirge noch immer so kühl über unsere Steppe? Führen die heiligen Ströme die fruchtbare Flut noch immer so üppig durch Edens Gärten? Ziehen die Antilopen noch immer zu Tausenden durch die Wüste? Tönt das Brüllen Enlils noch immer so laut vom Gebirge der Horde herab?

Hast du nun Rimuschs Titel aufgezählt, Schreiber? Dann wollen wir den neuen lugal mit Schmeicheleien versuchen. Nennen wir ihn einen Pfleger der Welt, der alle Völker ruhen läßt wie Schafe auf der Weide und das Land mit Wassern der Freude tränkt! Schreibe auch, daß die Gunst der Götter den Staub seiner Straßen in Gold wandeln möge. Und daß der Klang seiner Waffen sogar die Herzen von Helden erbeben läßt. Daß auf sein Geheiß hin die feindlichen Götter gefesselt und zu ihrer Schande in schmutzige Kleider gehüllt worden sind. Daß hingegen jene, die Rimuschs Geboten gehorchen, im süßen Schatten sitzen und sich an seiner Worte Weisheit laben dürfen, die erquickend sind wie die Wasser des Großen Stroms.

Dein Griffel bricht? Nimm einen neuen! Ja, Rimusch, Herr der vier Weltgegenden, du hast recht: Nur von mir kannst du erfahren, wie alles begann und was wirklich geschah, damals, als Sargon noch Mensch und nicht Gott war. Ich allein lebe noch aus jener Zeit, da er die Welt unter seinen Fuß nahm. Nur ich kann dir noch künden von Sumers Stolz und Sturz. Ich sah Sargons Schmerz und Sieg, kann dir von seiner Stärke wie von seiner Schwäche zeugen. Niemand außer mir weiß, was Sargons Schmeichler verschwiegen; nirgends sonst kannst du die Wahrheit erfahren.

Sargon! Niemals zuvor trug eigene Kraft einen Mann so hoch über die Welt. Weiter als den Gottessproß Gilgamesch trieb dich dein Mut an den Rand der Welt. Unsere Schwerter teilten sich den Lebenssaft unserer Feinde; gemeinsam wuschen wir unsere Leber in Wein, gemeinsam atmeten wir den Liebeshauch heiliger Frauen. Dein Ruhm schwebt wie ein Adler vor der Sonnenscheibe, die Erinnerungen an mich aber faulen in finsterer Grube wie Aas.

Golden nennen die Priester die Jahre Sargons, da heute niemand mehr weiß, was vor ihm geschah. Dir, Rimusch, will ich es sagen. Vom Volk der Sumerer werde ich dir erzählen, das in Wirklichkeit keinem menschlichen oder göttlichen Feind, sondern sich selbst unterlag. Von Sargons Jugend werde ich dir berichten und dabei jene Taten nicht vergessen, die dein Vater in seinen Inschriften verschwieg. Auch mich und mein Ansehen will ich nicht schonen. Denn ich bin alt und durchschaue das Wesen der Welt.

I

INANNA

1

> Was hilft es kalter Asche, daß sie einstmals Funken sprühte? Der kahlen Steppe, daß sie einst ein Kleid aus bunten Blüten trug? Dem alten Löwen, daß einst alle Tiere vor ihm flohen? Dem Toten, daß er einst lebendig war?
>
> *Worte des Weisen von Eridu*

Wir gingen in die Schlacht.

Wir zogen in die Schlacht, und Sargon schritt uns voran.

Wir waren jung, und nach der Jugend Art marschierten wir auf fester Ferse. Die Zeichen waren günstig, der Tag war gut gewählt. Wir waren stolz auf Taten, die noch vor uns lagen, und Zukunftswein belebte unsere Zungen. Wir sahen nicht die kurzen Schatten, die wir warfen. Wir witterten den Duft des Ruhms, der damals noch nach Blüten, nicht nach Blut roch, und lauschten dem Beifall von Göttern entgegen.

Wir waren Freunde, und Sargon führte uns an.

Wir zogen über die Schafweide hinter den Tempelgärten zum Steppenlöwenkanal. Zu unserer Linken huldigten Palmen dem ewigen Euphrat auf seinem Götterweg von den Bergen ins Schwemmland. Rechts von uns sahen wir in der Ferne die großen, vierrädrigen Ochsenkarren der Kaufleute auf der Handelsstraße, die von Kisch über Safranstadt in die Oberen Länder führt. Hoch über uns schrie eine Gabelweihe; die Luft war klar, der Himmel frei von Wolken, denn der Gunstwind blies aus dem Zederngebirge.

Es war im Frühling, am ersten Siebener-Tag des Monats Nisan, in jenem Jahr, da sich im Tigris die große Rotschlange zeigte.

Am äußersten Ende des göttlichen Gartens, der Ischtars heilige Heimstatt zu Akkad umgibt, dort, wo der Steppenlöwenkanal in den Euphrat mündet, steht seit uralten Zeiten ein riesiger Baum. Er wuchs wohl schon, als die ersten Menschen ins Zweistromland kamen. In seinem Schatten ruht Ischtar drei Tage lang, ehe sie sich von Dienern auf ihrem goldenen Götterschiff über den Fluß in ihr Sommerhaus rudern läßt. Unter den Ästen finden mehr als tausend Menschen Schutz vor der Sonne.

In Ischtars Garten wachsen viele prächtige Bäume: Feige, Myrte und Oleander, Tamariske und Terebinthe, auch die Zypresse und selbst die aus kühler Heimat ins Tiefland entführte Zeder gedeihen dort unter den kundigen Händen der Gärtner. Der Steppenbaum aber ragt über sie alle empor wie ein Tempelturm über die Häuser der Stadt. Von seinem Wipfel aus kann der Kletterer heute bis hin zum Tor des Gerstenschälortes schauen.

Im Jahr der großen Rotschlange blühte dort noch kein Garten; auch stand kein Tempel, erst recht keine Hauptstadt am Steppenlöwenkanal. Der mächtige Baum erhob sich einsam über das wogende Gras; nur die schlanken Euphrat-Palmen nickten ihm von weitem zu.

In den Ästen des Steppenbaums saßen gefährliche Vögel, groß, stark und breit gefiedert; sie bauten keine Nester und brüteten nicht, denn sie waren Krieger ohne weibliche Gefährtschaft. Sie herrschten über Steppe, Sumpf und Strom und töteten den stummen Fisch so schnell wie die vorlauten Frösche. Sie alterten nicht, denn sie waren unsterblich. Nur im Winter wohnten sie in der Hochsteppe; im Frühling aber stiegen die göttlichen Vögel mit frohem Geschrei zum Himmel empor. Wir nannten sie »Söhne des Steppenbaums«.

»Seht euch die Vögel an«, sagte Sargon. »Sie kennen nur Siege, fürchten keinen Feind und nicht einmal der Tod besitzt Macht über sie. So wollen auch wir sein.«

»Wie könnten wir das?« fragte ich. »Für alle Menschen kommt einmal der Tag der Mutter, da sie zum Tor des Begräbnisses treten und über den Fluß ohne Wiederkehr fahren, um sich im Haus der Finsternis bei der Frau ihrer Geburt von Staub zu nähren. Nur die Götter leben ewig.«

»Dann müssen wir Götter werden«, rief Sargon.

»Ich habe Hunger«, sagte Igelspitz und kratzte sich den grindigen Kopf.

»Und ich Durst«, erklärte Steinhand, schlug sich klatschend auf die Wange und zerrieb eine Blutfliege im ersten Flaum seines Bartes.

Seufzend löste Sargon den Blick von den Steppenbaumvögeln, die über uns hinweg in weite Ferne schauten, und faßte uns der Reihe nach ins Auge. »Wozu sind wir eigentlich hier?« fragte er verdrossen. »Wer immer nur an seinen Bauch denkt, bleibt besser zu Hause bei seiner Mutter und hütet die Milchtöpfe, wie es die Mädchen tun! Falls ich mich recht erinnere, sind wir zu einem Feldzug aufgebrochen, auf dem es sich wohl ziemt, den Feind so schnell wie möglich aufzusuchen und nicht nach jedem dritten Schritt zu rasten wie Schafe, die keinen Grashalm auslassen mögen.«

»Ich dachte ja nur«, murrte Igelspitz.

»Das war schon immer dein Fehler«, spottete Sargon.

»Du bist unser *lugal*«, erwiderte Igelspitz, »uns aber wolltest du zu deinen *ensis* erheben.«

Sargon sah ihn mißmutig an und überlegte. »Also gut«, meinte er nach einer Weile. »Wenn es weiter nichts ist! Dann bist du eben von jetzt an der *ensi* von Palmenmauer, von hier bis zum Euphrat. Du, Steinhand, herrschst über Ziegenbrunnen, sagen wir mal: bis zur Straße nach Kisch. Daramas soll das Land jenseits des Steppenlöwenkanals verwalten, das wir heute erobern werden, sofern ihr euch noch ein paar Schritte vorwärtszuschleppen vermögt.«

»Dann los«, sagte ich.

»Nun müssen wir unserem *lugal* erst Gaben darbringen«, entgegnete Igelspitz eigensinnig. »Der Feldzug kann wohl kaum gelingen, wenn du dir unserer Treue nicht sicher sein kannst.«

Sargon seufzte. »Beeilt euch aber«, befahl er, »damit ihr nach unserem glorreichen Sieg nicht Prügel von euren Müttern bekommt, weil es schon dunkel ist, wenn wir heimkommen.«

»Ich bin gleich wieder da«, rief Igelspitz. Wie eine Gazelle, die von ihrem Lager aufspringt, eilte er in das Röhricht, das uns vom Euphrat trennte. Sargon und ich sahen zu, wie der Kleine zwischen den hohen Halmen verschwand. Bald verriet nur noch schwankendes Schilf, wo Igelspitz sich seinen Weg zu den Palmen bahnte.

Als wir uns wieder umdrehten, sahen wir Steinhand eben die Weidenbüsche im Osten durchqueren.

Wir gingen auf den Damm am Südrand des Steppenlöwenkanals. Sargon setzte sich auf einen Erdhaufen. Ich stieg zum Wasser hinab.

»Wohin willst du denn?« fragte Sargon.

»Schätze meines Landes holen«, sagte ich.

»Suche aber nicht so lange«, brummte Sargon. »Ich habe keine Lust, allein herumzusitzen und zu warten, bis diese beiden Hammel etwas gefunden haben.«

Ich hockte mich an den Rand des Kanals und streckte den linken Fuß vor. Das Wasser war angenehm kühl. Als ich auf den schlammigen Grund trat, spürte ich, wie etwas Scharfes in meine Haut schnitt.

Schnell hob ich den Fuß und zog eine Muschel aus meiner Ferse. Sie glänzte wie Silber.

»Was hast du denn da?« fragte Sargon. »Ein Silberstück?«

»Nein«, sagte ich, »eine Muschel.«

Sargon winkte befehlend. »Gib her«, rief er.

»Es ist eine ganz gewöhnliche Muschel«, sagte ich.

»Es ist der erste Tribut, den ich als *lugal* empfange«, antwortete er ungeduldig. »Nun gib schon!«

Ich wusch das Blut von der Muschel, hinkte die Böschung hinauf und reichte ihm meinen Fund. Prüfend hielt er die Schale gegen die grelle Sonnenscheibe.

Ich schmierte Lehm auf meine Ferse, bis das Blut gerann.

Wir warteten. Utu stand gleißend über der Welt, aber der Gunstwind linderte die Glut des Sonnengottes. Am Fuß der Böschung schleppten Ameisen einen toten Skorpion fort.

»Ein stolzer Leichenzug für einen großen Krieger«, meinte Sargon.

Im Röhricht knackte es. Wir standen auf. Igelspitz trat aus dem schwankenden Schilf. In seiner Hand hielt er eine prächtige Dattel-traube.

»Ich wußte es«, sagte Sargon.

Auch die Weidenbüsche bewegten sich. Steinhand erschien. Er hielt seinen ledernen Helm mit der Spitze nach unten in den großen Fäusten.

»Sage nur nicht, du hast Ziegen gemolken«, rief Sargon, obwohl er die Antwort kannte.

»Tribute von den Schätzen der Länder, die du uns gabst«, rief Igelspitz fröhlich.

Sargon mußte lächeln. Er zog sein kupfernes Messer und teilte die Früchte zwischen uns auf. Dann schnitt er Trinkhalme aus Schilf zurecht.

»Was hat denn Daramas gebracht?« wollte Igelspitz wissen.

Sargon zeigte es ihnen.

»Was, nur eine Muschel?« rief der Kleine enttäuscht. »Wenn sie wenigstens noch lebte!«

»Du würdest wohl auch Gold fressen, wenn es sich bewegte«, erwiderte Sargon und schob mein Geschenk wieder in seine Tasche. »Das ist das erste Silberstück in meinem Schatz.«

»Wenn das so ist«, antwortete Igelspitz, »kannst du morgen einmal zu uns kommen, mit einem großen Korb. Vor unserem Haus liegen die Schalen so dicht im Sand, daß es aussieht, als hätte der Euphrat damit seine Ufer gepflastert.«

»Datteln wachsen auch überall«, sagte ich.

»Die Muschel war das erste, was wir auf dem Weg nach Norden fanden, du Holzkopf«, sagte Sargon zu Igelspitz. »Weißt du nicht, was ein Vorzeichen ist?« Er reichte uns die reifen Datteln. »Du bist der Oberkoch meines Palastes«, fuhr er fort, »Steinhand soll der Obermundschenk, Daramas aber der Vorsteher meines Schatzhauses sein.«

Er gab uns die Halme. »Stärkt euch, ihr alten Röhrichtschweine«, sagte er, »damit ihr nicht zusammenbrecht, wenn ich euch über die Hochsteppe führe.«

Wir aßen die süßen Früchte und tranken die warme Milch; doch schon nach kurzer Zeit verlor Sargon die Geduld. »Das Trankopfer für die Götter!« rief er, entwand dem verblüfften Steinhand den Helm und goß den Rest Ziegenmilch auf den Boden. »Los jetzt!«

Wir schulterten unsere hölzernen Speere und folgten Sargon durch den Kanal. Der Graben war stark verschlammt; das Wasser reichte uns kaum bis zur Brust.

Am anderen Ufer begann die Hochsteppe Eden, gehüllt in ihr Jahreswechselkleid aus Blüten in allen Farben. Dort traten unsere bloßen Füße auf Disteln und Dornsträucher, Wildzwiebeln und viele Arten von Gräsern. Schmiele und Schwingel warteten schon auf die Schafe, überall reckte das Rispengras die kleinen Ähren. Die Luft war erfüllt vom starken Duft der Blumen und Kräuter.

Am nördlichen Himmelsrand ragte eine Reihe von Pappeln empor. Eine halbe Wegstunde östlich von uns zogen Fuhrwerke auf der Fernhandelsstraße entlang.

»Wann rasten wir wieder einmal?« fragte Igelspitz, als wir die Hälfte des Weges zurückgelegt hatten. »Die Datteln wollen düngen.«

»Das habe ich mir gedacht«, sagte Sargon, »erst fressen wie ein Ochse und dann Fladen fallen lassen wie eine Kuh. Nichts da, auf dem Marsch wird nicht niedergehockt; kneife dir den Darm zu, bis wir am Ziel sind.«

Igelspitz drängte noch einige Male und eilte mit immer schnelleren Schritten voraus.

Vor den Pappeln floß der Gazellenkanal. Zwei Schöpfwerke schütteten Euphratwasser in die Kanäle zu den gelbblühenden Safranfeldern.

Beim zweiten Wasserheber, gleich hinter der Eselhürde, stand eine Weide, in deren dichtbelaubter Krone sich eine kleine Hütte verbarg. Igelspitz erstarrte; dann gab er uns Zeichen der Vorsicht und ließ sich zu Boden nieder. Wir krochen unter Dornbüschen an das Kanalufer und verharrten dort eine Weile. Als sich nichts rührte, murmelte Sargon: »Los, Igelspitz! Daramas, Steinhand, ihr sichert.«

Wir lösten unsere Schleudern und legten Feigen hinein. Sargon und Igelspitz schlichen durch das Schilf zum Wasser, tauchten vorsichtig ein und schwammen zum anderen Ufer. Der Gazellenkanal war damals nur zehn Schritt breit, gerade genug, Handelsschiffe darauf zu treideln.

Kurze Zeit später erreichten unsere Freunde die Weide. Sargon hob seinen Speer und spähte durch das Blätterwerk nach oben. Dann gab er Igelspitz einen Stoß. Der Kleine kletterte den glatten Stamm so flink hinauf wie ein Gecko.

Wir warteten. Alles blieb still.

Nach einer Weile fragte Sargon: »Was ist denn?«

»Gleich«, antwortete der Gefährte, dessen Stimme seltsam angespannt klang.

»Ist etwas?« rief Sargon besorgt.

»Alles in Ordnung«, beruhigte Igelspitz, »nur einen Augenblick noch!«

Sargon winkte uns. Wir schwammen durch den Kanal. Als wir zu der Weide kamen, streckte unser Gefährte den Kopf aus dem Eingang der Baumhütte.

»Es ist ihr Haus«, rief er triumphierend. »Stellt euch vor, sie schreiben sogar ihre Aufgaben hier!« Zwei Tontafeln fielen vor unseren Füßen ins Gras. Sargon hob sie auf.

»Die wissen nicht mal, wie man Schafe zählt«, gluckste Igelspitz. »Die Hohlköpfe bringen unentwegt Scher- und Schlachtlämmer durcheinander, siehst du?«

»Wo die Kerle bloß stecken«, murmelte Sargon und warf die Tafeln wieder zu Boden.

»Bestimmt im Enlin-Hain«, meinte der Kleine. »Wartet ... Tatsächlich! Da steigt einer über die Mauer!«

Sargon ließ seinen Speer los und kletterte flink zu Igelspitz hoch.

»Das sind sie«, bestätigte er. »Drei, nein, vier! Der Rübenkopf ist auch dabei.« So nannten wir den Anführer der Jungen von Azupiranu; er hieß Sigki und war der Sohn eines Ofenbrenners.

»Du willst doch nicht etwa in Enlils Garten eindringen?« rief der Kleine erschrocken.

»Los!« befahl Sargon.

»Und wenn uns der Wächter erwischt?« fragte Igelspitz furchtsam. »Ich kenne den Kerl, er ringt jedes Jahr zu Ehren Enlils mit den stärksten Männern des Landes. Sie nennen ihn Meister des Würgens; er hat schon sieben Männern das Genick gebrochen.«

»Uns kriegt er nicht«, beruhigte Sargon. »Wahrscheinlich hat er sich den Bauch vollgeschlagen und hält jetzt im Schatten der Palmen sein Schläfchen. Ihr müßt nur aufpassen, daß ihr ihm nicht auf den Wanst tretet.« Er schnüffelte. »Puh«, ächzte er, »hier stinkt es ja wie bei den Käfigschweinen!« Er sprang vom Baum auf die Erde. Igelspitz kletterte am Stamm herab.

»Es ist der reine Wahnsinn«, murrte der Kleine. »Wir können uns den Rübenkopf doch auch morgen vornehmen!«

»Hast du etwa Angst?« fragte Sargon.

»Was ist, wenn der Meister des Würgens uns hört und Rübenkopf zu Hilfe kommt?« fragte Igelspitz trotzig. »Er ist immerhin sein Onkel und ...«

»Das werden wir dann schon sehen«, schnitt ihm Sargon das Wort ab. »Bin ich hier eigentlich mit alten Weibern unterwegs?«

Wir eilten zwischen den Haselnußsträuchern und Buchsbaumhecken hinter ihm her. Sargon stieg als erster über die Ziegelmauer. Klopfenden Herzens folgten wir ihm.

Auf der anderen Seite des Walls wuchs das Gras nicht wie auf der Steppe in Büscheln, sondern bedeckte die Erde so gleichmäßig wie ein Teppich aus grüner Wolle. Die Palmen standen in sorgsam bemessenen Reihen wie Krieger bei einer Heerschau. Die Wipfel wiegten sich sanft im Wind. In einiger Ferne erblickten wir Enlils efeubewachsenen Tempel, den die Bewohner der Safranstadt vor hundert Jahren errichtet hatten, um dem Herrscher der Schwarzköpfigen Gebete und Gaben zu weihen.

Wir blieben stehen und sahen uns um. Nach einer Weile setzte sich Sargon vorsichtig in Bewegung. Wie ein raubgieriger Jungleopard schlich er von Deckung zu Deckung. Ich folgte ihm dichtauf. Hinter mir hörte ich Igelspitz schnaufen. Steinhand ging wie immer am Schluß.

Über schmale Bewässerungsgräben schlichen wir uns an das Ziegelgebirge heran. Buntschillernde Flußheuschrecken surrten umher, fette Wolfsfliegen summten über unseren Köpfen und zu unseren Füßen krochen Wühlechsen durch feuchtes Farngras; einmal wäre ich fast auf eine Natter getreten.

Sargon blieb stehen. Sofort erstarrten auch wir. Eine Löwenfliege stach mich in den Nacken; klatschend hieb ich nach ihr.

Im gleichen Augenblick hörten wir ein entsetzliches Knurren, und hinter einem Ginsterbusch sprang wie ein Dämon ein furchtbares Ungeheuer hervor. Riesige Reißzähne funkelten weiß hinter blutroten Lefzen. Die Augen schienen uns so groß wie Wagenräder. Das Schreckenswesen war ganz in ein zottiges schwarzes Fell gehüllt, und sein Heulen gellte uns wie Enlils schlimmster Sturmwind in den Ohren.

»Vorsicht«, rief Sargon und kletterte rasch auf die nächste Palme. Ich sprang mit einem Satz hinzu. Igelspitz und Steinhand schafften es kaum weniger schnell. Keuchend suchten wir uns im Wipfel sichere Sitze. Das Tier stemmte riesige Tatzen gegen den Stamm und bellte zornig.

»Warum hast du uns nicht gesagt, daß der Kerl einen Hund hat?« fuhr ich Igelspitz an.

»Bin ich der Himmelsherr, der alles weiß?« schnappte der Kleine. »Verfluchtes Höllenvieh!«

»Warum seid ihr Ochsen denn alle hinter mir hergeklettert?« fragte Sargon. »Hier stehen doch genug andere Bäume!«

»Und?« brummte Igelspitz ärgerlich, »paßt dir unsere Treue nicht, großer *lugal*?«

»Treue?« erwiderte Sargon. »Ihr seid hinter mir hergerannt wie Ziegen hinter ihrem Bock, nicht aus Anhänglichkeit, sondern aus Angst, ihr Feiglinge. Ich hätte euch für klüger gehalten.«

»Was regst du dich denn so auf?« wollte Igelspitz wissen. »Die Palme trägt uns alle vier, oder etwa nicht?«

»Wenn wir auf verschiedenen Bäumen säßen«, erläuterte Sargon, »bräuchte nur immer einer von uns so zu tun, als ob er von seinem Baum herabsteigen wollte, und der verfluchte Zahnblecker würde zwischen uns hin- und herflitzen, bis ihm die Zunge aus dem Maul hängt.«

Wir schwiegen betreten.

»Wenn er wenigstens nicht so laut bellen würde«, murmelte Igelspitz nach einer Weile. »Der weckt ja Tote auf! Der Wächter wird jeden

Augenblick kommen, dann braucht er uns nur noch wie Äpfel vom Baum zu schütteln. Er wird uns die Köpfe abreißen.«

»Erst muß er uns kriegen«, antwortete Sargon.

»Ach ja!« fuhr Igelspitz auf. »Und wie willst du das verhindern? Mit deinem Speer ganz bestimmt nicht; der liegt wie die unseren unten im Gras!«

»Ich habe etwas Besseres«, sagte Sargon. Er brach einen trockenen Palmwedel ab, knickte ein paar dürre Blattfasern um und schob das Häufchen am Stamm vorsichtig unter den Rand einer Schindel. Dann kramte er in seiner Tasche, holte Feuersteine hervor und schlug Funken, bis die trockenen Fasern entflammten. Schnell hielt er den Palmzweig an das kleine Feuer. Gespannt sahen wir ihm zu. Der Hund hörte auf zu bellen und starrte schnüffelnd zu uns empor.

»Da staunst du, was?« rief Sargon grimmig. »Jetzt wirst du dir gleich die Schnauze verbrennen!«

Mit einem Satz sprang er von der Palme herab und schlug mit der Fackel nach dem erschrockenen Tier. Der riesige Hund jaulte, klemmte den Schwanz ein und floh in den Wald.

»Jetzt aber nichts wie weg hier«, rief Sargon, hob seinen Speer auf und rannte davon, den brennenden Palmwedel immer noch in der Faust. Wir hetzten ihm mit großen Sprüngen nach, so wie Schafe in einem Gewitter dem Leithammel folgen, ohne daran zu zweifeln, daß er sie an einen sicheren Ort führt. Flink setzten wir über die Ziegelmauer und rasteten erst, als wir den Gazellenkanal erreichten.

»Das war knapp«, seufzte Igelspitz. »Keine zehn Zugochsen kriegen mich noch einmal in diesen Wald.«

»Die Sonne steht schon tief«, sagte ich. »Wir müssen nach Hause.«

»Feiner Feldzug«, knurrte Sargon. »Der *lugal* kehrt ohne Beute zurück und sein Heer ohne Waffen.«

Gesenkten Hauptes trotteten wir bis zum Steppenlöwenkanal. Dort sagte Igelspitz: »Steinhand und ich gehen gleich hier am Euphrat entlang, das ist kürzer für uns.«

»Macht, daß ihr fortkommt«, brummte Sargon.

Die beiden Freunde hasteten durch das Röhricht davon. Sargon und ich liefen schweigend über die Weide. Die Hirten hatten die Schafe und Ziegen zusammengetrieben; die Sonnenscheibe sägte bereits den Himmelsrand durch.

Plötzlich blieb Sargon stehen und kramte in seinem Gewand. »Bei den Triefaugen des großen Zerschmeißers!« fluchte er. »Jetzt habe ich die Muschel verloren.«

»Welche Muschel«, fragte ich verblüfft.

»Na, deine!« rief Sargon. »Da soll doch gleich die Dämonin der Därme ... Das Ding muß mir aus der Tasche gefallen sein, als ich die Feuersteine ...«

»Ich hole dir eine andere«, sagte ich schnell.

»Wie?« machte Sargon und starrte mich an. »Haben wir auf diesem Feldzug nicht schon genug eingebüßt – Waffen und Ehre? Jetzt sollen wir auch noch das Silber lassen? Kommt überhaupt nicht in Frage! Außerdem war es der erste Tribut, den ich als *lugal* erhielt.«

»Aber es wird gleich dunkel!« wandte ich ein. »Wir können ja morgen ...«

Sargon maß mich mit einem prüfenden Blick. »Enkidu war nicht so kleinmütig, als es zum grausen Chuwawa in den fernen Zedernwald ging«, sagte er.

»Enkidu ging mit Gilgamesch«, murmelte ich.

»Und du gehst mit mir!« erwiderte Sargon. »Habt ihr mir Treue geschworen oder nicht? Außerdem sind wir Brüder. Soll ich etwa losziehen wie ein Aussätziger, der keine Freunde mehr hat?«

Er drehte sich um und marschierte mit großen Schritten nach Norden. Ich seufzte und folgte ihm.

Als wir zur Mauer des Enlil-Hains kamen, goß schon der Mond sein Licht auf die Welt.

»Kannst du etwas hören?« flüsterte ich. »Der Hund ...«

»Keine Bange. Den habe ich gründlich angesengt«, sagte Sargon grimmig und kletterte an der Mauer empor. »Der zieht den Schwanz ein, wenn er uns sieht.«

»Wenn aber der Wächter im Wald auf uns lauert?« fragte ich; mir war unheimlich zumute.

»Der wird uns nicht sehen, du Rickenschwanz«, knurrte Sargon. »Wenn er wirklich kommt, legen wir uns auf die Bäuche und sind still wie die Scheiße im Gras.«

Wir ließen uns auf der anderen Seite der Ziegelmauer herunter und schlichen zwischen den Palmen hindurch. Fledermäuse spreizten die weinblattförmigen Häute und flatterten über unsere Köpfe hinweg.

Als wir zu der Palme gelangten, auf die wir vor dem Hund geflüchtet waren, ließ Sargon sich auf Hände und Knie nieder und tastete auf dem Boden umher. Ich spähte indessen sichernd im Kreis. Der Wind rauschte in den Bäumen, und auf dem Tempelturm klagte ein Käuzchen.

»Was machst du denn so lange?« raunte ich Sargon zu. »Wir können hier nicht die ganze Nacht bleiben.«

»Beim Feuer des Himmels!« fluchte Sargon leise. »Ich finde das Ding nicht.« Zornig wühlte er im dichten Farn.

Ein Geräusch ließ mich zusammenzucken; es war aber nur ein Schwarm großer Nachtvögel, die sich auf dem Tempel niederließen.

»Vielleicht hast du sie ganz woanders verloren?« fragte ich.

»Nein«, knurrte Sargon. »Ich finde sie, und wenn es bis morgen früh dauert. Ha! Da ist sie ja.«

Im gleichen Augenblick erklang eine Flöte in weiter Ferne; sie spielte eine seltsam süße Weise, wie ich sie noch nie vernommen hatte.

»Was ist denn das?« sagte Sargon verwundert und schob die Muschel in seine Tasche.

»Die Priester«, rief ich bestürzt. »Schnell, verschwinden wir!«

»Priester? Um diese Stunde?« entgegnete Sargon zweifelnd. »Diese verfressenen Kerle liegen doch längst mit prallen Bäuchen auf ihren Beischläferinnen, um das Mann-Frau-Spiel zu treiben.«

Er kletterte vor mir auf den Baum. Im Wipfel hielten wir uns an starken Palmwedeln fest und spähten über den Wald hinweg. Hinter dem Tempelturm loderte ein großes Feuer.

»Das muß dort sein, wo die Straße nach Kisch den Gazellenkanal überquert«, sagte Sargon.

»Ob das Kaufleute sind?« fragte ich.

»Die würden doch in der Herberge schlafen«, antwortete Sargon. »Nur Krieger lagern auf freiem Feld. Das sehen wir uns an!« Begeistert leckte er sich die Lippen.

»Es ist aber doch schon so spät«, wandte ich ein.

»Du kannst ja heimgehen«, sagte Sargon.

Wir schlichen durch den Palmenwald bis zum Eingang des Tempels. Die kleine Rohrhütte des Meisterwürgers lag dunkel; der Hund war fort.

»Da siehst du es«, murmelte Sargon. »Diese Safranfresser sind viel zu faul, nachts zu wachen.«

Wir liefen um den Tempel herum, kletterten an der anderen Seite über die Mauer und wanderten am Gazellenkanal auf die Fernstraße zu. Die Flöte erscholl immer lauter. Bald konnten wir im Schein des Feuers Gestalten von Männern erkennen. Sie saßen vor einigen Ochsenkarren am Boden im Kreis und schauten einem jungen Mädchen zu, das vor ihnen spielte und tanzte.

»Sieh dir das an«, raunte Sargon mit glänzenden Augen.

»Schneller!« gröhlte einer der Krieger. »Zeige uns, was du kannst!«

»Große Göttin«, brüllte ein anderer. »Heute noch will ich dir opfern!«

Die anderen lachten, hieben einander auf Schenkel und Schultern, führten Krüge zum Mund und saugten aus Rohrhalmen Bier.

Das Mädchen beschleunigte seine Bewegungen und die Zurufe verstummten. Wir schlichen so nahe wie möglich heran und versteckten uns in einem Dornbusch. Die Klänge der Flöte drangen mir in das Innerste, und es erschien mir, als hätte ich nie zuvor süßeren Tönen gelauscht, selbst nicht bei den höchsten Tempelfesten; ich wußte, daß ich dieses Lied niemals vergessen würde. Noch mehr aber fesselte mich, was sich meinen Augen bot. Wie gebannt starrte ich auf das wehende Haar, das schwarz wie Rabengefieder um Schultern und Brüste der Tänzerin schwang. Weiß leuchteten Raubtierzähne in ihrem schönen, dunklen Gesicht; an einer Halskette baumelte Enkis göttliches Zeichen, die Ziege mit der Stange, auf der ein Widder- und ein Antilopenkopf stecken. Die schlanken Finger liebkosten die Flöte, und ihre Lippen hatten sich um das Mundstück geschlossen, so wie eine *kadischtu*-Priesterin zur Heiligen Hochzeit im Frühling das Lebenswasser des Königs erregt, bevor sie es in ihren fruchtbaren Schoß lenkt. Unter den spitzen Brüsten der Tänzerin bebte der flache Bauch; die knabenhaften Hüften wiegten sich lüstern und keusch zugleich wie die der Göttin Ninkurra, als sie, von ihrem Großvater Enki begehrt, zu ihm sagte: »Mein Mund ist noch zu jung, zu küssen, mein Schoß ist für die Liebe noch zu klein.« Vom goldenen Gürtel des Mädchens schwangen Ketten aus bunten Perlen auf die geschmeidigen Schenkel hinab, bei jeder Bewegung enthüllend, was sie vorgeblich verbergen sollten, und an den zarten Fesseln sangen kleine silberne Glöckchen ihr reizendes Lied.

Schneller und schneller wurde der Tanz, und immer lauter erschollen die heiseren Zurufe der Soldaten. Schweißperlen funkelten auf der zuckenden dunklen Haut, und die Lenden des Mädchens zitterten.

»Laß uns gemeinsam opfern«, schrie einer der Krieger erregt, riß das Trinkrohr aus seinem Krug und goß sich das warme Bier in den Schlund, bis es ihm auch über Kinn und Brust rann.

Ein anderer kam torkelnd auf die Beine und schrie: »Ich werde dir helfen, den frommen Dienst zu vollziehen!« Doch ehe er auf die Tänzerin zuwanken konnte, zogen ihn seine Gefährten schon wieder zu Boden. »Das könnte dir so passen, du altes Röhrichtschwein!« schimpfte einer von ihnen.

Ich hörte die Stimmen nur wie durch ein dickes Wolltuch, denn alle meine Sinne waren von der Tänzerin gefangen und ich hatte für nichts anderes Auge noch Ohr. Meine Lippen waren trocken wie die wasserlose Wüste am Rand des Gebirges, meine Hände aber feucht wie das Schwemmland am Unteren Meer. In meinem Kopf brummte es, als hätte dort ein Schwarm wilder Honigsammlerinnen sein Nest gebaut, und meine Knie schienen aus gestampfter Butter zu bestehen. Mit aufgerissenen Augen starrte ich auf die Tänzerin, als sie plötzlich die Flöte vom Mund riß und in die Knie sank, die Fülle des Haares wie einen Mantel um ihre Nacktheit gebreitet.

Die Krieger johlten begeistert Beifall.

Das Mädchen erhob sich. Ein Mann trat hinzu, hob einen leichten Umhang vom Boden und legte ihn der Tänzerin über die Schultern. Sie wandte sich um, und plötzlich begegnete ich einem Blick ihrer dunklen Augen.

Im nächsten Moment drehte sich das Feuer und schien zum Himmel zu fliegen; ich hörte ein lautes Krachen, Dornen rissen mir die Haut auf, und ich prallte schwer auf den Boden.

»Was machst du denn, verdammter Narr!« hörte ich Sargon fluchen; er drehte den Kopf wie ein Aalvogel, der nicht weiß, ob er fliehen oder angreifen soll. Schließlich packte er mich am Arm und zog mich rasch auf die Füße. Doch ehe wir fortlaufen konnten, umringten uns Krieger mit drohend erhobenen Speeren.

»Das sind ja nur Kinder« sagte ein schlanker Schwarzköpfiger mit geschorenem Schädel. Auf seiner linken Wange leuchtete eine Narbe, die wie ein Skorpionstachel geformt war.

»Sie haben uns belauscht«, rief ein schwergewichtiger Krieger mit feistem Nacken und wulstigen Lippen. »Bringt sie zum Feuer! Wir wollen uns die Burschen genauer ansehen.«

Er packte Sargon am Arm und fuhr gleich wieder zurück. »Der Kerl hat ein Messer!« rief er und starrte verblüfft auf das Blut, das von seinem linken Arm tropfte. »Na warte, du kleine Ratte!« Zornig holte er mit einem Sichelschwert aus.

»Laßt die Jungen in Ruhe«, befahl eine tiefe Stimme.

Der Dicke hielt inne. Die anderen Krieger wichen zurück. Ein riesiger Mann trat zu uns. Seine Schultern waren breit wie der Gipfeltrieb einer Palme. Verblüfft starrte ich auf sein Haar; es war gelb wie Lehm.

Der Riese packte den Arm des Verletzten und blickte prüfend auf die Wunde. »Das ist nur ein Kratzer«, stellte er fest. »Dafür bringt man doch niemanden um!«

»Dich hat er ja nicht aufgeschlitzt«, knurrte der Dicke.

»Warum warst du so ungastlich?« fragte der Riese. »Das sind doch keine Bastarde von dreckigen Eselnomaden und Räubern, sondern die braven Söhne der ehrbaren Bürger, zu deren Schutz wir die Waffen führen.«

»Meine Pflichten als Krieger Sumers muß mir keiner erklären«, murrte der Dicke, »am wenigsten aber ein Elamiter. Von mir aus kannst du dich bei den verlausten Felsratten wichtig tun, aber nicht hier.«

Der Riese lachte. »Gehen wir zurück«, sagte er, »und waschen wir uns die Leber! Ich zahle dir einen Bottich, wenn du dich wieder beruhigst.«

Die Krieger liefen zum Feuer und hoben einen großen Behälter mit Bier aus dem vordersten Karren. »Na los«, sagte der Mann mit der Skorpionnarbe zu uns. Wir folgten ihm und setzten uns ans Feuer.

»Kommt ihr aus Safranstadt?« wollte der Krieger wissen und reichte uns einen Krug.

Durstig sog Sargon am Halm. Ich antwortete: »Nein. Wir sind aus Sippar drüben am Euphrat, hinter dem Steppenlöwenkanal.«

»Habt ihr Krieg geführt?« fragte Sargon begierig und reichte mir das Gefäß.

»Krieg«, murmelte unser Gastgeber verächtlich. »Nein. Wo wir waren, da gab es nichts für Soldaten zu tun, nur für Henker. Wir haben wieder ein paar von diesen Eselnomaden gepfählt, die unseren Kaufleuten auf der Fernstraße nach Mari auflauern. Armselige Heuschrekkenfresser mit Fliegeneiern in den Augenwinkeln und Ziegenkot zwischen den Zehen. Akkader nennen sie sich.«

»Die kennen wir«, sagte ich. »Wir haben akkadische Sklaven.«

»Deine Eltern sind wohl recht wohlhabend?« fragte der Krieger und blickte mich freundlich an.

»Wir sind die Söhne von Akki, dem Meister der Wasseraufseher«, erzählte ich eifrig, »die Schöpfwerke Sippars arbeiten nur, wenn er es will.«

»Da hat er ein sehr verantwortungsvolles Amt«, meinte unser Gastgeber. »Also seid ihr Brüder?«

Ich nickte. »Ich heiße Dara-mas kur-bad-da a-nun-gala«, sagte ich, »ich werde Daramas gerufen.«

Nicht weit von uns saß der riesige Elamiter.

»Das wird dir gefallen, Kudur«, rief ihm der Mann mit der Skorpionnarbe zu. »Unser junger Freund hier heißt ›Ein Hirsch im hohen Gebirge, der fürstliche Kraft besitzt‹! Wie findest du das? Das nenne ich *me*!« Der Riese sah mich einen Augenblick an und nickte. Dann griff er zu einem Schöpflöffel und füllte sich einen neuen Krug.

»In der Nacht, bevor ich geboren wurde, träumte meine Mutter von einem Hirsch«, berichtete ich.

Der Mann mit der Skorpionnarbe wandte sich Sargon zu. »Und wie heißt du?« fragte er.

»Sargon«, antwortete mein Bruder.

»Seltsamer Name«, wunderte sich unser Gastgeber.

»Ist nicht sumerisch«, erläuterte Sargon, wand den Bierkrug aus meinen Händen und trank.

»Das Wort ist akkadisch und heißt ›Der rechtmäßige Herrscher‹«, erklärte ich. »Unsere Amme nannte ihn so. Sie war eine Sklavin.« Ich grinste. »Mein Bruder war schon als Brustsauger ein strenger Gebieter«, fügte ich hinzu, »wenn er brüllte, lief das ganze Haus zusammen. Selbst unser Vater kam nicht gegen ihn an.«

Der Mann mit der Skorpionnarbe lachte. »Das nenne ich erst recht *me*«, rief er.

»Später ist ihm der Name geblieben«, fuhr ich fort. »Sargon ist unser *lugal*.«

»Trotzdem«, sagte der Mann mit der Skorpionnarbe. »Nehmt euch vor diesen Akkadern in acht! Heimtückische Kerle sind das. Kämpfen nicht mit ehrlichen Waffen Mann gegen Mann, sondern mit Pfeilen und Schleudern aus weiter Ferne.«

»Aber ihr habt sie doch besiegt«, staunte ich und zeigte auf die Gefangenen.

»Ach, die!« meinte der Krieger verächtlich. »Das sind doch nur Hühnerdiebe. Die richtigen sind uns mal wieder entwischt. Das liegt an ihrem Häuptling Laïbu; der ist gerissen wie ein Wolf.«

»Man müßte sie mit Streitwagen einkreisen«, schlug Sargon vor.

»Ja, aber so einfach ist das nicht«, meinte der Mann mit der Skorpionnarbe. »Auf felsigem Untergrund werden Halbesel schnell störrisch. Außerdem kennen die Räuber jeden Schlupfwinkel in den Bergen ...«

Während er so erzählte, hörte ich hinter den Karren ein Keuchen und Schnaufen, dann Hiebe und gedämpfte Schmerzensschreie. Neugierig stand ich auf und spähte über die Wagen hinweg. Vor dem Ochsenpferch bewegten sich Gestalten. Als sich meine Augen an das Mondlicht gewöhnt hatten, erkannte ich vier sumerische Krieger mit kahlgeschorenen Köpfen. Zwischen ihnen kniete ein nackter Jüngling mit struppigem schwarzen Haar; seine Hände waren gebunden. Der Dicke, den Sargon verletzt hatte, hielt den Kopf des Akkaders gepackt und preßte ihn an seinen Schoß. Ein anderer Krieger drückte sein nacktes Geschlecht in das entblößte Gesäß des Gefangenen. Während sie ihre Gelüste befriedigten, hoben die beiden anderen Männer die Kleider und rieben an ihren Schäften, bis ihr Lebenssaft auf den Gefesselten tropfte.

Der Mann mit der Skorpionnarbe zog mich am Gewand. »Schaue nicht hin, Junge«, sagte er. »Der Tanz hat die Kerle brünstig gemacht. Sie wollen ihren Spaß haben, ehe wir die Gefangenen in Kisch verkaufen.«

Ich setzte mich wieder, und er erzählte weiter: »Die Eselnomaden werden in letzter Zeit immer frecher. Früher wagten sie sich kaum an den Euphrat; heute streifen sie bis zum Tigris. In der Wüste wimmeln sie schon so zahlreich umher wie die Ameisen in den Spalten der Erde. Wir werden bald einmal mit unserem ganzen Heer zu ihnen ausziehen müssen, damit endlich Ruhe ist.«

»Du weißt doch ganz genau, daß unser Heer woanders gebraucht wird«, mischte sich ein anderer ein, dessen Gesicht durch eine gebrochene Nase verunstaltet war, »am Schwemmland, wo das Wesen aus dem Wasser kommen soll.«

»Unsinn!« wehrte der Mann mit der Skorpionnarbe ab.

»Ein Wasserwesen?« fragte Sargon erstaunt. »Der *lugal* zieht gegen Seeschlangen ins Feld?«

»Nein, nicht gegen Seeschlangen«, sagte der Krieger mit der gebrochenen Nase. »Ein Ungeheuer, so groß, daß es Sumer zerstören wird. Stärker noch als der Himmelsstier und noch schrecklicher als selbst der Ziegenfisch aus dem Leib Tiamats soll es sein.«

»Hör doch endlich auf«, sagte der Mann mit der Skorpionnarbe. »Das sind doch nur Märchen.«

»Es ist die Wahrheit, das weißt du genau«, sagte der Krieger mit der gebrochenen Nase.

»Davon habe ich noch nie gehört«, staunte Sargon.

Der Krieger sah ihn bedeutungsvoll an und erzählte mit gedämpfter Stimme: »In einer Schafsleber fanden die Seher von Nippur links bei den Fortsätzen eine Verheilung und zwei Verstärkungen. Die Gallenblase war niedergedrückt wie vor einem großen Krieg. Die Druckstelle aber war krumm wie ein Ziegengehörn und groß wie die Schuppen von Rogenfischen. Die Wahrsager haben dem *lugal* erklärt, daß unser Land von einem Ungeheuer bedroht wird, das aus dem Wasser kommen und später auch dorthin zurückkehren soll. Zuvor aber wird dieses Wesen das Fruchtland verwüsten, die Mauern der Städte zerstören und viele Schwarzköpfige zu ihren Müttern ins Haus der Finsternis schicken. Bis in die Berge und Wüsten wird seine Macht reichen, und selbst die Horde von Gutium wird vor ihm zittern ...«

»Die Horde!« rief der Mann mit der Skorpionnarbe. »Du weißt ja nicht, was du sagst. Das sind andere Leute als diese armseligen Eseltreiber. Die zittern nicht so schnell. Warst du schon mal in Gutium? Ich war dort. Da gibt es einen Fluß, den nennt man den Fluß der neun Toten. Weißt du, warum? Weil von zehn Kriegern, die ihn überschreiten, immer nur einer zurückkehrt. Das ist Gutium!«

»Krieg ist nun mal eine gefährliche Sache«, meinte der andere.

»Krieg?« wiederholte der Mann mit der Skorpionnarbe. »Was weißt du von Krieg, wenn du nicht in Gutium warst? Selbst die Elamiter ...« Er sah zu dem Riesen hinüber. »He, Kudur!« rief er ihm zu. »Erzähl' diesem Grünschnabel doch mal vom Berg der Mutter!«

Der Riese blickte uns nachdenklich an und hob wieder seinen Krug.

»Was ist denn das für ein Berg?« fragte Sargon begierig.

»Das Vorgebirge, das sich am Fluß der neun Toten erhebt«, sagte der Mann mit der Skorpionnarbe. »Als wir dort hinkamen, schickte der *lugal* Befehl, daß wir den Hügel erobern und eine Festung anlegen sollten. Eine Festung in Gutium! Es war der reine Wahnsinn.«

Er seufzte, nahm einen Schluck Bier und berichtete weiter: »Wir waren über tausend Mann. Subur war es, der sagte ...« Er unterbrach sich. »Wißt ihr überhaupt, wer das war?« fragte er. Seine Zunge war schwer geworden. Auch mir brauste das viele Bier schon im Schädel.

»Klar«, sagte Sargon. »Bei Lugalzaggesis Sieg über Uruk führte er sechshundert Mann auf dem rechten Flügel. Er stieg als erster über die Doppelmauer und fiel vor dem Weißen Tempel.«

»Gut«, lobte der Mann mit der Skorpionnarbe. »Hier gibt es anscheinend ein Tafelhaus mit einem tüchtigen Vorsteher, der euch das Richtige beigebracht hat.« Er sah Sargon an. »Und mit dem Messer kannst du auch umgehen«, sagte er anerkennend. »Du wirst bestimmt mal ein wackerer Kriegsmann.« Er klopfte ihm auf die Schulter: »Du natürlich auch«, sagte er dann zu mir und fuhr fort: »Subur und ich waren damals noch jung. Er sagte zu mir: ›Amar-ezen‹, so heiße ich nämlich, ›Amar-ezen‹, sagte er, ›von diesem Berg werden wenige in ihre Heimat, aber viele zu ihren Müttern zurückkehren.‹ Und so kam es auch. Von drei Sechshundertschaften kamen nur zweihundertzwanzig Leute wieder; die anderen stiegen hinab in die uralte Trümmerstätte des Todes, zu den Frauen, aus deren Schößen sie einstmals geboren wurden.«

Er trank mit hastigen Zügen. »Stimmt's, Kudur?« rief er. »Sage diesen Brustsaugern, wie es war!«

Der Riese sah schweigend zu uns herüber.

Amar-ezen kratzte sich heftig die Skorpionnarbe. »Sag' es ihnen!« forderte er mit dem Eigensinn des Betrunkenen.

»Es war gar nichts«, sagte der Riese und hob wieder seinen Krug.

Wir schauten zu Amar-ezen.

»Für dich vielleicht!« murrte unser Gastgeber enttäuscht. »Dir konnte ja nichts passieren!« Und als er unsere fragenden Blicke bemerkte, fügte er hinzu: »Kudur ist nämlich so gut wie unsterblich; bei seiner Geburt wurde ihm aus der Schafsleber geweissagt, daß er nur durch seine eigene Hand fallen kann.«

Er reichte uns einen neuen Krug Bier und erzählte von weiteren Waffentaten. Mein Kopf begann zu schmerzen und ich fühlte Wasserdrang. Als ich mich erhob, schwankte ich ein wenig und hätte fast das Gleichgewicht verloren.

»Langsam, Junge«, mahnte Amar-ezen.

Ich trat zwischen trinkende Krieger hindurch in die Büsche. Als ich so weit vom Feuer entfernt war, daß mich die Männer nicht mehr sehen konnten, stellte ich mich breitbeinig hin und schürzte mein Schamtuch.

»Daß du es nur nicht wagst, du Käfigschwein!« rief eine helle Stimme.

Ich drehte mich um und stierte in die Dunkelheit. Allmählich erkannte ich vor mir die Umrisse eines Wagens mit einem Dach aus Rohrmatten. Auf der Staubwand saß die Tänzerin; ihre langen Beine baumelten über die Räder. Im Mondlicht erschienen die ebenmäßigen Züge um vieles weniger wild als vorher im Schein der Flammen. Ich blieb stehen und starrte das Mädchen an.

»Was glotzt du denn wie eine Kuh?« lachte die Tänzerin.

»Du bist wunderschön«, flüsterte ich mit heiserer Stimme; meine Kehle war so trocken wie ein frisch gebrannter Ziegel.

»Ach ja?« machte sie. Dann lächelte sie; ihre Zähne blitzten. »Wer bist du denn?«

»Ein Krieger«, log ich.

Sie lachte. »Bist du nicht noch ein wenig zu klein und schwächlich für so einen rauhen Beruf?« fragte sie spöttisch.

»Ich habe vor niemandem Angst«, sagte ich trotzig.

»Auch nicht vor mir?« neckte sie.

»Du bist doch nur ein Mädchen«, erwiderte ich. »Mit dir werde ich ganz leicht fertig.«

»So«, sagte sie. »Und wenn ich das nicht glaube?«

»Dann beweise ich es dir«, rief ich. »Aber wenn du verlierst, mußt du meine Sklavin sein, denn so ist es nun einmal im Krieg.«

Sie stieß ein leises Lachen aus. »Gilt das auch umgekehrt?« wollte sie wissen.

»Natürlich«, erklärte ich. »Der Besiegte muß sich beugen, das war schon immer so.«

»Dann los!« rief sie und sprang vom Wagen herab. Sie war vielleicht drei Jahre älter als ich und wohl einen halben Kopf größer.

Ich packte sie nach Ringerart um die Leibesmitte und versuchte, sie in den Sand zu werfen, aber sie wich mir mit verblüffender Geschicklichkeit aus und entwand sich immer wieder meinen Griffen, so daß ich sie niemals länger als einen Wimpernschlag festhalten konnte. Da sie sich so heftig drehte, fühlte ich einmal ihren Rücken, dann wieder ihre kleinen, festen Brüste in meinen Händen. Plump wie der Bär des Gebirges griff ich nach ihr; sie kicherte vergnügt und entkam mir fast ohne Mühe. Blindlings folgte ich ihr, da blieb sie plötzlich stehen. Ich packte sie, aber auch sie griff nun zu. Mit Kräften, die mich völlig überraschten, preßte sie sich an mich; dann stieß sie mir die Ferse in die Kniekehle und ich stürzte rücklings zu Boden.

Ich stieß einen zornigen Laut aus und wollte mich aus ihrem Griff winden, aber sie hielt mich an den Handgelenken fest und lag mit ihrem ganzen Gewicht so fest auf mir, daß ich mich nicht zu befreien vermochte, so sehr ich auch meine Muskeln anspannte. In meiner Not stieß ich schließlich ein Knie zwischen ihre Schenkel, doch was gegen Jungen stets half, nützte nichts: Mein Bein traf auf etwas Weiches und meine Bezwingerin schnappte ein wenig nach Luft; sie ließ mich aber nicht los, sondern preßte sich nur noch enger an mich und hielt mich nun auch mit den Hüften am Boden, so daß ich mich gar nicht mehr rühren konnte.

»Ergib dich!« befahl sie. Ihr Atem ging stoßweise und ihre Zähne blitzten.

»Nein!« keuchte ich.

In der Nähe erklangen Schritte. Einige Krieger erleichterten sich zwischen Sträuchern.

»Ergib dich!« raunte mir das Mädchen ins Ohr. »Wenn du nicht stillhältst, hören sie uns. Sie werden Augen machen, wenn sie sehen, wie sich ihr wackerer Kriegsgefährte von einer Frau besiegen läßt.«

»Ich ergebe mich«, murmelte ich matt.

»Schwöre es mir!« forderte meine Bezwingerin. »Schwöre mir Gehorsam und Treue, bei Enki, dem Steinbock des Meeres!«

»Ich schwöre«, antwortete ich.

»Jetzt bist du mein Sklave und mußt alles tun, was ich will«, sagte sie.

Ich gab keine Antwort. Mir war heiß und kalt zugleich. Ich konnte die Stimmen der Männer zwischen den Dornbüschen hören, verstand aber nicht, was sie sagten.

Die Tänzerin setzte sich neben mich und sah mich nachdenklich an. »Du bist wohl noch ganz unerfahren, daß du versuchtest, mich mit einem solchen Kniff abzuwerfen«, sagte sie. »Du hast bestimmt noch nie geopfert. Wahrscheinlich hast du noch nicht einmal geküßt.«

»Habe ich doch!« erwiderte ich. »Oft genug!«

Der Mond verschwand vor meinen Augen, als das Mädchen sich zu mir niederneigte. Im nächsten Augenblick spürte ich zwei warme Lippen auf meinem Mund. Ich hielt ganz still.

Sie löste sich wieder. »Die einzige Frau, die du in deinem Leben geküßt hast, war deine Mutter«, spottete sie. »Wenn ein Mann eine Frau küßt, legt er nicht nur seine Lippen auf ihre, sondern er schickt seine Mundschlange zu ihr hinein.«

Ich gab keine Antwort.

»Ich werde es dir zeigen«, sagte sie, beugte sich zu mir nieder, nahm meinen Kopf in die Arme und preßte ihren Mund auf den meinen. Ich verhielt mich wie zuvor, da fühlte ich plötzlich, daß etwas wie eine winzige Natter zwischen meine Lippen schlüpfte und an meine Zähne stieß. Als ich nicht gleich öffnete, spürte ich den Druck ihrer Finger an meinem Kinn. Gehorsam gab ich nach. Ich hörte einen Seufzer und plötzlich spürte ich ihren Körper auf mir. Ihre Hüften rieben sich an meinen Lenden und ich merkte, daß sich meine Männlichkeit aufzurichten begann.

Sie erhob sich. »So jung bist du anscheinend auch wieder nicht«, sagte sie lächelnd.

»Was meinst du damit?« fragte ich verlegen und drehte meinen Leib etwas zur Seite.

»Du brauchst dich doch nicht zu schämen«, lachte das Mädchen leise und legte die Hand sanft auf mein Geschlecht.

Ich fuhr ein wenig zurück und schob sie von mir.

»Vergiß nicht, daß du mein Sklave bist«, sagte sie mit gespielter Strenge.

Ich rührte mich nicht. Ihre Hand strich wieder sanft über meine erregten Lenden.

»Du zitterst ja«, flüsterte das Mädchen. »Mach die Augen zu!«

Gehorsam schloß ich die Augen. Mit einer seltsamen Mischung aus Furcht, Neugier und aufsteigender Begierde fühlte ich, wie eine Hand unter den dünnen Stoff meines Hüfttuchs fuhr und dort begann, mich zwischen den Schenkeln zu streicheln.

Ich wollte mich aufrichten, aber sie hielt mich zurück und flüsterte: »Still!« Dann setzte sie sich rasch auf meinen Schoß. Ein leises Stöhnen ertönte; als ich sie ansah, blitzten die weißen Zähne und sie begann mit ihren Hüften zu stoßen. Dabei griff sie nach meinen Händen und zog sie empor, bis ich ihre harten Brustspitzen fühlte. Schneller und schneller bewegte sie sich, und ihr flacher Bauch bebte wie vorher beim Tanz. Dann drang ein raubtierhaftes Fauchen aus ihrem geöffneten Mund und ich ließ der Liebeswoge ihren Lauf.

Sie zitterte, bis die göttliche Brunst verebbte; dann drehte sie den schönen Leib, seufzte und gab mich frei.

»Gehe nun«, sagte sie.

Ich drehte mich um und lief in das Lager zurück.

Als ich den Lichtschein des Feuers erreichte, hörte ich plötzlich lautes Geschrei. Männer sprangen auf und liefen durcheinander. Sargon stand wie ein Luchs, der sich zum Sprung krümmt, vor einem riesigen Mann mit dem ledernen Gürtel der Ringer. Neben dem Hünen sah ich Rübenkopf stehen.

»Nicht so voreilig!« hörte ich die tiefe Stimme des Elamiters. »Was sollen die Jungen denn überhaupt angestellt haben?«

»Sie haben in unsere Hütte geschissen«, schrie Rübenkopf zornig.

Die Krieger lachten. Der Meister des Würgens stieß einen wütenden Laut aus. Seine rechte Faust schoß vor; einen Wimpernschlag später hielt er Sargon am Nacken gepackt und schüttelte ihn hin und her.

»So, du Held«, knurrte der Ringer böse. »Ich wollte schon lange wissen, wie es ist, so einen tapferen jungen Krieger als Weib zu benutzen. Mal sehen, wie dir das gefällt. Wahrscheinlich wirst du, wenn ich mit dir fertig bin, deinen Hintern vor lauter Brunst jedem Krieger in diesem Lager hinhalten!«

Er riß sich den Schurz vom erregten Geschlecht, zog Sargon an sich und zerrte dem Zappelnden das dünne Tuch von den Lenden.

»Laß das!« rief der Elamiter und bahnte sich mit harten Stößen einen Weg durch die gaffenden Krieger, aber es war schon zu spät: Der Meister des Würgens stieß einen lauten Schrei aus und preßte die Hände auf seine Seite. Zwischen den Fingern quoll hellrotes Blut hervor. Ungläubig starrte der Ringer auf die Wunde. Dann sank er zu Boden; er war tot, bevor sein Gesicht die Erde berührte.

Der Feuerschein glänzte auf Sargons steil aufgerichtetem Glied, als er seinen Knien freien Lauf ließ und nackt in die Dunkelheit floh.

2

> Der Jüngling geht wie ein durstiger Löwe, der ohne Umweg von seinem Riß zur Quelle schreitet.
> Der Mann geht in Windungen wie eine Schlange, die zwischen Felsen ihr Fortkommen sucht.
> Der Greis aber geht im Bogen wie die Gazellen der Wüste; sein Geist kehrt im Winter zum Frühling des Lebens zurück.
>
> *Worte des Weisen von Eridu*

Wir gingen in die Schlacht.

Wir zogen in die Schlacht, und Sargon schritt uns voran.

Am Berg der Mutter stand die Horde von Gutium hell wie ein Hochwald aus Eis. Der Wind ließ Signalbänder wie buntes Haar um die Schädel auf ihren Feldzeichen flattern. Wir schritten wider das schreckliche Heer wie zum Tode verurteilte Männer, die wissen, daß nichts sie retten kann, und die nur der Wille bewegt, kein Bild der Feigheit zu bieten. An Flucht dachte keiner von uns; denn so ist der Krieg, daß er Männer dazu erzieht, nur ihrem Mut zu gehorchen.

Sargon! Oft geht mir durch den Sinn, was du am Abend vor dieser Schlacht sagtest, als wir am Fluß der neun Toten lagerten und zu den Sternen aufblickten. »Wartest du auf ein tröstliches Zeichen?« hast du gefragt. »Dann wartest du vergeblich. Die Götter lieben die Menschen nicht. Sie benutzen uns nur, so wie wir die Tiere benutzen. Zu keiner Zeit zeigt sich das deutlicher als im Krieg. Weint denn der Bauer um sein Vieh, wenn der Schlachtmonat naht? Nein, er freut sich, weil er bald frisches Fleisch essen darf. So ist es auch mit den Göttern: sie hetzen uns gegeneinander auf, damit sie sich an den Bittopfern sättigen können. Sie stacheln uns an, so wie die Hirten zu ihrem Vergnügen Stiere zu Zweikämpfen reizen, um zu sehen, wer der Stärkere ist. Die Götter freuen sich, wenn sich die Zahl der Menschen verringert, denn wenn sie uns auch brauchen, so hassen und verachten sie uns doch. Sie geben uns Zeichen, um uns zu leiten, bald auf den richtigen, öfter noch auf den falschen Weg; niemals jedoch lenkt sie Mitleid. Traue den Göttern nicht, sonst bist du verloren!«

Damals habe ich dir nicht geglaubt, Sargon. Du warst ein Feind der

Götter, ich ihr Freund. Du hast sie gehaßt, ich aber diente ihnen in Demut und mit Freude. Du zweifeltest an der Macht, vor der ich zitterte; ich pflegte einen Glauben, den du verlachtest. Und doch gewährte dir die Göttin jene Gunst, die ich vergeblich erflehte. Du, der du gegen Götter kämpftest, wurdest ihnen gleich; ich aber, der ich ihnen gehorchte, wurde von ihnen verlacht, verführt und verstoßen. Es war uns bestimmt, daß nur einer den Ruhm ernten sollte, den unsere Zeit in ihrem Schoß barg, so wie auch Gilgamesch seinem Jahrhundert das Siegel eindrückte und nicht Enkidu, der nicht geringer war als sein Gefährte.

Sargon! Wie haben wir damals einander geliebt und vertraut! Wie Äste aus gleichem Stamm wuchsen wir auf und fürchteten weder den Tod noch das Leben. Auch als wir Männer wurden, blieb unser Innerstes wie das von Kindern. Wie Löwen streiften wir über die Steppe. Doch wenn die Löwen fort sind, herrschen die Hyänen.

Wenn mein Blick über das Land meines Lebens schweift, sehe ich die welken Blumen der Hoffnungen, Wünsche und Freuden, die abgeernteten Kornfelder meiner Erfolge und die längst verdorrten Früchte, die meine Tapferkeit einst gewann. Unter dem trockenen Gras der Verdienste quillt schwarz das Erdpech meines Versagens hervor, wartet der Schlamm meiner Schwäche, lauert der Sumpf des Verrats, in dem mein *me* für immer versank.

Mit Sand gefüllt sind die Fußstapfen Akkis, des Meisters der Wasseraufseher, der uns erzog. Meine Mutter hieß Ninlil-Medu; sie starb bald nach meiner Geburt. Unser Haus stand am Nordrand von Sippar, nicht weit vom Steppenlöwenkanal. Es war groß, denn mein Vater besaß viele Felder und fleißige Sklaven.

Als ich in jener Unglücksnacht nach Hause kam und von Sargon erzählte, bestrafte mein Vater mich nicht, sondern weckte die Sklaven, ließ Fackeln anzünden und suchte mit ihnen die Felder ab. Bis zum Morgen riefen sie in der ganzen Gemarkung nach Sargon. Aber sie fanden ihn nicht.

Die Krieger des *lugal* brachen das Lager ab und setzten ihren Marsch fort. Drei Tage später, als die Zeichen günstig waren, ließ mein Vater einen Zauberpriester kommen, um zu erfahren, ob Sargon noch lebte und wo er sich aufhielt. Der Zauberer erschien, als es schon dunkel wurde. Der Hausdiener führte ihn auf das Dach, wo wir gemeinsam zum Gott der Verschollenen beteten. Dann nahm der Priester Lehm von beiden Ufern des Euphrat, knetete daraus eine Figur, legte verschiedene Steine darauf und verknüpfte sie mit einem wollenen Faden, an den Vogelzungen gebunden waren.

»Wie heißt der Verschwundene?« fragte er.

»Wir nennen ihn Sargon«, antwortete mein Vater.

Der Zauberpriester sah ihn ein wenig merkwürdig an. Dann nickte er, nahm die Lehmfigur in die Rechte und feuchtete sie mit Findeöl an.

»Zunge des Höhlenvogels!« rief er. »Sprich zu mir! Sage mir, wo du Sargon erspähst!«

Wir beteten wieder und warteten eine Weile. Dann rieb der Zauberpriester die Lehmfigur mit Fett von schwarzen und weißen Schafen ein und sagte Worte, deren Bedeutung ich nicht verstand. Am Ende rief er wieder: »Zunge des Höhlenvogels, sprich nun! Wo siehst du Sargon?«

Als wieder keine Antwort kam, goß der Zauberpriester ein paar Tropfen Bier auf die glühenden Kohlen des Räucherbeckens. Der Dampf war kaum zischend zum Himmel gestiegen, als plötzlich die Sterne zu flackern begannen und nacheinander erloschen. Ein kühler Wind fuhr über die Dächer und ließ uns erschauern.

»Gebt mir ein Stück von der Kleidung des Jungen«, sagte der Zauberer.

Mein Vater reichte ihm rasch ein leinenes Hüfttuch. Der Priester goß Bier darauf und bestreute den Stoff mit Mehl von einem Magnesiumstein. Dann schrieb er mit dem Finger die heiligen Zeichen der drei höchsten Götter in den Staub und rief: »Ugga ugga tiba – Rege dich, rege dich, stehe auf wie ein Rehbock! Komme hervor zum Licht wie der Dung aus dem Anus des Ochsen! Dein Geist soll wach und deine Glieder sollen nicht gebunden sein!«

Die Wolken verdichteten sich und der Wind frischte weiter auf, bis eine Bö die Asche aus der Räucherpfanne fegte.

»Wollen wir nicht besser hineingehen?« fragte mein Vater besorgt.

»Nein«, wehrte der Zauberer ab. »Was ist das nur? Haben wir vielleicht etwas übersehen?« Er kramte in seiner Zypressenholzkiste und holte zwei tönerne Tafeln hervor, die über und über mit winzigen Zahlen und Lettern bedeckt waren. »Wann ist der Junge denn geboren?« wollte er wissen.

»Im Jahr des Brandes in Enlils Tempel zu Uruk«, meinte mein Vater, »am Tag der Frühlingsgleiche.«

Der Zauberpriester nickte, nahm eine der beiden Tafeln und hob sie zur flackernden Lampe. »Zu welcher Stunde genau?« fragte er. Mein Vater überlegte eine Weile. Dann antwortete er: »Gleich zu Beginn der ersten Nachtwache kam er zur Welt.«

Der Zauberpriester hielt die Tafel an sein wässeriges Auge. Plötzlich begannen seine knochigen Hände zu zittern. »Das ist nicht wahr!« keuchte er. Der Wind war zum Sturm geworden und die Lampe verlosch.

»Doch, es ist so«, sagte mein Vater.

Der Priester starrte ihn an. »Und dein Sohn ... ist er ein Schwarzköpfiger?« krächzte er. Sein Gesicht war weiß wie Kalk.

»Was sollte er sonst sein!« murrte mein Vater ärgerlich.

»Es kann nicht sein!« schrie der Priester und blickte zum Himmel, an dem sich immer mehr dunkles Gewölk zusammenballte. Windstöße zausten den weißen Bart des Zauberers wie mit zornigen Händen.

»Enlil!« rief der Priester. »Es war dein Stern!« Seine Stimme überschlug sich. »Oh armes Land Sumer! Unglückliches Volk!«

»Was ist denn?« fragte mein Vater und packte den Alten am Ärmel, aber der Zauberer riß sich los und raffte mit fliegenden Händen sein Werkzeug zusammen.

»Unglückliche!« rief er uns zu. »Tiamat! Grauen der Urflut! Es kommt! Es kommt!« Mit einem Satz sprang er auf, packte die Kiste und eilte die hölzerne Treppe so schnell hinab, daß wir fürchteten, er werde stürzen und sich alle Knochen brechen.

»So ein verrückter Kerl«, murmelte mein Vater.

Wir gingen in unsere Kammern, aber ich konnte nicht einschlafen und lag die halbe Nacht wach, während Enlils Sturmwind das Haus umtoste.

Am nächsten Morgen zog mein Vater ein neues Gewand an, spannte unsere vier besten Halbesel vor den Wagen und befahl unserem Zügelhalter, uns durch die Steppe nach Azupiranu zu fahren. Vor Enlils Tempel hielten wir an. Der Sturm hatte viele Äste der Bäume und Büsche auf Dächern und Simsen des Tempels geknickt. Pflanzmeister standen auf langen Leitern und schienten die Brüche mit Binden aus Leinen und Lehm.

Mein Vater stieg vor mir die hölzerne Treppe zur Kammer der Klagen empor. Ihr Eingang lag zehn Klafter über der Erde. Unter dem Schutzdach wartete der Wächter auf uns. Die Angehörigen des toten

Meisterwürgers standen schon in dem kleinen Saal. Als wir eintraten, erklang ihr zorniges Zischen. Sie wagten aber nicht, uns anzugreifen, denn die Gerichtswächter gaben gut acht.

Nach einer Weile erschien der Meister der Rechtsprechung, und wir verneigten uns. Er nickte uns zu und setzte sich auf den Stuhl der Besonnenheit. Vor seiner Brust baumelten beinerne Loswürfel für jene Fälle, die nur von den Göttern zu entscheiden waren.

Neben dem hohen Stuhl saß der Schreiber des Rechts am Tisch der Urteilstafeln. Er war noch sehr jung. Mit lauter Stimme rief er als ersten den Rübenkopf vor den Sitz seines Herrn.

Rübenkopf sagte, sein Onkel habe Sargon nicht vergewaltigen, sondern nur auf das Gesäß schlagen wollen.

Danach mußte ich vor den Stuhl der Besonnenheit treten. Von dem Mädchen schwieg ich und sagte, ich hätte im Gebüsch Wasser gelassen; als ich zum Feuer zurückgekehrt sei, habe der Meister des Würgens sich eben den Schurz abgerissen.

»Lüge!« schrien Rübenkopf und seine Verwandten. Der Meister der Rechtsprechung hob rasch die Hand und gebot ihnen Schweigen. Dann wandte er sich wieder mir zu und fragte: »Bist du dir dessen ganz sicher? Der Schurz könnte sich auch von selbst gelöst haben.«

Ich blickte zu Boden.

»Nur heraus damit!« sagte der Meister der Rechtsprechung freundlich.

»Sein Geschlecht war aufgerichtet«, sagte ich. »Das konnte ich ganz deutlich sehen.« Von Sargons Erregtheit sagte ich nichts.

Die Witwe des Toten stieß einen empörten Schrei aus. Ihre Angehörigen sahen einander überrascht an. »Das ist gelogen«, rief Rübenkopf erbost. »Mein Onkel war kein Knabenschänder!«

»Der Junge soll schwören«, forderte Rübenkopfs Vater, der Ofenbrenner; er hieß Kaka.

»Bist du bereit?« fragte der Meister der Rechtsprechung.

Ich nickte.

Der Vorsteher der Wächter führte mich zum Bild des Gottes der Gerechtigkeit. Zwei Tempeldiener brannten Weihrauch ab. Der Schreiber sprach mir den Eid vor, und ich wiederholte Satz für Satz: »Enlil, König der Sturmwetter, dessen Schreckensglanz herrisch ist! Hüter der Schicksalstafeln! Rächer der Kultfrevel, der du die Aufsässigen und Unfrommen züchtigst! Wenn ich nicht die Wahrheit gesagt habe, soll man mir die Zunge herausreißen und meinen Mund mit kochendem Asphalt füllen! Wenn ich nicht die Wahrheit gesagt habe, soll man mir die Augen ausstechen und mit geschmolzenem Blei ausgießen! Wenn ich nicht die Wahrheit gesagt habe, soll man meine nackte Leiche zu meiner Schande an einem Haken aufhängen!«

Der Meister der Rechtsprechung faßte mich noch einmal scharf ins Auge und sagte dann zu den Klägern: »Ihr habt es gehört. Will nun auch euer Zeuge schwören? Bedenkt jedoch, daß ich die Krieger des *lugal* herbeikommen lassen werde, wenn sich ein Widerspruch anders nicht aufklären läßt.«

Rübenkopf starrte mich haßerfüllt an. Dann sagte er: »Ich habe nichts von dem gesehen, was Daramas sagt. Aber es war Nacht und alles ging sehr schnell ...«

Weiter kam er nicht, denn sein Vater schlug ihn in das Gesicht, daß Blut aus Rübenkopfs Nase rann.

»Aufhören!« rief der Meister der Rechtsprechung. Zwei Wächter hielten den zornigen Vater fest, ein dritter zerrte den Sohn fort.

Der Meister der Rechtsprechung blickte zu den Klägern und dann zu uns. Mein Vater räusperte sich und sagte: »Ohne eine Schuld meines Sohnes anzuerkennen, will ich der Witwe des Toten zehn Schekel Silber zahlen, damit nicht länger Unfriede zwischen uns herrscht.«

»Nimmst du das an?« fragte der Meister der Rechtsprechung die verhüllte Frau.

Die Verwandten des Toten berieten sich flüsternd. Dann sagte Rübenkopfs Vater: »Zwanzig Schekel, und es soll Friede sein.«

»Ich bin einverstanden«, rief mein Vater schnell.

Der Meister der Rechtsprechung nickte und sagte: »Vernehmt nun das Urteil: Der Tod des ehrbaren Arsatuya, Tempelwächter und Bürger von Azupiranu, war Geschehnis und nicht Tat, Unglück und nicht Verbrechen, von Göttern und nicht von Menschen gewollt.«

»Du sagst Worte, die niemand umstoßen kann«, rief der Vorsteher der Wächter laut.

»Du sagst Worte, die niemand umstoßen kann«, wiederholten die Anwesenden, wie es die Sitte gebot.

Mein Vater packte mich am Arm und zog mich hinter sich her. Wir stiegen die Treppe hinab und liefen zur Ostseite des Tempelturms. Dort öffnete sich das Großtor zum Kultraum. Mein Vater kaufte ein Lamm und beauftragte die Tempeldiener, es als Dankopfer zuzubereiten. Dann legte er eine Tontafel mit einem Gottesbrief vor Enlils Standbild. Wir warfen uns auf den Boden und mein Vater betete: »König, Stier mit mehrfarbigen Augen, rechtmäßiger Held mit dem Lapislazulibart! Goldenes Standbild, an einem guten Tage geschaffen! Dein Wort ist unwiderruflich, dein Spruch ist wie der Regen, der vom Himmel herabfällt, dein Wille ist wie der Sturm, der jeden Trotz entwurzelt. So wahr du König der Länder bist: niemand soll meinem Sohn Sargon Schaden zufügen. Niemand soll ihn hindern, zu uns zurückzukommen. Nicht sollen Tage und Wochen vergehen, nicht das Jahr zu seiner Mutter heimkehren, ehe das geschieht. Möge mein König das wollen!«

Als wir zu unserem Wagen zurückgingen, trat Rübenkopfs Vater auf uns zu, um zu besprechen, wann er das Silber in Empfang nehmen könne.

»Nun kannst du deinen Sohn zurückkommen lassen, Akki«, sagte er, »mein Bruder aber wird ewig im Haus der Finsternis trauern.«

»Ich würde Sargon gern heimholen«, antwortete mein Vater, »wenn ich nur die geringste Ahnung hätte, wo er ist.«

Der Ofenbrenner lachte höhnisch. »Du weißt doch ganz genau, wo er sich versteckt«, sagte er.

»Nein«, erwiderte mein Vater ruhig. »Er denkt, daß er bestraft wird, wenn man ihn erwischt. Darum ist er gewiß schon weit fort, vielleicht in Kisch oder am Rand des Gebirges. Ohnehin hat er rastloses Blut. Wir können nur hoffen, daß er sich bald besinnt.«

Sie einigten sich darauf, daß Rübenkopfs Vater das Silber am nächsten Neumondtag in Sippar abholen sollte. Dann fuhren wir heim.

Am nächsten Morgen ging ich wie gewöhnlich zum Tafelhaus. Igelspitz und Steinhand warteten vor dem Eingang auf mich.

Igelspitz hieß eigentlich pirig su-ba nu-ga-ga, »Schrecklicher Löwe, gegen dessen Grimm niemand angeht«. Er war der Sohn eines Fischers vom Euphrat. Zur Ehre seines Namens ließ er sich die Haare bis zur Schulter wachsen. Da er sich aber nur selten wusch, umhüllten statt einer wallenden Mähne nur klebrige Strähnen sein Haupt; auch seine spitze Nase paßte nicht zu einem gewaltigen Räuber der Steppe, sondern viel eher zum stachelbewehrten Würger der Käfer und Würmer des Feldes. Auch war Igelspitz sehr klein und sprach auch noch später als Mann mit einer Mädchenstimme, die aber nicht sanft, sondern oft unangenehm laut und schrill klang. Eines allerdings hatte er mit einem Löwen gemeinsam, und das war der Mut seines Herzens.

Steinhand war groß und stark wie ein ausgewachsener Ur; es gab nicht viele Jungen in Sippar, die mit ihm zu kämpfen wagten. Sein Vater war Ziegelmacher und hatte ihm einen sehr langen und frommen Namen gegeben, der lautete: »Lieblicher Blütenhauch vom Mund der Himmelskönigin, der leicht wie Flügel von Schmetterlingen über die Steppe dahinschwebt.« Wenn Steinhand über die Steppe zog, war es aber nicht so, als ob dort Schmetterlingsflügel schwebten, sondern als ob dort ein wütender Wisent dahinstampfte; auch konnte, wer in Steinhands Windschatten stand, kaum auf den Duft von Blüten hoffen. Steinhand nannten wir ihn, weil er schon mit zwölf Jahren gebrannte Ziegel zwischen den Fäusten zerbrach. Schwach war er nur mit Worten, und seine Beiträge zum Unterricht ließen den Vorsteher unseres Tafelhauses oft bitterlich seufzen.

Der Vorsteher hieß Ischma-Ja und war als Meister des Rechnens im ganzen Lande berühmt. Er brachte uns Sumers zwölfhundert Schriftzeichen bei; übte uns im Umgang mit der Tropfenuhr, erklärte uns die Entstehung der Welt, zählte uns alle Länder und Städte der Erdscheibe auf, soweit sie damals bekannt waren, und nannte uns sämtliche Namen von Pflanzen und Tieren. Auch zeigte er uns nachts die Sterne, unterwies uns in Sitte und Brauchtum und senkte Ehrfurcht vor den Göttern in unsere Herzen. Nur bei Sargon gelang ihm das nicht.

Damals gab es noch nicht solche großen Tafelhäuser, wie sie Sargon später als *lugal* errichten ließ, mit vielen Vorstehern für jedes Wissensgebiet und Aufsichtführenden, die darüber wachten, daß die Schüler pünktlich kamen und nicht schwatzten. Ischma-Ja machte fast alles selbst, denn es war nur ein kleines Tafelhaus mit kaum zwanzig Söhnen. Und doch lernten wir dort mehr als alle, die heute in Uruk, Kisch und sogar in Akkad zum Tafelhaus gehen. Denn Ischma-Ja war durch alle Länder gereist, sogar nach Ebla und den anderen geheimnisvollen Städten weit hinter dem Himmelsrand an den nebligen Grenzen zwischen Gewißheit und Glaube.

Von fernen Ländern hörte Sargon gern, und seine Augen leuchteten, wenn der Meister der Lehrkunst von den Schwarzhäuptigen in Meluchcha hinter dem Meer oder von den gelbhaarigen Elamitern erzählte. Auch die Insel Dilmun kannte Ischma-Ja, und er hatte den Berg gesehen, auf dem Ziusudra, der Schöpfer der Arche, seit Enlils Sturmflut in ewiger Weisheit wohnt; ja, der Vater des Tafelhauses kannte sogar das staunenerregende Zederngebirge.

Nicht weniger aufmerksam lauschte Sargon, wenn Ischma-Ja von den uralten Städten der Hochsteppe Eden und ihren göttlichen Herren erzählte: von Eridu an der Lagune, wo Enki, der Schöpfer der Menschen, in seinem Haus der Süßwassertiefe in vielhundertjährigem Schlummer ruht; von Uruk, der letzten Hauptstadt des Reichs, wo Anu, der König des Himmels, mit seiner Tochter Inanna im Weißen Tempel wohnt; vom heiligen Nippur, wo Enlil, der Länderherr, in seinem Berghaus über die Erde gebietet; von Lagasch, der Heimstatt des kriegerischen Ningirsu; von Larsa mit Utus Glanzhaus oder von Ur, wo Nanna, der Herr der Lichtfülle, allabendlich seinen Weg über die Welt nimmt.

Dabei begnügte sich Sargon jedoch nicht damit, wie wir anderen nur etwa die vierzig Preisnamen Enkis oder die dreiunddreißig Gestirne Enlils auswendig zu lernen, sondern er fragte den Vater des Tafelhauses stets auch nach den Wegstrecken zwischen den Städten, den Zustand der Straßen, der Zahl ihrer Einwohner und der Stärke der Mauern. In den Pausen teilte Sargon dann jedem von uns eine Stadt zur Verteidigung zu, während er selbst der Angreifer war. Mir gab er meistens Uruk mit der Riesenmauer, die Gilgamesch vor drei Jahrhunderten baute. Kleine Felder im Sand waren unsere Reiche, Steine unsere Krieger, und Sargons Würfe trafen fast immer ins Ziel.

Einmal, ich erinnere mich noch gut, bastelten Sargon und ich kleine Schiffe aus Schilf, stellten Talglichter hinein und sandten die Spielzeuge abends hinaus auf den Strom. Mein Schiff ging schon bald unter, Sargons aber fuhr und leuchtete lange Zeit, bis wir es aus den Augen verloren.

In den Rechenstunden lernten wir, was zum Rüstzeug des Tempelschreibers gehört: wie man Äcker vermißt, Vorräte berechnet und Viehbestand prüft. Wir konnten nicht nur Zusammenzählen, Abziehen und Vervielfältigen, sondern auch schon mit Brüchen rechnen. Manche Leute in Akkad betrachten die Menschen der Zeit vor Sargon als dumm und rückständig; uns aber bereitete es nicht soviel Mühe wie heutigen Schülern, herauszufinden, wieviel *gur* Milch ein Eimer enthält, wenn man Höhe und Durchmesser kennt.

Unser Fleiß gründete sich allerdings zum größten Teil darauf, daß unser Unterricht streng war. Ischma-Ja hatte stets einen Gehilfen bei sich, der sich Älterer Bruder nannte. Wenn wir die Hausaufgaben vergessen hatten, ließ er den Rohrstock auf uns niedersausen; war der Ton unserer Tafeln nicht glatt, zerschlug er sie an unseren Köpfen.

Ischma-Ja selbst trieb uns ohne Pause an. Wenn einer zu leise sprach, schickte ihn der Vater des Tafelhauses zweihundert Schritte weit fort und befahl ihm, aus der Entfernung vorzulesen. Ließ sich einer beim Schwatzen erwischen, band Ischma-Ja ihm einen schmutzigen Fußlappen vor den Mund. Besonders gern lauschten wir den Erzählungen von den Helden der Vorzeit. Als Ischma-Ja uns zum ersten Mal vorlas, wie Gilgamesch und sein Gefährte Enkidu zum Zedernwald zogen, blieben Rohrstock und Fußlappen unbenutzt. Doch als der Vater des Tafelhauses erzählte, wie die Große Göttin um Gilgamesch buhlte, mußten wir sehr an uns halten. Denn wir befanden uns in jenem Alter, in dem Knaben jedes Wort über die Liebe als komisch empfinden und bei jeder Andeutung von geschlechtlichen Dingen kichern wie kleine Mädchen.

Darum konnten wir uns schon bald kaum noch beherrschen, als der Vater des Tafelhauses mit fistelnder Stimme die Werbung der Göttin vortrug: »Komm her, o Gilgamesch, sei mein Gemahl / Und laß mich deine Manneskraft genießen!« Als er dann mit Gilgameschs Gegenrede fortfuhr: »Ein Ofen bist du, der nicht wärmt bei Kälte, / ein gegen Zug und Wind untauglich Tor«, da glucksten wir schon, und der Ältere Bruder rollte drohend die Augen. Und als Ischma-Ja schließlich vortrug, wie die Große Göttin auch einen Palmgärtner bedrängte: »Komm, laß uns doch genießen deine Kraft, / Reich deine Hand, berühre meinen Schoß«, prustete Igelspitz als erster los, und sogleich sauste der Rohrstock wahllos auf unsere Köpfe nieder.

Sargon aber sagte später zu mir: »Keinen größeren Helden gab es als Gilgamesch, und dennoch werde ich ihn mir nicht in allen Dingen zum Vorbild nehmen. Wenn mir eine Göttin die Gunst ihrer Liebe gewährte, würde ich nicht zögern, ihr in allem zu willfahren. Außerdem würde ich mir auch nicht beim Baden von einer Schlange das Kraut der Unsterblichkeit stehlen lassen.«

»Bei dir bestünde diese Gefahr wohl kaum«, lachte ich, »denn so oft wäschst du dich ja nicht. Und bevor du dich aufmachst, Göttinnen auf den Rücken zu werfen, solltest du lieber erst einmal zusehen, daß du wenigstens bei der kleinen Abda zum Zug kommst.«

»Abda?« fragte Sargon unschuldig. »Die Tochter des Feingewandschneiders?«

»Du weißt schon, wen ich meine«, sagte ich. »Dachtest du, niemand merkt es, daß du dauernd vor ihrem Haus herumstreichst?«

»Was weißt du denn schon davon?« sagte Sargon spöttisch. »Das einzige Mädchen in deinem Leben hat nur fünf Finger. Abda ist viel zu jung für mich; sie hat ja noch nicht einmal geopfert. Ich brauche eine reife Frau, die es aushält, wenn sich die Kraft meiner Lenden entfesselt.«

»Wenn deine Männlichkeit so groß ist wie dein Maul«, versetzte ich, »solltest du Kühe bespringen, aber die großen, alten mit den ganz breiten Hinterteilen!«

»Abda kommt schon noch an die Reihe«, sagte Sargon. »Laß das meine Sorge sein und kümmere dich um dein eigenes Mädchen. Das mit den fünf Fingern. Sag' der Kleinen, sie soll nachts nicht immer so stürmisch sein; manchmal glaube ich, unser Bett fällt gleich auseinander, wenn sie aus deiner Liebesstange Milch melkt. Ist mir ein Rätsel, wie deine Braut das immer so lange durchhält. Wechselt sie sich vielleicht mit ihrer Schwester ab?«

Unser Vater lehrte uns Landwirtschaft und Wasserbau. Wir arbeiteten oft mit ihm in verschlammten Kanälen und folgten ihm mit dem Säepflug über die Felder. An Markttagen zeigte er uns, wie man handelt und die Gewichte gebraucht. Auch um unsere Frömmigkeit sorgte sich unser Vater und nahm uns oft mit in die Tempel. Schon damals verehrte ich unter allen Göttern Enki am meisten, weil er die Menschen erschaffen hatte. Sargon nahm den Dienst an den Göttern längst nicht so ernst wie wir anderen und sprach auch oft ohne Ehrfurcht von ihnen.

»Was wären die Götter ohne uns Menschen?« fragte er einmal. »Wurden wir nicht geschaffen, ihnen zu dienen, weil sie allein nicht zurechtkamen?«

»Ohne die Götter gäbe es keine Menschen«, wandte ich ein.

»Und ohne uns Menschen vielleicht keine Götter!« antwortete er.

»Wie kannst du so etwas sagen?« fragte ich. »Waren es nicht die Götter, die diese Welt schufen? Sind sie es nicht, die sie beherrschen? Die den Lauf der Sonne und des Mondes lenken? Die Regen und Trockenheit schicken, Fülle und Dürre, Stille und Sturm? Den Frevler bestrafen sie hart, und als die Menschen ihnen einmal lästig wurden, schickte Enlil die große Flut.«

»Daran sieht man doch nur, wie dumm die Götter sind«, sagte Sargon verächtlich. »Sie sollten wie Erwachsene handeln, nicht wie kleine Kinder. Wenn einem König seine Untertanen einmal nicht sogleich gehorchen, würde er dann gleich sein ganzes Volk umbringen lassen? Nein, denn ohne Volk wäre er ja kein König mehr.«

»Wir brauchen die Götter, sie uns aber nicht«, beharrte ich.

»Wir werden schon noch sehen, wer wen braucht«, erwiderte Sargon hitzig. »Ich lasse mich jedenfalls weder von den Gesängen der Priester einlullen noch vom Duft des Fichtenharzes, der das Silber der Gläubigen kostet. Habgieriges Tempelgesindel!«

So stritten wir oft, und je entschiedener ich die Götter pries, desto heftiger setzte Sargon sie herab.

Abends las unser Vater uns oft aus einem alten Lehrgedicht vor, wie es damals noch viele Eltern taten: »Verleumde nicht, rede freundlich!« hieß es darin. »Böses sprich nicht aus, sage Gutes! Mach' deinen Mund nicht auf, bewahre deine Lippen! In übermüt'ger Stimmung führe nicht allein das Wort! Sonst mußt du flugs, was du gesprochen, schlucken und durch Schweigen deinen Geist betrüben.«

Mit anderen Weisheiten wartete unser Vater, bis es ihm notwendig schien, auch sie vorzulesen. Eine davon lautete: »Die Magd sollst du nicht im Hause mißbrauchen, wenn du nicht willst, daß sie vor dem Meister der Rechtsprechung gegen dich klagt.« Als er das vortrug, blickte er meinen Bruder scharf an. Sargon lächelte freundlich und voller Unschuld. Einige Tage später aber gab unser Vater der jüngsten Magd zwei Schekel Silber und schickte sie fort.

An diese und andere Abenteuer dachte ich nun, wenn ich allein in unserer Kammer lag und grübelte, wo Sargon sein mochte und ob er wohl jemals zurückkehren würde.

Als ich eines Morgens zum Tafelhaus kam, fragte mich Igelspitz: »Glaubst du, daß Sargon bald wiederkommt?«

»Ich weiß nicht«, antwortete ich.

Steinhand und Igelspitz sahen sich an. Dann sagte Igelspitz: »Steinhand und ich haben gestern ein paar aus Rübenkopfs Bande gesehen. Am Steppenlöwenkanal, auf unserer Seite. Sie glauben wohl, ohne Sargon trauen wir uns nichts mehr zu.«

»Wir werden es ihnen schon zeigen«, sagte ich.

»Gut«, sagte Igelspitz erleichtert. »Aber wer soll unser *lugal* sein?«

»Sargon ist unser *lugal*«, erwiderte ich.

»Aber er ist nicht da«, sagte Igelspitz, »und niemand weiß, wann er wiederkommt. Wir sind nur *ensis*. Den Göttern würde es nicht gefallen, wenn wir ohne *lugal* in eine Schlacht zögen.«

»Was sollen wir also tun?« fragte ich.

Er kratzte sich am Kopf und wechselte wieder Blicke mit Steinhand. »Am besten wäre es, wenn du jetzt unser *lugal* würdest«, antwortete er.

»Was soll das für ein *lugal* sein, der von seiner Gefolgschaft erwählt wird, statt von den Göttern?« fragte ich sie. »Habt ihr vergessen, wie es bei Sargon war? Enlil selbst erschien ihm im Traum und erkor ihn als unseren Führer.«

»Ja, ich weiß«, sagte Igelspitz. »Aber wir können nicht warten, bis einer von uns etwas Ähnliches träumt. Wenn die Götter etwas nicht von selbst sagen, muß man sie fragen. Wir wissen auch schon, wie. Komm mit!«

Ich ging mit ihnen zu dem großen Baum am Steppenlöwenkanal. Auf den Ästen saßen die riesigen Vögel und starrten uns an.

Igelspitz nickte Steinhand zu; beide streiften die Hüfttücher ab. Ich sah verblüfft zu.

»Du auch«, sagte Igelspitz.

»Ihr seid wohl!« sagte ich. »Wollt ihr den neuen *lugal* nach der Länge seines Liebeswerkzeugs wählen?«

»Dann hättest du wohl keine großen Aussichten«, spottete Igelspitz und deutete auf unseren Gefährten. Steinhand grinste.

»Gib schon her«, drängte Igelspitz. »Sind wir nicht Söhne des Steppenbaums? Wir legen unsere Hüfttücher unter den Baum und warten, welches die Vögel als erstes bezeichnen. Der, dem es gehört, gilt als von den Göttern erkoren.«

»Bezeichnen?« staunte ich. »Wie denn?«

»Naja«, meinte Igelspitz ein wenig unsicher, »Vögel lassen doch ab und zu etwas fallen, nicht wahr? Und wessen Hüfttuch das als erstes trifft ...«

»Großartiger Einfall«, sagte ich und reichte ihm mein Hüfttuch. »Wir sollten unseren neuen Anführer dann auch gleich *lugal* des Vogelkots nennen. Darf er das Hüfttuch nach seiner Erwählung waschen oder muß er das göttliche Zeichen für immer bewahren? Vielleicht sogar von Zeit zu Zeit auffrischen?«

»Weißt du etwas Besseres?« murrte Igelspitz. »Wir hätten dich lieber gleich zum *lugal* gemacht, aber du wolltest ja nicht.«

Wir hockten uns nackt auf die Erde und warteten. Die Sonne brannte heiß und das Steppengras kitzelte meine Haut.

»Hoffentlich taucht jetzt nicht der Rübenkopf auf«, sagte ich, »und sieht uns hier mit nackten Hintern sitzen. Er könnte denken, wir hätten einander zu Bräuten erwählt.«

Die Steppenvögel beäugten uns noch eine Weile, dann fuhren sie fort, Fische zu fangen und auf ihrem Baum zu verzehren.

»Jetzt!« rief Igelspitz, der scharfe Augen besaß. »Du bist es, Daramas! Wir hatten recht.«

Wir liefen zu unseren Tüchern. Auf dem meinen prangte ein gelblicher Fleck.

»Wir grüßen dich, großer *lugal*«, rief Igelspitz laut. Auch Steinhand murmelte etwas.

»Also gut«, sagte ich. »Aber das gilt nur, bis Sargon zurückkehrt.«

»Natürlich«, erklärte der Kleine. Steinhand nickte eifrig.

Ich kletterte zum Kanal hinunter und wusch den Vogeldung aus meinem Tuch. Dann schwammen wir an das andere Ufer.

»Jetzt zeigen wir es diesen Hunden«, rief Igelspitz tatendurstig.

Wir liefen durch die blühende Steppe. Aus der Ferne hörten wir Ochsengebrüll. Bald kamen wir an den Gazellenkanal. Ein leichter Wind bewegte die Blätter der Pappeln. Die Schöpfwerke standen still; die Esel ruhten in ihrer Hürde.

Als wir den Weidenbaum erblickten, sahen wir, daß ihm inzwischen die Äste gestutzt worden waren. Die Hütte stand nun fast frei in der Krone. Der Wind wurde stärker und ließ die dünnen Schilfwände beben. Wir krochen unter die Dornbüsche und beobachteten die Festung unserer Feinde. Hinter dem Rohrgeflecht schienen sich Schatten zu bewegen.

»Wie viele sind es?« fragte ich Igelspitz.

»Nur einer«, antwortete der Gefährte. »Den nehmen wir uns vor!«

Ich kniff die Augen zusammen.

»Los!« sagte ich dann.

Wir schwammen durch den Kanal und schlichen zu der Weide. Steinhand stellte sich mit einem starken Knüppel hinter den Stamm. Igelspitz hob einen Erdklumpen auf und warf ihn gegen die Wand der Rohrhütte.

»Raus mit dir!« schrie er hinauf.

Ich nickte, und er kletterte eidechsenflink in die Krone des Baums. Er war kaum in der Hütte verschwunden, als ein lauter Schrei ertönte. Einen Wimpernschlag später prallte Igelspitz vor mir auf den Boden.

»Was ist?« fragte ich erschrocken.

Er starrte mich entsetzt an. »Rübenkopf!« stieß er hervor und zeigte nach oben. Er zitterte am ganzen Leib.

Ich packte die untersten Äste und zog mich empor. Als ich in die Hütte spähte, sah ich unseren Feind. Sein nackter Körper zeigte die Spuren der Peitsche, mit der er bestraft worden war, weil er den Eid nicht hatte schwören können, den sein Vater von ihm verlangte. Sein Körper baumelte an dem dünnen Seil, mit dem er seinem Leben ein Ende gesetzt hatte.

Ich riß mein Steinmesser aus dem Gürtel, sägte das Seil durch und bettete unseren Feind auf den Boden.

Igelspitz spähte in die Hütte. »Da ist nichts mehr zu machen«, flüsterte er. Sein Gesicht war grau. »Verschwinden wir lieber, bevor uns jemand sieht; sonst glaubt man noch, wir hätten etwas damit zu tun.«

»Haben wir das nicht?« murmelte ich und dachte an das, was im Lager der Krieger und bei der Verhandlung im Tempel geschehen war.

»Was meinst du damit?« fragte Igelspitz. »Los, komm, wir müssen fort.« Er packte mich am Arm und zerrte mich hinaus. Wir glitten den Stamm hinunter und liefen davon.

3

Was ist vergänglich? Vergänglich ist alles,
was Menschen für die Ewigkeit bestimmen:
Betbilder und Befestigungswerke,
Fernwege, Fruchtgärten, Gesetze, Gebote,
Häuser und Häfen, Pakte, Paläste,
Schöpfwerke und auch Siegesinschriften,
Türme und Tempel:
sie sind vergänglich.

Was ist ewig? Ewig ist, was den Menschen
am vergänglichsten dünkt:
der Hauch des Windes, das Lächeln
des Kindes, der Wolken Zug, der
Vögel Flug, der Schafe Blöken, der Blumen
Blühen, die Wellen des Stroms und
das Wogen der Steppengräser:
sie werden niemals vergehen.

Worte des Weisen von Eridu

Tage vergingen, Monate wurden lang, und das Jahr kehrte zu seiner Mutter zurück.

Im Jahr der Wirbelstürme von Umma zog Lugalzaggesi, der *lugal* des Landes, wie vor ihm einst Gilgamesch zu den Völkern des Zederngebirges. Einige Boten, die auf dem Weg in die Hauptstadt durch Sippar kamen, erzählten, er habe sogar das Ufer des Oberen Meeres erreicht. Die Schwarzköpfigen hörten diese Nachrichten mit großer Freude und brachten in allen Tempeln wohlduftende Brandopfer dar. Mir aber stand zu jener Zeit der Sinn nicht nach solchen Geschichten, und wenn sich meine Gefährten darüber unterhielten, hörte ich nur mit halbem Ohr zu, denn meine Gedanken waren bei Abda. Ich kannte sie schon seit der Zeit, da wir als kleine Kinder in den Kanälen schwammen und uns mit Wasser bespritzten. Ihr Vater Samsu-iluna war als Feingewandschneider zu großem Reichtum gelangt. Die Vorsteher, Obersten und Verwalter, auch alle Oberpriester und sogar der *ensi* von Sippar trugen bei Festen stets Kleider aus Samsu-ilunas Werkhäusern, in denen viele hundert Näherinnen für ihren Herrn die fleißigen Hände rührten.

Samsu-iluna war sehr fromm und hatte sein Wohnhaus gleich neben dem Haus der Schafrupfung an Sippars Hauptstraße errichten lassen. Sie war nach der Göttin der Webkunst benannt und führte zum Weinrankentor. Hinter dem Haus lag ein Fruchtgarten, den eine mannshohe Mauer aus farbig glasierten Ziegeln umgab. Auf dem Dach blühten Ziersträucher wie auf dem Haus eines *ensi.*

Einige Wochen nach Sargons Flucht, als ich vom Tafelhaus heimging, stand Abda im Tor. Als ich näherkam, winkte sie mich in den Garten und fragte: »Hast du nicht etwas von deinem Bruder gehört?«

Ich schüttelte den Kopf. »Nein«, antwortete ich, »mein Vater läßt ihn überall suchen, sogar in Kisch. Aber man hat ihn noch nicht gefunden.«

»In Kisch?« fragte Abda und runzelte die Stirn. »Denkst du wirklich, daß er so weit fortgegangen ist?« Sie trug das pechschwarze Haar zu einem zierlichen Fohlenschwänzchen gebunden.

»Vielleicht ist er sogar noch weiter«, sagte ich, »in die Städte des Südens oder ins Meerland.«

»Aber er hat doch gar kein Geld«, sagte Abda. »Er muß doch etwas essen. Wenn er stiehlt, wird er noch schneller erwischt!«

Kunstvolle Striche aus Antimon umrandeten ihre Augen. Unmutig zog sie das Näschen kraus. »Was glotzt du denn so?« wollte sie wissen.

»Er ist vielleicht mit den Kriegern fortgegangen«, vermutete ich.

»Mit den Kriegern«, murmelte Abda. »Das würde zu ihm passen!«

»Ja«, sagte ich stolz. »Sei nicht traurig! Er kehrt bestimmt zurück, wenn er hört, daß niemand ihm etwas tun will.«

Die schwarzen Augen funkelten vor Empörung. »Traurig?« rief sie. »Ich bin froh, daß er weg ist!«

Ich starrte sie verblüfft an. »Aber wart ihr denn nicht ...?« murmelte ich. »Ich meine ...«

»Was hat dein Bruder dir denn erzählt?« fragte sie angriffslustig. »Daß er mich auf den Rücken geworfen habe? Ja, das sieht diesem Aufschneider ähnlich. Nicht, daß er nicht alles versucht hätte! Nachts kletterte er über die Mauer und drang in mein Zimmer ein. Wenn ich die Wächter gerufen hätte, wäre es schon damals aus mit ihm gewesen!«

»Ich dachte, du mochtest ihn gern«, rief ich verwundert.

Sie wurde noch zorniger. »Wie kann eine Frau von Ehre denn einen Mann mögen, der dauernd wie ein brünstiger Eselhengst um sie herumstreicht?« erwiderte sie. »Jedesmal, wenn ich ihm auf der Straße begegnete, rief er mir Anzüglichkeiten zu. Wenn ich nicht aufpaßte, schlich er sich hinter mich, packte mich und wollte mich küssen und betasten, du weißt schon wo.«

»Das versuchen doch alle«, sagte ich beschwichtigend.

»Nein, durchaus nicht!« unterbrach sie mich und stampfte wütend mit dem Fuß auf. »Die Richtigen tun es nie, nur die Falschen! Solche Herumtreiber wie dein Bruder, denen der Ruf und das Glück eines Mädchens gleichgültig sind, wenn sie ihm nur irgendwie ihre Hand oder noch etwas anderes zwischen die Beine schieben können!«

Ich schwieg. Sie sah mich mißtrauisch an, holte tief Luft und fuhr fort: »Du weißt doch ganz genau, daß die erste Nacht eines Mädchens der Göttin gehört und daß jede von uns der Herrin des Himmels am Fest der Rückkehr aus der Totenwelt ihre Jungfräulichkeit opfern muß. Du weißt doch wohl auch, was einem Mädchen blüht, das sich schon vorher leichtfertig einem Mann hingegeben hat und deshalb dieses Opfer nicht mehr darbringen kann!« Sie geriet immer mehr in Rage. »Glaubst du etwa, ich will, daß die Göttin mich haßt und verfolgt? Daß ich niemals einen Mann finde, der mich liebt? Daß meine Kinder krank oder verkrüppelt zur Welt kommen? Daß mich die Menschen verachten und ich als Straßendirne in der Gosse leben muß, nur weil so ein gemeiner Kerl unbedingt seine rohen Gelüste an mir befriedigen wollte? Glaubst du das?«

Bei jedem Satz hämmerte sie mir die kleinen Fäuste gegen die Brust, so daß ich zurückwich und sagte: »Was schlägst du mich? Ich habe dir nichts getan.«

Sie hielt inne. »Das stimmt«, sagte sie und beruhigte sich ein wenig. »Du bist nicht einer von denen, die dauernd versuchen, Mädchen zu berühren, so wie ein Rinderzüchter die Euter der Kühe betastet. Kaum zu glauben, daß ihr Brüder seid. Auch sonst seid ihr euch ja nicht sonderlich ähnlich. Er sieht eher aus wie einer von diesen akkadischen Eselnomaden, die immer frecher werden.«

»Was weißt denn du von den Akkadern?« fragte ich spöttisch. »Du hast vielleicht einmal akkadische Sklaven gesehen, aber bestimmt keine Krieger.«

»Du denkst wohl, daß so etwas Mädchen nichts angeht«, erwiderte Abda. »Doch auch Inanna trägt zuweilen einen Speer. Still, da kommt jemand.«

Wir duckten uns hinter einen blühenden Haselnußstrauch. Durch die Zweige sahen wir einen Gärtner. Er stieß einen Spaten in die Erde und hob ein Loch aus. Nach einer Weile ging er zurück ins Haus.

»Du mußt jetzt fort«, flüsterte Abda. Sie hockte so dicht neben mir, daß ich den Duft ihrer Haut roch. Ein seltsames Gefühl stieg in mir auf, und es lief mir heiß und kalt den Rücken herunter.

»Geh schon!« drängte Abda. »Du kannst ja morgen wiederkommen und mir von diesen Akkadern erzählen.«

Ich nickte, murmelte einen Abschiedsgruß und schlich davon. Abda schloß rasch das Tor.

Am nächsten Abend kehrte ich wieder und noch viele Male danach.

Abda! Heute öffnet der Klang deines Namens Wunden in meinem Herzen; damals aber hörte ich Musik von Jubelhölzern, wenn ich ihn aussprach. Einst war mein Herz noch ein Klumpen lebendigen Lehms und bereit, von Enkis Schöpferhand zu etwas Großem geknetet zu werden. Heute sitzt in meiner Brust nur ein schwarzer, zerbrochener Ziegelstein, geborsten in der Glut der Brände, die meine Leidenschaft entfachte.

Am letzten Tag des Speichermonats, als die Priester die Himmelsherrin nach altem Brauch aus ihrem Sommerhaus am gegenüberliegenden Ufer des Euphrat heimholten und auf ihrem Götterschiff feierlich über den Strom führten, stand ich mit Abda inmitten der fröhlichen Festgemeinde. Die Freudenfeuer brannten hell, laut tönten fromme Lobgesänge, und süß drang der Duft der großen Fleischtöpfe in unsere Nasen, in denen die Speisemeister des Tempels zur Stärkung der Gläubigen Wachteln und junge Tauben mit Salz und gehacktem Lauch, Zwiebeln und Knoblauch in Wasser, Fett und geschlagener Milch kochen ließen. Wir aßen das schmackhafte Fleisch auf heißen Teigfladen und tranken gekühltes Bier. Als schon die dritte Nachtwache begann und die letzten Fackeln allmählich erloschen, liefen wir durch die Pappelwälder am Euphrat davon. Es war noch die alte Zeit, Rimusch. Damals wurden die jungen Mädchen abends nicht in ihre Häuser gesperrt oder überallhin von Dienerinnen begleitet wie heute, da Sumer nach der Sitte Akkads lebt. Damals wuchsen unsere Töchter so frei auf wie ihre Brüder und gaben selbst auf sich acht. So wollte es die Große Göttin, die Mutter der Erde; selbst Enlil in seinem Jähzorn mußte sich fügen. Ja, Rimusch, die alte Zeit! Heute haben die Männer die Frauen zu ihren Sklavinnen gemacht, die sie heiraten und wieder fortschicken können, so wie es ihnen beliebt. Auch können sich die Söhne Akkads zwei, drei oder noch mehr Frauen gleichzeitig nehmen. Es war dein Vater Sargon, der diesen Brauch bei uns einführte und seine Schlafgemächer mit Mädchen aus allen Weltgegenden anfüllen ließ. Oft heiratete er drei Frauen an einem Tag und ließ sich von ihnen scheiden, noch ehe der Ton der Tafeln mit ihren Namen gebrannt war.

Unsere Eltern aber lebten einst mit gleichen Rechten. Noch früher besaßen die Frauen Sumers sogar die Macht, gleichzeitig zwei Ehemänner zu nehmen. Und diese Männer eroberten einst eine Welt und wurden die Herren an den beiden Strömen. Sie siegten selbst gegen die Riesen der Berge, denn sie waren tapferer als ihre Nachfahren, die den Bewohnern der Wüste unterlagen. Sumer! Wie sicher ruhte deine Macht in deiner Frauen Hände; wie schnell jedoch verlorst du sie aus deiner Männer Faust!

Als ich mit Abda an jenem Abend durch das Pappelwäldchen eilte, lenkten ganz andere Gedanken meinen Sinn und Schritt. Das Bier hatte seine Wirkung getan; wir waren fröhlich und ausgelassen wie kleine Kinder, und bald begannen wir, uns nach Art von Verliebten zu necken. Abda lief davon und versteckte sich hinter Büschen; ich mußte sie suchen und fangen. Der Herr der Lichtfülle strahlte vom Himmel und half mir, hinter Blättern und Zweigen das helle Kleid zu erspähen. Doch Abda war flink und geschickt, und da ich viel mehr getrunken hatte als sie, war es für mich nicht immer leicht, sie zu erwischen.

Einmal bekam ich einen ihrer Füße zu fassen, und sie fiel zu Boden. Als sie sich schnell wieder aufrichten wollte, packte ich sie an den Schultern und drückte sie nieder.

»Ich liebe dich«, hörte ich mich mit heiserer Stimme sagen.

Im Mondlicht wirkte ihre Haut hell wie Milch; ihre Augen schimmerten. »Ich liebe dich auch«, flüsterte sie, schlang einen Arm um meinen Hals und zog mich zu sich hinab.

Ich wollte sie so küssen, wie es mich die Tänzerin damals gelehrt hatte; nach einigem Zögern öffnete Abda den zierlichen Zaun ihrer Zähne, ließ mich tun, wie ich wollte, und antwortete auf die gleiche Weise. Und es war mir, als hörte ich wieder das zauberische Lied jenes dunklen Mädchens, dessen Namen ich nie erfahren hatte.

Abda preßte sich an mich. Ich spürte den Druck ihrer kleinen Brüste und hörte sie seufzen und stöhnen. Als ich nicht gleich begriff, nahm sie meine Hand und legte sie sich auf den Busen, so daß ich die Erregung ihrer Fraulichkeit fühlen konnte. Ich streichelte sie so, wie sie es wünschte; doch als meine Hand tiefer fuhr, hielt sie mich rasch und entschieden zurück, löste sich von mir und sagte: »Nein, Daramas. Das dürfen wir nicht. Die Göttin!«

Ich ließ sie los und richtete mich ein wenig auf. »Du hast recht«, murmelte ich enttäuscht.

Sie lächelte mich zärtlich an und fuhr mir tröstend durch das Haar. »Sei nicht traurig«, sagte sie. »Ich darf nun einmal nicht anders. Das weißt du doch. Aber du brauchst doch nur noch ein bißchen Geduld zu haben. Sobald ich mein Opfer dargebracht habe, wirst du alles bekommen, was du begehrst. Denn ich liebe dich und werde dich immer lieben.«

»Dann sollst du meine Frau werden«, rief ich schnell und griff nach dem Schwurstein an meiner Brust.

»Du hast es aber eilig«, lachte sie und zog mich wieder an sich.

Wir gingen vom Euphrat fort auf die Stadt zu. Die Türme ihrer Tempel standen vor dem hellen Himmel wie Wächter vor dem Schein ihres Feuers. Als wir schon das Tor der Schutzgeister sahen, sagte Abda: »Was ist mit dir, Daramas? Eben warst du noch so fröhlich, jetzt aber schweigst du und tust, als wäre ich gar nicht da. Willst du denn wirklich nicht verstehen, daß ich nicht anders handeln kann?«

Als ich nicht gleich antwortete, griff sie nach meinem Arm und hielt mich fest. Ich sah sie an und sagte: »Ja, ich weiß, daß wir den Göttern gehorchen müssen. Aber wenn ich mir vorstelle, daß du mit einem anderen ...«

»Sei doch nicht so ein Esel«, erwiderte sie. »Glaubst du, ich tue es zum Vergnügen? Du weißt doch, wie wir im Tempel das Opfer verrichten: Die Priester weisen jeder von uns eine Kammer zu. Dort bereiten wir uns mit den heiligen Waschungen für den Dienst an der Göttin vor. Die Lampe wird gelöscht, der Vorhang zurückgeschlagen – ein Fremder tritt ein, irgendeiner, verstehst du? Die Göttin selbst führt ihn mir zu. Ich werde ihn nicht kennen, ich werde ihn nicht lieben, ich werde ihn nie wiedersehen. Wenn du mich danach nicht mehr lieb haben kannst, so ist es deine Schuld, nicht meine.«

Ihre dunklen Augen blitzten. Ich senkte den Blick und antwortete: »Du hast recht. Wir wollen nicht mehr darüber reden.«

Ich mußte aber trotzdem immer wieder daran denken, und in meinem Herzen mischte die Eifersucht sich mit Scham, weil ich der Göttin das Opfer mißgönnte. Je näher das Fest der Jungfrauen rückte, desto schlimmer litt ich und grübelte bald immer nur darüber nach, wie es gelingen könnte, das Unvermeidliche zu umgehen.

Kurz vor dem Fest der Ungezählten Tage, an denen die Priester damals das Jahr mit den Monaten in Übereinstimmung brachten, übten wir im Tafelhaus das Rechnen mit verkehrten Brüchen. Plötzlich drang von draußen lautes Geschrei an unsere Ohren; auch hörten wir Flüche und Waffengeklirr.

Ischma-Ja sprang erschrocken zum Fenster. Der Vater des Tafelhauses beruhigte sich aber schnell, als er erkannte, daß es nicht akkadische Räuber, sondern sumerische Krieger waren, die in unseren Hof stürmten. Sie trugen bronzene Helme mit ausgebogenem Ohrschutz, vergoldete Schuppenpanzer, aus Filz gefertigte und mit Silberscheiben verstärkte Mäntel, schwere rechtwinklige Schilde, gegabelte Wurflanzen, Sichelkeulen mit kupfernen Klingen, Fangnetze, Bogen sowie in den Köchern gefiederte Pfeile mit bronzenen Spitzen.

Der Anführer der Schwerbewaffneten schrie Befehle. Einige Krieger kletterten auf die Mauer, andere auf das Dach des Tafelhauses. Sechzig Männer stellten sich so im Hof auf, daß sie ihn nach allen Seiten verteidigen konnten.

»Das ist doch!« murmelte Ischma-Ja überrascht.

Neugierig schauten wir zu. Ein neuer Befehl ertönte und die Krieger erstarrten. Wie Statuen standen sie in der Sonne. Fliegen krabbelten über ihre Gesichter, aber keiner der Männer rührte sich oder schlug gar nach den lästigen Flügeltieren.

Nach einer Weile rollte ein großer Streitwagen mit mannshohen Rädern in unseren Hof. Er wurde von vier starken, weißen Halbeseln gezogen. Über die prächtig bemalte Staubwand ragte ein Schutzdach aus Zürgelbaumholz empor, das mit Lapislazulisteinen verziert war. Auf dem Wagen stand ein breitschultriger Mann in einem ganz aus Gold gehämmerten Panzer; seine Brust war mit Karneol und Mondstein geschmückt. An seinem goldenen Helm blitzten Lapislazulisteine. Er trug ein Schwert mit goldenem Griff und einem Knauf aus Ebenholz. Die Füße des Mannes steckten in schweren Stiefeln aus blaugefärbtem *hambaba*-Leder. Geschmeidig setzte der Fremde über das niedrige Kampfbrett des Wagens und ging durch den Sand auf uns zu.

Als Ischma-Ja das sah, stieß er einen erschrockenen Laut aus, eilte aus unserem Zimmer über die Treppe hinab vor das Haus und kam dort gerade an, ehe der Fremde die erste Stufe erklimmen konnte. Mit großem Schwung warf sich der verehrungswürdige Vater des Tafelhauses vor dem goldenen Mann auf die Erde. Eine Staubwolke wallte empor, und der Fremde mußte husten.

»Laß das, Ischma-Ja!« hörten wir ihn mit sehr tiefer Stimme sagen. »Wir sind doch nicht im Großsaal des Herrschens.«

»Großer *lugal*!« ächzte der Vater des Tafelhauses. »Welche Freude ... Deine erhabene Gestalt ... Dein *me* ... Sonne und Mond ...«

»Nun aber Schluß!« befahl der Fremde barsch, packte Ischma-Ja an beiden Schultern und zog den Widerstrebenden auf die Beine.

»Nun ja«, machte Ischma-Ja. »Ich dachte, vor deinen Kriegern ...«

»Gehen wir erst einmal hinein«, sagte der goldene Mann. »Wo können wir uns unterhalten? Wir haben Wichtiges zu besprechen. Aber zuerst will ich die Söhne deines Tafelhauses sehen.«

»Wir sind auf nichts vorbereitet«, seufzte Ischma-Ja.

»Einen Krug Bier wirst du wohl auftreiben können«, antwortete der goldene Mann und ging ins Tafelhaus voran.

Ein paar Augenblicke später traten die beiden Männer durch unsere Tür. »Verneigt euch!« befahl der Vater des Tafelhauses mit lauter Stimme. »Verneigt euch vor Lugalzaggesi, dem Herrn der vier Weltgegenden, dem großen *lugal* des Landes und Beherrscher Sumers!«

Wir starrten sie mit offenen Mündern an.

»Hör auf damit«, sagte Lugalzaggesi, »du verwirrst die Kinder nur.«

Er sah uns der Reihe nach an. Als sich sein Blick mit dem meinen kreuzte, ahnte ich hinter seinen Augen den Willen des Löwen.

Lugalzaggesis Antlitz war wettergegerbt und von zahllosen Falten durchfurcht. Unter dem Nackenschutz leuchteten weiße Haare. Er war von untersetzter Gestalt; seine Brust wölbte sich wie ein Kufen, und die mächtigen Muskeln an seinen Armen waren noch nicht erschlafft, obwohl er damals schon fast sechzig Jahre zählte.

Lugalzaggesis Bezwinger haben später über ihn so viele Lügen verbreitet, daß in Sumer und Akkad kaum noch jemand weiß, wie er in Wirklichkeit war. In den akkadischen Tafelhäusern wird nicht über seine Siege, nur über seine Niederlagen gesprochen. Die meisten Menschen kennen Sumers ersten *lugal* nur aus den Inschriften, in denen Sargon seinen geschlagenen Gegner verhöhnte. Doch Großherr Lugalzaggesi schritt dem ersten Weltherrscher voran wie der Blitz dem Donner, der Sturm dem Orkan und das Gewitter der großen Flut. Darum,

Rimusch, sollst du nun auch über diesen Unglücklichsten deiner Vorgänger endlich die Wahrheit erfahren.

Lugalzaggesi wurde im Jahr der Eröffnung des Hochlandkanals zu Umma geboren. Sein Vater Bubu diente dort als Verzückungspriester der ehrwürdigen Nisaba, der Herrin der Gerste und göttlichen Wirtschafterin des Beherrschers Enlil. Damals war Lagasch die größte und mächtigste unter den Städten Sumers. Ihr *ensi* war Urukagina, der von seinem Volk verehrt wurde wie kein Herrscher vor ihm.

Als Lugalzaggesi erwachsen war, folgte er seinem Vater in das Priesteramt. Seine Frömmigkeit war so groß, daß die Göttin mit den dreißig Gebärmüttern und sechzig Brüsten beschloß, ihn zum mächtigsten aller Menschen zu machen. Mit ihrer Hilfe wurde Lugalzaggesi *ensi* von Umma; auf ihren Wunsch führte er Krieg gegen Urukagina, durch ihre Kraft siegte er. Dann aber tat er etwas, was vor ihm noch niemand gewagt hatte: Er plünderte die Häuser der Götter, den herrlichen Antasura, den Tempel des Überflusses, den himmelhoch ragenden Egischpura, dessen Glanz die Länder bekleidete, und den Bursag, in dem die himmlischen Gaben dargebracht wurden. Darauf sprach Urukagina einen Fluch über Lugalzaggesi und seine Göttin; er sollte sich eines Tages erfüllen.

Mit dem Sieg über Lagasch war Lugalzaggesi noch lange nicht zufrieden, nun wollte er auch alle anderen Städte bezwingen. Als erster Eroberer stieg er auf Gilgameschs Mauer; von Uruk aus unterwarf er die Hochsteppe Eden vom Meerland bis nach Kisch und nahm als erster den Titel *lugal*, Großherr, an. In den anderen Städten setzte er *ensis* ein; nur Urzababa von Kisch durfte sich weiter König nennen, weil seine Stadt die mächtigste des Nordens war.

Lugalzaggesi kämpfte mit großer Härte und herrschte mit unerbittlicher Strenge; niemals aber nahm er den Menschen das Recht, sondern er gab ihnen Sicherheit, und das Land blühte auf. Um die Unterworfenen zu versöhnen, nahm er viele neue Titel an; in Uruk nannte er sich »Reinigungspriester des Anu«, in Nippur »Alt*ensi* des Enlil«, in Ur »Großwesir Nannas«, in Larsa wiederum »Statthalter Utus«, und er gab sich noch viele andere Namen. Seit seinem Zug zum Oberen Meer führte er außerdem den Titel »Herr der vier Weltgegenden«. In seinen Inschriften ließ er verkünden, er habe »die Länder in Sicherheit wohnen« lassen und die Städte »mit Wassern der Freude getränkt«. Um Sumer ewigen Frieden zu sichern, habe er Enlil in Nippur gebeten, seine

Krieger »so zahlreich wie das Kraut« zu machen und sein »gutes Schicksal« nicht zu ändern.

Mit Lugalzaggesi begann Sumers große, glorreiche Zeit. Er grub neue Kanäle zu den Strömen und legte neue Vorratshäuser an, vor denen seine Leute Korn und Kleider an die Armen verteilten. Er baute auch neue Brunnen und ließ viel mehr Aufseher als früher über die Saaten wachen. Dürre und Diebstähle gab es nicht mehr, und wenn jemand einen Fischteich anlegte, raubte ihm niemand die Fische.

In jenem Jahr entschloß sich Schagschag, die Hohepriesterin der Inanna zu Uruk, zum Opfer des Goldenen Bechers, das seit der Erschaffung des Menschen erst dreimal vollbracht worden war. Damit der Wohlstand Sumers nicht den Neid der Totengottheiten wecke, sammelte sie ihre treuesten Priesterinnen um sich und führte sie im Weißen Tempel zum Raum des Eingangs zum Haus des Staubes. Dort kleideten sich die Frauen in ihre schönsten Gewänder, steckten sich Blumen ins Haar und lobten die Große Göttin mit Liedern und Harfenspiel. Schagschag aber schmückte sich für die Heilige Hochzeit mit Meslamtaëa, dem Herrscher der Tiefe, legte ein Halsband aus Lapislazuli um ihren Nacken und ließ sich den Trank ohne Wiederkehr reichen. Als sie in die Erdentiefe gegangen war, tranken auch alle anderen Frauen aus ihrem Goldenen Becher, denn damals herrschte noch Frömmigkeit in Sumer; erst dein Vater, Rimusch, beendete diesen heiligen Brauch, auf eine Art, wie sie grausamer nicht erdacht werden konnte.

Mir schauderte bei dem Gedanken, freiwillig in die uralte Trümmerstätte des Todes hinunterzusteigen, wo die Verstorbenen in eisiger Kälte, den Leib in durchscheinende Flügelgewänder gehüllt, den Hunger mit Staub und den Durst mit dem brackigen Wasser der Pfützen stillen. Abda aber, die noch viel frömmer war als ich, lobte Schagschag und sagte: »Solange Sumer solche Frauen besitzt, werden die Götter uns lieben.«

Und so war es. Die neue Hohepriesterin ließ Schagschags Grabstätte unter dem Tempel für alle Zeiten verschließen und legte für sich und die Priesterschaft ein neues Haus des Eingangs zur Totenwelt an, in dem sie den Göttern der Tiefe täglich Preislieder sang. Meslamtaëa aber nahm das Opfer des Goldenen Bechers an und gewährte Sumer seine Gnade. Auch die Götter des Himmels zeigten sich Lugalzaggesi günstig gesonnen. So konnten Inschriften dieser Zeit sagen: »In allen

Städten herrschte Frieden; der Starke schlief mit dem Schwachen Seite an Seite. Weder an Bronze noch Brennöl war Mangel. Keine Göttin wendete den Regen ab. Kein Gott auch ließ die Flut fließen. In allen Häfen errichtete Lugalzaggesi neue Kaimauern. Überall brachte man den Friedensgruß aus. Er füllte die Spaltungen zwischen den Städten, entschied alle Rechtsstreitigkeiten und beseitigte mit ferntragendem Auge jedweden Stein auf dem Zukunftsweg seines Volkes. Das Öl wurde im Überfluß ausgegossen, die Wolle im Überfluß gewogen. Das Kupfer der Gebirge wurde in großen Körben nach Sumer gebracht. Die Tempel ließ Lugalzaggesi mit Zedernöl besprengen. Die Feinde jedoch, die in das Stromland eindrangen, um dort zu rauben, ließ er verfolgen und töten; ihre Schädel schichtete er an den Grenzmarken auf, zur Warnung der Söhne und Brüder.«

An all das mußte ich nun denken, als der goldene Mann im Tafelhaus vor uns stand, und vor Aufregung wagte ich kaum zu atmen. Lugalzaggesi sah sich noch eine Weile um. Dann fragte er in scherzhaftem Ton: »Wer ist denn der gescheiteste von diesen Bauerntölpeln hier, an die du deine Weisheit verschwendest, Freund Ischma-Ja? Er soll uns im Garten aufwarten, ich habe Hunger.« Er nahm den Helm ab und fuhr sich durch das verschwitzte Haar. »Und Durst!« fügte er hinzu. »Lasse Bier strömen wie Euphrat und Tigris im Frühling!«

»Daramas«, sagte der Vater des Tafelhauses und zeigte auf mich. »Nur sein Bruder Sargon ist ähnlich aufgeweckt, aber der ist nicht mehr hier.«

»Sargon?« fragte Lugalzaggesi stirnrunzelnd. »Welcher freche Eselnomade wagt es, seinen Sohn so zu nennen?«

»Das ist nur ein Scherz, Herr«, erklärte ich hastig. »Unsere akkadische Amme gab ihm diesen Namen, weil er als Säugling über das ganze Haus herrschte; wenn er schrie, galt kein anderer Befehl mehr, ehe er wieder still war.«

»Ach so«, lachte Lugalzaggesi.

Er schritt die Treppe hinab und hinaus in den Garten. Ischma-Ja und ich folgten ihm. Die Krieger standen immer noch in Reih und Glied.

»Eine Doppelstunde Rast!« befahl der *lugal* seinen Heerführern.

Wir gingen zu einer großen Platane, in deren Schatten Tisch und Bänke standen, denn der Vater des Tafelhauses pflegte dort seine Mahlzeiten einzunehmen.

»Brot, kaltes Fleisch und Edelbier!« raunte mir Ischma-Ja zu. »Viel Bier, hörst du! Und daß es ordentlich durchgeseiht ist!«

Ich eilte zu Ischma-Jas Frau, die mich bereits in großer Aufregung erwartete. Mit flinken Händen stellte sie Schüsseln und Krüge in einen Korb.

Als ich in den Garten zurückkehrte, hörte ich den *lugal* sagen: »... schon ernst genug. Ja, wenn es nur die dreckigen Eselnomaden wären! Aber auch in Martu und Subartu rotten sich Völker zusammen. Die Horde von Gutium schleift ihre Beile. Und dann noch diese Weissagung ...«

Ich blieb stehen. Der *lugal* gab mir einen Wink. Ich näherte mich dem Tisch und stellte meine Last ab.

»Warte dort drüben, Junge«, befahl der Großherr.

Ich hockte mich unter eine Pappel, die gleich neben der Mauer des Gartens wuchs. Der *lugal* kümmerte sich nicht weiter um mich, sondern sagte zu Ischma-Ja: »Also, was hältst du davon? Du bist der klügste Gelehrte Sumers, auch wenn du aus meinem Palast in dieses Drecknest geflüchtet bist.«

»Ich wollte immer nur der Vater eines Tafelhauses sein«, antwortete Ischma-Ja.

»Sumer braucht gute Tafelhäuser«, knurrte Lugalzaggesi, »aber noch mehr braucht es einen guten Wesir! Du gehörst so wenig hierher wie ein Wisent in einen Schafstall. Also, was denkst du nun über die Prophezeiung?« Er hob seinen Krug und saugte kräftig an den Halmen.

»Aggar wäre nicht schon in so jungen Jahren zum Hohepriester Enlils im Berghaus Nippurs aufgestiegen, wenn er sich nicht so ausgezeichnet auf Weissagungen verstünde«, antwortete Ischma-Ja. »Wenn er also von Verheilungen und Verstärkungen sprach ...«

»Aber außer ihm hat niemand diese verdammte Leber gesehen!« fuhr der *lugal* auf. »Ich habe das Untere Meer bis nach Dilmun befahren und nun auch am Oberen Meer überall nach dem Ungeheuer gesucht, das angeblich schon geboren sein soll, doch nirgends konnte ich eine Spur von ihm finden. Ist das mein *me*? Niemand hat etwas gesehen, niemand etwas gehört. Was für ein Ungeheuer soll das auch überhaupt sein? Tiamat ist lange tot, ihr Schoß stößt keine Schreckenswesen mehr aus.«

»Vielleicht kommt das Ungeheuer nicht aus den Wassern des Meeres, sondern den Fluten der Flüsse«, rätselte Ischma-Ja.

»Dann müßten wir es doch erst recht längst entdeckt haben«, rief Lugalzaggesi. »Eigentlich ist diese ganze Geschichte gar nicht zu glauben.«

»Denkst du etwa, daß Aggar lügt?« fragte der Vater des Tafelhauses verblüfft.

Lugalzaggesi warf die Strohhalme zu Boden und leerte seinen Krug mit gewaltigen Zügen. Dann wischte er sich Stirn und Bart, streifte mich mit einem Blick und erklärte: »Ich bin selbst lange genug Hohepriester gewesen und kenne die Kniffe der sogenannten heiligen Männer. Du kannst mir glauben, daß heutzutage auf jeden ehrlichen Priester drei geldgierige Betrüger kommen, die das Volk vor sich hertreiben wie Bauern dumme Ochsen im Joch.«

»Aggar konnte doch aber eine Weissagung von solcher Wichtigkeit nicht erfinden!« wandte Ischma-Ja ein. »Nie hat ein Hohepriester Enlils so etwas gewagt! Der Gott würde ihn mit seinen Himmelsdolchen zerschmettern!«

»Nun, das geschieht vielleicht noch«, meinte Lugalzaggesi. »Aber bis dahin muß ich etwas unternehmen! Aggars Priester laufen durch alle Städte und bringen die Weissagung unter die Leute. Die Zeichen sind ungünstig. Das Volk fängt an, sich zu fürchten. Und wenn ein Volk Angst bekommt, läßt es sich umso leichter aufwiegeln. Und zwar gegen mich! Dieser stinkende Steppenmungo will mir die Macht entreißen und sich selbst zum *lugal* aufschwingen!«

Ischma-Ja wiegte zweifelnd das Haupt. »Vielleicht wäre es doch besser gewesen«, meinte er, »wenn du ihm damals die Wange ...«

»Was?« fuhr der *lugal* auf. »Ich hätte mich von diesem Hund schlagen lassen sollen?«

»Aber es wäre doch nicht seine Hand gewesen«, wandte Ischma-Ja ein, »sondern die Hand des Gottes, und der Streich hätte deine Würde auch nicht verletzt, sondern sogar noch erhöht. Denn wie könntest du als *lugal* deine Frömmigkeit besser bezeugen als durch Demut und Unterwerfung vor dem höchsten Gott des Landes? Nippur ist nun einmal Sumers geweihte Stadt. Alle deine Vorgänger sind zu Enlils Berghaus gezogen, um dort den göttlichen Streich zu empfangen.«

»Ich habe keine Vorgänger!« schrie Lugalzaggesi zornig. »Wer vor mir herrschte über so viele Städte wie ich? Wer vor mir zog so weit umher, die Grenzen Sumers auszudehnen? Wer besitzt so viel *me*? Bis nach Dilmun bin ich gefahren, und wusch meine Waffen sogar im Oberen Meer, das nicht einmal Gilgamesch sah. Nicht weniger als fünfzig *ensis* dienen mir. Und da soll ich mich vor so einem tückischen Kerl, der noch ein halber Knabe ist ...« Er unterbrach sich und starrte mißtrauisch zu mir herüber.

Ischma-Ja wandte sich zu mir: »Hole noch einen Krug Bier«, befahl er.

Als ich zurückkehrte, hatte sich Lugalzaggesi wieder ein wenig beruhigt und sagte nun etwas leiser: »Ja, ich weiß, alter Freund: Auch ich werde nicht ewig herrschen. Wenn sogar Gilgamesch, der zu zwei Dritteln göttlich war, nicht die Unsterblichkeit errang, wie sollte es dann mir gelingen? Wie alle anderen werde auch ich den Tag der Mutter erleben, und dieser Tag ist nicht mehr fern, ich weiß es. Was aber wird aus meinem Werk, wenn ich im Land ohne Wiederkehr weile? Bin ich der erste einer neuen Zeit oder der letzte einer alten, die mit mir vergeht? Wird Sumer stark und einig bleiben? Oder wird es wieder so werden wie früher, da seine Städte einander bekriegten? Du weißt, ich habe keinen Sohn, dem ich das Land und meine Macht vererben könnte ...«

Er hielt inne. Ischma-Ja sagte schnell: »Du hast tausend Söhne, *lugal.* Alle Schwarzköpfigen lieben dich wie einen Vater.«

»Alle gewiß nicht«, gab Lugalzaggesi zurück. »Gut, es stehen noch immer viele auf meiner Seite. Aber nur, solange sie sich einen Vorteil versprechen. Das ist das Verhängnisvolle. Denn ich habe schon zuviel für sie getan. Und Söhne, für die ein Vater zuviel tut, werden schwach und träge. Sumer ist schwach und träge geworden. Meine Stärke ist Sumers Schwäche.«

»Dann wäre meine Weisheit Sumers Dummheit«, murmelte Ischma-Ja.

»Wenn Sumer untergeht«, sagte Lugalzaggesi, »werden die Sieger dich achten, mich aber werden sie verfluchen.« Er hob wieder seinen Krug an die Lippen.

»Der Ruhm überdauert Liebe und Haß«, sagte Ischma-Ja. »Und wen die Götter erheben, den stürzen sie auch. War es nicht immer so? Selbst Gilgamesch ...«

Der *lugal* seufzte. »Du hast recht«, erwiderte er. »Ich kämpfe auch nur, weil die Götter es wollen. Sie sind es, die den Krieg lieben, nicht ich. Und ich fühle auch, daß mein Gegner bereits erwählt ist. Er wird kein Ungeheuer sein, sondern ein Mann wie ich. Alles andere hat Aggar nur erfunden, um den Leuten Angst zu machen, damit sie mich umso schneller im Stich lassen, wenn es soweit ist.«

»Daran habe ich auch schon gedacht«, sagte Ischma-Ja und sog vorsichtig an seinem Halm, »aber wer sollte das sein?«

Der *lugal* trank wieder mit mächtigen Schlucken, blickte zum Himmel und fuhr dann fort: »Es geht ein Stern auf, der selbst meinen überstrahlt. Ich weiß es schon lange, weiß nur nicht, wo! Vielleicht ist es Aggar in Nippur, vielleicht auch ein anderer Jüngling in einer anderen Stadt; in Eridu oder in Ur, am Ende gar in den Fremdländern. Wenn ich ihn nur finden könnte!«

»Was würdest du dann tun?« fragte Ischma-Ja leise.

»Sterben«, antwortete der Großherr. »So wie es mir bestimmt ist. Einen *lugal* trennt nur der Tod von der Macht. Alles, was ich mir noch wünsche, ist ein würdiges Ende.«

»Es gibt keinen würdigen Tod für einen Besiegten«, murmelte Ischma-Ja.

»Es wird so sein, wie es sein soll«, erwiderte Lugalzaggesi. »Auf jeden Fall werde ich in Blut sterben und nicht in Blumen.«

»Du bist ein mächtiger Mann und voller *me*«, sagte Ischma-Ja, »es wird geschehen, wie du willst.«

»Doch was wird sein, wenn ich im Haus des Staubes wohne?« fragte Lugalzaggesi. »Wer wird mich grüßen, wenn ich tot bin und mein *me* vergangen ist? Wer wird meine Feldzeichen an mir vorübertragen? Wird Sumer dann Lieder der Trauer oder der Freude singen? Wird mich mein Nachfolger ehren oder verachten? Wird man meinen Namen segnen oder verfluchen? Wird mein Tod mich in der Erinnerung meiner Völker verankern, oder wird er mich vergessen machen? Werden meine Taten in künftigen Zeiten als Verdienste gewürdigt oder als Verbrechen verdammt? Als ich kam, blickte mir jeder entgegen – wer wird sich nach mir umdrehen, wenn ich gehe? Falls dieser neue Stern wirklich in den Fremdländern strahlt und Sumer besiegt wird, wo wird dann unsere Heimat sein? Wo werden unsere Frauen um uns weinen? Wer wird noch an uns denken, wenn unser Stolz mit unseren Siegen vergangen ist und uns die Niederlage zu Niemanden macht? Nein, Ischma-Ja – so wie ich siegte, will ich unterliegen: Nicht Opfer meiner Schwäche, sondern meiner Stärke will ich sein und nur von einem Stärkeren bezwungen werden, wie mein *me* nur einem stärkeren *me* weichen wird.«

Er trank wieder und fuhr fort: »Das Schicksal kriecht an mir hoch wie eine Würgeschlange und umschlingt mich umso heftiger, je mächtiger ich werde. Mit jeder Stufe, die ich höher steige, ziehe ich auch meinen Feind empor und kenne ihn noch nicht einmal. Wird er am Ende größer sein als ich je war?«

»Was Götter wollen, können Menschen nicht verhindern«, sagte Ischma-Ja tröstend. Auch mir war schwer ums Herz geworden; am liebsten hätte ich mich dem alten *lugal* zu Füßen geworfen.

»Das stimmt«, erwiderte der Großherr, und es kam mir so vor, als ob seine Zunge nun schwerer würde. »Aber warum wollen sie es? Alles tat ich für Sumer und seine Götter. Warum soll unser Reich so schnell wieder untergehen?« Er beugte sich ein wenig vor. »Die Akkader werden immer gefährlicher«, fügte er hinzu. »Fast jeden Monat langt ein neuer Stamm aus der Wüste an, um sein Vieh zwischen unseren Städten zu weiden. Sie werden immer mehr. Auch Elam wird immer unruhiger. In Wachschan stellen sie schon wieder ein neues Heer auf. Aber mit denen werde ich schon fertig. Die größten Sorgen machen mir die Akkader.«

»Gibt es keine einvernehmliche Lösung?« wollte Ischma-Ja wissen. »In der Wüste herrscht Not. Die Heuschrecken fallen fast jedes Jahr in die Weidegebiete ein. Die Nomaden müssen ins Tiefland oder verhungern. Wer weiß, ob sie nicht gute Verbündete wären, wenn du sie nur willkommen heißen würdest.«

»Wer so lange Krieg geführt hat wie ich«, antwortete der *lugal*, »der taugt nicht recht zum Friedenmachen. Verhandlungen würden auch wenig nützen. Die dreckigen Kerle verstehen nur die Sprache der Faust. Wenn man ihnen nicht gleich die Zähne zeigt, denken sie, man hat Angst und sie können einem alles wegnehmen. Verfluchtes Raubgesindel! In offener Feldschlacht würden wir die Akkader wegfegen wie Spreu, aber dazu sind sie zu schlau.«

Er lehnte sich wieder zurück. »In manchen Gauen stellen sie schon ein Drittel der Bevölkerung«, fügte er hinzu. »In Kisch wimmelt es geradezu von ihnen. König Urzababa nahm sogar Akkader in seine Palastwache auf. Ich habe ihm geschrieben, daß ich das eine Weile beobachten will. Er schickt mir laufend Berichte. Je mehr man über seine Feinde weiß, desto leichter kann man sie schlagen.«

Er winkte mir. »Komm her, Junge«, befahl er.

Ich eilte zu ihm. Er sah mich scharf an. »Ich weiß nicht, was du alles mitgekriegt hast«, sagte er. »Aber wenn ich erfahre, daß du geplappert hast, lasse ich dir die Zunge abschneiden!«

»Daramas ist zuverlässig«, sagte Ischma-Ja rasch. »Sein Vater zählt zu deinen treuesten Anhängern.«

»Ich werde immer alles tun, was du befiehlst, großer *lugal*«, brachte ich heiser hervor, »und wenn du mein Leben verlangst. Das schwöre ich!«

»Schon gut«, lächelte Lugalzaggesi. »Solange es in Sumer junge Männer gibt wie dich, braucht uns vor den verdammten Akkadern nicht bange zu sein, was?«

Er erhob sich. Obwohl er drei große Krüge Bier geleert hatte, schwankte er nicht, sondern ging mit festem Schritt aus dem Garten. Im Hof ertönten Befehle und Waffengeklirr.

Abends feierte Lugalzaggesi mit seinem Heer und den Bürgern von Sippar am Ufer des Euphrat das Opferfest der Ungezählten Tage. Viel Volk versammelte sich am Ufer, schmauste, trank und jubelte dem Großherrn zu. Ich aber mußte immer an das Gespräch im Garten denken.

Der göttliche Strom zog dahin, ewig und unaufhaltsam wie der Lauf der Gestirne. Und als ich auf seine Fluten blickte, fühlte ich zum ersten Mal, daß ebenso unaufhaltsam mein Leben dahinfloß; doch wußte ich damals noch nicht, zu welchem Ziel.

4

Jung sein bedeutet:
Lachen und nicht wissen, warum.
Weinen und nicht wissen, weshalb.
Sehnen und nicht wissen, wonach.
Fühlen und nicht wissen, wodurch.
Streiten und nicht wissen, worüber.
Kämpfen und nicht wissen, wofür.
Stolz sein und nicht wissen, worauf.
Worte des Weisen von Eridu

Der Greis baut den Gefühlen keine neuen Tempel, er huldigt ihnen noch in denen, die der Jüngling schuf. Gefühle altern zwar und schwinden mit den Jahren, aber sie ändern sich nie.

Vieles aus meiner Jugend ist meinem Gedächtnis entschwunden. Niemals aber werde ich die heißen Sommer von Sippar vergessen, die sonnendurchfluteten Tage am Euphrat, dem Großen Strom. An seinem Ufer lagen Abda und ich im Sand wie in einem weichen Bett und sahen den Schildkröten zu. Der Fluß rauschte laut und meine Jugend war wie ein ausbrechender Esel. Nachts lagen die Sterne wie Saatgut in den tiefen Ackerfurchen des Himmels verstreut. Unsere Herzen riefen einander zu wie die Vögel in ihren Höhlen am Fluß, und wir fühlten uns wie mit den stärksten Treidelseilen verbunden.

Glückliche Tage der Jugend! Igelspitz, Steinhand und ich spießten Fische an den Kanälen, jagten mit Wurfhölzern Vögel im Rohr und schwammen sogar zu den Inseln im Euphrat, um dort nach Schildkröteneiern zu graben. Wir herrschten über die Steppe vom Strom bis zur Straße nach Kisch und hatten dabei am Gazellenkanal noch manchen Kampf gegen unsere Feinde aus Safranstadt zu bestehen. Kein *lugal* hatte so treue *ensis* wie ich, aber die Sehnsucht nach Sargon wich nicht aus meinem Herzen. Eines Morgens im Säemonat ließ uns der Vater des Tafelhauses Viehlisten schreiben und darin Berechnungen anstellen, wie sie damals üblich waren: zum Beispiel, daß Lämmer im Jahr der Geburt nicht mitgezählt werden dürfen, im Jahr danach aber als Scher-Mutterlamm oder Scher-Bocklamm auf den Tafeln stehen, und im dritten Jahr wieder in einer anderen Spalte als Mutterschaf oder

Hammel gebucht werden müssen; oder daß hundert Mutterschafe jedes Jahr gewöhnlich vierzig Mutterlämmer und vierzig Bocklämmer werfen, so daß man die Größe einer Herde auf Jahre hinweg vorausbestimmen kann. Steinhand pflegte mir bei solchen Prüfungen heimlich über die Schulter zu blicken, denn die höhere Rechenkunst war nicht seine Stärke. Besser bewährte er sich in den leiblichen Übungen. Eine Kostprobe seiner Fähigkeiten auf diesem Gebiet gab er, als ihn der Ältere Bruder dabei ertappte, wie er Rechenergebnisse bei mir abschrieb. Zornig ließ der wachsame Meister der Aufsicht den Stock niedersausen und schrie: »Habe ich dich endlich erwischt, du Sohn einer Kröte und einer aasfressenden Wanderratte!«

Darauf nahm unser Gefährte den Stock und brach ihn entzwei. Dann hob er den Älteren Bruder mit einer Hand hoch, ließ ihn eine Weile strampeln und öffnete dann seine Faust, so daß der Mann polternd zu Boden fiel.

Am selben Abend suchte Ischma-Ja Steinhands Vater auf. »Er ist fort«, sagte der Ziegelmacher. »Er will in den Heeresdienst treten.«

Einige Tage später kam auch Igelspitz nicht mehr in unser Tafelhaus. Sein Vater hatte befunden, der Sohn sei nunmehr kräftig genug, um mit ihm auf dem Euphrat zu fischen. Danach sah ich Igelspitz nur noch selten.

Die Zeit verging. Am Ende des Speichermonats glättete ich eine große Tafel aus Ton für einen Brief an die Große Göttin. »Inanna!« schrieb ich darauf, »Herrin des Himmels! Große Göttin, angetan mit üppigen Reizen, die du auf reinem Hochsitz thronst! Du besprichst die Geschicke der Menschen, du besprichst die Geschicke der Welt. Den Schwarzköpfigen schickst du Gutes, läßt auf der Steppe Gras und Kräuter wachsen, damit in Hürde und Pferch Fett und Fettmilch in Fülle anfallen. Prächtig sind deine Gliedmaßen, herrlich ist deine Gestalt, vor deiner Schönheit verneigen sich alle Götter. Oh Herrin, reichlich versehen mit dem Lebenshauch! Tochter des reinen Himmels, die du im Rat der Götter den Vorrang einnimmst! Königin, die du das Land leben läßt, Herrin der unschätzbaren Beschlüsse, Erklärerin der Träume! Goldenes Standbild, an einem guten Tage erschaffen! Dein Wort ist unwiderruflich, deine Rede ein Regenwind, der vom Himmel herabregnet. So spricht Daramas, dein getreuer Knecht: So wahr meine Königin die Herrin des Himmels ist, soll Sargon zurückkehren! So wahr meine Königin die Herrin des Himmels ist, soll niemand ihn daran hindern! Möge er bald zu uns zurückkehren! Mögest du, große Göttin, das bewirken!«

Danach ging ich zum Tempel Inannas, kaufte zwei Rotflossenfische, opferte sie, vollzog erneut den Ritus der Handerhebung und legte den Brief der Göttin zu Füßen. Lange Zeit lag ich dann vor ihrem Standbild. Es war sehr früh am Morgen, und ich war allein. Ich betete zu Inanna und grübelte dabei wie schon so viele Male, wo Sargon sein mochte und ob er überhaupt noch lebte.

Doch während ich so auf der Erde lag und stumm die Göttin anflehte, merkte ich plötzlich, daß sich ein fremder Gedanke in mein Gebet drängte. Ich versuchte, ihn aus meinem Kopf zu vertreiben, aber so, wie es der lästigen Fliege am Ende doch immer gelingt, unter den schützenden Schleier zu krabbeln, so überwand am Ende auch dieser Gedanke den Zaun meiner Frömmigkeit, und ehe ich noch seine ganze Frevelhaftigkeit erkannte, hörte ich mich flüstern: »Inanna! Befreie mich von der Qual, die meine Tage vergiftet! Verzichte auf dieses Opfer und verlange nicht, daß Abda sich einem Fremden hingibt! Oh Herrin, erhabene Kraft, Auge der reinen Weisung, Heldenmütige, die uns vorangeht, Männerfängerin, Göttin des Reichtums, Verfertigerin der Menschen, Herrin des großen Hauses, Herrin der Himmelsbilder ...«

So zählte ich alle Lobnamen der Göttin auf und betete aus meinem innersten Herzen: »Füge Abda und mich zusammen wie Schaufel und Stiel, Joch und Deichsel, Achse und Rad! Verzeihe mir meine Selbstsucht, die mich an der wahren Frömmigkeit hindert! Strafe mich nicht für meine Schwäche, sondern blicke aus gnädigem Auge auf mich! Oh Licht der Götter, Herrin des Alls, die den Weltraum erleuchtet, Herrin der sieben Löwen ...«

An dieser Stelle hörte ich draußen plötzlich lautes Gebrüll. Es war ein Priester Inannas, der als besonders jähzornig galt. Er hieß Uskute und schimpfte mit Worten, die ich an dieser Stätte nicht erwartet hätte.

»Beim grindigen Gesäß der göttlichen Hure!« fluchte er. »Wie oft soll ich das denn noch sagen! Die Blumen für den Opferschmuck zum Liebesfest Inannas müssen stets abends geschnitten werden und nicht schon am frühen Morgen! Was soll ich jetzt damit anfangen? Bis zum Opfer sind die Blüten welk und die Düfte verflogen! Habt ihr denn alle kein Hirn im Schädel?«

So schrie er. Dazwischen ertönte die schüchterne Stimme eines erschrockenen Knaben: »Aber unser Herr ... Aber unser Herr ...«

Weiter kam er nicht, denn der Priester schrie nur immer lauter: »Dein Herr ist eine Stinkpflanze und ein blöder Hammel dazu! Sumpfratten! Krötenköpfe! Unfähiges Geschmeiß!« Dazu hörte ich Ohrfeigen klatschen.

Gebannt lauschte ich dem Gleichklang der sprachlichen und körperlichen Maßregelungen, die in ihrer Heftigkeit lange nicht nachließen. Erst allmählich beruhigte sich der Priester und sagte schnaufend: »Euch Gärtner müßte man düngen, wie ihr die Pflanzen düngt, dann könnte aus euch etwas werden, aber nur dann. Sieh zu, daß du die Blumen beim nächsten Mal zur rechten Zeit bringst, du schieläugige kleine Kaulquappe! Am nächsten Mondwechsel beginnt Inannas Opferfest, da sind zweiundzwanzig Kammern zu schmücken, jede mit anderen Blüten. Wenn du dein Gemüse noch einmal zur falschen Zeit anschleppst, reiße ich dir die Ohren ab.«

»Es wird nicht geschehen, Herr«, antwortete der Knabe furchtsam. Ich hörte, wie sich eilige Schritte entfernten. Da dankte ich der Großen Göttin und sagte in meinem Herzen zu ihr: »Das werde ich dir niemals vergessen, daß du mein Flehen erhört hast und mir diesen Wink gabst. Du sollst für immer meine Herrin sein.«

Die Statue sah auf mich nieder, und mir schien, als lächelte sie mir zu.

Am Tor sah ich den fetten Priester ärgerlich in einem Korb voll frischer Blütenkränze stochern; sein Bauch war wie ein Wassersack.

Lugalzaggesi führte zu jener Zeit Krieg in Elam und Wachschan. Er schlug viele Schlachten gegen die Völker der Berge. Die Elamiter wichen vor seinen Waffen wie Spreu, die der Wind fliegen läßt. Alle Länder fürchteten sich vor dem Großherrn wie die Vögel in den Gassen. In seinen Siegesinschriften war er »wie ein Löwe mit mächtiger Brust, der auf das Bergland Geifer speit.« Nach seinem Sieg wurden überall Sklaven in solcher Menge verkauft, daß ein kräftiger Mann weniger kostete als ein Esel und eine hübsche Beischläferin billiger war als ein Schaf.

Auch nach Gutium zog der *lugal.* Dort aber drang er wegen schlechter Vorzeichen nicht in das hohe Gebirge ein, sondern begnügte sich damit, die Grenzbefestigungen zu erneuern und ein starkes Heer als Wache zurückzulassen. Später erzählte man sich, Enlil selbst habe Lugalzaggesi verboten, über den Fluß der neun Toten in das Gebiet der Horde zu ziehen. Darum glaubten damals viele Menschen, das Ungeheuer werde nicht aus dem Meer, auch nicht aus Euphrat oder Tigris steigen, sondern aus einem der Bergflüsse, der schnellen Dyala oder dem reißenden Zab.

Am Abend vor dem Opferfest band ich Myrtenblüten mit Palmenbast zu einem Kranz, brachte ihn Abda und sagte: »Morgen werde ich meinen Vater bitten, zu deinen Eltern zu gehen, damit wir einander versprochen werden. Ich werde dich immer lieben. Das gelobe ich bei der Großen Göttin.«

Abda blickte mich zärtlich an. Dann gab sie mir einen Kuß und flüsterte froh: »Auch ich werde dich immer lieben, Daramas. Wenn ich morgen mein Opfer darbringe, dann will ich es in Myrtenblüten tun und dabei an dich denken.«

Am Morgen wurden die jungen Mädchen von ihren Eltern feierlich in den Tempel geführt. Das Opferfest war noch nicht so entheiligt wie heute, wo man schon Tage vorher an jedem Tempel trinkende Burschen herumlümmeln sieht, die nicht an den hohen Sinn der göttlichen Nacht denken, sondern nur an ihr Vergnügen, schändliche Eseltreiber, die sich nicht mit Beten auf das heilige Geschehen vorbereiten, sondern rohe Witze reißen wie vor einem ländlichen Tanzfest. Heute gelten akkadische Bräuche, damals jedoch herrschte noch die feine Sitte Sumers, selbst bei denen, die nichts besaßen.

Als die Gläubigen in ihren Festgewändern den Tempel betraten, reichten Diener ihnen den Opferschmaus: eingelegte Kutteln und Bauchfleisch mit Malz, Zwiebeln, Lauch, Kümmel und Koriander. Dazu tranken die Feiernden acht verschiedene Sorten Bier und berauschenden Dattelwein. Unter Anleitung des Oberpriesters sangen sie heilige Hymnen, riefen die neunzig Kultnamen der Göttin und priesen ihre Großtaten seit der Erschaffung der Welt. Tempelmusikanten ließen dazu die Jubel- und Klanghölzer tönen. Als der Abend nahte, wurde im Innenhof ein großes Feuer entzündet. Die Eltern der Mädchen verabschiedeten sich und machten sich auf den Heimweg. Nur die Priester und Priesterinnen, die Mädchen und jungen Männer blieben zurück. Das Tor aber wurde verriegelt.

Kurz bevor das geschehen mußte, zog ich ein Sklavengewand über mein schönstes Festtagskleid, schlich aus dem Haus und lief auf der Straße zum Tempelgarten. Bald kam mir der junge Gärtnergehilfe entgegen. Er lenkte einen Eselskarren, auf dem vier Körbe voller bunter Kränze standen.

»Was ist denn?« rief er mißtrauisch, als ich mich ihm in den Weg stellte. »Ich habe es eilig!«

»Jetzt auf einmal«, entgegnete ich in gespielter Empörung. »Der Dicke ist vor Wut außer sich, und du bist schuld daran.«

»Ich?« fragte der Junge entgeistert; das Blut wich aus seinem Gesicht.

»Wer sonst?« rief ich anklagend. »Das Tor wird gleich geschlossen, und die Kränze sind noch nicht da!«

»Aber erst letzte Woche hat er mich angebrüllt, daß ich die Blumen nicht zu früh bringen soll, weil sie sonst welken«, rief der Gärtnergehilfe entsetzt.

»Erzähle das Uskute«, antwortete ich. »Ich glaube nicht, daß er dir zuhören wird. Eben hörte ich ihn brüllen, daß er dir die Ohren abreißen will.«

»Große Göttin«, ächzte der Knabe. Sein Gesicht war weiß wie der Sand des unteren Meeres. »Was soll ich tun?«

»Überlasse die Sache mir«, sagte ich. »Ich werde dem Priester erzählen, daß du gestürzt bist und dir den Fuß verstaucht hast. Dann kann er dir nicht böse sein.« Ich setzte mich neben ihn und wir fuhren zum Tempeltor. Der Junge sprang kurz vorher ab und mischte sich unter die Menschen, die dort standen und auf ihre Verwandten warteten. Ich lenkte den Karren hinein.

Der fette Priester eilte heraus und blickte mich mißtrauisch an. »Wer bist du denn?« wollte er wissen.

»Mich schickt der Meister der Pflanzen«, log ich. »Sein Gehilfe hat sich den Fuß verstaucht. Wo sollen die Kränze denn hin?« Uskute schaute auf seine Tafel: »In die erste Kammer kommen die Ziströschen, in die zweite die Anemonen. Dann Mohn, Safran, Hirtenblüte, Myrte … Kannst du lesen? Natürlich nicht. Hier muß man alles allein machen. Große Göttin!« Er nahm den ersten Korb und begann, die Kränze so zu verteilen, wie es von den Mädchen gewünscht war.

Ich brachte den Wagen zum Tor. Der Junge wartete schon. Erleichtert ergriff er den Esel und zog ihn heraus. Uskute watschelte mit den Kränzen zwischen den Opferkammern umher. Ich schlüpfte hinter eine Tür und streifte das Sklavenkleid ab. Dann mischte ich mich unter die anderen jungen Männer.

Die vornehmen Jünglinge, Priester und Krieger redeten von den Verdiensten, denen sie ihre Erwählung verdankten, und priesen die Große Göttin. Ich aber hörte kaum, was sie sagten, denn meine Gedanken waren bei Abda. Mit meinem Herzen sah ich ihr zu, wie sie jetzt wohl von den Priesterinnen zum heiligen Bade geleitet, danach gesalbt und gekleidet, geschminkt und geschmückt würde, um dem Liebhaber zu gefallen, den ihr die Göttin zuführen sollte. Ich stelle mir vor, wie sie danach in die Kammer des heiligen Opfers gebracht wurde; wie ihr die Priesterinnen dort nach genauer Vorschrift die kostbaren Kleider abnahmen und wie Abda sich dann nackt auf ihr nach Myrten duftendes Lager legte. Auch sah ich, wie die Priesterinnen die Lampen löschten und nur ein kleines Talglicht brennen ließen, gerade hell genug, einen milchigen Schimmer auf Abdas herrlichen Körper zu gießen. Ich malte mir aus, wie sie in ihrer Frömmigkeit mit geschlossenen Augen daliegen würde, wenn ich bei ihr eintrat, und sich mir freudig hingeben würde …

Als es ganz dunkel geworden war, ertönte wieder das heilige Klangholz. Der Oberpriester sang den Großen Hymnus. Seine kräftige Stimme hallte durch den heiligen Hof und über die Mauern nach draußen, wo immer noch viele Menschen standen. Danach erschollen Klang- und Jubelholz zugleich, und das Opfer begann.

Heute pflegen die jungen Opferer schon bei der ersten Hymne voller Ungeduld mit den Füßen zu scharren. Danach beginnt gewöhnlich sogleich ein großes Gerenne, als hetze eine Herde liebestoller Steppenesel hinter einer rassigen Stute her. Der heilige Ton ist kaum verhallt, da treten diese lüsternen Kerle gegen die Türen, so wie ein Halbesel des hohen Gebirges in seiner Geilheit die Hufe gegen die Felsen schlägt, bevor er seine heiße Eselin bespringt. Und sind diese Burschen dann in die Opferkammer getreten, denken sie nicht an die vorgeschriebenen Riten, sondern sie wälzen sich gleich auf das Lager, so wie sich Röhrichtschweine grunzend in den weichen Schlamm fallen lassen, und haben nichts anderes mehr im Sinn, als ihrer Wollust zu frönen. Damals jedoch, in der alten Zeit, gehorchte man noch der feinen sumerischen Sitte: Als das geheiligte Zeichen erklang, sprangen die vornehmen Jünglinge nicht etwa gleich in die Höhe, sondern sie plauderten erst noch ein Weilchen und fügten noch einige Lieder zu Ehren der Großen Göttin hinzu. Erst nach und nach erhob sich dann der eine oder der andere, um mit gemessenen Schritten zum Brunnen zu gehen. Nach der heiligen Waschung wandelten sie ohne jede unziemliche Hast zu den geschmückten Opferkammern, um endlich den frommen Dienst zu verrichten.

So wie sie versuchte auch ich zu handeln, doch ertappte ich mich bald dabei, daß ich meine Vorbereitungen schneller traf als die anderen Jünglinge; denn ich hatte große Sorge, daß mir einer von ihnen bei Abda zuvorkommen könnte. Daher eilte ich schon nach kurzer Zeit als erster vom Brunnen fort. Vor der fünften Kammer sagte ich dankbar in meinem Herzen: »Preis dir, Große Göttin, daß du mir diese Gunst gewährst!« Da sah ich in den Augenwinkeln plötzlich einen Schatten, und ein heftiger Ellenbogenstoß traf mich in die Rippen. Ich stolperte und stieß mit dem Kopf so unglücklich gegen die Ziegel der Wand, daß mir schwarz vor Augen wurde und ich zu Boden fiel.

Als meine Benommenheit wich, fand ich mich vor der Kammer auf der bloßen Erde liegen. Durch die nun verschlossene Tür drang ein Keuchen und Stöhnen. Mühsam richtete ich mich auf. Das Stöhnen wurde lauter und ich gewahrte, daß es aus Abdas Kehle drang. Eine Zeitlang versuchte ich mir vorzumachen, daß es ein Laut des Schmerzes sei. Doch allzu bald mußte ich mir eingestehen, daß es die Lust der Liebe war, die meiner Freundin solche Laute entlockte, und daß sie beim Opfer nicht Abscheu empfand, wie sie es mir versprochen hatte, sondern die ganze Wollust des Weibes. Das Keuchen meines siegreichen Rivalen aber verriet, wie sehr er Abdas Leidenschaft genoß. Und noch mehr schien es ihn zu erregen, als sie begann, ihm Liebkosungen zuzuflüstern, wie ich sie nie zuvor vernommen hatte.

»Inanna!« dachte ich da. »Wie hast du mich getäuscht und betrogen! Was ich auf deinem Antlitz als Lächeln der Güte zu sehen glaubte, in Wahrheit war es ein Lächeln des Spotts. Nicht helfen wolltest du mir, sondern mich verhöhnen, nicht mich trösten, sondern täuschen und mir nicht Erlösung zuteil werden lassen, sondern nur umso schlimmere Qual. Grausam strafen die Götter den, der ihren Willen mißachtet, mitleidlos stürzen sie jene ins Unglück, die sich nicht beugen, und unbarmherzig vernichten sie den, der sich widersetzt. Grausame Göttin! Männerverschlingerin, die du dich an der tierischen Brunst mehr erfreust als an den Gefühlen des menschlichen Herzens! Ja, tausendmal recht hatte Gilgamesch, als er deine Werbung zurückwies und dich in deiner Wollust verschmähte!«

So haderte ich, der Haß schwoll in meinem Herzen, und als ich den leisen Schrei hörte, mit dem Abda schließlich die höchsten Wonnen der Wollust erreichte, schmeckte ich Blut auf der Zunge. So wie ich vorher lieben wollte, wollte ich nun töten. Mit zitternden Händen spähte ich nach einem Stein, um meinem Nebenbuhler den Schädel einzuschlagen.

Ich fand einen zerbrochenen Ziegel, hob ihn auf und stellte mich hinter die Tür, da rief Abda auf dem Gipfel ihrer Lust einen Namen, und ich erstarrte. Blitze zuckten vor meinen Augen, Donner hallte in meinen Ohren, mein Arm sank herab und endlich erkannte ich, daß ich selbst, ich allein an meinem Unglück schuld war. Denn nicht etwas genommen hatte mir die Große Göttin, sondern etwas gewährt, um das ich sie lange angefleht hatte: Als der junge Mann, der mich zur Seite gestoßen hatte, wieder aus Abdas Kammer trat, fiel das Mondlicht auf die hochgewachsene, kräftige Gestalt eines jungen Kriegers und auf ein Gesicht, das ich trotz des schwarzen, lockigen Bartes sogleich erkannte.

Es war das Antlitz Sargons.

II

ENLIL

1

Welche Zuflucht böte größere Sicherheit
als der Schoß einer Mutter?
Aber wir können niemals dorthin zurück.
Welchen anderen Ursprung haben Menschen
als den Samen der Väter?
Aber wir werden niemals so sein wie sie.
Welche anderen Götter können wir anbeten
außer den Göttern unseren Volkes?
Aber sie werden uns niemals erhören.

Worte des Weisen von Eridu

Sargon war ein Mann geworden. Der Kriegsmantel aus feingekämmter Wolle ließ seinen Wuchs noch kräftiger erscheinen, und sein Gang war fest und sicher wie der eines ausgewachsenen Urs, wenn er sich im Gebirge kampflustig bewegt. An seiner linken Schulter blitzte die silberne Spange des Hundertschaftsführers. Als er mich sah, fuhr seine Hand zum Dolch. Dann erkannte er mich und sagte verblüfft: »Daramas! Was tust du denn hier? Du streifst durch die Nacht, wie ein Fuchs durch eine tote Stadt streicht!«

Ich stand vor ihm und zitterte vor Wut, Haß und Enttäuschung.

Sargon warf einen Blick auf meine Faust, die immer noch den Stein umklammert hielt, und brachte sich mit einem Schritt außer Reichweite. »Was ist denn?« fragte er besorgt. »Sei vorsichtig!« Ich schluckte und rang mühsam nach Luft. Dann stieß ich hervor: »Vorsichtig hätte ich vorhin sein sollen, ehe du mich niederschlugst, um vor mir bei Abda zu sein.«

»Still«, machte Sargon. Er wandte sich nach der Kammer um, aber die Tür war schon wieder verschlossen, wie es der Brauch befahl, damit die Tempeldienerinnen die Mädchen nach ihrem Opfer zum Bad führen konnten.

»Ach so, du warst das«, murmelte Sargon. »Ich hatte dich gar nicht erkannt. Ich lasse mich aber nicht gern überholen, schon gar nicht von so einem jungen Bock, der sich erst einmal im Krieg die Hörner abstoßen sollte, ehe er hier die Härte seines Liebesgerätes erprobt.«

Er trat einen Schritt auf mich zu und faßte mich scharf ins Auge.

»Was treibst du dich hier eigentlich herum?« fragte er. »Bist du am Ende der Kerl, den die Wächter überall suchen?«

»Die Wächter?« brachte ich mühsam hervor.

»Wie bist du denn an ihnen vorbeigekommen?« wollte Sargon wissen. »Die Torhüter haben die Listen schon mindestens zehnmal verglichen, und immer noch ist ein Strich zuviel bei denen, die in den Tempel hineingingen. Es soll ein junger Bursche mit einem Eselskarren sein. Der vierbeinige Esel ist wieder draußen, der zweibeinige nicht.«

Ich ließ die Hand mit dem Stein langsam sinken.

»Da hast du dir etwas Schönes eingebrockt«, sagte Sargon. »Wenn sie dich erwischen ...«

»Um mich brauchst du dir keine Sorgen zu machen«, antwortete ich trotzig. »Aber was trieb dich zu dem Mädchen? Ich dachte, dir sind Männer lieber.«

»Wie kommst du denn auf diesen Unsinn?« lachte Sargon. »Freilich, im Feld hat mir schon oft ein Freund mit seiner Faust die Frau gespielt; auch pflügte ich schon manche Mannesfurche. Wenn ich aber die Wahl habe, ziehe ich weibliche Schenkel vor und weiß sie auch wohl auseinanderzuzwängen; wenn du mir das nicht glaubst, kannst du ja Abda fragen!«

Ich packte den Ziegel fester.

»Holla, Bruder«, rief Sargon und bewegte sich rasch wieder einen Schritt rückwärts.

»Und damals, als der Meister des Würgens seine Lust an dir stillen wollte?« fragte ich zornig. »War da nicht auch dein Geschlecht steil aufgerichtet wie das Glied eines liebestollen Eselhengsts?«

Sargon schaute auf mich wie auf einen Kranken. »Mir wird kein Zeugungsspieß die Hinterbacken spalten«, sagte er, »denn ich bin nicht als Stute geboren.« Er zögerte ein wenig und fuhr dann fort: »Doch immer, wenn ich Schwert oder Lanze in das Fleisch eines Besiegten stoße, wenn ich weiß, daß ich ihn bezwungen habe, wenn seine Kraft vor der meinen schwindet und sein Leib im Tode erschlafft, immer dann verspüre ich das gleiche Gefühl wie bei der Liebe mit einer Frau. Es ist nicht so, daß ich gern töte, aber ich siege gern.«

»Du bist ein Tier«, murmelte ich entsetzt. »Nein, du bist schlimmer als ein Tier. Tiere empfinden keine Lust beim Töten.«

Seine weißen Zähne leuchteten. »Das mußt gerade du mir sagen«, antwortete er. »Eben wolltest du mir mit einem Stein den Schädel einschlagen – mir, deinem eigenen Bruder!«

»Du hast alles zerstört«, sagte ich wütend.

Er blickte mich überrascht an. »Ich wußte nichts von dir und Abda«, suchte er mich zu besänftigen.

»Du hattest kein Recht, sie mir fortzunehmen!« rief ich.

»Ruhig, Bruder!« mahnte er. »Wenn es zwischen euch wirklich so steht, wie du behauptest, dann hast du sie mir zuerst weggenommen.«

»Sie konnte dich doch überhaupt nicht leiden!« warf ich ihm vor. »Das hat sie mir selbst gesagt.«

»Die Weiber und die Wahrheit«, lachte Sargon. »Außerdem: Bevor du meinen Esel prügelst, peitsche erst einmal deinen. Mir wirfst du Unzucht vor – aber wo warst du denn, als ich mit dem Meister des Würgens kämpfte?«

»Ich kann nichts dafür, daß der Kerl gerade kam, als ich in den Büschen mein Wasser abschlug«, erwiderte ich.

Sargon lachte. »So dunkel war es damals nicht«, versetzte er. »Ich habe noch keinen im Liegen pinkeln gesehen. Schon gar nicht, wenn ein hübsches Mädchen auf ihm saß. Du hast das Tier mit den zwei Rücken gespielt, während ich kämpfte. Weniger brüderlich als du damals kann ich heute auch nicht gewesen sein. Wir sind quitt. Jetzt wollen wir erst einmal sehen, wie wir dich heil und unbemerkt aus dem Tempel kriegen, daß unseren alten Vater nicht das Leiden der Blutstockung anfällt.« Er kniff die Augen zusammen. »Im Tor sitzt jetzt nur noch der Obertürhüter«, fügte er leise hinzu. »Ich werde ihn ablenken, und du machst dich fort. Lasse endlich den blöden Ziegelstein los!«

Er ging auf das Tor zu. Ich schlich an der Mauer entlang und wartete. Der Obertürhüter hatte sein Amt erst ein Jahr zuvor gekauft. Als er Sargons Abzeichen sah, sagte er höflich: »Möge die Große Göttin dir stets Kraft verleihen, Hundertschaftsführer. Mögest du dem Tempel wohlgesonnen bleiben und noch oft wiederkehren.« Er sprach mit sehr hoher Stimme.

Sargon nickte und sagte: »Ich danke dir, Meister der Türhütekunst! Auch dir möge die Große Göttin stets Gnade in Fülle gewähren. Mögest du noch viele Jahre lang über dieses Tempeltor wachen, scharfäugiger Göttergehilfe!«

Mit seiner Rechten winkte er mir unauffällig zu. Ich schlüpfte hinter seinem breiten Rücken aus dem Tor und hielt erst an, als der Tempel ein gutes Stück hinter mir lag.

Sargon kam wenige Herzschläge später. »Über diesen Tempelwächter hat der Gott der Dummheit sein Fangnetz geworfen«, sagte er, »Triefäugiger Erdlochvogel!« Er ahmte die hohe Stimme des Wächters nach. »Ach, wie wird das schlimm und bitter, wenn wir diesen Kerl nicht finden! Dann stehen uns keine fröhlichen Tage bevor! Der Oberpriester wird schnauben wie eine wütende Wisentkuh, wenn sie bei ihrem Kälbchen ein Rudel Schakale bemerkt!«

Wir liefen nebeneinander nach Hause. In meinem Herzen rang Bruderliebe mit Eifersucht und Wiedersehensfreude mit Enttäuschung.

»Wo warst du eigentlich?« fragte ich. »Vater ließ dich überall suchen, in Kisch und sogar in den Städten des Südens!«

»Ich war in Kisch«, erwiderte Sargon, »aber erst später.«

»Und vorher?« wollte ich wissen.

Sargon sah mich zögernd an. »Ich war bei den Akkadern«, sagte er schließlich.

»Bei den Eselnomaden?« fragte ich überrascht. »Aber ...«

»Ja, sie haben Esel«, unterbrach mich Sargon, »und Nomaden sind sie auch, aber keine üblen Kerle, und wackere Krieger obendrein, das kann ich dir sagen.«

»Aber wie kamst du zu ihnen?« wunderte ich mich. »Schneiden sie nicht jedem Schwarzköpfigen gleich den Hals durch?«

»Ammenmärchen!« brummte Sargon. »Das heißt: schlimmer als Ammenmärchen. Denn die stimmen ja manchmal. Kannst du dich noch an Hatamersa erinnern? Vater ließ sie frei, weil sie uns nach Mutters Tod so gut versorgt hatte.«

»Bei ihr warst du?« staunte ich. »Darauf wäre ich nicht gekommen. Aber warum hast du uns keine Nachricht geschickt?«

»Ich wußte ja nicht, was hier los war«, erwiderte Sargon, »was du Vater erzählt hast und ob du überhaupt gesehen hast, was geschah, als ich den Meisterwürger erstach.«

Ich schwieg.

Sargon schlug mir auf die Schulter. »Das ist jetzt vorbei, Bruder«, meinte er aufgeräumt, »ich mache dir keinen Vorwurf. Wenn dieses kleine schwarze Hürlein mir vor die Lanze gekommen wäre, hätte ich dich auch vergessen, jedenfalls für eine Weile, und das alte Rein-Raus-Spiel gespielt, das kannst du mir glauben.«

»Sie war eine Enki-Priesterin«, sagte ich.

»Jaja«, machte Sargon.

»Und woher wußtest du, was vor dem Stuhl der Besonnenheit ausgesagt worden war?« fragte ich.

»Von Steinhand«, antwortete Sargon.

»Steinhand?« staunte ich. »Was tut der denn in Kisch?«

Sargon grinste. »Er tritt Leute in den Arsch«, sagte er.

Ich sah ihn verständnislos an.

»Er ist bei uns Mitglied geworden«, erklärte Sargon fröhlich, »bei den Heerscharen Urzababas, des Königs von Kisch. Weil Steinhand das Kriegshandwerk so schnell erlernte, ist er schon Ausbilder und bringt den Neuen das Fechten bei. Er nimmt die Sache sehr ernst und hat das Jungvolk fest im Griff.«

»Das glaube ich«, gab ich zur Antwort. »Aber die Schlacht gewinnt der bessere Kopf, nicht der stärkere Arm.«

»Schlachten schlägt Steinhand noch nicht«, lachte Sargon, »aber bei seiner Auffassung vom Üben fließt ohne Krieg Blut. Du weißt ja: Wo der hinhaut, bleibt die Steppe kahl. Als er mir erzählte, was der Stuhl der Besonnenheit in seiner großen Weisheit befunden hatte, beschloß ich, zurückzukehren. Nimm es nicht so schwer. Ich bin dir nicht mit Absicht in die Quere gekommen. Was sollen wir uns über Weiber streiten – ist die Welt nicht voll von ihnen? Wir werden noch so manches hübsche Blümchen pflücken; noch viele frische Früchte warten darauf, daß wir an ihnen naschen, und für jede Hindin, die unser Pfeil trifft, wachsen zwei Schmalrehe nach. An Brüdern aber besitzt du nur einen, so wie auch ich.«

Da unterdrückte ich meinen Groll und antwortete: »Du hast recht. Vergib mir. Auch die Große Göttin möge mir verzeihen. Nun soll alles wieder so wie früher sein. Wir sind die Söhne des Steppenbaums, und du bist unser *lugal.*«

Sargon grinste wieder. »Wir sind die Söhne des Steppenbaums«, wiederholte er. »Doch ich gedenke nicht, künftig wieder im Tafelhaus zu sitzen oder mit euch durch die Gegend zu strolchen, falls du das erwartet haben solltest. Laß uns dort Platz machen für die nach uns Geborenen, die kleinen Knaben, die nun das Land am Steppenlöwenkanal von uns erben mögen. Wir wollen uns dafür nehmen, was die vor uns geborenen Männer besitzen. Denn so ist nun einmal der Lauf der Welt, daß der ältere Stier vor dem jüngeren weicht und der Löwe vor seinem Sohn flieht. Mußte nicht selbst Anu einst seinem Nachfolger Enlil die Herrschaft über die Erde lassen? Und heute drängt schon Enlils Sohn Nanna nach des Vaters Macht. Nach vorn laß uns blicken, Bruder, nicht zurück. Der Duft der Zukunft erquickt die Nase, auf die Vergangenheit aber entläßt der Darm seine Winde.«

»Du willst also nicht bei uns bleiben?« fragte ich enttäuscht.

Sargon lachte wieder und legte mir brüderlich einen Arm um die Schultern. »Für eine Weile schon«, gab er zur Antwort. »Mal sehen, was Vater meint. Wir werden über alles reden. Jetzt will ich erst einmal zu ihm. Beim greulichen Ziegenfisch, der wird Augen machen!«

»Laß mich ihn erst schonend vorbereiten«, schlug ich vor, »sonst schadet die Überraschung am Ende noch seiner Gesundheit. Du bist sein Lieblingssohn.«

»Unsinn«, murmelte Sargon. »Dich liebt er wie mich. Beeile dich! Ich kann es kaum erwarten, den Alten wiederzusehen.«

Er blieb an der Hausmauer stehen, und ich ging hinein. Mein Vater saß im Zimmer des Speisens auf seinem hohen Männerstuhl aus Eichenholz und Wisentleder. Der runde Tisch auf den Ochsenklauen trug allerlei Schüsseln und Krüge, und alle Öllampen brannten. Verblüfft blieb ich stehen. Einen Augenblick lang dachte ich, daß unser Vater vielleicht schon Nachricht von Sargons Rückkehr erhalten und deshalb ein Festmahl befohlen habe. Dann aber las ich in seinem faltenreichen Gesicht, daß ihn nicht Freude, sondern schwere Sorge bewegte. Müde winkte er mir zu. »Komm herein«, sagte er, »und mache die Tür zu.«

Ich gehorchte und trat ehrerbietig vor seinen Stuhl. »Vater«, sagte ich, »ich habe ...«

Er hob die Hand, und ich verstummte, denn in der alten Zeit war es nicht üblich, daß Kinder redeten, wenn die Eltern Schweigen geboten.

Ich sah ihn an und in meinem Geist formten sich Worte, die ich sagen wollte: »Vater, ich habe dir etwas sehr Wichtiges mitzuteilen ...«

»Sohn, ich habe dir etwas sehr Wichtiges mitzuteilen«, sagte statt dessen mein Vater. »Der weise Ischma-Ja war bei mir. Der Großherr hat ihn nach Uruk befohlen. Es scheint, daß dort ziemliche Unruhe herrscht. Ischma-Ja soll künftig Lugalzaggesis Ratgeber sein. Sumer braucht seine besten Köpfe, wenn es jetzt nicht den Kopf verlieren soll.«

»Die Götter mögen den *lugal* schützen«, sagte ich fromm.

Mein Vater nickte. »Die Götter, ja«, sagte er. »Aber wir Menschen müssen auch etwas tun. Der Großherr hat wieder die Steuern erhöht. Besondere Zeiten erfordern besondere Maßnahmen. Wir werden das Geld schon irgendwie aufbringen, wenn es auch nicht leicht sein wird. Ach, wenn nur Sargon zurückkäme! Allein werde ich es wohl nicht mehr sehr lange schaffen.«

»Aber ich bin doch bei dir, Vater«, rief ich.

Er blickte mich traurig an. »Nicht mehr lange«, erwiderte er. »Der Großherr will nicht nur die Alten, er schart nun auch Sumers Jugend um sich. Alles für den großen Kampf gegen das Ungeheuer, das irgendwo dem Wasser entstieg und jetzt bald in unser Land einfallen soll. Von den Alten will Lugalzaggesi den Rat, von den Jungen aber das Blut, das Sumer braucht, wenn es nicht untergehen will. Darum hat der *lugal* befohlen, die fähigsten Knaben des Landes nach Uruk zu bringen, wo sie in seinem Großhaus unterrichtet werden sollen. Hast du dem Großherrn nicht aufgewartet, als er Sippar besuchte? Nun, er erinnerte sich deiner. Eigentlich müßte ich stolz auf dich sein. Ja, Daramas: Morgen schon fährst du mit Ischma-Ja nach Uruk. Nur die Götter wissen, wie viele Jahre du dort bleiben mußt und ob wir uns noch einmal wiedersehen werden.«

2

Wenn ein kluger Gärtner zwei Bäume pflanzt,
achtet er darauf, daß nicht der eine
Schatten über den anderen wirft.
Denn sonst kann der andere nicht gedeihen.
So ist es auch mit Söhnen.

Worte des Weisen von Eridu

Oft dachte ich an diese Nacht zurück, wenn ich in meinem Schlafgemach im Haus der Herrschaft zu Uruk lag und Enlils Atem im Mondlicht die Mauern umtoste. Damals baute man die Betten der Ermüdung noch aus Eichenholz; ihre Böden bestanden aus Seilen und ihr Polsterwerk aus gekämmter Wolle; man schlief darauf sanft wie im Grasland der Steppe. In Sippar ruhten selbst die Wohlhabenden noch auf Ziegenhaar und wärmten sich unter Decken aus Filz; in Lugalzaggesis Palast aber war alles Bettzeug aus feinstem Leinen gewirkt.

In jener Nacht, als Sargon und ich bei unserem Vater zusammensaßen, kamen wir einander nahe wie nie zuvor, und manchmal schien es mir, als stünden die Gestirne still, als hörte alles Leben zu altern auf und hemmten selbst die heiligen Ströme den immerwährenden Lauf. Sargon schilderte seine Abenteuer bei den Akkadern, in Kisch und am Rand des Gebirges. Unser Vater erklärte uns, wie es um sein Vermögen bestellt war, welche Felder und Fluren und wie viele Rinder, Schafe und Sklaven auf seiner Eigentumstafel standen.

»Du könntest mir die Aufsicht über die Frucht- und Palmgärten abnehmen«, schlug er Sargon vor, »das ist unser bester Besitz und zugleich der am schwersten zu hütende. Das Gärtnern erfordert viel Aufmerksamkeit, und die Sklaven werden schnell faul, wenn man sie nicht ständig antreibt.«

»Das solltest du tun, Sargon«, riet ich. »Als Krieger hast du keine Zukunft; sieht man die Helden von einst nicht heute als Krüppel an den Straßenecken betteln?«

Sargon kauerte auf dem Tisch wie ein Löwe auf seinen Tatzen. »Was erzählst du?« sagte er ärgerlich. »Meine Zukunft ist wie deine Zukunft: Zusammengezählt ergeben sie nichts!«

Danach beschrieb unser Vater seine Pflichten bei der Verteilung des Wassers und der Instandhaltung der Kanäle, auf denen Sippars Wohlstand beruhte. Später mußte ich Sargon erzählen, wie ich das Gespräch des *lugal* mit Ischma-Ja angehört hatte. Als ich geendet hatte, sagte er: »Das kann nicht gutgehen. Der Kerl hat ja Angst! Und alles nur wegen einer Leberschau! Man weiß doch, wie die Priester lügen; aus ihren Mäulern quillt nichts Besseres als aus meinem Darm.«

»Ich weiß, beim Heer ist eine rauhe Sprache üblich«, mahnte unser Vater, »aber in meinem Hause ...«

»Du tust dem *lugal* Unrecht«, sagte ich zu Sargon. »Wenn du mir richtig zugehört hättest, wüßtest du, daß er den Priestern genauso mißtraut wie du selbst. Aber die Weissagung stammt schließlich von Aggar selbst, dem Hüter des Berghauses Enlils zu Nippur, der herrlichsten Götterwohnung in Sumers heiligster Stadt.«

So redeten wir über alles, was uns bewegte, und achteten nicht auf die Stunden. Erst spät am Abend tranken wir aus, umarmten einander und legten uns schlafen.

Im Licht der aufgehenden Sonne stand ich am Euphrat im Menschengewimmel der Anlegestelle und starrte hinaus auf den Strom. Da hörte ich plötzlich hinter mir lautes Weinen, und als ich mich umdrehte, flog Abda an meine Brust. Sie schluchzte und bat unter Tränen: »Verlasse mich nicht, mein Geliebter! Wie kann ich ohne dich leben?« Dabei preßte sie sich an mich und bedeckte mein Gesicht mit Küssen. Ich aber stieß sie von mir und sagte: »Mir zeigst du deine Trauer, deine Freude aber hast du einem anderen geschenkt.«

»Wie meinst du das?« weinte Abda und sah mich verzweifelt an, doch ich verhärtete mein Herz und antwortete: »Das weißt du genau. Mir hast du versprochen, du würdest in deiner ersten Nacht weder Liebe noch Freude empfinden. Dann aber schriest du vor Lust und keuchtest deinem Liebhaber brünstige Aufforderungen ins Ohr, nanntest ihn Bock, Hengst und Zuchtstier. Du gabst dich ihm hin wie eine billige Straßenhure; wie eine läufige Hündin paartest du dich mit ihm. So, wie du mich im Tempel vergessen hast, will ich nun dich vergessen.«

Ich hatte kaum zu Ende gesprochen, da begannen Abdas Augen zu glühen, ein schreckliches Leuchten erschien auf ihrem Gesicht und sie wuchs vor mir in die Höhe, bis sie doppelt so groß war wie ich. Nun erst erkannte ich, daß es nicht Abda war, sondern Inanna selbst, die Große

Göttin. Der Zorn ihrer Blicke traf mich wie mit ehernen Pfeilen, und ihre hallenden Worte fielen wie Schläge kupferner Keulen auf mich herab, als sie sprach: »Weil du das gesagt hast, sollst du für immer von meinem Geschlecht gehaßt und verachtet sein; jeder Lust soll Enttäuschung folgen. Die Lippen, die du küßt, sollen bitter schmecken und dich verfluchen. Die Schöße, in die du dringst, sollen unfruchtbar sein, und du sollst keine Nachkommen zeugen ...«

»Nein!« schrie ich und warf mich zu Boden. »Verzeihe mir, Große Göttin!« Verzweifelt streckte ich die Hände aus, da hörte ich eine rauhe Stimme, die sagte: »Ist dir das Bier nicht bekommen? Knaben wie du sollten Milch trinken, das ist gesünder.« Es war Sargon; nun erst erkannte ich, daß ich noch immer in meinem Bett lag und nur geträumt hatte.

Am nächsten Morgen lud ich meinen Reisekorb auf einen Wagen. Sargon und mein Vater begleiteten mich zur Anlegestelle. Dort wartete das Schiff eines Kaufmanns aus Mari. Bald kam Ischma-Ja, der Vater des Tafelhauses. Als der Gunstwind vom Zederngebirge wehte, stiegen wir auf das Schiff und riefen Abschiedsgrüße. Der Händler ließ die Leinen los und unser Fahrzeug trieb rasch in die Mitte des göttlichen Stroms.

Lange sah ich Sargon winken.

Seit Sargon nördlich von Kisch den Euphrat durchstechen ließ, dauert die Reise nach Uruk nur noch sechzehn Tage. Wir aber waren damals, obwohl der Gunstwind häufig blies, dreieinhalb Wochen lang unterwegs; denn da wir jeder Windung des Großen Stroms folgen mußten, konnten wir unser Segel immer nur kurze Zeit nutzen. Das Schiff war schon bejahrt, aber in bestem Zustand. Bug- und Heckhölzer sowie alle Seitenplanken waren mit trockenem Asphalt bezogen und an den Innenseiten mit Fischöl getränkt, so daß sie trotz ihres Alters weich und federnd geblieben waren. Der Frachtraum konnte wohl fünfhundert Traglasten fassen. Der Schiffsherr hatte in Mari Bauholz geladen, vor allem Eichen und Fichten, aber auch einige Zedernstämme, die damals im Zweistromland noch sehr viel seltener waren als heute. Ischma-Ja stellte später mit einem Meßrohr fest, daß der längste Stamm mehr als fünfzig Ellen erreichte.

Aus Tuttul am Euphrat stammten zwölf Fässer mit je hundert *sila* Erdpech, das bei jener Stadt aus dem Sumpf quillt wie überkochende Milch aus den Töpfen des Herdes. Außerdem hatte das Frachtschiff

Lehm- und Brandziegel geladen, so daß es nur sehr langsam vorwärtskam; es lag fast so tief im Wasser wie jene Schiffe, die heute die steinernen Türschwellen, die bei den Wohlhabenden so beliebt sind, aus dem Gebirge Barsip in die Schwemmländer bringen.

Nach dem Ablegen stießen die Schiffsleute mit langen Stangen gegen den schlammigen Grund, so daß unser Fahrzeug den hohen Rohrbündelsteven zur Strommitte wandte und wir schnell Abstand zum Ufer gewannen. Als der Ankerplatz unseren Blicken entschwand, ließ der Schiffsherr das rotweißgestreifte Mattensegel setzen. Mit uns schwammen zahlreiche Last- und Frachtschiffe den Euphrat hinab in die reichen Städte des Südens; sie hatten wie wir Holz und Asphalt, Brand- und Lehmziegel,oft auch Bau- und Bildsteine, Rohr und viele andere wichtige Frachten geladen, zuweilen auch Blei, Kupfer, Silber und andere Erze, an denen das Bergland so reich, die Hochsteppe aber so arm ist. Flußaufwärts wurden vor allem Gerstenschiffe getreidelt; manche brachten auch Brot, Malz und Feinmehl nach Norden, dazu Datteln, Sesam und Sauermilch in großen Fässern, aber auch Stroh, Mastfutter, Wolle, Schuhleder sowie die vielfältigen, hochgeschätzten Erzeugnisse der kunstfertigen Handwerker aus den Städten des Südens.

So voll der Große Strom an Schiffen war, so leer lagen seine Ufer, an denen sich nur öde Steppe ausbreitete; kein Dorf, nicht einmal ein Gehöft stand damals dort. Das Land schien unbewohnt seit fernsten Schöpfungstagen; die Lieder der Treidelsklaven, die ihre nackten Fersen in den Lehm der Ufer stemmten, hallten weit über den Strom.

Nach einer Fahrt von fünf Tagen steuerte unser Schiff in den Hafen von Kisch und machte dort an der Kaimauer fest. Die Hafenmauer aus Backstein und Bitumen war erst vor kurzem erneuert worden; das Wasser des Euphrat schwappte fast über ihren oberen Rand, denn es begann die Woche der Hochflut. Lastträger kamen an Bord und holten einige Fässer Asphalt ab, der für Ausbesserungsarbeiten im großen Tempel des Gottes Zababa bestimmt war. Der Eigner begab sich indessen zum Hafenvorsteher, wies dort seine Handelserlaubnis vor, zahlte das Brückengeld und nahm die neuen Einschiffungstafeln entgegen. Danach ließ er ein Schaf als Dankopfer schlachten, übergab dem Vorsteher eine der Keulen und verzehrte den Rest mit seinen Schiffsleuten und Gästen.

Später ließen Ischma-Ja und ich die Reisekörbe an Bord zurück und gingen zum Tempel Zababas, um dort dem Gott der Schwurtafeln unseren Dank abzustatten. Ich war sehr begierig, die alte Hauptstadt des Nordens zu sehen, die in der alten Zeit selbst mit dem mächtigen Uruk zu wetteifern wagte und einst dem ganzen Norden den Namen gab. Sind die Leute von Kisch nicht noch heute stolz darauf, daß in ihrer Stadt einst das erste Herrschergeschlecht nach der Großen Flut wohnte? Vier Dynastien mit achtunddreißig Königen lenkten dort die Geschicke der Schwarzköpfigen, und darunter waren einige der berühmtesten Herrscher, die jemals auf Erden lebten: Etana, der große Hirte, der einst für seine schon in den Wehen liegende Frau das Kraut des Gebärens suchte und auf den Schwingen des Geisteradlers zum Himmel emporflog; Mebaragesi, der als erster Fürst Sumers siegreich nach Elam zog, und Agga, sein würdiger Sohn, der selbst dem Göttersproß Gilgamesch trotzte. Damals trug Kisch stolz den Titel »Stadt der Gesamtheit« und war der Nabel des Länderbergs. Später jedoch schwand Kischs Macht. Immer mehr Fremde drängten sich in die Mauern der Stadt. Überall nisteten sich Zuwanderer aus Gebirge und Wüste ein, mürrische, ungebildete Menschen, die keine Gottesfurcht kannten. Am Ende geschah es sogar, daß sich eine Wirtin zur Königin aufwarf: Die sittenlose Kubaba, die einst mit Schiffsleuten und Kriegern hurte, wurde zur Gründerin eines Herrschergeschlechts und nahm im Tempel Zababas die heiligen Opfergeräte in ihre von Rauschtrank und Laster besudelten Hände.

In den Straßen von Kisch lief sehr viel fremdes Volk umher: schwarzbärtige Holzverkäufer aus dem Zederngebirge, Silberkaufleute aus Martu und sogar Kupferhändler vom Oberen Meer feilschten mit gelbhaarigen Elamitern und hochgewachsenen Fernhändlern aus Wachschan. Dazwischen drängten sich kahlgeschorene Priester aus den Tempelschulen des Südens, Vorsteher aus der Verwaltung des *lugal* und zahlreiche Krieger aus allen benachbarten Ländern. Hunger und Abenteuerlust hatten sie in die Dienste des Königs von Kisch getrieben; nun trugen sie Waffen, die den einheimischen Kaufmannssöhnen längst zu schwer waren. Viele Söldner stammten aus der Wüste, andere waren Jungkrieger aus fast allen Gebirgen außer Gutium, dem Reich der Horde.

Ischma-Ja führte mich ins Innere des reichen Tempels, und ich bestaunte die Pracht des herrlichen Götterhauses. Doch auch die Verteidigungswerke besichtigte Ischma-Ja und erklärte mir alles, was ich seiner Meinung nach wissen sollte. Zum Schluß sagte er: »Wer Kisch besitzt, hält das Herz der Steppe in seinen Händen; die Steppe aber wird niemals besiegt.«

Am nächsten Morgen setzten wir unsere Fahrt fort. Wir segelten an der Stadt Hursagkalama vorbei, der Burg des Großen Skorpions, die sich selbst »Berg des Landes Sumer« nannte, ehe Sargon sie mit Kisch vereinte und mit ihrer Selbständigkeit auch ihres Stolzes beraubte. Der Euphrat floß nicht mehr durch Steppe, sondern durch bebautes Land. Endlose Reihen von Palmen säumten die sanfte Böschung des Großen Stroms. Unter den schlanken Bäumen grünten Fruchtgärten mit vielen Obstbäumen und Gemüsepflanzen so dicht, daß sie fast die Gehöfte dahinter verdeckten. Das Uferland wurde von Gänsen, Enten und anderem Kleinvieh bevölkert; dahinter erstreckten sich bis zum Himmelsrand Felder voll goldreifer Gerste. Ein Dorf reihte sich an das nächste; wo der Strom aber durch unbebautes Land floß, erhoben sich riesige Schwärme weißgefiederter Vögel, und aus der Ferne klang das wohlige Gebrüll der Wasserbüffel, die sich in den Sümpfen suhlten. Ischma-Ja sagte zu mir: »Hier siehst du die wahre Stärke Sumers, die nicht in der Tapferkeit seiner Krieger oder in der Gelehrsamkeit seiner Bürger, nicht in der Kunstfertigkeit seiner Handwerker oder in der Gerechtigkeit seiner Herrscher, ebenso nicht in der Frömmigkeit seiner Priester oder gar im Großmut seiner Götter, sondern vor allem im Fleiß seiner Bauern besteht.«

Nach weiteren sechs Tagen auf dem Strom, den nun auch immer mehr kleinere Schiffe und Boote befuhren, tauchte vor uns im Sonnenglast plötzlich ein seltsames Himmelsgebilde auf. Zuerst hielt ich es für ein gewaltiges Frühlingsgewölk, das seinen Weg vom Unteren Meer durch das Schwemmland genommen hatte, um seinen fruchtbarkeitbringenden Regen über die Hochsteppe auszugießen. Nach einer Weile bemerkte ich aber, daß der vermeintliche Wolkenberg sich trotz des heftigen Windes nicht von der Stelle rührte. Die merkwürdige Erscheinung schien unverrückbar auf der Brust der Erde verwurzelt. Je näher wir kamen, desto höher erhob sich das Himmelsgebilde über das ebene Land und verhielt sich dabei wie ein Gebirge, das aus der Ferne seine wahre Größe nicht verrät. Ich wußte jedoch, daß es sich nicht um einen Berg handeln konnte, denn ich hatte ja im Tafelhaus gelernt, daß sich die hohen Gebirge erst jenseits des Tigris erheben. So mußte ich mir nun endlich eingestehen, daß wir auf ein mächtiges Bauwerk von furchteinflößender Größe zufuhren. Ischma-Ja war es, der meine letzten Zweifel vertrieb, als er zu mir sagte: »Das, Daramas, ist der Ekur, das Berghaus Enlils, der heiligste Tempel des Landes, die herrliche Götterburg, aus deren Herrschergemach der König der Erde die Schicksale lenkt. Die Spitze ragt bis zum Himmel empor, das Fundament aber reicht bis zum Süßwasserozean in der Tiefe. Dort hinter der nächsten Biegung liegt Nippur, und so wie Kisch das Herz des Landes und der Sitz seines Mutes, Uruk aber die Stirn des Landes und der Sitz seines Willens ist, so ist Nippur das Ohr des Landes, in das die Götter sprechen, und der Sitz seines Mundes, der uns das Schicksal verkündet.«

Da du niemals nach Nippur reistest, Rimusch, will ich dir davon berichten. Die heilige Stadt zählte damals kaum weniger Einwohner als das mächtige Kisch, doch an der Anlegestelle herrschte weit weniger Menschengewimmel, denn Nippur lebte weder vom Handel noch vom Handwerk oder gar von der Kriegslust, sondern allein von der Frömmigkeit. Das ganze Land im Umkreis von drei Tagesreisen gehörte dem Tempel, so wie es früher auch in den anderen Städten Sumers üblich war. Nippurs Hohepriester entschied wie ein *ensi* in allen Fragen. Das Berghaus lag zwischen den Häusern der Stadt wie ein Wisentstier zwischen den Käfern des Feldes. Die doppelmannshohe Umfassungsmauer glich in ihrer Größe dem Bollwerk von Uruk, und wenn sie auch nicht so lang war wie das Werk Gilgameschs, besaß sie doch sechzig Tore. Alle trugen Torflügel aus Zedernholz. In den Tortürmen lauerten goldene Löwen, gegen deren Grimm niemand anzugehen wagte; über den Torbalken spreizten Adler die silbernen Klauen.

Hinter der Außenmauer, deren Ziegelwerk wie Kupfer glänzte, führten zahllose Treppen zu den erhabenen Stufen des Bauwerks. Nur die erste durfte vom gemeinen Volk betreten werden. In der nächsten beteten Bürger von Stand, die Enlil besondere Ehrfurcht durch Fülle und Reichtum von Opfergaben bewiesen. Die dritte Stufe blieb den obersten Verwaltern der Stadt vorbehalten, die vierte den Priestern, die fünfte den höchsten Verwaltern des Landes, die sechste Aggar, dem Hohepriester, die siebente aber dem Gott allein. Sechzig Tortürme ragten in den Himmel empor. Das Fundament des Tempels leuchtete blau wie Lapislazuli. Darüber wuchs Enlils heilige Heimstatt hoch wie ein Gebirge empor. Die Zinnen des Tempels leuchteten wie die geschwungenen Hörner des Mondes. Auf den Dächern und Simsen wuchsen zahllose Zedern, Zypressen und *zabalum*-Bäume, zusammengepflanzt zu schwebenden Wäldern, dicht wie sonst nur in den üppigen Forsten und wuchernden Hainen der Gunstwind-Gebirge. Im Tempelhof fanden wir jedes Stück Mauerwerk von den kunstfertigsten Händen bemalt. An den Fundamenten wälzten sich ineinander verschlungene Drachen aus dem Süßwasser-*abzu* herauf; Adler blickten auf Wisentstiere, Gänsegeier auf starke Steinböcke herab. Auf allen Schwellen glitzerten die Standarten des Gottes. Neben den Eingängen standen die Bilder der Luftdämonen, die Enlil dienten; ihre furchterregenden Gestalten sollten Furcht in die Herzen der Opfernden säen. Über den Türen schlugen wachsame Adler die Krallen in Beutetiere. Die Türgriffe waren wie Schlangen geformt, die sich züngelnd krümmten. Die Schlösser verzierten Löwen und Leoparden aus edlem Metall. Das Licht von Leuchten, die wie große Adler geformt waren, strahlte durch die schier endlosen Säle. An allen Wänden prangten gewaltige Bilder Enlils, aus bunten Tonstiften zusammengesteckt. In den Ecken drohten gewaltige Stiere, die riesigen Mäuler wie zu lautem Brüllen geöffnet; aber kein Ton drang aus ihren steinernen Schlünden. Statt dessen waren Höfe und Säle von leisen Gebeten erfüllt, die nur ab und zu die bronzene Kriegspauke Enlils durchdröhnte.

Ischma-Ja wies dem Vorsteher der Wächter eine Tontafel mit dem Siegel Lugalzaggesis vor und führte mich auf die fünfte Stufe des Tempels. Dort stellten wir uns zwischen duftende Sträucher an das Rohrgeländer und blickten weit auf das Land. Die mächtigen Zedern auf den beiden obersten Stufen des Berghauses breiteten ihre Äste wie riesige Schirme über uns aus, so daß uns die grelle Mittagssonne nicht blendete. Im Osten glänzte das silberne Band des Iturungal, des Großen Kanals, der Kisch schon seit uralter Zeit mit den Städten Adab, Umma und Badtibira verbindet. Fern im Südosten ragte das Erhabene Haus der fruchtbaren Göttin Mach, der Herrin des Mutterschoßes, aus dem Dunst. Im Süden grüßten die Tempeltürme von Isin, der Stadt Nininsinas, der heilenden Göttin. In ihrem Großhaus beteten schon damals Kranke aus vielen Städten für ihre Genesung, wie auch im benachbarten Tempel des Danu, in dem Nininsinas göttlicher Sohn gleichfalls Wunder der Heilung vollbringt. Auf dem Land zwischen den Städten dehnten sich überall Gerstenfelder, Palmenhaine und Fruchtgärten aus. Das Getreide wogte wie der Busen einer Frau. Auf dem Brachland tummelten sich Rinder, Schafe und Ziegen in großer Zahl. Auf allen Straßen zogen Fuhrwerke ihres Weges; aus unserer Höhe erschienen sie so klein und langsam wie Käfer. Die vielen Kanäle Sumers durchzogen das Land, als hätte Enki, der Herr des Wassers, dort seinen Netzrock ausgebreitet und der Menschheit eine neue, noch schönere Schöpfung beschert.

»Sieh nur genau hin«, ermahnte mich Ischma-Ja, »denn diese Werke sind es, auf denen Sumers Zukunft ruht; nicht in der Sicherheit seiner Mauern besteht sie, und auch nicht in der Erhabenheit seiner Türme, sondern in der Fruchtbarkeit des Wassers in seinen Kanälen.«

Auf der anderen Seite des üppig bewachsenen Simses blickten wir über den Euphrat hinweg bis zu den Sümpfen von Marad, in denen damals noch die großen Wasserrinder brüllten. Als wir nach Norden spähten, um zu sehen, ob wir am Himmelsrand vielleicht den großen Tempelturm von Kisch erkennen konnten, hörten wir plötzlich von oben herab eine spöttische Stimme, die fragte: »Nun, Ischma-Ja? Jetzt schon Heimweh?«

Wir wandten uns um und blickten hinauf zur sechsten Stufe. Zwischen zwei mächtigen Zedern stand ein hochgewachsener junger Mann in einem schmucklosen, weißen Leinengewand. Sein Schädel war kahlgeschoren und seine Augen blickten so kühl wie das Wasser der schnellen Dyala. In seiner Rechten hielt er einen goldenen Stab mit dem Wahrzeichen Enlils, der Hörnerkrone, die den Gott als den Beherrscher der Erde kennzeichnet, seinen höchsten Diener jedoch als den obersten Priester Sumers.

Ischma-Ja neigte ehrerbietig das Haupt. Rasch folgte ich seinem Beispiel. Dann sagte der alte Weise: »Sei mir gegrüßt, Aggar, Licht und Auge Sumers, der du siehst, was anderen verborgen bleibt, und selbst in das Innerste eines Menschen zu blicken vermagst! Ja, du hast recht: Ich wäre gern in meinem Tafelhaus geblieben. Ich bin zu alt für solche beschwerlichen Reisen und sehne mich auch längst nicht mehr so nach der Ferne wie in meinen jüngeren Tagen.«

»Der *lugal* befahl und du beugtest dich«, sagte der Hohepriester Enlils; mir war, als läge leiser Spott in seiner Stimme.

»Wer dürfte es wagen, sich Lugalzaggesis Willen zu widersetzen?« seufzte Ischma-Ja voller Bedauern. »Lenkt er nicht unser aller Geschick wie ein Hirte das Wandern der Herde? Wir alle sind ihm anvertraut; das ungehorsamste Schaf wird als erstes zum Schlachten getrieben.«

Auf Aggars glatter Stirn bildete sich eine winzige Falte. »Die Götter befehlen in dieser Welt, nicht die Menschen«, erwiderte er. »Könige sind vor Enlil wie Sklaven. Mag Lugalzaggesi vor seinem Volk auch noch so mächtig sein – vor dem Thron Enlils verblaßt seine Geltung wie der Schein der Lampe vor den Strahlen der Sonne, wie Lehm vor Gold, Farbe vor Blut, der Schlaf vor dem Tod und der Traum vor der Wirklichkeit. Der *lugal* muß einmal sterben und trinkt dann das brakkige Wasser der Finsternis; Enlil bleibt unser Herrscher für ewig.«

»Abermals hast du recht«, sagte Ischma-Ja, »wir alle sind den Göttern untertan, der Großen Mutter und der ewigen Dreiheit mit Anu als dem höchsten Herrscher des Himmels, Enlil als dem Beherrscher der Erde und Enki, dem Herrscher des Süßwasserozeans, der einst die Menschen erschuf, damals, als noch kein Rabe krächzte und keine Gabelweihe schrie.«

Die Falte auf Aggars Stirn wurde steiler. »Auch wenn Enlil der weitaus mächtigste unter den Himmelsbeherrschern ist«, gab er zur Antwort, »läßt er es dem alten Gott niemals an Achtung fehlen. Er leiht ihm seinen starken Arm, wenn Anu eine Stütze braucht. Dank Enlils allbeherrschender Stärke auch kann Enki in seiner Süßwassertiefe ungestört schlummern. Enlil ist König, sein Sturm fegt die trotzigen Städte wie Kehricht vom Erdboden fort und sein Glanz kocht die Fische im Meer.«

Dann sah der Priester auf mich und mir war, als bohrten sich die Blicke seiner Augen in mein Herz, so wie die Nadel des Meisters der Heilkunst tief in das Körpergewebe dringt, um anzuzeigen, wo sich die Krankheit verbirgt. Ich konnte nicht standhalten und schlug die Augen nieder.

»Sieh mich an, Junge«, befahl der Herr des Berghauses.

Gehorsam hob ich den Blick. Ein dünnes Lächeln spielte um Aggars schmalen Mund.

»Was willst du in Uruk, Junge?« fragte er.

»Ich werde dem Großherrn dienen«, antwortete ich.

»Den Göttern auch?« wollte der Priester wissen.

Ich dachte an Inanna. »Ich werde meine Pflichten fromm erfüllen«, gelobte ich.

In Aggars Augen glomm ein Funke, so rot wie der Stern Meslamtaëas, der Krieg und Seuchen verheißt. Er sah mich eine Weile forschend an. Dann lächelte er und sagte zu Ischma-Ja: »Wenn es dir am Hof nicht gefällt, komme zu mir! Nippurs Kinder dürsten nach deinem

Wissen. Ich werde dir ein Tafelhaus bauen, wie es der Länderberg noch nicht gesehen hat.«

»Der *lugal* wird mich kaum gehen lassen«, seufzte der alte Weise.

Das Lächeln auf Aggars Lippen verschwand. »Der *lugal* lebt nicht ewig«, sagte er.

»Ich auch nicht«, erwiderte Ischma-Ja.

Der Priester nickte. »Jeder Mensch kehrt einmal zu seiner Mutter zurück«, sagte er. »Bis dahin verantwortet er sein Leben vor Enlil.«

Einen Augenblick später war er hinter den Zedern verschwunden.

Ischma-Ja legte mir sanft eine Hand auf die Schulter. »Es ist gut, Junge«, sagte er. »Gehen wir.«

Wir stiegen auf den schier endlosen Treppen zum Sockel des Tempels hinab, den trotz der heißen Mittagsstunden das dichteste Menschengewimmel umfloß, und wieder staunte ich über den Reichtum des Berghauses und die Zahl seiner Diener. Für die Opfer standen in riesigen Stallungen stets sechzig Stiere bereit; sie wurden mit gutem Getreide gemästet. Vor der Mauer des Tempels weideten sechstausend Schafe auf sorgsam bewässerten Wiesen, die auch im Sommer nicht verdorrten. Zwölftausend Tauben flatterten in großen Holzkäfigen umher. In überdachten Gehegen vor den Geiern der Steppe geschützt, schnatterten Gänse und Enten in Fülle. Wächter bewahrten die Fischbrut der Weiher vor Reihern und Kormoranen. In großen Arbeitshäusern an allen Seiten des Heiligtums werkten Waschfrauen, Weberinnen und Wollarbeiterinnen. Aus den Werkstätten der Steinmetze klang unablässiger Hammerschlag. Von den Bauplätzen tönten die Rufe der strengen Aufseher herüber: »Auf, auf! Der Tempel ist kein Platz der Faulheit!« Vor den Lagerhäusern prüften Vorsteher auf großen Waagen die Lasten der Esel und Ladungen der Gespanne und riefen den wartenden Schreibern laut Waren und Mengen zu. Tempelsoldaten eilten im Laufschritt am Ufer des Euphratkanals entlang, um ein Loch in der Böschung auszubessern. Zwischen den emsigen und geschäftigen Dienern Enlils schob sich der stete Strom der Gläubigen hindurch, die oft von weither kamen, um dem Herrn des Länderbergs zu huldigen und zu opfern, auch, um Verträge zu besiegeln, Schwüre zu leisten, Orakel zu empfangen oder einen der vielen anderen Dienste zu verlangen, die der Tempel Nippurs bot.

Sumers unschätzbarer Reichtum enthüllte sich mir aber auch an den folgenden Tagen, da wir durch das Netz der Neuen Kanäle weiter nach

Süden reisten. Die Wasserwege waren damals noch schmal und gewunden; wegen des dichten Schiffsverkehrs kamen wir nur sehr langsam voran, so daß wir Schuruppak erst nach einer Woche erreichten.

Die Stadt Ziusudras lag damals noch inmitten großer Pappelwälder, die heute längst abgeholzt sind. Was Sumers letzter König vor der großen Götterflut in den sechsunddreißigtausend Jahren seiner Herrschaft schuf, verzehrte Sargon in nicht einmal dreißig Jahren. Ob Ziusudra es schon bereut, daß er mit Enkis Hilfe einstmals Mensch und Tier vor Enlils Zorn in seiner Arche barg? Was mag der Unsterbliche denken, wenn er heute vom Gebirge Masch hinter der Mündung der Ströme, jenseits von Eingang und Ausgang der Sonne, auf Sumer herabschaut? Was wird er denken, wenn er die zerstörten Kais an den Kanälen sieht, die Sargon immer breiter und ohne Windungen graben ließ, weshalb dort das Wasser viel schneller hindurchfließt und alle Böschungen unterspült? Und was wird Ziusudra empfinden, wenn er das Salz auf den Feldern sieht, die Sargon zu stark bewässern ließ, um ihnen noch mehr Ernten zu entreißen? Dein Vater, Rimusch, schlug Sumer im Kampf mit der Waffe; die schlimmsten Wunden aber fügte er ihm erst nach dem Sieg durch Hochmut und Unverstand zu.

Im Tempel des Stadtgottes opferten wir ein Schaf und baten um Schutz auf dem letzten Teil unserer Reise. Dann fuhren wir sechs Tage lang auf den kleinen Kanälen in einiger Entfernung vom Euphrat nach Süden, bis eines Nachmittags hinter Palmwipfeln endlich die Zinnen des Weißen Tempels erstrahlten, den seit den ältesten Zeiten Anu, der Herr des Himmels, mit seiner Tochter Inanna bewohnt.

Alles, was ich zuvor an Schönheit und Reichtum gesehen hatte, verblaßte nun vor dem Glanz Uruks. Niemals werde ich den Tag vergessen, da ich zum ersten Mal in Sumers herrliche Hauptstadt kam.

Uruk war zu jener Zeit die größte Stadt der Welt. Mehr als dreißigtausend Menschen lebten im Schutz der gewaltigen Gilgamesch-Mauer. Die Spuren der Angriffe Lugalzaggesis waren längst aus dem Befestigungswerk getilgt, und ihre Ziegel glänzten neu wie zu Zeiten des heldenhaften Erbauers. Oft lief ich später an ihr entlang, eintausendsechshundert *gar* in zwei Stunden, oder stieg auf ihre Krone, wo man vierzehn Ellen hoch über der Erde dahinwandern konnte. Dunkel drohten dämonenabweisende Standbilder an den einzigen Öffnungen dieser Mauer, dem Nippur-Tor im Norden und dem Ur-Tor im Süden; jeder der achthundert Türme ragte wie eine Lanze acht Ellen weit feindwärts. Wie, fragte ich mich, konnte Lugalzaggesi diese Festung erstürmen? Die Antwort erhielt ich später, als ich selber an Sargons Seite in Waffen gegen die Mauer Gilgameschs schritt.

Das Riesenwerk schloß nicht nur Tempel, Paläste und Häuser, sondern auch Äcker und Fruchtgärten ein. Heute liegen viele Felder Uruks brach, damals aber wuchsen überall Gerste und Spelt. Und als erste Stadt auf der Welt bot Uruk den Bürgern zwei Arten von Brunnen; sie wurden »Spender des Lebenswassers« und »Spender des Handwaschwassers« genannt.

Seit Sargon Akkad erbauen ließ, dürfen an den zwanzig Kais von Uruk nur noch Binnenschiffe anlegen; damals aber sah ich dort die mächtigen Fernhandelsschiffe vertäut, so hoch, daß ihre Aufbauten über die Böschungen der Kanäle ragten und ein Betrachter aus der Ferne glauben konnte, die Fahrzeuge segelten über das trockene Land. Die Herren dieser Schiffe erschienen mir wie Könige, die auf dem Meere wohnten, deren Mauern die Bordwände waren, die ihre Schiffe wie Streitwagen fuhren, statt Esel Ruder hatten und an Stelle heiliger Türme mächtige Masten aufrichteten.

Am ersten Kai machten die Schiffe aus Dilmun fest, der Insel im Aufgang der Sonne. Sie brachten vor allem Kupfer aus Makan, zu Barren von je vier *gu* gegossen und so schwer, daß sie von vier Männern getragen wurden. Diese Schiffe waren besonders groß und dickbäuchig. Für die Rückreise luden sie meist Wolle, Öl, Gewänder und Häute.

Am zweiten Kai lagen schlankere Schiffe aus Makan mit kostbaren Ladungen seltener Steine, Hölzer und Felle des Südens. Oft brachten sie auch sonderbare Tiere mit, riesige, tobende Einhörner oder gestreifte Esel und die gefleckten Langhalsochsen, dazu schwarzhäutige Sklaven, Perlen, Elfenbein von den Stoßzähnen riesiger Rüsselochsen und Gold.

Noch weiter fuhren die Meluchchaschiffe, die am dritten Kai entladen wurden. Aus ihren Bäuchen holten die Lastträger Gold, Perlen und Edelsteine, duftende oder besonders haltbare Hölzer, große Körbe mit würzigen Kräutern und dazu andere seltsame Tiere wie die vierhändigen Affen und Rüsselochsen mit kleineren Ohren und Zähnen, Tiere, die leicht abzurichten waren. Die kostbarste Fracht aus Meluchcha aber war Lapislazulistein, den zu beschaffen nur besonders tüchtigen oder glücklichen Händlern gelang, denn der Lapislazuliberg liegt im

Inneren einer riesigen Wüste, deren Sandstürme schon zahllose Karawanen verschlangen.

Am vierten Kai ruhten Schiffe aus, die sogar noch weiter fuhren als nach Meluchcha und bis zu den Grenzen des Meeres selbst vorstießen. Ihre Besitzer schwiegen sich über die Länder aus, die sie bereisten, doch ihre Güter verrieten, daß sie sich in ihrer Kühnheit oft bis an den Rand der Erdscheibe vorwagten; erst in Makan habe ich später mehr darüber erfahren. Sie brachten schwarzhäutige Zwerge, manchmal auch Menschen mit geschlitzten Augen und winzigen Nasen, dann wieder Männer, die wie Hunde bellten, oder Frauen mit Schenkeln wie Fettsteißschafe. Hin und wieder verkaufte einer von diesen Weitfahrern auf dem Markt seltsame Waffen, die er bei fremden Völkern erbeutet hatte; dann füllte sich die Luft schnell mit wilden Legenden.

Am fünften Kai lagen die Elamschiffe vertäut, die zu den zweiunddreißig Städten auf der anderen Seite des Meeres fuhren. Sie brachten von dort jene Güter, die für den Landhandel zu schwer waren, vor allem Steine, die man behauen konnte, und wertvolles Bauholz.

Die anderen Kais waren den Binnenschiffen vorbehalten, die auf dem Euphrat bis nach Mari fuhren, und auf dem Tigris bis Eschnunna, dem größten Markt der Sklavenhändler. Jede der großen Städte besaß ein eigenes Lagerhaus in Uruks Hafen. Der zwanzigste Kai aber hieß der Zerstörte; ein Fluch lag auf ihm, und deshalb wurde er nicht mehr instandgesetzt. Auf diesem Kai hausten die Diebe und Hehler und trieben dort ihren heimlichen Handel nach den Gesetzen der Untreue, des Verbrechens und des Verrats.

Wie die Waren auf Uruks Kai stammten auch die vielen Menschen in seinen Straßen aus allen Weltgegenden; sie eilten wie fremde Vögel am Himmel umher: Hochgewachsene Elamiter schritten neben kleinwüchsigen Kaufleuten aus Meluchcha, gelbhaarige Flößer vom Tamariskengebirge kreuzten die Wege schwarzhäutiger Sklaven aus Makan, reiche Holzhändler zeigten stolz ihre Fellmäntel vor sonnenverbrannten Söhnen der Südinseln, die nur knappe Schamtücher trugen. Und erst die Frauen! Im stillen Sippar sah man sie damals nur in den züchtigen Kleidern der alten Sitte, das Haar im Nacken zusammengebunden und höchstens an Feiertagen ein wenig geschminkt. In Uruk aber trugen die Frauen schon damals ihr Haar auf vielerlei Art, mal geflochten und mal mit Bändern geschmückt, im Nacken hochgenommen, zu einer Rolle verschlungen oder am Hinterkopf festgesteckt, glatt oder in

Wellen bis zu den Schultern oder sogar bis zum Nabel herabfallend. Die Mädchen flochten sich gern einen Kranz ins Haar, die älteren trugen oft Turbane aus bunten Stoffen, verziert mit Karneol und anderen Edelsteinen. Ihre Kleider reichten oft kaum bis unter das Knie und waren seitlich geschlitzt, was nicht nur der Bequemlichkeit diente, sondern zugleich die Blicke der Männer anzog. Die Frauen von Uruk hoben ihre Weiblichkeit hervor, indem sie den Schwung ihrer Busen durch bunte Borten und die Schlankheit ihrer Gestalt durch enge Gürtel bis an die äußerste Grenze der Schicklichkeit betonten. An heißen Tagen trugen sie Arme und Schultern entblößt, was die Frauen in Sippar höchstens in der Heimlichkeit ihrer Gemächer wagten. Die vornehmen Damen der Hauptstadt gingen nie ungeschminkt aus dem Haus. Aber auch einfache Frauen und sogar Sklavinnen suchten ihrer Schönheit durch allerlei Farben und Salben zu helfen.

Uruk, Edelstein Sumers! Was zeigte deinen Adel besser als der Liebreiz deiner Frauen? Inannas Dienst war ihre Lust, der Männer Opfer ihre Freude. In keiner anderen Stadt bewiesen die Töchter der Himmelsbeherrscherin ihre Frömmigkeit auf so vielfältige Weise. In ihrer Fähigkeit, Wonne zu spenden, übertrafen sie alle anderen Frauen der Welt. Im Tempel der Großen Göttin wurden die Töchter Inannas oft schon als Zehnjährige mit der Kunst der Liebe vertraut gemacht, kaum daß ihre Körper bereit waren, einen Mann zu empfangen. Die künftigen Priesterinnen des Tempels aber wußten schon als Sechsjährige auf mannigfache Art mit Opferern umzugehen; der Ruhm ihrer Fertigkeiten lockte Fromme aus weiter Ferne herbei.

Auch sahen die Mädchen und Frauen von Uruk den Dienst an der Großen Göttin längst nicht als beendet an, wenn sie sich im Tempel einem Fremden hingegeben hatten, sondern erstrebten auch danach die lustvolle Vereinigung mit möglichst vielen Männern. Schon die jungen Mädchen, knospende Schönheiten noch, stillten fast jede Nacht in Uruks Heiligtümern ihren frommen Drang. Selbst jungverheiratete Frauen sah man oft schon nach wenigen Nächten wieder im Tempel, bereit, sich Fremden hinzugeben. Dabei ließen sie sich aber nicht mehr wahllos von jedem Mann nehmen, wie es in der ersten Opfernacht ihre Pflicht war, sondern sie suchten sich ihre Liebhaber selbst aus, und das taten sie nicht nur im Tempel, sondern auch in den Schenken und nicht selten sogar auf offener Straße. Da wurde mancher kräftige junge Hafenarbeiter plötzlich von kostbar beringten Fingern in einen Tragstuhl gewunken; und mancher trinkfrohe Krieger wachte morgens im Tempelhof auf und wunderte sich, wie er dorthin gekommen war.

So leidenschaftlich die Mädchen und Frauen sich jedoch den Männern hingaben, die ihnen gefielen, so mißgünstig wiesen sie andere ab und offenbarten dabei eine Grausamkeit, die im grellen Gegensatz zu ihrer sonstigen Frömmigkeit stand. Auch ich wurde einmal ein Opfer solchen Verhaltens, als ich schon einige Monate im Palast wohnte und vom Obervorsteher zum Fest der Wintersonnenwende geladen wurde.

Lugalzaggesi war einige Wochen zuvor in das Meerland gezogen; er wollte dort neue Deiche errichten. Der Obervorsteher des Großhauses hieß Eniggal; er war mit dem *lugal* verschwägert, und seine Gemahlin Dambur stammte aus altem sumerischen Adel; manche erzählten, sie sei mit früheren Herrschern des Landes verwandt und habe sich nach der Eroberung Uruks durch ihre Schönheit gerettet, indem sie nachts in das Gemach des Siegers schlich. Lugalzaggesi soll sie danach an seinen damaligen Heerführer weitergegeben haben. Dambur war eine stolze Schönheit von hoher, schlanker Gestalt. Sie trug das schwarzglänzende Haar der Frauen des Südens; ihr Lächeln und der lebhafte Schwung ihrer Hüften ließen große Leidenschaft ahnen. Ihre Tochter Beltani war kleiner und zierlicher als die Mutter, und von ihren Schultern fiel braunes, lockiges Haar, wie es viele Mädchen des Nordens ziert; so sehr ich die Schönheit der Mutter bewunderte, die Tochter bezauberte mich noch viel mehr. Denn Beltanis' knospende Brüste, deren Schwellung das Leinen sanft bauschte, und ihre knabenhaften Hüften erinnerten mich an Abda.

Beim fröhlichen Maskentreiben zu Tönen von Trommel, Flöte und Klangholz kam ich einmal sehr nahe an Beltani vorüber. Das Bier hatte schon seine Wirkung getan und mir Mut verliehen; so sagte ich halb ernst, halb scherzend zu ihr: »Du bist schön wie Inanna selbst! Willst du nicht einmal mit mir opfern?«

Damals, in der alten Zeit, lachten die Mädchen Sumers, wenn sie so unvermittelt gefragt wurden, und zierten sich nicht lange, wenn ihnen der Antrag gefiel. Beltani aber sah mich zornig an und antwortete laut: »Was fällt dir ein? So kannst du mit deinen Bauernmädchen in Sippar reden, du Tölpel, aber nicht mit mir. Weißt du nicht, daß ich die Tochter des Obervorstehers bin?«

Das Blut schoß mir in den Kopf.

»Doch«, sagte ich schnell und faßte sie beruhigend an der Hand.

»Ich wollte dich nicht kränken. Aber du bist ein hübsches Mädchen, und ich diene Inanna nicht weniger fromm als irgendein anderer Mann in Uruk.«

Beltani riß sich los und erwiderte: »Wie ein Mann benimmst du dich keineswegs, sondern wie ein brünstiger Wildesel, der mit ausgeschachtetem Glied hinter Stuten einherjagt. Weißt du nicht, wie man sich einem Mädchen von Ehre nähert? Doch woher solltest du das auch wissen, da du doch aus einem so erbärmlichen Nest wie Sippar stammst, wo die Leute wohl noch mit Eselskot zwischen den Zehen umherlaufen und sich wie Hunde auf der Straße paaren.«

Nun wurde auch ich zornig und versetzte: »Du hast kein Recht, meine Heimat zu schmähen. Ich habe es nicht nötig, mich von dir beleidigen zu lassen.«

»Dich beleidigen?« rief Beltani empört; ihre Augen blitzten. »Du hast mich bedrängt, als wäre ich eine billige Straßendirne, die sich für ein paar Kupferstücke mit einem stinkenden Lastträger hinlegt. Was bildest du dir eigentlich ein? Zu dir würde ich mich nicht herablassen, selbst wenn du der einzige Mann auf der Welt wärst. Wage es nur nicht, mich noch einmal zu belästigen, sonst sage ich es meinem Vater, damit er dich züchtigen läßt!«

Ehe ich noch etwas antworten konnte, kam Beltanis Mutter zu uns. »Worüber streitet ihr denn?« fragte sie.

»Er glaubt, er kann sich mit mir paaren wie mit einer Eselstute«, antwortete Beltani. »Er denkt wohl, daß er hier in einem Schweinekäfig ist, in dem sich Sau und Eber suhlen. Am liebsten würde er wohl gleich bei mir aufreiten wie ein Ziegenbock.«

»Ich habe es nicht böse gemeint«, verteidigte ich mich. »Es war nicht nötig, so heftig zu antworten.«

Dambur blickte von mir zu Beltani und wieder zurück. Dann lächelte sie. »Da du unser Gast bist«, sagte sie, »soll es dir an nichts fehlen, Daramas – so ist doch dein Name?«

Ich nickte. Erst jetzt bemerkte ich, daß die anderen Festgäste zuhörten. Einige lächelten höhnisch.

Die schöne Dambur klatschte in die Hände und winkte ein junges Sklavenmädchen herbei. »Das ist Sennaya«, sagte sie. »Ich habe sie für solche Fälle gekauft. Sie ist eine willige und geübte Beischläferin, und du magst an ihr deine Gelüste befriedigen, so oft du willst.«

Aus den Reihen der anderen Gäste erklang spöttisches Lachen. »Das

Mädchen ist viel zu schade für so einen Bauerntölpel«, sagte eine näselnde Stimme; eine andere antwortete: »Es ist immer das gleiche mit diesen Dorfburschen; kaum sehen sie unsere Frauen, verlieren sie den Verstand.«

»Nein«, sagte ich und hob abwehrend die Hand. »Deswegen bin ich nicht gekommen ...«

»Nicht?« fragte Dambur. Zwischen den rotgeschminkten Lippen blitzten weiße Zähne. »Du brauchst dich nicht zu verstellen! Wir haben in Uruk stets viel Verständnis für einen ... nun, einen noch unerfahrenen Jüngling vom Rande des Reichs.«

Die Sklavin stand mit niedergeschlagenen Augen vor mir; sie trug ein leichtes Leinengewand, das kaum bis zu den Knien reichte.

»Sieh dir erst einmal an, was du ausschlägst!«, lachte Beltani, trat zu dem Mädchen und riß mit einem Ruck das dünne Kleidchen empor.

Ich schüttelte den Kopf.

Beltani gab der Sklavin einen Stoß. »Sie ist mein Geschenk«, rief sie verächtlich, »du darfst es nicht ausschlagen, wenn du nicht wirklich ein Bauerntölpel bist!«

Die Sklavin taumelte ein paar Schritte vorwärts. Bittend blickte sie mich an.

»Also gut«, sagte ich zu Mutter und Tochter, »ich danke euch. Nun muß ich gehen. Den Segen der Großen Göttin auf euer Haus!« Ich nahm mein Geschenk an der Hand und ging aus dem Festsaal. Noch lange hallte mir Gelächter nach, und ich schwor, mich zu rächen.

Die Sklavin erzählte mir, daß sie von ihren Eltern zwei Jahre zuvor in Lagasch verkauft worden sei. Mit dem Erlös konnten ihre Verwandten einige Zeit lang den Hunger vertreiben, der damals in allen Nordländern herrschte, weil Enlil zürnte und sieben Ernten mit Sturm und Hagel verheerte. Der Händler hatte das Mädchen nach Uruk gebracht und dort an den Obervorsteher verkauft. Danach hatte die Sklavin erst Eniggal, dann seiner Frau und schließlich auch seiner Tochter zu Willen sein müssen, denn Uruks Frauen pflegten damals gern der Liebe mit ihresgleichen.

Sennayas Erzählung erregte mich so, daß ich ihr Leid vergaß und sie unter dem Vorwand, trösten zu wollen, lüstern an mich zog. Doch als ich ihr Tor der Empfängnis durchdrang, dachte ich an Beltani.

Später erzählte Sennaya mir auch, was im Haus des Obervorstehers gesprochen wurde und wie stolz Dambur auf ihre Abstammung war: »Sie dünkt sich selbst über den *lugal* erhaben.«

»Sie wird eines Tages sehr demütig sein«, sagte ich, und es war Rachedurst, der mich so sprechen ließ.

Danach ließ ich die Sklavin schlafen; ich aber fand keine Ruhe, bis ich am Morgen die Sonne aufgehen sah und die Erlebnisse der Nacht verblaßten wie ein böser Traum. O Uruk, Lapislazuli des Landes! Vom Fenster meines Zimmers im hinteren Teil des Palastes schweifte mein Blick häufig über die Straßen, Kanäle, Gärten und Märkte. Von morgens bis abends wogte überall dichtes Menschengewimmel. Worte aus allen Sprachen der Welt erfüllten die Luft, und der Duft der Garküchen zog durch die Stadt. Erst lange nach Sonnenuntergang leerten sich Uruks Straßen, dann aber füllten sich die Schenken. Bis spät in die Nacht lärmten immer wieder Betrunkene in den Straßen, aber nie für lange, denn die Wächter des *lugal* gaben gut acht, und wer seine Stimme nicht rechtzeitig dämpfte, wurde mit Knüppeln geprügelt. Denn Uruk war die Hauptstadt des Reichs, und Lugalzaggesi hielt sehr auf Ordnung.

O Uruk, stolze Stadt! Ja, du warst auch ein Hort des Wissens. Mit elf weiteren jungen Männern, die Lugalzaggesi aus anderen Städten des Reiches geholt hatte, lernte ich nun bei den besten Lehrern. Wir übten uns in der Verwaltung von Vorratshäusern, prüften Bestände mit Hilfe verschiedener Zählweisen nach, berechneten die Zinsen für die Pacht und wurden mit allen Zusammenhängen des Wirtschaftslebens vertraut. Wir prägten uns Gesetze und Verordnungen ein, erläuterten ihren Inhalt an Beispielen aus dem täglichen Leben und nahmen Auslegungen vor, wobei einer von uns als Kläger, ein anderer als Beklagter, ein dritter als Meister der Rechtsprechung auftrat. Wir lernten die langen Listen der Vorzeichen auswendig, mit denen die Götter den Menschen ihr künftiges Schicksal verraten, und ließen uns zeigen, wie man diese Zeichen am Himmel, im Vogelflug und in der Leber von Schafen, in Flüssigkeiten oder in den Gesichtern von Menschen entdeckt, auch, welche Tage für wichtige Tätigkeiten geeignet sind und welche nicht. Wir befaßten uns mit der Kriegskunst, lernten Aufbau und Gliederung des sumerischen Heeres kennen und übten uns in der Vorbereitung und Führung von Schlachten.

Dabei stützten sich unsere Lehrmeister auf die Weisheit der großen sumerischen Feldherrn seit Gilgameschs Zeiten. Wir hörten, wie der gewaltige Held mit nur fünfzig zu allem entschlossenen Männern die weit überlegene Kriegsschar des Agga von Kisch niederrang, und erfuhren zugleich, warum so etwas heute nicht mehr möglich sei: An der Ordnung und Zucht eines wohlausgebildeten Heeres, so hieß es, müsse sogar der wildeste und ungestümste Mut zerbrechen. Im Krieg von heute, meinten unsere Lehrer, komme es nicht mehr nur auf die Tapferkeit an, sondern vielmehr auf die Klugheit der Heerführer und die Sorgfalt der Planung.

Eingehend befaßten wir uns mit der berühmten Fehde zwischen Umma und Lagasch, bei der sich erwies, daß ein Krieg zwischen gleichstarken Mächten am Ende beiden den Untergang bringt. Wir erörterten auch die Feldzüge des Lugalannemunda von Adab, der dreizehn Fürsten besiegte und neunzig Jahre lang herrschte; unsere Lehrmeister hielten ihn für den fähigsten Feldherrn der alten Zeit und meinten, er hätte ganz Sumer erobern können, wenn er sich nicht nur auf das kleine Adab, sondern auf eine der größeren Städte wie Uruk oder Kisch hätte stützen können. Die meiste Zeit aber beschäftigten wir uns mit der Kriegskunst Lugalzaggesis, denn kein Herrscher vor ihm hatte so viele und siegreiche Feldzüge unternommen.

Wir lernten, daß in jedem Krieg sechs Umstände über Sieg oder Niederlage entscheiden: der Zustand des Heeres, der Feldherr, das Wetter, der Schlachtplatz, die Zeit und die Treue des Volkes zum Herrscher. Den Zustand des Heeres bestimmen dabei nicht etwa nur die Waffentüchtigkeit und Tapferkeit der Krieger, sondern ebenso ihr Glaube, ihr Gehorsam und ihre Gemütsverfassung. Ein siegreiches Heer ist gegen eines, das eine Niederlage erlitten hat, wie ein Schekel Getreide gegen ein einziges Korn. Außerdem kommt es auch auf die Gliederung in verschiedene Unterabteilungen an, auch auf die Verpflegung und die Beschaffenheit der Unterkünfte.

Wenn zwei Heere aufeinanderstoßen, die an Zahl und Zustand gleichwertig sind, gewinnt stets der bessere Feldherr. Entscheidend sind dabei wiederum sechs Eigenschaften: Klugheit, Mut und Beharrlichkeit, Ehrlichkeit gegen andere und sich selbst, Härte gegen andere und sich selbst sowie Treue zum Herrscher. Zur Klugheit gehört auch die Täuschung, zum Mut die Verwegenheit, zur Beharrlichkeit die Sturheit, zur Ehrlichkeit die Schonungslosigkeit, zur Härte die Grausamkeit und zur Treue die Selbstaufopferung – das Maß dieser Tugenden ist es, das über den Erfolg entscheidet.

Sind auch die Heerführer einander ebenbürtig, so hängt der Ausgang der Schlacht oft von Wetter und Jahreszeit ab: Krieger aus nördlichen Ländern können Kälte besser ertragen, Krieger aus südlichen Ländern Hitze. Männer aus dem Gebirge werden mit Sturm und Regen leicht fertig, Männer aus Ebenen können besser die Anforderungen meistern, die Dürre und drückende Luft an die Ausdauer stellen.

Die sumerische Kriegskunst – dein Vater, Rimusch, wandelte sie dann stark ab – unterschied dabei zwischen sechs Arten von Wetter: dem behindernden und dem begünstigenden, dem lähmenden und dem beschleunigenden, dem klärenden und dem ungewiß machenden, das Niederlage und Tod bringt.

Ebenso kannte Sumers Kriegskunst sechs Arten von Gelände: das verbindende und das zersprengende, das offene und das verengende, das gefährliche und das verzweifelte. In jedem gibt es etwas, was man tun muß und etwas, was man auf keinen Fall tun darf.

Der Mut eines Kriegers ist morgens am frischesten; mittags läßt seine Tapferkeit nach, und am Abend verspürt er nur noch den Wunsch, heil in sein Lager zurückzukehren. Es kommt darauf an, das Schlachtfeld vor dem Feind zu besetzen. Den Krieg entscheidet aber auch die Treue des Volkes zum Herrscher. Wenn es gelingt, im Land des Feindes Unzufriedenheit oder gar einen Aufruhr hervorzurufen, indem man Ratgeber des Herrschers besticht, Verräter anwirbt und falsche Anschuldigungen verbreitet, ist schon viel gewonnen.

Aber nicht nur unsere Köpfe, auch unsere Körper strengten wir an: Jeder Morgen begann mit Übungen, bei denen uns die tüchtigsten Leibwächter Lugalzaggesis zuweilen auf rauhe Weise allerlei Kniffe beibrachten. Sie hetzten uns in der Sonnenglut durch die Steppe, ließen uns schwere Steine heben und peinigten uns noch auf mancherlei andere Arten, um unsere Kraft und Ausdauer zu erhöhen. Danach übten sie uns im Kampf mit und ohne Waffen, bis jeder von uns es wenigstens mit drei gewöhnlichen Kriegern aufnehmen konnte. Die Leibwächter waren fast ausnahmslos Elamiter, denn seit seinem Streit mit Aggar vertraute Lugalzaggesi sein Leben lieber Männern an, die nicht Enlil, sondern fremde Götter verehrten.

Bald kam ein Brief von Abda. Sie fragte, wie es mir ginge und wann ich wieder nach Sippar zurückkehren würde. Aber mein Groll war so groß, daß ich nicht antwortete.

Nach einigen Wochen erschien der Führer der Leibwache, um sich von unseren Fortschritten zu überzeugen; ich erkannte ihn sofort: es war Kudur, der Riese aus Elam. Mit ihm kam Amar-ezen; die Skorpionnarbe leuchtete auf seiner Wange.

Kudur sah mich ratlos an, als ich vor ihn trat. »Aus Sippar, sagst du?« brummte er. »Da bin ich schon seit Jahren nicht mehr gewesen. Und wie heißt du? Daramas?« Er überlegte mit zerfurchter Stirn. Auch Amar-ezen konnte sich nicht an mich erinnern.

Ich erzählte ihnen von Sargon. Da hellten sich ihre Gesichter auf. »Ja, jetzt weiß ich es wieder!« rief Amar-ezen. »Er diente später bei uns in Kisch. Was ist aus ihm geworden?«

»Er führt jetzt die Aufsicht über die Palmgärten unseres Vaters«, antwortete ich.

»Na, bestimmt nicht für lange«, sagte der Narbige. »Der Wolf hütet keine Schafe und der Wildstier zieht nicht den Pflug.«

Beide nahmen sich nun meiner Ausbildung an. Da ich viel kleiner und schwächer als Kudur war, zeigte mir der Elamiter, wie man Kraft durch Schnelligkeit ersetzt. Beim Ringen brachte er mir Griffe bei, mit denen ich einen stärkeren Gegner mühelos umwerfen und danach festhalten konnte. Im Kampf mit Waffen lobte er besonders mein Auge und empfahl mir, immer aus der Abwehr zu fechten. »Wenn es dir gelingt, deinen Feind zum Angriff zu verleiten, hast du schon halb gewonnen«, sagte er. »Denn du bist schnell wie eine Schlange und weißt die geringste Unaufmerksamkeit zu nutzen.«

Darauf war ich sehr stolz, doch Amar-ezen dämpfte mein Hochgefühl gleich, indem er lächelnd hinzufügte: »Dein Bruder Sargon ist schneller.«

Abends saß ich oft mit den beiden unter einer Platane im Garten des Palastes und ließ mir von früheren Kriegen erzählen. In siebzehn Schlachten während der letzten drei Jahre hatte Kudur die Leber des *lugal* beschützt. Danach hatte Lugalzaggesi ihn zum Anführer seiner Wache ernannt. »Ich werde aber nicht mehr lange in Uruk bleiben«, verriet der Riese. »Mich zieht es zurück nach Elam, in meine Berge. Die Stadt ist nichts für mich, ich ersticke in dieser Hitze, und noch mehr stört mich dieses Gewimmel. In den Bergen leben nur wenige Leute. Dort kannst du Gipfel und Grate ersteigen und über die Welt blicken, ohne auch nur einen einzigen Menschen zu sehen; hier in Uruks Straßen aber tritt dir ständig jemand auf den Fuß.«

»Wie soll denn der *lugal* das Land der Schwarzköpfigen gegen die zahllosen Feinde beschützen, die es umlauern, wenn Krieger mit so viel *me* wie du ihm die Dienste verweigern?« fragte ich. «Sumer braucht jede waffenfähige Hand, das weißt du doch, und welcher Mann könnte es mit dir aufnehmen?«

»Ich werde alt«, brummte Kudur, »die Zukunft gehört den Jungen wie euch.«

»So ist es«, stimmte Amar-ezen zu. »Ihr dürft Sumer verteidigen, wenn wir tot sind.«

»Daran darfst du nicht denken«, wehrte ich ab.

»Warum nicht?« fragte der Narbige munter. »Wer kann seinem Schicksal entgehen? Es läuft einem nach wie ein Hund.« Wieder goß er sich Bier in den Hals, rülpste kräftig und fügte hinzu: »Eines Tages sterben wir alle. Darum trinkt, Freunde, und freut euch, daß ihr die Sonne noch seht! Eßt Brot aus Feinmehl, wenn ihr's kriegen könnt, und fettes Fleisch, von wessen Schaf es auch stamme! Trinkt und gießt nach und leert den Bottich, koste es auch das letzte Stück Kupfer; bald genug werdet ihr brackiges Wasser im Haus der Finsternis trinken, und es wird euch nicht besser schmecken, gleich es umsonst ist! Umarmt die Weiber, die ihr kriegen könnt, und haltet euch nicht lange mit Vorreden auf, sondern werft sie rasch auf den Rücken, spreizt ihnen die Schenkel und stoßt kräftig zu! Im Land ohne Wiederkehr wandeln nur bleiche Schatten mit Küssen kalt wie von Schlangenmäulern. Und wenn ihr einen Feind habt: grübelt nicht lange, bringt ihn um! Denn nichts grämt einen Mann mehr, als zu sterben, wenn sein Haß noch lebt. Erschlagt euren Feind, stecht den Kerl ab, laßt ihn in der Totenwelt auf euch warten! Dort wird ihm jeder Tag zur Qual, den ihr noch weiterleben dürft, und er wird mit den Zähnen knirschen. Ihr aber könnt sein Silber vertrinken und seine Gattin besteigen, wenn sie noch jung genug ist – sonst seine Tochter ...«

»Du hast wieder einmal zuviel getrunken«, sagte der Elamiter.

»Da hast du recht«, erwiderte Amar-ezen, »deshalb sage ich ja auch die Wahrheit. Was ihr eurem Gegner nicht antut, das wird er euch antun, so er Gelegenheit dazu bekommt, das könnt ihr mir glauben. Lieben und töten kann nur, wer noch lebt – die Toten haben keine Kraft, sie kennen nur noch Sehnsucht ohne Erfüllung. Uns wird es nicht anders ergehen, wenn wir zu unseren Müttern zurückkehren. Nur die Götter leben ewig, vergeßt das nicht!«

»Und Kudur«, fügte ich eifrig hinzu.

»Nein«, sagte der riesige Elamiter. »Ich bin nicht unsterblich. Eines Tages sehe auch ich meine Mutter wieder.«

»Was ist mit dem Leberorakel?« wandte ich ein. »Heißt es nicht, daß nur du selbst dich töten kannst? Oder glaubst du nicht an die Weissagung?«

»Ich denke nicht viel darüber nach«, antwortete Kudur. »Was zählt schon ein Kriegerleben?«

»Für den Krieger sehr viel«, bemerkte Amar-ezen.

Er redete noch lange, wir aber schwiegen und hingen unseren Gedanken nach.

Tage vergingen, Monate wurden lang, und das Jahr kehrte zu seiner Mutter zurück.

Mein Vater schickte mir viele Briefe nach Uruk. In einem stand, daß Sargon heiraten wolle, und ich war nicht sehr erstaunt zu lesen, daß Abda die Erwählte war.

Als der Sommer wie ein mächtiger Stier alles Grün fraß, schrieb mir auch Sargon und lud mich ein; ich aber antwortete, daß ich nicht abkömmlich sei, und wünschte ihm Inannas Segen.

Ischma-Ja sah ich nur selten. Der alte Weise reiste viel mit dem Großherrn und kehrte oft erst spät im Winter zurück. Wenn er an unseren Unterweisungen teilnahm, schien es mir, als sei die Lebensfreude von ihm gewichen. Sein *me* leuchtete nicht mehr. Meine Gefährten merkten es nicht. Ich aber, der ich den Weisen nun schon lange kannte, sah an seinem Gesicht, wie es um Sumer stand, seit sich sein *lugal* mit dem Hohepriester des mächtigsten Gottes bekriegte.

Im Winter lud Lugalzaggesi uns oft zu sich ein, um unsere Fähigkeiten zu prüfen. Wenn er mit uns zufrieden war, berichtete er uns von seinen Feldzügen, Bauten und anderen Taten und sprach dann auch von seinen Plänen; er wollte Sumer noch mächtiger machen und die Grenzen des Reiches noch weiter ausdehnen als bisher. Wenn er aber unzufrieden war, ließ er uns nicht züchtigen, wie es in Tafelhäusern Sitte ist, sondern seine Wächter prügelten statt dessen unsere Lehrer, die sich danach noch viel gewissenhafter um unsere Ausbildung mühten.

Drei Jahre lang lebte und lernte ich in dem Palast. Als die Zeit des Feuchtbodens begann, ließ Kudur mich holen. Amar-ezen saß neben ihm unter der alten Platane. Der Narbige reichte mir einen Krug Bier. Dann sagte der Elamiter:

»Zu dem Erlernten soll sich nun die Erfahrung gesellen. So lautet des Großherrn Befehl: Begebe dich auf dem schnellsten Wege nach Kisch! Melde dich dort beim Oberverwalter des Heeres! Er wird dir eine Sechshundertschaft unterstellen. Hier ist die Befehlstafel. Ziehe die große Fernstraße hinauf bis an den Rand des Gebirges und schaue dich dort genau um.«

Er verstummte und sah mich streng an. Ich räusperte mich und fragte: »Soll ich die Eselnomaden bekämpfen?«

Amar-ezen grinste; die Narbe leuchtete rot. Der riesige Elamiter trank einen Schluck Bier. Dann fuhr er fort: »Es gibt neue Leberorakel. Eines davon besagt, daß sich das Ungeheuer dieses Jahr im Akkaderland zeigen wird, und zwar genau zwischen Sumer und Martu, in der Wüste zwischen den zwei Strömen. Es soll dort zur Sommersonnenwende erscheinen.«

»Warum geht der *lugal* dann nicht selbst hinauf?« fragte ich erschrocken.

»Es ist nur eins von mehreren Orakeln«, erklärte der Elamiter. »Andere Wahrsager haben andere Orte genannt; dorthin werden deine Gefährten geschickt. Der *lugal* zieht wie jedes Jahr in das Meerland.«

Die beiden sahen mich prüfend an. Ich schwieg.

»Ich weiß, daß du lieber mit Lugalzaggesi gegangen wärst«, sagte Kudur. »Aber das ist nun einmal nicht möglich. Außerdem ...«

»Außerdem hast du dich lange genug an der Tafel des *lugal* gemästet«, unterbrach ihn der Narbige. »Es wird Zeit, daß du dafür endlich etwas leistest.«

»Der *lugal* denkt wohl, daß es dir Freude macht, wenn er dich nach Norden schickt«, meinte Kudur. »Vielleicht kannst du es ja so einrichten, daß du nach Sippar kommst, und dort deine Leute besuchen.«

»Und deine Freundin«, lachte Amar-ezen, »falls du schon eine hattest.«

Ich sah Abdas Antlitz vor meinem inneren Auge. Schnell trank ich einen Schluck; das Bier kühlte meine Kehle. »Ich werde morgen aufbrechen«, erklärte ich dann.

»Der Gott des Krieges möge dich beschützen«, sagte der Elamiter. »Silber und Ausrüstung liegen bereit. Schicke uns möglichst viele Berichte – auch wenn dir manches unwichtig erscheinen mag, für den *lugal* ist jede Einzelheit von Bedeutung. Das Ungeheuer bedroht uns nun schon seit fast zwanzig Jahren, und dennoch hat es noch niemand gesehen. Wer weiß, mit welchem Zauber es uns täuscht! Vielleicht ist es unsichtbar, vielleicht verschleiern Götter unseren Blick. Dann könnte man aber immer noch seine Spuren erkennen. Sei also auf der Hut und halte die Augen offen! Vielleicht hängt an deiner Wachsamkeit die Zukunft des Reiches.«

3

Der Hund gilt mehr als der Wolf,
da er dem Menschen dient.
Der Schwarzköpfige gilt mehr als der Fremde,
da er dem Tempel dient.

Worte des Weisen von Eridu

Als ich Uruk verließ, flog mir mein Herz wie ein Vogel mit schlagenden Flügeln voran. Die Aufgabe, die mich noch von meiner Heimat und meiner Familie trennte, schien mir nicht sonderlich schwer, und ich machte mir darum nicht viele Gedanken. Von Gefühlen erfüllt, wie sie in solcher Stärke nur junge oder sehr alte Menschen empfinden, schritt ich im Geist in die Kindheit zurück. Auf den sonnenbeschienenen Planken des Euphratschiffes, auf dem ich reiste, stellte ich mir fröhlich vor, wie ich mit Sargon noch einmal über die Hochsteppe ziehen und durch den Gazellenkanal schwimmen würde. Auch freute ich mich zu erfahren, wie es den Gefährten ergangen war, dem starken Steinhand und dem schlauen Igelspitz; auch, ob die geflügelten Söhne des Steppenbaums immer noch über das Land- und Flußgetier herrschten. So weit eilten meine Gedanken voraus, daß ich vor meinem inneren Auge schon die Gesichter der Freunde erblickte, während mich nur die mürrischen Mienen der bärtigen Schiffer umgaben. Das Jahr war noch jung. Der faulige, nasse Geruch des schwellenden Stroms duftete in meiner Nase wie der würzige Atem der Steppe. Die heiseren Rufe der Treidelmannschaften klangen in meinen Ohren wie die wohltönenden Lieder, die Sippars junge Mädchen der Himmelskönigin singen. Ach, wie war ich froh und töricht! Mein Herz freute sich an der Schönheit der Welt, gegenüber ihren Gefahren aber war ich so taub wie ein Wildesel im frischen Grün.

In Nippur stieg ein beleibter Viehhändler zu, der nach Sippar wollte, um dort fette Färsen zu kaufen. Er nannte sich Enlil-mansum und brach viele Krüge. Als er herausgefunden hatte, woher ich stammte, wich er mir nicht mehr von der Seite, berichtete mir von seinen verzwickten Geschäften und schalt die Viehzüchter Sippars als ausnehmend ruppig und stur. »Mit denen ist so gut handeln wie mit einer Kobra, die ihren Nackenschild bläht«, rief er. »Wenn man den geforderten Preis nicht gleich zahlen will, werden sie wie die Kolik im Bauch eines Ochsen. Doch sie verstehen ihr Handwerk, und ihre Kühe sind fruchtbarer als selbst die Rinder der Elamiter. Außerdem liebe ich es, dort der Himmelsherrin zu opfern!«

Er grinste mich an und öffnete einen neuen Krug Bier. Ich trank mit ihm, und vor meinem inneren Auge erschien Abdas Antlitz; da floß mit der Erinnerung bitterer Schmerz in meine Leber.

Einige Tage später, schon kurz vor Kisch, rasteten wir am Liegetag des Schwarzmondes auf einem Damm am Rand eines Dorfes. Die Heber der Gerste hatten ihr Tagwerk beendet. Der Viehhändler schwatzte und soff ohne Pause; auch mir schenkte er immer wieder nach. Bald brauste das Bier in meinen Ohren lauter als selbst die Frühlingsfluten des göttlichen Stroms. Zwischen den Wipfeln der Palmen sah ich die Sterne funkeln und schlief schließlich glücklich ein.

Wie der Kerl es geschafft hat, mir den Mohnsaft in den Trank zu mischen, ohne daß ich es bemerkte, weiß ich bis heute nicht; nicht nur Enlils Priester sind in derlei Dingen sehr geschickt. Immerhin habe ich später erfahren, auf wessen Befehl er das tat und was damit beabsichtigt war.

Als ich am Morgen wieder erwachte, lag ich nicht unter Palmen, sondern unter großen Büscheln aus Schilf. Auch spürte ich nicht mehr das weiche Gras der Uferböschung, sondern harte Bretter, die immer wieder heftig gegen meinen Rücken schlugen. In meine Hand- und Fußgelenke schnitten Schnüre wie Messer; nun erst bemerkte ich, daß ich gefesselt in einem Wagen lag. Über meine Augen war eine dunkle Binde gewickelt.

Das Fahrzeug rollte mit großer Geschwindigkeit über unebenes Gelände. Ich schloß daraus, daß ich in einem Kriegswagen lag, den schnelle Halbesel abseits der Straße durch unbewohnte Hochsteppe zogen.

Ich scheuerte mit der Stirn auf den Brettern entlang und erreichte auf diese Weise, daß die Binde ein wenig verrutschte, gerade so weit, daß ich mit einem Auge durch eine Ritze zwischen den Brettern der Staubwand zu spähen vermochte. Da sah ich, daß wir durch leeres, hügeliges Wüstenland rollten. Die Sonne stand hoch am Himmel, und eine große Staubwolke folgte uns. Auch vor uns schienen sich Wolken emporzutürmen; beim näheren Hinsehen stellte ich fest, daß es das hohe Gebirge jenseits des Tigrisstroms war.

Der Wagen rollte über das öde Land, bis es dunkel wurde. Dann hielten meine Entführer an. Klopfenden Herzens wartete ich, bis das Schilf abgedeckt wurde; ehe ich etwas erkennen konnte, schoben die Männer mir den Stoffstreifen wieder über die Augen und banden ihn fester. Dann packten mich kräftige Hände, hoben mich aus dem Wagen und legten mich in den Sand; ich hörte, wie Zweige knackten und einer der Männer einen Schmerzensschrei ausstieß.

Einer der Entführer hob meinen Kopf hoch und hielt mir einen Wasserkrug an die Lippen. Als ich getrunken hatte, schob er mir ein paar Bissen Brot in den Mund. Danach entfernten sich seine Schritte.

Lange Zeit lauschte ich angestrengt, konnte aber weder das Prasseln eines Feuers noch Geräusche der Zugtiere hören. Daraus schloß ich, daß die Fremden mich ein Stück von ihrem Lager entfernt niedergelegt hatten, um zu verhindern, daß ich sie hörte und so ihre Herkunft erriet.

Als ich glaubte, daß die Hälfte der Nacht schon vorüber sein müsse, wälzte ich mich vorsichtig auf die Seite und tastete mit den gefesselten Händen nach einem Dorn oder Splitter. Sogleich traf mich ein heftiger Tritt in den Leib, und ich erkannte, daß mich die Fremden scharf bewachten. Ich krümmte mich zusammen und tat, als hätte ich das Bewußtsein verloren.

Eine besorgte Stimme rief ein paar Worte in einer Sprache, die ich nicht kannte. Fast im gleichen Augenblick ertönte das Geräusch eines heftigen Schlages und ein kurzer, klagender Laut.

Schwere Schritte entfernten sich.

Ich wartete eine Weile. Dann vertraute ich meinem *me*, wälzte mich vorsichtig in die entgegengesetzte Richtung und stieß bald an ein Dornengestrüpp, wie ich es nach dem knackenden Zweig und dem Schmerzensschrei erwartet hatte. Rasch brachte ich einen Ast unter mich und rieb die ledernen Riemen an den scharfen Spitzen, bis sich meine Handfessel löste. Dann riß ich mir die Binde von den Augen. Etwa fünfzig Schritte entfernt sah ich im Sternenlicht eine hohe Gestalt. Ich zerrte an meinen Fußfesseln und löste glücklich die Knoten. Dann kroch ich zwischen Grasbüscheln davon. Nach einer Weile sprang ich auf die Füße und lief in die Steppe hinaus.

Kurze Zeit später hörte ich hinter mir scharfe Rufe. Wie eine Hirschkuh vor ihren Jägern flieht, hetzte ich nun durch die Dornsträuchersteppe. Meine Verfolger setzten mir mit großen Sprüngen nach. Sie glaubten wohl, daß sie mich in meiner Schwäche bald einholen könnten; ich aber dankte nun Kudur und Amar-ezen für ihre Härte bei unserer Ausbildung, denn trotz der Entbehrungen des vergangenen Tages fühlte ich Kraft in meinen Muskeln und Ausdauer in meinen Lungen und gewann in den Hügeln bald immer mehr Abstand zu meinen Verfolgern.

Als ich erkannte, daß mich die Entführer nicht einholen konnten, fiel ich in jene kräfteschonende Gangart, die man an der Kriegsschule den Trab des Wolfes nannte. Wenn meine Verfolger näherkamen, lief ich etwas schneller. Die Männer erwiesen sich aber als zäh und gaben nicht auf. Bald trat auf den östlichen Himmelsrand schon die silberne Sohle des neuen Tages. Nach einer Weile hörte ich den Wagen; er rollte rechts von mir über das sandige Land, um mir den Weg abzuschneiden, falls ich versuchte, in das Uferschilf des Tigris zu entkommen. Darum gab ich diesen Plan auf und nahm meine Zuflucht zu einer List: Ich beschleunigte meine Schritte, bis ich einen größeren Vorsprung besaß. Als ich an einer steilen Düne vorüberkam, verwischte ich rasch meine Spur, warf mich in einer sandigen Kuhle zu Boden, scharrte mit den Händen ein Loch und grub mich so ein, daß mein Gesicht unter den Zweigen des Dornstrauchs lag.

Kurze Zeit später hörte ich das Keuchen meiner Verfolger. Sie liefen an meinem Versteck vorüber und stürmten mit rasselnden Lungen die steile Düne empor. Bald waren sie verschwunden, nur der Letzte blieb eine Weile auf dem Kamm der Sandwoge stehen und spähte mißtrauisch nach allen Seiten umher. Seine schmutziggelben Locken bewegten sich im Wind wie Algen im seichten Wasser des Meeres; ein gelber Bart umhüllte seinen schmallippigen Mund, der mit der breiten Nase wie eine Wolfsschnauze hervorsprang. So wie die Farbe seines Haares wiesen ihn auch die Fellkleidung und die kupferne Sichelkeule als einen Bewohner des hohen Gebirges aus. Einen Herzschlag lang schienen sich unsere Blicke zu kreuzen, aber im Schatten der Dornenzweige konnte er mein Gesicht nicht erkennen. Mit einem Grunzen wandte er sich um und lief auf der anderen Seite der Düne hinunter.

Als die Sonne Anus höchsten Himmelsweg durchquerte, schien die Luft zu kochen; der Schweiß quoll mir aus allen Poren, und ich rang nach Atem. Dennoch blieb ich in meinem Versteck; Kudur und Amar-ezen hatten bei einer Übung einmal zwei Tage lang mit uns im Sand gelegen.

Um die Mittagszeit kehrten meine Entführer zurück, die Blicke auf den Boden gerichtet, aber sie konnten meine Spur nicht finden. Dann hörte ich den Wagen. Ein scharfer Ruf ertönte. Die Männer stiegen über die Düne und das Fahrzeug entfernte sich.

Ich blieb in meinem Versteck, bis Utus gleißende Sonnenscheibe als Kupferstück niedersank. Als der Schatten der Nacht den Rand der Düne erreichte, kroch ich aus dem Sand und schob mich mit äußerster Vorsicht unter dem Dornenstrauch hervor. Um mich herum blieb alles still, und schon wollte ich den Göttern der Wüste für meine glückliche Rettung danken, da fuhr ein wütender Schmerz durch meinen Fuß. Mit einem Schrei schnellte ich hoch; neben meiner rechten Ferse fiel ein großer, grauer Skorpion zu Boden.

So dankbar ich vorher der Weisungen Kudurs für den Wüstenkampf gedacht hatte, so erschrocken entsann ich mich nun seiner Warnungen vor den giftigen Wölfen des Innenraums. Schon nach wenigen Schritten schwanden mir alle Kräfte, und ich sank zu Boden. Das Gift des Skorpions weckte die Dämonen und lockte sie in großen Scharen herbei. Die Nacht füllte sich mit ihren grausigen Gesichtern. Die angstmachenden *Aschakku* krochen wie fette Schlangen einher, die übelgesinnten *utukku* drangen von allen Seiten herbei, die *giskim* besprühten mich mit ihrem giftigen Geifer, und die *dimme,* die schreckeneinjagende Leiche, kündete mir mit blutigen Lippen den nahenden Tod. Am schlimmsten jedoch entsetzten mich die von Anu, dem Höchsten, geschaffenen sieben *Sebettu.* Gezeugt vom Himmel, geboren von der Erde, brachen sie wie die Ameisen aus der Erdkrume hervor und bedrängten mich mit ihren aufgerissenen Mäulern. Voller Furcht wiederholte ich immer wieder die Worte des Abwehrzaubers: »Ihre Zahl ist sieben; ihre Zahl ist sieben. In der Tiefe des Unterweltozeans sind die Sieben. Frau sind sie nicht, Mann auch nicht, ein Hauch sind sie, der umherwirbelt. Sie verheiraten sich nicht, Kinder haben sie nicht, auf Gebet und Flehen hören sie nicht, böse sind sie, sieben ist ihre Zahl, sieben ist ihre Zahl, sieben Mal sieben ist ihre Zahl; sie seien gebannt beim Leben des Himmels, beim Leben der Erde!«

Immer dichter umschloß mich der Kreis der Dämonen, immer toller tobte ihr Tanz; dann fiel ein Schatten auf mich, und als ich aufblickte, sah ich in ein Gesicht so grimmig und furchterregend wie das eines

Drachen der Berge. Es war aber nicht milchfarben und von gelbem Bart bedeckt wie das eines Mannes aus Gutium, sondern sonnenverbrannt und von schwarzem Haar wie von Unkraut überwuchert. Verfilzte Lokken fielen über die flache Stirn; darunter blitzten blaue Augen. Nase und Narben schienen wie die eines alternden Kriegers von zahllosen Kämpfen zu künden. Der Oberkörper der Riesengestalt war wie ein Bottich geformt; seine Arme schwangen wie Dreschflegel, und seine Beine standen dick wie zwei Anlegepfähle.

Der Fremde trug ein speckiges Gewand aus Wolle. Um seinen Bauch spannte sich ein breiter Gürtel, in dem eine bronzene Axt und ein silbernes Dolchmesser steckten. Der Griff des Dolches zeigte ein Auge, wie es zur Abwehr böser Geister getragen wird; ehe ich darüber staunen konnte, tat der Schwarzbart den Mund auf und fragte lächelnd in schlechtem Sumerisch: »Nun, Freund? Ausgeschlafen?«

Ich starrte ihn an. Die Benommenheit wich wie ein Nebel von meinem Geist, und ich erkannte, daß es nicht ein Dämon, sondern ein Akkader war, der vor mir stand. Ein hübsches Mädchen kniete neben ihm.

Ich öffnete den Mund, brachte jedoch nur ein heiseres Krächzen hervor. Das Mädchen hob einen Krug und hielt ihn mir an die Lippen. Ich trank mit gierigen Schlucken. »Mehr!« stieß ich keuchend hervor.

Das Mädchen schüttelte den Kopf. Es trug einen silbernen Stirnreif und goldenen Nasenschmuck; seine Augen waren blau wie die des Riesen.

»Es ist genug«, sagte es leise. »Der Fieberdämon hält dich noch in den Klauen, er muß sich erst zerstreuen wie eine Wettersäule.«

»Welche Götter schützen dich?« brummte der Riese. »Noch niemand hat den Stich des grauen Skorpions überlebt, außer wenn man ihm gleich den Fuß, häufiger noch das Bein abhieb! Dein *me* muß sehr stark sein. Als wir dich fanden, war dein Leib schon bis zur Hüfte angefault.«

Ich zog das Lammfell zur Seite und blickte auf meinen Leib, konnte aber keine Verfärbung entdecken.

»Wann war das?« fragte ich verwundert.

»Was glaubst du denn?« wollte der Riese wissen.

»Ich weiß, daß man nach einem Skorpionstich oft für längere Zeit das Bewußtsein verliert«, gab ich zur Antwort. »Manchmal sogar für ein paar Tage.«

Der Riese nickte. »Dein Schlaf hat drei Wochen gedauert«, sagte er dann. »Serida war es, die niemals die Hoffnung verlor.«

Das Mädchen lächelte.

»Meine jüngste Tochter«, fügte der Riese hinzu. »Sie war es auch, die dich fand und uns zu deiner Rettung holte, nach den Gesetzen der Wüste, die uns verpflichten, jedem Fremden Hilfe zu gewähren.«

Er verzog den breiten Mund zu einem aufmunternden Grinsen und blickte mich forschend an. Ich fuhr mir mit der Zunge über die spröden Lippen und antwortete: »Ihr habt mir das Leben gerettet und euch dabei selbst in Todesgefahr gebracht. Denn ich heiße Daramas und reise im Auftrag des *lugal.* Die Krieger von Kisch werden überall nach mir suchen. Sieh zu, daß du mit deinen Leuten über den Tigris kommst, ehe sie euch erwischen!«

Das Lächeln des Riesen wich einem Ausdruck der Überraschung, aber er hatte sich schnell wieder in der Gewalt und antwortete: »Ich danke dir für deine Aufrichtigkeit und dein Vertrauen. Ich bin Laïbu, der Fürst der Akkader, denen die Wüste gehört wie euch Sumerern das fruchtbare Land.«

Verblüfft starrte ich ihn an, und die Schreckensgeschichten kamen mir in den Sinn, die ich damals im Lager der Krieger bei Safranstadt und später auch im Großhaus zu Uruk über die Eselnomaden und ihren Anführer vernommen hatte: wie diese Räuber Kaufleute in Ameisenhaufen folterten, bis die Gequälten ihre geheimen Geldverstecke verrieten, wie sie ganze Karawanen in wegloser Wüste abschlachteten, Hyänen und Geiern zum Fraß; wie sie nachts einsame Gehöfte überfielen, ja ganze Dörfer niederbrannten, die Männer erschlugen, die Frauen schändeten und die Kinder als Sklaven verschleppten, und wie diese Wölfe der Wüste in ihrer Raub- und Mordlust selbst in die Tempel der Götter eindrangen. Die kalte Woge des Abscheus wallte in meinem Herzen, und unwillkürlich ballte ich die Fäuste.

»Du brauchst keine Angst zu haben«, fuhr der Akkader fort. »Zwar weiß ich wohl, wie sehr der *lugal* und seine Krieger uns hassen; dich aber schützt unsere Ehre.«

»Ich habe mich nicht freiwillig in dein Lager begeben«, erwiderte ich. »Für meine Rettung danke ich dir. An unserer Feindschaft aber kann sie so wenig ändern wie an dem Haß zwischen Hund und Wolf.«

Der Riese sah mich nachdenklich an. Dann sagte er leise: »Glaubst du im Ernst, daß wir den Hund hassen, der unsere Herden beschützt, und den Wölfen nacheifern, die unsere Schafe reißen? Wir jagen den Räuber der Wüste genauso erbittert wie ihr.«

»Dann verstehe ich nicht«, erwiderte ich, »warum du dein Leben damit verbringst, Reisende zu überfallen, Karawanen auszuplündern und Dörfer niederzubrennen. Wenn dann unser Heer heranzieht, schleicht ihr euch feige in eure Schlupfwinkel davon. Wie, wenn nicht Wölfe, nennst du Männer, die zerstören, was Klügere und Tüchtigere schufen?«

»Dünkst du dich besser als ich, weil du in einem Haus wohnst, ich aber in einem Zelt?« sagte der Riese darauf. »Kannten die Schwarzköpfigen keinen Krieg, ehe wir aus der Wüste kamen? Seit ewigen Zeiten fallen sie übereinander her, Stadt gegen Stadt, und erschlagen sich gegenseitig für ein paar Obstgärten oder Äcker.«

»Das ist jetzt anders«, erwiderte ich heftig, »dank unseres *lugal*, der alle Schwarzköpfigen in seinem Reich vereinigte und ihnen so den Frieden gab, den jetzt nur ihr stört.«

Laïbu schwieg eine Weile. Dann gab er zur Antwort: »Soll es denn unabänderlich sein, daß ihr allein auf dem fruchtbaren Land wohnt und uns für ewig zu einem armseligen Leben in karger Wüste verdammt? Nein, das wäre nicht gerecht, denn wir sind Menschen wie ihr, wenn wir auch anders aussehen und leben.«

»Es ist nun einmal von den Göttern so bestimmt«, entgegnete ich, »daß der Hirte auf trockener Weide sitzt, der Bauer aber auf fetter Krume. Wie sollte die Hochsteppe sonst die Vielzahl der Schwarzköpfigen ernähren?«

»Von welchen Göttern redest du?« fragte der Anführer der Akkader, und Falten des Unmuts erschienen auf seiner Stirn. »Von euren vielleicht, von unseren aber gewiß nicht, und Ischtar ist nicht weniger mächtig als Enlil, wenn sie den alles durchstoßenden Speer hebt. Mit eurer Vielzahl aber brauchst du nicht zu prahlen; auch unsere Frauen besitzen fruchtbare Schöße und bringen daraus nicht weniger kräftige Söhne hervor als die Frauen Sumers – sogar so viele, daß uns die Wüste nicht mehr ernähren kann. Wir brauchen mehr fruchtbares Land.«

»Warum zieht ihr dann nicht fort?« fragte ich. »Sucht euren Platz, wo ihr ihn findet, in Martu oder in Makan. Die Erdenscheibe ist groß und längst nicht an allen Orten so dicht besiedelt wie hier.«

Laïbu seufzte tief; dann erwiderte er: »Hochmütiger Sumerer! Gebietest du über die Welt? Ratschläge willst du mir geben und weißt doch gar nichts von uns. In deinem Denken herrscht, was der Palast von Uruk lehrt, wo Haß auf alles Fremde die Gemüter vergiftet. Wieviele Sommer sahst du schon? Ich zähle mehr als fünfzig Jahresläufe und alle verbrachte ich an den zwei Strömen, wie schon mein Vater und Großvater, als Uruk noch längst nicht so stolz war wie jetzt. Ist dieses Land nicht ebensogut meine Heimat wie deine? Außerdem ist es groß genug für uns beide. Wenn eure Bauern pflügen und säen, weiden wir in der Wüste, wo dann noch fruchtbares Grün sprießt. Bis es verdorrt, sind eure Felder abgeerntet; dann laßt meine Herden die Reste verzehren! Wenn ihr aufhört, uns wie wilde Tiere zu jagen, werden wir Freunde und treue Verbündete sein.«

Darauf wußte ich keine Antwort, denn es war mir nie zuvor in den Sinn gekommen, die Akkader anders denn als grausame Mörder und beutegierige Räuber zu sehen, mit denen so wenig Frieden zu halten sei wie mit Hyänen oder Schakalen.

»Denke darüber nach«, schloß Laïbu, als er die Wirkung seiner Rede bemerkte. »Ischtar gebe, daß meine Worte bei dir soviel Gehör finden wie deine bei mir. Noch in dieser Stunde brechen wir zum Tigris auf. Bleibe unser Gast, bis du wieder bei Kräften bist. Serida wird dich pflegen.«

Er trat aus dem Zelt und rief laute Befehle. Sogleich vernahm ich das Geräusch vieler Füße. Ziegen und Schafe begannen zu meckern und blöken, aufgeregte Stimmen riefen durcheinander.

Nach einer Weile hörte ich Laïbu nach seiner Tochter rufen.

»Komm!« sagte Serida und ergriff meine Hand. Ich fühlte Mitleid mit ihr, und der Haß, zu dem mich das Großhaus von Uruk erzogen hatte, trocknete unter den Blicken des Mädchens wie Schlamm in der Sonne. Ich wollte Serida umarmen, aber sie kam mir zuvor und drängte sich an mich, um mich zu stützen, denn ich war noch sehr schwach und vermochte mich kaum auf den Beinen zu halten.

Als ich aus dem Eingang trat, fiel das schwarze Ziegenhaarzelt hinter mir zusammen und wurde wie die anderen von flinken Händen auf Esel verladen. Hagere, sehnige Hirten mit sonnenverbrannter Haut unter zerrissenen Kleidern trieben das Herdenvieh mit lauten Rufen davon. Sie waren mit Bogen und Speeren bewaffnet; außerdem trug jeder Krieger eine steinerne Klinge im Gürtel. Die Hufe der Ziegen und Schafe wirbelten eine Staubwolke auf. Ihnen folgten die Frauen, armselig gewandet wie ihre Männer und dennoch ansehnlich durch den natürlichen Liebreiz ihrer Gestalt. Sie führten Tragtiere, auf deren Rükken die kleineren Kinder saßen. So friedlich und anmutig war dieses Bild, daß ich an den Erzählungen über die Grausamkeit der Akkader zu zweifeln begann. Indessen erinnerte mich die Vernunft, daß die Natur kein eindrucksvolleres Beispiel der Elternliebe kennt als die aufopfernde Fürsorge, mit der ein gefräßiger Wolf seine Welpen umhegt.

Ein hochrädriges Fuhrwerk hielt neben uns. Laïbu saß auf der Staubwand. Mit kräftigem Arm zog er mich auf die Bretter des Wagenkastens, auf die ein Sonnenschirm kühlenden Schatten warf. Serida kletterte hinter mir auf das Gefährt, schob mir ein Lederkissen unter den Kopf und befeuchtete meine Stirn immer wieder mit nassen Tüchern, während wir nun in eiligem Marsch dem Tigris entgegenzogen.

Der Akkader führte den Stamm, der etwa zweihundert Köpfe zählte, auf kürzestem Weg aus der Wüste hinaus und auf eine steinige Ebene, über deren Geröll die verräterische Staubwolke verschwand. Wir zogen durch ein Gewirr vertrockneter Wasserläufe, wobei wir viele ältere Spuren wandernder Eselnomaden kreuzten. Nach einer Weile ließen sich einige Männer an den Schluß des Zuges zurückfallen und führten dort starke Böcke hinter sich her, an deren Schwänzen sie große Palmwedel befestigt hatten. Einige Male vollführte Laïbu Schwenkungen, schien aber dennoch darauf bedacht, so schnell wie möglich das Schilfdickicht am Schnellen Strom zu erreichen.

Zweimal holte uns die Nacht in der Steinwüste ein. Dann sicherten die Akkader ihr Vieh mit Dornbüschen gegen die Räuber der Wildnis und lagerten ohne Feuer im Freien, stets bereit, beim geringsten Anzeichen einer Gefahr sofort die Flucht zu ergreifen. Selbst die Säuglinge an den Brüsten der Frauen schienen die Nähe des Feindes zu spüren, denn keiner von ihnen schrie oder weinte. Die Männer aber schickte Laïbu immer wieder in alle Richtungen als Späher aus.

Da meine Haut schon so lange nicht mehr mit Wasser in Berührung gekommen war, plagte mich das Ungeziefer sehr. Die am Kopf fressende Laus peinigte mich, der Wolf des Loches saugte mir das Blut aus und der Schakal der Schamteile quälte mich mit seinen Bissen, daß ich es fast nicht mehr aushielt und mich die ganze Zeit kratzen mußte.

Nach einer Weile kam Serida, nahm mich bei der Hand und führte mich aus dem Lager in ein kleines Tal, das uns den Blicken Laïbus und der anderen entzog. Dort begann sie an meinen Kleidern zu zupfen. Ich fuhr ein wenig zurück und sagte: »Hör auf damit! Das ist nicht schicklich.« Daraufhin ließ sie mich los und streifte mit einer raschen Bewegung das Kleid ab, so daß sie nackt vor mir stand.

»Was hast du vor?« fragte ich mit belegter Stimme. »Das dürfen wir nicht, es ist gegen die Sitte. Ich bin ein Gast deines Vaters und ...«

Sie drehte mir den Rücken zu und ging ein paar Schritte. Erst jetzt bemerkte ich, daß sich vor uns ein großer Ameisenhaufen erhob. Serida breitete ihr Kleid über das Nest. Dann winkte sie mir. Als ich nicht gleich verstand, legte sie mir lächelnd eine Hand auf die Augen; mit der anderen löste sie meinen Gürtel, und als ich sie nun nicht mehr länger zurückhielt, entkleidete sie mich mit raschen Griffen, wandte sich ab und legte auch mein Gewand auf den Ameisenhaufen.

Ich schaute zu, wie die roten Löwen der Erdoberfläche in unsere Kleider krochen; bald kam eine Ameise mit einer Laus, die andere mit einem Floh hervor. Serida folgte meinen Blicken; als sie erkannte, daß ich verstanden hatte, klatschte sie in die Hände und lachte fröhlich. So lernte ich, wie sich das Volk der Wüste ohne Wasser sauberhält.

Serida setzte sich hinter mich und begann, mir das Kopfhaar zu lausen. Danach erwies ich ihr den gleichen Dienst. Als ihre Hände aber auch zwischen meinen Beinen umhertasten wollten, schob ich sie sanft zurück, denn ich schämte mich meiner Erregung. Sie lachte fröhlich; dann setzten wir uns Rücken an Rücken und jeder entfernte selbst, was sich an den geheimsten Winkeln des Leibes versteckte.

Nach einer Weile hoben wir die Gewänder auf, schüttelten sie sorgfältig aus, bis alle Ameisen herausgefallen waren, zogen sie wieder an und kehrten ins Lager zurück.

Am Abend des dritten Tages erreichten wir den Tigris. Es war aber schon zu dunkel, um mit den Tieren über den Strom zu setzen. Die Akkader schwimmen ja bis heute nicht gern durch die Flüsse, weil sie fürchten, daß die Schildkröten sie in die Geschlechtsteile beißen. Laïbu befahl seinen Leuten, im hohen Schilf an der Übergangsstelle zu lagern. Die Herde schickte er unter starker Bewachung hundert *gar* stromaufwärts. Späher kletterten in die Wipfel einiger Palmen. Die anderen betteten sich in der mondlosen Nacht am Ufer des Tigris zu einem unruhigen Schlaf. Laïbu legte sich auf eine kleine Anhöhe; er schien ziemlich erschöpft, denn in den vergangenen Tagen hatte er sich kaum mehr als eine Doppelstunde Ruhe gegönnt. Da ein kühler Wind wehte, breitete mir Serida ein wärmendes Schaffell über den Leib.

Der Wind frischte auf und ich wälzte mich unruhig hin und her. Trotz der dicken Felldecke kroch die Kälte der Nacht von den Füßen in meinen noch von der Krankheit geschwächten Leib, und ich begann zu zittern. Nach einer Weile schlüpfte Serida unter das Fell, um mich zu wärmen. Ihr kleiner Körper preßte sich gegen meinen, und ihr heißer Atem streichelte meinen Hals. Der Duft und die Wärme der kleinen Akkaderin ließen mich an Abda denken und die Erinnerung weckte Gefühle in mir, die zu erwidern Serida noch viel zu jung schien; deshalb tat ich, als ob ich weiter fest schliefe, und nach einer Weile sank ich wirklich in einen tiefen, erholsamen Schlummer.

Enlil aber ruhte nicht. In den frühesten Morgenstunden erwachte ich plötzlich und lauschte dem tosenden Atem des Gottes, der zornig über die Welt blies. Das Schilf fiel dem Sturmherrn demütig zu Füßen. Zwischen den schwankenden Halmen blickte ich auf den dunklen Strom. Da war mir plötzlich, als ob ich dort im schwachen Sternenlicht Schildkröten sähe, die aber groß wie Rogenfische waren. Verwundert zwinkerte ich mit den Augen und starrte angestrengt in die Dunkelheit; da erkannte ich, daß in den gekräuselten Wellen nicht Schildkröten schwammen, sondern Männer.

Ich hielt den Atem an und lauschte, aber kein Warnruf erscholl. Bald sah ich dunkle Gestalten durch das Uferschilf kriechen. Sie bewegten sich flink wie Eidechsen und kamen rasch voran. Erst fünf, dann zehn, dann zwanzig und dann hundert Männer tauchten aus dem Wasser. Noch immer ertönte kein Laut.

Der Wind blies in heftigen Stößen, und die Schilfrohre schwankten wie unter Hieben. Die ersten Krieger erreichten die schlafenden Eselnomaden und töteten sie im Schlaf.

Auch auf mich sah ich eine dieser Gestalten zukriechen, vor denen ich plötzlich Furcht empfand, obgleich sie doch zu meiner Rettung gekommen sein mußten. Der Mann, der mich zu seinem nächsten Ziel gewählt hatte, schien größer und kräftiger als die anderen Krieger. In seiner Hand blinkte ein kupfernes Sichelmesser.

Als der Fremde mich schon fast berührte, sagte ich leise: »Ich bin Daramas!«

Die große Gestalt erstarrte. Dann senkte sich die Faust mit dem Messer nieder. »Das hätte ich mir denken können«, knurrte eine Stimme. »Du bist der einzige, der den Nerv hat, sich in solcher Lage gemütlich an einem Weibe zu wärmen.«

Ich starrte ihn ungläubig an. »Sargon!« flüsterte ich.

»Was hast du denn gedacht?« raunte er. »Ich bin doch stets zur Stelle, wenn die Brunst dir die Bewegungsfreiheit raubt!« Er schnüffelte. »Bist du das? Puh! Du stinkst wie ein Schweineschlächter.«

Ehe ich etwas erwidern konnte, fühlte ich den Griff eines Dolches in meiner Hand und sah Sargon an mir vorbei auf den kleinen Hügel zukriechen. »Warte!« flüsterte ich, aber er hörte nicht auf mich.

Ich schob den Dolch in den Gürtel. Als ich mich von Serida lösen wollte, um Sargon zu folgen und ihn daran zu hindern, dem Mann die Kehle durchzuschneiden, dem ich mein Leben verdankte, seufzte das Mädchen im Schlaf und klammerte sich noch fester an mich. Da überkam mich Furcht, daß sie, wenn ich sie alleinließ, umgebracht werden könnte; ich beschloß, bei ihr zu bleiben und sie zu beschützen. Kurz darauf ertönte vom Hügel ein Röcheln. Aus dem Schilf folgten laute Alarmrufe auf Akkadisch. Dann hörte ich das Trampeln vieler Füße und Waffengeklirr. Auf Sumerisch ertönten scharfe Befehle. Holz schlug gegen Kupfer, und in der Dunkelheit leuchteten schwarze Gestalten, in wilde Kämpfe verstrickt. Serida fuhr auf; ich preßte ihr die Hand auf den Mund und raunte ihr zu: »Still! Die Krieger des Königs sind da! Für deine Leute kann ich nichts tun, dich aber werde ich retten!«

Serida blieb aber nicht ruhig, sondern wehrte sich nach Leibeskräften, biß mir in die Hand und trat mir mit den Füßen in den Leib, so daß mir am Ende nichts übrigblieb, als sie durch einen kundigen Hieb in tiefen Schlaf zu versetzen.

Die Akkader kämpften keineswegs wie feige Räuber, die beim geringsten Widerstand die Flucht ergreifen, sondern wie tapfere Krieger, die selbst im Angesicht des sicheren Todes nicht weichen. Da sie zu jener Zeit aber nur das Gefecht mit Fernwaffen gewohnt waren, wurden sie rasch zurückgedrängt. Als ihre Ordnung sich auflöste und in ihren Reihen Lücken aufbrachen, hatten die Krieger aus Kisch leichtes Spiel; sie hieben die Eselnomaden zu Dutzenden nieder. Bald loderten im Schilf die ersten Brände. Frauen kreischten, Kinder schrien und die Sieger eilten brüllend durchs Lager, im hellen Feuerschein alles erschlagend, was sich bewegte.

»Schaust gut aus, Daramas«, sagte eine Stimme hinter mir.

Ich fuhr herum und sah in ein vertrautes Grinsen. »Igelspitz!« rief ich verblüfft.

Der Jugendfreund nickte erfreut: »Hast mich also nicht vergessen, bei deinen vornehmen Freunden in Uruk«, sagte er.

»Wie hätte meine Nase das können«, erwiderte ich.

Sein großer Mund verbreiterte sich noch mehr. »Eines muß man dir lassen«, sagte er mit einem Blick auf Serida, »du weißt dich selbst an schlimmem Ort vergnüglich einzurichten.«

Das Mädchen war aus seiner Ohnmacht erwacht und starrte Igelspitz haßerfüllt an.

»Sie hat mir das Leben gerettet«, erklärte ich lahm.

»Dann«, sagte Igelspitz trocken, »seid ihr jetzt quitt.«

Serida blickte zwischen uns hin und her. Ihre Nasenflügel bebten. »Ich habe dich in der Wüste gefunden«, stieß sie hervor, »aber mein Vater Laïbu war es, der dir das rettende Gastrecht gewährte!«

»Laïbu?« staunte Igelspitz. »Beim Erhabenen Henker, ich hätte nicht gedacht, daß der alte Grauesel so eine junge Tochter hat. Als was warst du eigentlich hier, Freund – als Gefangener oder als Bräutigam?«

»Das Mädchen hat recht«, rief ich ärgerlich, »auch ihrem Vater gebührt mein Dank.«

»Dafür dürfte es jetzt zu spät sein«, antwortete mein Gefährte und fuhr sich mit der Handkante über die Kehle.

Serida stieß einen Schrei aus; ehe ich es verhindern konnte, riß sie mir den Dolch aus dem Gürtel. Als ich ihren Stoß mit der Linken abfing, drang mir die Spitze durch die Haut zwischen Daumen und Fingern. Ein scharfer Schmerz durchzuckte mich. Ehe Serida ein zweites Mal zustoßen konnte, traf sie das stumpfe Ende einer Lanze und drückte sie in den Sand. Überrascht blickte ich auf und sah in ein anderes wohlvertrautes Gesicht.

»Wer hat euch weisgemacht, ihr wäret Krieger?« ertönte eine tiefe Stimme aus breiter Brust. »Wenn ich nicht wäre, würdet ihr euch wohl gar von Weiberhand das Fell abziehen lassen, ihr Beischlafhelden!«

»Steinhand!« rief ich. »Wann hast du denn reden gelernt?«

Mein riesiger Gefährte grunzte. »Frage nicht nach dem Wann, sondern lieber nach dem Wozu«, antwortete er verdrossen. »Jedenfalls ganz gewiß nicht, solchen Schreibtafelkriegern wie dir das Kämpfen beizubringen, denn das wäre vergebliche Liebesmüh und nur für solche Zuschauer erquicklich, die sich gern erheitern.«

»Er kann inzwischen selbständig ganze Sätze bilden«, erklärte mir Igelspitz.

Der Riese bückte sich, zog das Mädchen zu sich empor und fesselte ihm mit raschen Griffen die Hände. Serida wehrte sich nicht, aber der Haß schwand nicht aus ihren Augen.

Während Igelspitz einen Stoffstreifen um meine Hand band, erhellten die Vorboten Utus den östlichen Himmelsrand. Die meisten Akkader lagen tot auf der Erde; die wenigen Überlebenden kauerten in Fesseln unter den Speeren der Sieger im Schilf.

»Es ist wohl am besten, ich bringe die Kleine selber hinüber«, brummte Steinhand und gab Serida einen sanften Stoß. »Geht ihr nur gleich zu Sargon dort am Fluß, damit ein Erwachsener da ist, wenn ich euch jetzt mal für eine Weile allein lassen muß.«

Sargon kam uns entgegen; seine Augen glühten. »Endlich haben wir den Kerl erwischt«, rief er triumphierend. Dann umfaßte er mich an den Handgelenken, zog mich an sich und fügte hinzu: »Noch mehr aber freut es mich, daß ich dich dem Rachen dieses Wolfs entreißen konnte, Bruder. Bist du verletzt?«

Ich erzählte ihm, daß Laïbu keineswegs wie ein Räuber, sondern als Mann von Ehre gehandelt hatte und ich ihm mein Leben verdankte.

Sargon hörte staunend zu. »Das hättest du mir früher sagen sollen«, meinte er dann und prüfte mit dem Daumen nachdenklich die Schärfe seines Dolches. »Also deshalb hast du uns keine Spuren gelegt! Aber die eine gute Tat wiegt Laïbus Verbrechen nicht auf.«

Steinhand sagte: »Bei uns in Kisch dienen viele Akkader; das sind oft ganz prächtige Kerle, tapfer und treu.«

»Was wollt ihr eigentlich?« schnappte Sargon. »Feind bleibt Feind! Hätte Laïbu die Gelegenheit bekommen, mir die Kehle durchzuschneiden, glaubt ihr, er hätte mich geschont?«

Ich erzählte ihm von Laïbus Tochter. »Nimm die Kleine mit«, sagte mein Bruder. »Die anderen werden wir verkaufen.«

Plötzlich wurde mir schwarz vor Augen, und ich mußte mich setzen. Sargon und Igelspitz ließen sich neben mir nieder. Kurz darauf gesellte sich auch Steinhand wieder zu uns.

»Wie bist du eigentlich an die Akkader geraten?« wollte mein Bruder wissen. Ich berichtete von dem fetten Viehhändler aus Nippur, meiner Flucht und Rettung.

»Du glaubst, es war ein Enlilpriester mit Gutäern?« staunte Sargon. »Aber warum? Was hatten sie mit dir vor?«

Ich zuckte die Achseln. »Jeder weiß, daß Aggar seit jeher gute Verbindungen zur Horde pflegt«, sagte ich. »Wer diese Kerle auch waren – jetzt haben sie meine Befehlstafel und kennen meinen Auftrag. Habt ihr hier oben am Rand des Gebirges etwas von dem Ungeheuer gehört?«

»Wenn damit Laïbu gemeint war – den habe ich erledigt«, knurrte Sargon. »In einem hatte der alte Räuber allerdings recht: Es wäre günstiger, wenn wir die Akkader als Verbündete gewännen, statt sie weiter zu verfolgen. Der wirkliche Gegner sitzt in den Bergen von Gutium. Dort soll der *lugal* dieses Ungeheuer suchen!«

»Es ist besser, wenn dieser Teil der Geschichte unser Geheimnis bleibt«, sagte ich. »Wie aber kommst du eigentlich hierher, Bruder? Ich glaubte dich friedlich in Vaters Palmengärten, Abda im Arm und Kinderchen auf dem Schoß.«

Sargon kaute auf seiner Unterlippe. »Es ist etwas geschehen«, antwortete er. »Ich wollte es dir nicht schreiben, sondern selber sagen. Darum machte ich mich vor drei Wochen auf die Reise nach Uruk. Unterwegs in Kisch traf ich Igelspitz und Steinhand. Von ihnen erfuhr ich, daß du verschwunden warst. Der *ensi* war außer sich …«

»Was war denn so wichtig, daß du es mir nicht schreiben wolltest?« unterbrach ich ihn ungeduldig.

»Vater ist tot«, sagte er.

Ich fühlte Steinhands Pranke auf der Schulter.

»Er starb im Schlaf, friedlich und ohne Schmerzen«, berichtete Sargon. »Unser Verwalter kümmert sich um den Besitz, bis du zurückkehrst. Dann wollen wir auch gemeinsam die Truhen mit seiner Habe öffnen.«

»Du bist der Ältere«, murmelte ich, »das Gut steht dir zu.« In meinem Kopf sausten Gedanken umher wie Bienen im hohlen Baum.

Sargon schüttelte den Kopf. »Ich gehe wieder zum Heer«, sagte er. »Ich hoffe, daß mir Urzababa, das fette Schwein, endlich eine Sechshundertschaft anvertraut. Das Kämpfen macht mehr Spaß als das Dattelnzählen.«

»Und Abda?« fragte ich.

Sargon hob die Schultern und ließ sie seufzend wieder fallen. »Als Vater bin ich gerade so gut wie als Gärtner«, sagte er. »Jetzt aber genug davon. Als ich hörte, was geschehen war, warfen wir eine Hundertschaft aus den Betten und ließen uns von deinem Schiffsführer an den Rastplatz bringen. Igelspitz fand die Wagenspuren. Wenn unser Kleiner erst einmal Witterung aufgenommen hat, kriegt ihn nichts mehr von der Fährte, auch wenn es Tage oder Wochen dauert.«

Igelspitz grinste. »Ich fand sogar den Dorn, mit dem du deine Fesseln durchgeritzt hast«, sagte er stolz, »und deine Grube unter dem Busch.«

»Ich bin nur froh, daß die Gutäer in der Wüste nicht so geübt sind wie in ihren Bergen«, murmelte ich.

Sargon stand auf. »Wir können nicht den ganzen Tag hier sitzen und schwatzen«, sagte er. »Los, ihr faulen Ratten!« Er brüllte einige Befehle, und die sumerischen Krieger stellten sich in Marschordnung auf. Die Kinder der Akkader mußten sich um das Herdenvieh kümmern, die Frauen folgten ihnen mit den Eseln. Steinhand trieb die Gefangenen vor sich her.

König Urzababa von Kisch empfing mich mit großer Herzlichkeit, überschüttete meine Gefährten mit Dankesworten und wies uns einen Ehrenplatz zu seiner Rechten an. Der Sohn der schlauen Schankwirtin Kubaba war klein, fett und häßlich, aber von vielen schönen Sklavinnen umgeben; man redete viel von seinen Ausschweifungen im Palast. Ich unterrichtete ihn von meinem Auftrag und Abenteuer; er lauschte mit großer Aufmerksamkeit.

Als ich geendet hatte, gelobte der König ein Dankopfer an den Stadtgott Zababa und sagte dann: »Wenn du dich ein wenig erholt hast, sollst du mit einer Sechshundertschaft meiner besten Krieger so lange und weit nach Norden ziehen, wie du es für angebracht hältst. Ich will es dir an keiner Art von Unterstützung fehlen lassen. Nenne mir deine Wünsche!«

Ich dankte ihm und bat: »Gib mir meine Gefährten mit. Sargon soll den Befehl führen; er kennt den Rand des Gebirges besser als ich.«

»So soll es geschehen«, erklärte der König. »Zababa möge die schützenden Hände über euch halten und geben, daß ihr das Ungeheuer endlich aufspüren könnt.«

Nach dem Empfang ging ich zu den Gefangenen, nahm Serida in den Arm, führte sie in das Quartier der Palastdienerinnen und sagte dort zu der Vorsteherin: »Das ist die Tochter Laïbus, des Anführers der Akkader. Sie soll mit euch wohnen und arbeiten, bis ich zurückgekehrt bin. Dann werde ich über ihr weiteres Schicksal befinden. Behandelt sie gut, kleidet sie ein und gebt ihr genug zu essen! Laßt sie dann eine leichte Tätigkeit verrichten, damit sie sich nicht langweilt. Und wagt nicht, sie etwa zu schlagen!«

Die Vorsteherin nickte ehrerbietig. »Es soll geschehen, wie du sagst, Herr«, versprach sie.

Als ich ging, spürte ich Seridas Blicke, doch ich drehte mich nicht um.

Ich kehrte zu den Gefährten zurück und eilte mit ihnen in eine Schenke. Dort tranken wir frisch gebrautes Bier in Mengen, die mich erstaunten, den anderen aber offenbar völlig normal erschienen, und besiegelten von neuem unsere Freundschaft. Da zog ein Gefühl der Dankbarkeit und des Friedens in mein Gemüt, und ich sagte zu mir: »Selbst wenn dir alle Götter des Himmels, der Erde und auch der Totenwelt zürnen, bist du doch nicht verloren, solange du solche Gefährten besitzt.«

Als hochwillkommene Trunkenheit Gewalt über uns gewann, sprachen wir von den vergangenen Zeiten, als Sargon unser *lugal* war und wir als seine *ensis* mit ihm durch die Steppe zogen. Wir lachten über unsere Flucht vor dem Hund auf die Palme und über Steinhands Rache am Älteren Bruder im Tafelhaus, am meisten jedoch über Igelspitz und seinen Einfall, mich mit Vogeldung zum neuen Großherrn zu küren.

»Wißt ihr noch, wie Sargon sagte: ›So wie die Söhne des Steppenbaums wollen auch wir sein‹?« rief ich im Überschwang meiner Gefühle. »Du hattest recht, Bruder! Freunden, wie wir es sind, setzt selbst der Himmel keine Grenze, in dem diese gefiederten Gefährten jetzt den Sommer verbringen!«

»So ist es, Freund«, sprach Igelspitz mit schon vom Bier beschwerter Zunge. »Beim Erhabenen Entscheider: Vorwärts kommt nur, wer Grenzen nicht scheut. Erobern kann nur, wer Grenzen nicht achtet. Den Göttern aber kann nur gleichen, wer Grenzen nicht kennt.«

»Ihr wäret feine Götter!« meldete sich Sargon zu Wort. »Würdet vermutlich den ganzen Tag saufen und huren und zwischendurch Leute foppen, damit es auch etwas zum Lachen gibt. Sumer hat schon zu viele Himmelsbeherrscher von dieser Sorte. Außerdem habt ihr ja beim Vater des Tafelhauses gelernt, wie es früher war, in der Zeit Gilgameschs und der anderen Helden: jeder wollte König sein und jeder des anderen Herrn. Uruk führte Krieg gegen Kisch, Umma gegen Lagasch und so fort. Wie kann ein Land stark sein, wenn seine Städte einander andauernd bekämpfen? Und wie ein Himmel segensreich mit so vielen zerstrittenen Göttern? Enki neidet Enlil die Kraft, Enlil Enki die Klugheit. In manchen Städten werden mehr als zweihundert Götter verehrt, im ganzen Land sind es mindestens fünfzehnhundert, ganz genau weiß das wohl niemand; in jedem Kanal, jedem Haus, ja sogar jedem Baum wohnt eine andere.«

»Doch eine jede besitzt ihre Aufgabe«, unterbrach ich ihn. »Nur so wird die Ordnung der Welt erhalten. Auch unter den *ensis* gibt es manchmal Streit, und doch ließe sich das Reich ohne sie nicht vernünftig verwalten.«

»Ja, wenn die Götter wenigstens so verständig wären wie *ensis*«, entgegnete Sargon. »Was aber, wenn im Himmel nicht Erwachsene, sondern Kinder herrschen, die unsere Welt als ihr Spielzeug betrachten? Es ereignet sich ja wohl genügend Unsinniges auf der Erdenscheibe! Ich frage mich auch, wie alt diese göttlichen Kinder dann sein mögen, ob sie schon als halbwegs vernünftige Wesen gesittet auf ihren Bergspitzen sitzen oder sich etwa noch als unmündige Säuglinge lallend und sabbernd zwischen den Wolken wälzen.«

»Und wenn?« fragte ich. »Was willst du dann tun?«

»Wenn die Götter wirklich noch Kinder sind«, sagte Sargon, »sollten wir hoffen, daß sie möglichst schnell erwachsen werden.«

Darauf wußte keiner etwas zu erwidern. Sargon leerte seinen Krug, rief nach einem neuen und sagte dann: »Ich glaube allerdings nicht, daß die Götter noch Kinder sind. Ich halte sie eher für alte Tölpel, die vom Ruhm vergangener Tage leben. Anu, der höchste Himmelsbeherrscher – was tut er denn noch? Führt den Vorsitz im Rat der Götter, wahrscheinlich ein silberbärtiger Greis, der nicht mehr gut hört und sich vor allem mit seiner Verdauung beschäftigt. Enlil spielt ab und zu den starken Mann, aber wenn er ein Weilchen gestürmt und gedonnert hat, geht ihm die Puste aus und er fällt japsend in seinen Stuhl. Enki liegt im Dauerschlaf, Fischflossen streicheln seine Glatze; als einziges Lebenszeichen fährt ihm wohl hin und wieder ein Wind aus dem Darm und steigt in Blasen nach oben. Die alte Inanna malt sich wohl immer dickere Schichten von Schminke auf ihre Runzeln und bindet die leeren Schläuche hoch, puh!« Er trank mit vollen Zügen.

»Du solltest nicht so verächtlich über die Götter reden«, warnte ich. »Was ist, wenn sie dich hören?«

»Vor den alten Herren habe ich keine Angst«, sagte Sargon. »Die haben genug mit sich selber zu tun. Die konnten den Menschen vielleicht zu Gilgameschs Zeiten ab und zu Ärger machen, aber heute nicht mehr. Durfte nicht Lugalzaggesi dem alten Enlil ungestraft die Unterwerfungsgeste verweigern?«

»Ob ungestraft, ist noch nicht raus«, meinte Igelspitz. »Das Ungeheuer ...«

»Ach, Unsinn!« fiel ihm Sargon ins Wort. »Auch der *lugal* wird alt, sonst hätte er nicht soviel Angst vor solchen Ammenmärchen. Außerdem soll das angebliche Schreckensgeschöpf doch aus dem Wasser gestiegen sein – das aber ist nicht Enlils, sondern Enkis Reich! Ich sage euch, die Götter sind alt geworden. Kraftlos, wie Greise nun einmal sind, wenn sie das liebe Leben lang gepraßt, gehurt und gefaulenzt haben.«

Er trank wieder einen Schluck. Igelspitz sagte: »Du bist ja nur neidisch.«

»Ich bin bestimmt kein Kostverächter«, gab Sargon zu. »Doch ich muß nicht wie ein brünstiger Bock auf jede läufige Ziege springen, um mich zu beweisen, und wenn ich jetzt satt und betrunken bin, so wartet nächste Woche wieder die Wüste, wo man das Bier rasch herausschwitzt, wie ihr wißt. Also vergleicht mich gefälligst nicht mit dem versoffenen und verhurten Gesindel, das ihr Götter nennt!«

4

Als Kinder waren wir glücklich.
Doch eines Tages
wollten wir keine Kinder mehr sein.
Worte des Weisen von Eridu

Als wir die Schenke verließen, begann schon die dritte Wache. Nannas silberne Sichel goß Geisterglanz über die Stadt, in der selbst um diese Zeit keine Ruhe herrschte. Viele Gasthäuser waren noch immer geöffnet. Durch die Gassen taumelten schwer angetrunkene Krieger aus allen Ländern, einander bald in Freundschaft umschlingend, dann wieder mit Fäusten verprügelnd, um schon kurz darauf versöhnt zu neuem Krug zu wanken, wie es bei Männern des Kampfes Sitte ist seit aller Zeit.

Die Wächter des Königs gaben zwar acht, zeigten sich aber längst nicht so streng wie die Gesetzeshüter des *lugal* zu Uruk; meist ließen sie die betrunkenen Krieger gewähren und schritten nur ein, wenn Waffen blinkten und Lebensgefahr bestand.

Auch wir hielten uns nun längst nicht mehr so aufrecht wie vorher beim König. Schwankend wie Schiffe auf wogendem Wasser torkelten wir Arm in Arm durch das Gewirr der schmalen Sträßchen und grölten nach Herzenslust unfeine Lieder. In der Gasse der Vogelfänger kamen uns zwei Akkader und drei Elamiter entgegen. Weder sie noch wir wollten weichen, und so zogen wir die Köpfe ein, schoben die Schultern nach vorn und prallten gegen die anderen, so wie die Widder zur Brunftzeit mit ihren Hörnern zusammenstoßen.

Diese Maßnahme führte sogleich zu dem offenbar auch von den Akkadern und Elamitern gewünschten Ergebnis, denn im nächsten Moment waren wir in das wildeste Handgemenge verstrickt. Sargon hieb seinem Gegner die Faust in die Magengrube; es klang, als schlüge eine Keule gegen ein Faß. Der Elamiter erwies sich jedoch als hart im Nehmen, und er vergaß dabei auch nicht das Geben; sein Schlag traf Sargons Nase, die sofort zu bluten begann. Ein anderer Krieger der Berge zielte mit einem wilden Hieb auf mein Gesicht, aber ich duckte mich schnell und stieß ihm den Ellenbogen tief in die Nierengegend; er stöhnte vor Schmerz und krümmte sich, nur um im nächsten Augenblick die andere Faust auf mein Genick niedersausen zu lassen. Igelspitz unterlief seinen um gut zwei Köpfe größeren Gegner, hob ihn mit einem geübten Griff aus und ließ ihn gegen die Mauer prallen. Der Elamiter ächzte laut, schlang dann aber seine Arme um unseren Gefährten und drückte ihm langsam die Luft ab. Die beiden größten Bergkrieger stürzten sich Steinhand entgegen; den ersten empfing unser Freund mit einem Hieb wie von einem Dreschflegel, den zweiten mit einem Schlag, der klang, als triebe ein Feldarbeiter Zaunpfosten in die Erde. Trotz der gewaltigen Wucht dieser Treffer blieben die Angreifer auf den Beinen und deckten Steinhand ihrerseits mit schweren Hieben ein. So wogte der Kampf eine Weile lang hin und her. Dann aber setzte sich die bessere Ausbildung meiner Gefährten gegen die rohe Kraft der Bergkrieger durch: Sargon fällte seinen Gegner durch einen Tritt in die Nieren, Igelspitz machte den seinen durch einen Würgegriff wehrlos, und mein Feind lag nach einem Stoß mit dem Kopf blutend am Boden.

»Seid ihr schon fertig?« schnaufte Steinhand. »Wartet auf mich!« Mit bloßer Hand brach er einen Ziegel von der Mauer und drosch ihn dem ersten Angreifer über den Schädel. Besinnungslos sank der Getroffene nieder und lag auf dem Boden wie ein Rüsselochse, den niemand aufrichten kann.

»Das ist gegen die Sitte«, rief der andere.

»So wie es gegen den Brauch ist, daß zwei gegen einen kämpfen«, grollte Steinhand. »Ihr seid wohl in Höhlen aufgewachsen?«

»Ihr seid vier, wir sind fünf«, antwortete der Elamiter. »Hätten wir da vielleicht vorher auslosen sollen, wer zuschauen muß? Außerdem, jetzt sind wir einer gegen einen.«

»Wo du recht hast, hast du recht«, stimmte Steinhand zu, legte den Ziegel sorgfältig auf die Mauerkrone zurück und drosch dem wartenden Elamiter dann mit aller Kraft die Faust in die Rippen. Es war, als träfe ein Beil einen Baumstamm, und ich erwartete, daß der andere umfallen würde. Auch der Mann aus den Bergen wankte nicht, sondern landete seinerseits einen mächtigen Hieb auf Steinhands Leber, der unserem Freund ein anerkennendes Grunzen entlockte.

»Nun mach schon«, rief Sargon ungeduldig, »wir haben nicht die ganze Nacht Zeit.«

»Ist gut«, sagte unser Gefährte, holte aus und führte einen beidhändigen Streich, der wohl einen Ochsen gefällt hätte, gegen den Schädel des Elamiters. Der Mann aus den Bergen sah den Schlag kommen, wandte sich aber nicht ab, sondern zog es vor, stehenzubleiben und seinerseits einen Hieb voller Urgewalt in die ungedeckte Herzgrube des Gegners zu rammen. Die beiden mit äußerster Kraft ausgeführten Streiche trafen fast gleichzeitig, und durch die Straße hallte ein Ton wie von riesigen Pauken. Dann prallten die beiden schweren Körper gegeneinander, verharrten einen Wimpernschlag lang Brust an Brust und fielen dann Arm in Arm nieder. Der Boden bebte, als wären zwei Baumriesen aus dem Zederngebirge niedergestürzt.

Das war das Ende der Auseinandersetzung. Als alle wieder zu sich gekommen waren, sagte Sargon zu unseren Gegnern: »Alle Achtung, Leute, das war kein schlechter Kampf. Ihr solltet in unsere Einheit kommen, wir können noch ein paar wackere Kerle gebrauchen!«

Sein Gegner, ein breitschultriger Akkader, in dessen Bart schon graue Haare wuchsen, antwortete: »Wahrlich, Jüngling, das gleiche läßt sich von euch behaupten, auch wenn ihr nur gewonnen habt, weil wir die meiste Kraft vorhin bei Bier und Huren ließen, während ihr euch vermutlich eben noch an der Milch eurer Mütter gestärkt habt.«

»Ja«, sagte Igelspitz, »weil wir im Gegensatz zu euch unsere Mütter kennen, ihr aber offenbar aus einem dreckigen Laichtümpel stammt, ihr mißgebildetes Ausländerpack!«

»Wahrlich, wenn dein Schweif so kurz ist wie dein Verstand«, höhnte der Graubärtige, »ist es vermutlich tatsächlich besser, wenn du dich bei den Huren nicht blicken läßt, damit sie ihn nicht mit einem Härchen verwechseln und achtlos auszupfen.«

»Ihr sprecht gewiß aus eigener Erfahrung«, knurrte Steinhand und fuhr sich ächzend über den Bauch.

»Uns kann solch Ungemach nicht widerfahren«, versetzte der älteste der Elamiter, »mein Frauentröster ist so groß wie eine Berglandgurke.«

Sie schimpften noch eine Weile und schienen immer mehr Gefallen aneinander zu finden, denn wie zuvor bei den Hieben erkannten sie sich auch im Wortgefecht als ebenbürtige Gegner. Als sie bei der herabsetzenden Beschreibung der Geschlechtsteile ihrer Vorfahren angelangt waren, wobei ihnen ein unerschöpflicher Vorrat verletzender Ausdrücke zur Verfügung stand, räusperte sich Sargon und sagte: »Mit Verlaub, Leute: Morgen ist auch noch ein Tag, und dann können wir uns ja weiter darüber unterhalten, wessen Großmütter sich von Bibern begatten ließen und wessen Urgroßvaters Zeugungsorgan gekrümmt war wie das eines Röhrichtschweins – für jetzt soll der Meinungsaustausch genügen! Leert lieber noch einen Krug mit uns und denkt darüber nach, ob ihr euch uns nicht doch anschließen möchtet.«

»Wahrlich, ich hätte nicht übel Lust«, antwortete der graubärtige Akkader, »aber wir wurden gestern der besten Sechshundertschaft zugeteilt, die jemals die Därme in Sumers Latrinen entleerte.«

»Und welche ist das?« fragte Sargon lächelnd.

»Wahrlich, ich hätte mir denken können, daß ihr das nicht wißt, ihr Grünschnäbel«, sagte der Graubart. »Sie heißt ›Landesmauer‹ und wurde gestern erst aus den besten Kriegern von Kisch zusammengestellt. Sargon heißt unser Oberster. Er soll viel *me* haben. Nächste Woche geht es nach Norden.«

»Dein Oberster steht vor dir«, sagte ich und deutete mit einem Nikken auf Sargon.

Die Männer starrten uns an.

»Willkommen, Leute«, lächelte Sargon. »Ihr seid wohl neu in Kisch. Ich war eine Weile fort. Ihr habt euch ordentlich eingeführt, das muß man sagen.«

Die Akkader und Elamiter grinsten stolz.

»Wahrlich, dann wundert es mich nicht mehr, daß wir Prügel bezogen«, meinte der Graubart. »Ich hätte nicht gedacht, daß ich den Tag erlebe, an dem selbst Kudurs Sohn zu Boden geht.«

»Du bist Kudurs Sohn?« fragte ich den jungen Hünen, der mit Steinhand niedergestürzt war.

»Ja«, sagte der Elamiter. »Ich werde Laomer genannt.« Er blickte achtungsvoll auf seinen Gegner. »Und du?« wollte er wissen.

Steinhand befeuchtete sich die Lippen und antwortete: »Mein Name ist ›Lieblicher Blütenhauch vom Mund der ...‹«

»Wir nennen ihn ›Steinhand‹«, unterbrach Sargon.

»Ach so«, sagte der Mann, der niedergeschlagen worden war. »Ich dachte, du hättest mich mit einem Ziegel getroffen.«

»Wir haben schon in Elam von dir gehört«, sagte Laomer.

»Ach ja?« meinte Steinhand. »Das kann gut sein. Ich gab schon vielen tüchtigen Kerlen aus deinen Bergen den letzten Schliff.«

»Ja«, sagte Laomer, »vom Schleifen war immer viel die Rede, wenn sie von dir sprachen. Bei uns erzählt man sich, daß selbst dein Lustkolben aus Wetzstein sei.«

»Wirklich?« machte unser Gefährte und klopfte seinem vormaligen

Gegner stolz auf die Schulter. Wir sahen eine Weile zu, wie die beiden Riesen einander freundschaftlich betätschelten. Dann stellten auch wir anderen uns vor. Ich kann mich aber nicht mehr an ihre Namen erinnern, denn wir benutzten sie nie. Den ältesten der drei Elamiter nannten wir fortan nur »Berglandgurke«, den graubärtigen Akkader aber »Wahrlich«, weil er fast jeden Satz mit diesem Wort begann.

Wir zogen in die nächste Schenke und tranken Bier, bis es von unseren Bäuchen zurückgeschickt wurde. Dann wankten wir in unsere Unterkünfte.

Sargon richtete mir ein Lager in seinem Zimmer. Nebenan schnarchten Steinhand und Igelspitz. Am nächsten Morgen erwachte ich durch lautes Gebrüll und erkannte schnell, daß es aus Steinhands Mund scholl. Mühsam raffte ich mich auf und lugte nach draußen. Unser Gefährte stand im ersten Sonnenschein auf dem Übungshof, um neue Krieger auszubilden. Dabei zeigte er weniger Milde als selbst der hartherzigste Fruchtwucherer. Das hörte sich ungefähr so an:

»Schlaft ihr etwa noch, ihr alten Sumpfratten? Faul wie die Käfigschweine, nur nicht so nahrhaft. Klebt euch noch Sand in den Lidern, ihr ungewaschenen Strolche? Hier herrscht ja eine Disziplin wie in einem Laichtümpel! Ich werde euch schon auf Trab bringen, froschäugige Wasserhunde! Ich werde euch tanzen lassen wie die Skorpione! Hier gibt es nicht mehr die süße Milch eurer Ammen zu suckeln, sondern ihr werdet das Brackwasser der Entbehrung und das Blut der Erschöpfung, vor allem aber die salzige Lake des Schweißes schlucken, den ich aus euren Wänsten treiben werde, auch wenn ihr noch so laut nach euren Müttern winselt! Ich werde es euch schon zeigen! Auch störrische Ochsen werden in die Spur gesetzt und selbst der lahme Esel kommt schließlich doch auf den rechten Weg!«

Einige ältere Krieger, die eben erst zu der Sechshundertschaft ›Landesmauer‹ gestoßen waren und stolz die Narben vieler Kämpfe trugen, murrten laut, und Berglandgurke rief: »Was bildest du dir ein, du Milchbart? Auch wenn dich die Gunst deines Freundes zu unserem Ausbilder macht, sollst du nicht glauben, daß ausgerechnet du Brustsauger uns etwas beibringen kannst. Als du noch greinend in den Windeln lagst, stellten wir uns schon dem Grimm der Gutäer!«

»Was läßt dich glauben, Kriegskunst sei eine Sache des Alters?« schrie Steinhand erbost. »Etwa das Rasseln deiner gepeinigten Lungen, das Zittern deiner müden Knie oder der Wind, der bei jeder schnellen

Bewegung aus deinem kraftlosen Darm streicht, du alte Stinkpflanze? Sei froh, daß wir dich überhaupt mitnehmen und dir auf diese Weise die Möglichkeit eines würdigen Todes in Waffen erhalten, ehe du japsend auf einer billigen Beischläferin deinen letzten Hauch keuchst!«

Danach setzte Steinhand die Ausbildung unserer Krieger mit Bildern aus dem Bereich des Geschlechtlichen fort, die bei Männern stets den nachhaltigsten Eindruck hinterlassen, wobei es ihm völlig gleichgültig war, ob die nun ausgestoßenen Beschimpfungen und Beleidigungen auch nur irgendwie in einem sinnvollen Zusammenhang standen.

Igelspitz verfeinerte indessen die Fähigkeiten der Krieger im Bogenschießen und Spurenlesen. Einige Male nahm er die Unterführer der ›Landesmauer‹ mit in die Wüste und zeigte ihnen, wie man nicht nur die Urheber von Fußabdrücken erkennt, sondern auch ihre Ziele herausfinden kann, auch, vor wie langer Zeit sie vorüberzogen und sogar, womit sie bewaffnet waren. Als die Männer meinten, genug gelernt zu haben, ließ sich Igelspitz von ihnen verfolgen und führte sie mit falschen Spuren tagelang an der Nase herum.

Sargon ernannte Laomer zum Anführer der ersten Hundertschaft, denn so wie Kudurs Sohn die anderen Krieger mit Ausnahme Steinhands durch seine Körpergröße überragte, so übertraf er sie auch an Klugheit. Als Stellvertreter suchte sich Laomer seinen Landsmann Berglandgurke und den alten Wahrlich aus. Die Befehlsgewalt über die anderen fünf Hundertschaften legte Sargon in die Hände bewährter Männer, die er von früher kannte. Igelspitz sollte wie stets den Vortrupp, Steinhand die Nachhut führen.

Am Tag vor dem Ausmarsch stellten sich Sargon und ich vor der Front der Sechshundertschaft auf und richteten kurze Ansprachen an die Leute. Dabei befahl ich den Kriegern, auf dem gesamten Feldzug nach Ungewöhnlichem Ausschau zu halten und alles sofort zu melden, auch wenn es noch so unbedeutend erschien. Das Hauptziel des Feldzugs, so sagte ich, liege nicht darin, wieder einmal ein paar Eselnomaden zu töten, sondern die Wüste so weit wie möglich nach Norden hin zu erkunden und festzustellen, ob sich in ihr etwas Unbekanntes verbarg.

Die Männer standen stramm und stumm vor uns und zuckten nicht mit der Wimper.

Danach erklärte Sargon, es sei aber keinem verboten, Feinde Sumers zur Strecke zu bringen. »Und wenn befohlen wurde, nach Ungewöhnlichem Ausschau zu halten«, rief Sargon, »so hoffe ich nicht, als erstes die Merkwürdigkeit entdecken zu müssen, daß sich die besten Krieger von Kisch beim Anblick des Feindes in furchtsame alte Weiber verwandeln. Vergeßt nicht, daß ihr unter allen Männern des Königs als beste auserwählt wurdet, um für den *lugal* selbst auszuziehen, zum Schutz des Landes und zur Ehre der Götter!«

Die Männer schwiegen noch immer. Sargon holte tief Luft und schrie: »Und auch für mich, ihr faulen Käfigschweine!«

Schlagartig kam nun Leben in die Hundertschaften.

»Zeige uns nur diese dreckigen Eselnomaden«, brüllte Berglandgurke, »dann wirst du schon sehen, ob wir Männer sind oder Weiber!« Auch die anderen ließen Rufe ertönen, und am lautesten schrien dabei die Akkader, denn oft verachtet der sein Volk am meisten, der es verließ, um einem anderen zu dienen.

Sargon ließ sie eine Weile brüllen. Dann hob er die Hand und rief ihnen zu: »Wenn euer Grimm so groß ist wie eure Geilheit, euer Mut so groß wie euer Maul und eure Tapferkeit so dauerhaft wie eure Trunksucht, braucht mir um den Erfolg dieses Feldzugs nicht bange zu sein. Macht euch nun fort an eure Krüge und käuflichen Weiber, freßt fettes Fleisch, soviel ihr kriegt, sauft euch voll und hurt euch leer, so wie auch ich jetzt gleich Kehle und Kolben erquicken werde. Denn wer von uns weiß, wann er statt frischen Bieres das brackige Wasser der Totenwelt trinkt und statt saftigen Fleisches den Staub der Finsternis schluckt, wann er auf seinem Lager nicht mehr ein hübsches Mädchengesicht, sondern die häßliche Fratze der Dämonin erblickt ...«

»Das geht Wahrlich schon seit seiner Hochzeit so!« rief Berglandgurke, und alle lachten. Der Graubart schrie erbost zurück: »Wahrlich, das ist immer noch besser, als Liebe nur unter Schwanzquasten zu suchen, du elamitischer Eselschänder!«

»Wenn sich hier jemand an Eselstuten vergreift, dann höchstens du«, gab Berglandgurke zurück, »wobei ich zugebe, daß das wohl oft ohne Absicht geschieht, weil eure Weiber ja von Eselinnen nicht so leicht zu unterscheiden sind.«

Darauf packte ihn Wahrlich am Bart und drosch auf ihn ein. Einen Wimpernschlag später verwandelten sich die geordneten Reihen der Sechshundertschaft in die wilden Knäuel einer Massenschlägerei, bei der nicht nur Akkader und Elamiter als unmittelbar Betroffene, sondern auch Sumerer nach Herzenslust mitprügelten.

»Wegtreten«, seufzte Sargon, und von den Kämpfenden unbeachtet verließen wir den Übungshof.

Am Abend befahl uns der König zu sich, gab uns wohlmeinende Ratschläge und bat den Stadtgott Zababa, uns zu beschützen. Dann bewirtete er uns mit den erlesensten Speisen und unterhielt uns nach der Weise gebildeter Männer mit allerlei Sinnsprüchen und Lehrerzählungen aus alter Zeit. Sargon blieb aber nicht lange bei uns sitzen, sondern leistete den Obersten, Vorstehern und Verwaltern, die mit uns speisten, Gesellschaft. Ich konnte sehen, daß er mit ihnen schon auf vertrautem Fuß stand; sie lachten laut über seine Scherze, hörten ihm aber auch aufmerksam zu, wenn er etwas Ernstes vortrug, und schienen ihm große Zuneigung entgegenzubringen.

Als wir nach Hause gingen, sagte ich zu ihm: »So jung du bist, so beliebt bist du schon bei den Männern der Macht; das wird deiner Laufbahn förderlich sein. Aber vernachlässige darüber nicht Urzababa. Er ist der König.«

»Er ist ein Schwein«, sagte Sargon verächtlich.

»Er ist häßlich und viel zu fett«, gab ich zu, »doch sind diese Fehler nicht eher verzeihlich als etwa Dummheit oder Ungerechtigkeit?«

Sargon sah mich verdrossen an und antwortete: »Glaubst du vielleicht, daß ich Menschen nach Äußerlichkeiten beurteile? Urzababa sieht nicht nur aus wie ein Schwein, er ist auch eines, das kannst du mir getrost glauben.«

»Im Gespräch macht er einen anständigen und gesitteten Eindruck«, erwiderte ich. »Seine Kenntnisse über Geschichte, Wissenschaft oder Kunst sind vorzüglich. Außerdem scheint er nicht eingebildet, hat Witz und besitzt ein gesundes Urteilsvermögen.«

»Soso«, knurrte Sargon. »Du scheinst ja in den paar Tagen hier in Kisch mehr über Urzababa herausgefunden zu haben als ich in den Jahren, die ich dem König schon diene. Von mir aus magst du glauben, was du willst – ich kann dir nur raten, vor diesem Kerl auf der Hut zu sein.«

»Warum vertraust du mir nicht?« fragte ich. »Bin ich nicht dein Bruder?«

»Du bist es, der kein Vertrauen hat«, erwiderte Sargon, »sonst würdest du nicht an meinem Wort zweifeln. Da du mir anders nicht glaubst, sollst du mit eigenen Augen sehen, was für ein Schwein dieser Kerl ist. Aber erzähle niemandem etwas davon!«

Als es dunkel war, führte mich Sargon zum Tempel Zababas, des göttlichen Hirten von Kisch. Der Haupteingang war schon verschlossen; durch Nebenpforten verließen die letzten Besucher den Götterturm. Wir warteten hinter Buchsbaumhecken, bis sie verschwunden waren. Kurze Zeit später kamen die Priester, verschlossen sorgfältig die Zedernholztüren und übergaben die Schlüssel den Wächtern.

Über uns fackelten die Sterne am Himmel; der Herr der Lichtfülle goß seinen fruchtbarkeitbringenden Glanz auf die Welt, und der Nachtwind rauschte in den wankenden Gipfeln der Palmen. Schweigend standen wir im Schutz der Hecke, und meine Neugier wuchs immer mehr. Nach einer Weile erschienen andere Wächter. Sie führten einen Zug von zwölf Sklaven an, auf deren Schultern ein schwerer, mit Seidentüchern verhüllter Tragsessel lag. Vorsichtig ließen sie ihn vor einem der kleineren Eingänge nieder. Wir sahen, wie eine kleine, fette Gestalt herauskletterte und im Tempel verschwand. Die Wächter schlossen die Tür und sicherten in die Runde.

»Der König?« wisperte ich verblüfft. »Wozu die Heimlichkeit, wenn er dem Stadtgott zu huldigen wünscht?«

Sargon winkte mir, ihm zu folgen. Vorsichtig schlichen wir durch den Garten an die Rückseite des Tempels. Dort wuchs eine hohe, vielästige Bergtanne bis an die dritte Stufe des Turms. Lautlos kletterten wir empor und dann weiter auf einem starken Ast zu einem Ziegelsims, der den Gärtnern zur Pflege der Pflanzen diente.

»Du scheinst schon öfter hiergewesen zu sein«, raunte ich Sargon zu. Er legte warnend einen Zeigefinger an seine Lippen und winkte mir. Der Sims war sehr schmal, und wir mußten uns an den Büschen der Tempelwand festhalten, um nicht in die Tiefe zu stürzen.

Unter den Wurzeln einer Palme blinkte schwacher Lampenschein. Sargon bückte sich und spähte in ein Loch. Als ich mich neben ihn kauerte, sah ich, daß wir uns am oberen Ende eines verborgenen Lichtschachts befanden.

Unter uns lag ein großer, von zahlreichen großen Lampen beleuchteter Raum. Vor seiner Stirnwand erhob sich das Standbild Zababas. Der Gott von Kisch besaß schon damals Augen aus Karneol, einen Lapislazuli-Bart und eine vergoldete Rüstung, denn er war seit alters sehr angesehen und seine Anhänger kamen von weither, um ihm zu opfern. Vor der Statue des Gottes aber sahen wir ein Bild, das ich im Tempel des kriegerischen Zababa so wenig erwartet hatte, daß mir ein Laut der Überraschung entfuhr.

Auf dem mit kostbaren Steinen gefliesten und mit bunten, wollenen Tüchern bedeckten Boden des Saals knieten drei Dutzend blutjunger Mädchen, deren Liebreiz verriet, daß sie unter den schönsten Töchtern von Kisch ausgesucht worden waren. Im Ebenmaß ihrer Züge ähnelten sie einander wie Schwestern, und doch wirkte jede von ihnen auf eine andere Weise anziehend: Bei der einen gefielen vor allem die langbewimperten Augen, die nächste besaß ein besonders zierliches Näschen, die dritte entzückte durch ihre zarten Wangen, die vierte lockte mit einem trotz aller Kindlichkeit üppigen Mund. Da sie vollständig nackt waren, ließ sich leicht erkennen, daß auch ihre Körper dem gleichen Schönheitssinn entsprachen und dennoch jede von ihnen eine andere außergewöhnliche Eigenheit aufwies: Bei der einen waren es die schmalen, schmiegsamen Schultern, bei der anderen ein schon reifender Busen, die dritte erfreute den Blick durch einen anmutig geformten Nabel, die vierte durch den sanften Schwung ihrer Lenden, die nächste durch lange Schenkel oder zierlich gerundete Waden. Alle waren in kunstvoll geordnete Haarpracht gehüllt, die ihnen in glänzenden schwarzen Wogen über die Schultern und knospenden Brüste bis auf die schlanken Hüften herabfiel und doch ihre Schönheit nur unzureichend verhüllte.

Die Mädchen knieten in drei langen Reihen nebeneinander, die zierlichen Hinterteile züchtig auf die Fersen gestützt, die Arme in einer Geste der Demut und Frömmigkeit vor den Brüsten verschränkt und die Augen geschlossen. In ihrer Starre hätte man sie für große Betbilder halten können; nur ihre Lippen bewegten sich im schönen Gleichmaß der göttlichen Hymne Zababas. Der Gott schien dem frommen Gesang mit Wohlgefallen zu lauschen, denn plötzlich wirkte sein Antlitz auf mich viel weniger düster. Dann sah ich, daß sich am Standbild plötzlich etwas bewegte, und einen Herzschlag später trat Urzababa hervor.

Im ersten Augenblick wollte ich lachen, denn der König hatte sich in das Gewand eines Kriegsgotts gehüllt, das seiner kleinen, fetten Gestalt in keiner Weise entsprach. Der goldene Herrscherhelm wippte bei jedem Schritt auf seinem Kopf wie ein Suppenkessel am Tragsattel eines Esels, und das mit Edelsteinen besetzte Krummschwert schleifte auf dem Boden nach. Die frommen Mädchen aber schienen die Lächerlichkeit der Verkleidung nicht zu bemerken, denn ihren inzwischen geöffneten Augen entströmte ein Glanz der frommsten Verzückung und ihre verschränkten Arme öffneten sich zu bittenden Gesten. Als ihr Herr vor ihnen stand, lösten die Mädchen sich mit anmutigen Bewegungen aus ihrer knienden Haltung, legten sich flach auf den Rücken und spreizten die Schenkel, so weit sie nur konnten, dem Stellvertreter Zababas so alles enthüllend, was Mädchen sonst vor jedem Mann keusch zu verbergen gelehrt wird.

Der König blickte lange auf seine kindlichen Lustdienerinnen herab. Dann trat er vor ein Mädchen am Rand der vordersten Reihe und tätschelte freundlich die kaum gebändigten Locken. Mit glücklichem Lächeln hob die Erwählte sich auf die Knie, streifte den heiligen Netzrock des Herrschers empor und ließ ihr schönes Köpfchen darunter verschwinden. Der König bewegte träge die Hüften. Schon kurze Zeit später griff er dem Mädchen grunzend ins Haar, löste sich von der Enttäuschten und wandte sich der Nächsten zu.

»Verfluchter Kinderschänder!« knurrte Sargon.

Wir schauten noch eine Weile zu, wie der König von Mädchen zu Mädchen schritt. Dann sagte Sargon voller Verachtung: »Nun hast du selbst gesehen, was für ein Schwein dieser Sohn einer Schankwirtin ist. Wie soll Sumer mit solchen Herrschern bestehen, die ihre Lust wie Verbrecher an Kindern befriedigen, auf solche niederträchtige Weise, an eigens dazu abgerichteten Mädchen, manchmal wohl auch an Knaben oder an Kindern beider Geschlechter zugleich? Der Baum des Reiches ist an der Wurzel verfault, und wenn nicht schnell etwas geschieht, wird er fallen.«

»Ich werde Lugalzaggesi davon berichten«, murmelte ich voller Abscheu. »Dann wird das hier aufhören, glaube mir!«

Sargon stieß ein höhnisches Lachen aus. »Glaubst du, der *lugal* ist besser?« fragte er. »Er treibt es nicht anders als unser König, so streng und vergnügungsscheu Lugalzaggesi sich auch nach außen hin gibt. Nein, Bruder: Wenn der Länderberg nicht untergehen soll, brauchen wir andere Herrscher; Männer, die noch wissen, was sie tun.«

Er blickte mich prüfend an, dann blitzten seine Zähne, und er fügte hinzu: »Noch besitzt Sumer die stärkste Kriegsschar der Welt, und solange die Fäulnis das Heer nicht befällt, ist unser Reich nicht verloren. Und auch nicht, solange die Kriegschule des Palastes so tüchtige Leute hervorbringt wie dich, Bruder, der du einmal *ensi* sein wirst und dann gewiß ein besserer Herrscher als dieses fette, verdorbene Schwein.«

III

ENKI

1

Vom Jüngling trennen den Mann
das Zeugen und das Töten.
Worte des Weisen von Eridu

Am nächsten Morgen ließen wir unsere Fahrzeuge mit den Geräten, Vorräten und Versorgungsgütern beladen, die der Feldzug erforderte, stiegen auf unsere Streitwagen und rollten an der Spitze des kleinen Heereszugs aus der Stadt. Da es mein erster Aufbruch in Waffen war, achtete ich gespannt auf die Mienen der Bürger von Kisch, die uns auf unserem Weg zum Nordtor begegneten. Aber die Männer und Frauen schenkten uns keine Beachtung, denn Kriegszüge waren zu jener Zeit längst alltäglich geworden. »Du brauchst dir gar keine Hoffnung zu machen«, sagte Sargon lächelnd, als er meine Enttäuschung bemerkte, »wenn wir heimkehren, wird es nicht anders sein.«

Wir durchquerten die Felder des Tempels auf breiter Straße, kamen durch einige Dörfer und bogen dann vom Euphrat in das Fruchtland des großen Kanals »Wasserader der Hochsteppe« ab. Über uns kreisten Vögel. Überall stand das Korn in üppiger Reife, auf manchen Feldern fuhren schon die Getreidehaufenmacher mit ihren großen Rechen umher, die Zweige der Obstbäume bogen sich unter der Last ihrer Früchte, und in den Gemüsegärten wetteiferten die Bohnen und Linsen mit vielen anderen Pflanzen an Größe, als hätte Enki von Eridu aus die schönsten Erzeugnisse seiner Schöpfung zu einer Heerschau der Pracht und des Nutzens befohlen.

Sieben Tage nach unserem Aufbruch ließen wir den Kanal hinter uns und wandten uns in die trockene Steppe des Nordens. Bald schwand das leuchtende Grün der saftigen Weidegräser, und das stumpfe Braun der genügsamen Disteln beherrschte das wellige Land, das nur noch wenige Hirten mit Schafen und Ziegen durchzogen. Wieder eine Woche danach begann jene Wüste, die in sumerischer Sprache »Rand des Gebirges« heißt, obwohl sich dort keine wirklichen Berge wie in den Ländern des Ostens, sondern nur einige Hügel erheben. Dort endete damals das Reich Sumer und das Land der Akkader begann, das auch das Land ohne Schatten genannt wird.

Igelspitz ging mit vier Männern als Späher voraus. Zwei Tage später kehrte er zurück und sagte: »Die verfluchten Eselnomaden beobachten uns schon seit Tagen. Die Lagerplätze in dieser Gegend wurden vorgestern geräumt.«

»Sind die Brunnen in Ordnung?« wollte Sargon wissen.

»Bis jetzt schon«, antwortete Igelspitz.

Sargon befahl, so viele Fässer und Schläuche wie möglich mit dem guten Wasser der Steppe zu füllen. Dann führten wir unsere Sechshundertschaft nach Nordwesten, darauf bedacht, daß wir uns nie weiter als zwei bis drei Tagesmärsche vom Euphrat entfernten.

Gegen Ende der dritten Woche stießen wir auf viele Spuren von Schafen, Ziegen und Eseln, die nach Nordwesten wiesen. Igelspitz kroch eine Weile lang auf allen Vieren zwischen den Hufabdrücken umher. Dann folgte er der breiten Fährte bis zum Himmelsrand. Als er nach Stunden zurückkehrte, sagte er: »Beim löwenköpfigen Schrekkensvogel, jetzt wird es ungemütlich! Das waren mindestens zwölfhundert Mann.«

Er sah uns der Reihe nach an. Wir warteten gespannt.

»Bogenschützen, Speerwerfer und Lanzenträger«, fuhr Igelspitz fort. »Einige trugen auch Schilde und Rüstungen.«

»Bist du sicher?« fragte Sargon.

»So sicher wie der Bär in seinen Käfig brunzt«, schnappte Igelspitz, der es nicht schätzte, wenn seine Erkenntnisse auch nur andeutungsweise in Zweifel gezogen wurden.

Wir schwiegen. Nach einer Weile sagte Sargon: »Vielleicht sollten wir den Spuren folgen. Denn wenn wir jetzt nordwestwärts weiterziehen, können die Kerle uns leicht den Rückweg abschneiden.«

»Außerdem wissen wir nicht, was uns weiter im Norden erwartet«, fügte Igelspitz hinzu. »Bei der Brust des Skorpions – noch ein solches Heer und wir werden wie zwischen Mühlsteinen zerrieben.«

»Wir sind keine Getreidekörner«, fuhr ich dazwischen, »sondern eine geübte und gut ausgerüstete Sechshundertschaft des Königs, die es wohl leicht mit der drei- oder vierfachen Zahl von Eselnomaden aufnehmen kann. Auch bindet uns ein Befehl. Und außerdem ist diese Spur hier angelegt worden, um uns vom Strom fortzulocken.«

»Daramas hat recht«, meinte Steinhand. »Ein bis zwei weitere Tagesmärsche können wir wohl ohne weiteres wagen.«

»Das ist das mindeste«, erklärte ich.

Wir überquerten die breite Spur und zogen weiter nach Norden. Am zweiten Tag entdeckte Igelspitz in einem Akazienwald Spuren eines Lagers. Über eine Stunde lang kroch er wie ein Hund durch das dornige Gesträuch. Als er wieder zum Vorschein kam, lief ihm der Schweiß in dicken Tropfen von der Stirn.

»Mindestens fünfhundert Leute«, stieß er hervor, »von den Weststämmen der Akkader. Sind wohl dort drüben über den Euphrat gegangen. Bei allen gelbäugigen Galladämonen, hier braut sich irgendetwas zusammen.«

»Das Ungeheuer«, murmelte ich.

»Hirngespinste«, rief Sargon verächtlich. »Was will ein Wasserwesen hier, wir sind doch mitten in der Wüste. Auch stammen diese Spuren nicht von irgendwelchen Gespenstern, sondern von Menschen aus Fleisch und Blut. Vorwärts, sage ich! Wir werden schon sehen, was sich in dieser verfluchten Einöde verbirgt.«

»Verfluchte Akkader, und zwar zu Tausenden«, sagte Igelspitz aufgebracht. »Beim Herrn des Scheiterhaufens, sie werden uns mit Wonne die Bäuche aufschlitzen!«

»Wir haben einen klaren Befehl«, sagte ich. »Lehrt man in Kisch, nur Krieg zu führen, wenn der Gegner fern ist? Stellt ihr euch nur schwächeren Feinden und weicht den Ebenbürtigen aus?«

»Da hast du es, Igelspitz«, murrte Steinhand verärgert. »Wie stehen wir denn jetzt da!«

Wir zogen weiter nach Norden. Die spärliche Pflanzendecke zeigte bald immer größere Löcher; schließlich wuchsen nur noch kleine Dornsträucher aus dem Sand, und am vierten Tag sahen wir vor uns gewaltige Wanderdünen. Während der ganzen Zeit begegneten wir keinem einzigen Menschen.

»Nicht einmal einen verlaufenen Hund trifft man hier«, schimpfte Igelspitz. »Beim Hüter des vierzehnten Totentors, wie ausgestorben ist diese verdammte Wüste, und trotzdem werde ich das Gefühl nicht los, daß tausend Augen auf uns glotzen.«

»Ja, sie beobachten uns«, sagte ich. »Und daß sie keine Tierkadaver in die Wasserlöcher warfen, zeigt, daß sie uns nicht aufhalten wollen.«

»Ich habe euch gewarnt«, brummte Igelspitz.

»Wir haben keine Wahl«, sagte Sargon. »Hoffentlich stellen sie sich bald. Wir werden sie so auf das Haupt schlagen, daß sie gar nicht mehr auf den Gedanken kommen, uns auf dem Rückmarsch Schwierigkeiten zu machen.«

Am nächsten Vormittag stiegen wir auf eine Hochebene, die von zahlreichen ausgetrockneten Bachläufen durchzogen war. Das unübersichtliche, zudem mit allerlei Strauchwerk besetzte Gelände bot viele Verstecke und nötigte uns die äußerste Vorsicht ab, so daß wir nur langsam vorwärts kamen. Als wir eine kleine Anhöhe überquerten, sahen wir Rauchsignale vor uns, und als wir uns umwandten, auch hinter uns.

»Bei der brennenden Schlange des Meeres, jetzt sitzen wir in der Falle«, knurrte Igelspitz grimmig.

»Jetzt haben wir sie«, sagte ich.

Die Gefährten sahen mich verwundert an.

Wir schlugen auf der Anhöhe ein Lager auf und sicherten es durch vorgeschobene Posten bis an den Rand der zerklüfteten Hochebene. Igelspitz rief seine vier besten Männer zu sich und verschwand mit ihnen im Felsengewirr.

»Wie viele werden es sein?« fragte Steinhand.

»Zwei- bis dreitausend«, meinte Sargon. »Sie müssen sämtliche waffenfähigen Männer zusammengezogen haben.«

»Umso besser«, sagte ich. »Jetzt kriegen wir sie endlich einmal in offener Feldschlacht zu packen. Dann wird für eine Weile Ruhe sein.«

»Was lehrt eigentlich die Kriegsschule von Uruk in solcher Lage, Bruder?« fragte Sargon.

»Es gibt ein paar einfache Grundsätze«, sagte ich. »Diesmal werden die Eselnomaden die Angreifer, wir aber die Verteidiger sein. Darum müssen wir uns erhöhte Stellungen suchen. Wir befinden uns hier in verengtem Gelände; das bedeutet, daß wir die Übermacht der Akkader leicht ausgleichen können. Wir waren als erste hier; der Feind muß zu uns heraufkommen. Auch das ist von großem Vorteil für uns.«

»Wann werden sie angreifen?« wollte Sargon wissen. »Heute noch?«

Ich schüttelte den Kopf. »Es ist schon zu heiß«, sagte ich. »Sie kommen morgen früh, wenn es noch kühl ist und ihre Kämpfer ausgeruht sind.«

»Wenn sie aber gar nicht angreifen wollen?« zweifelte Steinhand. »Wenn sie uns hier einfach festnageln, bis uns die Vorräte ausgehen?«

»Sie sind doch viel zahlreicher als wir«, erklärte ich. »Ihre Anführer müßten Hohlköpfe sein, so etwas Törichtes zu versuchen. Denn ihre Leute würden ja viel eher Durst und Hunger leiden als wir. Dann würde sich ihr Heer schnell in alle Windrichtungen zerstreuen. Unsere Männer sind weit von zu Hause entfernt; sie werden kämpfen wie Wölfe. Die Weideplätze der Eselnomaden jedoch liegen gleich in der Nähe; je schneller die Schlacht vorübergeht, desto eher können sie wieder zu ihren Familien und ihren Tieren.«

»Wie sollen wir uns dann aufstellen?« fragte Sargon.

Ich sah mir das umliegende Gelände an, prägte mir die Abstände der Hügel und der Flußtäler ein, berechnete Entfernungen in Schritt und Pfeilschußweite, prüfte den Stand und weiteren Lauf der Sonne und sagte dann: »Die erste Hundertschaft unter Laomer geht am besten dort drüben auf dem kleinen Berg in Stellung. Von dort aus kann sie das Flußtal sperren, das dort nach Osten verläuft und in dem die Akkader zweifellos vordringen werden, da es den besten Schutz vor Pfeilschüssen bietet. Wenn sie auf Laomer stoßen, werden sie den Berg auf beiden Seiten umgehen. Deshalb müssen wir auch die benachbarten Hügel besetzen, am besten mit den akkadischen Bogenschützen der zweiten und den Schleuderern der dritten Hundertschaft. Die vierte sichert nach Norden und Westen; der Rand der Hochebene fällt dort besonders steil ab und ist kaum zu erstürmen. Wir bleiben mit der sumerischen Kerntruppe hier. Die andere elamitische Hundertschaft bleibt in Reserve.«

Sargon ließ sich alles genau erklären. Dann nickte er anerkennend und sagte: »Das leuchtet ein. Du hast deine Zeit auf der Kriegsschule offenbar nicht vertrödelt, Bruder. Ich vertraue auf unser *me*.«

Dann schickte er nach den Hundertschaftsführern und ihren Vertretern.

Als alle versammelt waren, sagte Sargon zu ihnen: »Wir tragen die Sache auf dieser Hochebene aus. Verpflegung ist reichlich vorhanden, und unter dem Sand des Flußbetts liegt Wasser. Ob die Akkader da unten ihre dreitausend Krieger lange versorgen können, bezweifele ich. Wahrscheinlich greifen sie morgen früh an.«

Er musterte seine Leute der Reihe nach und fuhr fort: »Laomer – du besetzt mit deinen Männern den Berg dort drüben …«

»Welchen Berg?« fragte Laomer.

»Naja, den Hügel dort«, erklärte Sargon. »Dort, wo das Flußtal von Osten heraufkommt.«

»Das ist doch kein Hügel«, sagte Berglandgurke verächtlich.

»Wie nennt ihr so eine Erhebung denn dann?« fragte Sargon ungeduldig.

»Bei uns in Elam«, erwiderte Berglandgurke, »gilt so etwas nur als Geländewarze.«

»Also gut, ihr Helden der Berge«, fuhr Sargon fort. »Ihr besetzt also diese Geländewarze und haltet sie, so heftig die Eselnomaden euch dort auch bedrängen ...«

»Die sollen nur kommen«, unterbrach ihn Berglandgurke.

Danach teilte Sargon auch seinen anderen Hundertschaftsführern die Aufgaben für die Schlacht zu. Ipku-Nidapa, der aus einem alten Adelsgeschlecht Ummas stammte und mit dem *lugal* weitläufig verwandt war, führte die sechste Hundertschaft. Er zeigte sich mit dem Plan nicht besonders zufrieden und sagte zweifelnd: »Hoffentlich läßt Laomer genügend Eselnomaden vorbei, daß sich das Eingreifen lohnt.«

»Das ist ja der Sinn dieses Plans«, sagte Sargon. »Wir wollen ja die Akkader nicht nur zurückschlagen, sondern möglichst viele von ihnen töten.«

Als die Krieger Holz für die Nachtfeuer sammelten, kehrte Igelspitz zurück und berichtete: »Wir haben zwei Akkader gefangen und ein wenig angesengt, bis sie gesprächig wurden. Ihr hattet recht; morgen greifen sie an. Sogar aus der Gegend von Mari sind Eselnomaden gekommen, um ihren Laïbu zu rächen. Jetzt schmeckt es ihnen nicht, daß wir so rasch nach Norden vorstießen und diese Hochebene besetzten. Sie hätten uns lieber schon in den Dünen gestellt, konnten ihr Heer jedoch nicht schnell genug versammeln.«

»Wie viele sind es?« wollte Sargon wissen. Das Licht der Abendsonne floß wie Öl über sein Gesicht. »Dreitausend?«

Igelspitz schnitt ein Gesicht. »Eher mehr als weniger«, gab er zur Antwort. »Die meisten sind aber nicht gut bewaffnet. Sie werden viele Schleuderer einsetzen.«

»Wo sind die Gefangenen jetzt?« fragte ich.

»Na, wo denn!« sagte Igelspitz ärgerlich.

Die Hundertschaften zogen in ihre Stellungen und richteten sich für die Nacht ein. Als es dunkel geworden war, sahen wir in der Ebene Hunderte von Lagerfeuern. Sie umringten die kleine Hochebene wie ein brennender Gürtel.

Wir schritten noch einmal die Stellungen ab und fanden alles in bester Ordnung. »Hauen wir uns aufs Ohr«, meinte Sargon, »ich lasse uns zwei Stunden vor Sonnenaufgang wecken.«

Ich wickelte mich in meine Decke, konnte aber nicht einschlafen. Die Himmelsfunken schienen in dieser Nacht heller zu leuchten als sonst, und Enlils Atem schnob schaurig durch die zerklüfteten Felsen. Nach einer Weile richtete ich mich auf und sah nach Sargon. Er schlief mit ausgebreiteten Armen, als läge er nicht auf hartem Fels, sondern auf weichen Kissen, nicht in der Kälte der nächtlichen Wüste, sondern in der Wärme eines sommerlichen Gartens, und schnarchte wie ein Trunkenbold, der nichts von Krieg und Kampf weiß und seine Kräfte an einer Beischläferin erschöpft hat.

Einige Dutzend Schritt weiter sah ich Gestalten um ein Feuer sitzen; leises Gemurmel drang an mein Ohr. Da ich ohnehin nicht schlafen konnte, ging ich zu ihnen. Sie waren so in ihre Unterhaltung vertieft, daß sie mich gar nicht bemerkten.

»So etwas habe ich noch nicht erlebt«, hörte ich einen der sumerischen Schwerbewaffneten sagen. »Fünffache feindliche Übermacht, und er zuckt nicht mit der Wimper.«

»Ja, Mut hat er«, bestätigte der später berühmte Ipku-Nidapa.

»Mut? Was wißt ihr von Mut!« sagte Steinhand. »Mit diesen Eseltreibern hier wird jeder fertig. Mut kann man zeigen, wenn es nach Gutium geht.« Er blickte über die Schulter nach dem Felsblock, bei dem Sargon schlief, und fuhr ein wenig leiser fort: »Von den Grausamkeiten der Horde brauche ich euch ja wohl nicht zu erzählen – auf welche Weise sie ihre Gefangenen foltern und welches Schicksal die erwartet, die ihnen in die Hände fallen. Wer von diesen Unglücklichen sich ohne Augen und Hoden in einem Kupferbergwerk wiederfindet, kann noch von Glück reden. Nirgendwo wünschen Menschen den Tod so sehnlich herbei wie in den Gefangenenlagern der Horde.«

Er blickte bedeutungsvoll in die Runde. »Natürlich wurde immer wieder einmal versucht, die Unglücklichen zu befreien«, berichtete er dann weiter. »Schließlich waren es unsere Kameraden, vertraute Gefährten, Brüder in Bier und Blut! Nur wenige aber nahmen das Wagnis auf sich, nachts über den Fluß der neun Toten in die Gebirge der Horde zu gehen und sich den Kupferminen zu nähern. Und von denen, die den Mut aufbrachten, kehrten viele nicht wieder.«

Er hob einen Becher Bier und trank mit durstigen Zügen. Dann fuhr er fort: »Ihr könnt euch wahrscheinlich nicht richtig vorstellen, was es bedeutet, über dieses Gewässer zu gehen. Bis zum diesseitigen Ufer seid ihr noch sicher, in der Vertrautheit einer bekannten Welt mit Gesetzen, Gebräuchen, Gepflogenheiten, die auch im Krieg nicht ihre Gültigkeit verlieren. Aber sobald ihr das andere Ufer erreicht, seid ihr draußen; dann seid ihr allein mit den schrecklichsten aller Dämonen, ohne Hoffnung auf Hilfe, ohne jedes menschliche Recht in einer Welt, die weder Gnade noch Barmherzigkeit kennt. Draußen, das heißt auch: vergessen, ungerächt und unbestattet. Drinnen gibt es Gefühle wie Hoffnung, Glaube und Liebe; draußen jedoch herrscht das Grauen allein. Viele Männer sind dort schon verschwunden, selbst die Tapfersten wagten sich oft nur ein einziges Mal und nie wieder durch diesen Fluß. Igelspitz und ich gingen dreimal hinüber.«

Er verstummte wieder. Die anderen warteten schweigend.

»Sargon«, endete Steinhand, »war siebenmal draußen.«

Keiner sagte ein Wort. Nach einer Weile fuhr Steinhand fort. »Ich bin von Natur aus nicht sonderlich ängstlich. Doch wenn Sargon führt, schrecken mich weder Dämonen noch Götter. Denn er hat mehr *me* als jeder andere Mann. Wir waren die einzige Hundertschaft, die zwei Jahre lang am Fluß der neun Toten lag, ehe sie endlich abgelöst wurde, und doch verloren wir weniger Leute als die anderen Einheiten, die oft schon in ein paar Monaten ausbluteten. Zehntausend Eselnomaden sind mir willkommener als hundert Krieger der Horde von Gutium.«

Lange vor Ausbruch des Tages rüttelte mich Sargons Hand aus den Wirren unruhiger Träume. Die akkadischen Lagerfeuer waren verglüht. Der Wind frischte weiter auf; in heftigen Stößen trieb er Sand- und Staubwolken vor sich her.

»Sie sind auf dem Weg«, sagte Sargon.

Wir gürteten unsere Waffen. Auf dem Hügel hörten wir die Elamiter ihre Reihen ordnen. Von den akkadischen Bogenschützen drang kein Laut zu uns.

Steinhand ging in der Nähe auf und ab wie ein Löwe in einem Käfig. »Verfluchte Warterei«, schimpfte er. »Was trödeln die faulen Hochzeiter so lange, die Braut ist doch längst bereit!«

»Dem Bräutigam graut wohl vor deinen Küssen«, lachte Igelspitz, »und wer setzt sich schon gerne einer Umarmung aus, bei der ihm die Rippen knacken!«

»Stellt es euch nicht zu leicht vor«, mahnte sie Sargon. »bisher sind die Akkader immer vor den sumerischen Waffen geflohen; warum greifen sie jetzt plötzlich an? Gewiß nicht nur, um Laïbu zu rächen; er war nicht der erste akkadische Anführer, den wir getötet haben. Und auch nicht, weil sie jetzt in der Überzahl sind; das waren sie auch früher schon. Ihr Mut gründet sich wohl auf bessere Waffen, mit denen sie uns eher standhalten können als in den früheren Kämpfen. Wer weiß, vielleicht haben sie in der Wüste mit ihren Scharen Kriegführung geübt und wollen uns nun mit Scheinangriffen, Flügelschwenkungen oder anderen Kniffen verwirren.«

»Dazu bräuchten sie einen fähigen Oberbefehlshaber«, wandte ich ein, »doch den besitzen sie nicht, sonst wüßten wir es wohl. Sie führen immer noch Krieg wie die Tiere: anspringen, zubeißen und, wenn der Gegner stärker ist, flüchten; darin besteht ihre ganze Kunst.«

»Hoffentlich hast du recht«, murmelte Igelspitz. »Stell dir vor, was sich mit dem akkadischen Heer gewinnen ließe, wenn es zum Beispiel von unserem Sargon angeführt werden würde. Mit einem richtigen Schlachtplan könnten die Kerle uns ganz schön ins Schwitzen bringen. So übermäßig günstig ist unsere Stellung nicht, wenn ich das richtig sehe. Stellt euch nur vor, die Hauptmacht der Eselnomaden kommt gar nicht von Osten, sondern umgeht uns und greift uns von Süden an! Dann trifft uns gleich der erste Stoß im Kern, und unsere Bogenschützen sind zu weit entfernt.«

»Nun ja«, meinte Sargon zögernd. »Sie wissen ja nicht, wie wir stehen.«

»Wenn sie wirklich so dumm sind, von Süden her anzugreifen«, sagte ich, »wird es noch leichter für uns. Habt ihr nicht die Dünen gesehen? Sie müßten über freies Feld bergaufwärts gegen unsere Schwerbewaffneten anstürmen. Und wenn sie es bis auf halbe Höhe geschafft haben, fährt ihnen unsere Reserve in die Flanken. Es würde ein Schlachtfest werden. Nein, so töricht können nicht einmal die Eselnomaden sein.«

»Da hört ihr es«, sagte Sargon, und ich hörte die Erleichterung aus seiner Stimme.

»Und selbst wenn die Akkader dieses Blutopfer bringen wollten«, schloß ich, »könnten wir die Anhöhe jederzeit räumen und uns auf dem Hügel verschanzen. Bei der Verfolgung würde der Feind ebenfalls in die Schußweite unserer Bogenschützen geraten. So oder so, die Schlacht ist schon gewonnen, wenn sich jeder nur genau an die Anweisungen hält.«

»Stammt dieser Plan etwa von dir?« fragte Igelspitz bissig. »Wie viele Schlachten hast du schon geschlagen, und womit? Mit Tonkügelchen im Sand? Die Liebe lernt man ja auch nicht von einer Jungfrau, die noch nie einen Phallus erblickt hat!«

»Dein Verstand ist so kurz wie dein Schweif«, sagte ich ärgerlich. »Schlachten werden heute nicht mehr wie nach Väter Art nur durch die Stärke der Hiebe entschieden, sondern schon vor Beginn durch die kluge Aufstellung der Kämpfer. Wie das geschieht, habe ich nicht wie du beim Biertrinken in einer billigen Schenke oder beim Prahlen vor käuflichen Beischläferinnen gelernt, sondern von den erfahrensten Waffenmeistern des Reiches in Uruks Großhaus des Herrschens, wo die Erfahrungen zahlloser Schlachten gesammelt werden!«

»Du kannst beruhigt sein, Igelspitz«, sagte Sargon, »ich bin es, der den Oberbefehl führt. Daramas hat mich beraten, doch die Entscheidung lag bei mir, und ich bin es auch, der die Verantwortung trägt.«

»Natürlich muß, wenn die Eselnomaden tief genug in unsere Stellung eingedrungen sind, der Gegenstoß ohne Zögern durchgeführt werden«, sagte ich. »Davon hängt alles ab, Steinhand.«

»Ich weiß«, antwortete der Gefährte. »Wenn der Brand erst einmal in der Rohrhütte ist, kann man ihn nicht mehr löschen.«

In diesem Moment ertönten an der Nordwestseite der kleinen Hochebene lautes Schlachtgebrüll und das Klirren von Waffen. Sargon fuhr herum wie ein Löwe in seiner Höhle; seine Zähne blitzen wie Fänge in seinem schwarzen Bart.

»Es ist nur ein Scheinangriff, der uns ablenken soll«, beruhigte ich. »Sie werden auf keinen Fall gegen die Sonne angreifen, die jeden Augenblick aufgehen muß, sondern im Gegenteil versuchen, so vorzugehen, daß das Licht unsere Bogenschützen blendet.«

Ich hatte kaum zu Ende geredet, als Utus goldene Glanzscheibe über den Himmelsrand rollte und ihr grelles Licht über die Hochebene ergoß. Wenige Augenblicke später brachen die ersten akkadischen Scharen aus dem östlichen Flußtal hervor. Die meisten waren halbnackt und nur mit Speeren bewaffnet; in ihren Haaren trugen sie Federn von Geiern, Weihen und anderen Wüstenvögeln, so daß es aus der Ferne erschien, als flöge auf uns ein riesiger Schwarm von Himmelsbewohnern zu. Darum nannten wir unsere Anhöhe später, wenn wir von dieser Schlacht sprachen, »Berg der Federn«, das Gefecht selbst jedoch »Geierschlacht«.

Die elamitische Hundertschaft unter Kudurs Sohn Laomer stemmte sich diesem Ansturm entgegen, wie eine steinerne Kaimauer der hohen Flut des wogenden Meeres trotzt. Die Wurfspeere der akkadischen Plänkler prallten an Schilden und Rüstungen der Elamiter ab. Bald wich die erste Angriffswelle wieder in den Schutz des felsigen Flußtals zurück. Die Bergkrieger aber verfolgten die Flüchtenden nicht, wie es die akkadischen Führer vielleicht gehofft haben mochten, sondern verharrten in ihren Stellungen.

Eine Weile geschah nichts.

»Worauf warten die Kerle denn?« fragte Sargon ungeduldig.

»Sie brauchen Zeit, umzustellen und jetzt die besser bewaffneten Scharen nach vorne zu bringen«, antwortete ich. »Sie haben offenbar wirklich geglaubt, uns mit einer so plumpen List in die Falle locken zu können.«

Die Sonne rückte ein Stückchen höher, da hallte plötzlich lautes Geschrei aus dem Flußtal, und zwischen den Felsen brach die Hauptstreitmacht der Akkader hervor. Auch diese Krieger trugen Geierfedern auf den Köpfen, auf deren Zauber sie vertrauten, schützten sich außerdem aber durch lederne Helme und Panzer. Sie trugen Schilde aus Ochsenhäuten, Stoßlanzen oder mit Kupfer verstärkte Keulen und zählten wenigstens zweitausend Mann. So dicht quollen sie aus der Tiefe der Schlucht, daß es war, als kröche dort ein aus menschlichen Leibern gebildeter riesiger Drache. Dahinter kletterten einige hundert akkadische Bogenschützen empor, suchten sich in den Felstrümmern günstige Standplätze und zwangen Laomers Leute mit Wolken von Pfeilen in Deckung.

»Bist du bereit, Steinhand?« murmelte Sargon, als er das sah.

Kurze Zeit später wimmelten die Akkader um Laomers Hügel wie Ameisen, wenn sie ein Nest von Skorpionen bedrängen. Die Bergkrieger hielten den Feinden stand und töteten viele Angreifer; aber auch mancher Elamiter fiel unter akkadischen Keulenhieben.

»Jetzt das Signal!« rief ich. Sargon gab seinen Hornbläsern ein Zeichen. Sogleich zog sich Laomer höher auf die Erhebung zurück. Einige hundert akkadische Keulenträger setzten den Elamitern nach, der weitaus größere Teil aber stürmte um den kleinen Hügel herum und auf uns zu. Jetzt erst verstanden wir ihren Schlachtruf: »Laïbu! Laïbu!« brüllten sie mit verzerrten Gesichtern.

Sargon starrte dem Ansturm mit blitzenden Augen entgegen, die

Finger um den Griff des langen Sichelschwerts verkrampft. Als die Akkader etwa die Hälfte des Weges zurückgelegt hatten, stieß ich ihn an. Er fuhr herum, nickte und rief dem Signalbläser einen Befehl zu. Als dessen zweiter Hornstoß erscholl, begannen unsere Bogenschützen ihr Werk. Die Pfeile trafen die schon vorübergeeilten Angreifer in den Rücken; wie schlachtreife Stiere stürzten sie nieder.

Die nachdrängenden Akkader begriffen erst nicht, woher die Gefahr kam; auch unter ihnen hielten unsere Gefährten blutige Ernte. Dann aber scherten akkadische Speerträger seitlich aus und stürmten die Hänge empor, um die Bogenschützen niederzumachen.

»Jetzt!« schrie ich Steinhand zu.

Der Riese stieß einen gewaltigen Schrei aus, hob seine Sichelkeule und rannte aus Leibeskräften brüllend ins Tal, gefolgt von den sumerischen Schwerbewaffneten, deren Schlachtruf kaum weniger fürchterlich klang als der ihres Herrn. Wie eine Rotte wilder Röhrichtschweine brachen sie durch die nur schlecht geordneten Reihen der Wüstenkrieger und hieben die Feinde zu Dutzenden nieder. Der überraschende Angriff der kleinen und doch so kampfstarken Schar versetzte die Eselnomaden in größte Verwirrung. Sie wehrten sich mit großer Tapferkeit, aber aus einer immer ungünstiger werdenden Lage. Denn je weiter sie sich von Steinhand zurückwerfen ließen, desto dichter wurde das Gedränge ihrer Reihen, bis sie am Ende kaum noch ihre Waffen einsetzen konnten und sich hilflos niederhauen lassen mußten.

»Den Rest befehle allein!« rief mir Sargon zu, winkte der elamitischen Reserve und stürzte sich, ehe ich etwas sagen konnte, ebenfalls in die Schlacht. Gefolgt von Igelspitz tauchte er mit lautem Gebrüll in das wilde Getümmel.

Beunruhigt folgte ich ihm mit den Augen, verwünschte seinen Leichtsinn und atmete zwischendurch immer dann auf, wenn ich seinen Bronzehelm blinken sah. Er wütete furchtbar unter den feindlichen Kriegern; Igelspitz folgte ihm wie ein Schatten, alle Akkader niederhauend, die in Sargons Rücken gerieten. Wie eine Feldwalze rollten sie über die Eselnomaden hinweg.

Mit Sargons Angriff war die Schlacht am »Berg der Federn« entschieden, denn trotz ihrer Überzahl hielten uns die Akkader nicht länger stand, sondern liefen so eilig davon, daß sie nicht selten die eigenen Stammesgenossen zu Boden stießen. Unsere Krieger verfolgten sie mit der Aufmerksamkeit von Fischern, die an einem sich langsam leerenden Teich mit Spießen in das Gewimmel der wehrlosen Karpfen und Barsche stechen. Als die Sumerer und Elamiter aber den flüchtenden Feinden über den Rand der Hochebene in die Wüste nachsetzen wollten, ließ ich den Hornbläser so lange Rückzugssignale geben, bis Sargon endlich umkehrte. Von Kopf bis Fuß mit dem Blut von Akkadern besudelt, kehrte er schließlich auf unseren Hügel zurück.

»Das ist ein Sieg!« schrie er und schlug mir voller Begeisterung auf die Schultern. »Das ist ein Sieg, wie ihn selbst der *lugal* nicht alle Tage erringt!«

»Dafür hat er ja uns«, lachte ich, froh darüber, daß mein Plan so gut aufgegangen war.

Hinter Sargon kamen Igelspitz und Steinhand; auch sie sahen aus wie Schlachter.

»Na, was sagst du jetzt, Daramas?« schrie der Kleine. »Ordentliche Kundschafterei ist der halbe Sieg.«

Wir zählten die Toten und stellten fest, daß die Akkader wohl zwölfhundert Krieger, wir dagegen kaum sechzig verloren hatten. Dazu kam auf Seiten unserer Feinde eine hohe Zahl von Verletzten. Hundert akkadische Bogenschützen hatten sich, von Laomers Kriegern umzingelt, ergeben.

Am Nachmittag kamen Gesandte aus dem akkadischen Lager. Sie verneigten sich vor Sargon und sagten: »So sprechen unsere Führer zu dir: Gewaltiger Löwe der fruchtbaren Hochsteppe Eden, rechtmäßiger Held mit mehrfarbigen Augen! Die Göttin Ischtar hat dir den Sieg in der Wüste verliehen. Dein Name reicht bis zur Himmelsgrenze, dein *me* bis vor Ischtars Thron. Wir unterwerfen uns ihrem göttlichen Willen und huldigen dir nun als unserem Herrn. Wir bitten um deine Befehle!«

Sargon gab ihnen zur Antwort, daß er die Anführer der Akkader zu Friedensgesprächen am Rand der Ostschlucht erwarte.

Als die Männer erschienen, behandelte Sargon sie nicht wie Besiegte, sondern er sagte zu ihnen: »Ihr habt tapfer, aber töricht gekämpft. Nun will ich, daß ihr bei euren obersten Göttern schwört, nicht mehr in unser Land einzufallen und auch keine Kaufleute mehr auszuplündern, sondern künftig gute Nachbarschaft mit uns zu halten. Dann soll Friede zwischen uns sein. Auch werde ich euren Gefallenen dann nicht die Hände abhauen lassen, sondern sie euch unversehrt zur Bestattung übergeben. Die Gefangenen gebe ich frei, sobald wir am Großen Strom angelangt sind.«

Die Anführer der Akkader berieten sich eine Weile. Dann trat ihr Ältester vor und antwortete: »Du hast recht, Sargon, nicht an Tapferkeit fehlt es uns, sondern allein an Kriegskunst, wie du sie glänzend gezeigt hast. Dennoch wäre es dir wohl kaum gelungen, Laïbu zu töten und uns zu besiegen, wenn nicht Ischtar auf deiner Seite gestanden hätte. Ist es doch stets die Göttin des Krieges, die über Sieg oder Niederlage entscheidet! Uns hat sie ihre Gunst entzogen. Dich aber liebt sie, obwohl du kein Akkader bist, wenn auch manche bei uns sagen, du sähest wenigstens wie einer aus. Da Ischtar dich liebt, wollen wir, daß du zu uns kommst und unser Herr wirst. Dann werden dir alle Akkader vom Sonnenaufgang bis Sonnenuntergang dienen. Wir werden für dich arbeiten, wir werden für dich kämpfen, und wir werden für dich sterben. Du sollst uns nicht nur im Frieden, sondern auch im Krieg führen, damit unser Volk nicht vor seinen Feinden vergeht und unsere Frauen und Kinder nicht Sklaven werden.«

Sargon hörte gelassen zu und erwiderte dann: »Ob eure Göttin mir Gunst erwies, weiß ich nicht; jedenfalls habe ich sie nicht darum gebeten, denn ich diene allein den sumerischen Göttern und auch diesen nicht mit besonderem Eifer. Das Angebot, euer König zu werden, ehrt mich. Aber ihr habt wohl nicht bedacht, daß ich kein Prinz bin und meine Krieger nicht etwa für mich, sondern für Sumer und den *lugal* kämpfen. Der Rand des Gebirges gehört zum Gebiet Urzababas, des Königs von Kisch. Ihm sollt ihr euch unterwerfen.«

Bei diesem Namen verfinsterten sich die Mienen der Häuptlinge, und ihr Ältester antwortete: »Diesem Kinderschänder werden wir uns niemals beugen. Eher kämpfen wir bis zum Tod.«

Sargon zog mich zur Seite. »Treibe deine Forderungen nicht zu weit«, riet ich ihm. »Der König hat dich ermächtigt, in seinem Namen Tribut zu erheben, ich bin als Sendbote des *lugal* dabei; das sollte genügen, jeden Verdacht des Verrats zu vermeiden.«

Sargon dachte eine Weile nach. Dann nickte er und sagte zu den Akkadern: »Ich fordere ein Fünftel eures Viehs und zehn Talente Silber. Das ist wohl ungefähr soviel, wie ihr in letzter Zeit bei uns gestohlen und geraubt habt. Eure Söhne sollen uns als Geiseln bis zum Großen Strom begleiten.«

Die Häuptlinge waren einverstanden. Als wir die Vertragstafeln ausgetauscht hatten, fragte ich die Akkader, ob ihnen in den letzten Wochen etwas Ungewöhnliches begegnet sei. Nach einigem Überlegen gab ihr Ältester zur Antwort: »Wenn es dir nicht genügt, daß Ischtar einen Sumerer zu ihrem neuen Geliebten erkor und dieser dann mit einer so kleinen Schar das vereinigte Heer der Akkader besiegte, so hat sich hier nichts Ungewöhnliches ereignet.«

Zwei Tagesmärsche später standen wir am Großen Strom. Wir bauten Flöße, ließen unsere Geiseln frei und fuhren auf dem Euphrat nach Kisch. Als Sargon dem König die Nachricht von unserem Sieg überbrachte, lobte ihn Urzababa und sagte am Schluß: »Schon so viele Jahre dienst du mir treu, und es ist an der Zeit, dich dafür zu belohnen. Du sollst mich fortan als Mundschenk beraten, das Heer von Kisch führen und niemandem unterstellt sein als nur mir allein. Deine Gefährten magst du nach deinem Gutdünken erhöhen. Zwei von den zehn Talenten seien dein. Erholt euch nun, genießt den Ruhm, trinkt und erquickt eure Leber! Morgen wollen wir Zababa ein großes Dankopfer darbringen – ihr, weil ihr gesiegt habt, ich, weil mir so tapfere Krieger untertan sind.«

Sargons Gesicht verhärtete sich, und ich wußte, woran er nun dachte.

Beim Siegesfest aber hielt er sich von Urzababa fern und plauderte mit den Obersten, Vorstehern und Verwaltern des Hofes oder der Stadt, die ihn wie einen der ihren behandelten. Sie lauschten seinen Worten genauso aufmerksam wie zuvor denen des Königs, lachten und scherzten viel mit ihm und schlugen ihm auf die Schulter. Sargon schien ihre Anerkennung sehr zu genießen; um möglichst viel davon zu erhalten, verharrte er niemals lange auf einem Platz, sondern setzte sich mal zu diesen und mal zu jenen, so daß er auf diese Weise mit jedem wichtigen Mann im Saal ein paar freundliche Worte wechselte. Außerdem trank er nur mäßig, so daß seine Zunge fest und seine Blicke klar blieben; auch das gefiel seinen Gesprächspartnern sehr. Ist es doch leider ein Nachteil der Jugend, daß sie sich in Gesellschaft Älterer gern mit Bier Mut macht und dann große Worte ertönen läßt, wo Bescheidenheit angebracht wäre.

Nach dem Fest kehrten wir in unser Quartier zurück. Dort tranken wir, bis unsere Bäuche rund wie Bottiche wurden, und auch Sargon hielt sich nicht länger zurück, denn wir gedachten des Steppenbaums und bekräftigten unseren Schwur.

Als ich Abschied nehmen mußte, sagte Sargon zu mir: »Ich weiß, was ich dir verdanke, und werde es dir nicht vergessen.« Wir umarmten und küßten einander, faßten uns dann an den Handwurzeln und versprachen uns ein möglichst baldiges Wiedersehen. Dann preßte mich Steinhand an seinen riesigen Körper und brummte: »Immer schön aufessen, Kleiner!« Igelspitz hieb mir die Faust in die Nierengegend und fügte hinzu: »Auch das Gemüse!«

Der vornehme Ipku-Nidapa fuhr mit mir; der *lugal* hatte ihn zu sich befohlen, um ihm drei neu aufgestellte Sechshundertschaften anzuvertrauen. Wir reisten auf den Euphratkanälen nach Uruk. Dort meldete ich mich beim Palastvorsteher und beantragte ein Geheimgespräch mit dem *lugal.* Lugalzaggesi empfing mich schon zwei Stunden später im Raum der unbelauschten Gespräche gleich hinter dem Thronsaal und hörte sich meinen Bericht an.

Als ich ihm von der Entführung erzählte, fragte er mit grimmiger Miene immer wieder nach allen Einzelheiten. Vor allem wollte er wissen, ob ich einen meiner Entführer wiedererkennen würde. Das mußte ich zu seiner großen Enttäuschung verneinen. Am Schluß sagte Lugalzaggesi zornig: »Aggar! Das sollst du mir büßen.« Und dann zu mir: »Zwei deiner Gefährten aus der Palastschule, die ich nach Elam geschickt habe, sind verschollen, gewiß von den Priestern Enlils zu den Drachen der Berge verschleppt. Diese Hunde! Noch besitze ich keine Beweise, doch eines Tages wird Nippur für seine Verbrechen bestraft.«

Danach berichtete ich ihm von unserem Sieg auf dem Berg der Federn. Er hatte schon von einem Boten des Königs Nachricht erhalten, war aber sehr begierig, den genauen Verlauf der Schlacht zu erfahren. Als ich geendet hatte, sagte er: »Gut gemacht, Junge! Ich freue mich zu sehen, wie es sich auszuzahlen beginnt, daß ich einst die begabtesten Burschen des Reichs zu mir holte und im Palast weiter ausbilden ließ! Bald werdet ihr die Stützen des Länderbergs sein, und wer weiß, vielleicht wirst du einmal mein Nachfolger werden.«

Bei diesen Worten verschlug es mir die Sprache, das Blut stieg mir zu Kopf, und ich starrte den *lugal* an wie ein neugeborenes Kälbchen. Der Großherr lächelte freundlich und sagte: »Aber wir wollen bei alledem nicht vergessen, wozu ich dich ausgesandt habe.«

Ich legte meine Nachforschungen dar und schloß: »Weder in Kisch noch am Rand des Gebirges noch in der Wüste selbst hat irgendjemand etwas Ungewöhnliches gehört oder gar ein Ungeheuer gesehen.«

»Du weißt ja, wie Weissagungen trügen können«, meinte Lugalzaggesi. »Die Götter finden Spaß daran, die Menschen zu verwirren. Sie spielen mit ihnen, führen sie in die Irre und lachen sie aus. Sollte das Ungeheuer am Ende unsichtbar sein, daß wir es nirgends finden? Zeigt es sich nur in der Nacht? Ist es so groß, daß es dem Auge wie ein Berg erscheint? Oder klein wie eine Maus und erst am Tag des Untergangs zu einem Drachen wachsend? Fliegt es hinter der Sonne durch die Lüfte, durch Utus Strahlenglanz dem Blick entzogen? Oder gräbt es sich etwa durch die Erde wie ein Wurm? Das alles wissen wir nicht. Nur eines scheint klar zu sein: Als du im Norden weiltest, war auch das Ungeheuer dort. Und wenn du es auch nicht erspäht hast – es sah dich gewiß.«

Als er so sprach und ich seine Worte auf mancherlei Weise bedachte, schlich sich plötzlich eine Ahnung in mein Herz und bedrängte dort meine Gefühle, so wie eine Schlange ins Vogelnest schlüpft, um die Eier zu rauben.

Allmählich kam mir ein unfaßlicher Verdacht.

2

Wer sagt voraus des Windes Ziel?
Wer sagt voraus der Wolken Spiel?
Wer sagt voraus des Stromes Stand?
Wer sagt voraus der Dürre Brand?
Wer sagt voraus der Vögel Flug?
Wer sagt voraus der Götter Trug?
Worte des Weisen von Eridu

Ich zog mich in meine Gemächer zurück und ruhte mich einige Tage lang aus, umsorgt von Sennaya. Ihre Freude über meine glückliche Heimkehr erwärmte mein Herz, und wir erquickten uns, so oft und so lange wir konnten.

Am nächsten Tag ging ich zum Hüter der Tafeln, der damals in einem Saal tief im Palast die wichtigsten Akten, Urkunden und Schriften des Reiches verwahrte, die Briefe des Herrschers und seine Befehle, auch alle Gesetze, Verträge und sonstigen Aufzeichnungen von Belang. Ich wies die Erlaubnis des *lugal* vor, ließ mich in die streng geheime Abteilung der Weissagungen und Vorzeichen führen und las mich durch einige hundert Tafeln mit Prophezeiungen über das Ungeheuer. Die ältesten stammten von Priestern Enlils; sie waren von dicken Staubschichten bedeckt. Später hatten sich auch viele Diener anderer Götter Sumers zu der Gefahr geäußert. Stets war dabei genau vermerkt, an welchem Ort und zu welcher Zeit das Ungeheuer erscheinen sollte. Viele Angaben erhärteten meinen Verdacht, andere wiederum schienen ihn zu entkräften, denn oft genug widersprachen die Weissagungen einander. In der Schilderung der Gefährlichkeit des Wasserwesens stimmten die Prophezeiungen vollständig überein. Keine einzige aber enthielt genauere Angaben über Größe oder Gestalt des Ungeheuers.

Danach bat ich Lugalzaggesi um die Erlaubnis, das Totenhaus meines Vaters in Sippar besuchen zu dürfen; sie wurde mir gnädig gewährt, und ich reiste wieder nach Norden.

Der Verwalter unserer Güter in Sippar führte mich an das Grab meines Vaters; es lag im Fruchtgarten hinter dem Haus unter Akkis geliebten Palmen. Ich sprach ein Totengedenken und opferte ein feistes Schaf. Dann ging ich ins Haus, wo Abda auf mich wartete. Sie war noch schöner als in meiner Erinnerung. Ich begrüßte sie und sagte: »Ich habe oft an dich gedacht.«

»Auch ich muß oft an dich denken«, erwiderte sie. »Ach, Daramas, ich bin so einsam! Sargon liebt nur Kampf und Krieg. Kaum ist er einmal heimgekehrt, zieht es ihn wieder fort. Nun, da er der Mundschenk des Königs ist, wird er mich wohl für immer verlassen und eine andere heiraten, eine von vornehmer Abstammung, vielleicht sogar die Tochter eines *ensi*!«

»Sargon wird dich gewiß bald zu sich holen«, tröstete ich sie. »Es ist nicht seine Art, Treue mit Untreue zu vergelten.«

»Möge Inanna geben, daß du recht behältst«, sagte sie leise. Dann zeigte sie mir ihre Kinder.

An diesem Tag, Rimusch, habe ich dich zum ersten Mal gesehen. Du lagst auf einem Bett aus Stroh und schriest aus Leibeskräften, bis deine Mutter dich an ihre Brust nahm. Dein Kopf war von schwarzen Locken bedeckt, und als ich dich mit dem Finger am Bauch kitzeln wollte, schlugst du schon mit den Fäusten nach mir. Später half ich, dich zu wickeln. Als ich dich auf den Knien wiegte, zogst du mich am Bart und sagtest: Baba! Du hattest *me.* Dein Bruder Manischtuschu lief schon auf wackeligen Beinen durchs Zimmer. Deine Schwester Encheduana schlief in ihrem Körbchen, einem Schicksal entgegenträumend, das sie zur Schöpferin eines neuen Glaubens erheben sollte. Obwohl du ja nicht verstehen konntest, Rimusch, was deine Mutter und ich besprachen, warst du an Abdas Brust Zeuge, als ich nun daran ging, das Geheimnis um Sargons Geburt zu enträtseln. Ich lobte dich und deine Geschwister, bis deine Mutter vor Stolz errötete, und sagte dann: »Und eine so schöne Frau mit so prächtigen Kindern soll Sargon verlassen? Das glaubst du doch selbst nicht! Nicht einmal der unvernünftigste Mann wäre zu solcher Torheit fähig, wäre er auch so treulos wie Enki, der keines Weibes Lockung widersteht. Sargon jedoch besitzt sehr viel Familiensinn; hat er nicht auch seine Amme immer wieder besucht, um ihr eine Freude zu machen?«

»Hatamersa?« meine Abda. »Ja, das stimmt. Er war oft bei ihr.«

»Sie war auch meine Amme«, sagte ich. »Wo lebt sie jetzt eigentlich?«

»Am Brunnen der Freudentränen Inannas«, antwortete Abda, »draußen in der Wüste, auf der anderen Seite des Stroms. Dort siedeln seit ein paar Jahren freigelassene Akkader.«

Ich lenkte das Gespräch auf andere Dinge, log ihr noch eine Weile über Sargons Liebe vor und ließ sie getröstet zurück.

Am nächsten Morgen verschaffte ich mir einen Wagen und vier schnelle Halbesel, überquerte den Strom auf einer Fähre und wanderte zu den Freudentränen Inannas. Der Brunnen lag in einem kleinen Wüstental. Einige *gar* entfernt standen Hütten im Schatten von Palmen. Die Kinder, die neugierig auf mich zustürmten, wichen scheu zurück, als sie die kleine Befehlstafel vor meiner Brust bemerkten. Ihre Mütter spähten mir aus der Dunkelheit ihrer Behausungen voller Mißtrauen entgegen.

Ich fragte die Kinder nach Hatamersa. Nach einigem Zögern wiesen sie mir den Weg.

Unsere alte Amme wohnte in einem kleinen, aber aus doppelt gebrannten Ziegeln errichteten Häuschen auf einer Anhöhe. Dort milderte ein steter Wind die Sonnenglut. Eine Lehmmauer hielt den Sand fern; dahinter grünte ein bewässerter Gemüsegarten. In einer abgezäunten Koppel grasten Schafe.

Hatamersa erkannte mich nicht, sondern fuhr fort, den Reibstein einer Schwarzkümmelmühle zu drehen. Als ich der alten Amme sagte, wer ich war, umarmte sie mich voller Freude und führte mich unter ein Schattendach vor ihr Haus. Dort brachte sie mir Lammfleisch und bestes Fett, Butter und Körperöl. Ich erkundigte mich nach ihrem Wohlergehen und sie sagte: »Alles, was du hier siehst, verdanke ich Sargon, der schon seit vielen Jahren wie ein treuer Sohn für mich sorgt.«

»Nun will auch ich dir meine Dankbarkeit beweisen«, erklärte ich darauf und nötigte sie, ein paar Silberstücke anzunehmen. Danach lenkte ich das Gespräch auf meine Kindheit und Jugend; wir erzählten einander alte Geschichten und erfreuten uns an den Erinnerungen, die uns verbanden.

Später berichtete ich ihr von unserem Zug ins Akkaderland und Sargons Aufstieg zum Mundschenk des Königs. Dann war die Zeit gekommen, ihr zu sagen, was mich zu ihr geführt hatte: »Gibt es um Sargons Geburt ein Geheimnis?«

Sie sah mich ungläubig an. »Was meinst du damit?« fragte sie.

»Ein Vorzeichen, eine Weissagung vielleicht«, antwortete ich. »Ein Himmelsereignis, ein Sturmwind, irgendwelche Wunder oder sonst etwas Außergewöhnliches. Versuche, dich zu erinnern – es ist sehr wichtig!«

»Warum?« fragte sie besorgt. »Droht Sargon denn irgendeine Gefahr?«

»Vertraue mir«, drängte ich sie. »Auch wenn du vielleicht zum Schweigen verpflichtet wurdest – jetzt mußt du mir alles erzählen, sonst könnte Schlimmes geschehen.«

Sie musterte mich voller Argwohn und dachte lange Zeit nach. »Du hast recht, es gibt ein Geheimnis«, sagte sie schließlich. »Aber ich schwor deinem Vater, es niemandem zu verraten.«

»Vater ist tot, ich bin sein Sohn«, antwortete ich. »Ich entbinde dich von diesem Eid. Nun sprich!«

Sie seufzte tief und entgegnete: »Nun weiß ich nicht, was ich tun soll. Denn dein Vater ließ mich schwören, dieses Geheimnis zu hüten, solange Sargon lebt.«

»Dann bringt ihm deine Eidestreue am Ende womöglich den Tod«, sagte ich hart.

Sie sah mich erschrocken an. »Sargon darf nichts geschehen«, rief sie, »ihm ist vom Schicksal Großes bestimmt!«

»Das weiß ich«, erwiderte ich, »und ich will alles dafür tun, daß sich dieses Schicksal erfüllt. Habe ich meinem Bruder nicht bisher schon immer geholfen? Aber wie soll ich eine Gefahr von ihm abwenden, die ich nicht kenne?«

Sie schwieg.

»Wenn mein Bruder zum Beispiel zum Herrscher erkoren wäre«, sagte ich, »und der *lugal* das eines Tages erführe, durch seine Seher oder vielleicht im Traum oder durch irgendein anderes Zeichen, würde er Sargon dann nicht töten lassen? Vergiß nicht – je höher dein Ziehsohn steigt, desto öfter wird Lugalzaggesi sein Augenmerk auf ihn richten. Wer weiß, vielleicht bedeutet das Geheimnis, das du jetzt als einzige kennst, eines Tages die Rettung für Sargon. Wenn du es mit in das Haus der Finsternis nimmst ...«

»Also gut«, sagte sie. »Ich werde es dir verraten. Vorher aber mußt du mir schwören, daß du es niemand erzählst als Sargon allein.«

»Das gelobe ich«, sagte ich und griff nach dem Schwurstein vor meiner Brust.

»So höre«, sagte sie. »Ich bin eine alte Frau und habe schon vieles vergessen; aber was ich dir jetzt erzähle, ist mir so frisch im Gedächtnis, als wäre es gestern geschehen. Denn ich habe viele Jahre lang in dieser Einsamkeit kaum an etwas anderes denken können als an dieses

Geheimnis. Ach, hätte ich diesen Eid doch niemals geleistet! Aber dein Vater zwang mich dazu, und noch über anderes mußte ich schweigen ...«

»Nun sollst du mir alles erzählen«, befahl ich.

Sie fuhr sich mit ihren rauhen, abgearbeiteten Händen über die Augen. »Ich werde es tun«, antwortete sie. »Aber du mußt dich sammeln. Denn das Geheimnis um Sargons Geburt wird auch für dich eine schwere Last sein.«

»Ich bin bereit«, sagte ich ungeduldig. »Beginne!«

Sie wischte sich noch einmal die Lider. Als ihr Blick wieder klar war, sah sie mich liebevoll an und erzählte mit leiser Stimme: »Du warst mir stets ein lieber Sohn, und ich habe mich, obwohl ich nur eine Sklavin war, stets als glückliche Frau betrachtet, weil ich zwei so prächtige Jungen aufziehen durfte. Und was mich später am meisten erfreute, war, daß ihr einander stets brüderlich liebtet. Aber ihr seid keine Brüder, Sargon und du.«

»Das habe ich mir schon gedacht«, meinte ich. »Besonders ähnlich sehen wir uns ja nicht. Ich glaubte, daß wir nur den gleichen Vater besitzen.«

Sie schüttelte den Kopf. »Sargons Vater kennen nur die Götter«, berichtete sie. »Dein Bruder kam als Findelkind zu uns, kurz vor deiner Geburt, in einem Weidenkörbchen auf dem Großen Strom.«

Ich starrte sie fassungslos an. »Aus dem Wasser ...«, murmelte ich.

Hatamersa nickte ernst. »Ja«, sagte sie. »Sargon ist es, von dem die Prophezeiung spricht. Er ist es, der mit seinem *me* das Reich Sumer zerstören wird. Dann werden wir Akkader endlich frei und keine Sklaven mehr sein. Das ist es, was Sargon vom Schicksal bestimmt ist.«

Ich bedeckte mein Gesicht mit den Händen und fiel für lange Zeit in brütendes Schweigen. Niemals zuvor, auch nicht im Tempel Inannas, war ich so erschüttert wie in diesem Augenblick. Sargon der Zerstörer des Länderbergs – ich der Verteidiger Sumers, der die Gefahr als einziger vielleicht noch abwehren konnte, wenn ich den Mann verriet, den ich wie einen Bruder liebte!

Hatamersa sah mich forschend an. Nach einer Weile fuhr sie fort: »Vielleicht mußt du Sargon bald davon berichten, damit er sich vor dem *lugal* in acht nimmt. Im Jahr, in dem der Enlil-Tempel brannte, begann ich meine Zeit im Haushalt deines Vaters und ging wie deine Mutter mit einem Kind. Am Tag des Feuers fuhr ein so heftiger Sturm durch die Hochsteppe Eden, daß viele meinten, der Gott selbst habe seine irdische Heimstatt zerstört. Der Wind warf die Wasser des Euphrat mit großer Wucht in Sippars Kanäle. Am nächsten Tag ging dein Vater hinaus, um die Deiche und Sperren zu überprüfen. Am großen Schöpfwerk, gleich hinter dem Mund des Steppenlöwenkanals, hörte er einen Säugling schreien. Er spähte durch das Uferschilf und sah ein kleines Körbchen in dem aufgewühlten Wasser treiben. Es hatte sich am Schöpfseil verfangen. Dein Vater stieg in den Kanal und brachte das Körbchen an Land. Er fand darin einen neugeborenen Jungen.«

Ich wischte mir Schweiß von der Stirn. Meine Gedanken eilten wie Vögel nach allen Winden, um die verwehten Körner der Vergangenheit aufzuspüren und sie im Nest der Erkenntnis zu sammeln. Stück für Stück vervollständigte sich in meinem Geist nun das Wissen von diesen Geheimnissen, so wie ein Zierbild an einer Tempelwand mit jedem neu gesetzten Tonstift seine Form deutlicher zeigt. Hatamersa berichtete weiter:

»Auf der Brust des Knaben lag eine Namenstafel, die den genauen Zeitpunkt der Geburt vermerkte, nicht aber den Ort. Dein Vater brachte den Säugling nach Hause und legte ihn mir an die Brust. So wurde ich Sargons Amme. Kurz darauf brachte dich deine Mutter zur Welt. Sie starb bei deiner Geburt. Auch mein Sohn lebte nicht lange.« Sie seufzte tief.

»Habt ihr nie darüber gesprochen, wo Sargons wahre Eltern leben mögen?« fragte ich.

»Dein Vater hat uns streng verboten, jemals Nachforschungen anzustellen«, antwortete Hatamersa. »Niemand sollte erfahren, daß Sargon nicht sein leiblicher Sohn war. Und ...«

»Wie lautete denn Sargons wirklicher Name?« unterbrach ich sie.

»Lies selbst«, erwiderte sie, stand auf und holte ein schmuckloses Tonplättchen. Die Schrift darauf zeugte von einiger Übung. Der Name lautete »pirig-tur pirig-hus-a gu-da la-am« – »Ein Leopard, der einen grimmigen Löwen anfällt«.

Darunter stand: »Geboren am Tag der Frühlingsgleiche zur Stunde der ersten Nachtwache unter dem Licht des barmherzigen Mondes«.

Ich drehte das Täfelchen um. Die Rückseite war leer.

Ich starrte auf den grauen Ton und überlegte. In den alten Tagen, da die Gesetze Sumers noch ohne Einschränkung galten, waren Kindesaussetzungen selten. Wenn doch einmal ein Neugeborenes auf dem Großen Strom in die Hände der Götter gegeben wurde, stammte es meist von einer *entum*-Priesterin, die ihr heiliges Keuschheitsgelübde gebrochen und bei Entdeckung ihres Fehltritts den Tod zu erwarten hatte. Nur eine Priesterin auch, nicht etwa eine arme, ungebildete Frau oder Sklavin, konnte die Tafel beschriftet haben. Wo aber war sie zu finden?

Hatamersa folgte meinen Gedanken. »Der Weidenkorb war mit Pech abgedichtet«, erklärte sie. »Trotzdem kann er nicht länger als ein paar Stunden im Wasser geschwommen haben. Sargon war höchstens einen halben Tag alt, als ich ihn an die Brust nahm.«

»Dann muß die Mutter aus Safranstadt sein«, sagte ich. »Gibt es dort einen Tempel mit *entum*-Priesterinnen?«

»Ich glaube, damals gab es dort einen«, erwiderte sie. »Aber ich weiß nicht, ob er noch steht. Sei nur vorsichtig, ich bitte dich!«

»Du kannst unbesorgt sein«, beruhigte ich sie. »Siehst du nicht meine Befehlstafel?«

»Sie ist vom *lugal*«, antwortete sie, »dir mag sie helfen, für Sargon bedeutet sie eine Gefahr.«

Wir schwiegen eine Weile. Dann richtete mir Hatamersa ein Essen an. Ehe wir uns zur Ruhe legten, fragte sie mich: »Wie konntest du so sicher sein, daß mit Sargons Geburt ein Geheimnis verknüpft ist?«

Ich erzählte ihr von dem Zauberpriester, der nach Sargons Verschwinden so angsterfüllt geflohen war, und von Lugalzaggesis Behauptung, das Ungeheuer habe sich die ganze Zeit im Norden aufgehalten, nur hätte ich es nicht bemerkt.

»Auch wenn du nun weißt, daß ihr keine leiblichen Brüder seid«, sagte sie darauf, »sollst du doch niemals vergessen, daß ihr die Milch aus dem gleichen Busen gesaugt habt. Wenn du Sargon verrätst, wird es sein, als hättest du deinen Bruder verraten.«

Ich schloß die Augen, fand aber lange Zeit keinen Schlaf, denn immer wieder dachte ich: »Sargon – sollst es wirklich du sein, der nach dem Willen Enlils das Reich der Sumerer vernichtet? Und was ist meine Bestimmung dabei? Soll ich dich Lugalzaggesi ausliefern, damit er dich tötet? Oder soll ich tatenlos zusehen, wie du immer mehr Macht gewinnst? Was wollt ihr, Götter – soll ich sprechen oder schweigen? Soll ich Sargon verraten, den ich für meinen Bruder hielt und immer noch wie einen Bruder liebe – oder den *lugal*, der mir sein Vertrauen schenkte und mich vielleicht zu seinem Nachfolger machen wird? Wenn aber alles schon längst von den Göttern vorherbestimmt ist, wie könnte dann ich, ein Sterblicher, es verhindern?« So grübelte ich und fand keine Lösung; erst lange nach Mitternacht fiel ich in einen unruhigen Schlaf.

Am Morgen untersuchte ich noch einmal das Täfelchen und prägte mir alle Eigenarten der Schrift ein. Dann fuhr ich nach Safranstadt und nahm mit äußerster Vorsicht Nachforschungen auf. Ich legte meine Befehlstafel ab und tat, als sei ich ein Händler, der nach seiner Rückkehr von einer gefahrvollen Reise den Göttern seine Dankbarkeit bezeugen wolle. Erst opferte ich im Tempel Enlils, dann auch in den Weihestätten Zababas, Utus, Nannas und anderer Himmelsbeherrscher, doch nirgends fand ich eine *entum*-Priesterin. Auch in den Schenken der Stadt, wo ich behutsam nachfragte, erfuhr ich zunächst nichts, was mir weiterhelfen konnte.

Als ich eines Abends am Euphrat entlangwanderte und die Kühle des Stroms genoß, kam ich an der Ruine eines kleinen Tempels vorüber, der das Emblem der Göttin Ischtar trug. Erstaunt blieb ich stehen, denn damals wurde die Göttin nur von den Akkadern verehrt. Trotz der schweren Zerstörungen war jedoch kein Irrtum möglich.

Einige Tage später traf es sich, daß ich in einer Schenke bei einigen älteren Priestern saß. Als ich mich durch Freigebigkeit mit ihnen befreundet hatte, lenkte ich das Gespräch auf die Akkader und schimpfte: »Diese verfluchten Eselnomaden breiten sich überall aus. Jetzt haben sie sogar einen Tempel hier!« Und als die Inanna-Priester das heftig bestritten, rief ich in gespielter Empörung: »Aber ich sah ihn doch selbst, dort hinten am Euphratufer!«

»Ach, das meinst du!« sagte der älteste der drei Inanna-Priester, ein Kahlkopf mit spitzem Schädel, »aber das ist doch nur eine Ruine, seit mehr als zwanzig Jahren schon.«

»Ruine?« fragte ich. »Wer hat sie zerstört?«

»Was glaubst du wohl«, sagte der Spitzkopf grinsend. »Denkst du, die Große Göttin läßt sich gefallen, daß neben ihr einer Fremden gehuldigt wird und daß eine Göttin des Krieges bei uns einen Keuschheitskult einführt?« Er lachte launig. »Wie soll Sumers Mutterschoß fruchtbar bleiben, wenn die jungen Mädchen nicht mehr beim Opfer die Schenkelchen spreizen?« Genießerisch kratzte er sich die Lenden.

»Ich dachte immer, daß nur Akkader zu Ischtar beten«, staunte ich.

»Ja, am Anfang war das auch so«, antwortete der Priester. »Aber du weißt doch auch, wie schnell das Fremde Mode wird, nur weil es anders, eben fremd ist. Plötzlich verweigerten immer mehr junge sumerische Mädchen das Opfer der ersten Nacht und erklärten, lieber der keuschen Kriegsgöttin gehorchen zu wollen. Im Ischtar-Tempel diente zu dieser Zeit eine *entum*-Priesterin, die großen Einfluß auf unsere Jugend gewann. Wir führten beim *girnita* Klage darüber, aber er wollte nicht hören; er fürchtete die Rache der Akkader. Stell dir vor: Lieber wollte er die Große Göttin erzürnen, als so einen Haufen dreckiger Eselnomaden! Da waren wir natürlich nicht mehr zu halten. Diese Faust war es, aus der die erste Brandfackel flog!«

»Und die Akkader?« fragte ich.

»Die fingen dann an, Karawanen zu überfallen«, erklärte der Spitzkopf. »Besonders ihr Häuptling Laïbu tat sich dabei hervor, dieser Hund! Aber jetzt peitschen ihn die Aschakku der Unterwelt aus!«

»Was wurde aus der Priesterin?« fragte ich.

»Sie konnte im letzten Moment aus dem Feuer fliehen«, antwortete der Priester. »Aber Inannas Fluch zerstörte ihren Geist. Sie lebt von milden Gaben. Manchmal sitzt sie nachts im Tempel und heult wie eine Wölfin. Ein unheimliches Weib! Wir lassen sie in Ruhe, denn sie ist von der Großen Göttin gezeichnet.«

Danach ging ich jeden Abend am Euphratufer entlang. Nach einer Woche war mir, als dringe schwaches Licht aus dem hinteren Teil der Ruine. Als ich näherkam, hörte ich leises Weinen.

Ich stieg über die zerfallene Ziegelmauer und schlich durch den dunklen, verwilderten Garten. Durch große Löcher in den geborstenen Wänden des Tempels sah ich das Mondlicht auf den Euphrat schimmern. Das Dach war eingestürzt; nur über dem Opfertisch an der Stirnwand des Betraums hingen noch Balken. In einer kleinen Öllampe flakkerte Licht. Darunter kauerte eine Gestalt.

»Habe keine Angst«, rief ich sie an. »Ich werde dir nichts zuleide tun. Ich bin Daramas, ein Gesandter des *lugal*, und habe mit dir etwas Wichtiges zu besprechen.«

Die Gestalt bewegte sich nicht, aber das Weinen verstummte. Vorsichtig trat ich einen Schritt näher. Sie rückte von mir fort und aus dem Lichtschein auf ein Mauerloch zu. Sofort blieb ich stehen.

»Du brauchst wirklich keine Angst zu haben«, sagte ich beschwörend. »Ich bin gekommen, um dir etwas mitzuteilen, das dich trösten wird. Vor zwanzig Jahren hast du trotz deines Keuschheitsgelübdes einem Sohn das Leben geschenkt und ihn in deiner Not ausgesetzt – auf dem Euphrat, in einem mit Pech abgedichteten Weidenkörbchen.«

Ich wartete. Als keine Antwort kam, trat ich erneut einen Schritt nach vorn. Sofort bewegte sich die Gestalt und entfernte sich um die gleiche Strecke. Das Mauerloch war nur noch wenige Handbreit entfernt.

»Wenn du fliehst, wirst du nie erfahren, was ich dir zu sagen habe«, rief ich schnell. »Ich kenne deinen Sohn!«

Ein heftiges Keuchen drang an mein Ohr.

»Die Leute hier halten dich für verrückt«, fügte ich hinzu. »Ich aber weiß, daß du dich nur verstellst, aus Angst, man könnte dich doch noch ermorden.«

Ich wartete wieder. Endlich erklang aus der Dunkelheit eine müde, gebrochene Stimme: »Wie hast du mich gefunden?«

»Die Tafel«, antwortete ich.

Das Keuchen wurde lauter. Mit ein paar raschen Schritten trat ich zu der Gestalt. Diesmal floh sie nicht. Ich nahm das Öllämpchen, beugte mich zu ihr nieder und blickte in das von Aussatz zerstörte Gesicht einer Frau. Nur mit Mühe unterdrückte ich einen Schrei.

»Bist du nun zufrieden?« murmelte sie bitter.

Ich hatte Mühe, meinen Abscheu zu verbergen. »Wofür haben die Götter dich so bestraft?« sagte ich.

»Für meinen Frevel«, erwiderte sie. »Ja, du hast recht: Ich war einst eine *entum*-Priesterin, gebar einen Sohn und setzte ihn aus. Die Göttin schlug mich mit Aussatz. Dann kamen Inanna-Priester und steckten den Tempel in Brand. Seither lebe ich als Bettlerin von den Gaben der Mildtätigkeit. Jede Woche flehe ich hier in dieser Ruine zu Ischtar, mir zu vergeben. Hat sie mich endlich erhört?«

»Wann wurde dein Sohn geboren?« fragte ich sie.

Ihr verwüstetes Antlitz verzog sich zu einer mißtrauischen Grimasse. »Wenn du ihn kennst, mußt du das wissen«, antwortete sie.

»Ja«, erwiderte ich. »Du schriebst seinen Namen und auch den Tag der Geburt auf eine Tafel. Es war in jenem Jahr, das später nach dem Brand im Enliltempel benannt worden ist, am Tag der Frühlingsgleiche.«

Sie schwieg; Anzeichen großer Erschütterung fuhren wie düstere

Wolken über das nasenlose Gesicht. Erst nach einer ganzen Weile vermochten die von der Krankheit zerfressenen Lippen neue Worte zu formen. »Der Name, den ich meinem Sohn gab, war pirig-tur pirig-hus-a gu-da la-am«, brachte sie mühsam hervor, »denn in der Nacht vor seiner Geburt träumte ich von einem tapferen Leoparden, der einen grimmigen Löwen anfiel.«

Ich hätte sie am liebsten in die Arme geschlossen, aber der Aussatz hielt mich zurück. »Dann ist es wahr«, sagte ich. »Du bist es wirklich. Endlich habe ich dich gefunden. Deinem Sohn geht es gut, aber er ahnt nichts von dir.«

»Wo ist er?« rief sie erregt und streckte beide Hände nach mir aus. Ich blickte auf die Stümpfe ihrer Finger.

»Erst sollst du mir sagen, wer sein Vater war«, forderte ich.

Sie gab keine Antwort.

»Es ist wichtig«, drängte ich. »Ich muß es wissen.«

Als sie immer noch schwieg, sagte ich: »Wenn ich jetzt gehe, wirst du niemals erfahren, was aus deinem Sohn geworden ist.«

»Nein, bleibe!« rief sie schnell, und ich spürte ihre zerstörten Hände an meinem Gewand. »Ich will dir alles sagen. Als ich *entum*-Priesterin wurde, war ich noch sehr jung. Du weißt ja, daß es nicht möglich ist, das Keuschheitsgelübde wieder zu lösen. Als ich dann eine junge Frau geworden war, verliebte ich mich in einen Mann, der häufig zu uns opfern kam. Er warb um mich, machte mir viele Geschenke und bat mich, ihn zu erhören. Viele Nächte lang betete ich zu der Göttin und flehte sie an, nicht zuzulassen, daß meine Gefühle Gewalt über mich gewännen, aber am Ende geschah es doch: Nach einem Abendopfer versteckte ich ihn in einer Truhe; als der Tempel leer war, ließ ich ihn wieder heraus. Bis Mitternacht lag ich mit ihm im Garten, plaudernd, streichelnd und küssend – dann gab ich mich hin. Er wollte mich aus dem Tempel entführen, ich aber hatte Angst, ihm zu folgen, und hoffte, daß Ischtar mir den Fehltritt verzeihen würde. Doch ihre Rache war grausam: Inannas Priester verwüsteten den Tempel, der nun nicht länger unter Ischtars Schutz stand. Ischtar selbst zerstörte meine Schönheit. So lebe ich nun als Aussätzige in der Ruine und büße für meinen Verrat.«

»Wer war dieser Mann?« fragte ich. »Wie durfte er hoffen, eine *entum*-Priesterin entführen zu können?«

»Die Gesetze hätten ihn nicht gestört«, gab sie zur Antwort. »Er war

Akkader, doch er lebte nach eigenem Recht. Nun ist er tot; aber er starb nicht, ohne sich für den Überfall der Sumerer auf unseren Tempel zu rächen. Er hatte *me*! Viele Jahre lang war er den Händlern und Bauern des Nordens ein Schrecken, plünderte ihre Karawanen und brandschatzte ihre Dörfer, daß Ischtar über Inanna siege. So schuf er sich einen Namen, dessen bloßer Klang die Schwarzköpfigen erzittern ließ. Auch du hast ihn schon gehört: Laïbu!«

Als Sargons Mutter geendet hatte, schwiegen wir einige Zeit, und mir war, als hörte ich grausame Götter lachen. Sargon, in verbotener Liebe gezeugt, Frucht eines Frevels, für den seine Mutter mit Aussatz gestraft worden war, das Blut des Vaters an den Händen und wie ein Raubtier auf dem Sprung, Sumer mit Hilfe mächtiger Götter niederzureißen! Das Wasserwesen aus dem Weidenkorb, ein Findelkind, einst mein Bruder – und jetzt? Feind oder Freund? Gab es Brüder verschiedenen Blutes? Und konnten Gefährten verschiedenen Herren gehorchen? Welche Bestimmung hatten die Götter mir zugedacht – und welche Götter waren es, die uns lenkten? Wollte Enlil den Länderberg wirklich zerstören? Und würde Anu im höchsten Himmel zustimmen? Würde Enki in seinem Unterwasserpalast zu Eridu tatenlos weiterträumen oder aus seinem Schlummer erwachen und die Welt der Schwarzköpfigen vor dem Untergang retten, wie er es schon einmal tat, als der Sturmgott in seinem Zorn die Große Flut schickte? So dachte ich, und obwohl ich die große Gefahr doch schon kannte, in der wir schwebten, war ich wieder unachtsam. Als Sargons Mutter plötzlich aufblickte und schrie, war es zu spät: Ein Schlag traf mich auf den Kopf, und bewußtlos sank ich zu Boden.

Als ich wieder erwachte, war das Öllämpchen verloschen, aber im Osten dämmerte schon der Morgen. Zornig betastete ich meinen schmerzenden Schädel; erst nach und nach wurde ich mir der Tragweite meines Fehlers bewußt. Nach einigem Suchen entdeckte ich Sargons Mutter hinter dem Opfertisch; die Mörder, die mich für tot gehalten haben mußten, hatten ihr die Kehle durchgeschnitten.

Ich schleppte mich aus der Tempelruine und taumelte am Euphratufer entlang. Anwohner eilten herbei und brachten mich zu einem Arzt. Ich erzählte, daß ich bei einem Spaziergang von Räubern angefallen worden sei. Der Arzt behandelte meine Wunde, legte mir einen Verband an und befahl mir streng, zwei Wochen lang im Bett zu bleiben. Ich versprach es ihm und ließ mich in meine Herberge bringen.

Als die Tragediener gegangen waren, ließ ich anspannen, sprang auf den Wagen und eilte über den Euphrat nach Süden. Schon weit vor dem Ziel erkannte ich, daß ich zu spät kam: über den Freudentränen Inannas stieg eine große Rauchwolke empor. Die Leichen der Freigelassenen lagen vor ihren niedergebrannten Hütten. Hatamersa war vor ihrem Haus mit Messern zu Tode gefoltert worden; die Tontafel war verschwunden.

Ich drehte meinen Wagen und fuhr auf dem schnellsten Wege nach Kisch.

So, Rimusch, enthüllte ich das Geheimnis um die Geburt deines Vaters. Aber es gab noch viele andere Rätsel zu lösen, und immer neue kamen hinzu.

Während ich meine Halbesel durch die Steppe nach Kisch hetzte, stellte ich mir immer wieder die gleichen Fragen: Wer wollte mich ermorden? Wenn es die Enlil-Priester waren – warum hatten sie dann ihr Vorhaben nicht verwirklicht, als ich gefesselt in ihrer Hand war? War ich vielleicht nur ein Hindernis auf der Jagd dieser Mörder nach Sargon? Aber warum sollte Enlil den Tod jenes Mannes befehlen, den er als Werkzeug ausgewählt hatte, um Sumer zu vernichten? Sollte ich Sargon erzählen, was sich ereignet hatte? Und was wäre dadurch gewonnen? Wenn er mir glaubte, mußte er mich dann nicht wegen meines Versagens verachten? Glaubte er mir aber nicht, wie konnte er dann noch Vertrauen in mich setzen? In beiden Fällen, so sagte ich mir, würde es mir unmöglich sein, ihn zu beschützen. Wenn ich aber schwieg und in seiner Nähe blieb, würde ich nicht nur stets ein Auge auf ihn haben können, sondern vielleicht auch unsere Feinde von ihrem Plan abbringen. Denn dann konnten sie ja nicht wissen, was ich Sargon erzählt hatte und was nicht, und mußten damit rechnen, daß ihr Opfer gewarnt war.

Die Steppe war von der Sonne verbrannt, das Herdenvieh graste schon weit von den Dörfern, und in den Kanälen trocknete Schlamm. Zweimal zeigte ich an Meldestationen meine Befehlstafel vor und wechselte meine Zugtiere aus. Kisch glühte wie ein Ofen, als ich hineinfuhr. Ich ließ das Gespann in der Obhut der Wachen und eilte zu Sargons Zimmer. Krieger hielten mich auf. Ich mußte meine Tafel zeigen, ehe sie Sargon holten. Er empfing mich voller Erstaunen.

»Was ist?« fragte er. »Wirst du von Dämonen gehetzt, vom Windmann etwa, oder von Totengeistern?«

»Nein«, sagte ich, froh, ihn lebend anzutreffen, »vom Dämon des Durstes, den ich jetzt in einem Bottich von Bier zu ersäufen gedenke.«

»Kann man da mitmachen?« hörte ich eine tiefe Stimme aus dem Nebenzimmer, und Steinhand trat ein. Igelspitz kam aus dem Zimmer auf der anderen Seite.

»So viele Wachen?« fragte ich beklommen, »und die Getreuesten aller Gefährten im Nachbarzimmer?«

Sargon entließ die Wächter, ergriff mich am Arm und zog mich in sein Gemach. Steinhand und Igelspitz folgten uns.

»Wir sind uns noch nicht ganz sicher«, erklärte Sargon, als wir unter uns waren, »aber ich glaube, daß gestern ein Mordanschlag auf mich verübt worden ist. Als ich mit unseren Kriegern im Übungshof focht, fuhr ein Pfeil über mich hinweg und traf meinen Gegner am Hals; der arme Kerl ist tot. Wir untersuchen jetzt, ob er Liebschaften oder Schulden hatte. Wenn nicht, ist klar, daß der Pfeil mir bestimmt war.«

»Und bis das klar ist«, brummte Steinhand, »bleiben wir hier. Du kommst zur rechten Zeit, Daramas. Wir können noch ein paar wache Augen gebrauchen.«

»Beim Schwarzen Rauschtrank, wir haben nur einen Sargon«, fügte Igelspitz hinzu, »und den brauchen wir noch eine Weile.«

»Wer kann deinen Tod wünschen?« fragte ich.

Sargon zuckte die Achseln. »In meiner Stellung macht man sich leicht Feinde«, meinte er. »Ich berate den König; wenn Urzababa etwas beschloß, was für jemanden von Nachteil war, meint der nun vielleicht, es sei meine Schuld. Oder jemand will meine Stellung, wer weiß!«

»Aber dich ermorden!« rief ich. »Urzababa würde nicht ruhen, bis der Täter gefaßt ist.«

»Ich glaube nicht, daß es der König als großen Verlust ansehen würde, wenn ich auf diese Weise verschwände«, grinste Sargon. »Wahrscheinlich will das fette Schwein mich längst loswerden.«

»Warum?« wunderte ich mich. »Du bist der fähigste von allen seinen Leuten.«

»Aber nicht der gehorsamste«, sagte Sargon. »Neulich befahl er mir zum Beispiel, das Trankopfer für Zababa zu panschen. Er wollte doch tatsächlich, daß ich das Bier für den Gott mit Wasser verdünnte! Wie du weißt, ist Zababa sehr durstig und säuft jeden Tag drei Bottiche leer.«

»Wie Igelspitz«, lachte Steinhand.

»Zababa möge vom Himmel auf dich herabpissen«, versetzte der Kleine, »mit einem ganz dicken Strahl!«

»Ich habe natürlich abgelehnt«, fuhr Sargon fort. »Nicht, weil ich besonders fromm wäre. Aber die Leute von Kisch sind es; würden sie den Betrug entdecken, würden sie mich mit Urzababa in eine Reihe stellen, und das ist das letzte, was ich mir wünsche.«

Wir ließen uns Bier, dazu frischgebratenes Fleisch, Brot und Käse bringen, aßen und tranken bis in die Nacht und erneuerten unsere Freundschaft. Mir aber wurde dabei das Herz schwer, weil ich den alten Gefährten die Wahrheit verschweigen mußte.

In dieser Nacht unterhielten wir uns auch über das Schicksal, die seltsame, Götter und Menschen beherrschende Kraft, von der wir nicht den Ursprung kennen noch das Ziel. Wir fanden, daß die Absichten des Schicksals so rätselhaft sind wie seine Wege verschlungen; daß sein Antlitz stets dunkel verhüllt bleibt, seine Hand jedoch hell wie ein Blitzschlag herabfährt, und daß das Schicksal weder Haß noch Neid, Gunst oder Mißgunst kennt, sondern den Blick des Blinden, das Fühlen des Felsens, das Mitleid des Meeres und den Willen des Windes besitzt.

Ich schrieb an den *lugal* nach Uruk und bat ihn, mir neue Aufgaben in Kisch zuzuweisen. Die Antwort erhielt ich von Urzababa. Bleich saß der König auf seinem erhöhten Stuhl, um sich mit seinen obersten Heerführern zu beraten. Das Schrecklichste war geschehen, der schlimmste Feind in die Hochsteppe eingefallen: die Horde von Gutium.

3

Bleibe in deinem Leben,
deinem Kreis, deiner
Welt, deiner Familie,
deiner Gemeinschaft,
deiner Ordnung, in dem
Gesetz, das für dich gilt,
in deinem Glauben!
Denn draußen sind die Dämonen.
Worte des Weisen von Eridu

Wir gingen in die Schlacht.

Wir zogen in die Schlacht, und Sargon schritt uns voran.

So wie die Wasserflut zur Zeit der Schneeschmelze von den Gebirgen herabströmt und alles fortreißt, was ihr im Weg steht, waren die Krieger der Horde zur Erntezeit aus ihren felsigen Horsten hervorgebrochen und hatten den trockenen Boden der Hochsteppe mit sumerischem Blut getränkt. Überall an der Grenze brannten die Dörfer. Scharen verzweifelter Flüchtlinge lagerten in den Straßen der mauerumringten Städte. Die Krieger von Gutium schlachteten Menschen wie Tiere und schichteten überall große Haufen aus abgehauenen Köpfen auf. Nur Kinder und junge Frauen blieben am Leben; nackt, geschändet und geblendet, an ihren Haaren zusammengebunden und fortgetrieben wie Vieh, folgten die Unglücklichen den Mördern ihrer Väter und Brüder in eine Sklaverei, die ihnen schlimmer erscheinen mußte als der Tod. Laut ächzten die Achsen der hohen gutäischen Wagen unter der Last der erbeuteten Tempelschätze. Die Leichen der ihnen entgegengeeilten sumerischen Krieger hingen gehäutet in den Eichenbäumen, die der Horde heilig sind.

Die Feigheit hinderte Urzababa, dem grausamen Feind unverzüglich mit der gesamten Streitmacht von Kisch entgegenzutreten. Statt dessen verschanzte er sich in der Hauptstadt und schickte nach Uruk um Hilfe. Die Antwort des *lugal* war kurz und klar: Der König solle den Feind sofort stellen und angreifen, gleich wie das Kräfteverhältnis wäre. Denn die Gutäer würden, so schrieb der *lugal*, sich angesichts eines geordneten Heeres aus Kerntruppen Kischs lieber in ihre Heimat zurückziehen als in offener Schlacht auf feindlichem Land den Erfolg ihres Feldzuges und die reiche Beute aufs Spiel zu setzen. Wenn sich die Horde zurückzöge, solle der König ihr folgen und auch nicht zögern, in die Berge vorzustoßen, um den Gutäern soviel Gold und Gefangene abzujagen wie irgend möglich. Mir, so erklärte der König, habe Lugalzaggesi befohlen, mit dem Heer zu ziehen und ihm danach einen ausführlichen Bericht zu übermitteln; ich würde schon wissen, worauf es dabei besonders ankäme.

Sargon bat, mit seiner Sechshundertschaft »Landesmauer« die Spitze nehmen zu dürfen. Gnädig und erleichtert gewährte der König den Wunsch. Als er zu mir sagte: »Du sollst Sargon mit der Weisheit der Kriegsschule helfen«, gab ich zur Antwort: »Nichts anderes ist mein Wille.«

Wir schmierten die Achsen mit Schildkrötenöl und zogen in Eilmärschen ostwärts. Der Anblick der niedergebrannten Dörfer und der zerstörten Kanäle, der vielen von Fliegen bedeckten Leichen und der schrecklichen Schädelhaufen erfüllte die Herzen der Männer mit Zorn, doch auch mit Furcht; die beim Aufbruch am lautesten nach den Gutäern gerufen hatten, fielen bald als erste in bedrücktes Schweigen.

Ehe dein Vater, Rimusch, die Grenzen des Reichs an den Oberlauf der schnellen Dyala verschob, war Badan die letzte befestigte Stadt vor den Bergen. Ihr Befehlshaber hatte die Tore verriegelt und Bogenschützen auf alle Mauern gestellt. Als die Krieger uns erblickten, jubelten sie vor Erleichterung, denn sie hatten große Angst vor der Horde. Ihre Anführer kamen uns in einem Wagen entgegen, lobten die Schnelligkeit, mit der wir eingetroffen waren, und priesen unsere Tapferkeit, obwohl sie davon doch noch keine Probe gesehen hatten.

Als das Heer die Stadt erreichte, eilten auch die Frauen und Mädchen aus ihren Häusern, um uns Mut zu machen und unseren Siegeswillen anzustacheln. Zu diesem Zweck entblößten sie ihre Brüste und Schöße und boten sich unseren Blicken in der aufreizendsten Weise dar: Die einen fuhren sich mit den Händen liebkosend über den Körper und stießen lustvolle Laute aus, so als könnten sie es nicht erwarten, sich mit den heimkehrenden Siegern zu paaren. Andere ließen sich vor den Männern des Königs auf Hände und Knie nieder, rafften ihre Gewänder und reckten die bebenden Flanken empor wie Hündinnen in ihrer Hitze. Aber sobald das Blut der vorgeblich Begehrten in Wallung geriet und die Erregten die Mädchen packten, zogen sich die

Verführerinnen hurtig zurück, wanden sich flink aus den gierigen Griffen und riefen: »Wenn ihr gesiegt habt, dürft ihr mit uns tun, wonach euch gelüstet, und wir werden mit euch alle Arten der Liebe erproben, so oft und so lange ihr wollt; das geloben wir bei Inanna.«

Zwei Stunden hinter Badan stießen wir auf die ersten Krieger der Horde. Sie wichen zurück; wie der *lugal* vorausgesagt hatte, wollten sie ihre Beute in Sicherheit bringen. Noch am gleichen Tag setzten sie über den Tigris und strebten dem hohen Gebirge zu.

Sargon trieb die »Landesmauer« ohne Rücksicht voran. Igelspitz und seine Männer zogen vor uns durch die Steppe, folgten den breiten Spuren des Rückzugs wie auf einer Straße und hatten sich bald wie die Kletten an die gutäische Nachhut gehängt. Sofort schickte Sargon Melder an Urzababa und schlug ihm vor, mit hundert Streitwagen vorauszufahren und den Gutäern den Weg abzuschneiden. Der König aber ließ übermitteln, er wolle die Wagen nicht von den Fußkämpfern trennen, und rückte nur gemächlich nach. So kam es, daß die Horde zwei Tage später unbedrängt über den Fluß der neun Toten setzen konnte. Beute und Gefangene verschwanden in den Tälern. Die Krieger der Horde jedoch stellten sich auf dem Berg der Mutter in Schlachtordnung auf.

Als Urzababa endlich am Grenzfluß angelangt war, rief er die Führer der Sechshundertschaften zu sich. Wir standen indessen am reißenden Wasser und schauten mit wogenden Herzen auf das jenseitige Ufer, an dem das Reich der Horde begann. Zwischen den schwarzen Felsen leuchteten die auf Stangen gespießten Totenschädel, die dort die Grenze bezeichneten. Aus leeren Augenhöhlen kroch wie ein lähmendes Gift eine düstere Drohung von Grausamkeit und Gewalt auf uns zu und gemahnte uns an die Unwiderruflichkeit jeden Schritts aus der Sicherheit göttlichen Rechts in die Wildnis tierhafter Gesetzlosigkeit. Selbst Steinhand schwieg; ein kalter Wind fuhr von den schneereichen Gipfeln herab und ließ uns erschauern.

Erst am Abend kehrte Sargon zurück und sagte: »Wir gehen morgen früh als erste über den Fluß. Igelspitz und ich vorn, dann Daramas; Steinhand am Schluß, so wie immer, damit ihr nicht durcheinanderkommt. Reihenfolge der Hundertschaften: Laomer mit Igelspitz, dann die Schwerbewaffneten mit Daramas und mir, danach die Akkader; die zweite elamitische am Schluß, mit der haust du uns dann heraus, Steinhand, wenn etwas schiefgeht. Aber nur, wenn wirklich noch die Möglichkeit dazu besteht. Keine unnötigen Opfer, hörst du!«

»Keine Sorge«, sagte Steinhand. »Ich werde euch schon finden, wenn ihr nach euren Müttern ruft.«

»Groß an Worten, klein an Taten«, ärgerte sich Igelspitz. »Ich gehe als erster hinaus, du aber als letzter, du aufgeblasener Riesenfrosch!«

Die anderen sagten nichts.

Sargon winkte mir und ging mit mir ein Stück am Flußufer entlang, bis uns niemand mehr hören konnte.

»Was hältst du von dieser Sache?« wollte er wissen.

»Der König benutzt uns als Köder«, erwiderte ich.

Sargon sah mich unruhig an. »Wenn die Gutäer uns angreifen«, sagte er, »sollen wir uns verschanzen, bis Urzababa mit der Hauptmacht herankommt. Der König ist ein Schwein und schont sich auf unsere Kosten, aber der Plan ist nicht schlecht. Wie sollen wir die Horde sonst von ihrem Berg herunterlocken?«

»Es ist ein Grundsatz der Kriegskunst, niemals bergauf anzugreifen«, sagte ich, »ebensowenig stellt sich ein kluger Feldherr dem Feind, der bergab angreift, in den Weg. Sie würden uns zerschmettern wie ein Mühlstein ein Ei. Kämpfende Männer sind Baumstämmen gleich; lege sie in die Ebene und sie bleiben. Rolle sie aber von einem Hügel herab, und sie walzen alles nieder.«

»Du meinst, wir sollen die Verbrecher einfach abziehen lassen?« rief Sargon empört. »Mit ihrer Beute und ihren Gefangenen? Es sind die Frauen und Kinder unseres Volkes!«

»Wir hätten sie in der Steppe aufhalten müssen«, entgegnete ich. »Wenn wir dort genügend Druck auf sie ausgeübt hätten, hätten sie wenigstens einen Teil ihres Raubes zurückgelassen, um heil in die Heimat zurückzukehren. Jetzt ist es zu spät.«

»Was schlägst du vor?« fragte Sargon.

»Wenn ich der König wäre«, erwiderte ich, »würde ich abziehen und eine Woche warten. Dann würde das Heer der Horde sich in den Bergen zerstreuen. Die Krieger von Gutium würden in ihren Dörfern den Raubzug feiern. Dann würde ich angreifen. Aber nicht hier am Berg der Mutter! Ich würde den Hügel umgehen und durch die Täler ziehen. Ein guter Angreifer geht vor wie Wasser: Es strömt von hohen Orten herab und sammelt sich in den Niederungen. So müssen auch wir das, was stark ist, umgehen und das, was schwach ist, zerschlagen. Nicht das

Heer der Horde auf hohem Berg müssen wir bekriegen, sondern die Dörfer in ihren fruchtbaren Talgründen. Wir sollten eine Brandwolke aufsteigen lassen, bis die gutäischen Krieger von selbst zu uns niedersteigen, um ihre Gehöfte gegen uns zu verteidigen.«

»Ich führe nicht gerne Krieg gegen Frauen und Kinder«, murrte Sargon. »Wenn wir so handeln, wie du vorschlägst, was unterschiede uns dann noch von den Drachen der Berge?«

»Wir würden leben, sie aber sterben«, sagte ich. »Jetzt wird es womöglich umgekehrt sein.«

Sargon schwieg eine Weile. Dann sagte er: »Ich gebe zu, die Sache ist ein Wagnis. Wenn Urzababa nicht rechtzeitig kommt, geht es uns wie einem Fuchs, der im Gänsekäfig von Hunden gestellt wird. Aber wir haben einen Befehl.«

»Dann wollen wir wenigstens vorsichtig sein«, sagte ich. »Suchen wir uns eine Anhöhe, und verschanzen wir uns dort! Unterlassen wir alles, was die Horde zum Angriff reizen könnte, ehe der König erscheint. Kundschafte einen Rückzugsweg aus, mit dem sie nicht rechnen. Über den Fluß der neun Toten können wir dann wohl nicht mehr. Wahrscheinlich sind wir besser dran, wenn wir uns in eines der Täler verdrücken und dort verstecken, bis es dunkel wird.«

»Du redest, als sei die Schlacht schon verloren«, brummte Sargon ärgerlich. »Bei den Akkadern zeigtest du mehr Mut.«

»Da waren wir auf uns selbst angewiesen«, erwiderte ich, »hier hängt unser Schicksal vom König ab.«

»Du hast recht«, gab Sargon zu. »Ich traue diesem fetten Schwein so wenig wie du. Aber Urzababa wird doch nicht wagen, aus Feigheit eine ganze Sechshundertschaft zu opfern! Wie sollte er das dann dem *lugal* erklären?«

Wir kehrten zu den anderen zurück und widmeten uns den Vorbereitungen des Kampfes, bis wir glaubten, alles Notwendige getan zu haben.

In dieser Nacht fand keiner von uns Schlaf. Die jüngeren Krieger saßen an ihren Feuern, tranken und versuchten die Furcht durch Schwatzen zu bannen. Die älteren schrieben Tafeln an ihre Frauen, leisteten fromme Gelübde und versicherten einander, sich um die Familien derer zu kümmern, die nicht wieder heimkehren würden. Die aber schon einmal in Gutium gewesen waren, schärften die ganze Nacht ihre Waffen.

Sargon, Igelspitz, Steinhand und ich lagen an einem Feuer im Windschutz der Wagen und labten uns an Bier und fettem Fleisch. »Wenn nur der *lugal* mit seinem Heer käme«, sagte der Riese.

»Was sollte uns das nützen?« fragte Sargon spöttisch. »Schon einmal stand er hier und kehrte um!«

»Noch so ein Feigling«, schimpfte Igelspitz. »Beim Gott der Sturmflut, wird das Reich der Schwarzköpfigen denn nur noch von Hasenherzen geführt?«

»Du tust ihm Unrecht«, wandte ich ein. »Die Götter verwehrten es ihm damals, über den Fluß zu setzen. An Mut fehlt es Lugalzaggesi nicht, das kannst du mir glauben. Er fürchtet sich vor keinem Feind.«

»Er fürchtet sich vor den Göttern«, sagte Sargon, »und das sind oft schlimmere Feinde als selbst die Horde von Gutium.«

Wir schwiegen, und jeder hing den eigenen Gedanken nach.

»Manchmal denke ich, daß mit dem Ungeheuer nur die Horde gemeint sein kann«, sagte Igelspitz nach einer Weile. »Kommen die Gutäer nicht aus dem Wasser dieses Flusses, wenn sie in unsere Länder einfallen? Und kehren sie später nicht auch in das Wasser zurück?«

»Das mag sein«, meinte Steinhand. »Doch es bedarf keiner Leberorakel, um vorherzusagen, daß diese Räuber wie kreischende Geier aus ihren Felsnestern auf uns herabstoßen; sie tun es doch schon seit Menschengedenken.«

»Die ganze Wahrsagerei ist für mich purer Schwindel«, erklärte Sargon, »nur dazu erdacht, das Volk wie eine Schar Pflugochsen an der Nase herumzuführen.«

»Aber wie dürften Priester die Namen der heiligen Götter für Lügen mißbrauchen?« fragte ich. »Würden die Himmelsbeherrscher die untreuen Diener nicht sogleich vernichten?«

Sargon lachte verächtlich. »Du weißt doch ganz genau«, erwiderte er, »daß die Priester längst nicht alle Opfergaben auf die Altäre der Götter legen, sondern die besten Stücke habgierig beiseiteschaffen. Wenn diese Gauner aber ihre göttlichen Herren ungestraft um Speisen, Gewänder und sogar Gold betrügen, um wieviel leichter dann um bloße Worte!«

»Ungestraft nicht«, wandte ich ein, »schon manchem Priester, der sich an Opfergaben vergriff, wurde kochender Asphalt in die Augenhöhlen gegossen.«

»Nur den Dummen, die sich erwischen ließen, oder den Geizigen, die nicht mit ihren Genossen teilten«, erwiderte Sargon. »Bilde dir nur nichts ein! Der Länderberg fault von innen her, und der Glaube, der ihn zusammenhält, bröckelt wie trockener Lehm. Wenn aber der Glaube zerfällt, fällt auch das Reich. Denn jede Art von Herrschaft ist auf Treue gegründet. Und wenn die Menschen schon ihren Göttern die Treue brechen, wie soll man dann von ihnen erwarten, daß sie ihrem *lugal* oder dem König oder auch nur ihrem Hundertschaftsführer die Treue bewahren?«

»Die Götter werden nicht zulassen, daß Sumer untergeht«, sagte ich trotzig. »Denn wer würde dann noch zu ihnen die Hände erheben, wer ihnen Tempel errichten und ihren Plänen gehorchen? Der Eselnomade besitzt seine eigenen Götzen, die Horde von Gutium dient den Dämonen, und auch von den anderen Völkern ist keines so fromm und wohlhabend wie das der Schwarzköpfigen.«

Als fahle Helligkeit im Osten das Öffnen des Himmels anzeigte, ging Sargon uns durch den Fluß der neun Toten voran. Wir aber schritten hinter ihm durch das eiskalte Wasser, als wären wir schon gefallen und wandelten längst auf lichtlosem Pfad zu der uralten Trümmerstätte, in der die Gestorbenen hausen.

Im bleichen Morgenlicht lag das Land vor uns wie eine Heimat des Grauens und der Vernichtung. Die schwarzen Felsen am anderen Ufer reckten sich wie die schrecklichen Feldzeichen des großen Niederwerfers. Hinter ihren zerklüfteten Zinnen begann eine wellige Hochfläche aus losem Schutt und Geröll. Nur hin und wieder drangen Distel oder Dornbusch aus dem unfruchtbaren Boden. Das Gelände stieg in immer höheren Hügeln empor; am Himmelsrand aber ragte der Berg der Mutter fast bis in die Wolken.

Stunde um Stunde zogen wir durch das leere, unheimliche Land, vorüber an grausigen Wegmarken aus den Schädeln der Krieger, die vor uns gegen Gutium gezogen waren. Ihre unbestatteten Gebeine blinkten unter Sträuchern und in den Felsspalten. Ein Geruch wie von nasser Asche lag über dem öden Land.

Sargon und Igelspitz mußten oft haltmachen, damit das restliche Heer zu uns aufrücken konnte. Erst mit der letzten Sechshundertschaft setzte der König über den Fluß. Die Streitwagen blieben auf dem sumerischen Ufer, nutzlose Waffen, seit Urzababa die Feinde in das Gebirge hatte entkommen lassen. Weit hinten rückte die Nachhut langsam über die niedrigsten Hügel.

Das Heer der Horde von Gutium stand auf dem Berg der Mutter wie eine Mauer aus Grausamkeit und Gewalt. Unter den schwarzen Helmen blickten die Krieger uns wie übergroße, gepanzerte Vögel entgegen. Der Wind ließ ihre gelben Haare wehen wie fahle Federn an Schöpfen von Geiern, die sich versammelt haben, um über ein großes, verendendes Tier herzufallen. Ihre Gesichter waren schwarz bemalt; schwarz glänzten auch ihre Schilde und Panzer. Über den Häuptern der Krieger bleckten auf Stangen gespießte Schädel von Bären und Wölfen die Zähne.

Stumm standen die Gutäer auf ihrer Höhe und äugten auf uns herab; ihre Anführer stießen von Zeit zu Zeit schrille Signalpfiffe aus.

Sargon führte die »Landesmauer« zur rechten Seite des Berges. Dort öffnete sich eine Schlucht. Sofort ließ er halten und in Stellung gehen. Die sumerischen Schwerbewaffneten staffelten sich im Tal. Die Elamiter besetzten zwei Felstürme zu beiden Seiten der Schlucht. Auf dem Gegenhang beratschlagten die akkadischen Bogenschützen über Schußwinkel, Wind und Entfernung.

Igelspitz rief seine Männer zu sich und arbeitete sich mit ihnen vorsichtig durch Felsentrümmer bis in die Schlucht. Schon nach kurzer Zeit kehrten sie wieder zurück. Einem der Kundschafter steckte ein schwarzer Pfeil in der Schulter.

»Baumsperren«, keuchte Igelspitz, »stark gesichert.«

Sargon sah mich fragend an.

»Auf den Gegenhang. Schnell!« sagte ich.

Sargon rief Befehle und unsere Krieger eilten durch loses Geröll, die Elamiter als erste, dann die Akkader, zum Schluß die sumerischen Schwerbewaffneten. Als wir den Scheitel des Hanges erreichten, rangen wir alle nach Atem, und viele von unseren Kriegern ließen sich erschöpft auf die Erde fallen.

Igelspitz überquerte den Hang und stieg auf dem Hinterhang zu einem Felsbrocken, der wie ein Stier geformt war. Dort blieb er plötzlich stehen und spähte umher. Dann winkte er Sargon und mir. Als wir zu ihm traten, sahen wir, daß der Berg vor seinen Füßen steil wie eine Hauswand in die Tiefe stürzte.

»Hier kommt keiner hinunter«, knurrte Igelspitz.

»Aber auch keiner herauf«, antwortete ich.

Sargon machte kehrt und eilte zurück. Ich folgte ihm. Als wir zum Vorderhang kamen, sahen wir, daß die Horde langsam von ihrem Hügel herabstieg. Dumpfe Schläge von Rinderhauttrommeln begleiteten sie. Die vordersten Reihen der Krieger von Gutium waren nur noch etwa dreihundert Schritte entfernt.

»Das war kein guter Rat, Daramas«, knurrte Steinhand. »Jetzt sitzen wir in der Falle.«

»Wir können uns hier gut verteidigen«, sagte Sargon, »und wenn der König kommt, greifen wir an.« Er stieg zu den vordersten Reihen hinab und stellte mit lauten Befehlen die Schlachtordnung auf. Der Hornbläser gab inzwischen Signale. Als die hellen Töne verklangen, lauschten wir voller Spannung, doch keine Antwort erklang.

»Noch einmal«, befahl ich. »So laut du kannst.«

Der Mann pumpte Luft in seine Lunge und blies, was das Signalgerät hergab. Der Klang hing lange Zeit zwischen den steilen Bergen.

»Das sind sie«, rief der graubärtige Akkader erleichtert. »Wahrlich, die Kerle haben wohl zu laut geschnarcht bei ihrem Mittagsschläfchen, daß sie uns nicht gleich hören konnten!«

»Das ist nicht der König, du Steppenesel, sondern das Echo«, sagte Berglandgurke.

Sargon kletterte über die Felsen zu uns empor, riß das Horn aus der Hand des Bläsers und stieß selbst hinein. Der Ton heulte wie ein Sturmwind durch das Tal.

Wieder warteten wir, wieder kam keine Antwort. Die Männer blickten einander unruhig an.

»Nun wissen wir es«, sagte Igelspitz.

»Der König will die Gutäer in Sicherheit wiegen«, rief Sargon so laut, daß es die Krieger in der Nähe hören konnten. »Wenn die Horde uns angreift, fährt er ihr in die Flanke wie ein Löwe dem Ur.«

Unsere Krieger blickten einander an; neue Hoffnung zeigte sich auf den Gesichtern.

»Lange werden wir ihnen das nicht mehr vormachen können«, sagte Igelspitz leise.

»Und der Horde auch nicht«, fügte Laomer hinzu.

Die Krieger von Gutium waren knapp außer Bogenschußweite stehengeblieben.

»Sie werden wohl einige Zeit benötigen, um zu begreifen, daß der König ihnen eine ganze Sechshundertschaft ausliefert«, sagte ich.

»Sie brauchen nur zu warten, bis uns der Hunger ins Tal treibt«, knurrte Igelspitz.

Sargon schüttelte den Kopf. »Sie kommen, wenn es dunkel ist«, sagte er. »Nachts kann man auch bergauf angreifen.«

»Es sei denn, der Mond scheint hell genug für Bogenschützen«, erwiderte ich.

»Stellt Vorposten auf«, befahl Sargon. »Die Akkader sollen in Stellung gehen. Wir richten uns hier zur Verteidigung ein. Aber keine leichtsinnigen Scharmützel, hast du gehört, Steinhand? Wir brauchen jeden Mann.«

Steinhand nickte.

Ich drehte mich um und stieg wieder über den Hügel bis zu dem steilen Absturz. Dort legte ich mich auf den Bauch und kroch bis zum äußersten Rand. Sargon folgte mir.

»Dort hinunter?« fragte er zweifelnd.

»Wir binden Leibriemen aneinander«, erklärte ich, »und lassen die schwere Ausrüstung zurück.«

»Wir werden uns das Genick brechen«, murmelte Sargon. »Das sind doch mindestens zweihundert Ellen! Schnurgerade! Und wahrscheinlich willst du auch noch in stockdunkler Nacht da hinunter!«

»Hoffentlich wird es so richtig dunkel«, sagte ich. »Der Mond nimmt zu. Ein paar Wolken wären gut, denn die Gutäer haben scharfe Augen.«

»Bete zu Enlil«, schlug Sargon spöttisch vor. »Er ist der Herr des Wetters wie des Gebirges.«

Vorsichtig schob er sich wieder auf sicheren Boden, erhob sich und kehrte in unsere Stellung zurück.

Ich blieb noch eine Weile liegen und prägte mir die wichtigsten Risse, Vorsprünge und Höhlen der Wand ein, bis ich sicher war, meinen Weg auch in der Dunkelheit finden zu können.

Danach hob ich die Arme zum Himmel. Aber ich betete nicht zu Enlil, sondern zu Enki und sprach:

»Oh weiser, gerechter, gütiger Gott, der du die Fruchtfülle zeugst und der Süßwassertiefe gebietest! Der du den Krieg nicht liebst, sondern den Frieden! Der du nicht Tod bringst, sondern Leben! Der du den Schwarzköpfigen nicht Waffen gabst, sondern Werkzeug, die Erde nicht zu erobern, sondern zu pflegen! Hilf uns, damit deine Kinder nicht von der Horde gemeuchelt werden! Lasse nicht zu, daß uns die Drachen der Berge vernichten!«

Dabei sah ich immer wieder zum Himmel empor, doch es erschien kein Wölkchen, obwohl die Sonne schon dem Himmelsrand entgegensank.

»Enki«, betete ich weiter. »Sei uns gnädig, du Vater der Welt, du feuriger Steinbock des Ozeans, Gott mit dem kräftigen Ohr, erhöre uns! Oh du Herr des hellen Auges, blicke besonnen auf uns herab, nimm uns in deine göttliche Hand und erhalte uns das Leben und die Freiheit, damit wir dir dienen!« Aber der Gott schwieg und sandte kein Zeichen.

Ich betete voller Inbrunst, bis die Nacht heraufzog und Nannas Silberschiff in das Himmelsmeer fuhr. Immer drängender wurde mein Flehen, und ich gelobte dem Gott reiche Opfer. Am Schluß rief ich: »Enki! Wenn du mich dieses eine Mal erhörst und uns rettest, will ich mein ganzes Leben lang nur noch dir dienen und keinem anderen Gott. Du wirst mein Herr, ich aber werde dein Gefolgsmann sein!«

Die Sterne am Himmelsweg Enkis begannen auf einmal zu zittern. Verblüfft starrte ich zu ihnen empor; da sah ich, wie sie nacheinander erloschen. Kurz darauf flackerten auch die Freudenfunken Enlils wie Fackeln im Wind, bald gingen die Sterne Anus aus, und am Ende verfinsterte sich sogar der Mond, als habe eine barmherzige Götterhand einen Vorhang über den Himmel gezogen.

Staunend stand ich auf. »Wo steckst du, Daramas?« rief Sargon. »Bei allen sechshundert Annunaki, wie hast du das nur geschafft? In diesem verfluchten Nebel sieht man nicht mehr die Hand vor Augen!«

»Danke nicht mir, danke Enki«, antwortete ich. »Er war es, der ...«

»Soso«, unterbrach mich Sargon. »Ich habe allerdings auch schon Nebel erlebt, ohne daß vorher zu dem alten Schnarcher gebetet wurde. Sei es, wie es sei – wir müssen fort! Die Horde rückt näher; ich mußte schon die Vorposten räumen. Und Steinhand hat sich natürlich trotz Verbots mit den Gutäern angelegt. Zwanzig Mann sind verloren.«

Hinter ihm tauchte Igelspitz aus der Dunkelheit und reichte mir schon zusammengeknüpfte Gurte. Ich wickelte das Ende um einen breiten Felsturm und zeigte ihnen, wie durch bestimmten Zug der Knoten zu lösen war.

»Die Bogenschützen zuerst!« rief Sargon.

»Wahrlich, das ist der erste vernünftige Befehl auf diesem trübseligen Feldzug«, erklärte eine wohlbekannte Stimme, und der Graubart trat mit seinen Männern zu uns.

»Immer nur einer«, mahnte ich, packte das Seil und ließ mich in die schwarze Tiefe hinab. Nach etwa fünfzig Ellen befestigte ich die Gurte an einer Felsnase, nach weiteren fünfzig Ellen über einem schmalen Sims und danach noch einmal an einer Eibe, die aus einer Nische wuchs. Unten suchte ich mir einen festen Stand im Geröll.

Kurz darauf kam Igelspitz herunter. Wortlos verschwand er in der Finsternis.

Ich wartete, bis Wahrlich kam, und hieß ihn dann das Seil für seine Leute halten. Nach den Akkadern folgten die Schwerbewaffneten. Es dauerte fast bis zum Ende der ersten Nachtwache, ehe die letzten Sumerer an dem Seil herabgeklettert waren.

Igelspitz stand plötzlich wie aus dem Boden gewachsen vor mir und raunte mir zu: »Wir haben Glück. Die Sicherungen an den Sperren sind abgezogen.«

Oben auf dem Berg hörten wir Waffen klirren.

»Jetzt rückt die Horde wohl den Elamitern auf den Pelz«, meinte Igelspitz.

Die Bergkrieger kamen in großer Eile am Seil herab. Es waren nicht mehr viele. »Wir sind die letzten«, keuchte Berglandgurke. »Nur Sargon, Steinhand und Laomer sind noch oben.« Blut lief ihm über das Gesicht.

Kurz darauf folgte Laomer. Er blutete aus einer Schulterwunde und war sehr erschöpft.

Wir starrten nach oben.

»Du zuerst, Steinhand«, hörten wir Sargon sagen, »das ist ein Befehl!«

Wieder ertönte Kampflärm, gefolgt vom Todesschrei eines Gutäers. Ich wand das Seil aus Wahrlichs Händen und hielt es mit aller Kraft fest.

Steinhand prallte neben uns schwer auf den Boden.

»Bist du geklettert oder gesprungen?« fragte Igelspitz.

Statt einer Antwort stieß Steinhand einen Fluch aus, denn Sargon war auf seinem Kopf gelandet.

Das lose Seil fiel mir auf die Schulter. Igelspitz griff rasch nach dem Ende und eilte davon. Die anderen packten das Seil und folgten ihm wie Perlen an einer Schnur.

Über uns ertönten zornige Schreie. Dann polterten schwere Felsbrokken herab.

Sargon lief vor mir her. »Wie viele sind wir noch?« fragte er.

»Ich habe vierhundertzwanzig gezählt«, erwiderte ich.

»Die Elamiter hatten besonders schwere Verluste«, erklärte Sargon. »Am Schluß kamen die Gutäer von allen Seiten. Was ist mit den Sperren?«

»Die Sicherungen sind abgezogen«, antwortete ich. »Mit ein bißchen Glück sind wir durch, ehe die Horde herausfindet, welche Richtung wir einschlagen.«

»Wir müssen sie unbedingt abschütteln«, sagte Sargon. »Wir haben Verletzte, die nicht lange durchhalten werden.«

Wir fanden die Baumsperren unbewacht, wie Igelspitz es gesagt hatte, kletterten über die Stämme und eilten weiter durch die Schlucht.

Kurz darauf hörten wir hinter uns wieder Waffengeräusche und Kampfgeschrei. Sargon wollte stehenbleiben, aber ich schob ihn vorwärts. »Weiter!« rief ich. »Steinhand kommt schon zurecht.«

Der Nebel wurde noch dichter, und wenn wir uns nicht an dem Seil festgehalten hätten, wären wir wohl binnen kurzem versprengt worden wie eine Herde von Schafen, die in einem nächtlichen Wald vor einem Wolfsrudel flieht. Am Ende der Schlucht fiel das Gelände stark ab. Viele unserer Männer stürzten. Einige Verwundete konnten nicht mehr weiter. Sie stießen sich die Dolche in die Kehlen, um nicht lebend in die Hände der Horde zu fallen.

Als Sargon das sah, ließ er das Seil los, stieß mich zur Seite und lief zurück, um sich der Horde zu stellen. Mir blieb nichts übrig, als ihm zu folgen.

»Nicht so lahm, ihr faulen Hunde!« tönte es uns entgegen. »Wenn ihr euch von mir überholen laßt, seid ihr die Letzten und werdet von den Gutäern gefressen!«

»Wir sind es, Steinhand«, rief Sargon. »Wie viele Leute hast du noch da hinten?«

»Keinen mehr«, knurrte Steinhand. »Sie wurden wie von Raubtieren gerissen, ich konnte nichts tun. Diese feige Flucht kostet uns die besten Männer; wir hätten stehenbleiben und kämpfen sollen!«

»Wir werden noch mehr Leute verlieren«, erwiderte ich. »Aber wenn wir auf dem Berg geblieben wären, wären wir jetzt alle tot.«

»Lieber aufrecht als tapferer Mann gestorben, denn als Feigling nach Hause gekrochen«, sagte Steinhand widerspenstig.

»Feige oder nicht«, versetzte Sargon, »wir sind es unseren Toten schuldig, daß wir nach Hause zurückkehren und ihr Blut an Urzababa, diesem Hund, rächen!«

Von einem Felsen sprangen drei Gestalten auf uns zu. Sargon duckte sich unter einem Keulenhieb und stieß dem vordersten Angreifer das Schwert durch den Fellmantel in den Bauch. Steinhand schlug seinen Gegner mit der Sichelkeule nieder, ich traf den meinen glücklich mit dem Kupferschwert in den Hals.

Wir spähten nach allen Seiten, wurden aber nicht mehr angegriffen.

Im Morgengrauen rasteten wir in einem kleinen Talkessel, der dicht mit Eichen bewachsen war. Sargon ließ die Leibgurte zurückgeben und die Truppe zählen; wir waren nur noch knapp vierhundert Mann.

Igelspitz verschwand im Nebel.

»Wir müssen weiter nach Osten«, sagte ich. »Dort werden sie uns am wenigsten vermuten.«

»Du hast recht«, meinte Sargon. »Aber wir haben alle Vorräte zurücklassen müssen. Was ist, wenn wir uns in dem verfluchten Gebirge verirren?«

»Wir haben keine Wahl«, sagte ich. »Enki stand uns gestern bei, er wird uns auch heute helfen.«

»Den Göttern traue ich so wenig wie dem König«, erwiderte Sargon ärgerlich. »Wir wollen uns nur noch auf uns selbst verlassen.«

»Wir sind die Söhne des Steppenbaums«, fügte Steinhand hinzu und streichelte seine Sichelkeule.

»So ist es«, bekräftigte Sargon.

»Aber wir sind hier nicht in der Steppe«, murmelte ich.

Am Vormittag kam Igelspitz wie eine Schwalbe aus einer Wolke und sagte: »Fünfhundert *gar* im Osten fließt ein großer Bach. Dahinter fängt der Hochwald an. Keine Wege. Auch von Siedlungen keine Spur.«

»Gut«, sagte Sargon. »Dort werden sie uns nicht so schnell finden.«

Wir eilten hinter Igelspitz her. Der Nebel war immer noch so dicht, daß wir uns an der Schulter des Vordermanns festhalten mußten, um einander nicht zu verlieren.

Um die Mittagszeit hörten wir ein Rauschen. Kurz darauf kamen wir an einen Wildbach. Wir stiegen in das Wasser und folgten dem Bachbett, um unsere Spur zu verwischen. Dann bogen wir in den Hochwald. Hier war der Nebel nicht ganz so dicht. Feuchtes Moos dämpfte unsere Schritte. Vorsichtig zwängten wir uns durch mannshohen Farn. Die

Stämme der Tannen erschienen uns dick wie Tempeltürme; niemals hätte ich geglaubt, daß auf der Welt so große Bäume wachsen. Wir fühlten uns wie Mäuse, die unter Tischen nach Brotkrumen suchen.

Als der Abend dämmerte, waren wir tief in den Wald eingedrungen. Sargon ließ ein Lager aufschlagen, verbot aber, Feuer zu machen. Die erschöpften Männer stillten ihren Hunger mit Beeren und Pilzen. Igelspitz ließ sich, wo er stand, zu Boden fallen und schlief augenblicklich ein.

Sargon sah sinnend auf ihn herab. »Du und er«, sagte er dann, »ihr habt uns herausgebracht. Und Steinhand, der uns die Horde vom Leib hielt.«

»Du bist schließlich unser *lugal*«, sagte ich.

»Und wir sind deine *ensis*«, fügte Steinhand hinzu. »Das war immer so und wird immer so bleiben.«

Sargon sah uns ein wenig merkwürdig an. Dann lächelte er ebenfalls, aber es war ein trauriges Lächeln.

»Das ist lange her«, sagte er. »Es war eine andere Zeit und eine andere Welt. Damals gab es noch keine Herrscher, die ihre Krieger an ihre schlimmsten Feinde verrieten.«

»Was willst du tun, wenn wir es schaffen?« fragte ich.

Er preßte die Lippen zusammen.

In dieser Nacht lag ich lange wach und grübelte darüber nach, ob ich Sargon nicht endlich erzählen sollte, was ich von seiner Herkunft wußte und was mit seiner Mutter und unserer Amme geschehen war. Denn nach Urzababas Verrat ahnte ich, daß noch ein anderer außer mir wußte, wer das Ungeheuer war, das Sumer vernichten sollte. Dann aber schämte ich mich, weil ich durch meine mangelnde Vorsicht mitschuldig am Tod der Mutter Sargons und unserer Amme war, und beschloß, vorläufig weiter zu schweigen.

Fern in den Wäldern heulten die Wölfe.

Als ich erwachte, war Igelspitz schon auf Kundschaft gezogen. Als ich in die Büsche trat, um Wasser abzuschlagen, stolperte ich über etwas Weiches, und als ich erkannte, was es war, fuhr ich erschrocken zurück. Denn vor mir lag der halb verweste Leichnam eines Steppenbaumvogels.

Ich holte Sargon; er sah mich verständnislos an. »Hast du denn wirklich geglaubt, die Söhne des Steppenbaums müßten nicht wie alle anderen Tiere sterben?« fragte er. »Sie überwintern doch nur bei uns, den

Sommer verbringen sie in den Bergen; ich sah sie schon oft hier, und auch im Norden.«

»Aber du selbst hast uns damals gesagt, der Tod besitzt keine Macht über diese Vögel«, erwiderte ich.

»Ja, das dachte ich auch, als wir noch Kinder waren«, antwortete Sargon. »Jetzt kenne ich den Tod; er ist der wahre Herrscher der Welt, und wer unsterblich werden will, muß ihn, nicht Enlil oder andere Götter des Himmels besiegen.«

»Wie kann man den Tod besiegen«, fragte ich, »wenn nicht einmal diese herrlichen Vögel vor seiner Macht sicher sind?«

Als wir die Männer wecken wollten, begann es heftig zu regnen, ein Wind erhob sich und schließlich brauste ein Regensturm über das Lager hinweg. Die Tropfen fielen so dicht und mit solcher Gewalt, daß es war, als ob Enlil zum zweiten Mal die Große Flut auf die Erde geschickt hätte, um die Menschheit darin zu ersäufen. Unsere Krieger taumelten wie Blinde durch die dichten Regenschleier; viele konnten nicht einmal die Waffen wiederfinden, die sie vor dem Schlafen abgelegt hatten, und packten statt dessen Schwert oder Keule des Nachbarn, so daß es eine ganze Zeit dauerte, bis die Männer endlich einigermaßen geordnet vor ihren Anführern standen.

»So etwas habe ich noch nicht erlebt«, murmelte Sargon kopfschüttelnd. »Krieger, die ihre Waffen vertauschen! Die armen Kerle sind ja völlig durcheinander.«

»Wundert dich das etwa?« fragte ich bitter. »Da sie wie Tiere gehetzt werden, verhalten sie sich nun auch kopflos wie Tiere. Rede ihnen zu und mache ihnen Mut!«

Sargon ging zu den Leuten, die in kleinen Gruppen beieinander standen, und sprach beruhigend auf sie ein. »Ich hole euch hier heraus«, hörte ich ihn sagen. »Dieser Schuft von einem König aber wird dafür bezahlen, daß er euch das angetan hat.«

»Du solltest unser König werden«, antworteten ihm die Männer. »Dann würde Kisch wieder groß und nicht mehr Uruks Sklavin sein.«

Am späten Vormittag kam Igelspitz zurück und sagte: »Bergwerk. Zwei- oder dreihundert Gefangene. Schwarzköpfige und Elamiter. Die armen Kerle.« Sein Gesicht war grau.

Sargons Augen glühten. »Wie weit?« fragte er.

Ich packte seinen Arm. »Wir müssen an unsere eigene Haut denken«, sagte ich, »und an unsere Rache!«

»Nicht ganz zwei Stunden«, sagte Igelspitz. »Nordöstlich.«

Steinhand stand auf.

»Wie viele Wachen?« wollte Sargon wissen.

»Nur ein paar Dutzend«, sagte Igelspitz.

»Ihr seid verrückt«, rief ich. »Wenn wir versuchen, die Leute zu retten, gehen wir alle drauf! Wem würde das nützen? Nur Urzababa, dem verräterischen Hund!«

»Du hast die Gefangenen nicht gesehen«, murmelte Igelspitz. »Auch von unseren Männern waren welche dabei. Sie haben ihnen ... oh, ihr Götter!« Grauen verzerrte seine Stimme.

»Aber wir können sie nicht retten!« sagte ich beschwörend.

Sargon schüttelte meine Hand ab. »Dann sollten wir versuchen, sie zu töten«, sagte er.

Er rief die Hundertschaftsführer zu sich und gab ihnen seine Befehle.

Wenig später brachen wir auf. Der Nebel hing feucht und kalt zwischen den Bäumen.

Nach einer knappen Stunde überquerten wir den Rücken eines Berges. Dahinter stiegen wir durch felsiges Gelände ab. Sargon hielt sich mit Laomer und den Resten der elamitischen Hundertschaften dicht hinter Igelspitz. Wahrlich folgte mit den akkadischen Bogenschützen. Steinhand und ich bildeten mit den Sumerern den Schluß. Keiner sprach ein Wort; wie Schatten schlichen wir durch den Nebel.

Im Tal floß ein Bach mit sumpfigen Ufern, so daß wir nur langsam vorwärtskamen. Doch schon nach kurzer Zeit führte Igelspitz uns wieder auf trockenes Gelände.

Von vorn wurde leise »Schlachtordnung!« durchgegeben. Wir hoben die Waffen und schwärmten aus, wie es verabredet war: Steinhand mit der einen Hälfte der Schwerbewaffneten links, ich rechts; die akkadischen Bogenschützen schlossen zu Sargon auf. Befehle wurden nur noch geflüstert. Vorsichtig einen Fuß vor den anderen setzend, bewegten wir uns fast lautlos durch das Gesträuch des Waldes.

Plötzlich erscholl vor uns ein so schrecklicher Schrei, daß wir wie angewurzelt stehenblieben. Entsetzliche Angst fuhr mir in die Glieder; mein Herz begann wie rasend zu schlagen, und nur mit äußerster Willenskraft konnte ich meine Füße hindern, zu fliehen. Meine Männer starrten mich an, namenlose Furcht in den Augen.

Vor uns klirrten Waffen, und einige weitere Schreie ertönten. Dann war Stille.

Aus dem Nebel kam eine Gestalt auf uns zu. Es war ein elamitischer Melder. Ich schüttelte meine Erstarrung ab, holte tief Luft und folgte ihm.

Der Elamiter führte mich einige hundert Schritte weit durch den dichten Forst bis zu einer kleinen Lichtung. »Vorsicht!« raunte er mir zu, aber es war schon zu spät: ich stieß gegen etwas Schlüpfrig-Klebriges und fuhr erschrocken zurück.

Der junge Melder zog mich zur Seite und schob mich dann vor sich her.

»Was war das?« fragte ich.

Er gab keine Antwort.

Vor uns im Nebel standen einige Männer; andere lagen auf der Erde.

Sargon wartete unter einer gewaltigen Eiche, von deren Ästen große, unförmige Gebilde herunterhingen. Fliegenschwärme summten um unsere Köpfe.

»Da bist du ja endlich«, sagte Sargon. »Was ist los? Du bist ja voller Blut!«

Verwundert wischte ich mir das Gesicht ab und starrte auf meine roten Finger.

Der Melder räusperte sich. »Er ist ... Er ist gegen einen ...«, brachte er mühsam hervor.

»Es ist gut«, sagte Sargon.

Jetzt erst erkannte ich, daß wir auf einem gutäischen Opferplatz standen, und mich packte ein noch viel stärkeres Grausen als vorher. Ich begann am ganzen Leib zu zittern, und meine Beine versagten mir den Dienst. Hätte Sargon mich nicht gehalten, wäre ich wohl zu Boden gestürzt.

»Nur Mut«, sagte Sargon. »Ja, so etwas lehrt man auf der berühmten Kriegsschule nicht. Das ist nicht der von klugen Köpfen vorausberechnete Krieg, den du hier siehst, und auch nicht das von angefeuchteten Zungen herbeigeschwätzte Mannesgefecht, sondern das grausame Handwerk von Mördern, die vor keinem Greuel zurückschrecken, um ihren Haß zu befriedigen. Ja, Daramas – für die Krieger der Horde sind wir nur Tiere, die man, wenn man sie erwischt hat, gehäutet in Bäume hängt.«

Ich taumelte voller Entsetzen rückwärts und stieß dabei mit den Fersen an etwas Weiches. Als ich zu Boden sah, blickte ich in das verzerrte Gesicht eines alten Gutäers. Die offenen Augen des Toten starrten mich immer noch voller Haß an, und seine Lippen waren hochgezogen wie Lefzen zum Biß; dazwischen leuchteten spitze Zähne.

»Hier kamen wir leider zu spät«, berichtete Sargon zornig. »Sie zogen ihrem letzten Opfer gerade die Haut ab, als wir sie fanden. Es ist ein viel zu leichter Tod für diese Bestien! Aber wir haben nicht die Zeit, ihnen Gleiches mit Gleichem zu vergelten.« Er stieß scharf die Luft aus. »Bis zum Bergwerk sind es nur noch ein paar *gar*«, fuhr er fort. »Gehe mit deinen Leuten daran vorbei bis zum anderen Ende und warte dort auf mein Zeichen!«

Ich nickte; noch immer brachte ich kein Wort heraus.

Steinhand trat durch die Nebelschwaden auf uns zu. Sein Gesicht war aschfahl. Sargon befahl ihm, die Gutäer auf der anderen Seite zu umgehen.

Vorsichtig tasteten wir uns durch den Nebel am Hang entlang. Unter uns ertönten Peitschenhiebe, Schmerzensschreie und wilde gutäische Flüche.

Ich führte meine Schwerbewaffneten an das hintere Ende des Tals, ging dort in Stellung und schickte einen Melder zu Steinhand. Als wir Verbindung aufgenommen hatten, erklang auch schon Sargons Angriffssignal. Von Wut und Furcht getrieben sprangen wir auf und brachen durch das Gestrüpp in das Tal, jeden niederhauend, der uns in den Weg kam.

Die Gutäer zählten nur wenige Krieger und waren völlig überrascht. Dennoch flohen sie nicht vor uns, sondern stellten sich Rücken an Rücken und kämpften wie Ratten in ihren Löchern. Manche von ihnen, die in der Eile die Waffen nicht hatten finden können, sprangen wie tolle Hunde auf uns zu, würgten unsere Männer mit bloßen Händen und versuchten, ihnen in die Kehlen zu beißen. Dabei heulten sie wie Dämonen; es war, als sei der schreckliche Chuwawa selbst auferstanden und aus dem fernen Zederngebirge der Horde zu Hilfe geeilt. Die Krieger von Gutium ließen nicht von uns ab, bis sie in Stücke gehauen waren; manchem toten Bergkrieger mußten wir später mit Dolchen die Kiefer aufbrechen, um Hand oder Fuß eines unserer Männer daraus zu lösen.

Die letzten Gutäer verbarrikadierten sich hinter den Toren des Bergwerks. Steinhand packte einen mächtigen Baumstamm und rief seine Männer. Sie nahmen Anlauf und brachen durch splitternde Bretter.

»Sichern!« rief Sargon mir zu und verschwand mit Steinhand in der Dunkelheit der Mine.

Ich stellte Posten auf, ließ die Toten einsammeln und die Verwundeten pflegen. Aus dem Bergwerk schollen grausige Schreie.

Es dauerte eine Weile, bis Sargon wieder ans Tageslicht kam. An einer Kette zog er die noch lebenden Gefangenen hinter sich her. Sie waren blind und torkelten wie trunken durch den Nebel. Alle trugen die Spuren zahlreicher Peitschenhiebe; manche waren so schlimm mißhandelt worden, daß ihnen die Haut in Fetzen vom Leibe hing. Mühsam, mit schwankenden Schritten, schleppten sie sich voran; ihre Geschlechtsteile waren zu blutigen Klumpen geschwollen.

Wir brachen die Ketten entzwei und pflegten die Befreiten, so gut wir konnten. Ich sah, daß wir kaum mehr als hundert von ihnen mitnehmen konnten. Die anderen waren viel zu schwach.

Sargon suchte aus, wem er den Weitermarsch zutraute. Die übrigen sanken vor ihm in die Knie und riefen: »Töte uns! Lieber wollen wir in das Haus der Finsternis gehen, als diesen Bestien wieder ausgeliefert zu sein.«

Sargon sah uns an.

»Ich kann es nicht«, ächzte ich verzweifelt. Auch Igelspitz, Laomer und die anderen Heerführer senkten den Blick.

Sargon zog sein Schwert. Als er auf die Verlorenen zutrat, zitterte seine Hand so stark, daß er die Waffe kaum zu halten vermochte.

»Kennst du mich denn nicht mehr?« flehte ein hochgewachsener Elamiter und drehte sein zerstörtes Gesicht dorthin, wo er Sargon glaubte. »Ich bin es, Maschu, mit dem du einst in Kisch so manchen Humpen geleert hast. Damals gelobten wir, treue Gefährten zu sein!«

Ein breitschultriger Sumerer richtete die schwarzen Augenhöhlen auf Sargon und bat: »Vergiß meiner nicht, Sargon – ich bin Anamu aus Umma und diente dir schon in deiner ersten Hundertschaft. Verschaffe mir einen gnädigen Abschied von dieser Welt, ehe mich die gutäischen Wölfe zerfleischen!«

Noch andere riefen Sargon beim Namen, erinnerten ihn an gemeinsame Zeiten und baten ihn, sie zu erlösen. Sargons Brust hob und senkte sich in großer Qual; als wäre er selbst ein Blinder, wankte er auf die Knienden zu.

Steinhand hielt ihn zurück. »Kümmere du dich um jene, die leben wollen«, sagte er. »Ich will mich derer annehmen, die zu sterben bereit sind.« Er nahm ihm das Schwert aus der Hand.

»Bist du das, Steinhand?« rief Maschu. »Dann los, mein Gefährte, schlag zu! Auf dich war stets Verlaß. Ich werde deine Treue in der Totenwelt preisen!«

»Beuge dich vor«, sagte Steinhand. »Du wirst nichts spüren.«

Der Elamiter streckte den Kopf vor. Steinhand hob das Sichelschwert. Es war, als sei uns ein Dämon des Todes erschienen. Die Klinge sauste nieder und Maschus Haupt rollte in den Lehm.

Gebannt sah ich zu, wie Steinhand die Reihe der Todgeweihten schritt und einen nach dem anderen köpfte.

»Für jeden dieser Männer«, stieß Sargon zwischen zusammengebissenen Zähnen hervor, »will ich zehn Gutäer töten.« Ich packte ihn am Arm. »Machen wir, daß wir fortkommen«, rief ich.

Sargon erwachte wie aus einem wüsten Traum. »Du hast recht«, sagte er. »Igelspitz! Nach Norden! Sieh zu, daß du bald wieder ein Versteck für die Nacht findest.«

Der Kleine nickte kurz und tauchte in die Nebelschwaden. Sargon und Laomer folgten ihm. Die akkadischen Bogenschützen zogen die Blinden hinter sich her. Ich führte mit Steinhand die Nachhut.

Wir stiegen aus dem Tal und eilten über eine kahle Hochfläche nach Norden. Der Nebel schien sich langsam aufzulösen, doch als wir wieder tieferes Gelände erreichten, wallten die weißen Schwaden umso dichter. Steinhand stapfte schweigend neben mir her; mir war unheimlich zumute.

Igelspitz führte uns über zwei Hügelkuppen, dann durch eine Schmelzwasserrinne und an einem Waldkamm entlang. Dahinter folgten einige Teiche und ein Windbruch, dann neue Hügel und Täler, Knieholz, Buschwerk und wieder Hochwald. So ging es immer weiter. Der Nebel umfing uns so dicht, daß es war, als wanderten wir auf dem Boden des Meeres dahin.

Als es zu dunkeln begann, zogen wir durch ein Hochmoor. Dahinter blieben die Bogenschützen auf einmal stehen.

»Was ist denn?« fragte ich.

Steinhand ließ seine Männer nach hinten sichern.

»Am besten schaust du mal nach«, sagte er. »Hier ist doch kein Platz für ein Lager!«

Ich ging zu den Akkadern und Elamitern vorbei bis zur Spitze des Zuges. Sargon stand an einer Rotbuche. Neben ihm hockte Igelspitz auf einem Felsen.

»Warum geht es denn nicht weiter?« fragte ich.

Igelspitz hatte den Kopf in den Händen vergraben.

Sargon sah mich betreten an. »Wir sind auf Spuren gestoßen«, murmelte er.

»Die Horde?« fragte ich.

Sargon schüttelte den Kopf. »Unsere eigenen«, raunte er mir zu. »Wir sind im Kreis gegangen. Verfluchter Nebel!«

»Es ist meine Schuld«, jammerte Igelspitz. »Ich habe kein *me*!«

»Unsinn!« fuhr ihn Sargon an. »Jeder andere hätte sich in dieser Milchsuppe schon viel früher verlaufen. Du bist und bleibst der beste Kundschafter Sumers.«

»Das nützt jetzt nichts mehr«, sagte Igelspitz bitter. »Wir haben einen halben Tag verloren.«

»Dann marschieren wir eben die Nacht durch«, rief Sargon entschlossen.

»Aber das geht doch nicht«, wandte Igelspitz ein, »die Männer sind viel zu erschöpft ... Und erst die Verwundeten ...«

»Willst du hierbleiben und warten, bis wir alle abgeschlachtet werden?« fuhr ich ihn an. »Wir müssen es doch mindestens versuchen!«

»Wie vielen von den armen Kerlen soll Steinhand denn noch den Kopf abhauen?« fragte Igelspitz aufgebracht. »Warum haben wir die Gefangenen denn eigentlich befreit, wenn wir sie jetzt einen nach dem anderen umbringen?«

»Hört auf damit!« rief Sargon scharf. »Daramas hat recht – noch sind wir nicht verloren. Wir gehen jetzt schnurstracks nach Westen, über Stock und Stein, und versuchen dort durchzubrechen. Mit ein bißchen Glück können wir es trotz allem schaffen.«

»Enki hat uns bis hierher beschützt«, sagte ich überzeugt. »Er wird uns auch weiterhin helfen, das weiß ich.«

»Enki!« stieß Igelspitz zornig hervor. »Ausgerechnet! Der alte Schläfer ist doch an allem schuld mit seinem verfluchten Nebel.«

»Ohne ihn lägen wir jetzt alle tot auf dem Berg der Mutter«, erinnerte ich ihn.

»Ja, da war der Nebel ganz gut«, gab Igelspitz zu. »Aber jetzt ist er unser Verhängnis.«

»Du hast Sargon doch gehört«, versuchte ich ihn zu beruhigen. »Führe uns nur nach Westen, dann werden wir schon sehen, ob uns der Gott weiterhilft oder nicht.«

»Nach Westen! Nach Westen!« schrie Igelspitz erbost. »Weißt du denn noch, wo Westen ist?«

Ich fuhr ein wenig zurück. »Nein«, gestand ich, »ich dachte, du ...«

Igelspitz ließ hilflos die Hände fallen.

Aus dem Nebel traten die anderen Hundertschaftsführer zu uns. Leise erklärte Sargon die Lage.

»Wahrlich, dann hilft nur noch Beten«, murmelte der alte Akkader.

»Und zwar jeder zu seinem eigenen Gott«, fügte Laomer hinzu.

»Zu allen Göttern gleichzeitig«, empfahl Berglandgurke. »Ganz gleich, wie sie heißen und ob sie sumerisch, akkadisch oder elamitisch sind.«

»Tut, was ihr für richtig haltet«, sagte Sargon. »Aber beeilt euch. Die Rast wird kurz, wir müssen weiter.«

»Betest du nicht?« fragte ich ihn.

Er kratzte sich den Bart. »Du kennst meine Einstellung«, gab er zur Antwort.

»Deine Einstellung ist jetzt völlig unwichtig«, sagte ich zornig. »Welcher Gott sollte wohl einem Heer helfen, dessen Anführer zu stolz oder zu ungläubig ist, ihn zu bitten! Enki wird uns alle für deinen Hochmut bestrafen.«

»Enki! Enki!« wiederholte Sargon verächtlich. »Wenn du dir einbildest, daß es der alte Schnarcher war, der uns den Nebel schickte, dann ist das deine Sache – ich glaube nicht daran. Die Götter helfen uns Menschen nie, sie halten uns nur zum Narren.«

Die anderen Heerführer schwiegen betreten.

»Also gut«, sagte Sargon. »Ich will euch euren Kinderglauben nicht zerstören. Wenn uns jetzt tatsächlich eine der Gottheiten, die ihr anbetet, hilft, will ich ihr für den Rest meines Lebens dienen, gleich wer es sei. Das schwöre und gelobe ich.« Er sah uns der Reihe nach an und fügte dann spöttisch hinzu: »Nun aber los, und beeilt euch. Ich bin begierig zu erfahren, wessen Joch ich künftig tragen soll.«

Die Heerführer blickten einander unsicher an. Dann sagte der alte Akkader: »Wahrlich, du verstehst es, Männern Mut zu machen. Wenn die Götter uns schon bisher nicht sonderlich gnädig gestimmt waren, werden sie uns nach deiner Rede noch weniger helfen. Dennoch will ich nichts unversucht lassen. Außerdem bin ich Akkader und habe nichts mit den sumerischen Göttern zu schaffen, die du andauernd schmähst. Ich werde zu Ischtar beten, daß sie wenigstens mich und meine Leute rettet.«

»Wohlgesprochen«, lobte Berglandgurke. »Wir wollen das gleiche von unseren elamitischen Göttern erbitten.«

Die Eselnomaden sammelten sich auf einer kleinen Lichtung, denn als Bewohner der Wüste waren sie gewohnt, unter freiem Himmel zu beten. Die Elamiter stellten sich um eine große Eiche auf. Die Sumerer warfen sich auf den Boden des Waldes, und jeder Schwarzköpfige flehte erst zu den drei großen Göttern Anu, Enlil und Enki, dann zur Großen Göttin, danach zu seinem jeweiligen Stadtgott und schließlich zu seinem persönlichen Gott, so daß in dieser Stunde viele hundert Götter angerufen wurden. Ich aber betete nur zu Enki und sagte dabei in meinem Geist: »Enki, du rätselhafter Gott! Durch Nebel hast du uns gerettet – willst du uns nun durch den gleichen Nebel verderben? Blende unsere Feinde, aber befreie unseren Blick, damit wir endlich den Heimweg aus diesem Schreckensgebirge finden. Gib uns ein Zeichen, ich bitte dich!« Dann zählte ich alle vierzig Preisnamen Enkis auf.

Aber noch ehe ich damit zu Ende war, hörten wir von den Hügeln ringsum die Signalpfiffe der Gutäer.

Die Männer erhoben sich langsam. Ihre Gesichter waren bleich.

Sargon rief die Heerführer wieder zu sich und sagte: »Nun seht ihr wohl selbst, wie wenig ihr euren Göttern bedeutet. Es ist wohl besser, wenn ihr nicht mehr auf den Glauben setzt, sondern auf den Verstand. Noch haben wir Waffen, noch sind wir nicht tot!«

Keiner der anderen sagte ein Wort. Igelspitz hockte teilnahmslos auf seinem Felsen.

»Das ist nun mein Befehl«, sagte Sargon. »Wir ziehen die Schmelzwasserrinne aufwärts, so weit wir können. Wenn wir auf dem Rücken des Berges sind, gehen wir in den Felsen in Stellung und warten, bis es Nacht wird. Vielleicht ist der Nebel dort oben nicht so dick. Wenn wir die Richtung wieder gefunden haben, brechen wir durch. Igelspitz, du nimmst die Spitze. Dann Laomer, dann die Akkader; seht zu, daß ihr gutes Schußfeld findet. Daramas führt die Verwundeten und Befreiten. Ich bleibe bei Steinhand am Schluß.«

Die Signalpfiffe kamen näher.

»Worauf wartest du noch?« sagte Sargon zu Igelspitz.

Der Kleine stand auf; mit gesenktem Kopf trottete er in der Schmelzwasserrinne hangaufwärts. Schon nach wenigen Schritten hatte ihn der Nebel verschluckt.

Die Elamiter folgten ihm, froh, daß sie diesmal nicht die Nachhut bilden mußten.

Hinter den Akkadern trieb ich die Verwundeten und Geblendeten an.

Kaum eine halbe Stunde später dröhnte hinter uns das dumpfe Angriffshorn der Horde. Der Ton war so grausig, daß mir der Atem stockte und mein Herz wie rasend zu schlagen begann. Die Männer um mich herum blieben stehen und schrien vor Angst, denn sie meinten, daß sie gleich niedergehauen würden. Ich rief ihnen zu: »Weiter! Weiter! Sargon und Steinhand decken uns den Rücken. Schnell! Bald sind wir oben.« Da löste sich ihre Erstarrung, und keuchend eilten sie vorwärts, immer höher hinauf auf den Berg.

Aus den Nebelschwaden tief unter uns klangen Kampfgeschrei und lautes Waffengeklirr; dort focht die Nachhut um ihr Leben.

»Schneller!« rief ich meinen Schutzbefohlenen zu. »Beeilt euch!«

Die Verwundeten zogen sich mit letzter Kraft an den Felsen voran, nicht darauf achtend, daß ihnen scharfe Steinkanten die Hände zerschnitten. Die Blinden krochen wie gehetzte Tiere auf allen Vieren über das lose Geröll.

Als wir den Gipfel des Berges erreichten, waren die Bogenschützen bereits in Stellung gegangen. Dahinter standen die Elamiter, zum Gegenangriff geordnet.

Ich führte meine hundert Leute in eine moosbewachsene Mulde. Nach Atem ringend lagen sie dort auf dem felsigen Boden, neben- und übereinander wie Fische, die ein Sturm an Land geworfen hat.

»Was ist mit Sargon?« schrie Laomer.

»Warte noch«, sagte ich. »Hörst du? Sie kommen näher.«

Fröstelnd lauschten wir in den Nebel. Das Kampfgetöse schwoll an. Dann brachen dunkle Gestalten aus den weißlichen Schleiern hervor. Es waren sumerische Schwerbewaffnete.

»Wo ist Sargon?« rief ich.

»Hinter uns«, schrien sie und taumelten zu schnell gewählten Stellungen zwischen den Felsen. Ihre Gesichter waren von Grauen verzerrt.

»Ich mache den Gegenstoß!« rief Laomer.

»Wenn du deine Männer jetzt wieder vom Berg herabführst, seid ihr alle verloren«, warnte ich ihn, »und wir dazu.«

»Aber Sargon braucht Hilfe«, schrie Laomer zornig.

Ein Hornsignal schallte herauf.

»Da hörst du es«, rief ich erleichtert.

Kurz darauf stürmte Sargon wie ein gereizter Löwe aus dem Nebel hervor. Sein Helm und seine Rüstung waren von Blutspritzern übersät.

Hinter ihm kam Steinhand; er war von Kopf bis Fuß rot, als hätte er in Blut gebadet.

»Wir sind die letzten«, rief Sargon den Akkadern zu. »Schießt auf jeden, der nach uns kommt!«

Ich starrte ihn an. Ich konnte es nicht glauben, daß von den zwei Hundertschaften sumerischer Schwerbewaffneter kaum zwei Dutzend Männer übriggeblieben waren.

Die Bogenschützen hoben die Waffen. Schemenhafte Gestalten zeigten sich hinter den Nebelschleiern. Wahrlich stieß einen Befehl aus, und die Akkader ließen die Pfeile schwirren. Schmerzensschreie verrieten, daß sie getroffen hatten. Dann drangen kehlige Laute an unsere Ohren.

Sargon ließ pfeifend die Luft aus. »Sie ziehen sich zurück«, sagte er. »Offenbar sind sie nicht zahlreich genug, um uns bei Tag anzugreifen. Sie werden warten, bis ihre Verstärkungen kommen, und uns auf den Leib rücken, wenn es dunkel wird. Wie viele sind wir noch?«

Ich schüttelte den Kopf.

»Ja«, sagte Sargon ungeduldig. »Ich weiß, daß wir verloren sind. Aber solange noch einer von uns am Leben ist, wird er sich benehmen wie ein verfluchter Soldat!«

Ich stand auf und machte die Runde, um unsere Leute zu zählen. Wir waren noch einhundertachtzig kampffähige Männer; dazu kamen knapp dreißig Verwundete und etwa achtzig befreite Gefangene.

»Also gut«, sagte Sargon, als ich ihm die Zahlen genannt hatte. »Dieser Gipfel wird unser Grab.«

Die Dämmerung fiel herab und wir warteten auf das Ende. Steinhand fuhr nachdenklich mit dem Daumen über die blutige Sichelkeule. Igelspitz wetzte sein Kupferschwert an einem Stein. Auch Wahrlich, Laomer und Berglandgurke befaßten sich mit ihren Waffen. Auf ihren Gesichtern war zu lesen, daß sie nicht mehr an Rettung glaubten.

Wir warteten auf das Ende, und mein Herz war wie aus erkaltetem

Speichel. Die Heimat schien uns so fern, wie die Ufer des Ozeans voneinander entfernt sind. Ich roch den Schweiß der Furcht, schmeckte das Blut der Verzweiflung und fühlte die schleimige Fäulnis des Todes in meinen Händen. Unsere Arme waren gelähmt wie die Arme Erfrorener. Über dem Gipfel, auf dem wir standen, wehte es wie von Aas und Verwesung; es war, als wenn der Fuß nach kalter Regennacht auf verdorbenes Obst tritt. Ein Geruch wie von welken Blumen, Moorkraut und feuchtem Farn, auch von schmutzigen Händen, trockenem Lehm, erkalteter Asche und der schweren Erde von Gräbern umfing uns.

Wir, die wir keine Kraft zum Siegen hatten, kämpften um die Kraft zu sterben; wir waren Verlorene, lebende Tote, bestimmt, in schandbarer Vergessenheit durch die uralte Trümmerstätte zu wandeln, das ferne, unsichtbare Land an den Enden der Totenwelt, wo die Ruhmlosen, die Überwundenen und die Niedergeworfenen hausen.

Als es dunkel wurde, griff die Horde wieder an. Die Akkader ließen die nutzlos gewordenen Bogen fallen, zogen die Kampfmesser und fochten Schulter an Schulter neben Sumerern und Elamitern. Die Übermacht der Feinde war so groß, daß wir uns auf allen Seiten rasch immer weiter zurückziehen mußten. Bald zählten wir noch einhundertzwanzig, dann nur noch achtzig kampffähige Männer. Zuletzt standen wir an den Rändern der Mulde, in der die Verwundeten lagen.

Nun, da es zu Ende ging, beteten alle noch einmal zu ihren Göttern. Die Schwarzköpfigen riefen laut nach Enlil, die Eselnomaden schrien zu Ischtar, die Bergkrieger schließlich brüllten den Namen Kedars, der nach ihrem Glauben vom hohen Gebirge herab die Geschicke der Menschen verwaltet. Von allen Seiten ertönten die Rufe und flogen wie Vögel empor. Dann hörte ich einen Schrei: »Wahrlich! Sie hat uns erhört!«

Überrascht wandte ich mich um. »Was sagt der da?« fragte ich Sargon, der neben mir stand und verblüfft über meine Schulter hinwegsah.

Sargon gab keine Antwort.

Ich folgte seinem Blick. Durch den Nebel drang ein fernes Blinken, das schnell immer heller wurde. Einige Herzschläge später leuchtete dort jenes Himmelsgebilde, das unter allen Sternen am herrlichsten strahlt.

»Wahrlich, das ist der Stern Ischtars!« rief der alte Akkader. »Folgt ihm! Er zeigt uns den Weg!«

Die Akkader stießen ein Freudengebrüll aus, stürzten sich mit großen Sprüngen auf die verdutzten Gutäer, durchbrachen die Reihen der Horde und flohen über die Felsen hinab, gefolgt von Sumerern und Elamitern.

»Es ist der Abendstern«, rief ich. »Er steht im Westen.« Dann wurde ich vom Strudel der Flüchtenden mitgerissen. Auch die Blinden und Verwundeten rafften sich auf und setzten den anderen nach, so schnell sie konnten. Brüllend und schreiend, von alter Angst und neuem Mut getrieben, stolperten und taumelten sie den Steilhang hinunter.

Die Krieger der Horde sahen der wilden Flucht staunend zu. Dann eilten sie hinterher und hieben die Wehrlosen nieder. Ein grausiges Morden begann, und viele unserer Männer, die eben noch gejubelt hatten, stießen jetzt ihren Todesschrei aus. Nun fochten wir nicht mehr, nun liefen wir um unser Leben. Wie von Dämonen gejagt hetzten wir durch die immer noch neblige Nacht.

Wildes gutäisches Siegesgeschrei gellte mir in den Ohren. Ich schaute nicht mehr nach links oder rechts, sondern stürmte nur immer voran. Ich sprang über Todgeweihte hinweg, die über Felsbrocken, Buschwerk und Wurzelgeflecht gestolpert waren und, ehe sie wieder aufspringen konnten, von einer gutäischen Waffe getroffen wurden. Und ich achtete auch nicht auf die verzweifelten Hilferufe der Blinden, die mit ausgestreckten Armen umherirrten, mal einen Freund ergreifend, den sie dann festhielten und mit sich ins Verderben zogen, mal sich an einen Gutäer klammernd, der sie dann hohnlachend niederstieß. Es war, als hätte Ereschkigal, die dunkle Herrin der Unterwelt, ihre grausamsten Boten geschickt, dem Totenreich neue Untertanen zu holen, so schrecklich hausten die Krieger der Horde unter unseren Männern.

Am Fuß des Berges brach ich durch dichtes Buschwerk und eilte dann wie ein von Wölfen gehetzter Hirsch über eine steinige Hochebene. Neben mir sah ich noch andere fliehen, verfolgt von den dunklen, tierhaften Gestalten unserer Feinde. Auch ich hörte hinter mir einen Gutäer keuchen. Die kalte Luft brannte in meiner Kehle, und meine Lungen schmerzten, als würden sie von einem Dämon mit glühender Asche gefüllt. Dornen zerrissen meine Haut, und die Beine drohten vor Erschöpfung den Dienst zu versagen. Mein Verfolger kam immer näher. Da dachte ich bei mir: »Was läufst du denn davon wie ein Narr, wenn es doch deine Bestimmung ist, hier zu sterben? Warum sollst ausgerechnet du als einziger den Gutäern entkommen? Besser ein rasches Ende durch einen Schwert- oder Keulenhieb als quälend langsam zu Tode gehetzt!« Doch als ich so dachte, war mir auf einmal, als hörte ich fern vor mir die Melodie aus der Flöte und dann die Stimme der Tänzerin, die rief: »Lebe, Daramas! Dir ist der Tod nicht bestimmt. Lebe und vollbringe, was noch vollbracht werden soll!« Da verdoppelte ich meine Anstrengungen, setzte wie ein starker Steinbock über die Gräben, Risse und Klüfte auf meinem Weg, fühlte dann plötzlich Kies und Geröll unter meinen Sohlen und merkte am Ende, wie etwas Weiches meine Schritte hemmte. Einen Augenblick später stürzte ich in das kalte Wasser des Flusses und schwamm wie ein Fisch dem rettenden Ufer entgegen.

4

Der Stolz schuf den Thron,
die Lüge die Schrift,
die Eitelkeit den Spiegel.
Die Liebe schuf das Lied,
der Wille den Zorn,
der Zorn den Krieg.
Worte des Weisen von Eridu

Fern hinter mir verhallten Kriegs- und Todesschreie. Der Ischtarstern leuchtete über mir wie eine Fackel am Tor einer schützenden Mauer. Ich kroch die jenseitige Böschung empor und barg mich in einer von Buschwerk bewachsenen Kuhle. Dort blieb ich liegen und suchte das laute Geräusch meines Atems zu unterdrücken.

Als ich mich wieder in der Gewalt hatte, hob ich mich auf die Knie und spähte über den Rand der kleinen Mulde. Plötzlich raschelte etwas neben mir, eine harte Hand packte mich, und eine Stimme keuchte: »Wahrlich, du sollst meine Freunde nicht ungestraft niedergemetzelt haben, verfluchtes Gutäerschwein.«

Ich duckte mich unter dem Dolch des Akkaders, stieß ihm einen Fuß in den Leib und rief: »Ich bin es, du Dummkopf.«

»Daramas?« staunte der alte Akkader. »Ich hätte nicht geglaubt, daß nach uns noch jemand entkommen ist.«

Mein Herz wurde wie Eis. »Wie viele von uns sind denn hier?« fragte ich.

»Außer mir noch zwei«, sagte Wahrlich. »Laomer und Berglandgurke.«

Die beiden Elamiter krochen unter den Büschen herbei.

»Daramas«, sagte Laomer. Blut lief ihm aus einer Stirnwunde über das von Grauen und Erschöpfung gezeichnete Gesicht. »Wo ist Sargon?«

Vom Fluß ertönte lautes Platschen. Dann wuchs eine Riesengestalt aus dem Wasser. Dahinter stürmte eine kleinere ans Ufer.

»Steinhand! Igelspitz!« rief ich. »Hierher!«

Steinhand blieb stehen und spähte suchend in die Dunkelheit. Dann drehte er sich um und rief über das Wasser: »Sargon!«

Ich sprang auf die Füße und eilte zum Fluß. Wahrlich, Laomer und Berglandgurke folgten mir.

»Sargon!« rief Igelspitz. »Hierher! Hier ist der Fluß!«

Gespannt lauschten wir in die Dunkelheit, aber kein Ton war zu hören.

»Sargon!« rief ich, so laut ich konnte. »Folge nur immer dem Stern!«

Atemlos warteten wir.

»Ich gehe zurück«, sagte Steinhand entschlossen.

»Wir gehen alle«, sagte ich und stieg in das Wasser. Die anderen folgten mir.

»Bleibt, wo ihr seid«, rief eine Stimme vom anderen Ufer. Eine dunkle Gestalt tauchte aus dem Nebel, warf sich mit einem gewaltigen Satz in den Fluß und schwamm mit kräftigen Stößen auf das rettende Ufer zu.

»Sargon«, rief ich und eilte ihm durch die schäumenden Wellen entgegen.

Hinter ihm stürzten sich seine Verfolger ins Wasser. Es waren wenigstens hundert Krieger der Horde, die von allen Seiten mit erhobenen Waffen auf uns eindrangen.

Steinhand, Igelspitz und die anderen eilten zu uns, um mit uns zu kämpfen und zu sterben. Doch ehe uns die Gutäer erreichten, ertönten laute Signalpfiffe. Die Krieger der Horde verhielten; dann wandten sie sich plötzlich um, schwammen zum anderen Ufer zurück und waren dort bald von der Dunkelheit verschlungen.

Kurze Zeit später lagen wir wieder unter den Büschen. Wir bluteten alle aus vielen Wunden, aber wie durch die schützende Hand einer Gottheit war keiner von uns schwer verletzt.

Als Sargon wieder zu Atem gekommen war, fragte ich ihn: »Lebt noch jemand von uns dort draußen?«

Sargon schüttelte heftig den Kopf. »Hinter mir kam keiner mehr«, sagte er. »Wer es jetzt nicht geschafft hat ... Warum sind sie umgekehrt?«

»Ich weiß nicht«, antwortete ich. »Vielleicht glaubten sie, daß hier noch mehr von uns wären und sie in eine Falle geraten könnten.«

»Wie viele sind wir denn noch?« fragte Sargon.

Als ich keine Antwort gab, rüttelte er mich grob an der Schulter. »Wie viele?« rief er schmerzerfüllt. »Nur die, die du hier siehst«, sagte ich.

Er ließ mich los und blickte fassungslos in die Runde. »Nur sieben?« sagte er tonlos. »Von sechshundert Mann?«

Wir hockten mit gesenkten Köpfen da.

Nach einer Weile stand Sargon auf. Er schwankte vor Erschöpfung. Wir liefen die ganze Nacht durch das zerstörte Fruchtland nach Westen. Die Sonne fand uns am Ziegenkanal, in dem noch immer die Leichen der von den Gutäern erschlagenen Bauern trieben. Wir wanderten durch niedergebrannte Dörfer, vorbei an von Fliegen bedeckten Körpern ermordeter Frauen und Kinder, und diesmal erzeugte der Anblick in uns nicht Zorn oder Kampfeswut, sondern Niedergeschlagenheit und Verzweiflung. Obwohl es nicht unsere Schuld war, daß wir die armen Menschen weder retten noch rächen konnten, empfanden wir Scham vor den Toten. Keiner von uns sprach ein Wort; stumm trotteten wir hintereinander her.

Als es dunkel wurde, kamen wir nach Badan. Die Straßen waren voller Menschen; als sie uns sahen, wichen sie scheu zurück. Diesmal kamen uns keine Mädchen und jungen Frauen entgegen. Ziellos liefen wir durch die Menge.

Am Platz der Großtaten des Gottes Zababa stand eine Schenke. Aus ihrem Inneren drangen das Grölen betrunkener Männer und das Gelächter käuflicher Weiber. Sargon blieb stehen. Dann änderte er seine Richtung und ging auf das Haus zu. Wir folgten ihm.

Der Torhüter erkannte in der Dunkelheit den Ausdruck unserer Gesichter nicht und stellte sich uns in den Weg. Wortlos streckte Steinhand ihn mit einem Fausthieb nieder. Sargon trat die Tür auf. Im Schankraum saßen zwölf Krieger mit ihren Beischläferinnen beim Bier. Verdutzt fuhren sie herum und öffneten schon die Münder zu zornigem Schreien. Als sie Sargon sahen, zogen sie es vor, stumm zu bleiben.

»Geht!« befahl Sargon.

Die Männer starrten uns an, als sähen sie Totengeister.

Sargon trat auf sie zu. Die Krieger sprangen auf und liefen hinaus.

»Wirt!« rief Sargon und zeigte auf die zerbrochene Tür.

Der Besitzer der Schenke, ein fetter Kahlkopf, eilte zitternd mit Werkzeug herbei. Igelspitz nahm ihm das Gerät ab, Steinhand packte den Wirt und warf ihn hinaus. Danach vernagelten wir den Eingang und setzten uns an den Tisch.

Schweigend brachten die Mädchen uns Bier, und wir begannen,

das Grauen zu ersäufen, das unsere Herzen zur Wüste gemacht hatte.

Viele Stunden saßen wir da und tranken. Die Schankmädchen setzten sich zu uns. Sie waren klug und versuchten nicht, mit uns zu sprechen. Manchmal gelang es ihnen, uns zwischendurch ein paar Bissen heißes Fleisch zwischen die Zähne zu schieben.

Lange nach Mitternacht waren wir so betrunken, daß wir uns nicht mehr auf den Bänken halten konnten. Die Mädchen trugen uns nacheinander die Stiege hoch in ihre Kammern, betteten uns auf bequeme Lager und legten sich zu uns. Sie merkten aber bald, daß keiner von uns in der Lage war, zu tun, was sie erwartet hatten. Da ließen sie uns ruhen und bewachten unseren Schlaf.

Erst am folgenden Nachmittag fanden wir uns wieder im Schankraum ein. Die Mädchen kochten Suppen und brieten fettes Fleisch. Heißhungrig verschlagen wir alles und schütteten dazu wieder große Mengen Rauschtrank in uns hinein. Bald waren wir von neuem betrunken; immer noch aber sprach keiner von uns ein Wort.

Als es Abend wurde, schmiegten die Mädchen sich an uns und suchten uns zu gefallen. Diesmal stießen wir sie nicht fort und erfuhren, daß nach dem Krug auch die weiche Hand einer Frau ein gutes Mittel gegen das Grauen sein kann.

In dieser Nacht schliefen wir nicht mehr allein. An den warmen Lenden der Beischläferinnen fanden wir wieder ins Leben zurück. Die klugen Schankmädchen waren uns in unserer verzweifelten Trunkenheit Mütter, die uns wiegten, Schwestern, die uns trösteten, und Frauen, die uns liebten; sie machten uns wieder zu Menschen und Männern.

Am dritten Tag brachen wir unser Schweigen, indem wir damit begannen, einander auf das Unflätigste zu beschimpfen.

»Beim Herrn des Mahlsteins, du bist an allem schuld, Daramas!« schrie mich Igelspitz an. »Wären wir nicht wie dumme Schafe auf den Hang geklettert, statt gleich zum Fluß zurückzugehen, wären unsere Männer jetzt noch am Leben!«

»Die meisten wären es auch, wenn du dich nicht verlaufen hättest!« schrie ich zurück.

Eines der Mädchen wollte den Kleinen besänftigen, aber er stieß sie von sich und brüllte: »Ja, im Nebel, den du Narr herbeigebetet hast!« Speichel sprühte von seinen Lippen.

»Die Geier sollen dich fressen!« tobte ich. »Wenn es nach mir gegangen wäre, hätten wir einen Bogen geschlagen und dieses Drecksgebirge schnellstens wieder verlassen. Aber ihr wolltet ja unbedingt Heldentaten vollbringen.« Zornig spie ich auf den Boden.

»Deine Worte sind wie dein Auswurf«, versetzte Steinhand, an dessen Stirn nun eine Ader gefährlich schwoll. »Nur ein erbärmlicher Feigling wie du kann so etwas sagen. Du hättest die Gefangenen wohl lieber im Stich gelassen, um deine eigene Haut zu retten.«

»Und was haben sie jetzt von deiner Gnade, du Melonenkopf?« schnappte ich wütend. »Gar nichts! Tot sind sie, und unsere Männer dazu!«

»Ihr lärmt wie Ochsen, die sich unter Dattelpalmen im Gemüse niedertun«, sagte Laomer, »und habt auch nicht mehr Verstand als jene. Was nützt es jetzt, einander anzuklagen? Einen durchgeschnittenen Hals kann man nicht heilen.«

»Die Götter haben es so gewollt«, sagte ich. »Enlil wollte uns vernichten, Enki rettete uns. Was maßt ihr euch eigentlich an? Glaubt ihr, ihr könnt den Schicksalsplan ändern, wenn er euch nicht gefällt?«

»Wahrlich, das reißt der Kuh die Hörner ab!« rief der alte Akkader und hieb mit der Faust auf den Tisch, daß die Krüge sprangen. »Der alte Schläfer soll uns gerettet haben? Saht ihr nicht Ischtars Stern? Undankbare Sumpfratten! Ohne die Göttin wärt ihr nicht hier, große Reden zu schwingen, ihr Natternköpfe!«

»Du brauchst dich gar nicht so zu brüsten, du Eselschänder!« mischte sich Berglandgurke ein. »Deine akkadischen Bogenschützen hätten länger zielen und nicht so schnell weglaufen sollen. Dann wären mehr von unseren Leuten zurückgekehrt.«

»Wahrlich, so etwas kann nur aus dem stinkenden Maul eines räudigen Steinesels kommen«, schnaubte der Graubart. »Auf den letzten Gipfel seid ihr Elamiter als erste gerannt, und zwar so schnell, daß euch die Röcke flogen und wir eure nackten Hintern sehen konnten. Und was daraus hervorquoll, muß ich euch wohl nicht sagen, ihr stinkigen Bergböcke.«

So beschimpften wir einander auf das Übelste und merkten dabei, wie die Verzweiflung langsam aus unseren Herzen wich und neuer Mut hineinströmte wie Frühjahrswasser in einen ausgetrockneten Kanal. Die Mädchen begannen erleichtert zu lächeln, denn nun benahmen wir uns allmählich so, wie sie es von Kriegern kannten, und sie konnten in der gewohnten Weise fortfahren. Sie brachten Trommeln und Zimbeln,

Jubel- und Klangholz herbei, und bald übertönte Musik unser Streiten. Andere Mädchen begannen zu tanzen und lenkten unsere Blicke auf sich, wenn sie spielerisch ihre Brüste enthüllten. Nun endlich wich der Geruch des Todes aus unseren Nasen, die Kälte des Grauens lähmte unsere Herzen nicht mehr, und wir wurden wieder die Männer, die wir gewesen waren, bevor wir in das Gebirge zogen. Nun aßen und tranken wir nicht mehr, sondern wir fraßen und soffen. Wir begnügten uns auch nicht mehr mit jeweils einem Mädchen, sondern begannen gleichzeitig zwei oder drei von den Beischläferinnen zu huren, und wenn keine Kammer frei war, machten wir uns gleich im Schankraum über die Mädchen her, warfen sie auf die gestampfte Erde und spalteten ihnen unter Gelächter und großem Gekreische die Schenkel, laut angefeuert von den Gefährten.

Nur Sargon nahm an diesem Treiben nicht teil; er trank nur und starrte blicklos ins Leere. Er schlief kaum, und seine Finger spielten unausgesetzt mit dem Schwurstein vor seiner Brust.

Die ganze Nacht feierten wir die Rückkehr ins Leben. Wir tranken das Bier aus den ganz großen Bechern und schlemmten das Fleisch der fettesten Schafe, brüllten von Zeit zu Zeit trotzig den Schlachtruf von Kisch, redeten ununterbrochen, sagten sinnloses Zeug, und unsere Worte gingen im Kreis wie Gerste im Maul eines Ochsen. Nur über das, was hinter uns, und das, was vor uns lag, sprachen wir nicht. Obwohl ich oft daran denken mußte, was jetzt zu tun war, scheute ich mich, darüber zu reden, so als ob es um eine heilige Handlung ginge, die durch Worte entweiht werden konnte. Den anderen schien es ebenso zu ergehen; man konnte es daran erkennen, daß immer wieder einmal einer der Gefährten plötzlich verstummte, auf die Wand starrte und mit den Fingern über seine Waffe fuhr.

Als es draußen hell wurde, warf Sargon eine Handvoll Silberstücke auf den Tisch und sagte: »Gehen wir.«

Steinhand stieß mit dem Fuß gegen die Bretter der Tür, daß sie krachend zerbarsten. Sargon trat an ihm vorbei ins Freie. Wir folgten ihm; keiner drehte sich noch einmal um.

Viele Stunden lang zogen wir durch das verwüstete Land. Die Sonne brannte vom Himmel, und der Staub der Straße machte das Atmen zur Qual. Am Abend tauchten im Westen die Türme von Kisch aus dem Dunst. Am Ufer des *lugal*-Kanals, der heute Ischtar-Kanal heißt, rasteten wir. Wir aßen und tranken, wuschen uns dann und ordneten unsere Waffen. Danach sah uns Sargon der Reihe nach an und sagte:

»Mit sechshundert Mann zog ich aus, mit sechsen nur kehre ich wieder. Aber selbst wenn auch ihr tot wärt und ich ganz allein nach Kisch käme, könnte mich nichts davon abhalten, das Blut meiner Männer an diesem Verräter zu rächen. Urzababa muß sterben, kostet es uns auch das Leben! Zur Zeugin meiner Rache aber erkläre ich Ischtar, die uns gerettet hat. Ischtar! Dir soll das Werk der Vergeltung gefallen; du sollst uns beschützen, bis es vollbracht ist. Ziehe mit uns und mache unsere Sache zu deiner!«

Auch wir erhoben die Hände zum Himmel und riefen die Göttin an. Dann sagte Sargon: »Wir warten, bis das Schwein in seinen Tempel geht. Daramas, Igelspitz, ihr kommt mit mir. Die anderen ...«

»Ich will auch mit«, unterbrach Steinhand.

»Das geht nicht«, erklärte Sargon, »du bist zu groß. Am Ende bleibst du stecken. Alles hängt davon ab, wie schnell wir sind. Ihr anderen geht in die Schenken und erzählt, was geschehen ist. Sammelt so viele Männer, wie ihr könnt, und kommt mit ihnen zum Palast. Dort treffen wir uns. Wahrlich, du gehst zu deinen Akkadern. Sage ihnen, daß die Zeit gekommen ist, Urzababa für seine Untaten zu bestrafen. Sie sollen so schnell wie möglich mit allen waffenfähigen Männern nach Kisch kommen.«

Der Graubart nickte ernst. »Sie werden da sein«, versprach er. »Wahrlich, ich will meine Füße so schnell bewegen wie ein Wildesel, der einer hitzigen Stute nacheilt!«

»Das will ich hoffen«, versetzte Sargon. »Sage ihnen auch, daß ich fortan der Göttin Ischtar diene.«

»Unsere Leute werden tun, was du befiehlst«, sagte der Graubart stolz. »Beeile dich!« sagte Sargon.

Wahrlich stand auf, gürtete sich mit seinem Kurzschwert, hängte sich Bogen und Köcher über die Schulter und machte sich auf den Weg. Wir folgten ihm mit den Blicken, bis er hinter einer Hecke verschwand.

»Willst du dich wirklich mit diesen Eselnomaden verbünden?« fragte Igelspitz unwillig. »Wenn diese Wilden erst einmal in Kisch sind ...«

»Sie werden nur tun, was Sargon befiehlt«, sagte ich.

»Soso«, machte Igelspitz. »Und woher willst du das wissen?«

»Ich weiß es«, erwiderte ich und dachte an Sargons Geburt.

Als es dunkel wurde, ging Igelspitz zur Stadt, mischte sich unter heimkehrende Hirten und war bald im Osttor verschwunden. Die Wächter steckten ihre Lampen an.

Ungeduldig warteten wir. Nach der letzten Tagwache kehrte Igelspitz zurück und berichtete: »Wir haben Glück. Der Hund ist tatsächlich in seinen Tempel gegangen, um sich wieder einmal als Gott zu verkleiden und Kinder zu schänden.« Angewidert spie er aus. »Zwei Dutzend Wächter vor dem Tor«, fuhr er fort. »Zur Hälfte Akkader.«

»Um Mitternacht vor dem Palast!« sagte Sargon zu Steinhand, Laomer und Berglandgurke. Die Männer nickten schweigend.

Wir gingen einzeln zwischen Kaufleuten, Kriegern und Tempelarbeitern durchs Stadttor. Hinter dem Heiligtum Zababas wartete Sargon auf mich.

»Igelspitz ist schon drin«, sagte er leise, half mir über die Mauer und kletterte hinterher.

Wir schlichen durch den Tempelgarten. Vor der hohen Pforte brannte ein Wachtfeuer. Männer mit Stoßlanzen schlenderten auf und ab.

Ein Käuzchen schrie, und wir blieben stehen. Igelspitz kam aus den Ställen, ein Seil um die Schulter gewickelt.

Vorsichtig bewegten wir uns im Schutz der Buchsbaumhecken auf die Rückseite des Turms, bis wir zu der großen Bergtanne kamen. Igelspitz kletterte flink wie ein Gecko hinauf; wir folgten ihm. Oben tasteten wir uns auf dem Ziegelsims entlang, bis wir zu dem Lichtschacht kamen. Schwach blinkte der Schein der Öllampen, die den Großsaal des Gottes erhellten.

Igelspitz schlang das Seil um den Stamm der Bergtanne und zog daran. Sargon ergriff das andere Ende, warf es in den Schacht und verschwand darin. Von unten drangen die Schreie der erschrockenen Mädchen herauf.

Ich prallte so hart auf den Boden, daß mir für einen Moment schwarz vor Augen wurde. Als ich wieder auf die Füße kam, hatte Sargon den König bereits gepackt. Er riß ihm den Helm vom Kopf und drückte ihm sein Messer an die Kehle.

»Verräter!« sagte er voller Haß.

Der König wehrte sich verzweifelt. Sein feistes Gesicht war blutrot, und die Augen traten ihm fast aus den Höhlen. Mit halberstickter Stimme keuchte er: »Sargon! Nein! Es war nicht meine Schuld!«

Die Mädchen schrien immer lauter.

»Mach schon!« sagte ich. »Die Wächter werden gleich hier sein.«

»Warte noch«, rief Sargon und riß Urzababas Kopf grob an den Haaren zurück. »Was meinst du?« herrschte er ihn an. »Heraus damit!«

»Ich wollte es nicht«, würgte der König hervor. »Aber ich mußte gehorchen!«

»Wer konnte dir denn so etwas befehlen?« staunte Sargon.

Die Mädchen hatten aufgehört zu schreien. Sie kauerten auf dem Boden und sahen uns angsterfüllt zu. Die Wächter polterten die Stiege herauf.

»Bringe den Verräter endlich um«, schrie ich. »Schnell! Wir müssen fort!«

»Du selbst bist der Verräter!« stieß der König hervor und zeigte auf mich. »Du hast das Land der Schwarzköpfigen verraten!« »Was ist denn da unten los?« rief Igelspitz durch den Schacht. »Stimmt etwas nicht?«

Die Wächter stürmten in den Saal. »Töte ihn, Sargon!« schrie ich und zog mich an dem Seil nach oben.

Sargon schob den König wie einen Schild vor sich her. »Bleibt stehen!« rief er den Wächtern entgegen. »Bleibt stehen, oder ich schneide ihm die Kehle durch!«

Die Wächter verhielten und sahen die beiden Männer unschlüssig an. Dann rief einer von ihnen, der uns erkannte, verblüfft: »Sargon! Daramas! Was hat das zu bedeuten? Es hieß, ihr wärt in Gutium gefallen!«

»Das dachte auch Urzababa«, erwiderte Sargon grimmig.

»Was sollen wir tun, Herr?« rief ein anderer Wächter und hob die Lanze.

»Gar nichts, du Dummkopf!« keuchte der König. »Bleibt, wo ihr seid!«

Ich ließ mich wieder zu Boden und befahl den Männern: »Die Waffen fort!«

Die Wächter blickten unschlüssig zwischen dem König und mir hin und her.

»Tut, was er sagt«, stieß der König hervor.

Die Leibwächter ließen die Lanzen zu Boden fallen.

Igelspitz kam heruntergeklettert. »Es hieß doch, es käme auf Schnelligkeit an«, wunderte er sich. »Jetzt habt ihr euch hier wohl zu einem Schwätzchen versammelt.«

»Sage, was du zu sagen hast!« befahl Sargon dem König.

»Daramas ist der Verräter!« rief Urzababa anklagend. »Er hat Sumer und den *lugal* verraten, aber auch dich. Ihn solltest du töten, nicht mich! Ich werde dein getreuer Diener sein, wenn du einst über den Länderberg herrscht.«

Sargon sah mich fragend an.

»Du hättest ihn umbringen sollen«, sagte ich. »Jetzt ist es zu spät, und dir wird sehr weh getan werden.«

»Dann ist das also wahr?« fragte Sargon.

»Ja«, sagte ich. »Ich werde dir alles erzählen. Wir wollen nun aber erst einmal hören, was ihm der *lugal* gesagt hat.«

»Also los!« forderte Sargon seinen Gefangenen auf.

»Es ist besser, wenn wir das unter uns besprechen«, sagte der König beschwörend.

»Nein!« herrschte ihn Sargon an. »Alle sollen es hören!«

»Wie du befiehlst«, seufzte Urzababa. »Der *lugal* selbst war es, der wünschte, daß du mit deinen Leuten in den Bergen der Horde umkommen solltest.«

Bei den Wächtern ertönte empörtes Gemurmel.

»Warum sollte Lugalzaggesi unseren Tod gewollt haben?« fragte Sargon ungläubig. »Ließ ich es je an Treue fehlen? Die Narben, die ich trage, empfing ich in seinem Dienst!«

»Du bist das Ungeheuer aus der Prophezeiung, das ihn vernichten wird«, ächzte der König. »Du bist das Wesen aus dem Wasser!«

Die Wächter verstummten erschrocken. Auch die Mädchen blickten uns fassungslos an.

Sargon schüttelte den Kopf. »Der Kerl ist verrückt geworden«, murmelte er.

»Nein«, erklärte ich. »Er sagt die Wahrheit.«

Sargon starrte mich an. Seine Lippen waren schmal wie eine Griffelkerbe; seine Augen aber waren mit Wolken gefüllt.

»Es war einer von deinen Leuten, der auf Sargon schoß«, sagte ich zu Urzababa.

Der König wand sich wie ein Wurm. »Der *lugal* wollte es so«, ächzte er. »Als der Schütze Sargon verfehlte, befahl unser Herr, euch gegen die Horde zu schicken.«

»Ich kann es nicht glauben«, murmelte Sargon verstört.

»Es ist so, wie er sagt«, erklärte ich. »Aber es war nicht der *lugal*, der die Gutäer ins Land rief.«

»Warum das alles?« fragte Sargon.

»Ich werde es dir gleich erklären«, versprach ich. Dann packte ich Urzababa an seinem goldenen Göttergewand und sagte: »Es waren auch deine Leute, die den Überfall an den Freudentränen Inannas verübten!«

»Nein«, keuchte der König.

»Überfall?« wiederholte Sargon verblüfft. Dann begannen seine Augen zu glühen. »Hatamersa«, stieß er hervor.

»Ja«, sagte ich leise. »Sie hatte nicht soviel Glück wie du.«

»Hatamersa!« rief Sargon verzweifelt. »Und du hast das alles gewußt?«

»Später«, sagte ich. »Also heraus damit, Urzababa? Wie war das?«

»Es waren die Leute des *lugal*«, antwortete der König. »Ich habe nichts damit zu schaffen!«

»Aber du wußtest davon«, sagte ich. »Und gewiß auch von dem Mord im Ischtartempel von Safranstadt.«

»Das waren die gleichen Leute aus Uruk«, rief der König schnell. »Sargon, verzeihe mir, ich konnte es nicht verhindern.«

»Was war denn in Safranstadt?« fragte Sargon. »Ein Geheimnis folgt dem anderen, und ich verstehe bald gar nichts mehr.«

»Du wirst gleich alles erfahren«, erklärte ich. »Nur eine Frage noch. Steckte der *lugal* auch hinter meiner Entführung?«

»Davon weiß ich nichts«, sagte der König. »Aber nun sollst auch du ein wenig erzählen! Warum hast du dem *lugal* nicht mitgeteilt, was du über Sargons Abstammung in Erfahrung gebracht hattest? Warum hast du deinen Herrn nicht vor Sargon gewarnt? Das wäre deine Pflicht gewesen! Du aber hast deine Heimat und deinen Großherrn verraten.«

»Du machst meinem Bruder Vorwürfe, du Hund?« staunte Sargon.

Der König stieß ein höhnisches Lachen aus. »Bruder?« sagte er. »Daramas ist so wenig dein Bruder wie meiner. Du bist überhaupt kein Sumerer, du bist ein dreckiger Eselnomade! Und weißt du, wer dein Vater war? Du kanntest ihn. Du hast ihn getötet!«

»Jetzt ist es genug«, sagte ich.

Sargons Gesicht war grau. »Ich will alles hören«, sagte er.

»Schöner Bruder!« fuhr der König fort. »Dich hat er genauso verraten wie seinen Herrn. Er war es, der die Mörder zu deiner Mutter führte ...«

»Zu meiner Mutter?« rief Sargon bestürzt. »Aber die ist doch schon seit zwanzig Jahren tot!«

»Deine Mutter war eine *entum*-Priesterin aus Safranstadt«, sagte der König. »Sie hurte mit Laïbu, dem Akkader. Um nicht überführt zu werden, setzte sie dich aus. Du bist der Sohn einer Hure und eines Räubers. Und der Milchbruder eines Verräters, der auch dich hinterging. Er hätte dir sagen können, wer du bist, aber er schwieg. Er hätte dir sagen können, daß dir Gefahr droht, aber er sagte kein Wort. Er hätte dich warnen können, nach Gutium zu ziehen, doch er blieb stumm.«

Sargon sah mich schmerzerfüllt an. »Ist das alles wahr?« fragte er mit gepreßter Stimme.

Ich ließ den König los. Die Wächter starrten mich an. Die halbnackten Mädchen wagten kaum zu atmen.

»Es ist wahr, aber auf andere Weise«, sagte ich schließlich. »Ja, du bist das Ungeheuer aus dem Wasser. Das ist dein *me*. Schon als du damals verschwandest, geschah Ungewöhnliches: Vater ließ einen Zauberpriester kommen ...« Ich erzählte ihm nun die Geschichte und dann auch alles, was ich über seine Geburt wußte, über den Tempel von Safranstadt und seine Mutter, die Priester und den Weidenkorb. Ich berichtete ihm, wie mir die Mörder zu seiner Mutter gefolgt und sie umgebracht, mich aber für tot liegengelassen hatten. Ich schilderte ihm, wie ich danach versucht hatte, Hatamersa zu retten, aber zu spät gekommen war, und alles, was ich sonst noch wußte. Sargon war über den Tod der alten Amme sehr traurig. Dann sagte ich: »Es war ein Fehler, daß ich dir das nicht schon früher erzählt habe. Dadurch habe ich den Tod vieler Menschen verschuldet. Bestrafe mich dafür, wenn du willst. Aber ich schwieg nicht, um dir zu schaden, denn ich liebe dich wie einen Bruder, auch wenn wir nun beide wissen, daß wir nicht blutsverwandt sind. Darum sagte ich auch dem *lugal* nichts; ich wußte, daß er versuchen würde, dich zu töten, sobald er von deiner Bestimmung erfuhr.«

»Was soll ich nun tun?« fragte Sargon verstört.

»Folge deinem Schicksal«, antwortete ich. »Die Götter haben dich auserwählt.«

»Die Götter haben dich auserwählt!« wiederholte Igelspitz. »Du sollst unser Herrscher sein.«

»Ja«, rief der akkadische Wächter, der uns als erster erkannt hatte, »unser Herrscher!«

Sargon blickte sich um. Die halbnackten Mädchen hatten sich auf die Knie erhoben.

»Geht nach Hause!« befahl Sargon.

Gehorsam standen die Mädchen auf und liefen aus dem Saal.

Sargon faßte die Wächter ins Auge. »Schwört mir, daß ihr künftig nur meine Befehle befolgt«, sagte er. »Wer nicht will, kann gehen. Die anderen bleiben hier.«

Die Wächter hoben die Stoßlanzen auf. »Sargon!« riefen sie. »Sargon, unser Herr!«

»Zum Palast!« befahl Sargon.

Die Wächter packten den König und schleppten ihn aus dem Tempel. Wir folgten ihnen. Rasch gingen wir durch die leeren Straßen. Auf dem Platz vor dem Großhaus hatten sich einige hundert Krieger versammelt.

Steinhand kam uns entgegen. »Endlich«, rief er. »Aber das ist ja ...«

»... der König«, vollendete Berglandgurke entgeistert.

Die Männer blickten uns staunend entgegen und traten langsam zurück, so daß sich eine Gasse bildete. Wir gingen zum Tor des Palastes und kletterten auf einen Sims. Sargon zog Urzababa zu sich empor, damit ihn alle sehen konnten.

»Krieger von Kisch!« rief er. »Ja, ihr seht richtig und eure Augen trügen euch nicht. Ich bin es, Sargon, den ihr wohl längst im Haus der Finsternis wähntet. Neben mir stehen noch weitere Männer, die den Gutäern entronnen sind. Sieben konnten sich retten, doch alle anderen aus der Sechshundertschaft ›Landesmauer‹ sind unter den Schwertern und Keulen der Horde gefallen.«

Die Krieger standen in guter Zucht und rührten sich nicht, doch ihren Mienen war anzusehen, wie schwer es ihnen bei diesen Worten wurde, Disziplin zu bewahren. Sargon ließ seinen Blick über die Reihen schweifen und fuhr dann fort:

»Krieger von Kisch, Soldaten, Kampfgenossen! Auch noch in einem anderen Punkt könnt ihr euren Sinnen trauen. Urzababa, der König von Kisch, ist mein Gefangener. Denn niemand anderes als er war es, der unsere ›Landesmauer‹ in den sicheren Tod schickte, indem er uns gegen die Horde vorrücken ließ und dann dem Rest des Heeres den Rückzug befahl.«

»Uns sagte er damals, du hättest die Horde gegen seinen ausdrücklichen Befehl angegriffen«, rief einer der Unterführer.

Aus den Reihen der Krieger erklang empörtes Gemurmel. Sargon hob die Hand; als die Männer verstummten, fuhr er fort:

»Krieger von Kisch, Gefährten, Kameraden! Ihr kennt mich. Wann habe ich je die Unwahrheit gesagt, wann einen von euch betrogen? Hier stehen meine Zeugen. Aber nicht meine treuen Freunde, die mit mir der Horde entkamen, sollen bestätigen, was ich euch sagte, sondern der Schuldige selbst.«

Er gab dem König einen Stoß. »Sprich!« forderte er ihn auf.

»Der *lugal* selbst hatte es so befohlen«, würgte Urzababa hervor. »Er befahl, und ich mußte gehorchen.«

»Lauter!« brüllte Igelspitz.

Nun mußte Urzababa alles wiederholen, was er im Tempel berichtet hatte. Die Krieger hörten ihm erst ungläubig, dann empört und voller Zorn zu. Als er geendet hatte, drängte sich die Menge heran. »Hängt den Hund auf!« riefen die vordersten Männer und streckten schon die Hände aus, um den König zu packen.

»Ihr Narren!« schrie Urzababa verzweifelt. »Wißt ihr denn nicht, wem ihr jetzt zujubelt? Das ist das Ungeheuer, das aus dem Wasser kam! Der Drache, der das Reich Sumer vernichten soll, weil unser Großherr sich nicht den herrschsüchtigen Priestern Enlils beugen wollte! Wollt ihr das denn? Wollt ihr, daß euer *lugal* gestürzt wird und daß der Länderberg untergeht? Wollt ihr, daß fremde Völker über euch herrschen? Dieser Mann ist kein Sumerer, er ist ein Akkader, der Sohn eines Räubers und einer Hure! Ihn solltet ihr töten, nicht mich!«

Die Krieger verstummten und blickten einander unschlüssig an. Da rief Igelspitz: »Diesen Unsinn wollt ihr glauben? Sieht Sargon etwa aus wie eine Wasserschlange? Ihr kennt ihn doch! Sumerer oder Akkader – wen von euch hat er jemals belogen und wen verraten? Nein, der Verräter steht hier – der König war es, der unsere Kameraden dem schlimmsten Feind ausgeliefert hat.«

Die Krieger brüllten zornig auf und drängten wieder nach vorn. »Hängt ihn!« riefen sie noch lauter als zuvor. »Stecht das Schwein endlich ab!«

»Nein!« schrie Urzababa mit sich überschlagender Stimme. »Der *lugal* selbst gab den Befehl, ich folgte nur seiner Weisung! Sollte ich mich dem Wort des Großherrn widersetzen, dem ich den Treueeid schwor, so wie auch ihr ihm Gehorsam gelobtet? Sein Befehl bindet euch genauso wie mich; wer ihn mißachtet, ist des Todes! Der *lugal* wird bald heraufziehen und mein Blut an allen Verrätern rächen. Dann werdet ihr vor ihm im Staub liegen und wie Hunde um Gnade winseln! Wenn ihr mich aber befreit, werdet ihr reich belohnt werden. Ihr werdet Gold und Silber, Bier und Mädchen haben, soviel ihr wollt!«

Nun zeigte sich tiefste Verachtung auf den narbenbedeckten Gesichtern der Krieger. Einige spien aus, andere riefen: »Wir sollen das Blut der toten Gefährten für Bier und Weiber verkaufen?« Andere griffen schon nach den Füßen des Königs und brüllten: »Hängt das fette Schwein endlich auf!«

Sargon hob die Hand und hielt sie zurück. »Er soll sich wie jeder Verbrecher vor dem Stuhl der Besonnenheit für seine Taten verantworten«, sagte er. »Ich mag der Sohn eines Räubers sein, aber ich achte Gesetze.«

»Sargon unser Herr!« schrien einige Akkader. »Sargon, Sohn Laïbus, unser Herr!«

Bald fielen elamitische und schließlich auch sumerische Krieger in diesen Ruf ein.

Als sich der Lärm wieder etwas gelegt hatte, rief Sargon: »Das Heer steht jetzt unter meinem Befehl. Wer nicht gehorchen will, muß die Stadt sofort verlassen. Von morgen früh an wird jeder, der sich widersetzt, als Aufrührer angesehen. Wahrlich! Laomer! Berglandgurke! Ihr übernehmt den Befehl über eure Landsleute. Steinhand! Du führst ab sofort die sumerischen Truppen. Holt die Leute aus den Unterkünften!«

»Sargon soll unser König sein«, rief der Riese der Menge zu.

»Sargon«, schrien die Krieger zustimmend und schwenkten die Waffen. »Sargon unser König! Sargon unser König!«

Sargon hob wieder die Hand, und das Gebrüll verebbte.

»Holt alle Vorsteher, Obersten und Verwalter herbei und bringt sie in den Palast«, befahl er. »Dort soll sich alles entscheiden.«

»Sargon unser König!« brüllte die Menge wieder.

Sargon stieg von dem Sims herab und zerrte Urzababa mit sich. Steinhand rief indessen die Heerführer zu sich und gab ihnen seine Befehle.

Die Palastwache öffnete uns das Tor, und wir gingen hinein. Die Diener des Königs standen zitternd vor Furcht im Hof.

Sargon schob seinen Gefangenen in den Großsaal des Herrschens und stieß ihn dort vor den Stufen des Throns zu Boden. Die akkadischen Leibwächter hielten sich zwischen uns und den anderen Männern, um uns beschützen zu können, falls doch noch einer der Sumerer für seinen Herrn kämpfen wollte. Die Schwarzköpfigen aber dachten gar nicht daran, sondern beschimpften und verfluchten Urzababa und hätten ihn am liebsten in Stücke gehackt.

Nach einer Weile brachten Steinhands Krieger die Vorsteher des Palastes, des Marktes und der Vorratshäuser, die Oberpriester der drei großen Tempel von Kisch, den *girnita* des Königs, die Obermeister der Kaufleute, Handwerker, Hirten und Fischer, die Oberaufseher der Dämme und Schöpfwerke und auch den Meister der Rechtsprechung in den Saal, so daß dort schließlich alle bedeutenden Bürger der Stadt versammelt standen. Die ehrbaren Männer kamen in großer Hast, vorwärts getrieben und oft auch gestoßen von ungeduldigen Kriegern; kaum daß es ihnen gelungen war, ihre Gewänder so zu ordnen, wie es ihrer Würde entsprach. Als sie den König auf dem Boden kauern sahen, entsetzten sie sich sehr. Sie wagten aber nichts zu sagen, denn sie waren sehr erschrocken über den nächtlichen Aufruhr und bangten um ihr Leben.

So grob seine Männer die Obersten, Vorsteher und Verwalter behandelt hatten, so freundlich begrüßte Sargon sie nun, beruhigte sie und bat sie, ihm zu vertrauen. Da zahlte es sich aus, daß er bei den Festen in Urzababas Palast die Gesellschaft der wichtigen Männer gesucht und Freundschaft mit ihnen geschlossen hatte. Denn wenn ein Umsturz gelingen soll, muß man nicht nur den König fangen, sondern auch einige von den Männern gewinnen, mit denen er seine Macht teilt.

Bei Sargons Worten atmeten die Bürger auf, nickten einander zu und machten sich in ihren Herzen bereit, den jungen Krieger, mit dem sie schon oft so vertraulichen Umgang gepflogen hatten, als ihren neuen Herrn anzuerkennen.

Sargon wies ihnen Plätze nach ihrem Rang zu; den Meister der Rechtsprechung aber schickte er zum Thron. Als sich der Hüter der Besonnenheit sträubte, auf dem Herrschersitz Platz zu nehmen, packte ihn Sargon, schleppte ihn mit harter Hand die Stufen empor und drückte ihn auf das Sitzpolster nieder.

»Hier bleibst du, bis das Urteil gesprochen ist«, befahl er.

Dann erhob er Anklage gegen den König und erzählte, was sich seit dem Einfall der Gutäer zugetragen hatte. Urzababa mußte alles bestätigen und auch zugeben, daß er von Sargon verlangt hatte, das Trankopfer für den Gott der Stadt zu verfälschen.

»Schlagt ihm den Kopf ab!« schrien die Krieger erregt. »Schlitzt ihm den fetten Wanst auf! Reißt ihm das Gedärme heraus! Stecht ihm die Augen aus! Gießt ihm kochenden Asphalt in seinen gierigen Schlund! Gebt ihm seine Eingeweide zu fressen!«

»Nun, Meister der Rechtsprechung?« fragte Sargon. »Wie lautet dein Urteil?«

Der Hüter der Besonnenheit zitterte am ganzen Leib. »Schuldig«, würgte er mühsam hervor.

Die Krieger schrien begeistert auf. »Hängt den Hund an den nächsten Baum!« riefen sie. »Hackt ihn in Stücke!«

»Wie lautet die Strafe nach dem Gesetz von Sumer?« rief Sargon über das wilde Gebrüll hinweg.

Der Meister der Rechtsprechung sah ihn verängstigt an. »Es gibt keine Strafe dafür«, ächzte er.

»Gibt es nicht?« fragte Sargon verblüfft und schaute mich fragend an.

»Er hat recht«, sagte ich. »Kein Gesetzgeber dachte jemals daran, daß ein Heerführer seine eigenen Leute den Feinden ausliefern könnte.«

»Dann hängen wir ihn eben ohne Gesetz«, riefen die Krieger ungeduldig und drängten nach vorn, um Urzababa zu packen. Die zwölf akkadischen Leibwächter hoben drohend die Lanzen.

»Nein«, sagte Sargon.

Die Krieger blieben stehen. »Was willst du denn dann tun?« schrie einer. »Ihn einfach laufenlassen?«

Sargon kratzte sich den Bart.

»Wenn es ein solches Gesetz noch nicht gibt, könnte man eines erlassen«, schlug ich vor.

»Gut«, sagte Sargon. »Tun wir das!«

Er winkte seinen Wachen zu. »Schafft den Hund fort!« befahl er. »Werft ihn in den Raum der Dunkelheit! Dort mag er zittern, bis seine Strafe festgesetzt ist.«

Zwei Akkader packten den Unglücklichen an den Armen und schleppten ihn fort. Urzababa wehrte sich nicht; es war, als sei schon jetzt alles Leben aus seinem Körper gewichen.

»Und nun?« fragte Sargon.

»Neue Gesetze kann nur der Herrscher erlassen«, erwiderte ich.

Er sah mich nachdenklich an. Dann lächelte er und sagte: »Also gut, Daramas. Wenn du, der du doch als Gesandter des *lugal* über mir stehst und aufgrund deiner Ausbildung eher als ich zum Herrscher befähigt wärst, mir diese Bürde aufladen willst, werde ich sie auf mich nehmen. Aber nur, wenn mich das Volk von Kisch selbst zu seinem Herrscher bestimmt.«

»Sargon unser König!« brüllten die Krieger darauf. »Sargon unser König!«

Ich rief den Vorstehern, Priestern und Meistern zu: »Wollt ihr Sargon als eurem *ensi* gehorchen, so sprecht! Wollt ihr es aber nicht, so geht!«

»Sargon soll unser König sein«, rief der Vorsteher des Palastes als erster.

»Sargon soll unser König sein!« schloß sich der Meister der Rechtsprechung an, erhob sich von dem Thron und warf sich zu Füßen des Siegers nieder. Der Reihe nach erklärten sich nun alle Würdenträger von Kisch für ihn. Sargon stieg langsam die Stufen empor. Die Krieger schrien bei jedem Schritt lauter. Als Sargon sich auf den Hochstuhl des Herrschers setzte, war es, als brüllten, heulten und jaulten alle Dämonen zusammen im Chor. Es schrien die Sumerer in der Sprache der Steppe, es schrien die Elamiter in der Sprache der Berge, am lautesten aber schrien die Akkader in der Sprache der Wüste, und ihr Jubel scholl wie ein Angriffssignal. Wer einen Speer hatte, stieß das metallene Ende gegen den steinernen Boden. Wer ein Schwert trug, hieb es gegen den Schild. Kampfkeulen krachten gegen Sichelbeile, Stoßlanzen klirrten gegen Panzer, so daß es klang, als tose in dem Thronsaal eine Schlacht.

Das, Rimusch, war die Stimme des Ungeheuers, das Sumer zerstören sollte; doch die es hörten, verstanden es nicht, und die es sahen, erkannten es nicht. Viele, die jetzt so laut jubelten, brachen schon bald in noch lauteres Wehklagen aus. Viele, die jetzt den Anbeginn einer neuen Zeit feierten, sehnten sich bald nach der alten zurück. Viele, die jetzt Waffen schwangen, saßen bald mit abgehauenen Händen bettelnd am Straßenrand oder wandelten durch die uralte Trümmerstätte des Todes. Das Ungeheuer war bereit, aufzubrechen, den Länderberg zu verschlingen und die alte Ordnung der Welt für immer zu zerstören.

Wir aber folgten ihm froh, und keiner von uns fühlte Furcht oder Sorge.

So zogen wir nun in die Schlacht gegen unser eigenes Volk und uns selbst.

Und Sargon schritt uns voran.

IV

ISCHTAR

1

Die einen sind durch ihre Siege groß,
die anderen durch ihre Niederlagen;
die einen sind es im Glück,
die anderen sind es im Unglück.
Die einen sind durch ihre Liebe groß,
die anderen durch ihren Haß;
die einen durch ihre Freunde,
die anderen durch ihre Feinde.
Die einen sind durch ihre Taten groß,
die anderen in ihren Träumen;
die einen im Erreichten,
die anderen im Erstrebten.
Die einen sind im Leben groß,
die anderen im Tod.

Worte des Weisen von Eridu

Als er genug von dem Jubel hatte, schickte Sargon alle außer Igelspitz, Steinhand und mir hinaus. Dann forderte er mich auf, alles noch einmal zu berichten, was ich über seine Herkunft erfahren hatte und was bei meinen Nachforschungen geschehen war. Er wollte alles ganz genau wissen, und ich mußte es ihm in allen Einzelheiten erzählen. Vor allem über seine Mutter sprachen wir lange.

»Ich kenne nicht einmal ihren Namen«, sagte er seufzend.

»Wir werden ihn in Safranstadt erfahren«, erwiderte ich, »wenn die Zeit dazu ist.«

Als ich geendet hatte, graute der Morgen. Sargon schaute uns der Reihe nach an und sagte dann:

»Wir vier sind Gefährten von Kindheit an: schon damals habt ihr mir in Treue gedient. Auch in den Jahren danach konnte ich mich immer auf euch verlassen. Du, Daramas, hättest dein Wissen nicht vor mir verbergen sollen; dann würden viele tapfere Männer noch leben. Ich glaube dir aber, wenn du sagst, daß du schwiegst, um mir zu nützen, und nicht, um mir zu schaden. Auch wenn deine Entscheidung falsch war, rechtfertigt dich die gute Absicht. Schwöre mir aber, daß du nie wieder ein Geheimnis vor mir haben willst.«

»Es wird nicht mehr vorkommen«, murmelte ich verlegen und rieb den Schwurstein vor meiner Brust, »bei Enlil, dem Hüter der Schicksalstafeln und Rächer der Kultfrevel, der …«

»Schwöre bei Ischtar«, unterbrach mich Sargon.

»Aber das ist eine akkadische Göttin«, entgegnete ich.

»Schwöre nur«, sagte Sargon, »sie wird bald auch eine sumerische sein.«

Ich wußte nicht, was ich sagen sollte. Die anderen warteten schweigend.

»Ich schwöre bei Ischtar«, murmelte ich schließlich.

Sargon stand auf, zog mich an den Schultern zu sich heran, küßte mich auf beide Wangen und drückte mich an die Brust. Dann sagte er: »Ich konnte keinen besseren Beweis deiner Treue erwarten als den, daß du mir in dieser Nacht den Vortritt gelassen hast. Denn du hast viel *me* und bist zum Herrscher begabt. Da du aber nicht der erste sein wolltest, sollst du der zweite nach mir sein und überall dort, wo ich nicht bin, an meiner Stelle befehlen.«

Dann berieten wir die nächsten Schritte, und Sargon sagte zu uns: »Ich weiß, ihr seid stolze Sumerer und der Gedanke behagt euch nicht, daß ich mich mit den Akkadern verbünde. Aber noch ehe der Mond zweimal wechselt, werdet ihr eure Meinung geändert haben. Denn dann kommt der *lugal* mit seinem Heer; wie sollen wir ihm mit den Kriegern von Kisch allein widerstehen? Wir brauchen jeden waffenfähigen Mann. Dann wird es nicht mehr nur ein Kampf des *lugal* gegen uns sein, sondern ein Kampf des Südens gegen den Norden.«

»Aber wenn wir uns jetzt mit den dreckigen Esel – ich meine, mit den Akkadern zusammentun«, wandte Igelspitz ein, »und sie als Gefährten an unserer Seite fechten – wie willst du sie dann später wieder auf ihre Plätze als Sklaven verweisen?«

»Ist das ihr Platz?« entgegnete Sargon. »Auch ich bin Akkader! Vergiß nicht, daß die beiden Völker schon lange in enger Nachbarschaft leben. Was ist der Sohn einer akkadischen Sklavin im Haus eines reichen Sumerers? Besitzen nicht auch die reichen Kaufleute Akkads sumerische Beischläferinnen? Paart sich die sumerische Hure im Hafen nicht mit dem akkadischen Lastträger, wenn er ihr ein paar Kupferringe in den geöffneten Schoß wirft? Vergossen denn unsere Bogenschützen im Kampf mit der Horde nur minderes Blut? Und war es nicht eine akkadische Göttin, die uns an der Hand nahm, als wir verloren waren, und uns aus dem Gebirge führte?«

Noch in der selben Nacht rief Sargon die Schreiber zu sich und traf seine ersten Anordnungen. Er ernannte mich zu seinem Stellvertreter in allen Dingen und übergab mir die Macht im Palast. Steinhand erhielt die Aufsicht über die Stadt, Igelspitz den Befehl über Hafen und alle Kanäle. Laomer wurde zum Führer der Leibwache Sargons bestellt, Berglandgurke zum Stellvertreter.

Danach erließ Sargon sein erstes Gesetz; es betraf die Bestrafung untreuer Heerführer. Die Durchführung folgte sogleich: Die akkadischen Wachen ergriffen den schreienden Urzababa, schleppten den Zappelnden vor den Palast, rissen ihm dort die Zunge heraus, schnitten ihm Nase und Ohren ab, stachen ihm die Augen aus und ketteten den Gefolterten nackt wie ein Tier an die Mauer. So sahen ihn dort bei Sonnenaufgang die Bürger von Kisch und wußten, was ihnen drohte, wenn sie sich ihrem neuen Herrn widersetzten.

Als zweite Handlung auf dem Thron Kischs ernannte Sargon den ältesten Sohn des Palastverwalters zu seinem Gesandten und gab ihm den Auftrag, mit einer Botschaft zum *lugal* zu eilen. Der Bote hieß Idinia und stammte aus alter Familie. In seinem Brief teilte Sargon dem Großherrn mit, die Bürger von Kisch hätten ihren König als Verräter entlarvt und bestraft. Dann habe das Volk von Kisch ihn, Sargon, mit Bitten bestürmt, den Thron zu besteigen. Er habe sich diesem Wunsch erst nach langem Zögern gebeugt, um Schlimmeres zu verhüten und die Verteidigungsfähigkeit der Stadt in dieser schwierigen Zeit nicht zu gefährden. Er hoffe, ließ Sargon schreiben, daß der Großherr mit der Wahl zufrieden sei und seine Freundschaft nicht zurückweisen werde.

»Damit willst du den *lugal* täuschen?« fragte ich.

»Wir müssen es versuchen«, antwortete Sargon. »Wir brauchen Zeit. Jeder Tag, den Lugalzaggesi zögert, bringt uns einen Vorteil. Haben wir Kisch und die anderen Städte des Nordens fest in der Hand, wollen wir nicht darauf warten, bis der *lugal* kommt, sondern dann ziehen wir zu ihm hinab. Dann soll er mit seinem Leben für seine Verbrechen bezahlen, und sein Totenhaus soll dann der Platz für meine Notdurft sein.«

Kurz darauf kam Abda mit den Kindern in den Saal des Herrschers. Sie eilte ihrem Mann entgegen und warf sich schluchzend an Sargons Brust. Er hielt sie lange in seinen Armen, streichelte sie und sprach sanfte Worte zu ihr. Als sie sich wieder ein wenig beruhigt hatte, führte er sie zum Thron und setzte sich dort mit ihr nieder. Sie lächelte ihn unter Tränen an, und ihre feinen Nasenflügel bebten; nie war sie mir schöner erschienen. Sie hielt die kleine Encheduana an ihrer Brust; Manischtuschu versuchte, an ihrem Bein hochzuklettern. Dich aber, Rimusch, hob dein Vater auf sein Knie; dort hocktest du und blicktest auf uns nieder. Es ist also nicht ganz richtig, Rimusch, wenn deine Inschriften behaupten, dich habe ein Herrscher gezeugt; denn als dich deine Mutter gebar, war dein Vater nicht mehr als ein Hundertschaftsführer. Richtig dagegen ist, daß dich dein Vater selbst auf den Thron hob, den dein Bruder vergeblich aus eigener Kraft zu erklimmen versuchte.

Ich befahl den Höflingen und Dienern, Urzababas Frauen, Nebenfrauen und Kinder aus dem Palast zu entfernen und die Gemächer neu herzurichten. Als das geschehen war, führte Sargon seine Familie dorthin. Ich schickte unterdessen die alte Palastwache fort und ersetzte sie durch Männer meines Vertrauens. Steinhand tat das gleiche an den Toren und auf den Mauern der Stadt, Igelspitz im Hafen und an den Kanälen. Dann sandte ich nach Serida und erklärte ihr alles. Bald stand Laïbus Tochter vor mir und blickte mich finster an.

»Dein Bruder Sargon ist neuer König von Kisch«, sagte ich zu ihr. »Mache ihm keine Vorwürfe mehr wegen damals! Er wußte nicht, daß Laïbu sein Vater war, und leidet jetzt selbst am meisten.«

»Ischtar wird ihn bestrafen«, zischte Serida voller Haß.

»Täusche dich nicht«, erwiderte ich. »Die Göttin liebt ihn. Sie selbst setzte ihn über euer Volk. Die Zeit der Sklaverei ist nun zu Ende. Sumerer und Akkader werden nicht mehr Feinde, sondern Brüder sein. Zwei Völker sollen künftig hier als Nachbarn miteinander leben, ihr auf den Weiden, wir auf den Feldern. Gehe zu Sargon und söhne dich mit ihm aus. Dir als seiner Schwester gebührt ein Anteil an seinem Glück, und du wirst nicht mehr eine Gefangene, sondern geehrt und reich und mächtig sein.«

Serida sah mich mit dem gleichen verächtlichen Blick an wie vorher die Krieger von Kisch ihren verräterischen König und antwortete: »Lieber bleibe ich die geringste unter den Sklavinnen des Palastes, als daß ich das Blut meines Vaters verrate. Wenn du Sargons Wohl im Auge hast, ist es am besten, wenn du mich tötest. Denn so lange ich lebe, werde ich seine erbittertste Feindin sein.«

Als sie so mit blitzenden Augen vor mir stand, mußte ich sie insgeheim bewundern; da hörte ich hinter mir einen tiefen Seufzer, und als ich mich umdrehte, stand Sargon in der Tür.

»Was soll ich nur tun, damit du mir verzeihst?« fragte er seine Schwester traurig. »Gestern noch wäre mir deine Rachsucht gleichgültig gewesen; handelte ich doch an Laïbu nicht anders, als er an mir gehandelt hätte! Gestern noch war er ein Feind, so wie du eine Feindin warst. Jetzt aber ist er mein Vater, und du bist meine Schwester. Warum willst du mir nicht verzeihen, was ich aus Unkenntnis tat? Wir sind doch aus dem gleichen Fleisch, Kinder des gleichen Vaters! Warum vermehrst du meine Schuld, statt sie durch Verzeihen zu lindern!«

In seinen Worten klang soviel Schmerz, daß ich die Augen niederschlug und nicht mehr wußte, was ich sagen sollte. Serida aber antwortete mit von Haß erfüllter Stimme: »Tötet mich, schändet mich, macht, was ihr wollt! Niemals, niemals werde ich dir verzeihen. Dein Name soll meinem Mund nicht bekannt sein, dein Blick nicht meinem Auge, dein Wort nicht meinem Ohr. Eines Tages wirst du für deine Tat büßen.«

Sie wandte sich um und drehte uns den Rücken zu. Ich wollte nach ihr greifen, doch Sargon hielt mich zurück. »Gehen wir«, murmelte er und zog mich nach draußen.

Am Vormittag sammelten sich etwa tausend Sumerer, die sich mit der Herrschaft Sargons nicht abfinden wollten, am Streitkolbentor und versuchten von dort zum Palast vorzudringen. Laomer und Berglandgurke stellten sich ihnen mit den Elamitern entgegen, Steinhand griff sie mit den Stadtwachen im Rücken an, und nach kurzem Kampf mußten die Aufrührer sich ergeben. Steinhand führte sie gefesselt vor das Großhaus. Sargon befahl, sie auf Pfähle zu spießen, so daß sie mit ihrem einstigen König vor den Augen ihrer wehklagenden Frauen und Kinder zugrundegingen. Der Ort, an dem das geschah, hieß später Platz der Qualen.

Um die Mittagsstunde erschienen akkadische Streifscharen vor den Mauern. Steinhand ließ sofort alle Tore und Türme mit starken Mannschaften besetzen und verständigte uns. Die Akkader zogen zur Straße nach Martu und bauten unter Pistazienbäumen ein Zelt aus Ziegenhaar auf. Dann errichteten sie ein Ischtarbild, stellten einen Opfertisch davor und banden bunte Tüchter an die Äste.

Sargon und ich stiegen auf einen Streitwagen und rollten durch das Martutor hinaus. Steinhand folgte uns mit seiner besten Hundertschaft. Als wir in Pfeilschußweite anhielten, traten akkadische Häuptlinge aus dem Zelt und schritten auf uns zu. Sie trugen keine Waffen und hielten ihre Hände zum Friedensgruß erhoben. Als sie uns erreichten, warfen sie sich auf den Boden und riefen: »Sei uns gegrüßt, Sargon, Sohn des

Laïbu und König von Kisch! Du sollst Herr über Akkad sein, und alle Stämme der Wüste werden dir dienen.«

Die Krieger von Kisch sahen staunend zu.

Sargon ließ die Huldigung eine gute Zeit andauern. Dann befahl er den Häuptlingen, sich zu erheben, und schritt mit ihnen zu dem Altar. Dort stand Wahrlich und sah uns grinsend entgegen.

Sargon nickte ihm freundlich zu und griff nach dem Messer. Dann opferte er Ischtar acht Böcke und acht Lämmer.

Dabei sprach er mit lauter Stimme: »Ischtar, Herrin des Himmels, erhabene Kraft, deren Auge uns Weisungen gibt! Wenn dein Stern sich erhebt, verblassen alle anderen Sterne. O Göttin des Reichtums, Vorzeichengeberin des Überflusses und Verfertigerin der Menschen, die du uns in allem vorangehst! Herrin des Alls, Herrin der Himmelsbilder, Licht der Götter und Göttin der himmlischen Wohnung, blicke gnädig auf uns und beschütze unseren Bund! Dir, die du uns aus den Bergen gerettet hast, wollen wir in Treue dienen. Du sollst meine Herrin und die Herrin meines Landes sein.«

Die Häuptlinge der Akkader hörten diesem Gelöbnis mit großer Befriedigung zu. Als Sargon sich ihnen zuwandte, warfen sie sich wieder bäuchlings vor ihm auf den Boden und huldigten ihm als Gemahl ihrer Göttin. Ich aber gedachte erschauernd Inannas, der Großen Göttin, und fragte mich, was ihre Rache für Sargons Untreue und meinen Verrat sein mochte.

Während Diener die Opfertiere zerlegten, setzten wir uns in das Zelt und beratschlagten mit den Akkadern. Sargon teilte ihnen die Gebiete zu, die sie mit ihren Stämmen in Besitz nehmen sollten; das erste umfaßte die Hochsteppe zwischen der Fernhandelsstraße nach Martu und dem Großen Strom, das zweite das Fruchtland von Kisch bis zum Tigris, das durch den Überfall der Horde fast entvölkert war. Außerdem räumte Sargon den Akkadern Markt- und Handelsrechte ein. Die Häuptlinge sicherten ihm Abgaben und Waffendienste zu. Zum Schluß ernannte Sargon Wahrlich zu seinem Statthalter im Akkaderland und übertrug ihm alle Vollmachten eines *ensi.* Dann labten wir uns am Opferfleisch, tranken Bier und zechten nach akkadischer Sitte, bis uns fast die Bäuche platzten. Erst als es schon dämmerte, entließ Sargon die neuen Bundesgenossen. Wir stiegen auf unseren Wagen und fuhren zurück zum Palast. Dort rief Sargon seine Schreiber und erließ die vereinbarten Anordnungen und Gesetze.

Die sumerischen Vorsteher und Verwalter staunten sehr, als sie hörten, daß die einstigen Feinde schon morgen als Freunde nach Kisch kommen konnten, um hier zu handeln. Einige Oberste warnten Sargon und baten ihn dringend, sein Vorhaben noch einmal zu überdenken. »Was wird sein«, rief einer von ihnen, »wenn ein Akkader und ein Sumerer über den Preis einer Ware in Streit geraten? Oder so ein Eselnomade sich an einem unserer Mädchen vergreift? Man wird ihn totschlagen, und das zu Recht, und wenn das Volk in Wut geraten ist, sind auch die anderen Akkader ihres Lebens nicht sicher!«

Sargon runzelte zornig die Brauen und antwortete: »Dem ersten von euch, der es wagt, gegen einen Akkader die Hand zu erheben, will ich sie abhauen lassen, und mit ihm soll jeder erwachsene Mann seiner Sippe eine Hand geben!« Da schwiegen die Berater und wagten nicht mehr, Einwände zu erheben.

So saßen wir im Großsaal des Herrschens und widmeten uns der Verwaltung des Reiches von Kisch. Wir, die wir noch Jünglinge waren, bestimmten jetzt über das Schicksal von Völkern. Vor jedem Gesetz fragte Sargon nach meiner Meinung, und erst wenn ich zugestimmt hatte, erließ er es. Oft änderte er seinen Vorschlag nach meinen Einwänden ab, so daß jede seiner Weisungen unserem gemeinsamen Willen entsprang. Wir waren uns in allen Dingen einig, und jeder konnte sehen, wie gut wir einander verstanden, so daß es bei unseren Kriegern, wenn sie eine besonders enge Freundschaft beschreiben wollten, bald hieß: Die beiden stehen zueinander wie Sargon und Daramas. Zusammen errichteten wir das Fundament für ein neues Reich, das erste, das nicht mehr nur aus einem Volk, sondern aus zweien bestand. Es waren Tage wie im Rausch. Wir fühlten uns wie Götter, die eine neue Welt schufen. Aber nicht himmlische Weisheit erhellte meine Sinne dabei, sondern Hochmut verdunkelte mir den Verstand. Ich sah auf das, was wir gewannen, aber nicht auf das, was wir verloren. Ich blickte auf das Zukünftige und vergaß dabei das Vergangene. Ich ergötzte mich an dem, was wir erbauten, aber auf das, was wir zerstörten, achtete ich nicht.

Sechs Nächte später wurde Serida von den akkadischen Leibwächtern Sargons ergriffen, als sie mit einem Messer zu den Herrschergemächern schlich. Zu ihrem Glück erkannten die Männer sie gleich und stießen sie nicht nieder, sondern brachten sie zu ihrem Herrn. Sargon ließ mich rufen und sagte zu mir: »Meine Schwester darf nicht länger im Palast bleiben; beim nächsten Versuch, mich umzubringen, könnte sie selber zu Schaden kommen. Ich will, daß du sie zu Wahrlich in die Wüste bringst, damit sie bei ihrem Volk leben kann. Die Rückkehr nach Kisch ist ihr verboten; Steinhand soll sie nicht mehr einlassen, welchen Grund sie auch angibt.«

»Ich werde mich um alles kümmern«, versprach ich. In der Frühe ließ ich einen Wagen anspannen und fuhr mit Serida nach Norden. Sie sagte die ganze Fahrt über kein Wort. Am Abend erreichten wir Wahrlichs Lager. Er war sehr erstaunt, als ich ihm erzählte, was sich ereignet hatte. Dann ließ er für Serida ein prächtiges Zelt errichten und stellte ihr Dienerschaft zur Verfügung, so daß es ihr an nichts fehlte.

Während das alles geschah, bewirtete er mich mit seinen besten Speisen und fragte mich über alles aus, was Sargon getan hatte, seit er König geworden war.

»Wann kommt der *lugal*?« wollte er schließlich wissen.

»Lange wird es wohl nicht mehr dauern«, antwortete ich.

»Sage deinem Bruder, daß wir bereit sind«, meinte Wahrlich. »Wir Akkader werden bis zum letzten Blutstropfen für ihn kämpfen, denn er ist die Hoffnung unseres Volkes.« Er ließ mir ein Nachtlager bereiten. Ich war kaum eingeschlafen, da fühlte ich auf einmal weiche Lippen auf meinem Mund und zärtliche Hände an meinen Lenden. Zuerst versuchte ich mich der überraschenden Liebkosung zu entziehen, doch meine Männlichkeit war schon erwacht und siegte schnell über meine Bedenken. Deshalb überließ ich mich dem lüsternen Spiel und lobte im Stillen die Aufmerksamkeit meines Gastgebers, der seinen alten Gefährten nicht ungewärmt lassen wollte. Die Küsse des Mädchens wurden rasch immer fordernder, ihre Hüften preßten sich gegen die meinen, und weiche Schenkel umschlangen mich. Ungeduldige Finger öffneten mein Gewand, bis ich nackt auf meinem Bett lag. Duftende Haare wehten über mein Gesicht, und eine feuchte Schlange fuhr in meinen Mund. Voller Entzücken rieb das Mädchen seine heiße Scham an meinem Schenkel; dann schwang es sich auf mich, ergriff meine Männlichkeit und nahm mich als Reiterin in sich auf. Mit lustvollem Stöhnen bewegte meine Verführerin ihre Lenden und führte dabei meine Hände an ihre Brüste, die klein und rund wie Äpfel waren, saugte danach mit hungrigen Lippen an meinen Fingerspitzen und stieß wild mit ihren Hüften, bis ich mich schließlich in sie ergoß.

Sie wartete, bis ich erschlaffte, bedeckte dann meine Brust und mein

Gesicht mit glühenden Küssen und flüsterte: »So lange liebe ich dich schon, Daramas, und du ahntest es nicht! Du hättest es wohl nie gemerkt, wäre ich heute nacht nicht zu dir gekommen.«

»Serida!« rief ich erstaunt.

Eine weiche Hand verschloß meinen Mund. »Ja, ich bin es«, flüsterte sie, »und habe endlich getan, wonach ich mich sehnte. Ich liebe dich, Daramas, seit ich dich zum ersten Mal sah, und werde dich immer lieben.«

»Aber das geht nicht«, ächzte ich. »Dein Vater ...«

»Du warst es nicht, der ihn tötete«, sagte Serida leise. »Sargon war es, du aber wolltest ihn daran hindern. Denkst du, ich wüßte nicht, was jeder weiß? Ich schlief damals, du aber hast mich beschützt, als deine Gefährten mich wie die anderen umbringen wollten.«

»Was sollen wir nur tun?« murmelte ich verzweifelt.

»Liebe mich«, bat Serida und preßte sich wieder an mich. »Liebe mich, so wie ich dich liebe und begehre! Ischtar hat uns füreinander erschaffen; es ist eine Sünde und bringt schweres Unglück, der Göttin Gebot zu mißachten.«

Meine Männlichkeit erwachte von neuem. »Aber was wird Sargon dazu sagen!« keuchte ich. »Er hat dich mir anvertraut und nun ...«

»Er muß es doch nicht erfahren, du Dummer«, versuchte sie mich zu beruhigen. »Machst du ihn wirklich so sehr zum Herrn über dich, daß du ihm auch erzählst, was du im Bett tust?«

»Nun, das wohl nicht«, murmelte ich und spürte hilflos, wie mein Geschlecht in neuem Begehren wuchs, »aber in diesem Fall ... du bist seine Feindin und hast versucht, ihn zu töten.«

»Ist das nicht mein Recht, ja sogar meine Pflicht?« verteidigte sich Serida und streichelte dabei mit zärtlicher Hand meine Lenden. »Wir Akkaderinnen sind nun einmal anders als diese braven sumerischen Mädchen. Wenn wir hassen, hassen wir bis zum Tod; wenn wir aber lieben, lieben wir ohne Bedingung.«

Ich wollte etwas erwidern, sie aber preßte ihre Lippen wieder auf meinen Mund, und ihre Zunge brachte die meine zum Schweigen. Da war mir gleich, ob sie Sargon haßte oder umbringen wollte, und ich dachte an nichts anderes mehr, als sie zu besitzen. Ich drehte sie auf den Rücken, beugte mich über sie und schob mein Knie zwischen ihre Beine. Serida aber öffnete willig die Schenkel, stemmte mir die Fersen in den Rücken und flüsterte: »Ja, Daramas, nimm mich, tue mit mir, was du willst! Ich will dir in allem gehorchen und immer nur dir gehören, solange du mich begehrst.«

Als ich diese Worte hörte, verlor ich alle Beherrschung, und meine Lust schwoll an zu einem gewaltigen Strom, der alles Land überflutet. Ich vergaß Sargon und meine Treue zu ihm, vergaß Kisch und unseren Krieg, meinen Auftrag und meinen Rang und wollte nur noch den Körper Seridas erforschen, ihre Süßigkeit spüren und ihre Liebe in allen Spielarten erproben.

Als der Morgen dämmerte, schlief ich in tiefster Erschöpfung ein. Schon nach kurzer Zeit weckte mich Wahrlich, brachte mir einen Teller mit heißem Schaffleisch sowie einen Krug und rief fröhlich: »Auf, Gefährte! Sargon wartet gewiß schon auf dich.«

Ich glotzte ihn aus geröteten Augen an, griff nach dem Krug, nahm einen tiefen Schluck und spie angewidert in den Sand.

»Das ist ja Bier!« rief ich.

»Was dachtest du denn?« lachte Wahrlich. »Der Hund, der dich am Abend gebissen hat, muß dir am nächsten Morgen die Füße lekken!«

Er ruhte nicht, bis ich getrunken und den Teller geleert hatte. Dann stieg ich auf meinen Wagen und trieb die sechs Halbesel an.

Als ich am Abend zum Palast von Kisch zurückkehrte, fuhr dort gerade ein Priester auf einem vierrädrigen Wagen mit dem Emblem Enlils davon. Er schien es sehr eilig zu haben.

Sargon hatte sich schon in seine Gemächer zurückgezogen. Ich erwiderte den Gruß der Wachen, trat ein und winkte meinen Bruder zur Seite.

»Hier schnüffeln Aggars Leute herum«, sagte ich zu ihm.

Er sah mich ein wenig unruhig an. »Das war ja wohl zu erwarten«, antwortete er. »Was hast du denn gesehen?«

Ich erzählte es ihm.

»Das war ein Bote«, klärte Sargon mich auf. »Er brachte mir eine Nachricht aus Nippur.«

»Du empfängst Boten von Aggar?« staunte ich. »Er war es, der mich entführen ließ! Er wohl auch stiftete die Gutäer zu dem Überfall an. Wir sollten nach Nippur ziehen und seinen Tempel in Stücke schlagen.«

Kaum hatte ich das gesagt, verstummte ich, erschrocken über diese frevelhaften Worte. Sargon legte mir lächelnd die Hand auf die Schulter. »Ich bin gar nicht mehr sicher, ob deine Entführung wirklich auf Aggars Anordnung geschah«, sagte er. »Für mich ist eher wahrscheinlich, daß einer seiner Priester die Tat befohlen hat – im Übereifer oder in Unkenntnis der wahren Lage. Jedenfalls will Aggar unser Freund sein und uns helfen.«

»Das glaube ich erst, wenn ich es sehe«, erwiderte ich zweifelnd.

»Er müßte töricht sein, so etwas schriftlich mitzuteilen«, antwortete Sargon. »Wenn so ein Brief in falsche Hände fiele, könnte ihm selbst die Horde nicht helfen.«

»Die Horde hat unsere Leute abgeschlachtet wie Vieh!« rief ich zornig.

»Dafür werden die Gutäer bezahlen«, antwortete Sargon. »Denkst du, ich würde meinen Schwur vergessen? Erst aber müssen wir dem *lugal* widerstehen.«

»Willst du dich etwa mit Aggar verbünden?« fragte ich aufgebracht.

»Ja«, sagte Sargon kalt, »und wenn es sein muß, auch mit Ereschkigal und Meslamtaëa und allen anderen Göttern der Finsternis, auch mit Dämonen und Totengeistern dazu. Wie sollen wir uns rächen, wenn der *lugal* uns vernichtet hat? Wie unser Reich errichten, wenn uns der Großherr ergreift und auf Pfähle spießt? Wir wollen doch keine Dummköpfe sein. Erst der *lugal*, dann die Gutäer! Während wir von unserer Rache schweigen, wollen wir umso häufiger an sie denken.«

Ich überlegte eine Weile und sagte dann: »Hüte dich aber! Aggar ist schlau wie eine Schlange und noch gefährlicher als selbst die giftigste Viper des Sandmeers.«

»Du warnst mich vor einem Priester?« lächelte Sargon.

Danach erzählte ich ihm, wie ich seine Schwester in Wahrlichs Obhut gegeben hatte.

»Wie trug sie es denn?« fragte Sargon besorgt. »War es sehr schlimm?«

»Eigentlich nicht«, antwortete ich. »Sie ... sie war sehr ... sie wird sich, glaube ich, bei ihren Leuten wohlfühlen.«

Er sah mich nachdenklich an.

»Jedenfalls wohler als hier«, fügte ich hinzu.

»Glaubst du, daß sie darüber hinwegkommt?« wollte er wissen.

»Lasse ihr etwas Zeit«, erwiderte ich. »Sie wird schließlich einsehen müssen, daß dich keine Schuld trifft.«

Sargon preßte beide Fäuste gegen die Stirn. »Wenn ich doch davon überzeugt wäre!« stöhnte er.

»Aber du wußtest doch nicht ...«, sagte ich.

»Ja«, sagte Sargon düster. »Aber warum habe ich ihn eigentlich getötet? Ich hätte ihn doch ebensogut betäuben und gefangennehmen können.« Hilfesuchend sah er mich an. Dann fuhr er fort: »Ich will dir sagen, warum ich ihn umgebracht habe. Ich habe es getan, weil ich töten wollte. Ich wollte Blut sehen. Das war mein einziger Gedanke.« Er verstummte.

»War es wie damals bei dem Meisterwürger?« fragte ich leise.

Gequält sah er mich an.

»Trotzdem brauchst du dir keine Vorwürfe zu machen«, tröstete ich ihn. »Denke nur einmal daran, was geschehen wäre, wenn du ihn gefangen nach Kisch gebracht hättest. Gewiß hätte Urzababa ihn auf die grausamste Weise hinrichten lassen – so grausam, wie der König selbst getötet wurde ...«

»Hör auf!« stieß Sargon hervor.

»Du hast deinen Vater so vor einem schrecklichen Ende bewahrt«, sagte ich. »Er starb schnell und schmerzlos, wurde wohl gar nicht mehr richtig wach. Wir wollen froh sein, wenn einst auch wir einen so leichten Tod sterben dürfen.«

Einige Tage später kehrte Sargons Gesandter aus Uruk zurück und überbrachte die Antwort des *lugal*. Der Großherr schrieb, er sei empört über Urzababas Verrat, der so viele tapfere Krieger das Leben gekostet habe. Aber auch Sargon habe gegen seine Treuepflicht verstoßen. Denn es wäre nicht seine Sache, sondern die Sache des *lugal* gewesen, den König von Kisch zu bestrafen. Er forderte Sargon auf, sogleich nach Uruk zu eilen, sich vor seinem Thron zu Boden zu werfen und reuig um Verzeihung für seine Vorwitzigkeit zu bitten. Wenn Sargon nicht sogleich komme, schrieb Lugalzaggesi weiter, werde das Heer von Sumer gegen Kisch ziehen, ihn dort ergreifen und mit ihm genauso verfahren, wie Sargon an Urzababa gehandelt habe. Wenn er aber gehorche und demütig vor dem Großherrn erscheine, werde ihm nicht nur verziehen werden; Lugalzaggesi wolle ihn dann vielmehr auch nach Recht und Gesetz zum neuen König von Kisch erklären und in allen Dingen so zu ihm sein wie ein Vater zu seinem Sohn.

»Das ist eine Falle«, warnte Steinhand.

»Natürlich«, lächelte Sargon, »aber es ist der *lugal*, der sich darin verfängt. Jeder Tag, der verstreicht, stärkt unsere Stellung.«

»Es kann nicht sein, daß er dich für so töricht hält«, murmelte ich. »Es muß einen anderen Grund dafür geben, daß er nicht sogleich heraufzieht.«

»Wie hat er dich denn behandelt, Idinia?« fragte Sargon.

»Er starrte mich an wie eine Schlange die Maus«, antwortete der Gesandte. Seine blauen Augen strahlten. Er war sichtlich froh, heil aus Uruk zurückgekehrt zu sein.

Sargon rief seine Schreiber und antwortete dem *lugal*, er danke ihm sehr für die Gnade, daß er ihn eines Briefes für würdig erachtet habe. Der Verräter Urzababa sei nicht etwa der Wut des rasenden Volkes zum Opfer gefallen, sondern in ordnungsgemäßer Verhandlung vor dem Stuhl der Besonnenheit schuldig gesprochen worden. Kischs beste Bürger hätten das Urteil gefällt. Das Strafmaß habe er, Sargon, nach einem neuen Gesetz festgelegt. Gern werde er bei nächster Gelegenheit nach Uruk kommen, um sich dem *lugal* zu Füßen zu werfen und von ihm als König von Kisch bestätigt zu werden; im Augenblick aber hindere ihn eine Krankheit am Reisen. Sobald er genesen sei, werde er vor dem Thron erscheinen.

Als Idinia das hörte, zwinkerte er Sargon aus seinen blauen Augen fröhlich zu, nahm den Brief und reiste erneut nach Uruk.

Einige Tage später kamen Kaufleute aus der Hauptstadt nach Kisch und erzählten, daß die Pest im Schwemmland ausgebrochen sei. Viele Dörfer am Meer seien schon entvölkert; auch in Uruk selbst kehrten jeden Tag zahlreiche Menschen zu ihren Müttern zurück.

»Das ist es also«, sagte ich. »Solange die Seuche tobt, wagt er sein Heer nicht zusammenzurufen. Sobald der Tod aber satt ist, kommt der *lugal* herauf, das ist gewiß.«

Sargon nickte. »Wir werden vorbereitet sein«, erwiderte er.

Wir nutzten die Zeit, neue Kriegsleute anzuwerben, sie in den Waffen zu üben und die Befestigungen von Kisch zu verstärken.

Nach einer Weile kam Idinia mit einem weiteren Brief des Großherrn. Lugalzaggesi schrieb, er wünsche Sargon rasche Genesung, denn solange er nicht vor dem Thron des Reiches erscheine, bleibe Kisch ohne rechtmäßigen König; falls sich Sargons Gesundheit als allzu anfällig erweisen sollte, sei er, der Großherr, gezwungen, einen anderen als Herrscher einzusetzen. Er empfehle Sargon daher, in der Stunde seines Glückes nicht zu säumen und die Huldigung nicht weiter aufzuschieben.

Sargon antwortete darauf, er sei bereit, die Reise trotz schwerer Krankheit auf sich zu nehmen, doch werde er durch die dringenden Bitten der Bürger von Kisch davon abgehalten. Denn diese seien sehr um sein Wohl besorgt und wollten keinen anderen König als ihn haben. Sie hätten zu seinem Schrecken sogar damit gedroht, jedem anderen, der sich auf ihren Thron setzen wolle, mit Waffengewalt entgegenzutreten. Um zu verhindern, daß es zu einem Krieg unter Landsleuten komme, habe er, Sargon, daher beschlossen, seine Genesung abzuwarten. Danach aber werde er sogleich in Uruk erscheinen.

So gingen Briefe hin und her, bis der Hürdenmonat zu Ende ging und es zu spät für einen Feldzug war.

2

Welchen Wert hat die Asche von gestern?
Wirf sie heraus!
Heute wird der Kuchen für morgen gebacken.
Worte des Weisen von Eridu

In der kahlen Jahreszeit, als es an Feldarbeit fehlte, setzte Sargon Abda als Oberpriesterin der Inanna zu Kisch ein. Im Frühling vollzog er mit ihr im Gottesgemach die Heilige Hochzeit, um seinem Land die Fruchtbarkeit zu sichern.

Danach sandte Sargon den jungen Idinia wieder mit einer Botschaft nach Uruk. Er schrieb dem *lugal*, er sei nun zur Reise bereit und bitte um Mitteilung, wann er erscheinen solle. Doch diesmal kehrte der junge Bote nicht wieder.

Sargon schickte Igelspitz als Kundschafter aus. Als der Euphrat das Land mit Schlamm bedeckte, kam der Kleine zurück und berichtete, daß der *lugal* mit seinem Heer nur noch drei Tagesmärsche von Kisch entfernt sei.

»Wie viele sind es?« fragte Sargon.

»Zehn sumerische Sechshundertschaften«, erklärte der Kleine. »Dazu elamitische Hilfstruppen, aber kein einziger Akkader.«

»Er hat sich schnell auf uns eingestellt«, murmelte ich.

»Was hast du denn gedacht?« antwortete Sargon.

»Er wird versuchen, die Leute von Kisch gegen dich und deine akkadischen Bundesgenossen aufzuhetzen«, warnte ich. »Wahrscheinlich gehen schon längst Briefe zwischen den Bürgern und dem *lugal* hin und her.«

»Die Bürger sind mir gleich«, erwiderte Sargon. »Die Krieger müssen zu mir halten, darauf kommt es an.«

»Auf meine Leute kannst du dich verlassen«, sagte Steinhand.

»Auf meine Elamiter auch«, fügte Laomer hinzu.

Sargon sah mich an. »Und Wahrlich?« fragte er. »Besitzt er genug Einfluß bei den akkadischen Häuptlingen, daß sie für mich kämpfen und mich nicht trotz aller Schwüre im Stich lassen?«

»Sie werden kämpfen«, sagte ich.

Drei Tage später standen wir auf den Mauern von Kisch und sahen zu, wie Lugalzaggesi sein Heer in guter Ordnung heranführte und die Stadt einschloß. Der *lugal* schlug sein Hauptlager am Kanal des reinen Behälters auf; die elamitischen Hilfstruppen unter Kudur dem Unsterblichen lagerten am Euphratufer.

Am Nachmittag trat ein Herold des Großherrn hinter einer Schildmauer an den Stadtwall heran und verlas einen Aufruf des *lugal.*

»Bürger von Kisch«, hieß es darin, »nicht durch eure eigene Schuld, sondern durch Zaubermacht seid ihr in die Gewalt eines Dämons geraten. Der Mann in eurem Palast ist kein Mensch, sondern das von einem zornigen Gott erschaffene Ungeheuer, das unser Reich vernichten will. Es war ein herrschsüchtiger Priester Enlils, der diesen Dämon herbeirief. Wer weiß, welche Lügen er seinem Gott dabei erzählte! Doch auch auf unserer Seite stehen mächtige Götter: Anu, Enki und die Große Göttin sind mir erschienen und haben mich aufgefordert, nicht zuzulassen, daß Sumer unter fremde Herrschaft gerät. Weder die Horde, die Enlil euch schickte, noch die mit dem Dämon verbündeten Eselnomaden sollen über die Hochsteppe herrschen, sondern sie soll das Land der Schwarzköpfigen bleiben. Erhebt euch also, werft das Joch ab, öffnet die Tore, nehmt das Ungeheuer gefangen und liefert es mir aus! Wenn ihr euch aber weigert und lieber dem Dämon gehorcht, so wird euch der Zorn der Hochgötter treffen und der aller anderen Götter der Schwarzköpfigen dazu.«

Die Akkader und Elamiter unter unseren Kriegern schrien Schmähungen von der Mauer herab, die sumerischen Krieger von Kisch und die Bürger der Stadt aber hörten mit zweifelnden Mienen zu. Da stellte Sargon sich auf einen Mauervorsprung, wo seine Leute ihn gut sehen konnten, und rief ihnen zu:

»Krieger von Kisch! Glaubt diesen Lügen nicht. Nicht Urzababa allein trägt die Schuld daran, daß eure Freunde in die Gewalt der Gutäer gerieten – er handelte nach dem Befehl des Großherrn. Ihr habt Urzababas Geständnis gehört. Der *lugal* war es, der uns alle täuschte, so wie er uns auch jetzt zu täuschen versucht. Öffnet ihm die Tore, und ihr werdet enden wie eure Gefährten im hohen Gebirge. Habt ihr denn schon vergessen, wie es euren Vätern erging, als dieser *lugal* einst gegen Kisch zog? Daran sollt ihr jetzt denken, und auch an Mebaragesi, euren ruhmreichen Ahnherrn, der einst im Krieg Kischs gegen Uruk selbst dem gewaltigen Gilgamesch standhielt. Ihm bangte nicht vor dem Sohn eines Gottes, ihr aber habt euch sogar vom Sohn einer Schankwirtin unterdrücken lassen und wärt wohl noch jetzt seine Sklaven, hätte ich euch nicht erlöst. So aber, wie ich euch von eurem schurkischen König befreite, werde ich euch auch vor diesem *lugal* beschützen. Die Götter lieben ihn ja nur in seinen Lügen – in Wahrheit hassen sie ihn und wollen ihn verderben. Tod Lugalzaggesi, Tod auch jedem Krieger von Uruk, der Kisch die Freiheit wieder rauben will!«

Als Sargon so gesprochen hatte, jubelten ihm endlich auch die sumerischen Krieger von Kisch zu. Der Herold aber kehrte zum Lager des Großherrn zurück.

»Diesmal wird es anders als gegen die Horde«, sagte ich zu Sargon, »diesmal kämpfen Schwarzköpfige gegen Schwarzköpfige. Unsere Krieger werden ihre Brüder töten und die Brüder ihrer Gefährten, die Väter ihrer Frauen und die Ehemänner ihrer Schwestern.«

»Ich werde es zu schätzen wissen«, erwiderte Sargon. »Ich brachte für Sumer meinen Vater um.«

Am nächsten Morgen fuhr Lugalzaggesi auf seinem prächtigen Streitwagen vor die Mauer von Kisch. Zwei seiner Krieger schleppten Sargons jungen Gesandten mit sich. Auf einen Wink ihres Herrn taten sie ihm nun das gleiche an, was Sargon Urzababa hatte zufügen lassen: Sie rissen dem armen Idinia die Zunge heraus, schnitten ihm Nase und Ohren ab, stachen ihm die blauen Augen aus und ketteten ihn dann nackt an den Wagen des Großherrn. Am Ende der grausamen Folterung rief Lugalzaggesi den Kriegern von Kisch zu: »So soll es auch dem frechen Eselnomaden ergehen, den ihr zu eurem König erwählt habt, und allen anderen, die mich daran hindern wollen, den Verbrecher zu bestrafen. Denen von euch, die ihre schwere Verfehlung bereuen und von mir Gnade erlangen wollen, gebe ich bis heute abend Zeit, diesen Pariahund zu ergreifen und mir zu übergeben. Vom ersten Licht des Morgens an aber sollen alle, die sich dann hinter verschlossenen Toren befinden, als Verräter angesehen und auch so behandelt werden.«

Die Krieger von Kisch zeigten sich aber so empört über die Folterung des jungen Gesandten, daß sie dem Großherrn die schlimmsten Schmährufe zuriefen, bis er wieder in sein Lager zurückgekehrt war.

Am nächsten Tag begann der *lugal* den Krieg in der üblichen Weise: Er verbrannte die Ernte auf dem Halm, ließ alle Obstbäume umhauen und die Gemüsegärten verwüsten. Alle Häuser und Scheunen im Fruchtland, ja selbst die Gehöfte der Götter gingen in Flammen auf, und alle Schöpfräder wurden zerschlagen. Die Männer von Kisch sahen dem Zerstörungswerk grimmig zu. Sargon aber tröstete sie: »Je mehr der *lugal* in seiner Wut vernichtet, desto eher werden seine Leute hungern. Wenn sie dann wieder abziehen müssen, sind die Hütten schnell wieder aufgebaut, die Gärten werden wieder grün, und selbst neue Obstbäume lassen sich pflanzen.«

Als Lugalzaggesi merkte, daß die Krieger von Kisch nicht herauskommen wollten, sammelte er sein Heer an der Südseite und ließ die Angriffssignale blasen. Die Männer von Uruk liefen nun unter die Mauer, legten Sturmleitern an und stießen Rammböcke gegen die Tore. Fast eine Doppelstunde lang drangen sie auf uns ein, so wie die Wellen des Euphrat bei starkem Wind gegen die Kaimauer branden, aber die Krieger von Kisch widerstanden dem Angriff. Lugalzaggesi mußte das Rückzugssignal blasen lassen. Mehr als dreihundert seiner Krieger blieben tot vor der Stadt liegen; aber auch die Soldaten von Kisch hatten schwere Verluste erlitten.

Am vierten Tag der Belagerung ließ der *lugal* von neuem angreifen, diesmal nicht nur auf der Südseite, sondern auch vom Großen Strom her. Dort bedrängten uns die Elamiter unter Kudurs Führung mit doppeltem Eifer. »Verräter!« rief er mir zu, als er mich auf der Mauer erblickte. »Hund, der du die Hand deines Herrn beißt! Der Großherr vertraute dir. Er wollte dich zum *ensi* machen; vielleicht hättest du eines Tages sogar sein Nachfolger werden können. Nun aber sollen die Bussarde an deinem Fleisch zerren und die Krähen sich an deinen Augäpfeln laben!«

»Der *lugal* ist der Verräter« antwortete ich. »Er war es, auf dessen Befehl Urzababa auch deine Landsleute der Horde auslieferte. So lohnte euer Herr die Treue seiner Diener. Die Götter hassen ihn dafür und werden ihn vernichten.«

Kudur gab keine Antwort, sondern schrie seinen Kriegern Befehle zu und trieb sie noch heftiger auf die Leitern. Neben ihm stand Amarezen; die Narbe leuchtete im gebräunten Gesicht des alten Gefährten. »Wir kriegen dich schon, du Hund«, brüllte er zu mir herauf. »Und auch deinen Bruder, diese dreckige Nomadenratte!«

Steinhand stand neben mir. »Was meinte Kudur denn damit«, wunderte er sich, »daß du *lugal* werden konntest?«

»Das sagte Lugalzaggesi einst selbst zu mir«, gab ich zur Antwort. »Da er keinen Sohn zeugen konnte, suchte er damals in allen Städten des Reiches nach jungen Männern, die ihm als *ensis* dienen sollten; einen von ihnen wollte er zu seinem Nachfolger machen. Aber das ist schon lange her. Drei von diesen jungen Männern sind tot, ich bin sein Feind geworden, und was aus den anderen wurde, weiß ich nicht.«

Wir schlugen Kudurs Angriff mit äußerster Mühe zurück. Am Tor der Morgenglanzscheibe fochten Sargon, Igelspitz, Laomer und Berglandgurke inzwischen gegen den Großherrn, der in seiner goldenen Rüstung prächtig wie Anu selbst auf seinem Kampfwagen stand.

»Dreckiger Eselnomade!« schrie er zu Sargon hinauf. »Ich will dein Blut und das deiner Leute wie Wasser ausrinnen lassen, und eure Gebeine sollen fern jeder Behausung in öder Wildsteppe bleichen!«

Sargon richtete seine Aufmerksamkeit auf ihn, so wie sich ein Stier nach dem anderen ausrichtet, und rief zurück: »Steige herauf zu mir, damit ich die Männer an dir rächen kann, die du in die Hände der Horde gabst! Für diesen Verrat verachten dich alle Götter!«

»Du mögest daliegen wie ein Schwein!« brüllte der *lugal* außer sich vor Zorn. »Wie ein Wildschwein mit haarigem Fell will ich dich erschlagen! Ich werde deinen Kopf zermalmen, so wie ein Mann eine Schlange! Dein Leben wird gleich einer Sternschuppe verlöschen! Und deine rabengesichtigen Freunde, die sich früher von Wurzeln und rohem Fleisch nährten und ihr Leben ohne feste Behausung zubrachten, sollen das Ziel des Zerstückelns sein! Ihr Blut soll wie Regenwasser die Hauptstraße dieser Stadt einnehmen! Ihr werdet meiner Rache nicht entgehen, so wie man dem Maul eines Löwen einen Leichnam nicht entreißt!«

In seiner Wut rief er alle zehn Sechshundertschaften zum Angriff, und seine Männer quollen aus ihren Lagern am Kanal des reinen Behälters hervor wie Ameisen aus einer Erdspalte. Diesmal wäre es ihnen beinahe gelungen, über die Mauer zu steigen; bei diesem Kampf wurde fast die Hälfte der Krieger von Kisch getötet oder so schwer verletzt, daß sie den Kampf nicht mehr fortsetzen konnten.

Am Abend stiegen wir auf den Turm des Gottes Zababa und spähten nach Norden, konnten aber kein Feuer entdecken.

»Wo bleibt der Kerl nur«, murrte Sargon. »Noch ein solcher Angriff, und Kisch ist gefallen.«

»Ich habe gleich gewußt, daß auf diese Eseltreiber kein Verlaß ist, aber auf mich hört ja keiner«, sagte Igelspitz. »Wahrscheinlich wollen sie zusehen, wie wir Sumerer uns gegenseitig zerfleischen, und dann, wenn wir tot sind, über unsere Frauen und Töchter herfallen.«

»So würdest du es wohl machen«, versetzte Sargon ärgerlich.

»Auf Wahrlich könnt ihr vertrauen«, meinte Steinhand überzeugt. »Der läßt uns bestimmt nicht im Stich.«

In dieser Nacht fand ich lange Zeit keinen Schlaf. Immer wieder kam mir in den Sinn, was Kudur zu mir gesagt hatte, und ich fragte mich: Bist du ein Narr, daß du Sargon halfst, statt dem *lugal* die Treue zu halten? Was, wenn Urzababa log und der Großherr von dem Verrat im Gutäerland gar nichts wußte? Dann aber schalt ich mich: So stark ist also deine Bruderliebe, daß bloße Worte dich davon abbringen können. Bist du ein Schwein, das immer nur der Richtung seines Rüssels folgt und selbst die Artverwandten frißt, um sich zu nähren? Stirb lieber an der Seite deines Bruders, statt von seinem Blut zu leben und dein Glück auf seine Gebeine zu gründen!

Am fünften Tag der Belagerung ließ der *lugal* sein Heer von allen vier Seiten zugleich vorrücken. Da nur noch wenige Krieger von Kisch auf den Mauern standen, gelang es den Männern von Uruk an mehreren Stellen, die Zinnen zu stürmen. Steinhand und Sargon stießen die Angreifer aber immer wieder zurück und stürzten sie mit ihren Leitern in die Tiefe. Von den Akkadern war noch immer nichts zu sehen.

Um die Mittagszeit schob Kudur mit seinen Elamitern einen gedeckten Rammbock gegen das Fischertor, auf dem Laomer stand.

»Du lebst und kämpfst bei diesen Verrätern?« rief der Riese, als er seinen Sohn erkannte. »Mir wäre lieber, du lägst verwest im Gebirge!«

»Das mag dir lieber sein«, versetzte Laomer gekränkt, »mir aber nicht. Du bist es, der einem Verräter dient, nicht ich, das kannst du mir glauben; ich war schließlich dabei und wäre diesem Verrat selbst zum Opfer gefallen, hätte Sargon nicht wenigstens uns sechs gerettet.«

»Wir schworen dem *lugal* Treue!« brüllte der Vater.

»Du vielleicht«, rief sein Sohn, »ich aber schwor Urzababa, und diesen Eid brach nicht ich, sondern der König selbst.«

Der Vater gab nun keine Antwort mehr, sondern machte den Nacken dick wie ein Wisent und stürmte gegen die Mauer. Sein Sohn aber widerstand und wehrte die Angreifer ab. Auf beiden Seiten fielen viele Elamiter und stiegen hinab, um sich im Land der Toten zu nähren. Gleich zu Beginn der dritten Tagwache aber wurde Laomer von einem Pfeil getroffen und mußte aus der Schlacht getragen werden. Kudur setzte sich darauf an einer Mauernase fest. Sargon schickte Steinhand, ihn zu vertreiben, doch auch an zwei anderen Stellen gelang den Kriegern des Großherrn ein Durchbruch. Es war wieder so wie im hohen Gebirge, wir kämpften schon Rücken an Rücken, da hörten wir plötzlich Kriegstrommeln von Norden, und über den Drachenkanal liefen große Scharen Akkader herbei.

»Das ist die Rettung!« schrie Steinhand und hieb gewaltig auf Kudur ein.

»Aber höchstens für heute«, murmelte ich, als ich sah, wie ungeordnet die Eselnomaden anstürmten.

Der Großherr ließ sofort zum Rückzug blasen und stellte sich dem neuen Feind. Seine Krieger zeigten sich durch den plötzlichen Angriff nicht etwa entmutigt, sondern sogar erfreut, denn sie fochten lieber auf ebener Fläche gegen einen so schlecht bewaffneten und falsch geführten Feind als gegen wohlausgerüstete und geübte Krieger auf hoher Mauer. Darum warfen sie sich den Akkadern entgegen wie Löwen, die an einer Tränke ein Rudel Gazellen erspähen.

Als die Heere zusammenprallten, stieg eine große Staubwolke auf.

»Kannst du etwas erkennen?« fragte mich Sargon erregt.

Ich schüttelte den Kopf. »Das ist gar nicht nötig«, erwiderte ich. »Der *lugal* mäht deine Akkader nieder wie eine Sichel das reife Getreide. Er ist so übermächtig wie ein menschenfressender *ansu*-Adler, die Akkader aber kämpfen so töricht wie in der Geierschlacht am Berg der Federn. Wir müssen hinaus, am besten durch das Morgenglanzscheibentor, und ihnen helfen, damit sie über den Kanal entkommen können, sonst werden sie alle in Stücke gehauen.«

»Du hältst wohl nicht viel von Wahrlichs Fähigkeiten«, murmelte Sargon ernüchtert.

»Seiner Treue vertraue ich«, sagte ich, »nicht aber seiner Tüchtigkeit. Wo sollte er denn das Kriegführen auch gelernt haben? Vor ein paar Monaten war er noch ein einfacher Krieger, ehe du ihn erst zum Hundertschaftsführer und dann gar zum Feldherrn erhobst.«

»Du hast recht«, meinte Sargon und rief Befehle. Ich fuhr hinter ihm durch das Tor, gefolgt von Steinhand und Igelspitz, die sich einen Streitwagen teilten. Igelspitz hielt die Zügel, Steinhand warf Speere, die ihm zwei Krieger reichten. Kaum einer seiner Würfe verfehlte sein Ziel.

Als der *lugal* unseren Ausfall bemerkte, fuhr er herum wie ein gereiztes Raubtier. Kudur verfolgte weiter die geschlagenen Akkader, Lugalzaggesi aber suchte Sargon.

»Stirb, Ungeheuer!« schrie er und schleuderte seinen Speer, doch Sargon duckte sich und das Wurfgeschoß fuhr hinter ihm in den Sand.

»Ischtar«, jubelte Sargon. »Lenke nun meinen Speer auf den Verräter!« Funkelnd flog die Wurflanze aus seiner Faust, drang durch die goldene Rüstung des *lugal* und blieb in seiner rechten Schulter stecken.

»Es ist nichts!« schrie der Großherr zornig und riß die Waffe aus seiner Wunde; helles Blut sprang hervor. Da wendete sein Lenker das Gefährt, um seinen Herrn in Sicherheit zu bringen.

Die Akkader flohen mit lautem Schreckensgeschrei durch den Drachenkanal, und viele von ihnen wurden im Wasser von Kudurs Elamitern erschlagen, denn die Bergkrieger waren blutgierig und grausam. Die Streitwagen Lugalzaggesis jedoch vollführten mit großem Geschick eine Schwenkung und suchten uns zu umzingeln. An Stelle des Großherrn gab nun Ipku-Nidapa, der bei der Schlacht der Federn die sechste Hundertschaft angeführt hatte, die Befehle. Sargon fuhr dem Sumerer kampflustig wie ein Wildstier mit funkelnden Hörnern entgegen. »Zurück!« rief ich ihm nach. »Sonst sitzen wir in der Falle!«

Ipku-Nidapa hob seine Stoßlanze, doch Sargons akkadischer Schildträger gab gut acht und fing die Waffe ab. Sargon zielte mit seinem Sichelschwert nach dem Gesicht seines Gegners, traf aber nur den Helm. Beide Wagenlenker rissen ihre Halbesel herum und wollten zum zweiten Mal angreifen, aber andere Streitwagen fuhren zwischen sie und verwickelten sie in neue Gefechte. Es kostete mich große Mühe, zu Sargon vorzudringen; zweimal verfehlten Pfeile mich nur knapp.

Als ich Sargon endlich erreichte, rief ich ihm zu: »Sei nicht so närrisch! Sie schneiden uns schon den Rückweg ab.«

Sargon drehte sich um; schon fuhren Streitwagen des Großherrn zum offenen Tor. Da wandte Sargon sein Gefährt, und mit ihm eilten nun auch alle anderen Wagen aus Kisch zurück in die Stadt. Rasch legten unsere Krieger den schweren Querbalken vor.

»Das war knapp«, keuchte ich. »Verfluchter Leichtsinn! Du bist Oberbefehlshaber, nicht irgendein Krieger, der eine Tapferkeitsauszeichnung braucht, um vor seinen Zechbrüdern oder Beischläferinnen prahlen zu können! Für wen soll Kisch denn kämpfen, wenn du stirbst?«

»Vielleicht für dich«, murrte Sargon verdrossen. »Solltest du nicht ohnehin Lugalzaggesis Nachfolger werden?«

Am Abend berieten wir, und ich sagte: »Die Wunde hält den *lugal* höchstens eine Woche lang im Lager fest. Dann wird er wieder angreifen und Kisch erobern, wenn ihn nicht Enlil selbst aufhält, und daran glaube ich nicht. Es gibt aber noch eine andere Hoffnung. Laß mich zu den Akkadern gehen! Ich werde ihnen zeigen, wie man auch bei schlechter Ausrüstung einen Kampf mit solchen Gegnern besteht. Ich brauche nur ein paar Tage.«

»Du willst aus diesem Haufen ein Heer machen?« staunte Igelspitz. »Da hast du dir ja etwas vorgenommen! Die können vielleicht die eiergefüllten Heuschrecken spießen, um sie zu rösten, sonst aber taugen sie zu nichts.«

»Die Nomaden sind schnell und gewandt«, entgegnete ich. »Man darf sie nur nicht in ihrer leichten Ausrüstung gegen Schwerbewaffnete schicken. Ich lasse sie kämpfen wie Räuber. Wir werden mal hier, mal dort plötzlich auftauchen und zuschlagen, wo es niemand erwartet. Wenn der Feind dann zurückschlagen will, sind wir ebenso schnell verschwunden.«

»Verschwunden ist das richtige Wort«, knurrte Steinhand, »aber nicht die Akkader werden verschwunden sein, sondern du, weil du wohl denkst, daß es jetzt hier mit uns zu Ende geht.«

»Wäre ich ein Verräter«, erwiderte ich, »hätte ich mich heute ohne jede Gefahr ins feindliche Lager absetzen können. Statt dessen habe ich dafür gesorgt, daß ihr rechtzeitig umgekehrt seid. Wenn ich das nicht getan hätte, würde Ipku-Nidapa jetzt vermutlich eure Leichen an seinen Achsen hinter sich durch den Staub schleifen.«

»Du weißt, wir haben ein neues Gesetz für Verrat«, sagte Sargon.

»Wenn ich dich jemals hintergehe«, erwiderte ich, »sollst du mit mir verfahren wie mit Urzababa.«

Er musterte mich mit zusammengekniffenen Augen. Dann sagte er zu den anderen:

»Daramas hat recht. Er versteht von uns allen am meisten vom Krieg, und die Akkader sind unsere einzige Hoffnung.« Er schlug mir fest auf die Schulter. »Also gut, Bruder«, fügte er hinzu. »Versuchen wir das Glück, nicht du das deine und ich das meine, sondern wir beide das unsere, denn in unserem Schicksal scheinen wir miteinander verbunden wie zwei Stiere unter dem Joch.«

»Und so bleibt es auch«, sagte ich.

Die anderen schwiegen.

Ich wartete, bis es dunkel war. Dann kletterte ich vorsichtig über die Mauer, kroch auf dem Bauch durch die feindlichen Reihen und eilte schnell nach Norden.

Im Morgengrauen fand ich den Rest des akkadischen Heeres. Die Männer lagerten in einem Sumpfwald am Euphrat. Der Graubart blutete aus vielen Wunden. »Wahrlich, wir haben alles versucht«, ächzte er. »Aber der *lugal* ist unbesiegbar.«

»Unsinn«, sagte ich. »Ihr habt euch abschlachten lassen wie Schafe.«

»Du hättest es ganz gewiß besser gemacht«, giftete er. »Wahrlich, das fehlte mir noch, gute Ratschläge von einem Schlaukopf.«

»Ich dachte, ihr kämt so spät, weil ihr eine neue Schlachtordnung einüben wolltet«, sagte ich. »Wie viele seid ihr denn noch?«

»Vielleicht noch tausend«, murmelte er. »Wahrlich, ich –«

»Rufe die Hundert- und Dutzendführer«, befahl ich ihm.

»Die Dutzendführer auch?« wunderte sich der Graubart. »Wahrlich, jetzt verstehe ich gar nichts mehr. Die Hundertschaftsführer ...«

»Wir kämpfen nicht mehr in Hundertschaften«, erklärte ich ihm.

»Nicht mehr in Hundertschaften?« staunte er. »Wahrlich, sind wir denn eine Räuberbande?«

»Du hast es erraten«, erwiderte ich.

Kurz darauf drängten sich die Akkader um mich. Ich sagte ihnen, was ich plante, und schloß: »Wenn man gegen einen besser bewaffneten und ausgebildeten Feind kämpfen soll, meidet man die Schlacht und begnügt sich mit dem Scharmützel. Kämpft nur, solange der Feind überrascht ist, und flieht, sobald er wieder zur Besinnung kommt! Betretet nur die unbewachten Wege, greift nur unerwartete Orte an, haltet euch nur in zersprengendem Gelände auf und macht die Schnelligkeit zu eurem Verbündeten. So raubt der Wolf selbst der um vieles stärkeren Auerkuh im Wald das Kalb und verspeist es schon, während die Mutter es noch klagend sucht.«

»Wahrlich, so etwas hörte ich noch nie«, staunte der alte Akkader. »Hast du auch das auf der Kriegsschule Uruks gelernt?«

»Nein«, lächelte ich. »Bei den Wölfen.«

Die Hundertschafts- und Dutzendführer schienen damit zufrieden, und einer von ihnen meinte: »So kämpfte auch Laïbu!«

In den folgenden Tagen zogen wir im Röhricht des Euphrat umher und begannen mit Überfällen, die immer nach dem gleichen Muster verliefen: Jeweils ein Dutzend Akkader schlich sich nachts an das Lager des *lugal* heran, tötete einige schlafende Krieger und floh, sobald das Alarmhorn blies. Tagsüber beunruhigten wir die Truppen des Großherrn durch Pfeilschüsse aus dem Hinterhalt; die Bogenschützen liefen, sobald sie entdeckt waren, in verschiedene Richtungen davon, und die sumerischen Schwerbewaffneten mühten sich vergeblich, sie einzuholen. Einmal lauerten wir einem Wagenzug auf, der Nachschub ins Lager bringen sollte, töteten die Begleitmannschaft und raubten die Lebensmittel.

Lugalzaggesi ließ nun nach den Obstbäumen auch alle anderen Bäume in der Umgebung des Lagers umhauen und das Schilf abbrennen, so daß wir über den Strom fliehen mußten. Nachts aber kehrten wir zurück und schossen Brandpfeile, bis die Zelte des Lagers in Flammen aufgingen.

»Was ist das für eine Art Krieg?« schrie der *lugal* anderntags zu Sargon empor. »Ihr seid nichts anderes als eine Räuberbande!«

»Es ist der Krieg der Wölfe«, rief Sargon zurück.

Als der *lugal* unsere Angriffe nach einer Woche noch immer nicht Herr werden konnte, brach in seinem Lager Unruhe aus. Einige Krieger liefen davon; sie wurden eingefangen und hingerichtet. Danach schickte Lugalzaggesi Streitwagen auf Kontrollfahrten über das Land; sie fehlten ihm aber nun bei den Angriffen gegen die Stadt. Auf dem Strom ließ er Schiffe patroullieren, doch eines Nachts gelang es uns, zwei davon zu entern.

Am Ende der dritten Woche hob Lugalzaggesi die Belagerung auf, ordnete seine Truppen und zog nach Süden davon. Sargon, Steinhand und Igelspitz kamen heraus und griffen die Nachhut des *lugal* an. Am Abend kehrten sie zurück. Ich wartete vor dem Tor der Morgenglanzscheibe auf sie.

Als Sargon mich sah, stieg er von seinem Wagen herab, schloß mich in die Arme, küßte mich auf beide Wangen, drückte mich an sich und sagte: »Wir waren tote Hunde, doch du hast die Lebenspflanze an unsere Nasenlöcher gelegt. Du wirst der Vater noch sehr vieler Siege sein. Nun wissen wir, wie wir die Übermacht des *lugal* zu bekämpfen haben. Wer weiß, ob wir nicht bald den Krieg nach Uruk tragen!«

»Täusche dich nicht«, erwiderte ich. »Ich kenne den *lugal* besser als du. Er ist nicht der Mann, der vor ein paar Eselnomaden flieht. Es muß einen anderen Grund für seinen Abzug geben.«

Vier Tage später kamen Boten mit einer schlimmen Nachricht: Die Horde von Gutium war tief im Süden über den Tigris gegangen und griff Umma an, die Heimatstadt Lugalzaggesis.

»Das also stand in Aggars Brief!« sagte ich zornig zu Sargon. »Du hast dich mit ihm und der Horde verbündet und opferst sumerisches Leben! Du bist nicht besser als Urzababa!«

Sargon sah mich nachdenklich an. »Mit den Gutäern rechnen wir schon noch ab«, sagte er.

»Wann?« schrie ich.

»Nur schön langsam«, meinte Sargon. »Jeden Tag einen Ziegel bakken gibt auch einen Tempel.«

»Du willst die Gutäer also weiterhin als Hilfstruppen gegen den *lugal* benutzen«, rief ich. »Jetzt ahne ich, warum die Seher dich ein Ungeheuer nannten. Wie lange willst du noch zusehen, wie die Horde über wehrlose Dörfer herfällt? Wie lange willst du dich noch mitschuldig an Raub, Mord, Plünderung und Vergewaltigung machen?«

Sargon stand auf und maß mich mit festem Blick. »Niemand außer dir dürfte es wagen, so mit mir zu sprechen«, erwiderte er. »Da du aber mein Bruder bist, will ich dir antworten. Ja, Sumer soll leiden, wie Akkad einst litt. Dann werde ich selbst es erlösen. Das aber wird geschehen, wenn ich *lugal* bin.«

3

Ich ging auf Straßen.
Ich ging durch unbebautes Land.
Ich ging durch fruchttragende Felder.
Ich ging durch die blühende Steppe.
Ich ging durch ödes Land.
Ich ging durch den Sand der Wüste.
Ich ging durch tiefe Täler.
Ich ging durch dunklen Wald.
Ich ging durch Blut.
Ich ging meinen Weg.
Worte des Weisen von Eridu

Nach dem Abzug Lugalzaggesis ließ Sargon sofort die Mauern von Kisch instandsetzen. Auch die Verteidigungswerke in Sippar, in der Safranstadt und in der Grenzstadt Badan wurden verstärkt. Dann marschierten wir nach Süden, eroberten Babylon und bauten es zur Festung aus. Sumer war nun wieder wie früher in eine nördliche und eine südliche Hälfte geteilt.

Der Großherr warf die Gutäer über den Tigris zurück und zog dann nach Uruk. Dort ließ er dem blinden und verstümmelten Idinia die rechte Hand an den linken Fuß schmieden und ihn dann in die Hungergrube vor der großen Mauer werfen. In eisernen Fesseln warteten dort damals Diebe, Räuber und Mörder, die nur getränkt, nicht aber gespeist wurden, auf einen qualvollen Tod und rissen einander nicht selten Arm oder Bein ab, um sich vom Fleisch des Mitgefangenen zu nähren. Bei diesen Verbrechern ging der arme Idinia auf schreckliche Weise zugrunde.

Im Hürdenmonat zog ich in die Wüste zu den Akkadern und bildete ihre Krieger aus. Mit den Leichtbewaffneten übte ich eine bewegliche Schlachtordnung ein, lehrte sie, wie man den Feind schon auf dem Marsch angreift, und zeigte ihnen, wie Fußkämpfer Streitwagen außer Gefecht setzen können. Die Bogenschützen teilte ich in kleine Gruppen ein und hetzte sie durch die Dünen, bis sie so schnell und ausdauernd wie Wildesel liefen und selbst nach größter Anstrengung noch mit hoher Treffsicherheit schossen. Außerdem brachte ich den Akkadern bei, wie man Wetter und Gelände nutzt, sich bei Nacht über große Entfernung verständigt und was ich sonst auf der Kriegsschule von Uruk gelernt hatte.

Tag für Tag trieb ich die Eselnomaden am Rand des Gebirges umher, schluckte den Staub der Wüste und trank das Schmutzwasser der Entbehrung. Abends jedoch eilte ich zu Serida.

Am Ende des Winters versammelte Lugalzaggesi zwölftausend Krieger aus allen Städten des Südens um sich und zog aus, den Norden zurückzuerobern. Es war das Jahr, in dem die fünfzigköpfige Keule des Gottes Ningirsu hergestellt und in den Tempel von Lagasch getragen wurde. Sargon rief seine Heerführer in den Thronsaal, und jeder sagte dort seine Meinung.

»Machen wir es wie beim letzten Mal«, rief Igelspitz. »Bleiben wir in Kisch! Der *lugal* und seine Leute sollen sich an diesen Mauern die Schädel einrennen. Sie werden genauso geschlagen abziehen wie damals.«

»Willst du dem *lugal* unser Land noch einmal kampflos preisgeben?« entgegnete Steinhand empört. »Er könnte künftig ja jedes Jahr kommen und unsere Gärten und Felder verwüsten. Nein, sage ich! Ziehen wir ihm entgegen, und stellen wir ihn an der Grenze! Dort soll sich dann unser Schicksal entscheiden.«

»Was meinst du, Daramas?« fragte Sargon.

»Ich erinnere mich an vier Knaben«, antwortete ich. »Sie flüchteten einst vor einem Hund und kletterten alle auf dieselbe Palme.«

Die anderen schwiegen verblüfft. Dann sagte Sargon: »Du hast recht. Das Beieinanderhocken war damals ein Fehler und würde auch diesmal falsch sein. Verteilen wir uns auf unsere Städte! Steinhand, du gehst nach Babylon, Igelspitz übernimmt Sippar, Laomer die Safranstadt und Berglandgurke Badan. Ich bleibe hier. Und Daramas haut mit seinen Akkadern dazwischen. Seid flink wie Schmetterlinge, aber stecht zu wie Skorpione!«

Noch ehe Lugalzaggesis Heer die Grenze nach Kisch überquert hatte, griffen wir jede Nacht an, töteten Posten und schlafende Krieger, zerstörten Wagen und Kriegsgeräte, steckten Vorräte in Brand und verschwanden dann ebenso schnell, wie wir gekommen waren.

Diesmal verbrannte der *lugal* die Ernte nicht, sondern ließ sie rauben, um damit sein Heer zu versorgen. Dann schickte er Kudur und Amar-ezen gegen Babylons Mauern, doch Steinhand schlug alle Angriffe der Elamiter zurück. Danach schloß der Großherr einen Belagerungsring um Kisch, konnte die Stadt aber trotz seiner Übermacht nicht erobern, denn seine Krieger waren schon bald erschöpft, da sie kaum zur Ruhe kamen. In Utus gleißender Helligkeit trieb sie der *lugal* gegen die Mauern, unter Nannas mildem Schein fielen wir über sie her, einmal aus Sippar, dann wieder aus Babylon oder Badan. Wenn die Krieger von Uruk dann Igelspitz, Laomer und Berglandgurke verfolgten, eilten die Gefährten rasch in den Schutz ihrer Mauern zurück.

»Was ist das für ein Krieg, du Ungeheuer?« schrie Lugalzaggesi seinem Feind auf der Stadtmauer zu.

»Der Krieg der Skorpione!« rief Sargon zurück.

Der *lugal* zog darauf mit einem Teil seines Heeres selbst gegen Babylon aus, und es gelang ihm, die Stadt zu erobern. Steinhand entkam jedoch mit dem größten Teil seiner Männer in das Schilf des Euphrat. Danach ließ der Großherr drei Hundertschaften in Babylon zurück und zog gegen Sippar. Kaum war er über den Großen Kanal gegangen, eroberte Steinhand Babylon zurück. Als der *lugal* ein Sumpfgebiet durchquerte und seine Streitwagen nicht einsetzen konnte, fuhr ich dem Heer mit den Akkadern in die Flanke. Sargon unternahm inzwischen einen Ausfall gegen die Belagerungstruppen, die jetzt von Ipku-Nidapa befehligt wurden, und schlug sie in die Flucht. Der Großherr eilte nach Kisch zurück und schickte Ipku-Nidapa nach Sippar, gab ihm aber nur schwache Kräfte mit. Ipku-Nidapa wurde von Igelspitz und Laomer in die Zange genommen und konnte sich nur unter hohen Verlusten aus der Umklammerung retten.

So ging es den Frühling und Sommer hindurch, und es war, wie ich vorausgesagt hatte: Sumerer erschlugen Sumerer, und die Krieger spießten den Landsmann mit nicht geringerer Wut als früher die Landesfeinde. Es war ein zermürbender und verlustreicher Krieg, den weder der Großherr noch wir zu gewinnen vermochten. Doch als der Herbstregen einsetzte und der *lugal* nach Süden zurückkehren mußte, feierten wir seinen Rückzug wieder als unseren Sieg.

Im nächsten Jahr zog der Großherr nicht wieder gegen uns aus, denn in verschiedenen Städten des Südens waren Unruhen ausgebrochen. Besonders im stolzen Ur erinnerten sich die Bürger daran, daß ihre Stadt einst frei und selbständig war, ehe sie von dem Mann aus Umma erobert wurde. Der *lugal* ließ die Aufrührer samt ihrer Frauen und Kinder auf Pfähle spießen. Mitläufer wurden in Hungergruben geworfen.

Aber der wiedererstandene Freiheitswille ließ sich auch durch Grausamkeiten nicht brechen, und immer wieder flammten neue Empörungen gegen den Großherrn auf.

Sargon konnte diese Schwächung des Südens jedoch nicht gleich nutzen, da er selbst Schwierigkeiten mit seinen Untertanen bekam. Beim Fest des Gerstenessens der Göttin Nisaba zerrten einige betrunkene Akkader die Tochter eines Aufsehers der Sesamölpresser in ein Gebüsch und versuchten sie zu vergewaltigen. Sumerische Festgäste eilten dem schreienden Mädchen zu Hilfe und schlugen die Angreifer tot. Daraufhin rotteten sich viele Bürger von Kisch zusammen, zogen durch die Straßen und brachten jeden Akkader um, der ihnen in die Hände fiel. Steinhand eilte mit der Stadtwache herbei und hieb die tobende Menge zusammen. Die Überlebenden ließ Sargon anderntags auf Pfähle spießen. Darauf erhoben die Obersten und Verwalter Klage und riefen, Kisch sei eine Stadt der Sumerer; die Akkader sollten sich selbst eine bauen. Sargon fragte nach unserem Rat, und ich sagte zu ihm: »Die Leute haben recht. Auch wenn in dieser Stadt schon seit vielen Jahren Akkader leben, werden sie doch immer Fremde bleiben.«

»Dann will ich ihnen eine eigene Stadt erbauen«, antwortete Sargon, »und sie soll Akkad heißen.«

Am ersten Tag des Löwenmonats rief er den Oberaufseher der Baumeister zu sich, dazu alle Maurer und Zimmerleute, auch die Kanal- und Schleusenbauer sowie die Meister der Ziegelbrennkunst mit ihren Tonerdewählern, Lehmabkneifern, Ziegelstreichern und -brennern, Lehmmännern, Backsteinfertigern, Korbträgern, Spatenarbeitern, Ziegellegern, Lehmmischerburschen und Glasschmelzermeistern. Er befahl ihnen, Spaten und Mörtelbretter, Öfen und Formen für Voll-, Kuh- und Frauenziegel auf Wagen zu laden, und führte sie dann nach Norden zum Steppenlöwenkanal. Dort stellte er sich am Steppenbaum auf und befahl: »Baut mir hier eine Stadt! Legt hier den Tempel an, dort den Palast und drüben einen Hafen! Zieht Straßen mit dem Guten Wind, damit sie sauber bleiben, und schüttet einen Damm auf, den der Euphrat mit der Frühjahrsflut nicht übersteigen kann! Denn meine Stadt wird für die Ewigkeit gebaut.«

Die Männer hörten ihm ungläubig staunend zu; nie zuvor, sagten sie, habe ein Mensch den Bau einer Stadt angeordnet. Darum zögerten die Baumeister, und ihr Aufseher fragte Sargon: »Auf welchen Gottes Befehl sollen wir mit dem Werk beginnen?«

»Ich bin es, der euch befiehlt«, antwortete Sargon.

Die Baumeister starrten ihn an.

»Worauf wartet ihr?« rief Sargon. »Habt ihr mich nicht verstanden?«

Die Baumeister und ihre Handwerker rührten sich nicht.

»Fangt an!« schrie Sargon unbeherrscht. »Oder ich lasse euch alle töten!«

Er winkte seinen Bogenschützen, und die Akkader legten Pfeile auf die Bogensehnen.

»Tue es nicht«, raunte ich Sargon zu. »Diese Leute sind es gewohnt, nur in göttlichem Auftrag zu handeln. Wenn du sie umbringst, wird niemand mehr da sein, dir eine Stadt zu erbauen. Nur ein Narr sticht dem störrischen Zugtier den Dolch in den Hals.«

Sargon hörte schweigend zu und kratzte sich den Bart. Dann sagte er zu den Baumeistern: »Ihr habt großes Glück, daß ihr Sumerer seid und nicht Akkader. So konntet ihr nicht wissen, daß ich stets nur tue, was mir die Göttin Ischtar befiehlt. Sie wird Akkads Schutzherrin sein. Nun fangt also an!«

Die Baumeister waren jedoch noch immer nicht zufrieden, und ihr Obermeister fragte: »Mit welchem Zeichen aber tat die Göttin ihren Willen kund, o mächtiger Gebieter? Nach diesem Zeichen richten sich die Hymnen und Anrufungen, auch die Tafeldeutung und Tagewahl, wenn nicht großes Unglück über Ischtars Stadt kommen soll.«

»Sie ist dir im Traum erschienen«, murmelte ich.

»Jaja«, sagte Sargon leise. Dann rief er: »Die Göttin erschien mir im Traum. Sie weinte und klagte, weil ihr noch immer keine Stadt in Sumer gehört. Dann nahm sie mich an der Hand und sagte: ›Gilgamesch fällte den *chuluppu*-Baum, du aber sollst den Steppenbaum wachsen lassen.‹ Als ich erwachte, lag ich unter diesen Ästen.«

»Der Steppenbaum«, wiederholten die Baumeister nun voller Ehrfurcht, und ihr Aufseher sagte: »Ischtars Wille sei unser Befehl, auch wenn wir keine Akkader sind. Die Göttin schütze uns und unser Werk! Dank sei dir und deinem *me*!«

Dann riefen die Priester ihre sumerischen Götter an, vor allem Enlil und Enki, aber auch die Große Göttin und danach die Götter der Baukunst, der künstlichen Bewässerung und der Brunnen. Sie verrichteten alle vorgeschriebenen Opfer und prüften die Tafeln der günstigen und der ungünstigen Tage, um den Baubeginn festzulegen. Danach brannten sie als ersten den Ziegel der Schicksalsentscheidung und legten ihn zuunterst in das Fundament.

Als der Bau beginnen konnte, ließ Sargon dreitausend akkadische Lohnarbeiter und zwölf Ischtar-Priester kommen. »Ich will, daß Akkad nicht von Sklaven, sondern von freien Männern erbaut wird«, erklärte er. »Denn Ischtars Ort soll kein Hort der Unfreiheit, sondern ein Turm des Stolzes sein.« Er ließ alle Männer hart arbeiten und sah ihnen von einem Sitz aus zu, der im Schatten des Steppenbaumes für ihn aufgestellt worden war.

Im Speichermonat kehrten die Steppenbaumvögel zurück, blickten aus ihrem Geäst hochmütig auf das Treiben der Bauleute nieder und ließen ihren Kot auf uns fallen. Sargon befahl daraufhin, seinen Sitz in einiger Entfernung unter Palmen aufzubauen. Doch als das getan war, verunglückten einige Arbeiter tödlich: Ein Ziegelleger brach sich beim Sturz vom Gerüst des Tempelturms das Genick, ein Fuhrknecht wurde von seinen Eseln zu Tode geschleift und ein Glasschmelzerbursche fiel in den glühenden Ofen. Außerdem zogen nun immer häufiger schwere Unwetter herauf und verwandelten den Steppenboden in tiefen Morast. Daraufhin stellten Sumerer und auch Akkader die Arbeiten ein, versammelten sich vor Sargon, und der Oberaufseher verlangte von ihm, daß er unter den Baum zurückkehren solle, da Ischtar ihnen sonst weiter zürnen werde.

»Das ist eine schwere Probe für meine Geduld, daß ich diesen Unsinn mitmachen soll«, knurrte Sargon. »Als ob die Göttin etwas davon hätte, wenn wir uns weiter von diesen Biestern besudeln lassen!«

»Wir werden ein Dach über uns anbringen lassen«, tröstete ich, »dann müssen wir auch nicht mehr bei jedem Schauer ins Zelt.«

Wir ließen Stoff an Stangen nageln und setzten uns wieder unter den Baum. Die Unwetter hörten aber nicht auf, und wieder legten die Handwerker ihre Geräte nieder.

»Die Vögel sind schuld«, erklärte der Oberaufseher.

»Ist das auch eure Meinung?« fragte Sargon die Ischtarpriester.

»Ja, Gebieter«, antwortete der akkadische Oberpriester. »Es sind die Söhne des Sturmvogels, der einst mit der schrecklichen Schlange und der Dämonin Lilith im *chuluppu*-Baum hauste. Als Gilgamesch die Schlange mit seiner Streitaxt erschlug, entwich Lilith in die Wüste, der Sturmvogel aber floh mit seinen Jungen in das Gebirge.«

»Ja, ich weiß«, brummte Sargon. »Ich kenne die Geschichte.«

»Jetzt sind seine Söhne zurückgekehrt und bringen Unglück über uns alle«, rief der Oberpriester.

Sargon überlegte. »Na, dann müssen sie eben weg«, meinte er schließlich und winkte nach einem Bogen.

»Du willst die Söhne des Steppenbaums töten?« fragte ich erschrokken. »Aber sie waren doch Gefährten unserer Jugend! Einst hielten wir sie für unsterblich und gaben uns unseren Namen nach ihnen. Hast du das etwa vergessen?«

»Kinderkram«, sagte Sargon verächtlich. »Du hast doch schon in Gutium gesehen, daß diese Vögel wie alle anderen sterben.« Er legte den Bogen an, zielte und ließ den ersten Pfeil sausen. Das Geschoß durchschlug die Brust eines der Vögel; er stieß einen lauten Schrei aus und stürzte sterbend aus dem Geäst vor unsere Füße. Die anderen stiegen mit wildem Flügelschlag zum Himmel empor und kehrten nie mehr zurück.

Danach kamen keine Unwetter mehr; auch neue Unglücksfälle blieben aus, und die Arbeiten gingen zügig voran. Im Reinigungsmonat konnten wir schon die Umrisse der neuen Stadt erkennen. Im Tennenmonat wurden die ersten Dächer gedeckt, und im Trübmonat wurden Deiche, Kanäle, Bewässerungsgräben, Schöpfwerke und Schleusen, Kaimauern, Speicher und Stadttore fertig.

Das folgende Jahr hieß im Süden das »Jahr, da die Pauke ›Herrscher des Volkes‹ angefertigt wurde«, denn damals ließ Lugalzaggesi zum ersten Mal die große Trommel ertönen, die er für den Krieg hatte herstellen lassen, und ihr Klang erfüllte die Herzen der Menschen mit Schrekken. Im Norden aber wurde dieses Jahr nach der Errichtung von Akkad benannt. Sargon ließ Ischtars Tempel mit großem Prunk weihen, stattete ihn mit reichen Geschenken aus dem Staatsschatz von Kisch aus und befahl den Priestern der Götter Sumers, das neue Heiligtum mit bedeutenden Gaben zu ehren.

Im Frühjahr schickte Lugalzaggesi Kudur und die Elamiter nach Ur, um einen neuen Aufstand niederzuschlagen. Als Sargon davon erfuhr, sammelte er sein Heer und zog nach Süden. Der *lugal* erwartete uns bei Schuruppak. Er hatte dort einen Erdwall auftürmen lassen und den Großen Strom mit Schiffen gesperrt. Steinhand schwamm nachts durch den Euphrat; ich schlug mit den Akkadern einen Bogen durch die Wüste. Als Sargon unser Feuerzeichen aufflammen ließ, griffen wir das Lager von drei Seiten an. Die Männer von Umma und Uruk wehrten sich tapfer, die von den anderen Städten aber liefen davon, so daß der *lugal* das Lager aufgeben mußte. Er floh mit dem Rest des geschlagenen Heeres auf seine Schiffe und fuhr nach Süden davon. Wir folgten ihm am Ufer, über die dort angeschwemmten Leichen der Männer hinweg, die Lugalzaggesi als Feiglinge und Verräter mit durchschnittenen Kehlen ins Wasser gestoßen hatte.

Der Großherr kehrte nach Uruk zurück und verschwand im Tor seiner Hauptstadt wie ein Mungo in seinem Loch. Sargon legte einen Belagerungsring um die Stadt, sandte Boten nach Adab, Zabalam, Lagasch und Larsa und forderte die *ensis* dieser Städte auf, sich ihm zu unterwerfen. Inzwischen kam jedoch aus Ur die Nachricht, daß Kudur die Stadt erobert und ihre Bewohner streng bestraft hatte. Daraufhin ließen die anderen *ensis* Sargons Boten zu Tode foltern. Als Kudur mit den Elamitern heranzog, mußten wir die Belagerung aufgeben und uns nach Norden zurückziehen. Dennoch betrachteten wir diesen Feldzug als großen Erfolg, und Steinhand sagte: »Wir haben den Wolf in die Höhle zurückgetrieben. Nächstes Jahr holen wir ihn dort heraus.«

Lugalzaggesi befahl die *ensis* von Adab, Zabalam, Lagasch und Larsa nach Uruk. Dort ließ er ihnen die Gewänder vom Leib reißen und die Nackten zu Tode peitschen, weil sie die Boten Sargons empfangen hatten. Dann setzte er in den vier Städten neue *ensis* ein. Ur aber erhielt nur noch einen *girnita.* Darüber empörten sich viele Sumerer, die bisher Lugalzaggesi die Treue gehalten hatten.

Im nächsten Frühling zogen wir wieder nach Süden. Diesmal kam uns der *lugal* nicht nach Schuruppak entgegen, sondern blieb in der Hauptstadt und ließ unser Heer aus den anderen Städten angreifen. Er wandte also die gleiche Taktik an wie wir drei Jahre zuvor. Sargon aber verheerte das schutzlose Land nicht und plünderte die sumerischen Bauern nicht aus, sondern befahl seinen Kriegern, sie wie Verbündete zu behandeln. Er zahlte für jedes Brot, das seine Männer aßen, für jeden Krug Bier, den sie tranken, und sogar für jeden Apfel, den sie von einem Baum pflückten. Wenn einer seiner Krieger, ob Akkader oder Sumerer, Eigentum oder Ehre der Einheimischen versehrte, wurde er mit der äußersten Strenge bestraft, und mancher Mörder und Vergewaltiger ließ unter Peitschenhieben sein Leben. Deshalb flohen die Bauern nicht, sondern blieben in ihren Dörfern, wo wir uns nun leicht mit allem versorgen konnten, was wir benötigten.

Die neu eingesetzten Herrscher von Adab, Zabalam, Lagasch und

Larsa sowie der *ensi* von Umma bekämpften uns mit großem Eifer. Die anderen Statthalter aber kamen nur zögernd aus ihren Mauern und zogen sich meist schon nach kleinen Scharmützeln schnell wieder zurück.

Aus Ur kamen geheime Boten und forderten Sargon im Namen der Bürger auf, ihre Stadt zu erobern und vom Joch des *lugal* zu befreien. Sie versprachen ihm, daß sie die Besatzung aus Uruk töten und ihm die Tore öffnen würden. Sargon antwortete ihnen jedoch, daß es dafür noch zu früh sei; er könne sie nicht auf Dauer beschützen, ehe der *lugal* nicht besiegt und Uruk erobert sei.

Im folgenden Winter kehrten wir nicht nach Kisch zurück, sondern lagerten bei Schuruppak und bauten das Schanzwerk des *lugal* zu einer Verteidigungsanlage für uns aus. Der Großherr bestrafte indessen die Bauern, die mit uns gehandelt hatten. Er machte die Dörfer dem Erdboden gleich und schleppte die Einwohner, auch Frauen und Kinder, in die Sklaverei. Im Ungestüm seines Zorns warf er den Umkreis des Landes gleich einer Windhose zu Boden, streute seine großen Bäume aus wie Malz auf einer Darre und brannte die Fruchtgärten nieder, so daß den geplagten Herzen der Schwarzköpfigen kein Trost blieb. Er wütete wie ein Großdrache. Die *ensis*, die ihm nicht eifrig genug gekämpft hatten, setzte er ab und ließ sie in seinem Heer als gewöhnliche Krieger dienen.

Im nächsten Jahr sammelte Lugalzaggesi alle kampffähigen Männer des Südens, um sein und unser Geschick ein für allemal zu entscheiden. Es war das größte Heer, das je in einen Krieg gezogen war. Fünfzig *ensis*, zweihundert *girnitas* und dreißig Sechshundertschaften folgten dem König nach Norden. Wie ein Heerzug von Ameisen, die das Nachbarnest angreifen wollen, wand sich die Streitmacht Sumers durch die Hochsteppe Eden, alles verschlingend, was auf ihrem Weg lag, und nichts als Zerstörung und Öde hinter sich lassend, so wie das Land nach dem Flug der Heuschreckenschwärme abgefressen zurückbleibt. Überall herrschten Kummer und Zorn, und viele Sumerer wünschten, teils leise, teils laut, daß Sargon siegen möge, damit endlich Schluß sei mit diesem schrecklichen Krieg. Wer aber das Unglück hatte, daß solche Worte aus seinem Mund dem Großherrn zu Ohren kamen, wurde ergriffen und auf einen Pfahl gespießt.

Wir warteten hinter dem Erdwall auf Lugalzaggesi. Sargon und Steinhand hielten die Mitte besetzt, Igelspitz, Wahrlich und ich standen mit den Akkadern auf der linken, Laomer und Berglandgurke mit den Elamitern auf der rechten Seite.

Sargon ließ eine Schafsleber prüfen, Öl in den Wasserbecher gießen und den Flug der Vögel beobachten; alle Vorzeichen fielen günstig aus. Der Großherr aber schwieg über das, was ihm das Leberorakel vorhergesagt hatte; als unglückverheißende Vogelrufe in seinem Heer böse Vorahnungen weckten, ließ er die Tiere durch Trommelschläge übertönen und griff an.

Der *lugal* fuhr in seiner goldenen Rüstung vor seiner Streitwagentruppe einher. Zu seiner Linken führte Kudur die Elamiter; den rechten Flügel befehligte Ipku-Nidapa. Die Scharen des Großherrn brandeten gegen unseren Wall und brachen Lücken, so daß wir mit den Feinden bald Fuß an Fuß fochten. Am Ufer des Großen Stroms erstürmte Kudur als erster den Wall. Unter seiner Streitkeule sanken seine Gegner nieder, als hätte sie der Huf des mit Klauen bewehrten Gebirgspferds getroffen. Hinter ihm drangen rasch immer mehr feindliche Krieger durch unsere Reihen, so wenig aufzuhalten wie die Frühlingsflut des Euphrat, wenn sie erst einmal die Dämme durchbrochen hat. Der Angriff stockte erst, als sich Laomer seinem Vater in den Weg stellte. Da ließen die Elamiter auf beiden Seiten die Waffen sinken und warteten auf das, was nun geschehen sollte.

Kudur musterte seinen Sohn wie ein zottiger Ur, der die Hörner zum Stoß senkt. Laomer aber stand hochaufgerichtet vor ihm. Der Sohn war eine halbe Handbreit größer als sein Vater, der dafür breiter in den Schultern schien.

»Beim letzten Mal flohst du vor mir«, rief Kudur, »was gibt dir nun den Mut, dich mir zu stellen?«

»Ich war verwundet«, antwortete Laomer. »Jetzt bin ich wieder gesund. Du machst einen großen Fehler. Lugalzaggesi ist es, der rassestolze Sumerer, den wir bekämpfen müssen, nicht Sargon, der alle Völker der Welt, selbst die Akkader, als ebenbürtig erachtet. Für deinen *lugal* bleiben wir Elamiter nur Diener; hast du vergessen, wie oft er schon unsere Berge verheerte? Sargon aber wünscht endlich Frieden zwischen den Völkern des Fruchtlands, der Wüste und des Gebirges.«

»Deswegen hat er uns wohl auch die Horde auf den Hals gehetzt«, antwortete der alte Held mit Hohn in der Stimme. »War das der Anfang seines Friedenswerks? Was macht dich so blind, warum glaubst du solchen Lügen? Nein, Laomer – dein Sargon ist ein Ungeheuer; wir müssen ihn vernichten, und wenn die Götter gnädig sind, soll uns das auch gelingen.«

»Zuvor mußt du mich töten«, sagte sein Sohn.

»Dann soll es geschehen«, erwiderte Kudur, hob seine Sichelkeule und ließ sie mit heftigem Schwung auf Laomer niedersausen. Nur durch eine schnelle Bewegung entrann sein Sohn dem gewaltigen Hieb; die Kupferwaffe riß ihm fast den Schild vom Arm. Der Jüngere schlug mit dem Elamiterschwert zurück und traf den Helm seines Vaters.

»Auf Leben und Tod!« knurrte Kudur voller Zorn.

»Für Freiheit und Recht!« erwiderte sein Sohn.

So fochten sie miteinander, und es war, als ränge Gilgamesch noch einmal mit Enkidu. Die wütenden Schreie der Kämpfenden hallten nicht weniger laut über das Feld von Schuruppak, als einst die Rufe der Vorzeithelden durch die Straßen von Uruk erschollen sein mögen. Dann stiegen immer mehr Krieger des *lugal* auf unseren Wall, und ich konnte den Kampf nicht länger verfolgen.

Ipku-Nidapa führte seine sturmerprobten sumerischen Sechshundertschaften mit großem Eifer gegen meine Akkader. Die Eselnomaden begrüßten die Schwarzköpfigen mit einer Wolke von Pfeilen. Die Geschosse schwirrten so dicht durch die Luft wie Bienen, die einen Bären vertreiben wollen. Die Schwerbewaffneten deckten sich aber geschickt mit den großen, viereckigen Schilden und rückten wie eine lebende Wand weiter gegen uns vor.

Ich spähte nach Ipku-Nidapa, da griff mich plötzlich ein hochgewachsener Krieger an. Die Skorpionnarbe auf seiner Wange glühte, als sei sie mit Blut nachgezogen.

»Amar-ezen!« rief ich verblüfft.

»Ja, ich bin es«, antwortete er. »Nun ist es aus mit dir, du Verräter!« Er hob sein Schwert und schlug auf mich ein.

Ich duckte mich hinter den Schild und fragte: »Warum gierst du nach meinem Blut? Was habe ich dir getan? Lugalzaggesi selbst ist der Verräter; er war es, der ...«

»Spare dir deine Lügen«, stieß Amar-ezen keuchend hervor. »Vergieße hier dein Blut und sättige dich dann im Land der Toten!«

Ich wehrte heftige Hiebe ab und erwiderte: »Einst waren wir Gefährten; du selbst hast mir das Kämpfen beigebracht.«

»Das war ein Fehler«, knirschte er. »Wir hätten euch besser wie Hunde erschlagen oder wie Ratten in eurem Gazellenkanal ersäufen sollen, als ihr euch bei uns einschleichen wolltet, du und Sargon, dieser Sohn eines Räubers und einer Hure ...«

»Laïbu war ein Mann von Ehre«, entgegnete ich. »Obwohl ich sein Feind war, verletzte er das Gastrecht nicht. Sargons Mutter aber war eine fromme Dienerin der Göttin Ischtar.«

Amar-ezen schnaubte verächtlich. »Du weißt so gut wie ich, daß Schara eine Hure war«, keuchte er. »Sie wäre gesteinigt worden, hätte man ihr Verbrechen entdeckt. Und Laïbu ...«

Ich wich einem sausenden Schwerthieb aus. »Du irrst dich«, erwiderte ich.

»Was?« machte Amar-ezen verblüfft. »War sie nicht eine *entum*-Priesterin, die ewige Keuschheit gelobte?«

»Das meine ich nicht«, antwortete ich. »Du irrtest dich, als du sagtest, ich wüßte das alles so gut wie du.«

Er hielt inne. »Was redest du denn da?« fragte er. Ein Ausdruck von Unsicherheit erschien auf seinem Gesicht.

»Ich weiß, daß sie eine *entum*-Priesterin war«, erklärte ich ihm. »Doch ihren Namen höre ich von dir zum ersten Mal. Mir verriet sie ihn nämlich nicht, als ich sie damals aufsuchte.«

»Soso«, meinte Amar-ezen und hob rasch die Waffe. »Jetzt aber genug davon, wir sind nicht zum Schwatzen hier.« Mit großem Kampfeseifer drang er wieder auf mich ein.

Ich deckte mich mit meinem Schild und wich langsam zurück. »Du warst es«, sagte ich. »Du hast Schara im Tempel getötet. Und auch Hatamersa am Brunnen der Freudentränen Inannas.«

»Ja, und ich bin stolz darauf«, knurrte Amar-ezen. »Denn ich diene nicht einem hergelaufenen Eselnomaden, sondern dem einzig rechtmäßigen Herrscher. Schade, daß ich dich für tot hielt; jetzt hole ich nach, was ich damals versäumte!«

»Du bist ein Mörder«, sagte ich. »Ein Mörder von Frauen und Kindern. Du hast deine Kriegerehre verloren.«

»So wie ihr diesen Krieg führt, brauchst du nicht von Ehre zu faseln«, versetzte er grimmig. »Das ist nicht die Kriegskunst, wie wir sie in Uruk lehren. Mich nennst du einen Mörder, wo du selber einen Haufen schlimmster Räuber führst? Ich tötete für Sumer, du aber vergießt das Blut deiner Landsleute, um einem Eselnomaden zum Thron zu verhelfen!«

Da fühlte ich wilde Wut in mir wachsen. »Sargon ist tausendmal mehr wert als du und dein *lugal*!« schrie ich in heller Empörung und schlug wie rasend auf ihn ein.

Amar-ezen wehrte sich mit großer Tapferkeit und zeigte seine in tausend Schlachten erprobte Erfahrung, doch er war alt geworden und seine Kräfte hielten mit seinem Können nicht Schritt. Was ihm in seiner Jugend leicht gefallen war, wurde ihm nun zur Last; die schnellen Schritte, die er einst wie tanzend tat, kosteten ihn große Anstrengung, und der Arm, der einst Schläge zu Tausenden austeilen konnte, wurde nach hundert Hieben lahm. Als er in seiner Erschöpfung unachtsam wurde, schlug ich ohne Zögern zu. Sein Blut färbte meine Waffe, und der Mann mit der Skorpionnarbe stürzte zu Boden.

»Du hast mich besiegt«, stöhnte er, »aber das ist dir nur gelungen, weil ich ein alter Mann bin. Auch du wirst sterben!«

»Warte in der uralten Trümmerstätte auf mich, du Mörder«, antwortete ich höhnisch. »Dein Essen soll verdorben und dein Wasser faulig sein!«

Haßerfüllt starrte er mich an; dann brachen seine Augen, und er war tot.

So starb der Mann mit der Skorpionnarbe, den ich einst bewundert und dann verachtet hatte; der unsere Amme getötet hatte und Mitschuld am Tod der Priesterin trug, die Sargons Mutter gewesen war. Ich war froh, daß ich ihn getötet hatte, und wollte auf den Toten spucken. Doch als ich den Leichnam so vor mir liegen sah, konnte ich es nicht über mich bringen und spie statt dessen in den Staub vor meinen Füßen.

Dann stieg ich über Amar-ezen hinweg und ging auf seine Krieger zu. Sie wichen langsam vor mir zurück. Igelspitz tauchte neben mir auf. »Gegenangriff!« keuchte er. Sein Lederpanzer war voller Blut. »Gib das Signal. Wir treiben sie in die Wüste.«

Ich wollte dem Hornbläser winken, doch plötzlich erklang am Strom ein furchtbarer Schrei. Er flog über den Lärm der Schlacht hinweg wie ein Falke über geschwätzig gurrende Tauben; soviel Leid und Schrekken, Zorn und Verzweiflung lag in diesem Ton, daß alle Kämpfenden für einen Augenblick innehielten. »Das war Laomer«, rief Igelspitz.

Wahrlich eilte herbei. Blutflecken an seinem Kriegsmantel zeigten, daß er sich nicht geschont hatte. »Ipku-Nidapa nimmt seine Leute zurück«, sagte er. »Verfolgen wir sie!«

»Haltet den Wall«, befahl ich, »und wartet, bis ich zurück bin! Wenn

Laomer gefallen ist, kann Kudur uns vom Strom abschneiden. Das müssen wir verhindern!«

Ich eilte über den Wall zurück, sprang dort auf meinen Streitwagen und trieb die Halbesel an.

»Gut, daß du kommst!« rief mir Sargon entgegen. In seinen Augen lag ein unheimliches Glühen.

»Laomer?« fragte ich.

Er nickte. Blut troff von seiner Klinge. »Er ist tot«, erklärte er. »Vom eigenen Vater erschlagen. Steinhand ist schon unterwegs, aber allein wird er Kudur nicht aufhalten können. Berglandgurke ist schwer verletzt. Ich muß ihnen helfen. Dann werden wir ja sehen, ob Kudur wirklich nur von seiner eigenen Hand sterben kann. Führe du hier inzwischen die Männer!«

»Nein, das wäre nicht gut«, entgegnete ich. »Siehst du nicht, daß der *lugal* schon den Hauptstoß in der Mitte vorbereitet? Wenn du nicht hier auf ihn wartest, wird es aussehen, als hättest du Angst vor ihm. Laß mich das machen. Ich kenne Kudurs Kampfesweise von der Kriegsschule her. Amar-ezen habe ich schon erledigt.«

»Wen?« fragte Sargon.

»Er war der Mörder deiner Mutter Schara«, sagte ich.

»Schara«, murmelte Sargon.

Ich sprang auf meinen Wagen und fuhr nach Westen. Steinhand versuchte mit lautem Gebrüll die versprengte Schar unserer Elamiter zu sammeln. Kudur war mit seinen Bergkriegern entlang des Euphrat schon fast fünfzig *gar* tief in unsere Stellung gedrungen. Er mähte unsere Männer nieder wie ein fleißiger Schnitter die Halme des Gerstenfelds.

Ich half Berglandgurke auf einen Wagen und brachte ihn mit anderen Verwundeten aus der Schlacht. Dann fuhr ich den Elamitern des Königs mit meinem Streitgefährt in die Flanke und versuchte, sie in den Ufersumpf des Großen Stroms zu drängen.

Bald tauchte Kudur vor mir auf. Der Riese war von Kopf bis Fuß mit Blut bespritzt. Die Halbesel scheuten, als sie ihn sahen; ich hatte Mühe, sie zu zügeln.

»Du lebst noch?« fragte Kudur erstaunt. »Hat Amar-ezen dich nicht gefunden?«

»Er kehrte zu seiner Mutter zurück«, erwiderte ich, »und nährt sich im Haus des Staubes.«

»Dann wollen wir ihn nicht zu lange auf dich warten lassen«, rief Kudur grollend, hob Schild und Schwert und drang auf mich ein.

Ich sprang in den Sand und focht mit ihm. Steinhand kam mir von der anderen Seite zu Hilfe.

»Nur zu«, schnaubte Kudur. »Ich nehme es auch mit euch beiden zugleich auf.«

Ich duckte mich unter dem sausenden Hieb seiner Sichelkeule und zielte nach seinem Fechtarm, verfehlte ihn aber. Steinhand traf nur Kudurs Schild.

Wir griffen den Elamiter nun von zwei Seiten zugleich an, doch Kudur drehte sich geschickt und hielt sich dabei am Rand der Böschung, die steil zum Euphrat abfiel. Zweimal verfehlten seine Hiebe Steinhand nur um Haaresbreite; beim dritten Mal drang die Sichel tief in die ledergepanzerte Schulter meines Gefährten, so daß rotes Blut hervorquoll. Die Wucht des Schlages war so groß, daß Steinhand in die Knie brach.

»Jetzt habe ich dich!« schrie Kudur in wildem Triumph und wollte zum Todeshieb ausholen. Steinhand hielt die Sichelkeule mit blutigen Fäusten fest.

»Laß los, du Hund!« knurrte Kudur in rasender Wut und zerrte am Griff seiner Waffe. Ich sprang hinzu und schlug ihm den rechten Unterarm ab.

Kudur stieß einen Schrei aus, der noch lauter und schrecklicher klang als der seines Sohnes zuvor. Aus seinem Armstumpf schoß Blut wie Wasser aus einem Gebirgsquell. Er schleuderte seinen Schild auf Steinhand und packte mich dann mit der linken Hand an der Kehle. Ich schlug mit dem Schwert zu und traf ihn, aber er ließ mich dennoch nicht los, und ich glaubte schon, daß mein Genick brechen müsse. Da raffte sich Steinhand auf, packte die Sichelkeule, an deren Griff noch immer Kudurs abgehauene Hand hing, und hieb sie dem Riesen tief in das linke Bein.

Brüllend stürzte der Elamiter zu Boden; noch immer hielt er mich fest gepackt. So rollten wir ineinander verschlungen die Böschung hinunter. Im letzten Moment bekam ich einen Weidenbusch zu fassen. Steinhand eilte herbei und schlug Kudur auf den Kopf. Da endlich lokkerte sich der Würgegriff, und der riesige Körper verschwand in den Fluten des Stroms.

So hatte sich die Prophezeiung erfüllt, daß Kudur nur durch seine eigene Hand fallen konnte.

Als die Elamiter den Sturz des vermeintlich Unbesiegbaren sahen, verloren sie allen Mut und stürmten in wilder Flucht nach Süden davon. Unsere Männer verfolgten sie und hieben sie zu Hunderten nieder. Der Strom trug ihre Leichen fort.

Steinhand hatte viel Blut verloren und konnte sich kaum auf den Beinen halten. Ich führte ihn zu einem Wagen. Dann eilte ich Sargon zu Hilfe.

Der *lugal* stand in seiner goldenen Rüstung hinter vier Schildträgern auf seinem hohen Kampfwagen und trieb die ausgesuchten Scharen mit der großen Kriegspauke an. Die schwerbewaffneten Sechshundertschaften schritten in guter Zucht vorwärts. Sie waren gewohnt, selbst noch im dichtesten Kampfgetümmel ihre Gefechtsordnung einzuhalten, und sahen sorgfältig auf Vordermann und Seitenrichtung. Mit ihren großen, viereckigen Schilden bildeten sie ein wanderndes Bollwerk; ihre Stoßlanzen ragten uns wie die Krallen von Löwen entgegen. Zum dumpfen Dröhnen der Pauke rollte der Angriff gegen den Wall wie ein riesiges Rad mit bronzenem Reif, das alles zermalmt.

Sargon ließ Rückzugssignale blasen, und unsere Krieger fluteten hinter die schützende Deckung. Schon nach kurzer Zeit bedeckten die Krieger des Südens den Wall wie Heuschrecken einen Zweig voller saftiger Blätter. Wir wehrten uns nach Kräften, aber der Feind war zu stark, und für jeden, den wir erschlugen, rückten drei andere gegen uns vor. Bald wichen meine Akkader zurück, so heftig Igelspitz sie auch beschimpfte. Dann wankten unsere Elamiter, die besonders schwere Verluste erlitten hatten.

»Wir müssen zurück«, rief ich Sargon zu. »Nach Schuruppak.«

»Nein«, schrie Sargon und hieb noch heftiger auf die Angreifer ein.

Ich drängte mich zu ihm hindurch. »Sei kein Narr«, fuhr ich ihn an. »Der Wall ist nicht mehr zu halten, siehst du das nicht? Die Schlacht ist verloren, rette wenigstens unser Heer!«

»Gehe nur«, knirschte Sargon. »Ich fliehe nicht vor diesem Hund.« Er warf sich den Kriegern des Großherrn entgegen, und seine Hiebe streckten die Schwerbewaffneten nieder, so wie Enlil einst die Ungeheuer Tiamats fällte. Als unsere Männer das sahen, schöpften sie neuen Mut und drängten die Angreifer langsam zurück.

Plötzlich entstand vor unserem rechten Flügel Verwirrung. Die *ensis* von Adab, Lagasch und Larsa zogen ihre Sechshundertschaften zurück und eilten zu ihren Schiffen am Euphratufer. Der *lugal* ließ zornig Hornstöße ertönten, doch die drei untreuen Heerführer kümmerten sich nicht darum.

»Was ist mit diesen Kerlen?« fragte Sargon verblüfft.

»Ich glaube, sie trauen deinem Glück mehr als dem des Großherrn«, erwiderte ich, sprang auf meinen Wagen und fuhr an das Ufer des Stroms. Als die *ensis* mich kommen sahen, drehten sie ihre Streitwagen um.

»Schließt euch uns an«, rief ich ihnen zu. »Durch Sargons Sieg werden eure Städte die Freiheit wiedergewinnen.«

Die *ensis* blickten einander an. Dann sagte der älteste von ihnen, Urdul von Lagasch: »Wir haben lange genug unter Lugalzaggesi gelitten. Jetzt wollen wir endlich das Joch seiner Zwangsherrschaft abwerfen. Aber bevor wir euch helfen, soll Sargon uns schwören, daß unsere Städte auch wirklich frei und wir ihre *ensis* sein werden.«

»Ich schwöre es an seiner Stelle«, antwortete ich.

»Nein«, sagte Urdul von Lagasch. »Wir trauen dir nicht. Schworst du nicht einst auch dem *lugal*? Du bist nicht besser als wir, und dein Wort wiegt weniger als der Wind. Doch was dein Bruder spricht, kann niemand umstoßen.« Sie gingen mit ihren Männern am Ufer in Stellung.

Ich kehrte zu Sargon zurück und berichtete ihm. »Dreimal drei Hornstöße, wenn du den Schwur leisten willst«, schloß ich, »so habe ich es mit den *ensis* vereinbart.«

»Warte noch«, meinte Sargon und zeigte nach links. Auch dort, am Rand der Wüste, zogen sich einige Sechshundertschaften des Südens plötzlich zurück. Es waren die Scharen von Eridu, Nina und Ur.

Um den Wagen des Großherrn entstand große Unruhe. Schwerter blitzten, und hohe Heerführer stürzten tot in den Sand.

»Eine Revolte!« rief Sargon. »Wir greifen an.« Er winkte dem Hornbläser, sprang auf seinen Wagen, rollte durchs Haupttor und eilte dem Großherrn entgegen. Lugalzaggesi aber wartete nicht auf seinen Gegner, sondern ließ sein Fahrzeug drehen und eilte mit seiner Leibwache zum Euphrat. Ein Teil des Heeres folgte ihm, ein anderer setzte den Kampf fort. Zahlreiche *ensis* aber warfen sich vor Sargon zu Boden und boten ihm ihre Huldigung an.

Sargon achtete nicht auf sie, sondern raste mit schlagender Achse über das Feld, um das Wild zu stellen, daß ihm zu entkommen drohte.

Immer wieder rief er dem *lugal* Beschimpfungen zu, aber der Flüchtende wandte sich nicht nach ihm um. Die *ensis* von Adab, Lagasch und Larsa stellten sich Lugalzaggesi nicht in den Weg. So erreichte der Großherr glücklich sein Schiff, ließ die Leinen durchhauen und fuhr schon zur Strommitte hin, als Sargon das Ufer erreichte.

»Kehre um!« schrie Sargon ihm zornig zu. »Kämpfe mit mir, damit sich endlich entscheide, wer künftig über den Länderberg herrscht!«

»Du bist es nicht wert!« rief der *lugal* zurück. »Nur durch Verrat hast du gesiegt, du Knecht eines Enlil-Priesters, der meine Männer gegen mich aufwiegelte! In Uruk, wo es noch Treue gibt, siehst du mich wieder.«

Bei dieser Antwort geriet Sargon so in Zorn, daß er von seinem Wagen herab in den Strom sprang, um dem Großherrn hinterherzuschwimmen. Doch seine schwere Rüstung aus Leder und Bronze zog ihn sogleich in die Tiefe.

»Seht!« schrie der *lugal.* »Das Ungeheuer kehrt in das Wasser zurück!« Auf dem Antlitz des goldenen Mannes erschien ein Ausdruck verwegener Hoffnung, und einige seiner Getreuen riefen ihm zu: »Kehre um, großer *lugal*, die Schlange Enlils ertrinkt, und der Länderberg ist gerettet!« Ich riß mir den ledernen Panzer vom Leib und stürzte mich in das Wasser. Zweimal zwang Atemnot mich, aufzutauchen. Die Krieger des Südens zielten mit Pfeilen und Speeren nach mir. Dann endlich bekam ich Sargon zu fassen. Er klammerte sich mit aller Kraft an mir fest und zog mich mit in die Tiefe. Nur mit der größten Mühe bekam ich den Griff meines Dolches in die Hand. Rasch schnitt ich Riemen und Schnüre durch und riß ihm die Rüstung vom Körper. Dann schwamm ich mit ihm zum Ufer des Flusses. Sargons akkadische Leibwächter eilten zu Hilfe und deckten uns mit ihren Schilden.

Als der Großherr das sah, ließ er das Mattensegel aufziehen und fuhr nach Süden davon. Ipku-Nidapa sammelte eilig die Reste des geschlagenen Heeres und marschierte ebenfalls nach Süden. An Verfolgung war nicht zu denken, denn wir hatten schwere Verluste erlitten und Sargon lag ohne Besinnung am Ufer; auch traute ich den übergelaufenen *ensis* nicht. Darum befahl ich, die Flüchtenden ziehen zu lassen. In ihrer Wut brannten die Krieger des Südens alle Dörfer auf ihrem Weg nieder und schlugen eine breite Schneise der Verwüstung durch die Hochsteppe Eden. Nachts leuchteten überall Feuersbrünste, und tags standen schwarze Rauchsäulen über dem geschundenen Land.

Als Sargon wieder zu sich kam, fielen ihm dreißig *ensis* zu Füßen, huldigten ihm und baten um die Bestätigung der ihnen zugesicherten Freiheit sowie der versprochenen Rechte. Sargon gewährte ihnen, was sie verlangten. Dann befahl er ihnen, so schnell wie möglich in ihre Städte zurückzukehren. Dort sollten sie auf weitere Befehle warten. Die *ensis* sammelten ihre Sechshundertschaften und zogen noch in der gleichen Stunde davon.

Als sie verschwunden waren, begannen unsere Männer, die Leichen der Gefallenen aufzusammeln. Für ihre toten Gefährten hoben sie Gruben aus, die erschlagenen Feinde aber warfen sie in den Fluß. Sargon und ich saßen unter Palmen am Ufer und sahen zu, wie die Männer, die gekommen waren, um uns zu vernichten, nun als Leichname mit dem Großen Strom in ihre Heimat zurückkehrten. Da dachte ich bei mir: »So wird es eines Tages auch uns ergehen. Der Längste kann den Himmel nicht erreichen, der Breiteste bedeckt die Erde nicht, der Älteste überlebt nicht den Tod. Jedem erfüllt sich einmal das Schicksal, jeder kehrt eines Tages zu seiner Mutter zurück. Selbst Kudur, der berühmteste Held des Stromlands, blieb nicht unbesiegt, und die meisterliche Kriegskunst des *lugal* versagte vor dem Verrat. Der Mächtigste kann sich nie sicher fühlen, dem Sieger droht stets eine Niederlage, und auch der Stärkste muß einmal einem noch Stärkeren weichen. Die Spinne webt gegen die Fliege ihr Netz, die Eidechse liegt darüber im Hinterhalt gegen die Spinne.«

»Du hast mir das Leben gerettet«, sagte Sargon, »dir gebührt auch der größte Anteil am Ruhm dieser Schlacht.«

»Danke mir für dein Leben«, erwiderte ich, »aber nicht für diesen Sieg. Den hat Aggar für dich errungen, mit dem Giftpfeil des Verrats, dem Fallstrick der Untreue und dem Vogelnetz der Verschwörung.«

»Was hätte ich denn deiner Meinung nach tun sollen?« fragte Sargon scharf. »Wäre es dir denn lieber, wenn es unsere Leichen wären, die dort im Fluß schwämmen, und der *lugal* als Sieger nach Kisch zöge, unsere Frauen zu schänden und unsere Kinder zu töten?«

Ich senkte den Kopf. »Nein«, gestand ich.

»Da siehst du es«, sagte Sargon. »Glaubst du, wir hätten die Schlacht gewonnen, wenn nicht die wichtigsten *ensis* plötzlich übergelaufen wären?«

»Wohl kaum«, gab ich zu. »Aber was mußtest du Aggar dafür versprechen, was war der Preis des Verrats? Und wie willst du über den

Länderberg herrschen, wenn seine Städte nun wieder selbständig sind, mit Verrätern als Herrschern?«

»Darum brauchst du dich nicht zu sorgen«, erwiderte Sargon. »Mit diesem Priester werde ich schon fertig. Und die *ensis* ... Wenn wir erst einmal den *lugal* besiegt haben, bauen wir diese Welt neu. Dann wird nichts mehr wie vorher sein.«

Nannas Boot legte ab und und begann seine nächtliche Fahrt durch die Freudenfunken des Himmels. Sein Silberschein dämpfte das Grauen der Schlacht, denn so, wie das Licht der Sonne die Freude des Lebens erglänzen läßt, lindert das Licht des Mondes das Leid um die Toten.

»Wann wird das alles ein Ende haben?« seufzte ich. »Wann ist es endlich vorbei mit Mord und Zerstörung?«

»Wenn alles zerstört ist«, antwortete Sargon. »Das Neue kann nur auf den toten Gebeinen des Alten gedeihen.«

»Das ist nicht wahr«, entgegnete ich. »Wie viele neue Fernhandelsstraßen folgen den uralten Pfaden der Jäger, wie viele Tempel bauten wir auf alten Fundamenten, wie viele Gesetze gründen sich auf ererbtes Recht? Das Alte und das Neue zu verbinden ist die Kunst.«

Danach mußte ich ihm von Amar-ezen erzählen, und Sargon sagte: »Nun kenne ich also endlich den Namen meiner Mutter. Ach, hätte ich doch auch einmal ihr Antlitz sehen dürfen, ehe sie ...« Er seufzte tief. Dann hatte er sich wieder in der Gewalt und fuhr fort: »Lugalzaggesi steht kein leichter Tod bevor, denn die Flamme meines Hasses brennt hoch wie ein Feuer aus reinem Öl. Es wird viel Blut vergossen werden, ehe sich mein Herz abkühlen kann!«

Einige Elamiter kamen herbei und meldeten, daß alles für Laomers Bestattung bereit sei. Wir folgten ihnen. Steinhand stand schon, Hals und Brust mit Verbänden umwickelt, am Grab des Gefährten. Auch Igelspitz, Wahrlich und Berglandgurke hatten sich eingefunden; der Elamiter lag mit einer tiefen Speerwunde auf einer Bahre.

Wir hörten den Anrufungen der elamitischen Priester zu, opferten Krüge für den Geist des Toten und tranken ihm nach der Sitte der Bergkrieger zu. Zum Schluß sagte Sargon: »Laomer! Im Kampf haben wir uns gefunden, im Kampf auch trennten wir uns. Selbst in den Bergen von Gutium fandest du keinen so grimmigen Feind wie hier. Ich erschlug meinen Vater, du fielst vor dem deinen – ich lebe, doch ach, wie drückt mich die Last des Gewissens! Wer weiß, ob dir nicht doch das Bessere beschieden war. Dein Blut ist gerächt. Versöhne dich mit deinem Vater, wenn du ihm in der Brust der Erdentiefe begegnest! Wir wollen ihm wie dir jeden Tag Trank und Speise bereitstellen lassen.«

Die Elamiter schaufelten Laomers Grab zu und schichteten schwere Steine darüber, damit die Hyänen die Leiche nicht rauben konnten. Dann sagte Sargon feierlich zu uns: »Sieben kehrten aus dem Gebirge zurück, jetzt sind wri nur noch sechs. Paßt gut auf euch auf! Ich will euch nicht auch noch verlieren. Ihr seid wie die Arme und Beine an meinem Körper, und ohne euch fühlte ich mich wie ein Rumpf ohne Gliedmaßen, der weder laufen noch eine Waffe zu führen vermag.«

»Ich will dein rechter Arm sein«, sprach Steinhand ergriffen.

»Wahrlich, dann bin ich dein linker«, sagte der graubärtige Akkader mit Andacht in der Stimme.

»Die Beine überlasse ich Daramas und Berglandgurke«, ließ sich Igelspitz vernehmen. »Ich wäre gern das Glied, das du in hübsche Weiber steckst.«

Sargon starrte ihn verblüfft an. Wahrlichs Mundwinkel zuckten, und Berglandgurke begann zu prusten.

»Euch ist wohl gar nichts heilig!« beschwerte sich Steinhand.

»Wieso?« verteidigte sich Igelspitz. »Denkst du, Schwertarm zu sein ist das Schwerste? Beim großen Schicksalskenner – glaube mir, ich werde sehr viel mehr Stöße auszuführen haben als du!«

Da mußten auch Sargon und Steinhand lachen. »Wir sind die Söhne des Steppenbaums!« schrie Igelspitz und hielt uns die Handflächen hin. Wir hieben darauf, wie es die Sitte von Kriegern ist, die Leben und Tod, Liebe und Trank miteinander teilen. Dann lagerten wir uns an einem Feuer, tranken einander zu, und jeder erzählte, wie es ihm in der Schlacht ergangen war. Am Ende gelobten wir einander ewige Treue, und die Freundesliebe verknüpfte unsere Herzen fest wie ein Treidelseil.

4

Ich kämpfte stets für das Gute.
Ich wollte für alle das Beste.
Ich glaubte an die Gerechtigkeit.
Ich setzte mich für edle Ziele ein.
Ich achtete die Ordnung des Himmels und der Welt.
Ich liebte die Menschen.
Ich hörte die Götter über mich lachen.

Worte des Weisen von Eridu

Am siebenten Tag des Reinigungsmonats kehrten wir als umjubelte Sieger nach Kisch zurück. Wir opferten den Toten, pflegten die Verwundeten und bildeten neue Krieger aus, bis die Verluste ersetzt waren und unser Heer wieder die alte Kampfstärke besaß. Im Wind- und im Trübmonat gingen zahlreiche Botschaften zwischen Sargons Palast und den Städten des Südens hin und her. Igelspitz schickte Spione nach Uruk und fand heraus, daß es der *lugal* offenbar nicht wagen wollte, mit abgefallenen Städten im Rücken nach Norden zu ziehen. Statt dessen bereitete er die Hauptstadt auf eine Belagerung vor. Auch in Umma wurden alle Verteidigungsanlagen ausgebaut und große Mengen Vorräte angehäuft.

Im Frühlingsmonat erschienen Gesandte Urduls von Lagasch und überbrachten den Rat, schnellstmöglich anzugreifen, denn unter den Kriegern Lugalzaggesis sei große Unruhe ausgebrochen. Der König habe ein Leberorakel bestellt und die Antwort erhalten: »Mache deine Mauer stark, fülle deine Gräben mit Wasser! Deine Behälter, dein Korn, dein Silber, deinen Besitz, dein Habe, deine Geräte bringe hinein und drücke dich in einen Mauerwinkel! Deinen Leib schütze, deine Person bringe in Sicherheit! Wer da draußen kommt: Gehe nicht zu ihm hinaus! Wer dich angreift: Komme ihm nicht zu nahe! Setze dein Leben nicht gegen ihn aufs Spiel!«

Der Inhalt dieser Warnung sei dem Volk von Uruk bekannt geworden, und deshalb habe es das Vertrauen in seinen Herrscher verloren.

»Da steckt doch gewiß wieder Aggar dahinter«, sagte ich, als ich die Tafel gelesen hatte.

»Aber es ist die Wahrheit«, entgegnete Sargon. »Seit Kudurs Tod haben wir niemanden mehr zu fürchten. Wir werden den *lugal* fangen wie einen Kranich, der seinen Schnabel zu tief in die Kürbisfalle gesteckt hat.«

So begannen wir den neuen Feldzug. Er wurde der schlimmste und grausamste dieses Krieges. An seinem Ende lag die Welt, die wir kannten, in Trümmern, und an ihrer Stelle war eine neue entstanden, in der neue Gottheiten herrschten und neue Gesetze galten. Es war die letzte Drehung des großen Rades, das Sumer zermalmte, und Sargon drehte es wie mit göttlicher Hand.

Als wir durch den Süden des Länderbergs zogen, stießen fast jeden Tag neue Hilfstruppen zu uns, aus Isin und Adab, Lagasch und Larsa, Eridu, Ur und den anderen Städten des Südens. Nur Umma hielt seine Tore geschlossen, doch kümmerte Sargon sich nicht darum und sagte nur: »Ist die Kuh erlegt, kommt das Kälbchen von allein.«

Wir fanden Uruk bestens auf den Angriff vorbereitet. In den breiten Gräben stand das Wasser zehn Ellen hoch, die Riesenmauer Gilgameschs starrte vor Bogenschützen, und auf dem Feld davor waren alle Bäume umgehauen, auch sämtliche Büsche verbrannt, so daß uns keine Deckung blieb. Sargon ließ Dämme aufschütten, und viele wakkere Männer verloren dabei ihr Leben. Dann rückten wir mit Sturmböcken und Leitern vor, aber die Krieger von Uruk wehrten sich mit dem Löwenmut der Verzweiflung, und ihre Rohrpfeile flogen schnell wie Fledermäuse in den Mund der Schlacht.

Unablässig schritt Sargon glühenden Auges durch unsere Reihen und feuerte die Krieger an; es schien ihm nicht in den Sinn zu kommen, daß er ihre Leben genauso bedenkenlos opferte wie zuvor Lugalzaggesi die seiner Krieger beim Sturm auf Kisch.

»Der erste, der auf die Mauer steigt, wird neuer *ensi* von Ur!« versprach Sargon, und seine Männer griffen mit doppeltem Eifer an. Einige kletterten auf ihren Leitern bis unter die Mauerkrone empor; dann aber wurde siedendes Öl auf sie herabgegossen, und schreiend stürzten sie in die Tiefe.

»Der erste, der durch das Tor dringt, wird neuer *ensi* von Eridu an der Lagune!« schrie Sargon darauf. Da schlossen sich andere Krieger zusammen und warfen sich mit einem Sturmbock gegen das Rote Tor. Doch ehe sie die mit Bronze beschlagenen Zedernholzbohlen brechen konnten, hagelten von den Tortürmen gut gezielte Schleudersteine auf sie nieder, und viele Männer blieben mit zerschmetterten Köpfen und Gliedmaßen liegen.

»Der erste, der eine Bresche in diese Mauer bricht, wird *ensi* von Uruk!« schrie Sargon in hellem Zorn. Da sammelten Steinhand, Berglandgurke und Wahrlich ihre erfahrensten Krieger, stiegen über die Toten hinweg und griffen die Mauer zwischen zwei Türmen neben dem Roten Tor an. Ich folgte ihnen, und wieder flogen die Steine uns so dicht entgegen wie Hagelschlag im Gebirge. Aber auch uns gelang es nicht, die Ziegelumwallung zu brechen, und als ich emporblickte, sah ich erschauernd, wer uns daran hinderte: Anu selbst, der höchste Himmelsbeherrscher, stand riesengroß auf dem Gilgameschbau und hielt uns das Emblem der Ewigkeit entgegen. Unter dem kupfernen Helm wallte sein langes Haar grau wie die Flechten im hohen Gebirge, unter den buschigen Brauen glühten die Augen des Gottes wie Kohlenstücke, und in seinem weißen Bart blitzten Zähne wie die eines Wolfs. Drei seiner Söhne fochten an seiner Seite: Adad, der kriegerische Herr der rauhen Wetter, trug das Fell eines Wisents um die breiten Schultern und schwang eine kupferbeschlagene Keule; seine Hiebe fielen wie Blitze und dröhnten wie der Donner einer Gewitterwolke. Utu, der gleißende Rächer des Unrechts, hatte sich ganz in Gold gewappnet und führte ein Lapislazulischwert. Meslamtaëa, der Herr des Todes, war in das nachtschwarze Fell eines Urstiers gehüllt und focht mit dem steinernen Kolben, der die Brust der Erdentiefe erbeben läßt. Die schrecklichen Annunaki der Unterwelt, auch der Udug und viele andere böse Dämonen, die Anu einst schuf, eilten ihrem Herrn emsig zu Hilfe; selbst Inanna, die Große Göttin, trug Brünne und Speer.

Doch auch auf unserer Seite sah ich gewaltige Götter: Enlil, der König der Stürme, hob eine gewaltige Zeder empor und stieß sie mit solcher Kraft gegen die Gilgamesch-Mauer, daß die geborstenen Ziegel wie Stare himmelwärts flogen. Kedar, der starke, langbärtige Hochgott von Elam, Martu, dem die Nomaden opferten, und Dagan, der König der Oberen Länder, halfen dem Stürmeentfacher mit Eichenstämmen aus ihren Gebirgen; unter ihren Stößen brach endlich die riesige Mauer. Adad stellte sich in die Bresche und rief nach verbündeten Göttern, ihm gegen Enlil zu helfen; wie bei den Menschen fochten nun auch bei den Göttern Väter und Söhne, Brüder und Schwäger, Vettern und Landsleute gegeneinander, und der Kampfeseifer der Sterblichen wirkte gegen die Wut der Himmelsbewohner nur wie das laue Säuseln des Sommerwinds gegen die heftigsten Winterstürme. Nanna, der Herr der Lichtfülle, trieb seine silberne Sichel brüllend in grause Dämonenleiber; Ningirsu der Starke, auch er Anus Sohn, erneuerte seine alte Fehde mit Ummas Stadtgöttin Nisaba und Chaja, ihrem Gemahl. Er hatte nicht vergessen, daß diese Götter einst Lugalzaggesi geholfen hatten, Lagasch zu erobern. Am wildesten aber stürmte die blutige Ischtar mit ihrer unfehlbaren Lanze gegen die älteren Götter an, und ihre Wut war so groß, daß selbst Inanna vor ihr weichen mußte.

Starr wie ein schneebedeckter Leichnam sah ich den kämpfenden Göttern zu und wußte nicht, wohin ich fliehen sollte. Immer heftiger wogte der Kampf der Unsterblichen; die Erde bebte unter ihren Schritten, und in der Luft brauste es, als ob der Himmel einstürzen oder die Unterwelt aufbrechen wolle. Schließlich drängten Enlil und seine Gefährten den tobenden Adad zurück und brachen schon in die Stadt ein, da öffneten sich auf einmal die beiden riesigen Zedernholzflügel des Haupttors, und Anu fuhr auf seinem Wagen heraus, hinter sechs feueräugigen Halbeseln, von denen jeder größer als zehn Rüsselochsen war und lauter als zehntausend Stiere brüllte.

Vor diesem Ansturm wichen selbst Ischtar und Nanna zur Seite, und erschrocken gewahrte ich, daß der König des Himmels genau auf mich zufuhr. Angstvoll sah ich mich um, einen Hügel zu finden, mich zu verbergen, oder ein Loch, mich darin zu verkriechen. Schon waren die wilden Halbesel so nah, daß ich den Wind ihrer Nüstern zu spüren glaubte. Verzweifelt hob ich mein Schwert, da schrie plötzlich eine Stimme: »Halt!« Der Kampfwagen Anus hob sich in den Himmel, neigte sich dann zur Seite und stürzte schwer nieder, Erdbrocken aufwirbelnd, die mir entgegenflogen wie von der Wucht einer Windhose durch die Lüfte geschleudert.

Geblendet schloß ich die Lider und wartete darauf, von dem Wagen des Gottes zerschmettert zu werden, doch nichts geschah. Statt dessen drang lautes Siegesgebrüll an meine Ohren. Verwundert rieb ich mir den Staub aus den Augen und blickte mich um; da sah ich, daß die Götter verschwunden waren. Krieger von Kisch eilten von allen Seiten zu dem umgestürzten Wagen. Eine harte Hand rüttelte mich an der Schulter. »Das war ja ...!« rief eine rauhe Stimme. »Das hätte ich dir gar nicht zugetraut!«

Ich blinzelte gegen die Sonne und sah weiße Zähne in einem schwarzglänzenden Bart. »Enlil!« entfuhr es mir.

»Was? Wer?« fragte die Stimme. »Hast wohl doch etwas abgekriegt!«

Jetzt erst erkannte ich Steinhand. Er musterte mich besorgt und drückte mit den Fingern auf meiner Stirn herum. »Ganz schöne Beule! Das war bestimmt ein Stein. Du hast Glück, daß er den Helmrand traf, sonst wäre dein Schädel geplatzt wie eine überreife Melone.«

»Was ist denn los?« staunte ich. »Warum schreien denn alle so?«

»Der Krieg ist aus«, rief Steinhand fröhlich. »Der *lugal* ist gefangen. Hast das wohl gar nicht mitbekommen, wie? Nun ja, kein Wunder – stellt sich der Kerl doch ganz allein dem Kampfwagen des Großherrn in den Weg!« Er packte mich und zog mich mit sich fort.

Die Krieger von Kisch standen mit dem Rücken zu uns am Rand des tiefen Lochs, in dem Lugalzaggesi einst Sargons Gesandten zusammen mit Dieben und Mördern hatte verhungern lassen. Steinhand drängte sich grob durch die dichten Reihen und zog mich hinter sich her. Da erst erkannte ich, daß der goldene Mann nun selbst in dieser Hungergrube lag, herausgeschleudert aus dem Wagen, mit dem er in einem letzten, verzweifelten Ausfall versucht hatte, Sieg und Reich zu retten.

Sargon drückte mich an sich. »Auch diese Schlacht hast du mir gewonnen«, sagte er.

Ich wußte nicht, was ich antworten sollte.

»Er hat einen Schleuderstein abgekriegt«, erklärte Steinhand. »Ich werde ihm erst mal ein paar Krüge Bier einflößen.«

»Tue das«, erwiderte Sargon. Dann blickte er auf den besiegten Großherrn hinab und sagte: »Einst schwor ich, auf dem toten *lugal* meine Notdurft zu verrichten. Noch lieber aber schlage ich mein Wasser auf den lebenden ab!« Mit diesen Worten öffnete er seinen Kriegsmantel und ließ seinen Harn in die Grube fallen.

Der *lugal* riß die Hände empor und versuchte, dem Strahl auszuweichen. »Hund!« schrie er in ohnmächtigem Zorn.

Die Krieger von Kisch lachten schallend, öffneten ebenfalls ihre Kriegsmäntel und harnten nun von allen Seiten auf den brüllenden *lugal* hinab, bis der goldene Mann ganz durchnäßt war. Dann warfen sie Kampfnetze auf ihn herab, bis er sich nicht mehr rühren konnte. Steinhand, Igelspitz und Berglandgurke stiegen in die Grube, zogen dem Wehrlosen die Rüstung aus, rissen ihm auch die Unterkleider vom Leib, fesselten den nackten *lugal* und legten ihm die Nackengabel eines Sklaven um den Hals. So zerrten sie ihn heraus und stießen ihn vor Sargon in den Staub.

»Töte mich!« schrie Lugalzaggesi, der die Schmach nicht länger ertragen wollte.

Sargon spie auf ihn herab. Dann ließ er einen Käfig bauen und den Besiegten darin einsperren wie ein wildes Tier.

»Du haftest mit deinem Kopf für ihn!« befahl er dem Akkader Akapsenni, der die Leibwache führte. Dann kehrten wir in das Lager zurück, tranken aus großen Krügen und warteten auf die Übergabe.

So also, Rimusch, brachte ich damals Lugalzaggesi zu Fall und verhalf deinem Vater zum Sieg – nicht als furchtloser Krieger, als der ich seither gefeiert wurde, sondern hilflos über das Schlachtfeld torkelnd, von einem Schleuderstein getroffen und deshalb meiner Sinne nicht mächtig, so daß ich Götter kämpfen sah und nicht mehr wußte, was ich tat.

Kurz darauf kamen die Vorsteher, Obersten und Verwalter von Uruk, darunter der Oberverwalter des Großhauses, der Meister der Rechtsprechung, der Anführer der Palastwache und die anderen Heerführer Lugalzaggesis, der Hohepriester des Weißen Tempels mit seinen Priestern sowie die vornehmsten Bürger der Stadt. Sie warfen ängstliche Blicke auf den nackten Lugalzaggesi, der mit abgewandtem Gesicht in seinem Käfig kauerte, fielen dann vor Sargon auf den Boden und huldigten ihm, während der Hohepriester ihn anrief: »Der Weiße Tempel, unsere Stadt, unsere Häuser, unser Besitz, unsere Frauen, unsere Kinder, unsere Leben sind dein Eigentum. Rechtmäßiger Großherr mit leuchtendem Lapislazulibart und mehrfarbigen Augen, Stier Enlils, dessen vielspitzige Hörner den Himmel erreichen! In deiner Heldenhaftigkeit und Mannhaftigkeit machst du wie ein Wisent den Nacken breit. Du bist ein Ur, der die Hörner zeigt, und ein Löwe, der den Rachen aufreißt. Wie ein immer wieder zustoßender Wildstier hast du die versammelten Feinde zu Boden geworfen, wie Tauben in ihren Mauerlöchern rufen wir immer wieder um Gnade. Laß uns nicht statt Gerste salzige Erde essen, stoße uns nicht in die Trümmerstätte hinab, zerstöre nicht Anus Hort, den Weißen Tempel! Denn der Gewalt gehorchten wir, als wir Lugalzaggesi gehorchten. Nun hat der Fluch ihn wie ein Schaf geschlachtet. Dank deiner Göttin Ischtar Kraft ist Uruk wieder frei!«

»Verräterische Skorpione«, knurrte Sargon, als er das hörte. Dann gab er zur Antwort: »Gnade hättet ihr erwarten können, wenn ihr mir den Verbrecher ausgeliefert hättet – jetzt ist es zu spät. Töten werde ich euch nicht. Aber ihr sollt beweisen, wie ernst ihr eure Worte meint.

Ich schicke euch nach Akkad, wo ich Ischtar einen neuen Turm errichten werde, höher als alle Tempel des Landes. Dort sollt ihr Ziegel brennen und eure Heimat nicht wiedersehen, bis der Bau vollendet ist.«

Da heulten die Bürger von Uruk und wehklagten sehr, doch Sargon ließ seinen Haß nicht schmelzen, sondern gab seinen Leibwächtern einen zornigen Wink. Die Akkader rissen darauf den Sumerern die Kleider vom Leib, banden die Nackten an ein langes Tau und führten sie fort.

Danach befahl Sargon den Kriegern von Uruk, die Waffen niederzulegen und sich seiner Gnade anzuvertrauen. Als das geschehen war, ließ er sie unter scharfer Bewachung am Euphrat ein Lager aufschlagen. Dann sammelte er seine höchsten Heerführer um sich, stieg auf seinen Kampfwagen und nahm die Stadt in Besitz. Die Bürger von Uruk hielten sich in ihren Häusern verborgen wie Fledermäuse in ihren Höhlen. Am Tor des Großhauses sprang Sargon von seinem Gefährt; da fiel sein Blick auf die Tafel der Taten, die Lugalzaggesi dort hatte anbringen lassen, damals, als sein *me* noch stark gewesen war. Sargon kniff die Augen zusammen, und seine Lippen buchstabierten. Dann fragte er mich ungeduldig: »Was steht dort? Lies vor!«

Ich räusperte mich und sagte: »Enlil, der König des Landes, möge Anu, seinem geliebten Vater, meine Bitte sprechen, meinem Leben Leben hinzufügen; die Länder in Sicherheit lasse er wohnen; Krieger, so zahlreich wie das Kraut, gebe er mir reichlich, die Hürden des Himmels besorge er, das Land mit Wohlwollen sehe er an; das gute Schicksal, das die Götter mir bestimmt haben, mögen sie es nicht verändern! Der Hirte, der an der Spitze steht, möge ich stets sein. Für sein Leben hat er Enlil, seinem geliebten König, diese geweiht.«

»Da siehst du, wie schnell die Treue der Götter wechselt«, sagte Sargon. »Herunter damit!«

Steinhand trat mit seiner Sichelkeule hinzu und schlug die Lasursteintafel herab, daß sie in tausend Stücke zersprang.

»So habe ich es mir vorgestellt«, sprach eine spöttische Stimme. »Lesen könnt ihr nicht, aber zuschlagen könnt ihr, und was euch nicht paßt, wird kleingemacht. Aber ihr könnt doch nur das Geschriebene, nicht das Geschehene auslöschen. Ihr tötet Tafeln, nicht Taten.«

»Die Stimme kenne ich«, sagte Steinhand; Sargon seufzte, und auch ich wußte gleich, wer so zu uns redete.

Ischma-Ja stand auf den Stufen des Palastes; schwer stützte sich der alte Tafelhausvorsteher auf einen knorrigen Stock. Er wirkte dürr, fast zerbrechlich; sein Antlitz zeigte einen Ausdruck großer Müdigkeit und tiefer Resignation.

»Ischma-Ja! Alter Lehrer! Du bist noch am Leben!« rief ich erfreut. »Lange hörte ich nichts mehr von dir; ich dachte, du seist schon ...«

»Daramas«, sagte Ischma-Ja. »Junge! Du bist es! Meine Augen sehen nicht mehr gut. Wie bist du nur in diese Bande von Dieben und Räubern geraten? Ach, daß sich von zwei Brüdern immer der schlimmere durchsetzt!«

Wir standen vor ihm wie kleine Kinder, die man beim Stehlen ertappt hat. »Der Alte hat nichts verlernt«, brummte Igelspitz hinter mir. »Fehlt nur noch, daß der Ältere Bruder gleich um die Ecke biegt und uns eins mit dem Rohrstock überzieht.«

Sargon räusperte sich und sagte: »Beruhige dich, alter Mann! Wir rühren kein fremdes Eigentum an. Auch töteten wir nicht aus Mordlust. Wir rächten unsere Gefährten, die Lugalzaggesi einst der Horde auslieferte, und wir erlösten Sumer aus demütigender Knechtschaft. Nicht um Uruk zu besiegen kam ich, sondern um es zu befreien. Nicht brennen, blühen soll die Stadt, und ihre Bürger sollen sich nicht zerstreuen wie Kühe, wenn ihre Hürde zerstört ist, sondern sich freuen wie Schafe, die nach langer Dürre wieder auf fetter Weide lagern. Daramas aber, den du offenkundig bevorzugst, soll sie hüten, als *ensi*, und meine Stelle im Süden des Landes vertreten. Du, Ischma-Ja, magst ihn dabei beraten, wenn du das willst. Dann wirst du ja sehen, ob wirklich Räuber und Mörder gekommen sind, wie du gemeint hast, oder nicht doch vielmehr Retter und Friedensbringer.«

Überrascht sah ich Sargon an. Heiße Freude floß in mein Herz wie flüssiges Zinn in den Tiegel des Bronzeschmieds, und in meinem Innersten dachte ich: Nun ist endlich wahrgeworden, was du dir immer erträumt hast. Mag Sargon auch der neue Großherr sein und du nur sein Stellvertreter – er bleibt im Norden, in seiner akkadischen Heimat, dir aber wird der Süden gehören, das alte Sumer, der fruchtbare Schoß des Länderbergs und die Mitte der Welt.

»Jetzt zahlt es sich doch einmal aus«, hörte ich Igelspitz spotten, »daß Daramas im Tafelhaus immer so brav war, eifrig seine Hausaufgaben machte und nie widersprach.«

Ich trat auf den alten Vorsteher zu, erwies ihm das Zeichen der Ehrerbietung und sagte: »Gewähre mir deine Gunst, Ischma-Ja, und lasse mich deine Ratschläge hören, zum Segen der Stadt und des Landes! Sitze auf dem Ehrenplatz zu meiner Rechten! Deine Worte sollen in meinem Ohr mehr Gewicht haben als die aller anderen Männer an meinem Hof.«

Der alte Tafelhausvorsteher musterte mich eine Weile und sagte dann: »Also gut, Daramas. Wer weiß, vielleicht läßt sich so wenigstens das Allerschlimmste verhüten. Oh, ihr ungnädigen Götter, warum legt ihr die Macht der Welt in die Hände von Knaben!« Seine knochigen Finger schlossen sich schmerzhaft um meinen Arm. »Aber das sage ich dir«, fügte er mit strenger Stimme hinzu, »nicht nur mein Leib, auch meine Geduld ist alt geworden, und du wirst dich anstrengen müssen. Im Tafelhaus hat ein Fehler nur wenig Bedeutung, im Leben gilt er sehr viel.«

»Damals dachte ich, es sei genau umgekehrt«, höhnte Igelspitz hinter uns; Steinhand grunzte zustimmend.

»So ist es also beschlossen«, sagte Sargon freundlich zu Ischma-Ja. »Leiste uns Gesellschaft und erzähle uns, wie es dir in all den Jahren erging! Wir wollen uns bei einem guten Trunk entspannen. Ich habe einen bitteren Geschmack von den Lippen zu spülen.«

Wir folgten ihm zum Großsaal des Herrschers; dort lagen sämtliche Männer und Frauen des Hofstaats, vom Herold über die Bäcker, Köche, Bierbrauer, Musiker, Wächter, Sendboten und Läufer bis zu den Meistern der Abtritte auf ihren Bäuchen. Sargon würdigte sie keines Blickes, und auch ich ging achtlos an ihnen vorüber. Da faßte plötzlich eine Hand nach dem Saum meines Kriegsmantels, und eine Stimme flüsterte: »Herr! Kennst du mich denn nicht mehr?«

Verwundert blieb ich stehen. »Sennaya!« rief ich.

Der Goldglanz der Freude zog über ihr schönes Gesicht.

»Sennaya«, sagte ich wieder, beugte mich zu ihr hinab und zog die Geliebte aus meinen jungen Jahren in Uruk zu mir empor. Sie schlang die Arme um meinen Hals und begann heftig zu weinen.

Die Gefährten blieben stehen und schauten uns zu. »So ungerecht ist das Leben«, bemerkte Igelspitz. »Der eine trifft ein junges Mädchen wieder, der andere nur seinen alten Lehrer.«

»So ist es«, sagte Sargon, stieg die Stufen zum Hochsitz empor und setzte sich auf den Thron. Die Krieger, die uns gefolgt waren, hoben die Waffen und schrien: »Sargon unser *lugal*, Sargon unser *lugal*!«

Ich befahl den Höflingen, Brot, Fleisch und Bier herbeizuschaffen, dazu ihre hübschesten Töchter, außerdem Klangholz und Jubelholz, Tische und Tänzerinnen. Igelspitz eilte in Lugalzaggesis Frauengemach und trieb von dort mehr als zweihundert Gemahlinnen, Konkubinen und Beischläferinnen des Großherrn aus allen Städten Sumers zu uns in den Saal. Wir ließen uns von Läusen schaben und zogen reine Kleider an. Dann setzten wir uns um Sargon auf seinem Thron, aßen und tranken und feierten unseren Sieg. Ich hielt Sennaya auf meinem Schoß und küßte sie viele Male. Die Gefährten griffen nach den Mädchen, die sich willig darboten, um die Männer gnädig zu stimmen, die ihre Männer, Väter und Brüder besiegt hatten und in deren Händen nun das Schicksal der Stadt lag.

Nur Sargon beteiligte sich nicht an dem trunkenen Treiben, sondern winkte einem Schreiber und diktierte ihm einen Brief an Abda, in dem es hieß: »Himmelslicht, weiße Hindin, Morgenstern, leuchtend wie die Sonne zur Mittagszeit! Sorge dich nicht um mein Wohlergehen! Schmücke dich voller Freude mit Karneol und Topas aus Marchaschi, lege das Armband aus Zinn und den Ring aus Gold an und sage: ›Sargon, meinem geliebten Mann, geht es gut!‹ Du, deren Körper voll Schönheit ist wie der Leib einer Göttin aus Alabaster, dein *me* und mein *me* sind Zwillinge und werden sich schon sehr bald wieder vereinen.« Dann berichtete er, daß er Uruk erobert und Lugalzaggesi gefangengenommen habe, und fügte Grüße an seine Kinder hinzu.

So kam es, Rimusch, daß dein Name wie der deines Bruders und deiner Schwester schon in der ersten Stunde, da dein Vater auf dem Thron des *lugal* saß, vor allen anderen Namen ausgesprochen wurde, auch wenn der Rahmen der Würde des Anlasses vielleicht nicht ganz entsprach; denn während Sargon noch diktierte, begannen bereits die ersten Betrunkenen laut zu grölen und grob nach den Brüsten der Beischläferinnen zu tasten.

Danach schickte Sargon Botschaften an alle *ensis* und forderte sie auf, nach Uruk zu kommen und ihm zu huldigen. Dann endlich lehnte er sich zurück, hob seinen Becher, weihte ihn Ischtar und trank ihn in einem Zug aus.

Ischma-Ja zog sich bald darauf zurück.

Während des Gelages redete ich mit Sennaya und fragte sie, wie es ihr ergangen sei. Da füllten sich ihre schönen Augen mit Tränen, und sie berichtete unter häufigem Stocken: Sie habe meine Gemächer gehütet, wie ich es ihr befohlen habe. Ab und zu habe der *lugal* sie holen lassen. Dann habe er von ihr wissen wollen, ob sie vielleicht eine Nachricht von mir erhalten habe. Dabei habe er sich stets freundlich mit ihr unterhalten und ihr zweimal sogar die Ehre erwiesen, sie zu beschlafen; sie sei ihm umso lieber zu Willen gewesen, als sie geglaubt habe, mir damit nützen zu können. Der Oberverwalter Eniggal und seine Frau Dambur hätten jedoch bald versucht, sie wieder zu ihrer Lustsklavin zu machen. Schließlich hätten sie sogar behauptet, Sennaya nur für zwei Jahre an mich verliehen zu haben. Sie hätten sie auch geschlagen und gemeinsam vergewaltigt. Als der *lugal* davon erfahren habe, sei er sehr böse geworden und habe Eniggal bei schwerer Strafe verboten, sie noch einmal zu behelligen.

»Er glaubte wohl bis zum Schluß, daß du zu ihm zurückkehren würdest«, beschloß Sennaya ihre Erzählung. »Er liebte dich sehr. Erst als euer Heer vor Uruk stand, gab er die Hoffnung auf. Er riet mir, ich solle mich verstecken, bis er entweder zurückgekehrt sei oder du mit Sargon als Sieger in den Palast kommen würdest. Für diesen Fall trug er mir eine Botschaft auf.«

»Wie lautet sie?« fragte ich gespannt. Auch Sargon hörte aufmerksam zu.

»Hüte dich vor Aggar«, sagte Sennaya leise. »Traue ihm nie.«

Ich sah Sargon an. Er nickte. »Den Rat kannst du getrost befolgen«, sagte er, »auch wenn er von Lugalzaggesi kommt.«

Als es dunkel wurde, trieben unsere Wachen alle Einheimischen aus dem Palast; nur die Frauen und Mädchen durften bleiben. Dann verriegelten die Akkader die Tore und wachten über unser Fest.

Wir ließen nun auch alle Hemmungen fallen und feierten, wie es nur Krieger tun, wenn sie der Schlacht entronnen sind und sich der Süße des Sieges erfreuen. Wir genossen den Rahm des Überflusses, aßen das weiße Brot des Palastes, schütteten Bier aus Bottichen in uns hinein, riefen einander unflätige Schimpfwörter zu und erfreuten uns am Gekreische der jungen Frauen und Mädchen, die sich der lüsternen Griffe an ihre Busen und Schenkel bald kaum mehr erwehren konnten. Als die ersten Öllampen verloschen, packte so mancher Gefährte seine Sitznachbarin und verschwand in einem der Gemächer; mancher wälzte sich auch gleich im Thronsaal auf eine Geliebte, um sie vor unseren Augen zu huren. Steinhand zog zwei Konkubinen Lugalzaggesis mit sich, Igelspitz gleich deren drei. Andere wiederum teilten sich eine Mätresse, und im Großsaal des Herrschers ging es bald wie in einem

Freudenhaus zu. Sargon war längst verschwunden; Sennaya schmiegte sich zärtlich an mich. Da nahm ich sie auf die Arme, trat mit ihr über die hurenden Paare hinweg und trug sie in mein Gemach.

Dort fand ich Berglandgurke schnarchend bei einer zierlichen Schönen; der Elamiter lag nackt auf dem Rücken und zeigte uns, welchem besonderen Vorzug er seinen Namen verdankte. Ich warf ihm den Kriegsmantel über die Blöße und schleppte ihn vor die Tür. Das Mädchen eilte zum Thronsaal, dort einen neuen Liebhaber zu finden.

Als ich zurückkehrte, löste Sennaya mir zärtlich die Riemen der Rüstung, wusch mich, legte mich auf das Bett, salbte mich mit zärtlich kosenden Fingern und weckte dadurch die Lust in mir, bis ich sie zu mir herabzog und in sie eindrang, als hätte ich noch niemals eine Frau besessen.

Beim ersten Licht des Morgens wachte ich auf; Sennaya lag schlafend in meinem Arm. Vorsichtig befreite ich mich und schlich aus der Tür, um Wasser zu lassen. Als ich vom Abtritt zurückkehrte, sah ich im Fackellicht eine hohe Gestalt, die aus einer Tür am Ende des Korridors trat – dort, wo das Gemach lag, in dem früher Lugalzaggesi zu ruhen pflegte. Sie bemerkte mich nicht, doch ich erkannte sie gleich: Es war Dambur, die Frau des Oberverwalters. Ihr sonst so kunstvoll frisiertes Haar fiel in loser Fülle auf ihre Schultern. Ihre Lippen leuchteten rot wie Blut, und ihr Antlitz war vom Schweiß der Lust befeuchtet.

V

ANU

1

Der Geist des Menschen gleicht einem Brunnen,
der gutes und böses Wasser vergießt.
Liebe und Haß speisen sich aus der gleichen Quelle.
Dem Durstigen schmecken beide süß.
Worte des Weisen von Eridu

Als ich am frühen Morgen in den Thronsaal trat, sah es dort aus, als hätte die Schlacht um die Stadt nicht vor ihren Mauern, sondern im Großhaus stattgefunden. Zwar lagen die Gefährten nicht in Blut, sondern in Bier; auch hatten sie keine Todeshiebe, sondern die Trunkenheit gefällt. Als sie nun aber langsam wieder zu sich kamen, stöhnten sie nicht weniger laut als Männer mit tiefen Schwertwunden und hielten die Köpfe nicht anders, als sie es nach schweren Keulentreffern getan haben würden. Auch kamen sie nicht schneller auf die Beine, als wenn sie in einer Schlacht unter einen Kampfwagen geraten wären, und sahen nicht fröhlicher drein als Besiegte, denen der Marsch zu einem Sklavenmarkt bevorsteht. Ich trieb sie in die frische Luft des Morgens. Dann ließ ich Diener mit Besen aus Dattelpalmzweigen und Wischlappen kommen und alle Spuren des Gelages entfernen, bis der Großsaal des Herrschens wieder seiner Bestimmung würdig erschien.

Sargon kam wenig später herein, und wir besprachen die ersten Befehle. Danach empfing er die Abgesandten der Bürger von Uruk, zuerst die mächtigen Fernhändler und Schiffsbesitzer, dann die Obermeister der Bäcker und Bleicher, Buntweber und Brauer, Färber und Flickschneider, Gärtner und Goldschmiede, Kupferschmiede und Kuchenbäcker, Müller und Mälzer, Tischler, Töpfer und Teppichweber, Wäscher, Weber, Walker und Wollauskämmer, dazu die Leiter der Tempelgüter, Aufsichtsbeamten der Sesamölpressen und Vorsteher sämtlicher Viehhirten, Jäger und Fischer. Er nahm ihre Treueschwüre entgegen und dankte ihnen. Dann setzte er in allen Vorrats- und Lagerhäusern, im Hafen, Zollhaus sowie an Schleusen und Schöpfwerken neue Verwalter ein. Zum Schluß befahl er trotz flehender Bitten der Bürger von Uruk, die Gefangenen in schweren Fesseln nach Akkad zu führen.

Danach entließ Sargon die Leute von Uruk und diktierte Briefe an Könige in fünf benachbarten Ländern; in Elam, Badachsi und Wachschan im Osten sowie in Tuttul und Mari im Norden. Ich rief den Meister der Gedächtnisse zu mir und stieg mit ihm in den Tafelraum des Palastes hinab. Dort sichtete ich viele Stunden lang Schriften, Urkunden, Verträge und Briefe Lugalzaggesis, bis ich die meisten Geheimnisse seiner Herrscherzeit kannte. Dabei fand ich auch den Beweis, daß Amar-ezen wirklich der Mörder der Mutter Sargons und unserer Amme war. Aus der Kopie eines Briefes ging hervor, daß Lugalzaggesi die Tat nicht gewollt, sondern im Gegenteil befohlen hatte, die Frauen unversehrt zu ihm nach Uruk zu bringen. Auch mein Leben hatte geschont werden sollen. In einem Bericht an den Großherrn hatte sich Amarezen herauszureden versucht: bei Hatamersas Folterung sei er versehentlich zu weit gegangen; im Ischtar-Tempel zu Safranstadt aber habe einer seiner Begleiter den Kopf verloren und Sargons Mutter getötet, um sie zum Schweigen zu bringen. Er, Amar-ezen, habe den Schuldigen daraufhin sogleich niedergehauen. Ich fand sogar das Täfelchen, das Sargon in dem Weidenkorb getragen hatte, und brachte es ihm. Er sah es nachdenklich an und steckte es ein, ohne ein Wort zu sagen.

Nach einigen Tagen erschienen die *ensis* der meisten anderen Städte Sumers und huldigten Sargon. Aus Ur, Eninmar, Lagasch und Umma kamen nur Briefe, in denen fast wörtlich dasselbe stand: Als die Bürger dieser Städte von der Eroberung Uruks erfahren hätten, hätten sie Lugalzaggesis Statthalter samt seiner Krieger erschlagen und sich wieder eigene *ensis* erwählt. Sie übermittelten Sargon die herzlichsten Freundesgrüße. Eine Huldigung aber lehnten sie ab, da sie nicht den Vereinbarungen mit Sargon entspräche. Denn mit dem Sturz des Großherrn sei auch das Reich Sumer dahingegangen und die Zeit der Zwangsherrschaft habe ihr Ende gefunden. Sie nähmen daher, hieß es weiter, für sich nun das Recht in Anspruch, selbst über sich zu herrschen, wie es ihnen ja auch einst von Sargon zugesagt worden sei.

Sargons Augen glühten. »Das habe ich mir gleich gedacht«, knurrte er, »daß sie das Haupt nicht vor dem Wort, erst vor der Waffe beugen!«

»Sie haben ganz recht«, sagte ich. »Du selbst hast sie damals ermuntert, dem *lugal* die Gefolgschaft zu verweigern, da sein Herrschaftsanspruch nicht gerechtfertigt sei. Und du hast ihnen auch die Unabhängigkeit versprochen.«

»Seit wann haben Verräter Anspruch auf Treue?« erwiderte Sargon.

Am nächsten Morgen schritten wir in den Weißen Tempel. In einer langen Zeremonie wurde ich in den heiligen Netzrock gekleidet und zum Hohepriester des Anu erhoben. Priester und Priesterinnen sangen Lieder zu Ehren des göttlichen Vaters und flehten laut um seinen Segen. Als Jubel- und Klanghölzer wieder verstummten und die nackten Meister der kultischen Tänze mit schweißüberströmten Körpern zu Boden sanken, opferte ich hundert Widder und band mir die heilige Binde des *ensi* um die Stirn. Danach umarmte mich Sargon, küßte mich auf beide Wangen und sagte leise zu mir: »Ich will die Stadt noch heute verlassen, damit meine Anwesenheit deine Würde als neuer Herr Uruks nicht schmälert. Nimm die stolze Stadt unter deine Füße! Vergiß nie, daß wir Brüder sind. Unsere Liebe soll Akkad und Sumer für immer versöhnen. Vertraue mir, so wie ich dir vertraue. Ich werde jede deiner Entscheidungen gutheißen, und es wird sein, als hätte ich sie selbst getroffen.«

Ich schob ihn von mir, blickte ihm fest in die Augen und antwortete: »Wir sind die Söhne des Steppenbaums. Du sollst für alle Zeit mein Bruder und *lugal* sein.«

Er umarmte mich wieder; von neuem ertönte die Stimme des Tempels.

Unsere Krieger und auch die Bürger von Uruk jubelten laut, die einen, weil ich im Heer sehr beliebt war, die anderen, weil sie sich freuten, als neuen Herrn einen Schwarzköpfigen und nicht einen Eselnomaden erhalten zu haben.

Sargon stieg auf seinen Wagen und fuhr ins Lager. Ich kehrte in den Palast zurück. Zuerst machte ich Sennaya zur Oberverwalterin meines Haushalts. Ihr Antlitz glühte vor Stolz. Ich befahl ihr, Lugalzaggesis Gemächer zu reinigen und für mich vorbereiten zu lassen. Dann rief ich die neuen Vorsteher, Obersten und Verwalter, bildete aus ihnen einen Rat, ernannte Ischma-Ja zu meinem Stellvertreter und beauftragte den alten Tafelhausvorsteher, die Stadt in meiner Abwesenheit zu verwalten.

Ischma-Ja schien nicht besonders erfreut und erklärte: »Das habe ich mir gedacht, daß du dich drückst, sobald es kompliziert wird, und lieber gleich wieder mit deinen Kumpanen losziehst, noch mehr Schädel einzuschlagen, statt endlich einmal etwas Sinnvolles zu leisten. Die Taten des Krieges sind leicht getan; man braucht nur Muskeln, Schläue und unbesonnenen Mut. Die Werke des Friedens dagegen erfordern die Kräfte des Geistes, auch Menschenliebe und viel Geduld; genau das aber ist es, woran es euch Schurken fehlt.«

Wir zogen nach Ur und nahmen die Stadt nach hartem Kampf ein. Sargon bestrafte die Unterlegenen grausam: Der *ensi* endete in kochendem Asphalt, Frauen und Kinder wurden als Sklaven verkauft, die jungen Männer als Zwangsarbeiter nach Akkad geschickt, alle Mauern geschleift, die Tempelschätze beschlagnahmt und sämtliche Steuern verdreifacht. Vergeblich versuchte ich, Sargon milder zu stimmen; zum ersten Mal gab er nicht nach, sondern beharrte auf seinem Entschluß.

»Ich dachte, du willst, daß Akkad von freien Männern erbaut wird!« rief ich. Doch Sargon antwortete: »Dienten denn wir Akkader den Schwarzköpfigen nicht lange genug als Sklaven? Mögen sie nun wiedergutmachen, was sie und ihre Ahnen dem Volk meines Vaters so viele Jahre lang angetan haben! Erst wenn diese Schuld bezahlt ist, können die Söhne von Wüste und Fruchtland als Brüder mit gleichem Recht in meinem Reich wohnen. Akkad aber soll nicht eine Stadt wie die anderen werden, sondern die neue Hauptstadt des Länderbergs mit dem Großhaus der Welt.«

In den folgenden Wochen eroberten wir auch Eninmar, Lagasch und Umma. Sargon verfuhr mit den Einwohnern ebenso wie mit den Leuten von Ur. Sechzigtausend Sumerer zogen in Fesseln nach Norden, um Sargons Rachedurst zu stillen; viele von ihnen sahen die Heimat nicht wieder. Unter den Peitschen der Aufseher legten sie in der glühenden Hitze des Sommers den Mund wie erschöpfte Gazellen auf die nackte Erde und starben.

Sargon machte Igelspitz zum neuen *ensi* von Ur und Steinhand zum neuen *ensi* von Lagasch. So herrschte der kleinere meiner Gefährten wie in Kindertagen über den Westen, der größere über den Osten des Landes. Umma und Eninmar erhielten nur *girnitas*; darüber klagten die Bewohner sehr.

Nun war endlich Friede. Wir zogen ins Meerland, den Ort zwischen Erde und Wasser, an dem Enki mit seiner Schöpfung nicht fertig geworden war. Als wir das Ufer des Unteren Meeres erreichten, staunten die Eselnomaden sehr über die Weite der Wasserfläche, und unser Graubart rief: »Wahrlich, die Sandkörner der Großen Wüste können nicht zahlreicher sein als die Tropfen in diesen Wogen.«

»So denkt der Frosch«, lachte Igelspitz, »für den Adler jedoch ist der Ozean nur ein Bewässerungsgraben.«

Auf dem Opferplatz stand Sargons Zeichen vor meinem. Dahinter errichteten Steinhand und Igelspitz ihre Standarten. Auch die *ensis* von Adab, Eridu, Isin, Lagasch, Larsa, Nina und Schuruppak durften Feldzeichen errichten, da sie Sargon als erste Truppen geschickt hatten. Priester brannten Räucherwerk ab und sangen Hymnen zu Ehren der Götter. Sargon schritt in die Wellen, bis das Wasser seine Hüften näßte, und wusch das Blut der erschlagenen Feinde von seinen Waffen. Dann opferte er zwanzig weiße Stiere: die ersten fünf für Ischtar, die nächsten für Enlil, dann jeweils zwei für Anu, Inanna, Enki, Utu und Nanna, dazu fünfzig weiße Böcke für die anderen Götter des Himmels und schließlich ebensoviele Lämmer für die Schutzgottheiten der Städte und der Kanäle Sumers. Es war eine lange und blutige Arbeit, doch Sargon tötete mit großem Geschick: Nicht ein einziges Opfertier riß sich los, als ihm das scharfe Kupfermesser durch die Kehle fuhr. Darüber waren alle sehr froh.

Aus der Leber des letzten Schafes weissagten die Priester, daß Sargon bis in seine Greisenjahre über den Länderberg herrschen werde. Die Krieger riefen laut Beifall und schwenkten die Waffen, als wüßten sie nichts Schöneres, als immer wieder in den Kampf zu ziehen.

Weit hinter der Menge der Jubelnden sah ich den Wagen mit Lugalzaggesis Käfig und dachte bei mir: »Wie lange ist es her, daß er es war, den sie priesen, eben an dieser Stelle, damals, als er den Länderberg unter den Fuß nahm? Ist das Glück nur ein Lachen der Götter, das so rasch erstirbt wie es ausbricht?« Dann aber verhärtete ich mein Herz und sagte im Geiste zu Lugalzaggesi: »Du hast kein Mitleid verdient. Deine Qualen sind die gerechte Strafe dafür, daß du so viele wackere Männer an die Gutäer verrietst.«

Abends rief Sargon seine Schreiber und legte die Worte der Inschriften fest, die seinen Sieg an allen großen Tempeln melden sollten: »Sargon, König von Akkad, Geliebter der Ischtar, König von Kisch, *lugal* des Landes, *ensi* des Enlil: Die Stadt Uruk warf er mit der Keule nieder, und ihre Mauern zerstörte er. In der Schlacht um Uruk behielt er die Oberhand. Mit dem Mann von Uruk kämpfte er und schlug ihn. In der Schlacht nahm er ihn gefangen. In einem Halsstock führte er ihn zum Tor Enlils. Sargon, König von Akkad: In der Schlacht um Ur behielt er die Oberhand, und die Stadt warf er nieder. Ihre Mauern schleifte er. Eninmar warf er nieder, und seine Mauern schleifte er. Lagasch warf er bis zum Meer nieder, und seine Mauern schleifte er. Umma überwältigte er, und seine Mauern schleifte er. Sargon, dem Enlil einen Ebenbürtigen nicht gab: Vierunddreißig Schlachten hat er siegreich geschlagen, fünfzig *ensis* und den Mann von Uruk besiegt. Dann wusch er die Waffen im Meer. Wer diese Inschrift beseitigt – Utu, der alles sieht, soll ihn entwurzeln, seine Waffen zerbrechen und seinen Samen vertilgen.«

So wurde Akkad deutlich der Vorrang vor Sumer gegeben und Ischtar der Vorrang vor den sumerischen Göttern. So erfuhr ich auch, welches Schicksal Sargon seinem Todfeind zugedacht hatte.

Schon am nächsten Morgen brachen wir auf und marschierten nach Norden. Als wir durch das verbrannte Land zogen, dachte ich bei mir: »O Götter Sumers, war das euer Wunsch? Das Blut des Landes ist verschüttet, wie wenn man Kupfer und Zinn in den Schmelzofen gießt; das Leben der Hochsteppe ist wie Schafsfett in heißer Sonne zergangen. Männer liegen im Staub, vom Kriegsbeil getroffen; als wären sie dort, wo ihre Mutter sie gebar, liegen sie in ihrem Blut. O Anu, König des Himmels, willst du das Maß des Menschentums verändern, die Richtschnur des Daseins neu unterteilen, das Alte ganz und gar stürzen und neue Regeln erlassen für Menschheit und Welt?«

Als wir nach Nippur kamen, zog Aggar uns mit seinen Priestern entgegen. Auf seinem goldenen Gefährt gleißte das Götterzeichen Enlils. Ehe der Herr des Berghauses von dem hochbordigen Wagen stieg, breiteten seine Diener Bastmatten auf den Boden, damit nicht ungeweihte Erde den Fuß des Erwählten beschmutze. So stand der höchste Priester Sumers vor dem Tor seiner heiligen Stadt. Die Sonne glänzte auf der haarlosen Haut seines Schädels; ein leichter Wind bauschte sein weißes Leinengewand.

»Ehre dir, Sargon, du treuer Diener Enlils«, rief er mit hallender Stimme. »Der dir den Sieg verlieh, heißt dich in seinem Göttersitz willkommen. In Enlils Tempel sollst du jetzt zum *lugal* des Landes erhoben werden. Durch meine Hand, jedoch nach seinem Willen, weihe dich nun die Königsbinde zum Herrscher des Länderbergs!«

Die dunklen Augen des Priesters glühten, als er Lugalzaggesi in dem niedrigen Käfig erblickte.

»Ich danke dir, Aggar«, erwiderte Sargon. »Wir wollen gleich die Einzelheiten der Zeremonie besprechen.«

»Folge mir in den Tempel«, schlug Aggar vor. »Dort werden wir ungestört sein.«

»Ich möchte Enlils heilige Stadt nicht mit Eselskot zwischen den Zehen betreten«, entgegnete Sargon. »Wir haben einen langen Marsch hinter uns und wollen uns erst waschen. Wenn es dir nicht zu sehr vor rauhen Kriegsleuten graust, magst du mein Gast sein.«

Aggar zögerte ein wenig. »Also gut«, sagte er dann.

Sargon ließ sein Befehlszelt errichten und hielt den Vorhang einladend auf. Aggar trat auf ihn zu, gefolgt von bewaffneten Tempelsklaven. Sofort stellten sich ihnen Sargons akkadische Leibwächter in den Weg.

»Was wagt ihr!« zischte Aggar und streckte drohend die Hand aus, doch die Akkader zeigten keine Furcht und wichen nicht von der Stelle.

»Nur du und ich«, sagte Sargon beruhigend, »und mein Bruder.«

Er rief seinen Leibwächtern einen Befehl zu, und in ihren Reihen öffnete sich eine Lücke. Der Hohepriester blickte sich unschlüssig um. Sargon lächelte freundlich, sah angelegentlich zu dem Käfig und dann wieder zu dem Herrn Nippurs. Da trat Aggar rasch in das Zelt, und ich folgte ihm.

»Du wirst deinen Gefangenen dem Gott überlassen«, begann der Priester. Weil er zuvor hatte nachgeben müssen, legte er Schärfe in seine Stimme.

»Warum sonst hätte ich den Mann von Uruk nach Nippur gebracht?« sagte Sargon gelassen. »Steht denn mein Dank an Enlil nicht auch in allen Siegesinschriften, die ich in Sumers Tempeln anbringen ließ?«

»Auf diesen Tafeln kommt der Herr des Sturmwinds erst nach Ischtar und Anu«, entfuhr es dem Oberpriester. »Ist das der Dank für Enlils Hilfe? Ohne den Gott würdest du jetzt wohl selbst in diesem Käfig hokken. Ist das die Demut, mit der du vom Vater des Landes zum *lugal* über Sumer erhoben werden willst?«

»Lugalzaggesi herrschte als *lugal*, ohne jemals nach Nippur gekommen zu sein«, erwiderte Sargon lächelnd.

»Nun kommt er in einem Käfig zu mir!« rief Aggar triumphierend. »Erkenne daran, wie hart Enlils Zorn jene trifft, die sich ihm widersetzen!«

»So heftig zürnt auch Ischtar«, entgegnete Sargon. »Nun aber genug davon. Ich kam nach Nippur, weil es die Sitte gebietet, daß der neue *lugal* im Berghaus geweiht wird. Lasse uns darüber reden!«

Aggar sah ihn lauernd an. »Die Zeremonie ist sehr heilig«, erklärte er dann. »Sie kann nicht verändert werden, will man den Gott nicht erzürnen. Und wie es ist, wenn man den Willen des Sturmherrn mißachtet, weiß man seit der Großen Flut, als Enlil den Länderberg überschwemmte. Höre also: In drei Tagen sollst du auf deinem Streitwagen in Nippur einziehen, in deiner Rüstung, mit deinen Waffen und von allen deinen Heerführern gefolgt. Aber wenn du das Berghaus betrittst, wirst du der Würden entledigt. Enlils Diener werden dich entkleiden, so wie einst Ereschkigals Gehilfen die Große Göttin entblößten. Dann führen sie dich vor meinen Sitz. Es wird nicht meine Hand sein, die dich dann mahnend am Ohr zieht, sondern die Hand Enlils. Und es wird auch nicht meine Hand sein, die dich auf die Wange schlägt, sondern die Hand des Gottes. Wiederum wird es nicht meine Hand sein, aus der du dann das heilige Stirnband des *lugal* empfängst, sondern die Hand des Ländervaters. Wenn das geschehen ist, wirst du wieder bekleidet und trägst das Zeichen der Herrscherwürde. Dann bist du der neue *lugal* und Statthalter Enlils, in der Hochsteppe wie im Schwemmland. Der Gott des Sturmwinds wird alle Zeit seine schützenden Hände über dich halten.«

Sargon kratzte sich am Bart. »So machen wir es«, sagte er dann. »Nicht ganz genauso, aber ungefähr. Ich werde nicht erst in drei Tagen zum Tempel kommen, sondern schon morgen. Denn ich habe die Feldlager satt und sehne mich wieder nach einem anständigen Bett. Meine königlichen Gewänder werde ich nicht ablegen; auch wird mich niemand am Ohr ziehen, und erst recht wird mich niemand schlagen. Denn ich bin kein Sumerer, sondern Akkader, und in der Wüste ist es nicht Brauch, daß Herrscher sich von Priestern demütigen lassen. Wenn du damit nicht einverstanden bist, genügt ein Befehl, und Enlils Berghaus hat schon morgen einen neuen Herrn; du magst dann neben dem Mann von Uruk im Käfig darüber grübeln, wie wenig erfolgversprechend es ist, meinem Willen zu trotzen.«

Aggar war bleich wie eine frisch gekalkte Wand. »Das also ist der Dank«, stieß er zwischen bebenden Lippen hervor. »Ich war es, der dich zu Enlils Werkzeug erwählte. Ich bin es, dem du den Sieg über Lugalzaggesi verdankst. Ich war es, der ... Das wirst du bereuen!«

»Mute dir nur nicht zuviel zu!« rief Sargon drohend und erhob sich. »Ich habe hier die Macht, und mir bangt weder vor deinem Gott noch vor anderen Göttern, nicht einmal vor Ischtar selbst, bin ich doch nicht ihr Sklave, sondern ihr über alles geliebter Gemahl. Sie war es, die mir den Sieg verlieh, und nicht dein Enlil, wenn ich auch durchaus zu würdigen weiß, daß du so viele *ensis* dazu bewogen hast, auf meine Seite zu wechseln. Beenden wir den Streit, den du doch nicht gewinnen kannst! Fügst du dich, so darfst du mir die heilige Binde darreichen. Das wird deinem Ansehen eher förderlich sein, als wenn ich dich mit Geißelhieben durch die Straßen treibe.«

Aggar brachte kein Wort mehr hervor; er zitterte vor Zorn und Haß am ganzen Leib, so daß ich schon dachte, er würde gleich in Ohnmacht fallen.

»Vergiß auch nicht, daß du für deine Dienste den Mann von Uruk bekommst«, fuhr Sargon etwas versöhnlicher fort. »Du kannst ihn schön langsam zu Tode quälen, so wie es deine Freunde in Gutium tun. Blende und entmanne ihn, ziehe ihm die Haut ab – es wird dir gefallen!«

Aggar brachte noch immer kein Wort heraus. Sargon blickte ihn prüfend an und fuhr fort: »Ich habe Sumer nicht erobert, um es einem Priester der Schwarzköpfigen zu Füßen zu legen. Du sollst deinen Anteil erhalten – den meinen braucht mir niemand zu geben, den habe ich mir schon selber genommen und mit dem Blut meiner tapfersten Männer bezahlt. Mir gebührt die Macht, mich hat Ischtar erwählt – hat nicht Enlil ihr dabei geholfen? Du magst der Herr dieses Berghauses bleiben – wage es aber nicht, mir zu trotzen! Nun wollen wir hinausgehen und verkünden, was wir vereinbart haben.«

Aggar stolperte und wäre fast hingefallen. Sargon wollte ihn stützen, doch der Hohepriester riß sich los und trat als erster hinaus. Wir folgten ihm. Von der einen Seite sahen uns Steinhand, Igelspitz und die Gefährten, von der anderen Enlils Priester in großer Spannung entgegen.

Aggar räusperte sich und rief: »Enlil tat uns seinen göttlichen Willen kund. Morgen wird der König von Kisch im Tempel zum neuen *lugal* des Landes erkoren.«

»Heil Sargon!« brüllten die Krieger begeistert.

Hochaufgerichtet schritt Aggar zu seinem Wagen und fuhr davon. Steinhand, Igelspitz und die anderen drängten sich um uns.

»Diesem Kerl darfst du nicht trauen«, warnte der Riese, »der hatte Gift in den Augen.«

»Die Zähne zog ich ihm schon«, lachte Sargon.

Am nächsten Morgen besetzte Steinhand mit seinen Leuten die Tore. Akapsenni bewachte mit seinen Akkadern das Großhaus, in dem wir Wohnung nahmen. Wir ließen drei Sechshundertschaften im Innenhof und den Rest des Heeres im Garten des Tempels lagern. Der Käfig mit dem Gefangenen wurde vor das Berghaus gerollt. Aggar starrte von der Mauer auf seinen Todfeind herab. Auch Lugalzaggesi sagte kein Wort.

»Du hast gelebt wie ein Käfigschwein«, sagte der Priester schließlich, »und wie ein Käfigschwein sollst du auch sterben.« Haßerfüllt spie er den Wehrlosen an, und seine Priester taten ihm gleich.

Dann stiegen Priester, Bürger und sogar Sklaven auf die Tempelmauer und ließen unter lauten Beschimpfungen ihren Harn auf den Gefangenen fallen.

Unsere Krieger feierten unterdessen das Ende des Feldzugs. Auch wenn sie sich jetzt in der heiligsten Stadt des Reiches befanden, zeigten sie sich nicht gesitteter als im Palast des Großherrn zu Uruk. Sie holten Bier aus den Vorratshäusern des Tempels, und wir genossen den kühlenden Trank in vollen Zügen. Aus Nippurs Hafen strömten bald Scharen von Beischläferinnen herbei, und zum Verdruß der Priester Enlils hallten wildes Geschrei, lautes Grölen und heftiges Lustgekeuch durch den geweihten Garten.

Nach kurzer Zeit verließ Sargon das Gelage; auch ich fand nicht lange Gefallen an dem ausgelassenen Fest. Das Bier schmeckte schal, die Töne von Klang- und Jubelholz konnten mich nicht erheitern, sogar der Reiz der Mädchen weckte nur Verdrossenheit in mir. Darum wanderte ich eine Weile am Ufer des Euphrat entlang, lauschte dem Rauschen des Stroms und blickte zur Fülle der nächtlichen Lichter empor. Der Ischtarstern überstrahlte die anderen Funken des Himmels wie ein großer König die Sklaven; da dachte ich in meinem Herzen: »Wie diese müssen nun wohl auch die alten Götter des Landes verblassen. Was soll aus Sumer werden, wenn das geschieht?«

Als ich so grübelte, sah ich vor meinem inneren Auge plötzlich den Käfig mit der zusammengekrümmten Gestalt des Mannes, der einst die Welt beherrscht hatte; da wußte ich, was mir den Sinn beschwerte, und kehrte zu Enlils Berghaus zurück. Der Platz vor dem Tempel war leer. Neben Lugalzaggesis Gefängnis standen zwei junge akkadische Wächter. Als sie mich erkannten, hoben sie grüßend die Lanzen.

»Ihr sollt auch etwas von dem Fest haben«, sagte ich freundlich zu ihnen. »Geht in den Garten und holt euch Bier; ich werde inzwischen hier für euch wachen.«

Die beiden Akkader dankten und eilten davon.

Ich spähte zwischen den Gitterstäben hindurch. Lugalzaggesi lag nackt auf der Seite, die Knie eng an den Körper gepreßt. Die Hände waren an die Fußgelenke geschmiedet, die Nackengabel schloß sich noch immer um seinen Hals. Ein übler Gestank stieg mir in die Nase.

Nachdenklich sah ich auf den Gestürzten hinab. Lugalzaggesi rührte sich nicht. Grelles Gelächter drang aus dem Garten.

»Warum hast du das getan?« fragte ich den Gefangenen.

Ein Windstoß fuhr über den Platz und bewegte die Zweige der heiligen Büsche. Ein Nachtvogel schrie.

Ich schlug mit der Faust an die bronzenen Stäbe. »Was trieb dich zu diesem Verbrechen?« rief ich. »Antworte mir!«

Der Wind wurde stärker. Ich wartete, aber der einstige Großherr schwieg.

»Ich will es wissen!« schrie ich unbeherrscht. »Du bist schuld an diesem Krieg. Du bist schuld an diesem Unglück! Du bist schuld am Untergang Sumers!«

Als ich noch immer keine Antwort erhielt, packte ich den Käfig und rüttelte mit aller Kraft. Erst nach einer ganzen Weile ließ ich los und lehnte mich erschöpft an die Stäbe.

»Höre«, sagte ich. »Wenn du mir alles erzählst, werde ich mich dafür einsetzen, daß du nicht diesem Priester übergeben, sondern schnell getötet wirst.«

Der Wind fuhr in heftigen Stößen über den Platz. Plötzlich bewegte sich der Gefangene. Mit seinem struppigen Haupthaar und Bart sah er wie ein wildes Tier aus. »Ja, du bist es«, sagte er. »Ich wußte, daß du kommen würdest, du verfluchter Narr.«

»Was meinst du?« fragte ich verblüfft. »Suchst du die Schuld für dein Unglück bei mir?«

»Du warst es«, sagte Lugalzaggesi. »Du hast Sumer verraten; du bist schuld an seinem Untergang. Anu und Inanna wissen es, und du weißt es auch, sonst wärst du nicht gekommen.«

»Warum sollte ich schuld an Sumers Untergang sein?« fragte ich. »Hätte ich dir die Treue halten sollen, nachdem du mich und meine Gefährten der Horde von Gutium ausliefern wolltest?«

Lugalzaggesi stieß die Luft heftig aus.

»Rede!« rief ich.

»Erst sollst du mir schwören, daß du mich tötest«, entgegnete er. »Gleich hier und jetzt, noch ehe die Wachen zurückgekehrt sind. Stoße mir dein Messer in die Kehle! Sonst sollst du nie erfahren, was deine Bestimmung war und wie du sie zu deiner Schande verfehltest.«

»Ich habe kein Recht, dich zu töten«, wehrte ich ab. »Dein Leben gehört meinem Bruder. Aber ich will Sargon sagen ...«

»Töte mich!« forderte Lugalzaggesi. »Töte mich und lebe mit deiner Schuld! Wenn du gehört hast, was ich dir zu sagen habe, wirst du dich selber verachten. Dann wirst du wissen, warum ich dich einen Narren nenne, warum dich die Menschen Sumers hassen müssen und unsere Götter dich bis an dein Ende verfolgen werden. Ja, ich sehe es dir an: Du ahnst schon deine Schuld, trägst schon den bitteren Samen des Wissens in dir, doch ohne mein Wort kann der grausige Keim nicht erblühen. Entscheide dich also!«

Als er so sprach, ergriff mich plötzlich die Furcht, er könne recht haben. Auf meinem Herzen fühlte ich das drückende Blei des Verdachtes und sah meine Sinne schon Ausreden sammeln, so wie die Ameisen in einem zerstörten Nest ihre Puppen zusammentragen. Da sagte ich zu mir: Wem ist Sargon eigentlich mehr verpflichtet – diesem tückischen Priester Aggar oder mir, seinem Bruder? Hätte er Lugalzaggesi mir nicht überlassen, wenn ich ihn darum gebeten hätte? Der Priester soll zufrieden sein, wenn er seine Würde als Herr des Tempels behält. War es nicht überhaupt Aggar gewesen, der die Gutäer ins Land rief?

»Also gut«, hörte ich mich sagen. »Ich will deine Bitte erfüllen.«

Ein Funke glomm in seinen Augen. »Schwöre es mir!« keuchte er.

Ich nahm den Schwurstein und sagte: »Ich schwöre es bei den Göttern Sumers!«

Lugalzaggesi seufzte tief.

»Beginne nun!« herrschte ich ihn an.

Der Mann von Uruk wandte den Blick ab und starrte durch die Käfigstäbe zum Himmel. »Ach, Daramas«, sagte er dann. »So eilig hast du es, zu erfahren, was dir den Rest deines Lebens den Schlaf rauben wird? Ich liege hier gefangen in einem Käfig, gefesselt wie ein wildes Tier und gedemütigt durch das Halsholz des Sklaven – und bin doch glücklicher als du. Denn ich habe gekämpft, du aber hast ohne Gegenwehr auf deine Zukunft verzichtet und deshalb vor Göttern und Menschen versagt.«

Ich hörte ihm ungläubig zu. Der Nachtwind trieb loses Gezweig über den weiten Platz.

»Ja, du selbstgerechter Narr«, fuhr Lugalzaggesi fort. »Für die Menschen bin ich der Unglücklichste unter Utus Glanzscheibe; wer stieg so hoch wie ich, wer stürzte so tief? Einst war ich wie ein Himmelslicht, ein seltener Topas, ein Karneol des Landes und der Götter Stolz, ein Brunnen des Glücks, geehrt und gepriesen. Mein Name stand in Lapislazuli geschrieben, und der Ruhm meiner Taten begrünte ihn wie das Frühlingsgras die weite Steppe. Nun bin ich allein und verlassen. Lügen fegen wie Stürme das Laub vom Baum meiner Ehre. Die Menschen, die mir einst zujubelten – jetzt schämen sie sich und tun so, als hätten sie mich stets gehaßt. Die ich einst förderte – heute verachten sie mich. Die sich einst vor mir duckten – jetzt verrichten sie ihre Notdurft auf mich. Schande und Elend sind mein Los am Ende meines Lebens, im Kot und Auswurf meiner Feinde muß ich liegen, und während für euch die Sonne aufging, wurde es für mich Nacht. Die einst meine Wohltaten lobten – jetzt behaupten sie frech, ich hätte nur Böses getan. Die einst vor mir zitterten – heute spotten sie über mich. Die mich einst verehrten, verleugnen mich nun und wenden sich von mir ab, so wie Gesunde den Aussätzigen verlassen. Aber ich habe es ja nicht anders erwartet. Ich wußte schon lange, was meine Bestimmung war und daß ich eines Tages besiegt werden würde. Die Götter selbst neideten mir meine Macht und fürchteten, ich könne werden wie sie. Sargon wird es einst nicht anders ergehen.«

Ich schwieg. Lugalzaggesi sah mich forschend an. Dann blickte er wieder zum Himmel empor und fuhr fort: »Erinnerst du dich noch daran, wie wir uns zum ersten Mal trafen? Nur wegen dir kam ich nach Sippar. Ischma-Ja hatte mir von dir geschrieben, als ich ihn wie alle anderen Tafelhausvorsteher anwies, mir die begabtesten Schüler zu melden. Zwölf Jünglinge ließ ich nach Uruk kommen, die besten Köpfe und tapfersten Herzen der blühenden Jugend Sumers. Oh, es waren tüchtige Burschen! Wie Söhne von Göttern zogen sie ein, doch du überragtest sie alle.«

»Was ist aus ihnen geworden?« fragte ich leise.

»Sie sind alle tot«, erwiderte Lugalzaggesi. »Gefallen in unseren Schlachten. Du bliebst als einziger am Leben und hast es doch am wenigsten verdient. Daramas! Selbst ich besaß in meiner Jugend nicht solche Gaben wie du. Dennoch stieg ich zum Großherrn auf – du, dachte ich, würdest mich noch übertreffen. Ja: Längst schon hatte ich dich zu meinem Nachfolger erwählt. Du solltest das Reich von mir erben und es noch größer machen als ich. Wie glücklich wäre ich gewesen! Du aber hast alles zerstört, als du dich diesem Eseltreiber dienstbar machtest. Du, ein Sumerer, folgtest diesem Akkader wie ein verachteter Pariahund und bleibst ihm noch heute ergeben, da du doch weißt, daß er gar nicht dein Bruder ist.«

Ich lauschte ihm wie gebannt. Jedes Wort vergrößerte meine Bestürzung, da ich nun als wahr erkennen mußte, was mir schon manchmal angedeutet worden war. Mir war, als risse die Hand eines Gottes den Schleier vor meinen Augen entzwei und öffnete mir das Auge für die Wirklichkeit, so wie der weichende Nebel den Blick auf die Welt und die fliehende Wolke die Sicht auf den Himmel freigibt. Aber nicht das erquickende Grün der Hochsteppe und das ermunternde Blau der Lichthöhe sah ich nun, sondern das kalte, ernüchternde Grau der Wahrheit, das weder schönende Farben noch gnädige Schatten enthält.

»Aber du bist nicht der einzige Narr in dieser Geschichte«, fuhr Lugalzaggesi fort. »Auch ich sah lange Zeit nicht, was ich längst hätte sehen sollen. War es nicht ein Zeichen der Götter, als Ischma-Ja mir einst im Tafelhaus den Namen deines Bruders nannte? Sargon, ›rechtmäßiger Herrscher‹! Hätte ich ihn mir nur einmal vorführen lassen, so hätte ich doch wohl gleich gemerkt, daß er ein dreckiger Eselnomade ist, und den Wink des Schicksalslenkers verstanden! Anu, Inanna, verzeiht mir! Ich hatte meine Sinne allein auf dich gerichtet, Daramas, und ahnte nicht, wie leicht es an diesem Tag gewesen wäre, das Ungeheuer zu fangen.«

»Ich bin froh, daß du das Zeichen nicht erkanntest«, sagte ich heftig.

»Warte, bis du alles weißt«, erwiderte Lugalzaggesi. »An diesem Tag hat sich ja nicht nur mein Schicksal entschieden! Auch der Länderberg ...«

»Du irrst dich«, unterbrach ich ihn. »Sargons Weg zum *lugal* begann schon an dem Tag, als er den Meister des Würgens tötete. Wäre das nicht geschehen, hätte er auf den Besitztümern unseres Vaters ein glückliches Leben geführt.«

»Er war das Ungeheuer, du verdammter Narr!« rief Lugalzaggesi. »Glaubst du, die Götter hätten ihn erschaffen, nur einen Palmengarten zu hüten?«

»Sie schufen ihn, dich zu vernichten«, antwortete ich. »Die Götter hassen dich aus guten und gerechten Gründen! Hast du nicht einst nach Ummas Sieg über Lagasch die Tempel Ningirsus und anderer Himmelsbeherrscher geplündert, den herrlichen Antasura, den Tempel des Überflusses des Landes, den himmelhoch ragenden Egischpura, mit dessen Glanz die Länder bekleidet waren, und Bursag, in dem die himmlischen Gaben dargebracht wurden? Hast du danach nicht Enlil durch deinen Hochmut erzürnt? Und hast du nicht ...«

»Du verstehst nichts!« fuhr Lugalzaggesi dazwischen. »Nicht Enlil zürnte mir, Aggar verweigerte mir den Gehorsam. Der Priester, nicht der Gott war es, der seither immer wieder das Volk gegen mich aufzuwiegeln versuchte.«

Ich mußte lachen. »Hat etwa Aggar das Ungeheuer erschaffen?« fragte ich höhnisch. »Nein, das war Enlil. Vor Uruk sah ich selbst, wie Sumers Götter an unserer Seite fochten. Enlil stürmte gegen Anu vor, und Ningirsu kämpfte an seiner Seite ...«

Er sah mich verwundert an.

»Ich meine natürlich im Traum«, fügte ich hinzu.

Er seufzte tief. »Höre mir zu«, sagte er dann. »Wir haben nicht die Zeit, törichtes Zeug zu schwatzen. Ich werde dir sagen, was wirklich geschehen ist. Sargon wurde erwählt, mich zu stürzen und seine Herrschaft über den Länderberg aufzurichten. So war es einst in der Leber des Schafes zu lesen, und es ist Wirklichkeit geworden. Du hättest es verhindern können. Ändern die Götter nicht oft genug ihren Willen? Vielleicht hätten sie dir geholfen, wenn sie schon mir ihren Beistand versagten. Hättest du mir Sargon ausgeliefert, wäre ich heute noch *lugal,* und du wärst mein Nachfolger. Du aber hast mich hintergangen. Doch nur meine Macht ist vergangen, das Reich ist noch nicht verloren; und wie du damals der einzige warst, der es retten konnte, bist du es auch noch heute. Ich kämpfte gegen Sargon und erfüllte meine Bestimmung. Erfülle du nun die deine! Denn du bist erkoren, das Ungeheuer ins Wasser zurückzuwerfen und selbst Sumers Herrscher zu werden. Ja, Daramas: Du sollst schon bald der neue *lugal* des Landes sein. Töte Sargon und nimm dir, was dir gehört! Setze Anu wieder in seine Rechte sein! Er, nicht Enlil und erst recht nicht Ischtar soll unseren Himmel beherrschen. Die Eselnomaden aber treibe zurück in die Wüste!«

»Was redest du da?« fragte ich ungläubig. »Ich soll *lugal* werden? Du bist wohl ganz von Sinnen! Glaubst du, daß du Sargon und mich auf solche Weise entzweien kannst? Für wie töricht hältst du mich?«

»Für töricht genug, das Ziel nicht nur zu verfehlen, sondern es gar nicht erst anzusteuern«, antwortete der Mann von Uruk. »Warum, glaubst du wohl, ließ dich Aggar damals entführen? Er wußte, daß ich dich zu meinem Nachfolger auserwählt hatte, und wollte dich nach Gutium bringen lassen, um mir seinen Willen aufzwingen zu können. Und bei allen Göttern, es wäre ihm wohl gelungen, denn ich wußte schon damals: An dir hängt die Zukunft des Reichs! Ich konnte es dir nur nicht sagen, weil du noch jung und unreif warst. Das bist du auch jetzt noch, nun aber habe ich keine Zeit mehr, den Esel von selbst klüger werden zu lassen. Hüte dich vor diesem Priester! Traue ihm nicht! Er will selbst auf den Thron steigen und scheut kein Verbrechen. War er es nicht auch, der die Gutäer anstachelte, in die Hochsteppe niederzusteigen und das Land zu verwüsten?«

»Du bist nicht besser als er«, entgegnete ich. »Hast du der Horde nicht eine ganze Sechshundertschaft ausgeliefert, nur um Sargon ...«

»Es ging nicht anders«, erklärte Lugalzaggesi. »Amar-ezen hat zweimal versagt. Als du damals nach der Schlacht gegen die Eselnomaden nach Uruk zurückkamst und mir stolz von eurem Sieg erzähltest, wußte ich gleich, daß du mir etwas verschwiegst. Erinnerst du dich? Damals sagte ich dir zum ersten Mal, daß du mein Nachfolger werden könntest. Damit wollte ich dich ermuntern, mir zu vertrauen, aber du hast mir trotzdem nicht alles gesagt, was du wußtest. Allerdings war ich nicht sicher, ob du mit oder ohne Absicht schwiegst. Darum befahl ich Amar-ezen, dir zu folgen. Er sollte dich beobachten und im Notfall beschützen. Durch ihn erfuhr ich von deinem Besuch bei der Amme in diesem Dorf ...«

»Am Brunnen der Freudentränen Inannas«, sagte ich zornig. »Du bist schuld an Hatamersas Tod.«

»Unsinn«, widersprach Lugalzaggesi. »Es war ganz falsch von Amar-ezen, so grausam vorzugehen. Aber noch schlimmer war, daß dieser Narr Sargons Mutter erschlug. Hätte er die *entum*-Priesterin lebend nach Uruk gebracht, hätte ich das Ungeheuer vielleicht noch aufhalten können. Du kannst das in Uruk nachprüfen; es gibt Belege dafür.«

»Ich weiß«, antwortete ich. »Ich habe sie gelesen. Amar-ezen sagte das gleiche, ehe ich ihn erschlug.«

»Du warst das?« sagte der Mann von Uruk. »Gut so! Ich hätte den Kerl damals am liebsten selbst umgebracht. In Kisch schoß er auf Sargon und verfehlte ihn! Der beste Bogenschütze Sumers!

Er hatte den Tod verdient. Aber ich dachte, ich bräuchte ihn noch – als deinen Beschützer. Er kannte dich von meinen Leuten am besten.«

»Feiner Beschützer«, knurrte ich. »Im Ischtar-Turm von Safranstadt schlug er mir fast den Schädel ein.« »Er mußte dich ja schließlich betäuben, ehe du ihn entdecktest«, klärte mich Lugalzaggesi auf. »Ich hatte ausdrücklich befohlen, daß dir nichts geschehen dürfe, ganz gleich, was immer du tun würdest. Vergiß nicht, ich wollte dich zu meinem Nachfolger machen und will es noch jetzt!«

»Schicktest du mich vielleicht deshalb mit Sargons Sechshundertschaft in den Tod?« fuhr ich auf. »Nur sieben kehrten zurück, und daß ich zu ihnen gehörte, danke ich ganz gewiß nicht Amar-ezen, dem großen Beschützer.«

»Das war Urzababas Fehler«, sagte der Mann von Uruk. »Noch so ein Versager! Dabei hatte ich ihm ausdrücklich befohlen, dich und Sargon so weit voneinander entfernt zu halten wie Euphrat und Tigris. Der Hohlkopf verstand das im übertragenen Sinne und glaubte, ich wolle ihn scherzhaft daran erinnern, daß ihr Brüder wärt und ein gemeinsames Los teilen solltet. Den Göttern sei Dank, und in diesem Fall meinetwegen auch Ischtar, daß sie dich retteten.« Er verstummte und blickte mich prüfend an. »Glaubst du mir?« fragte er.

»Es fiele mir leichter, wenn du mir das schon früher berichtet hättest«, antwortete ich, »damals, als du noch *lugal* warst und nicht ein nackter Gefangener in einem Käfig.« Der Mann von Uruk seufzte wieder. »Es war falsch«, gab er zu. »Aber ich hielt dich noch nicht für reif, die Wahrheit zu hören. Und später wußte ich nicht mehr, ob ich dir trauen konnte. Ich merkte ja, wie sehr du Sargon liebtest ...«

»Er ist mein Bruder!« rief ich.

»Er ist es nicht!« entgegnete Lugalzaggesi heftig. »Und selbst wenn er es wäre, müßtest du ihn jetzt töten. Töte Sargon – es ist deine Pflicht. Stoße das Ungeheuer ins Wasser zurück und mache Sumer wieder groß! Das ist die Aufgabe, Daramas, die dir die Götter stellen.«

»Willst du vielleicht auch, daß ich dich dann freilasse?« fragte ich höhnisch.

»Nein«, sagte Lugalzaggesi. »Mir ist der Tod bestimmt; ich bin besiegt und kann den Göttern nicht mehr nützen. Außerdem habe ich Fehler gemacht und verdiene kein anderes Ende. Lasse mich nun von deiner Hand sterben, Daramas. Dann töte auch Sargon und Aggar, winde die heilige Binde des *lugal* um deine Stirn und richte das Reich der Schwarzköpfigen wieder auf! Die Krieger Sumers werden dir folgen. Gehe zum Weisen von Eridu – er weiß viel und wird es dich lehren. Säume nicht! Nimm dein Schicksal und das Schicksal der Welt in die Hand!«

Ich starrte ihn unschlüssig an. Die wildesten Gedanken brausten durch meinen Kopf, und ich wußte nicht mehr, was ich denken sollte.

»Die Wächter kehren zurück«, rief Lugalzaggesi. »Töte mich endlich!«

Ich wandte mich um. Die beiden jungen Akkader kamen aus dem Palastgarten auf uns zu.

»Töte mich«, rief der Mann von Uruk. »Schnell!«

»Ich kann es nicht«, murmelte ich.

»Du hast es geschworen«, rief Lugalzaggesi. »Du hast es bei allen Göttern Sumers mit deinem Schwurstein gelobt.«

Ich zog den Dolch aus dem Gürtel.

»Endlich«, sagte der Mann von Uruk. »Setze ihn auf meine Kehle und stoße zu!« Mühsam drehte er sich in seinen Fesseln und bot mir den Hals dar. Ich setzte die Spitze auf seine nackte Haut.

»Stoß zu«, befahl er.

Ich fühlte, wie mir der Schweiß ausbrach. »Ich kann nicht«, ächzte ich.

»Du hast es geschworen!« rief Lugalzaggesi.

»Was ist, Herr?« hörte ich einen der Wächter rufen. Als ich nicht antwortete, hoben die jungen Männer ihre Lanzen und begannen zu laufen.

»Hund«, schrie Lugalzaggesi. »Bruder eines dreckigen Eselnomaden. Sohn eines Eselschänders und einer verlausten Hure!«

»Was sagst du da?« rief ich empört.

»Einer Hure«, schrie er. »Einer Hure, die sich mit Hengsten paarte ...«

Mit einem Ruck drehte er sich in mein Messer; ehe ich es zurückziehen konnte, hatte es seine Kehle durchbohrt.

»Endlich«, röchelte er; helles Blut sprang aus seinem Hals.

So, Rimusch, endete Lugalzaggesi; er verhungerte nicht, wie viele glaubten, und fiel auch nicht durch Ischtars rächenden Speer, wie Sargon später verkünden ließ, als seine Diener die Taten des Mannes von Uruk aus allen Inschriften tilgten. Lugalzaggesi starb von meiner Hand, weil er es selbst so wollte.

Die Wächter packten mich an den Armen. »Was ist geschehen, Herr?« fragten sie aufgeregt. Dann erst entdeckten sie das Messer.

»Ihr habt gehört, wie er meine Mutter beleidigte«, sagte ich.

Sie sahen mich voller Entsetzen an. »Sargon bringt uns um«, riefen sie. »Wir haften mit unseren Köpfen für den Gefangenen!«

»Euch wird nichts geschehen«, beruhigte ich sie. »Ich trage die Verantwortung für alles, was geschehen ist. Geht und meldet dem *lugal*, daß Lugalzaggesi tot ist.«

»Nein«, antwortete der Ältere mit verzerrtem Gesicht. »Wenn wir dem *lugal* das sagen, stößt er uns in seinem Zorn auf der Stelle nieder, ohne erst nach den Gründen zu fragen!«

»Nun gut«, erwiderte ich. »Ich werde selbst gehen. Laßt aber niemanden an den Käfig heran!«

Ich ging zum Großhaus, rief den Wachhabenden und befahl ihm, Decken und Tücher bringen zu lassen. Wir verhängten den Käfig und zogen ihn einige Rohrlängen von der Mauer fort. Ich stellte fünfzig Posten im Kreis um ihn auf, ließ Sargon wecken und erzählte ihm, was vorgefallen war.

»Du hast was?« fragte er erregt.

»Ich habe ihn getötet«, wiederholte ich. »Er hat meine Mutter beleidigt.« Ich merkte nun selbst, wie läppisch das klang.

Sargon seufzte tief. »Ninlil-Medu war mir nicht weniger lieb als dir«, murmelte er.

»Er hatte auch vorher schon viele Dinge gesagt«, fügte ich rasch hinzu. »Von dir und von mir ... Daß er mich einst zu seinem Nachfolger machen wollte ... und daß ich dich töten sollte.«

Ich erzählte nun alles. Sargon hörte schweigend zu. Als ich geendet hatte, sagte er: »Ohne deinen Schwur hättest du das alles wohl kaum erfahren. Auch für mich ist es wichtig, von diesen Dingen zu wissen.«

»Was wollen wir jetzt tun?« fragte ich. »Mit einer Leiche wird der Priester kaum zufrieden sein.«

»Ich habe Aggar versprochen, daß er dem Mann von Uruk Augen, Hoden und Haut nehmen darf«, meinte Sargon. »Ich habe nichts davon gesagt, daß der Gefangene dann noch am Leben sein würde.«

»Das wird dem Priester nicht gefallen«, wandte ich ein.

»Und wenn schon«, erwiderte Sargon. »Habe ich erst einmal vor allem Volk Enlils Segen erhalten, brauche ich den Kerl nicht mehr. Wenn er frech wird, setze ich ihn ab. So einfach ist das.«

»Dann ist ja alles gut«, sagte ich erleichtert.

Sargon lächelte und legte mir den Arm um die Schultern. »Mache dir keine Sorgen«, sagte er. »So schlimm war dieser Fehler nicht, daß du damit meine Macht gefährden könntest! Außerdem hat die Sache ja auch etwas Gutes: wieder einmal hast du mir deine Treue bewiesen, da du mir alles erzählt hast, was dieser Giftskorpion sagte.«

Dann rief er laut nach Akapsenni. Wenige Herzschläge später stand der Führer der Leibwache in seinen Waffen vor uns.

»Der Mann von Uruk ißt den Staub der Trümmerstätte«, sagte Sargon. »Daramas hat ihn getötet.«

Akapsennis Gesicht verlor alle Farbe. Er starrte erst mich, dann seinen Herrn an. Langsam zog er den Dolch aus dem Gürtel und setzte die Spitze an seine Herzgrube.

»Weg damit!« befahl Sargon. »Dich trifft keine Schuld!«

»Ich hafte mit meinem Kopf«, antwortete der Akkader.

»Weg mit dem Messer!« befahl Sargon scharf.

»Mein Leben ist verwirkt«, beharrte der Akkader. »Auch meine Posten müssen sterben. Wie kannst du sonst in Zukunft ruhig schlafen?«

»Niemand wird sterben«, entgegnete Sargon. »Du nicht, und auch nicht die Männer. Wem hätten sie denn trauen sollen, wenn nicht Daramas?«

»Er ist kein Akkader«, murmelte Akapsenni trotzig.

Sargon trat auf ihn zu, nahm ihm die Waffe ab und versetzte ihm eine schallende Ohrfeige. »Er ist mein Bruder«, schrie er.

Akapsenni starrte ihn an.

»Schaffe den Käfig in den Palast«, befahl Sargon, »und lasse ihn nicht aus den Augen.«

»Ich werde selbst dort wachen«, rief Akapsenni und eilte davon.

Am nächsten Morgen erschienen Priester vor Sargon und sagten, ihr Herr lasse fragen, wo denn der Käfig geblieben sei; er wolle den Mann von Uruk auch heute demütigen. Sargon antwortete, daß der Gefangene ein Geschenk sei, und dieses müsse würdig vorbereitet werden.

»Es soll eine Überraschung sein«, fügte er launig hinzu.

Zur Mittagsstunde begannen die Feierlichkeiten. Sargons Heer nahm gerüstet Aufstellung vor dem Tempel. Dahinter versammelten sich die Bewohner von Nippur. Klangholz und Jubelholz erschollen. Der Duft von Räucherwerk wehte durch den weiten Innenhof, die Meister der Kult- und Verzückungstänze gaben Proben ihrer Kunst. Die

Priester sangen mit lauten Stimmen die Hymnen Enlils und lobten den Gott mit allen Preisnamen. Dann erklangen Trommelschläge, wir legten die Schuhe ab und stiegen langsam die breite Freitreppe empor.

Sargon trug eine kostbare Rüstung aus Gold und Silber. Schwert und Dolch steckten im Gürtel; auf einen Helm hatte er verzichtet. Hochaufgerichtet schritt er uns voran. Hinter mir kamen Steinhand und Igelspitz, dann die anderen *ensis* und hohen Heerführer des Reichs, erst dann die Priester und schließlich die Vornehmen Nippurs.

Auf der zweiten Stufe blieben die festlich gekleideten Bürger zurück, auf der dritten die Obersten, Vorsteher und Verwalter, auf der vierten die Priester. Die Menschen im Innenhof wurden bald ameisenklein, doch ihre Rufe folgten uns. Die Krieger des Heeres jubelten Sargon mit aller Kraft zu, so daß es war, als ob der Klang seines Namens uns bis zu den Göttern emportragen solle.

Auf der fünften Stufe wollte ich mit den anderen *ensis* zurückbleiben, doch Sargon wandte sich um und winkte befehlend.

»Ich darf nicht«, sagte ich. »Nur die Geweihten Enlils dürfen die beiden obersten Stufen betreten.«

»Komm nur«, lächelte er und streckte die Hand nach mir aus. Da faßte ich Mut und folgte ihm.

Aggar saß auf seinem hohen Stuhl und sah uns überrascht entgegen. »Die sechste Stufe ist nur mir und dem *lugal* erlaubt«, sagte er scharf. »Die siebente aber gehört der Gottheit allein; nur Enlils höchster Diener darf seinen Fuß auf sie stellen.«

»Viel hat sich in diesen Tagen geändert«, erwiderte Sargon.

Aggar preßte die Lippen zusammen. Sargon fuhr fort: »Und das ist gut so.« Ehe Aggar ihn aufhalten konnte, schritt er an ihm vorbei und stieg auf die siebente Stufe.

Aus Tausenden von Kriegerkehlen brandete wildes Gebrüll zu uns empor.

»Was tust du?« rief Aggar zornig. »Frevler! Dort ist das Gemach des Gottes selbst!«

»Dann bin ich ja richtig«, erwiderte Sargon und stieg ganz hinauf, bis er allein auf der Spitze des Tempelturms stand.

»Sargon«, schrien die Krieger.

Aggar blieb nichts übrig, als Sargon zu folgen. Die Pauke »Stimme des Wetters« begann zu dröhnen; tief unter uns sangen die Priester wieder Hymnen des Gottes. Als sie geendet hatten, hob Aggar die heilige Binde und trat auf Sargon zu. Sargon blieb hoch aufgerichtet stehen, riß das Band aus Aggars Händen und wand es sich selbst um die Stirn.

Ein Aufschrei aus zehntausend Kehlen hallte zu uns empor, da erhob sich plötzlich ein heftiger Wind, und Aggar rief: »Das ist der Atem Enlils! Erschauere vor der Macht meines Gottes, der du ein Sterblicher bist!«

»Gehe wieder hinunter!« befahl Sargon kühl. »Die Botschaft Enlils ist nur für meine, nicht aber für deine Ohren bestimmt!«

Aggar starrte ihn an. Dann wandte er sich heftig um, stieg die Treppe zur sechsten Stufe hinab und stellte sich neben mir auf. Sein glattes Gesicht war weiß; er zitterte vor Wut.

Der Wind frischte weiter auf und fegte Staubwolken über die Steppe. Die Menge tief unter unseren Füßen verstummte, und auch die Priester schwiegen.

Sargon stand eine Weile regungslos auf der Spitze des Tempels. Dann riß er sein Schwert aus dem Gürtel und reckte es gegen den Himmel.

»Enlil!« schrie er.

Der Wind wuchs zu einem Sturm, und ich mußte mich anstrengen, um nicht vom Turm herabgeweht zu werden. Neben mir murmelte Aggar voller Inbrunst die Preisnamen seines Gottes.

»Enlil!« schrie Sargon wieder. Der Sturm zerrte an seinem weißen Stirnband und ließ die Enden wie Flügel flattern.

Aggar stieß immer neue Lobsprüche hervor. Unter uns stemmten sich Steinhand, Igelspitz, Wahrlich und Berglandgurke mit den anderen *ensis* und hohen Heerführern gegen den Sturm. Mit besorgten Mienen sahen sie Sargon zu.

»Enlil!« schrie Sargon nun zum dritten Mal. Er übertönte das Heulen des Windes, und diesmal stieß er seine Waffe gegen den Himmel, als wolle er den Gott zum Kampf herausfordern. Ein letzter gewaltiger Windstoß fuhr über den Turm. Dann legte sich der Sturm so plötzlich, wie er sich erhoben hatte.

»Sargon!« rief ich voller Freude.

»Sargon! Sargon!« schrien nun auch die Gefährten, danach die *ensis* und hohen Heerführer, und schnell stimmten auch die Zehntausende in den Ruf ein. »Sargon! Sargon!« brüllten sie aus Leibeskräften, und dann: *»Lugal! Lugal!«*

Sargon blickte stolz auf uns herab, und es war, als sei er nun selber ein Gott.

Nach einer Weile stimmten die Enlilpriester wieder ihre Hymnen an. Langsam stiegen wir hinter Sargon zur Erde hinunter.

»Nun hast du wohl gesehen, daß es deiner Hilfe nicht bedurfte, Enlil gewogen zu machen«, sagte Sargon zu Aggar. »Er selbst hat mich erwählt und dies durch sein Zeichen bewiesen!«

Aggar biß sich auf die Lippen.

»Ist es nicht so?« fuhr Sargon ihn an.

Die beiden ungleichen Männer maßen einander mit zornigen Blikken. Dann schlug der Priester die Augen nieder. »Es ist so, wie du sagst!« stieß er zwischen den Zähnen hervor.

»Sargon!« riefen die Krieger wieder. *»Lugal! LUGAL! LUGAL!«*

Sargon nickte uns zu. »Nun, Aggar«, fuhr er fort, »sollst du deinen Lohn erhalten.«

Wir schritten auf den Vorplatz. Sargon, Aggar und ich traten durch den Kreis der akkadischen Wächter. Vor dem verhüllten Käfig blieben wir stehen.

»Er gehört dir«, sagte Sargon.

»Nun sollst du sehen, wie Enlil Ungehorsam bestraft«, erwiderte Aggar zornig und löste einige Tücher. »Mann von Uruk«, rief er dabei mit lauter Stimme. »Einst schwor ich dir, Enlils Strafe an dir zu vollziehen. Nun ist der Tag gekommen, an dem du unter Schmerzen lernen sollst, Enlil zu ehren. Und unter Qualen sollst du damit fortfahren bis zum Tod.«

Er spähte in das Innere des Käfigs. Dann riß er immer schneller weitere Tücher vom Käfig, bis alle sehen konnten, daß der Mann von Uruk tot in seinem Halsholz lag.

Zornig wandte Aggar sich nach uns um. »Du hast mich betrogen!« schrie er Sargon an.

»Du irrst«, erwiderte Sargon mit grimmigem Lächeln. »Ich habe dir nur versprochen, daß du dem Mann von Uruk nach Art deiner Freunde aus dem Gebirge die Haut abziehen darfst. Ich habe nichts darüber gesagt, ob ich dir einen Lebenden oder nur einen Leichnam lasse.« Damit wandte er sich um. Akapsenni rief einen Befehl, und die akkadischen Leibwächter folgten Sargon in den Palast.

»War das dein Werk, Daramas?« fragte Aggar; er konnte vor Wut kaum sprechen.

»Ja«, sagte ich.

Aggar stieß scharf die Luft aus. »Ich habe es geahnt«, sagte er. »Ich hätte aber nicht geglaubt, daß du dazu fähig sein würdest. Eines Tages wird Sargon dafür vor Enlil Rechenschaft ablegen müssen!«

»Der Gott ist auf Sargons Seite«, erwiderte ich, »hast du das nicht selbst gesehen? Sei mit dem zufrieden, was du bist, Priester, und fordere unsere Macht nicht heraus!«

»Ja, jetzt seid ihr mächtig«, knirschte Aggar. »Aber das wird nicht immer so sein. Die Macht von Menschen vergeht, die der Götter bleibt ewig!«

Ich ließ ihn stehen und ging zu Sargon. Zusammen mit den Gefährten, *ensis* und hohen Heerführern labten wir uns an kühlem Bier und heißem Fleisch, erquickten uns an freundschaftlichen Gesprächen und erfreuten uns an den Kulttänzerinnen. Bald schon rief Steinhand die Musikanten, und Igelspitz holte vom Flußhafen andere Tanzmädchen, solche, die ihre Kunst nicht zu Ehren von Göttern, sondern zur Freude von Männern ausüben. Schnell kam ein frohes Gelage in Gang, das bis in die tiefe Nacht dauerte. Sargon schmauste und zechte mit uns. Er schwelgte in allen Genüssen; dennoch schien er nun ein anderer zu sein. Selbst Steinhand und Igelspitz zeigten eine seltsame Scheu vor ihm. Mir aber kam, wenn ich Sargon ansah, immer wieder das Bild vor Augen, wie er hoch auf der Spitze des Tempelturms Enlil herausforderte und den Gott zwang, ihn als *lugal* anzuerkennen. Und ich dachte bei mir: Nie hat ein Mensch so etwas gewagt; nie war ein Sterblicher größer als Sargon.

Im Innersten meines Herzens aber dachte ich auch daran, daß ich, wenn es das Schicksal anders gewollt hätte, selbst auf dem Turm hätte stehen und werden können, was nun Sargon war: *lugal* des Landes und Herrscher der Welt.

2

Die Väter sind gefallen,
die Söhne spielen Krieg.
Worte des Weisen von Eridu

Tage vergingen, Monate wurden lang, und das Jahr kehrte zu seiner Mutter zurück.

Nach dem Sieg über Lugalzaggesi glaubten wir, daß eine lange Zeit des Friedens beginnen würde. Wir hatten gekämpft wie vom Himmel gestiegene Götter; nun waren wir des Blutvergießens müde. Wir hatten die Welt wie einen Apfel genommen; nun kosteten wir die herrliche Beute und wurden ihrer Süße nicht satt.

Sargon baute Akkad und machte die Stadt zur größten und schönsten der Welt; sie dehnte sich bald so weit über die Steppe, daß Lagasch, Kisch und selbst Uruk vor ihr wie Dörfer erschienen. Schon nach ein paar Jahren bot Akkad mehr als hunderttausend Menschen Obdach und Brot. Der Wanderer, der auf der alten Fernhandelsstraße aus Norden herankam, blickte auf Sargons Hauptstadt wie auf das Heim eines Gottes. Der Ziegelsteinwall, der Akkad umgab, war größer und länger als selbst die Gilgameschmauer von Uruk. Durch zwanzig Tore rollten jeden Tag tausend Fuhrwerke aus allen Ländern der Welt mit den schönsten Schätzen der bewohnten und der unbewohnten Erde. Zehntausend Stiere, zehntausend Kühe und zweihunderttausend Schafe wurden jeden Morgen aus Sargons Viehhöfen auf die Weide getrieben. Nachts aber wachten angekettete Löwen, Bären und Wildeber an den Toren. Bären wurden auch für die Küche des *lugal* gemästet, denn Sargon schätzte ihr Fleisch. Hinter der riesigen Mauer ragten die Tempel der Götter empor, am höchsten der Tempel Ischtars, dem Sargon den Namen Eulmasch verlieh. Die blutroten Ziegelsteinzinnen wiesen auf heilige Sterne an den Himmelswegen der Götterdreiheit, auf die Brust der Löwin und auf das Gitter des Süßwassermeeres; die Hochtreppe führte zur Achse des Himmels, so wie es die Baumeister einst am Morgen des Neujahrsfestes bestimmt und vermessen hatten.

Höher als selbst das Berghaus des Sturmgotts zu Nippur hob sich der Eulmasch über die Hochsteppe Eden. Von seiner Spitze schweifte der

Blick im Norden über Safranstadt hinweg bis zum Rand des Gebirges und im Süden über Sippar bis zu den Sümpfen am Euphrat. Im Sonnenaufgang konnte man bei klarer Luft die Berge Gutiums erkennen, im Sonnenuntergang sah man die Wüste bis zum Rand des Himmels reichen, und es war, als blickte man wie einst Etana vom Rücken des Adlers auf die weite Erde hinab. Im Garten des Tempels aber erhob sich der Steppenbaum über die anderen Pflanzen, so wie sich Sargon über die anderen Menschen erhob.

Da Sargon durch ein Gesetz bestimmt hatte, daß die großen Fernhandelsschiffe nur noch im Hafen der neuen Hauptstadt gelöscht werden durften, wurden jeden Tag viele Dutzend Weitfahrer auf dem Euphrat nach Norden getreidelt, und auf Akkads dreißig Kais stapelten sich bald Waren aus aller Welt. Auf dem Marktplatz wimmelten Menschen und Tiere der fernsten Fremdländer durcheinander; Einhörner und Streifenesel aus Makan begegneten Affen und Rüsselochsen Meluchchas, so daß es war, als hätte Enki in heiterer Laune die seltsamsten Stücke der Schöpfung zu einem fröhlichen Umzug versammelt.

Aber nicht nur in der neuen Hauptstadt, sondern überall im Land Akkad ließ Sargon viele tausend Zwangsarbeiter die Rücken beugen und ruhte nicht, bis er die Steppe in einen blühenden Garten verwandelt hatte. Fleißige Hände gruben Kanäle, Bewässerungsgräben und Brunnen, bauten Schleusen und Schöpfwerke und lenkten fruchtbarkeitspendendes Wasser in trockene Landesteile. Darum gaben immer mehr Eselnomaden das unstete Leben in Wüste und Halbwüste auf und siedelten sich in Dörfern an; bald wohnten im Norden des Reiches mehr Akkader als Sumerer. Die Kosten für die Entwicklung des armen Nordens aber bürdete Sargon dem reichen Süden auf; darüber waren die Schwarzköpfigen sehr empört.

Noch mehr als die hohen Steuerlasten erzürnte die Männer und Frauen Sumers, daß Sargon in allen Städten Ischtartempel errichten ließ und auch andere Götzen der Eselnomaden als neue Götter des Reiches anzubeten befahl. Außerdem setzte er in vielen Tempeln des Südens neue Oberpriester ein und wählte dafür ausnahmslos Akkader, auch für den Dienst an sumerischen Göttern.

Als Manischtuschu zehn Jahre alt wurde, machte ihn Sargon zum König von Kisch und setzte ihn auf den zweithöchsten Thron des Reichs. Du, Rimusch, warst auf deinen Bruder sehr neidisch; nie werde ich vergessen, wie du bei der Zeremonie Manischtuschu am Fuß packtest und versuchtest, ihn von seinem Hochstuhl herunterzuzerren. Dein Vater tröstete dich, indem er dich zum *ensi* von Akkad ernannte. Und deine Schwester Encheduana sang schon mit neun Jahren Hymnen im Ischtartempel zu Kisch.

Igelspitz übte sein Amt als *ensi* anfangs mit großer Hingabe aus. Nach einer Weile aber verlor er die Lust am Herrschen, überließ die Arbeit seinem *girnita* und widmete sich ausgedehnten Zechgelagen, so daß es in Ur bald hieß, sein Herrscherstab sei ein Saugrohr.

Auch Steinhand wurde seines Amtes bald überdrüssig. Immer häufiger fuhr er nach Akkad, vorgeblich, um Sargons Rat einzuholen, in Wirklichkeit aber, um mit den Gefährten zusammenzusitzen und von alten Zeiten zu reden. Dabei tat er stets so, als müsse er sich um den Zustand des Heeres sorgen, und sagte zu Sargon: »Seit ich fort bin, herrschen hier weder Zucht noch Ordnung. Deine Krieger liegen faul in der Sonne und mästen sich wie die Käfigschweine. Es wird Zeit, daß sie wieder einmal richtig schwitzen, damit ihnen nicht schon nach ein paar Schritten die Luft ausgeht, wenn der Gutäer aus den Bergen steigt.« Da Sargon ihn gewähren ließ, übertrug auch Steinhand seine Aufgaben in Lagasch einem *girnita* und hielt sich fortan fast nur noch in Akkad auf, wo er auf dem Übungsplatz nach Herzenslust herumbrüllen konnte.

In den Straßen Akkads, Uruks, Kischs und der anderen Städte aber spielten die Kinder bald wieder Krieg.

Die Bürger von Uruk beklagten sich viele Male bei mir, weil sie die Fernhandelsschiffe nicht mehr entladen durften. Sie verlangten, ich solle zu Sargon gehen und ihn überreden, das nachteilige Gesetz aufzuheben. Ohne den Überseehandel, so sagten sie, sei die Stadt dem Untergang preisgegeben. Aber ich hatte den Hochmut der Leute von Uruk noch gut in Erinnerung und gab zur Antwort, daß es nicht die Sache von Besiegten sei, Forderungen zu stellen; wenn sie keine Ruhe gäben, drohte ich, könne es leicht geschehen, daß sie auch noch den Binnenhandel verlören. Als ich so sprach, standen die Reichen und Vornehmen Uruks mit blitzenden Augen vor mir und bissen sich auf die Lippen, aber sie wagten nichts zu erwidern und gingen mit gesenkten Köpfen hinaus.

Ischma-Ja tadelte mich und sagte: »Hochmut beschmiert den Menschen wie Mist das einfältige Schaf! Glaubt ihr, daß euer neues Reich allein durch Sklavenschweiß gedeihen kann? Nein, dazu bedürft ihr der

Anstrengungen freier Männer, die ihr zu euren Freunden und Verbündeten machen müßt, auch wenn ihr sie besiegt habt. Feindliche Brüder hindern einander, und keiner wird seines Lebens froh; wenn Frieden herrscht, geht es mit beiden voran. Sumer und Akkad sollen nicht länger Gegner sein, sondern wie Söhne des gleichen Vaters; dann wird euer Reich ewig dauern. Ein von einer guten Mannschaft getreideltes Schiff geht nicht unter.«

Aber ich hörte nicht auf den alten Tafelhausvorsteher und übte meine Herrschaft weiter mit großer Strenge aus. Es gefiel mir über die Maßen, Gewalt über andere zu besitzen und ihnen meinen Willen aufzwingen zu können; ja, ich genoß meine Macht so sehr, daß ich nicht scheute, sie auch gegenüber Frauen auszunutzen, so wie einst Gilgamesch die Weiber seiner Gefolgsleute für seine Gelüste mißbrauchte. Die Möglichkeit, jede der stolzen Frauen und Mädchen von Uruk zu meiner Geliebten machen zu können, stachelte meine Lust an; die aber, die diese Wollust als erste erweckte, war zugleich jene, deren Stolz mich einst so tief verletzt hatte: Dambur, die Frau des Palastvorstehers Eniggal.

Schon kurze Zeit nach meiner Einsetzung als *ensi* von Uruk und Hohepriester des Anu bat Dambur mich um eine Unterredung. Ich ließ sie in ein kleineres Beratungszimmer bringen. Als ich wenig später dort eintrat, lag sie auf dem Boden und bat mich mit flehender Stimme um Gnade für ihren Mann. Mein Zorn auf sie war nicht vergangen, und ich gab barsch zur Antwort, ich dächte gar nicht daran, mich für Eniggal einzusetzen. »Als er noch Obervorsteher war, zeigtet ihr mir euren Stolz«, erinnerte ich sie, »es schadet nicht, wenn ihr jetzt Demut lernt; du als Dienstbotin in meinem Palast, er aber als Sklave unter Peitschenhieben, die seinen Körper brennen lassen.«

Als sie fortfuhr, mich zu bitten, sagte ich voller Verachtung: »Einst standst du stolz wie eine Löwin vor mir, nun winselst du wie eine Hündin.«

So hartherzig sprach ich zu ihr, denn ich war jung, und die Jugend findet nur selten Gefallen an Milde. Dambur aber hörte nicht auf zu flehen, umklammerte meine Füße und bedeckte sie mit Küssen. Ihr volles Haar kitzelte meine Haut, und unwillkürlich hob ich eine Zehe, die dadurch zwischen ihre halbgeöffneten Lippen geriet; sie meinte wohl, daß ich mit Absicht so gehandelt hätte und nahm meine Fußspitze in den Mund.

Nun überkamen mich die seltsamsten Gefühle. Mit einer nie gekannten Mischung aus Haß, Rachsucht, Mitleid und Gier beugte ich mich zu ihr nieder, faßte grob in ihre schwarzen Locken und zog das stolze Haupt ein wenig zu mir, gerade genug, daß es meine Lenden berührte. Sie wehrte sich nicht, als ich ihr nasses Gesicht gegen mein erregtes Geschlecht preßte. Die feuchte Schlange ihres Mundes wand sich an meinem Liebesbaum, bis ich die gleichen Lippen, die mir einst hohnvoll Worte gesagt hatten, mit meiner Lendenflut netzte.

Danach sagte sie: »Wenn du es wünschst, will ich fortan deine getreue Sklavin sein und so oft zu dir kommen, wie du willst.«

Doch meine Rachsucht drängte nach größerer Strafe. »Du wirst kommen«, sagte ich, »und deine Tochter auch.«

»Nein!« rief sie erschrocken. »Weißt du nicht, daß sie eine *entum*-Priesterin ist? Es wäre ein schweres Vergehen!«

»Ein Vergehen war es auch, die arme Sklavin zu mißbrauchen«, erwiderte ich. »Erinnerst du dich an Sennaya? Du schenktest sie mir zum Hohn! Sie hat mir erzählt, wie du sie mißbraucht hast, und deine Tochter handelte nicht besser als du. Ihr habt sie zu eurer Lustsklavin gemacht; nun mögt ihr diesen Dienst auch selbst einmal verrichten!«

»Aber wir Frauen von Uruk haben von jeher auch die Umarmung von Mädchen genossen«, entgegnete sie, »und bei den *entum*-Priesterinnen ist die Liebe unter Frauen üblich. Wer könnte ohne Zärtlichkeit leben?«

»Zärtlichkeit?« wiederholte ich höhnisch. »Vergewaltigt habt ihr das arme Ding!« Und dann ließ mich der Dämon meiner Rache sagen: »Zeigt deine Tochter sich aber genauso gehorsam wie du, so will ich sehen, was ich bei Sargon für deinen Mann tun kann.«

Am nächsten Tag hatte ich große Mühe, meinen Sinn auf die Arbeit des Herrschens zu richten, denn immer wieder schweiften meine Gedanken ab, und Beltani erschien vor meinem inneren Auge, schön und jugendfrisch, wie ich sie noch so gut in Erinnerung hatte. Während die Vorsteher der Lagerhäuser ihre Listen verlasen, dachte ich an Beltanis knospende Brüste; als die Oberpriester der Tempel erhöhte Abgaben der Gläubigen für alle Hochzeits- und Sterberiten verlangten, sah ich Beltanis braunes, lockiges Haar über weißschimmernde Schultern fallen; und während die Heerführer Uruks die Kosten für neue Streitwagen vortrugen, ruhte mein innerer Blick auf den sanft geschwungenen, knabenhaft wirkenden Hüften Beltanis, so daß mein Herz wieder wie rasend schlug und mein Mund trocken wurde. Am liebsten hätte ich die Priesterin auf der Stelle zu mir befohlen und mich am hellen Tag über sie hergemacht, so wie ein Wildesel in seiner Brunst alles bespringt, was sich in seiner Nähe bewegt, gleich ob es Eselstuten sind oder nur Füllen, die nicht schnell genug davonlaufen können, oder gar andere Hengste. Nur mit Mühe bezähmte ich mich; Ischma-Ja aber sah mich bei unseren Beratungen oft von der Seite an, so daß ich schon fürchtete, er könne ahnen, woran ich die ganze Zeit dachte.

Als es endlich Abend wurde, ging ich in das kleine Beratungszimmer, setzte mich an den Tisch und bekämpfte meine Ungeduld mit Bier. Nannas Nachtboot schwamm schon zum Himmelsweg Anus empor, als die Wachen endlich zwei verschleierte Frauengestalten hereinführten; die kleinere trug die Gewänder einer *entum*-Priesterin.

Ich befahl den Kriegern, niemanden mehr zu mir zu lassen. Dann trat ich auf die kleinere Gestalt zu und löste mit grober Hand den Schleier. Entzückt schaute ich in Beltanis Gesicht mit den großen, dunklen Augen, dem zierlichen Näschen und den vollen, weich geschwungenen Lippen. Sie schien mir noch schöner als damals.

»Du wartest vor der Tür«, befahl ich Dambur. Sie wandte sich um und ging.

Beltani erwiderte meinen Blick voller kalter Verachtung. »Hier bin ich nun«, stieß sie hervor. »Tue mit mir, wonach dich gelüstet, ich werde mich nicht wehren. Vergiß aber nicht, was du uns versprochen hast!«

»Du wirst mit diesem Handel so zufrieden sein wie ich«, erwiderte ich und löste mit raschem Griff Tuch und Bänder von ihrem Haar, so daß es wie in meinen Träumen auf die weißen Schultern sank.

»Ich sehe kein Bett«, erklärte Beltani. »Willst du mich wie ein Tier auf dem Boden nehmen? Es würde mich nicht überraschen.«

»Das wirst du schon sehen«, stieß ich heiser hervor, nahm ihr den Umhang fort und ließ ihn fallen. Sie wehrte sich nicht. Ihre Brüste waren rund wie zwei *schapattu*-Schalen, ihre Schenkel glatt wie die kostbaren Elfenbeinflaschen, nach deren Essenz ihre Haut duftete. Im Augenblick meiner höchsten Lust aber war mir, als hörte ich aus weiter Ferne das Lied einer Flöte, stolz und wehmütig zugleich.

In dieser Nacht unterwarf ich Beltani noch viele Male auf jede nur denkbare Art meiner Lüsternheit. Am Ende sagte ich zu ihr: »Ich will nun meinen Teil der Abmachung erfüllen. Dir aber werde ich ein Haus und einen Lustgarten einrichten, mit allem, was du benötigst; dort wollen wir der Liebe pflegen, so oft und so lange wir können.«

Sie richtete sich auf, sah mich nachdenklich an und antwortete: »Wie du befiehlst, Daramas. Denke aber immer daran, daß du nicht nur mit meinem Leib, sondern mit meinem Leben spielst.«

»Ich werde unser kleines Geheimnis schon hüten«, erwiderte ich.

Sie kleidete sich an und verließ mich. Ich ging in mein Gemach, wo Sennaya auf mich wartete, trank viel Bier und lag trotzdem lange wach.

Am Morgen diktierte ich ein geheimes Schreiben an Sargon und bat, mir den einstigen Oberverwalter zu übergeben. Sargon fragte nicht weiter. Ich gab Eniggal nicht seine Stellung zurück, ernannte ihn aber zum Oberaufseher des Hafens. Er dankte mir überschwenglich und sagte, daß er in Akkad wohl nicht mehr lange am Leben geblieben wäre, da Sargon seine Sklaven mit äußerster Härte behandeln lasse.

Am Abend ging ich zu Beltani, um ihre Dankbarkeit zu genießen, und wieder erfüllte sie mir die ungewöhnlichsten Wünsche. So ging es noch in vielen Nächten. Zwischendurch mußte mir auch Dambur immer wieder einmal zu Willen sein.

Nach einigen Monden bemerkte ich, daß Sennaya mir aus dem Weg ging. Als ich sie zur Rede stellte, brach sie in Tränen aus und rief: »Ach, Daramas, was habe ich nur getan, daß du mir deine Liebe verweigerst? Bin ich dir denn schon so langweilig geworden, daß du mich gar nicht mehr ansiehst und immer schon schläfst, wenn ich zu dir kommen will? Mein Schoß ist schon wie ein trockengelegter Bewässerungsgraben und mein Leib wie ein vernachlässigter Garten, dessen Grün allmählich verbleicht und der bald wie eine Steppe sein wird.«

»Was maßt du dir an?« fuhr ich auf. »Ich habe als *ensi* wohl andere Pflichten, als mich um deine Empfindlichkeiten zu kümmern. Hältst du es für ein Kinderspiel, tagein, tagaus mit den Vorstehern, Obersten und Verwaltern zusammenzusitzen und zu bestimmen, was dem Wohl der Stadt nutzt? Ich strenge mich für Uruk genug an, um abends müde sein zu dürfen, das magst du mir glauben.«

»Daß du müde bist, mag an deiner Pflicht liegen«, versetzte sie mit großer Bitterkeit. »Aber daß du mich nicht mehr begehrst, liegt wohl eher an meinen früheren Herrinnen, bei denen du deine Abende zubringst, obwohl sie dich damals so kränkten. Auch mich haben sie tief gedemütigt, wie du wohl weißt. Trotzdem ziehst du sie mir nun vor.« Ihre schönen Augen füllten sich mit Tränen.

Ich hatte wieder viel Bier getrunken; darum kam mir nun ein verwegener Gedanke, und ich sagte: »Wenn es das ist, was dich bedrückt, so will ich gleich Abhilfe schaffen, und deine einstigen Herrinnen sollen dir ebenso dienen wie mir. Denn ich gehe nicht zu Beltani, um mich abweisen oder verhöhnen zu lassen, wie du dir wohl denken kannst, sondern um sie meinen Wünschen zu unterwerfen. Die stolzen, hochfahrenden Urukerinnen von damals haben das Dienen gelernt.«

Sennaya sah mich verwirrt an.

Ich warf ihr einen Umhang zu, zog sie hinter mir in den Hof des Palastes und setzte sie in meinen Reisesessel aus Maulbeerbaumholz. Die Sklaven hoben den Tragstuhl auf und eilten mit uns zu Beltanis Haus. Die beiden Wächter vor dem Tor öffneten sofort. Ihre Herrin kam uns entgegen; als sie Sennaya erkannte, blieb sie erstaunt stehen.

»Schicke nach Dambur«, befahl ich ihr. »Sie soll sofort kommen. Bier und Dattelwein herbei! Wir feiern ein Fest.«

Die Diener des Hauses machten sich rasch an die Arbeit. Wir setzten uns, und als Dambur kam, fingen wir an zu schmausen. Ich befahl den drei Frauen, zu trinken, wie man sonst Huren zu trinken befiehlt. Sie gehorchten nur zögernd, doch als ich ihnen drohte, tranken sie, soviel sie konnten. Ihre Züge wurden weicher, ihre Lippen schimmerten feucht, und ihre Augen begannen zu glänzen. Ich aber, der ich als einziger wußte, zu welchem Tun wir gekommen waren, fühlte solche Erregung in mir, daß ich mich nicht mehr zurückhalten konnte. Ich küßte Sennaya, öffnete dabei ihr Kleid und entblößte die schönen Brüste. Dann zog ich Dambur zu uns, drückte ihren Kopf an die nackte Haut der einstigen Sklavin und sagte: »Tue ihr nun, was sie einst dir tat!«

»Ich werde gehorchen«, flüsterte Dambur willig und bedeckte Sennayas Brüste mit zärtlichen Küssen.

Danach streifte ich Sennayas Gewand vollends ab und befahl Beltani: »Auch du wirst nun die Lust, die sie dir einst verschaffte, vergelten.«

Dann bettete ich sie zwischen die glatten Schenkel, so daß sie nun selber mit ihrer Mundschlange den Mann spielen mußte. Sennaya aber, nun plötzlich Herrin, genoß die Liebkosungen und forderte ein ebenso großes Maß an Lust, wie sie einst selber hatte erzeugen müssen.

Während die Frauen nun so miteinander verschlungen auf den weichen Kissen lagerten, überwältigte mich das heftigste Verlangen; ich streifte mein Gewand ab, gesellte mich dem Liebesspiel zu und drang auf verschiedene Weise abwechselnd in sie ein. Meine Lust war wie ein Mund voller Öl. Als sich die Springflut meiner Brunst ergießen wollte, hörte ich plötzlich hinter mir eine spöttische Stimme: »Hier also vollziehst du die wichtige und verantwortungsvolle Tätigkeit eines *ensi* von Uruk, Bruder! Wahrlich, wenn du so weitermachst, wird sich die Einwohnerschaft dieser fröhlichen Stadt ganz gewiß rasch vermehren. Heil dem Züchter, dessen Kühe ein so ausdauernder Stier bespringt!« In unserer Hitze hatten wir gar nicht gemerkt, daß sich die Tür geöffnet hatte und Sargon eingetreten war. Als er seine Stimme erhob, stießen die Frauen erschrockene Schreie aus, rafften ihre Gewänder an sich und suchten Schutz unter den Kissen. Ich aber stand auf, nackt wie ich war, und starrte ihm offenen Mundes entgegen.

»Allerdings hast du hier nicht die Aufgaben eines Zuchtbullen, sondern die eines *ensi* übernommen«, fuhr Sargon fort, »und als einen solchen benötige ich dich nun auch. Was ist eigentlich mit euch los? Igelspitz schnarcht am hellen Tag trunken in Ur, Steinhand säuft sich jeden Tag mit unseren Kriegern den Wanst voll, und du liegst hier gleich mit drei Weibern!«

Er blickte musternd in die Runde. Als er Dambur erkannte, sagte er: »Ist das nicht die Frau des früheren Palastverwalters? Also deshalb wolltest du den Alten freibekommen. Was denkt ihr euch eigentlich? Glaubt ihr, ob es regnet oder die Sonne scheint, ihr könnt immer nur saufen und huren? Erhebe dich, die Welt wartet auf neue Taten!«

»Neue Taten?« wiederholte ich blöde; meine Zunge schmeckte wie Aas.

»Ganz recht, du alter Waldesel«, versetzte Sargon. »Auf neue Taten. Und damit meine ich nicht irgendeine Beratung über die Frage, ob der Schafsdung vor Tempeln den Hirten oder dem Himmel gehört. Jetzt wird es wieder ernst, Bruder, denn wir haben noch einen Schwur zu erfüllen. Akkads Mauer ist errichtet, seine Tempel sind erbaut, fest steht unser neues Reich – lasse uns nun der Männer gedenken, die dafür ihr Leben gaben! Noch liegen ihre Knochen unbestattet in den hohen Bergen. Rufe deine Leute zusammen, sammele Uruks Heer und folge mir! Wir ziehen gegen Gutium, die Horde zu bestrafen, und Ischtar schreitet an meiner Seite.«

3

Weich ist der Ton, in den du
die Schrift mit deinen
Verpflichtungen gräbst.
Hart ist der Ton,
in dem die Verpflichtungen später
gelten.

Worte des Weisen von Eridu

Gutium! Wie eine heiße Woge des siedenden Meeres von Makan flutete die Erinnerung in mein Herz. Das Blut strömte wie geschmolzenes Kupfer durch meine Adern, und Schweiß fiel von meiner Stirn wie die Tropfen des Hitzegewitters, als ich den Namen des furchtbaren Landes vernahm. Mit zitternden Händen raffte ich mein Gewand; Sargon sah sich indessen gemütlich um. Die Frauen versteckten ihre Gesichter und wagten vor Scham kaum zu atmen.

»Geht«, befahl ich ihnen.

»Wir sollten uns umdrehen«, schlug Sargon vor und wandte sich ab. Ich folgte seinem Beispiel. Hinter uns hörten wir die Geräusche eiliger Flucht.

Als die Frauen verschwunden waren, sagte Sargon: »Das hätte ich nicht erwartet, Bruder, daß du die Frauen gleich in Rudeln auf dein Lager zerrst. Es geht mich zwar nichts an, aber sah ich dort nicht das Gewand einer *entum*-Priesterin liegen?«

»Und wenn?« fuhr ich auf. »Brauche ich deine Genehmigung, wenn ich mich zu vergnügen beabsichtige? Du hast mich damals ja auch nicht gefragt, als du mit Abda ...«

»Ist ja gut«, sagte Sargon beschwichtigend. »Ich wollte dir nicht zu nahe treten. Sei nur vorsichtig. Wenn die Leute davon hören, wird es für das Mädchen gefährlich. Wer ist die Kleine überhaupt?«

»Damburs Tochter«, antwortete ich verdrossen. »Sie heißt Beltani.«

Sargon machte runde Augen. »Mutter und Tochter«, murmelte er. »Findest du das nicht etwas ungewöhnlich? Und die andere?«

»Sennaya«, sagte ich. »Sie war einst Damburs Sklavin. Jetzt hütet sie meine Gemächer als Oberaufseherin.«

»Soso, eine frühere Sklavin«, meinte Sargon. »Scheint sich mit der einstigen Herrschaft gut zu vertragen.«

»Du verstehst das alles nicht«, sagte ich ärgerlich. »Sie mußte Dambur und Beltani als Lustsklavin dienen. Jetzt ...« Ich verstummte.

»Laß mich raten«, lachte Sargon. »Du hast das Vergehen persönlich geahndet.«

»Du scheinst das erheiternd zu finden«, knurrte ich. Das Bier in meinem Bauch brach sich mit einem heftigen Aufstoßen Bahn.

Sargon grinste. »Du bist der *ensi* von Uruk«, erklärte er und legte mir den Arm um die Schultern. »Es ist deine vornehmste Aufgabe, in dieser Stadt das Recht zu pflegen. Ich stelle fest, daß du wacker deine Pflicht tust. Nun komm! Wir wollen uns ungestört unterhalten. Du sollst mir den Feldzug planen.«

»Nichts lieber als das«, murmelte ich ohne jede Begeisterung. Sargon zog mich nach draußen. Die frische Nachtluft vertrieb den Nebel aus meinem Schädel, und ich begann mich zu schämen.

»Warum hast du mir nicht geschrieben, daß du kommst?« fragte ich lauter, als notwendig war. »Und wo ist dein Heer?«

»Ich habe es gleich an die elamitische Grenze geschickt«, sagte Sargon. »Steinhand und Igelspitz sind auch schon unterwegs. Dich wollte ich überraschen.« Er grinste wieder. »Das ist mir gelungen«, fügte er launig hinzu.

Ich kletterte in meinen Tragstuhl und ließ mich keuchend in die Kissen sinken.

»Puh«, machte Sargon, der mir gefolgt war. »Dein Mund riecht wie das Loch eines Mungo.«

»Und warum kommst du ausgerechnet jetzt?« wollte ich wissen.

»Habe ein bißchen Geduld«, erwiderte Sargon. »Ich werde dir alles erklären.«

Im Palast schickte ich nach Wasser und frischer Milch. Als wir uns erquickt hatten, sagte Sargon zu mir: »In Gutium hat es acht Monate lang fast ununterbrochen geregnet. Das Getreide ist auf den Halmen verfault; bald wird die Horde hungern. Dann steigt die Mörderbande gewiß wieder in die Steppe hinab, um sich an unseren Bauern schadlos zu halten. Das werden wir diesmal verhindern.«

»Warum hast du das Heer dann nach Elam geschickt?« staunte ich. »Wäre es nicht besser, am Fluß der neun Toten zu warten?«

»Ich will nicht warten, sondern handeln«, erwiderte Sargon. »Auf unserem letzten Feldzug nach Gutium hast du gesagt, du würdest nicht am Berg der Mutter angreifen, sondern durch die Täler ziehen. Denn ein guter Angreifer gehe vor wie das Wasser: Es sammelt sich in den Niederungen. So müssen auch wir das, was stark ist, umgehen ...«

»Ich erinnere mich«, sagte ich.

»Und so machen wir es jetzt«, erklärte Sargon. »Wir greifen nicht dort an, wo die Gutäer auf uns gefaßt sind, sondern von Elam aus.«

»Was sagen denn Berglandgurke und die Elamiter dazu, daß du durch ihre Heimat marschieren willst?« fragte ich.

»Ich habe Botschaft nach Elam geschickt«, sagte Sargon beruhigend. »An Bascha-Schuschinak, den König in Susa, an seinen Bruder und seinen Sohn, die mit ihm regieren, und auch an die anderen mit uns verbündeten Fürsten der hohen Berge: Kisari von Wachschan, Puchla von Hurschitu und Anu-Banini, den Herrscher der Lullubäer. Sie hassen die Horde wie wir und werden uns unterstützen.«

»Wenn die Gutäer nun aber über den Fluß der neun Toten kommen, ehe wir sie von Elam aus angreifen können?« wollte ich wissen. »Wer hält sie dann auf?«

»Berglandgurke und unsere Elamiter«, sagte Sargon vergnügt. »Sie stehen in Badan. Die *ensis* von Babylon und Kazallu sind bei ihnen. Und natürlich Wahrlich mit den Akkadern.«

»Das hast du schlau ausgedacht«, gab ich zu.

Sargon lächelte wieder. »Hauen wir uns aufs Ohr«, sagte er, »damit wir frisch und ausgeruht sind, wenn wir morgen den Feldzug besprechen.«

»Gut«, murmelte ich. Die Gedanken rasten durch meinen Kopf.

Sargon schaute mich nachdenklich an. »Es ist schön, wieder mit dir zusammenzusein, Bruder«, sagte er nach einer Weile. »Ich habe dich sehr vermißt.«

»Ich dich auch«, erwiderte ich matt. Vor meinem inneren Auge sah ich lange Reihen von Kriegern in Waffen durch sumpfige Täler ziehen. Regen fiel unablässig hernieder, und alle Berge waren von tiefen Wolken verhangen. Immer wieder rutschten Schlammlawinen von den steilen Hängen und rissen schreiende Männer mit sich.

»Träume süß«, lächelte Sargon und verschwand.

Am Morgen weckten mich polternde Schritte. Dann flog die Tür krachend auf, und eine tiefe Stimme rief: »Da ist er ja, der hohe *ensi* von Uruk und Hohepriester des Anu; wie ein Röhrichtschwein liegt er in seiner Suhle, während anständige Leute längst ihrem Tagwerk nachgehen. Los, raus mit dir, du alte Sumpfeule, das Reich hofft auf unsere Taten!«

»Ganz besonders auf deine, Steinhand«, erwiderte ich ärgerlich und rieb mir den Sand des Schlafes aus den Augenwinkeln. »Warum ziehst du nicht alleine los und haust Gutium in Stücke, wenn du so stark bist?«

»Das würde ich gern tun«, versetzte der Gefährte grinsend, »aber wozu wärst du dann noch nütze? Ich möchte dich nicht um deine Stellung bringen. Los, großer Feldherr, wir warten auf dich.«

Ich erhob mich, wusch mich, kleidete mich an und trat in den Saal der Eingebungen. Sargon, Steinhand und Igelspitz blickten mir von einem reichen Frühstück mit fettem Fleisch und kühlem Bier fröhlich entgegen. Ischma-Ja saß neben ihnen. Weiter hinten erkannte ich hohe akkadische Heerführer und den Hüter der Kundschaftstafeln, den kleinen, kahlköpfigen Enkug.

Sargon winkte mich an seine rechte Seite. Dann gab er dem Hüter der Kundschaftstafeln ein Zeichen. Enkug erhob sich, legte die einzelnen Teilstücke der vier Weltgegenden auf den Tisch und ordnete sie. Wir beugten uns vor und machten uns ein Bild von Winden, Wegstrekken und Wassern.

»Wir nehmen die Fernhandelsstraße von Nina nach Susa«, erklärte Sargon, »und gehen beim Kanal der Warane über den Tigris, gleich oberhalb des Schwemmlands.«

»Die Schiffe aus Lagasch sind schon unterwegs«, meldete Steinhand.

Sargon schaute mich auffordernd an.

»Wie ist es um die Ernte in Elam bestellt?« fragte ich.

Der Hüter der Kundschaftstafeln blickte auf eine Liste. »Das Korn steht gut«, berichtete er. »Wenn Nannas Himmelsboot sich wieder rundet, werden die Elamiter das Fest des Gerstenessens wohl mit besonderer Dankbarkeit feiern.«

»Und die Bestände in den Vorratshäusern?« wollte ich wissen.

»Üppig wie der Laich im Fisch«, antwortete Enkug.

»Auch auf den Märkten sieht es gut aus«, fügte Sargon hinzu.

»Überfluß«, erklärte der Hüter der Kundschaftstafeln. »Die Preise sinken und werden noch weiter fallen. Der König hat schon die Steuern erhöht.«

»Und die Armee?« fragte Steinhand.

»Wohlgerüstet und wohlgenährt«, erwiderte Enkug.

»Ihr wollt euch doch nicht mit Gutäern und Elamitern zugleich schlagen!« sagte ich.

»Sollte es doch dazu kommen, weiß ich lieber rechtzeitig, wen ich alles vor meine Keule bekomme«, versetzte Steinhand.

»Von einem Krieg mit Elam war nicht die Rede«, rief ich. »Sind euch denn Schlangen in die Köpfe gekrochen, um darin zu nisten?«

»Wir werden Vorkehrungen treffen«, erwiderte Sargon sanft. »Nun deinen Plan!«

Ich warf einen letzten Blick auf die Tafeln. Dann sagte ich: »Am besten teilen wir unser Heer in drei Türme. So kommen wir schneller voran. Wir können auch nicht wie ein Heuschreckenschwarm durch das Fruchtland von Elam ziehen. Ein Turm bleibt vor Susa zurück. Er ist die Leiter, auf der wir aus dem Bergland heraussteigen können, wenn uns der Feldzug mißlingt.«

Sargon zog die Brauen hoch. »Er wird nicht mißlingen«, sagte er. »Ischtar zieht mit uns.«

Die Akkader hieben zustimmend mit den Fäusten auf ihre Tische.

»Und wenn nun Enlil mit der Horde zieht?« entgegnete ich. »Der Kahlkopf im Tempel zu Nippur wird wohl kaum bei seinem Herrn für dich bitten.«

»Aggar?« sagte Sargon verächtlich. »Vor dem brauchst du keine Angst zu haben. Ich glaube nicht an Enlils Kraft; Ischtar ist stärker.«

Die Akkader brüllten Zustimmung und hieben wieder laut auf ihre Tische.

»Und wo war Ischtar, als Enlil die Große Flut schickte?« fragte ich zornig. »War sie es etwa, die uns Menschen rettete?«

»Mag sein, daß Enlil früher etwas mächtiger war«, brummte Sargon. »Doch seine Tropfenruhr ist abgelaufen. So wie die Zeit Lugalzaggesis.«

»Lugalzaggesi wurde von dir besiegt«, gab ich zu, »doch das war nicht nur Ischtars, sondern auch Enlils Wille und Werk.«

Sargon seufzte. »Ich wollte von dir einen Feldzugplan haben und nicht eine Tafelhausstunde über die Götter«, sagte er. »Wenn Enlil den Gutäern helfen wollte – warum hat er ihnen dann so viel Regen geschickt, daß ihre Ernte verfault?«

»Ich verstehe sowieso nicht, warum der Herr der brausenden Winde der Horde helfen sollte«, mischte sich Steinhand ein. »Was hat der Gott denn mit diesem Gesindel zu schaffen?«

»Es ist das Volk, dem er entstammt«, sagte Ischma-Ja ruhig.

»Das höre ich zum ersten Mal«, sagte Steinhand zweifelnd.

»Das wundert mich nicht«, versetzte Ischma-Ja. »Als ich im Tafelhaus zu Sippar versuchte, Wissen in eure hohlen Köpfe zu gießen, war mir, als schüttete ich fette Milch in trockenen Sand. Später, als Krieger, habt ihr eure Köpfe nur noch als Füllung für eure Helme benutzt. Glaubt ihr denn, daß die Götter allesamt gleichzeitig auf die Welt kamen? Und wenn es so wäre, wie könnten die einen dann Väter und Mütter, ja sogar Großväter der anderen sein? Seid ihr etwa nicht älter als eure Söhne?«

»Ich habe gar keine Kinder«, murmelte Steinhand trotzig.

»Das wird sich eines Tages wohl noch ändern«, versetzte Ischma-Ja. »Schon jetzt bedauere ich den armen Mann, der deine Söhne unterrichten soll. Er wird es kaum leichter haben als ich. Aber ich bin ja selbst daran schuld, daß ihr nichts gelernt habt, da ich euch in meiner Gutmütigkeit alles durchgehen ließ. Nun will ich versuchen, Versäumtes kurz nachzuholen. Anu ist der älteste Gott und Vater der Himmlischen. Er herrschte über das Land, als es noch keine Pflanzen, Tiere und Menschen gab. Seine Gemahlin Antu gebar ihm ... nun, wie viele Söhne? Adad war der älteste. Ihm folgte Ningirsu, der Gott von Lagasch. Dann kam Martu, der Gott der Nomaden. Seine Gemahlin ist Beletseri, die Herrin der Steppe. Dann kam Zababa, der Stadtgott von Kisch. Und ...«

»Kannst du es nicht etwas kürzer machen?« bat Sargon. »Wir haben heute noch einiges vor.«

»Wir wollen nämlich nach Gutium ziehen«, fügte Igelspitz fröhlich hinzu. Die anderen lachten.

»Schade um die vielen schönen Tafeln, die ihr als Kinder zerkratztet«, rief Ischma-Ja ärgerlich. »Aber gut; ich bin ja froh, daß ihr mir überhaupt zuhören wollt. Zählt Enki denn nun auch zu Anus Söhnen?«

»Klar«, sagte Steinhand, »wenn Anu doch der Vater aller Götter ist ...«

»Nein, eben nicht!« rief Ischma-Ja aufgebracht. »Enki ist der Sohn *abzus,* des Süßwasserozeans. Denn es war so: Als Anu und Antu noch kinderlos waren, fuhr Enki in einem Schiff auf dem Unteren Meer in das Schwemmland. Er war es, der die belebte Welt erschuf. Als diese Arbeit getan war, zog er sich in seinen ewigen Schlummer zurück ...«

»Ab und zu wacht er auf«, widersprach Igelspitz, »um seine Töchter und Enkelinnen zu schwängern.«

Wieder lachten alle. Der alte Tafelhausvorsteher rollte die Augen und rief: »Das wußte ich schon damals, daß ihr euch diese Geschichte als einzige merken würdet. In euren Köpfen ist nichts als Stroh, von zehntausend Ochsen gedroschen und leer wie die Schale des Bettlers am Morgen. Aber ich will euch ein Almosen geben: Als Enki am Meeresrand einschlief, kam Enlil im hohen Gebirge zur Welt. Beide Götter stammen also aus fremden Ländern. Anu machte Enlil zum Herrn des Himmels und zog sich nach Uruk zurück. Seither herrscht Enlil von Nippur aus über das Stromland; oft aber kehrt er für einige Zeit in seine Heimat wieder, dorthin, wo jetzt die Gutäer leben.«

»Die Horde betet doch ganz andere Götter an!« murrte Steinhand. »Es ist doch wohl nicht Enlil, der befiehlt, Gefangenen die Haut abzuziehen und die Sterbenden dann in hohe Eichen zu hängen wie frisch geschlachtetes Vieh!«

»Nein«, sagte Ischma-Ja. »Und doch sind es seine Kinder. So wie Enki einst die verständigen Menschen der Hochsteppe schuf, so ließ Enlil die wilden Stämme der Bergländer wachsen. Manche seiner Priester, auch Aggar, behaupten inzwischen allerdings, in Wirklichkeit habe nicht Enki, sondern ihr Herr alle Menschen, Tiere und Pflanzen erschaffen.«

»So ist das mit diesem Oberbetrüger«, rief Sargon lachend. »Wenn sich die Sklaven auf dem Markt um das frische Gemüse streiten, preist ja auch jeder seinen Herrn als den mächtigsten. Wenn Enki aber vielleicht aus Meluchcha ins Stromland geschwommen kam und Enlil aus den Bergländern des Ostens herabstieg – wer weiß, vielleicht wünschen sich diese Götter dann jetzt, daß wir diese fernen Länder für sie erobern! Mir soll es recht sein. Für Enlil den Osten, für Enki den Süden, für Ischtar jedoch den Norden und auch den Westen, denn sie ist meine Gefährtin!«

Da brüllten seine akkadischen Heerführer noch lauter als zuvor. Ischma-Ja aber verstummte und sah mich lange an. Er schien etwas sagen zu wollen, aber er schwieg; in seinem Blick lag ein Gedanke, den ich erst viele Jahre später verstand.

Danach besprachen wir den Feldzug in allen Einzelheiten, bis jeder wußte, was er zu tun hatte. Ich übergab Ischma-Ja die Geschäfte des Herrschers, sammelte das Heer von Uruk und zog mit den Kriegern hinaus, um mit ihnen zu üben. Als ich am Abend heimkehrte, überraschte ich Sennaya dabei, wie sie ihre Kleider und andere Habe in einen Reisekorb legte.

»Wohin willst du?« staunte ich.

Sie gab keine Antwort. Mit niedergeschlagenen Augen stand sie vor mir.

»Was ist geschehen?« fragte ich. »Heraus mit der Sprache!«

Sie schlug die Hände vor das Gesicht. »Das weißt du doch ...«, stieß sie mühsam hervor. »Ich schäme mich so ...«

Ich mußte lächeln. »Wegen dieser Nacht?« fragte ich. »War es nicht schön für dich?«

Gequält sah sie mich an. »Ich hatte gehofft, du wärst zu betrunken gewesen, um dich daran zu erinnern«, flüsterte sie. »Ich aber werde es niemals vergessen.«

»Vergessen? Warum?« fragte ich. »Du hattest deine Rache und hast sie genossen!«

Sie schwieg.

»Die beiden stolzen Frauen dienten dir, wie du ihnen selber einst dientest«, fuhr ich fort. »Hat dir das etwa nicht gefallen?«

Sie biß sich auf die Lippen. »Du verstehst nichts«, sagte sie leise. »Laß mich gehen, ich bitte dich!«

»Höre, du Tochter einer Kuh!« erwiderte ich ärgerlich. »Ich tat es für dich, nicht für mich.«

Mit einiger Anstrengung hob sie den schweren Tragkorb auf die schmalen Schultern.

»Ich werde dir etwas Silber geben«, sagte ich versöhnlich. »Denke in Ruhe über alles nach. Wenn du zurückkehren willst, sollst du bei mir stets den Ehrenplatz haben.«

Ich warf ein paar Beutel mit Silberstücken in ihren Korb. Sie hatte Tränen in den Augen, als sie ging.

Wir zogen nach Elam, und alles verlief so, wie ich es geplant hatte. Die Elamiter schienen uns nicht zu trauen, denn sie erwarteten uns mit der gesamten Kriegsschar des Landes an ihrer Grenze. Die Heerführer kamen in unser Lager, um die Grüße König Bascha-Schuschinaks zu überbringen. Sie erwiesen Sargon jede Form der Ehrerbietung, priesen seinen Namen und wünschten ihm den Segen aller Götter. Als sie feststellten, daß Sargon seine elamitischen Hilfstruppen nicht mitgenommen, sondern nach Badan befohlen hatte, wechselten sie besorgte

Blicke. Sie waren spürbar froh, daß wir auf den vereinbarten Wegen blieben und die Verpflegung, wie es abgesprochen war, für Silber auf den Märkten kauften. Als wir die Berge erreichten, ließ Sargon die elamitischen Heerführer kommen, dankte ihnen und sagte: »Ihr werdet verstehen, daß wir nun nicht gleich mit allen Kriegern nach Gutium gehen; denn nur ein schlechter Feldherr verläßt sich so auf sein Glück, daß er auf jede Sicherung verzichtet. Darum wird ein kleiner Teil unseres Heeres hier auf unsere Rückkehr warten.«

Die Elamiter machten saure Gesichter, doch Sargon schrieb einen Brief an ihren König und schickte sie damit fort. Dann befahl er den Akkadern, mit dem dritten Teil des Heeres im Vorland der Berge zu lagern und sich nicht ohne Befehl von der Stelle zu rühren.

Am nächsten Morgen riefen uns die Hörner zum Marsch in das hohe Gebirge.

Ehe wir aufbrachen, stellte sich Sargon auf einen Hügel und rief dem Heer zu: »Krieger von Akkad und Sumer! Zwei Sommer und zwei Winter sind vergangen, seit ihr zum letzten Mal in Waffen gingt. In dieser Zeit habt ihr nicht etwa ein maßvolles und bescheidenes Leben geführt, wie es Männern der Schlacht ja auch selten angenehm ist, sondern ihr habt das Silber des Reiches versoffen, verpraßt und verhurt, daß es eine Pracht war. Ihr habt euch gemästet wie Käfigschweine. Nun müßt ihr dafür bezahlen, und zwar mit Blut, wie es im Krieg die Sitte ist. Für jedes Stück Silber, das ich euch gab, verlange ich ein *sila* Blut, und das ist nicht zu teuer bezahlt. Ihr wißt, was ihr mir schuldet. Wagt nicht, mich zu betrügen!«

Die Kriegsleute blickten einander unsicher an, und selbst die obersten Heerführer machten bedenkliche Mienen, denn sie fürchteten, daß diese Worte den Mut der Männer nicht fördern, sondern im Gegenteil lähmen würden. Sargon blickte streng in die Runde. Als er die Wirkung seiner Rede sah, lächelte er und fuhr fort:

»Es muß jedoch nicht unbedingt euer Blut sein, Gefährten, mit dem ihr eure Schulden bezahlt. Viel lieber nehme ich Gutäerblut entgegen. Denn schließlich sind wir nicht gekommen, Schwerthiebe oder Lanzenstiche zu empfangen, sondern im Gegenteil selbst davon auszuteilen. Oft genug sind die Krieger der Horde wie grimmige Wölfe über den Länderberg hergefallen – nun wollen wir ihnen die Antwort zorniger Löwen geben! Wie Tauben sollen sie ängstlich gurren. Schlagt zu, stecht sie ab, haut sie nieder, wo ihr sie trefft, bis in ihren Bächen Blut statt Wasser fließt und die Leichenhügel sich höher türmen als selbst die Berge in diesem Land! Denkt dabei an eure toten Gefährten, die den Gutäern zum Opfer fielen. Denkt an die geschundenen Körper in den hohen Eichen. Jetzt ist der Tag der Rache gekommen.«

Da jubelten die Krieger laut und schwenkten ihre Waffen; besonders die jüngeren schrien Sargon begeistert Beifall zu. Die älteren aber kratzten sich nachdenklich in den Bärten.

Igelspitz kehrte mit seinen Kundschaftern zurück und berichtete: »Keine Feuer auf den Felsen, keine Posten auf dem Paß, auch keine Sperren und Sicherungen, nur Drohzeichen – mir gefällt das nicht. Das ist nicht die Art der Gutäer. Wo stecken sie? Was haben sie vor?«

»Von den Elamitern befürchten sie nichts«, erklärte Steinhand, »und uns erwarten sie hier wohl kaum.«

Igelspitz schüttelte heftig den Kopf. »Beim Auge der schrecklichen Schlange, es muß etwas anderes sein«, murmelte er. »Versteht ihr denn nicht – in diesen Bergen gibt es kein Zeichen von Leben. Kein Rauch aus dörflichen Hütten, kein Blöken von Schafen und Meckern von Ziegen, nur Nebel und Wind.«

»Der Regen dämpft die Geräusche«, erklärte Steinhand, »das weißt du doch.«

Wir gingen hinein in das furchtbare Land, und wenn wir dabei auch mit äußerster Vorsicht marschierten, so kamen wir diesmal doch als die Stärkeren mit einem so großen Heer, daß uns nicht vor der Horde bangen mußte wie einst am Fluß der neun Toten. Dennoch waren auf dem Marsch keine fröhlichen Scherze zu hören, wie sie Krieger lieben, sondern nur halblaute Zwiegespräche und von Zeit zu Zeit die scharfen Befehle der Führer.

Als wir den Vorwall des hohen Gebirges erstiegen, fiel Enlils Flut in schweren Güssen auf uns herab, so daß wir bald bis auf die Haut durchnäßt waren. Der feuchte Lehm klebte an unseren Sohlen; immer wieder rutschten Krieger aus und glitten fluchend den steilen Abhang hinunter, bis sie sich endlich an Bäumen und Büschen festhalten und wieder emporziehen konnten. Der Weg war wie mit einer Peitsche in die Flanke des Berges geschlagen. Je höher wir kamen, desto dichter wallten uns Regenschleier entgegen; bald konnten wir kaum noch den Vordermann sehen. Auf dem Paß grinste uns ein mit Geierfedern behängter Totenkopf an.

Wir lagerten in einem großen Eichenwald. In den Ästen der Opferbäume fanden wir bleiche Gerippe; sie mußten schon seit vielen Jahren dort hängen.

Zwei Tage später kamen wir in ein breites Tal, das wie eine Wanne geformt war. Igelspitz ging allein voraus. Wir warteten gespannt; der Regen ließ nicht nach. Nach drei Stunden kehrte unser Gefährte aus dichten Wassernebeln zurück. »Ein Dorf«, berichtete er. »Fast hundert Häuser. Auf der anderen Seite des Baches, ungefähr vierhundert *gar* von hier.« Er wischte sich die schmutzigen, verfilzten Haare aus der Stirn. »Kein Rauch, kein Geräusch«, sagte er. »Wahrscheinlich von den Bewohnern verlassen.«

»Es könnte eine Falle sein«, warnte ich.

»Das hätte ich gemerkt«, fuhr Igelspitz auf. »Ich bin dreimal um die Siedlung herumgeschlichen. Nicht einmal einen Hund hörte ich bellen.«

Vorsichtig näherten wir uns dem Dorf. Es lag zwischen zwei Felsvorsprüngen in einem kleinen Seitental. Die Gerste auf den Feldern war völlig verfault.

»Sie haben das Vieh fortgetrieben«, vermutete Steinhand.

»Geschlachtet«, meinte Igelspitz. »Hier ist seit Monaten nichts Eßbares gewachsen.«

Einige *gar* weiter stießen wir auf frische Erdhügel.

»Davon hast du nichts erwähnt«, sagte Sargon.

»Ich sagte dir doch schon, daß hier irgend etwas nicht stimmt«, erwiderte Igelspitz. »Laßt uns lieber umkehren.«

Sargon überlegte eine Zeitlang. »Erst müssen wir uns Gewißheit verschaffen«, entschied er dann.

Leise umstellten wir die Siedlung. Sargon schickte starke Sicherungen talabwärts. Dann schlichen wir auf das erste Haus zu. Vorsichtig drückte Igelspitz die Tür auf.

»Licht«, befahl Sargon.

Einer seiner Leibwächter schlug Feuer. Der flackernde Schein fiel auf verwesende Körper. Seltsam verkrümmt lagen ein Mann, zwei Frauen und fünf oder sechs Kinder auf dem Boden. Maden wanden sich in leeren Augenhöhlen.

»Verhungert?« murmelte Igelspitz.

»Bei allen Dämonen der Unterwelt!« schrie ich ihn an. »Sofort zurück!«

Sargon rief Befehle. Die Krieger, die sich den anderen Hütten näherten, wandten sich um und eilten aus dem Dorf.

Wir umgingen die kleine Ansiedlung in großer Eile und schlugen erst tausend *gar* weiter das Lager auf. Als wir uns wieder ein wenig beruhigt hatten, sagte Sargon: »Das hättest du nicht übersehen dürfen, Igelspitz. Schwarzer Eiter! Wir hätten alle umkommen können.«

»Ich habe euch ja gesagt, daß hier etwas faul ist«, erwiderte der Kleine. »Ihr wolltet ja nicht auf mich hören, da ihr so begierig wart, Leute totzuschlagen!«

»Er hat recht«, sagte ich. »Wir hätten es uns denken müssen. Der Hunger allein kann Gutium nicht entvölkert haben. Es war die Seuche. Erst starben die Tiere und wurden unter den Hügeln verscharrt. Dann starben die Menschen.«

Die anderen schwiegen.

»Wer überlebte, zog fort«, sagte ich weiter. »Wir werden niemanden mehr finden, an dem wir Rache nehmen können. Gutium muß ein einziges Leichenfeld sein.«

Wir wuschen uns mit reinem Beschwörungswasser, rieben uns mit Blut- und Fischstein ab, spien nach den Regeln des Entgiftungszaubers siebenmal in den Bach, brannten heiliges Räucherwerk ab und opferten Meslamtaëa, dem Gott des Todes. Sargon gelobte, der göttlichen Heilerin Nininsina, der Herrin von Isin, in Akkad einen neuen Hochtempel zu errichten, wenn der Schwarze Eiter das Heer verschone. Die Priester, die unseren Feldzug begleiteten, sangen die ganze Nacht über Hymnen. Wir blieben drei Tage im Lager und warteten. Als sich kein Anzeichen dafür zeigte, daß wir von der Seuche befallen waren, zogen wir weiter.

Immer häufiger stießen wir nun auf Dörfer der Horde, doch allesamt waren sie von der Schwarzeiterkrankheit entvölkert. So schrecklich hatte Enlil seine Kinder geschlagen.

Am zehnten Tag unseres Marsches durch das von den Regenstürmen verwüstete Land begannen die Krieger zu murren und schrien, daß sie nun umkehren wollten. Sargon ließ einige Aufrührer auspeitschen und setzte den Feldzug fort.

Als sich Nannas Himmelsboot neuerlich rundete, tauchte endlich der Berg, auf dem der König der Horde wohnte, aus den Regenwolken. An seinem Fuß lag Malmothan, Gutiums einzige Stadt. Obwohl sie nur aus ein paar hundert Häusern bestand, war sie von einem riesigen Wall aus großen Felsbrocken umgeben. Auch in dieser Stadt hatte die Seuche gewütet. Die Toten lagen, wo der Krankheitsdämon sie hinweggerafft hatte: in ihren Häusern, auf Straßen und Plätzen; einige, die sich zu spät zur Flucht entschlossen hatten, fanden wir in den geöffneten Toren.

»Es ist also wahr«, sagte Sargon, als er das sah. »Enlil hat mir die Rache nicht vergönnt und die Gutäer selbst gerichtet.«

Er hatte kaum zu Ende gesprochen, da hörte der Regen auf, und wir entdeckten plötzlich Gestalten auf den mächtigen Zinnen der Burg. Lanzen ragten in den Himmel, und Geierfedern wehten im Wind.

Igelspitz kniff die Augen zusammen. »Gutäer«, sagte er. »Ich glaube, dort steht König Lasirab!«

Angestrengt spähte Sargon nach oben. »Wie viele sind es?« fragt er.

»Höchstens ein Dutzend«, antwortete Igelspitz. »Auch sie sind dem Tode verfallen – seht ihr, wie sie wanken? Sie halten sich nur mit letzter Kraft auf den Beinen.«

Sargon nickte uns zu. »Holen wir sie uns«, sagte er, zog sein Sichelschwert aus dem Gürtel und schritt bergwärts voran.

Steinhand hob seine Sichelkeule und folgte ihm.

»Also gut«, murrte Igelspitz und setzte sich ebenfalls in Bewegung.

»Was ist, Daramas?« rief er über die Schulter zurück. »Hast du am Berg der Mutter keinen Gefährten verloren?«

Ich folgte ihnen mit anderen Heerführern und der akkadischen Leibwache Sargons.

Als wir vor der gewaltigen Bergfestung standen, öffneten sich mit lautem Knarren die riesigen Tore aus Zedernholzbalken. Dahinter stand König Lasirab mit den letzten Kriegern der Horde. Es waren nur noch elf Männer. Mit starren Blicken sahen sie uns entgegen. Der Wind spielte in den Geierfedern auf ihren Helmen und blähte die nassen Wolfspelze über den abgemagerten Leibern.

»Jetzt ist es aus mit dir, Lasirab!« rief Sargon zornig.

Der Herr von Gutium gab keine Antwort. Stumm schritt er auf uns zu, gefolgt von seinen Getreuen. Als sie uns fast erreicht hatten, hoben sie mit einem furchtbaren Röcheln die Schwerter. Wir deckten uns mit den Schilden und stachen den Todgeweihten die Klingen in die ausgemergelten Körper. Es war wie Fische spießen in einem Teich. Nach wenigen Herzschlägen lagen die letzten Krieger der Horde tot auf dem Felsen. Schwarz rann das Blut aus ihren Wunden.

Sargon warf seine Waffe fort. Wir folgten seinem Beispiel. Das Grauen schnürte uns die Kehle zu. Erst als wir ins Tal zurückgekehrt waren, konnten wir wieder sprechen. Rasch begannen wir ein neues Reinigungsritual. Während die Priester Hymnen zu Ehren Nininsinas anstimmten, stürzte ein Schnelläufer in Sargons Zelt; er atmete so rasch, wie ein Vogel die Flügel schlägt.

»Du bist verraten, Herr!« keuchte er auf Akkadisch. »Die Elamiter ...«

Es dauerte eine Weile, bis wir aus dem Mund des erschöpften Boten erfuhren: Der König von Elam hatte mit großer Übermacht die Akkader in den Vorbergen angegriffen. Die Überfallenen hatten sich tapfer gewehrt, aber nicht lange standhalten können und sich in das Gebirge zurückgezogen. Von den Elamitern bedrängt, waren sie unseren Spuren gefolgt und lagerten nun zwei Tage südlich von uns am großen Gischt-Fluß.

4

Es gibt eine Wahrheit der
Menschen und eine
Wahrheit der Götter.
Worte des Weisen von Eridu

Sargon ließ sofort das Aufbruchshorn blasen und eilte nach Süden. Als wir die Akkader fanden, war fast ein Fünftel der Krieger gefallen oder verwundet. Die Überlebenden saßen mutlos und entkräftet im Lehm des furchtbaren Landes. Sargons Ankunft munterte sie nur wenig auf; die meisten starrten ihrem Herrscher mit stumpfen Blicken entgegen.

Sargon musterte die Erschöpften; er sagte kein Wort. Statt seiner ließ sich Igelspitz vernehmen. »Solche Krieger hatte ich früher auch einmal«, spottete er. »Als kleiner Junge buk ich sie und spielte mit ihnen im Garten. Wenn ich sie abends vergaß und es in der Nacht regnete, fand ich am nächsten Morgen nur Brei.«

»Woraus hast du sie denn gebacken?« erkundigte sich Steinhand.

»Aus Dreck«, antwortete Igelspitz.

Sargon warf ihm einen ärgerlichen Blick zu und herrschte ihn an: »Was stehst du hier herum und machst billige Späße auf Kosten verwundeter Kameraden, du Spottgeburt eines sumerischen Abwassergrabens! Soll ich vielleicht selber nachsehen, wo die Elamiter stecken, damit du dich hier noch länger am Unglück deiner Gefährten erfreuen kannst? Auf, tue deine Pflicht!«

Igelspitz grinste ihn an. »Meine Gefährten?« wiederholte er. »Ich habe mir die Kerle nicht ausgesucht! Es sind deine Leute, alter Freund. Du hast sie mitgenommen, weil man mit ihnen nachts so schön im Sand herumtanzen und zu Ischtar jaulen kann. Aber wenn es um ernstere Dinge geht, brauchst du richtige Männer.«

»Solche wie dich«, sagte Sargon.

»Etwa nicht?« fragte Igelspitz. »Wenn du nicht meinst, daß ich der Beste bin, dann schicke doch einen von deinen Akkadern.«

»Jaja«, sagte Sargon unwirsch. »Du bist der Beste. Nun mach dich schon fort!«

Steinhand stellte Wachen aus. Sargon zog mich ein Stück zur Seite, wo uns niemand hören konnte, und fragte: »Also, wie machen wir es? Schnell, sonst ziehe ich ohne Plan los, denn mein Herz brennt auf Rache, und ich kann den Tag nicht erwarten, an dem ich diesen Verräter Bascha-Schuschinak wie eine Laus zwischen den Fingern zerquetsche. Ich werde ihn niederstoßen, wie man ein schlachtreifes Rind niederstößt!«

»Nichts überstürzen«, ermahnte ich ihn, »sonst verlieren wir noch mehr Männer, vielleicht sogar das Reich!«

Als er verächtlich abwinkte, hätte ich fast die Beherrschung verloren. »Ist dir nicht klar, daß Elam und Gutium dich in die Falle lockten?« rief ich. »Nur die Seuche rettete uns, sonst wären wir in diesen Bergen wie zwischen Mühlsteinen zerrieben worden. Es war verfluchter Leichtsinn, sich auf dieses Abenteuer einzulassen, ohne ordentliche Kundschafterei und mit keiner anderen Sicherheit als deinen Eselnomaden!«

Er starrte mich an. »Du also auch«, knurrte er. »Nur weiter! Ich höre dir zu.«

Ich seufzte und versuchte, mein Blut wieder ruhiger fließen zu lassen. Dann fuhr ich fort: »Die gleiche Gefahr droht uns auch jetzt. Wer sagt dir, daß Berglandgurke nicht in dieses Schurkenstück eingeweiht war und jetzt mit den Elamitern schon unterwegs ist, um uns von hinten anzugreifen, wenn König Bascha-Schuschinak sich stellt? Wir müssen sofort umkehren. Am besten marschieren wir direkt durch Schischil und Sabum zum Tigris. Sichern wir erst einmal unser Reich, ehe wir fremde Länder angreifen!«

Sargon dachte eine Weile nach. Dann schüttelte er den Kopf und entgegnete: »Berglandgurke ist kein Verräter. Wie könnte er jemals so handeln? Zogen wir einst nicht gemeinsam zum Berg der Mutter, gingen wir denn nicht Seite an Seite durch den Fluß der neun Toten, fochten wir nicht Schulter an Schulter gegen die Horde, war er nicht einer von sieben, die aus dem Nebelwald wiederkehrten, durch Ischtars Hilfe und mein Glück? Auf wen soll ich mich verlassen, wenn nicht auf euch, die letzten Überlebenden jenes Feldzugs, von denen Laomer nun schon den Staub der Trümmerstätte ißt?«

»Selbst wenn Berglandgurke uns die Treue hält«, entgegnete ich, »so kannst du doch nicht erwarten, daß auch seine Elamiter so denken und sich dir näher fühlen als ihren Vätern, Brüdern und Landsleuten hier.

Sie sind ein anderer Stamm, ein anderes Volk, eine andere Rasse als wir ...«

Ich verstummte. Sargon entgegnete hitzig: »Stamm, Volk, Rasse – was soll das unter Freunden, in meinem Heer, in meinem Reich? Ischtar hat mich nicht als Herrn der Welt eingesetzt, damit ich die Menschen entzweie, sondern damit ich sie unter mir einige. Das aber kann nur geschehen, wenn meine Leute einander nicht anknurren wie Pariahunde aus fremden Rudeln, sondern zu jeder Zeit zusammenstehen wie Söhne eines Vaters.«

»Ja, Baba«, sagte ich spöttisch.

»Mir ist nicht nach Scherzen zumute«, rief Sargon aufgebracht. »Selbst der beste Baumeister kann einen Tempelturm nicht aus verschiedenen Ziegeln errichten, und welcher Hirte könnte zur gleichen Zeit Rinder und Ziegen, Schafe und Schweine auf der gleichen Wiese weiden?«

»Mich brauchst du nicht zu überzeugen«, versetzte ich. »Ich war es nicht, der davon sprach, daß die Akkader nun die neuen Herren seien und die Schwarzköpfigen bis an das Ende ihrer Tage dienen müßten, damit vor Jahren geschehenes Unrecht ...«

»So habe ich das damals nicht gesagt und auch nicht gemeint«, unterbrach mich Sargon. »Und wenn es das ist, was dich stört, so sollst du wissen, daß ich schon lange beschlossen habe, die Bestrafung der Sumerer zu beenden und unsere beiden Völker endgültig zu versöhnen, auf daß niemals wieder das eine über das andere herrsche. Die Elamiter aber mögen die Dritten in unserem Bündnis sein, und wer weiß, welche weiteren Völker wir noch gewinnen. Jetzt aber Schluß damit! Wenn du nicht mittun willst, ziehe ich auch allein gegen Susa.«

»Du bist der *lugal*«, sagte ich. »Und wenn du Elamiter nicht nur vor, sondern auch hinter dir sehen willst, können wir Berglandgurke ja Boten schicken.«

»Tue das«, sagte Sargon. »Er soll unverzüglich zu uns stoßen. Aber allein. Sein Heer soll bleiben, wo es ist.«

Ich lächelte.

»Vielleicht halten sich ja doch noch Reste der Horde hinter dem Berg der Mutter versteckt«, fügte Sargon säuerlich hinzu. »Sicher ist sicher.«

»Eine weise Entscheidung«, lobte ich, »und eines *lugal* wohl würdig.«

»Du brauchst gar nicht so frech zu grinsen«, sagte Sargon. Dann mußte auch er lachen, schlang seine Arme um mich und fügte hinzu: »Nimm's mir nicht übel, Bruder! Ich weiß ja, daß ich ohne dich nur die Hälfte wert bin.«

»Wenn überhaupt«, antwortete ich versöhnlich. »Eigentlich bist du ja nur ein dreckiger Eselnomade mit warmem Dung zwischen den Zehen.«

Wir lachten beide und leerten einen Krug Bier. Dabei wanderten Sargons Blicke immer wieder zu den erschöpften Akkadern, und ich wußte, was seinen Sinneswandel bewirkt hatte.

Drei Tage später kehrte Igelspitz zurück und berichtete, die Elamiter hätten die Verfolgung der Akkader aufgegeben, als sie auf die ersten Seuchenopfer gestoßen waren, und sich in ihre Heimat zurückgezogen.

Die meisten Schwerverletzten waren inzwischen gestorben. Ihre Gefährten baten, sie nach den gewohnten Riten bestatten zu dürfen.

»Scharrt sie ein, aber schnell«, rief Sargon unmutig. »Ich will jetzt Lebende begraben und nicht Tote.«

Am nächsten Morgen befahl er den Aufbruch und stürmte mit dem Heer durch die sumpfigen Täler nach Süden, so wie ein Steppenesel auf dem Trockenen dahineilt. Über die Pässe zog er uns wie ein laut brüllender Zuchtstier voran, seine akkadischen Krieger aber folgten ihm wie Esel, die mit der Peitsche geschlagen werden.

Das Heer des Königs von Elam wartete nicht am Gischt-Fluß auf uns, sondern hatte sich in Richtung auf die Hauptstadt zurückgezogen, so daß wir ungehindert aus den Hochbergen herabsteigen, das breite Schmelzwassertal durchqueren und in das Land der Gelbbärte eindringen konnten.

Die Berge von Elam erheben sich vor den Gipfeln von Gutium wie Lämmer vor alten Widdern, doch auch auf ihren Spitzen liegt im Sommer Schnee, und der Weg durch ihre Schluchten führt über Gießbäche und Geröll. Wir schlugen nur Schnellager auf und nutzten jede Stunde, in der Utus Strahlen auf die Sohlen der dicht bewaldeten Täler drangen.

Schon bald kamen wir durch Dörfer. In den ersten hatten die Bewohner nicht nur ihre Habe mitgenommen, sondern auch ihre Hütten verbrannt. In den nächsten Tagen kamen wir durch Siedlungen, denen nur die Dächer fehlten. Und wieder einige Tage später fand Igelspitz ein Dorf, dessen Bewohner zwar ebenfalls alles Wertvolle in Sicherheit gebracht, ihre Hütten aber unversehrt zurückgelassen hatten.

»Es ist soweit«, sagte der Kleine da.

Die Elamiter warteten an einem Ort auf uns, den sie Bewölktes Wasser nannten. Er lag hoch im Gebirge, wo Bäche durch Nebel fließen. Ein felsiger Pfad führte durch knöchelhohes Gras, dorniges Buschwerk und tief eingeschnittene Bäche mit sehr steilen Ufern auf eine Hochebene, von der sich ein Blick bis zu den Gipfeln von Gutium bot. Das Schmelzwasser eines Gletschers bahnte sich glucksend eine grüne Schneise durch graues Geröll. Von oben hallten die Befehle der elamitischen Anführer zu uns herab.

Wir stellten uns nach meinem Plan auf; Steinhand führte die vordersten Stoßtruppen, Sargon die Mitte, Igelspitz den nach hinten versetzten rechten Flügel und ich die rückwärtigen Verbände. Die Elamiter nutzten den Vorteil ihres Geländes und stürzten sich mit großem Kampfesmut auf uns. Brüllend sprangen sie über die großen Felsen, und es war, wie wenn eine Lawine mit donnerndem Tosen auf eine Schar Wanderer niedergeht. Unsere Krieger aber schickten den Gelbbärtigen akkadische Pfeile entgegen und fingen die Feinde mit den Stoßlanzen ab, so daß viele Angreifer starben, ehe sie den Talboden berührten.

Stolz sah ich den sumerischen Schwerbewaffneten aus Uruk zu, die ich selbst ausgebildet hatte; die Schwarzköpfigen aus den anderen Städten fochten ebenfalls mit soviel Mut wie Können. Doch auch die Akkader wollten beweisen, daß ihre Niederlage nicht aus Feigheit entstanden war, und stellten sich den Elamitern wacker entgegen. Sargon hob sein Sichelschwert wie ein Löwe die Pranke. Steinhand aber ließ seine Keule niedersausen wie einen Rammbock, der auf die Mauernasen feindlicher Städte stößt.

Der Kraft und Entschlossenheit unseres Heeres hielten die Elamiter nicht lange stand. Noch ehe ich die Reserve einsetzen mußte, wandten die Feinde uns den Rücken und flohen in wilder Hast durch die Bergwälder in ihre Hauptstadt.

Einige Tage später verließen wir endlich die Berge, schritten durch einige sanfte, bewaldete Hügelketten und zogen dann in das von drei breiten Strömen bewässerte Fruchtland von Susa. Überall waren die Menschen in großer Eile vor uns geflohen; sie hatten keine Zeit mehr gefunden, ihre Vorräte zu vergraben und ihre Tiere fortzutreiben, so daß wir reiche Beute machten.

Wir plünderten das Land tüchtig aus. Auch schleppten unsere Krieger immer mehr Gefangene herbei, meist Frauen und Kinder, die unsere Streifscharen in den Wäldern aufgestöbert hatten. Als wir die Elamiter nach ihrem König und seinem Heer ausfragten, verfluchten sie Bascha-Schuschinak nach Kräften und schworen, daß sie künftig Sargon dienen wollten, wenn er sie am Leben ließe.

Sargon blickte von seinem Kampfwagen auf die zerlumpten Gestalten herab. »Verräterpack«, knurrte er. »Was sollen wir mit ihnen machen? Am besten hauen wir sie gleich zusammen!«

»Nein, das wäre nicht klug«, sagte ich. »Freilich, jetzt redet die Angst aus ihnen, und sie würden alles versprechen, um nicht sterben zu müssen. Aber wenn du sie jetzt tötest, werden die anderen nicht mehr den eigenen König verfluchen, sondern bis zum letzten Blutstropfen gegen uns kämpfen. Denn dann haben sie keine Wahl. Zeigst du dich aber als milder Sieger, kannst du wohl einen großen Teil des Volkes auf unsere Seite ziehen. Dann wirst du Susa viel leichter erobern.«

Sargon überlegte eine Weile; dann sagte er: »Du hast recht. Ich will ihnen Gnade gewähren. Sie sollen mit uns nach Susa kommen; vielleicht gelingt es dort wirklich so, wie du denkst.«

Er lächelte den vor Furcht weinenden Frauen und Kindern zu und ließ ihnen durch einen Dolmetscher sagen: Er sei nicht gekommen, um sie zu unterwerfen und mit Knechtschaft zu bedrücken, sondern um sie im Gegenteil von dem ungerechten und grausamen Bascha-Schuschinak zu befreien, der sie durch seinen Verrat in das tiefste Unglück gestürzt habe.

Die Elamiter staunten darüber sehr. Noch niemals war ein fremder König so tief in ihr Land eingedrungen, und niemals hatte jemand so zu ihnen gesprochen. Sie folgten uns in einem Zug, der immer länger wurde, je näher wir der Hauptstadt kamen, und wir behandelten sie so gut, wie es die Umstände zuließen.

Da Susas fünfmal mannshohe Mauer noch niemals erstürmt worden war, sah Bascha-Schuschinak uns aus der vermeintlich sicheren Höhe furchtlos entgegen. Seine Krieger stießen bei unserem Anblick laute Schmährufe aus. Sargon ließ so lange Hörner blasen, bis die Elamiter verstummten. Dann rief er ihnen zu:

»Männer von Elam, edle Krieger der Berge und tapfere Diener der heimischen Götter, vor denen auch ich mich verneige! Kummer nagt an meiner Leber, weil ich gezwungen bin, in Waffen vor euch zu treten; viel lieber hielte ich jetzt einen Krug in der Hand und saugte mit euch

Bier durch Halme, wie ich es in langen Jahren schon mit so vielen eurer Väter, Onkel und Brüder tat. Bin ich, Sargon von Akkad, doch zuallererst ein Krieger und dann erst ein König! Bin ich, Sargon von Akkad, doch zuallererst der milde Vater der Länder und erst dann ein Eroberer anderer Reiche! Bin ich, Sargon von Akkad, doch zuallererst ein Mann der Versöhnung und greife nur, wenn es nicht mehr zu vermeiden ist, zu Gewalt! Auch wenn es euch von meinen Feinden anders berichtet worden sein mag, trinke ich lieber Bier als Blut und stoße lieber einen fetten Hammel nieder als einen ehrbaren Kriegsmann, der nur seine Heimat verteidigen will. Das mögen eure Frauen und Kinder, die sich meinem Schutz anvertrauten, bezeugen.«

Die elamitischen Krieger staunten über diese Rede noch mehr als zuvor die elamitischen Bauern. Ihr König aber lachte höhnisch und rief seinen Männern zu: »Glaubt nicht dem Schakal, wenn er schluchzt!«

Sargon ließ wieder Hörner blasen; dann fuhr er fort:

»Fragt eure Frauen und alten Männer, die ich gefangen habe – sie werden es euch sagen: Nicht um euch zu meinen Knechten zu machen, bin ich nach Elam gekommen, sondern um euch im Gegenteil aus der Knechtschaft zu lösen, in der euer König euch hält. Er ist es, der euch durch seinen Verrat ins Unglück gestürzt hat. Er allein trägt die Schuld daran, daß beim Bewölkten Wasser so viele von euren Gefährten in die uralte Trümmerstätte hinabniedersteigen mußten und dort das brakkige Wasser der Finsternis trinken. Ihm, dessen Name bald vergessen sein wird, will ich den Fuß auf den Nacken setzen; ihr aber werdet dann frei sein und mit mir Bier saugen.«

Die Gelbhaarigen blickten einander nachdenklich an; viele von ihnen hatten schon einmal für Sold in unserem Heer gedient und kannten Sargon; leise erzählten sie ihren Gefährten davon. Ihr König aber schrie zornig: »Glaubt nicht dem Wolf, wenn er weint! Nicht ich verriet Sargon, sondern er verriet mich und euch, als er unseren Vertrag brach und nicht gegen Gutium zog, sondern in unser Land einfiel. Wir wollen ihm unseren Kampfesmut zeigen!«

Da riefen die Krieger von Elam laut Beifall und schlugen mit ihren Schwertern dröhnend gegen die Schilde.

»Wie ihr wollt«, rief Sargon grimmig. »Winselt aber nicht um Gnade, wenn das Blut morgen wie Flußwasser in Susa steht, nachdem ihr meinen Großmut jetzt so stolz zurückgewiesen habt!«

Wir umstellten die Stadt, errichteten Feldbefestigungen und schlugen das Lager auf. Während wir die Arbeiten beaufsichtigten, sagte ich zu Sargon: »Es war nicht klug, erst zu locken und dann gleich wieder zu drohen.«

»Ich habe keine Lust mehr zu langen Worten«, schnaubte Sargon, »und auch nicht zu deinen Listen, Bruder. Mein Blut brennt, mein Herz fordert Rache für den Verrat, und meine Augen wollen sich an toten Feinden laben.«

»Wir werden es morgen noch einmal versuchen«, schlug ich vor, »und diesmal sollen die Gefangenen selbst mit ihren Landsleuten reden.«

»Es wird nicht anders ausgehen als heute«, murrte Sargon. »Wir verschwenden nur unsere Zeit. Forsche lieber einmal nach, wo Berglandgurke bleibt! Als oberster elamitischer Heerführer hat er wohl mehr Einfluß auf seine Landsleute als diese Weiber; wer weiß, ob Susa sich ihm nicht eher ergibt als uns.«

»Ich verstehe es auch nicht«, gestand ich. »Er brauchte sich doch nur in einen Kahn zu setzen, den Tigris hinabzusteuern und dann noch zwei Tagesreisen durchs Fruchtland zu fahren.«

Von dem Verdacht, der mich schon lange bedrückte, sagte ich nichts, doch verstärkte ich unsere rückwärtigen Sicherungen.

Danach ließ ich einige jüngere Elamiterinnen kommen, suchte mir die Verständigste von ihnen aus und sagte zu ihr: »Höre gut zu, Weib! Wenn du dein Leben, das deiner Sippe und deiner Landsleute retten willst, sollst du jetzt Gelegenheit dazu erhalten. Wir wollen keinen Halm durchschneiden, der schon durchgeschnitten ist. Susa ist unser, nichts kann die Stadt retten; die Frage ist nur, wieviel Blut fließt, bevor eure Krieger das einsehen. Unsere Sache ist gerecht, wie du wohl weißt. Als Verbündete kamen wir in euer Land; euer König war es, der uns verriet, sonst wäre es nie zu diesem Feldzug gekommen. Hilf uns nun also, den Krieg ohne weitere Opfer rasch zu beenden!«

Die Gefangene hieß Tikla. »Was kann ich tun, Herr?« fragte sie furchtsam. »Ich bin nur eine Frau; wer wird auf mich hören?«

»Jeder Mann, sofern er bei Sinnen ist«, sagte ich. »Erzähle euren Kriegern nur, wie es euch bei uns ergangen ist und was Sargon zu euch sagte!«

Ich ließ mir nun einige Male vorsprechen, was sie am nächsten Tag sagen wollte, verbesserte hier und dort und schickte sie zu den Gefangenen zurück.

Am Morgen ließen wir unsere Krieger zum Sturm gerüstet vor die Mauern treten. Sargon lenkte die Scharen von seinem Kampfwagen aus. Als alle die angewiesenen Plätze erreicht hatten, bliesen die Hörner. Dann führte ich Tikla zu Sargon, half ihr empor und kletterte selbst hinterher. Die Elamiter sahen uns schweigend zu.

Sargon stellte die junge Elamiterin auf das Staubbrett, so daß sie jeder sehen konnte, und hielt ihren Arm fest, damit sie nicht herunterfiel. Danach rief sie den Kriegern auf der Mauer zu, was wir vereinbart hatten.

Bei ihren Worten entstand große Unruhe unter den Elamitern. Der König aber lachte höhnisch und schrie: »Seid ihr Hyänen, die alles fressen, was stinkt? Was soll das arme Weib denn anderes sagen, da es sich doch in der Gewalt solcher grausamer Feinde befindet und fürchten muß, beim ersten ehrlichen Wort einen Dolch in der Kehle zu spüren!«

»Lasse die Gefangenen frei«, raunte ich Sargon zu.

»Wie?« fragte er.

»Freilassen«, wiederholte ich, löste die junge Frau aus seinem Arm und stieß sie über das Staubbrett hinab. Sie fiel zu Boden und blieb verblüfft im Sand sitzen.

»Du bist frei«, sagte ich zu ihr. »Geht! Ihr seid alle frei.« Dann rief ich den Kriegern, die unsere Gefangenen bewachten, zu: »Laßt sie laufen!«

Die Krieger stießen die Frauen, Kinder und Greise vorwärts. »Ihr seid frei«, brüllten sie.

Die Gefangenen sahen sich verwundert um. Dann begannen sie zu laufen und eilten schließlich jubelnd auf das Haupttor zu.

Wie ich vorausgesehen hatte, befürchtete Bascha-Schuschinak nun, daß die Freigelassenen mit ihren Erzählungen von Sargons Milde noch mehr Unruhe unter den Kriegern von Elam hervorrufen würden. Darum befahl er, das Tor geschlossen zu halten, und schrie: »Laßt sie nicht ein. Es sind alles Verräter!«

Die Gefangenen brachen darauf in lautes Wehgeheul aus, und Tikla rief ihren Landsleuten zu: »Nun seht ihr selbst, wie wenig unser König seine Untertanen liebt; Sargon hat uns besser behandelt als dieser.«

Darüber geriet Bascha-Schuschinak so in Zorn, daß er einen Bogen an sich riß. Ein lauter Schrei ertönte, und Tikla stürzte zu Boden; ein Pfeil ragte aus ihrer Brust.

Darauf erhob sich unter den Kriegern auf der hohen Mauer erregtes Gemurmel. Sargon rief zu ihnen hinauf:

»Seid ihr nun überzeugt? Der Mann, der sich euer König nennte, saugte die Milch einer bitteren Amme. Wie Ochsen treibt er euch vor sich her und opfert euch ohne Bedenken für seine Tücke. Laßt das nicht geschehen, ergebt euch mir und liefert mir den Verbrecher aus! Dann will ich einen von euch auf den Thron Elams setzen, damit es einen gerechteren Herrscher bekommt und wieder gedeihe.«

Unter den elamitischen Kriegern entstand immer größere Empörung; die Heerführer des Königs mußten umhergehen und die lautesten Männer mit Peitschen zum Schweigen bringen. Bascha-Schuschinak aber rief: »Glaubt nicht den Tränen des Drachen, der euch und ganz Elam verschlingen will, so wie er einst Sumer verschlang!«

»Jetzt los«, rief Sargon. »Holen wir den Mungo aus seinem Loch!«

Ehe ich etwas einwenden konnte, ließ er die Angriffshörner blasen. Brüllend stürmten unsere Krieger vor. Die Akkader schossen mit Pfeilen nach den Verteidigern und zwangen sie hinter die Zinnen. Die sumerischen Schwerbewaffneten legten Sturmleitern an, und Steinhand stieß an der Spitze seiner erprobtesten Kämpfer schon den gewaltigen Rammbock gegen das Zedernholztor.

Der Ton des Signals war noch nicht verklungen, da hallten auch aus den Obstgärten hinter uns Hörner. Sargon fuhr herum wie ein Wisentstier, der den Ruf eines Rivalen vernimmt. Zwischen den Bäumen und Büschen brachen Elamiter hervor. An der Spitze seiner Streitkräfte lief Berglandgurke mit hocherhobener Keule auf uns zu.

»Verrat«, schrie Sargon, als er das sah, packte mich an den Schultern und schüttelte mich mit aller Kraft. »Wo sind die rückwärtigen Sicherungen? Der Kerl will uns in den Rücken fallen. Verfluchtes Elam! Lügnerisch ist deine Rede, treulos deine Tat!«

Aus seinen weit aufgerissenen Augen sprühten Funken des Zorns, doch dahinter entdeckte ich noch etwas anderes, was ich bei Sargon nie zuvor gesehen hatte.

Ich sprang von seinem Wagen, eilte zu meinem Gefährt und schrie den Schwerbewaffneten aus Uruk die vorbereiteten Befehle zu. Sogleich schlossen sich die geübten Männer zu einer Schlachtreihe gegen Berglandgurke und seine Kriegsschar zusammen. Die Elamiter von Susa aber brachen beim Anblick ihrer Landsleute in lauten Jubel aus.

Berglandgurke verlangsamte seinen Lauf nicht, als er unsere Lanzen auf sich gerichtet sah, griff uns aber auch nicht an, sondern eilte mit seinen laut keuchenden Kriegern an uns vorbei und auf die Stadt zu. »Ich dachte schon, wir kämen zu spät«, rief er mir im Vorüberlaufen zu. Dann strömte seine Schar auf das freie Feld; wenige Herzschläge später stiegen die Elamiter Schulter an Schulter mit den Sumerern die breiten Sturmleitern empor.

Über das wilde Kriegsgeschrei hallte Berglandgurkes Stimme: »Nieder mit Bascha-Schuschinak«, rief er immer wieder. »Es lebe Sargon. Es lebe der *lugal*!«

Rasch stimmten immer mehr Krieger von Susa in seinen Ruf ein. Dann entstand in der nächsten Umgebung des Königs ein Handgemenge. Elamitische Krieger stießen die Leibwächter des Königs nieder, töteten Bascha-Schuschinak und warfen den Leichnam von der hohen Mauer herab.

»Der Verräter ist tot!« schrie Berglandgurke triumphierend und riß sich den Helm vom Kopf. Der Wind wehte in seinen gelben Haaren. »*Lugal*!« rief er. »Susa ist dein!«

Ich ging zu Sargon; sein Blick war starr, sein Mund schmal wie eine frisch gehauene Kerbe; er sagte kein Wort.

»Du hattest recht; Berglandgurke ist kein Verräter«, sagte ich fröhlich. »Keiner bewies dir glänzender seine Treue; er hat es verdient, daß du ihn zum neuen König von Elam erhebst.«

Sargon gab keine Antwort. Als die letzten Gefolgsleute Bascha-Schuschinaks getötet waren und sich die Zedernholzflügel öffneten, nickte er seinem Zügelhalter zu. Die sechs weißen Halbesel zogen an, und der Befehlswagen rollte durch das Tor.

Im Inneren wartete Berglandgurke auf uns, umringt von den Elamitern, die ihn hochleben ließen. Stolz blickte uns der Gefährte entgegen. »Na, ihr alten Sumpfratten?« schrie er fröhlich. »Damit habt ihr wohl nicht gerechnet!«

Als Sargons Wagen vor ihm hielt, trat der Gefährte einen Schritt vor, räusperte sich und sagte mit allen Zeichen der Ehrerbietung: »Großer *lugal*! Vertrauensvoll lege ich dir die Stadt meiner Väter zu Füßen. Nimm sie gnädig in Besitz, zu deinem Heil und zum Segen ihrer Bewohner!«

Bei diesen Worten brachen wieder alle Elamiter in Jubel aus. Als ihr Geschrei allmählich wieder verklang, erwiderte Sargon: »So soll es geschehen.«

Da brüllten die Elamiter noch lauter als zuvor, umarmten einander und fingen an, ein Fest des Sieges zu feiern, als hätten sie eine fremde und nicht ihre eigene Hauptstadt erobert.

Sargon ließ seinen Wagen zum Palast fahren; wir folgten ihm. Weit hinter uns kam Berglandgurke, immer wieder von neuen Trauben begeisterter Landsleute aufgehalten, die ihn wie einen Befreier feierten. Sargon sah sich nicht um.

Als wir den Palast erreichten, befahl Sargon, alle Beamten und Diener hinauszuwerfen; von den Elamitern durften nur Berglandgurke und seine tapfersten Krieger mit uns hinein. Sargons akkadische Leibwache unter Akapsennis Befehl schloß die Tore. Dann ließ Sargon den Harem des toten Königs erscheinen. Weinend warfen die Frauen und jungen Mädchen sich zu seinen Füßen und baten um Gnade.

Sargon sah sie der Reihe nach an. Dann sagte er streng: »Hört auf mit dem Gejammer! Ihr weint um einen Verräter. Er hat bekommen, was er verdiente, da er solches Unheil und so große Schande über euch brachte. Der Krieg ist vorbei, es herrscht wieder Friede – fort also mit den Tränen und den schmutzigen Gewändern. Wann habt ihr zuletzt in den Spiegel geschaut? Auf, Schminknapf und Spatel herbei! Reibt euch Rotglanz auf die Wangen, schwärzt eure Wimpern mit Antimon, salbt euch mit Duftöl, streut euch Lapislazuli ins Haar, zieht die geschlitzten Kleider und die Netzröcke an, die ihr für euren Herrn trugt, als er noch lebte – nun sind wir es, die sich an eurer Schönheit erfreuen wollen! Und schafft Bier und Braten herbei! Es gibt ein Fest zu feiern!«

Die schönen, gelbhaarigen Frauen und Mädchen weinten bei diesen Worten noch lauter, und die Gemahlin des Königs sprach flehend: »Du bist unser Herr, und wir müssen dir nun in allem gehorchen. Aber wie können wir mit dir feiern, da Bascha-Schuschinak noch nicht begraben, sein Blut noch nicht kalt ist?«

Da packte Sargon sein Sichelschwert, setzte die funkelnde Spitze auf den weißen Nacken der Königin und rief zornig: »Mein Wille ist es, der fortan in diesen Mauern erfüllt wird, und wenn ihr nicht gehorchen wollt, wird es euch so ergehen wie der armen Frau, die euer Herr, dieser Verbrecher, vor eurer Mauer mit eigener Hand hinschlachtete!« Er zitterte am ganzen Leib; noch nie hatte ich ihn so zornig gesehen.

Die Frauen und Mädchen des Harems erhoben sich rasch und eilten davon. Bald kehrten sie mit heißem Fleisch und kaltem Bier zurück, und wir begannen nach Kriegersitte zu feiern. Liegt doch der schönste Siegeslohn darin, nach glücklich überstandener Todesgefahr in vollen Zügen zu leben! Sargon aß wenig, trank aber mehr als alle anderen. So maßvoll ich ihn bisher bei Siegesfesten gesehen hatte, sogar damals, als er Urzababa gestürzt und sich selbst zum König von Kisch gemacht hatte, so gierig goß er jetzt das starke Bier in seinen Schlund. Es war, als glaubte er, daß jeder Schluck sein letzter sein könnte. Auch hielt er sich gegenüber den Frauen und Mädchen nicht mehr wie früher zurück, sondern zerrte immer wieder eine andere auf seinen Schoß, um sie in roher Art zu küssen und zu betasten.

Nach einer Weile konnte ich nicht mehr zusehen. Deshalb nahm ich eine Fackel und stieg in die Tiefen des Königspalastes hinab. Dort durchstöberte ich die Kammer der Herrschergeheimnisse und fand bald Schrifttafeln, die den Verrat Bascha-Schuschinaks bewiesen. Er hatte schon im Jahr zuvor mit König Lasirab von Gutium, aber auch mit den anderen Herrschern der Berglande Botschaften ausgetauscht und sich mit ihnen gegen Sargon verbündet. Auf den Geheimverträgen konnte ich die Siegel der Könige von Barachsi, Hurschitu, Lullum, Marchaschi, Sabum, Schimaschki, Wachschan und Zabschali erkennen.

Ich kehrte in den Saal des Herrschens zurück, wo mich ein noch schlimmerer Anblick erwartete als zuvor. Viele unserer Heerführer waren bereits betrunken zu Boden gesunken und hatten die Elamiterinnen mit sich gezogen, um sie unter Tischen und Bänken zu huren. Steinhand und Igelspitz hatten den ersten Liebeskampf schon überstanden; sie hockten in enger Umarmung in einer Ecke und grölten ein Kriegslied. Sargon saß zwischen zwei jungen Mädchen. Eines von ihnen reichte ihm einen neuen Krug; mein Bruder packte das Gefäß, warf den Trinkhalm verächtlich zu Boden und setzte es an die Lippen, um es in einem Zug zu leeren.

»Die Königin!« rief er mit lallender Stimme und wischte sich ungeschickt Schaum von den triefenden Lippen. »Schafft mir die Königin her!«

Ich schob das andere Mädchen zur Seite, setzte mich neben Sargon und sagte: »Morgen wirst du jeden Schluck bereuen. Ich habe im Keller wichtige Dokumente gefunden. Es scheint, als hätten sich nicht nur Elam und Gutium, sondern auch alle anderen Reiche im Osten verbündet. Wir sollten zusehen, daß wir nach Hause kommen.«

Sargon stierte mich an. Dann rülpste er laut; übelriechender Brodem aus seinem Mund stieg in meine Nase und ich mußte husten.

»Gehe nur«, lallte Sargon. »Ich komme hier auch ohne dich zurecht.«

Ich seufzte. »So war es nicht gemeint«, erklärte ich.

»Ach nein?« fragte Sargon. »Wie denn sonst?« Er rülpste wieder, dann schrie er: »Berglandgurke! Wo steckst du?«

»Hier, Herr!« antwortete der Elamiter und eilte auf schwankenden Beinen herbei.

»Die Königin«, befahl Sargon. »Schaffe sie mir herbei!«

»Wie?« machte Berglandgurke.

»Sie hockt in ihrem Zimmer und heult wie ein ganzes Frauengemach«, schrie Sargon. »Sie klagt wie eine Kuh, die man von ihrem Kalb getrennt hat. Schaffe sie mir herbei, aber schnell! Ich will ihr meine Standarte einpflanzen.«

»Jetzt?« fragte Berglandgurke, der ebenfalls schon sehr betrunken war.

»Wann denn sonst?« schrie Sargon unbeherrscht. »Wie ein Ochse weißt du nicht, wie man sich umdreht!«

Berglandgurke kratzte sich den gelben Bart. Dann beugte er sich zu Sargon nieder und sagte in vertraulichem Ton: »Sie trauert um ihren Gemahl, den sie sehr liebte, auch wenn er dein Feind war – kannst du das nicht verstehen? Hier sind genügend junge, schöne Frauen, die nur darauf warten, dir jeden Dienst zu erweisen.«

Sargon hob den Kopf und starrte ihn an. Ich merkte, wie sich meine Haare im Nacken aufrichteten.

»Ja«, sagte Sargon. »Diese Elamiterweiber hier wollen mir dienen – anders als ihre Männer, die meine Befehle mißachten.«

Berglandgurke fuhr ein wenig zurück. »Wie meinst du das, großer *lugal*?« fragte er.

Sargon stand auf und stützte sich mit beiden Händen auf den Tisch. »Das weißt du genau«, sagte er grollend. »Befahl ich dir nicht, allein zu kommen? Statt dessen rücktest du mit dem ganzen Heer an, das ich dir anvertraute! Wer schützt nun unsere Grenze am Berg der Mutter?«

»Die *ensis* von Babylon und Kazallu«, antwortete Berglandgurke verblüfft. »Und Wahrlich mit seinen Akkadern. Das weißt du doch.«

»Seinen Akkadern?« fragte Sargon drohend.

»Deinen, natürlich«, verbesserte der Elamiter hastig. »Wir alle sind doch deine treuen Gefährten!«

»Treu?« wiederholte Sargon höhnisch. »Es gibt nichts Treuloseres als einen Heerführer, der die Befehle seines Herrn mißachtet.«

Auf Berglandgurkes Stirn bildete sich eine steile Falte. »Verzeih, wenn ich es nun rundheraus sage«, entgegnete er. »Aber wenn ich nicht mit meinen Leuten gekommen wäre, hättest du Susa wohl kaum so schnell erobert. Ich verdiene wohl eher Lob als Tadel, da ich nicht wie ein Sklave dachte, sondern wie ein Gefährte.«

Sargon trat schwankend auf ihn zu. »Nein, das entschuldigt nichts«, knirschte er. »Du hast treulos gehandelt. Daramas will, daß ich dich zum König von Elam erhebe. Du aber wirst nicht belohnt, sondern bestraft werden!«

Die Trunkenheit hinderte Berglandgurke nun, so zu antworten, wie es richtig gewesen wäre; statt dessen geriet er seinerseits in Zorn und antwortete: »Undankbar ist deine Rede, *lugal*! Führte ich nicht für dich Krieg gegen meine eigenen Brüder, eroberte ich nicht die Hauptstadt meines eigenen Volkes und legte ihr Schicksal in deine Hand?»

An Sargons Schläfe begann eine Ader zu zucken, und sein Gesicht färbte sich dunkelrot. »Ich brauchte deine Hilfe nicht, um Susa zu erobern«, schnaubte er. »Wer bin ich, daß ich auf dich angewiesen wäre? Haben die Götter mich oder dich erwählt, Gelbbart? Bin ich es, den sie als Herrscher über die Welt setzten, oder bist du es?« Nun brüllte er, und Speichel sprühte von seinen Lippen. »Die Königin her!« schrie er. »Du willst sie wohl selbst, fühlst dich wohl schon als König! Schaffst du sie nicht auf der Stelle herbei, so hure ich dein Weib und deine Töchter, du Verräter!«

»Verräter nennst du mich?« rief Berglandgurke empört. »Wenn ich das wäre, würdest du nicht hier sitzen. Denn dann hätten wir dich zwischen unseren Heeren samt deiner Sumerer und feigen Akkader wie eine Wanze zerquetscht!«

»Das hätte dir wohl gefallen, du Hund«, schrie Sargon und riß sein Sichelschwert empor. Ehe ich mich dazwischenwerfen konnte, stieß er dem Elamiter die Waffe in die Brust.

Berglandgurke umfaßte die Waffe mit beiden Händen. Ein Ausdruck ungläubigen Staunens lag auf seinem Gesicht. Dann brach ein breiter Blutstrom aus seinem Mund; er sank zu Boden und starb.

»Sargon«, rief ich. »Was hast du getan!«

Sargon stand schwankend vor seinem Opfer. »Er hatte den Tod verdient«, murmelte er. »Er war ein Verräter. Ihr seid alle Verräter!«

Er wankte und drohte zu stürzen. Ich eilte hinzu, fing ihn auf und führte ihn hinaus. Er sträubte sich nicht; nur mit Mühe hielt er sich auf den Beinen.

Akapsenni bildete mit den akkadischen Leibwächtern einen schützenden Kreis um uns.

Die Elamiter waren aufgesprungen; sie packten Krüge und Bratspieße, aber ihr Kampf gegen die Übermacht war aussichtslos und bald hallten ihre Todesschreie durch den Palast.

Ich brachte Sargon zum Schlafgemach des Königs und bettete ihn auf ein bequemes Lager. Sargon schlief sofort ein und begann, laut zu schnarchen.

»Bleibe hier, bis er wieder erwacht«, befahl ich Akapsenni, »und lasse ihn auf keinen Fall fort! Wenn er Schwierigkeiten macht, so schicke nach mir. Ich bin im Saal des Herrschens und werde mich dort um das weitere kümmern.«

Akapsenni nickte grimmig. »Verräterische Hunde«, schalt er. »Sie wollten ihn umbringen!«

Ich eilte zurück. Im Saal des Herrschens lagen die elamitischen Heerführer tot auf dem Boden. Steinhand und Igelspitz standen mit blanken Waffen zwischen den Leichen, von ihren sumerischen Kriegern umringt. Sie hatten auch die beiden Mädchen, die zuletzt bei Sargon gesessen waren, erschlagen.

Bei diesem Anblick grauste es mir. Steinhand reichte mir einen Krug Bier; ich schleuderte das Gefäß zornig gegen die Wand.

Der Riese rief den anderen einen scharfen Befehl zu. Sie packten die Leichen und schleiften sie aus dem Saal.

Igelspitz legte mir unterdessen besänftigend eine Hand auf die Schulter. »Beruhige deine Leber«, murmelte er. »Du kannst ja nichts dafür.«

Wütend schüttelte ich seine Hand ab. »Wofür denn?« herrschte ich ihn an.

»Na, für den Verrat«, sagte der Kleine verwundert. »Das konnte doch keiner ahnen, daß Berglandgurke ...« Er schaute mich argwöhnisch an. »Was war denn eigentlich los?« fragte er. »Du warst doch dabei. Wo ist Sargon?«

»Er schläft«, gab ich zur Antwort, lehnte mich zurück und schloß für eine Weile die Augen.

»Was war denn nun?« drängte auch Steinhand. »Ich sah nur, wie

Sargon sein Sichelschwert hob. Was hatte Berglandgurke denn zu ihm gesagt?«

Ich seufzte, sah sie abwechselnd an und log: »Ihr habt recht; Berglandgurke wollte Sargon ermorden, um König von Elam zu werden. Dabei hätte der Dummkopf nur eine Weile zu warten brauchen, dann hätte ihn Sargon von selbst zum Herrscher des Landes gemacht.«

»Und die anderen Elamiter?« wollte Igelspitz wissen.

»Wenn Berglandgurkes Anschlag geglückt wäre, hätten sie sich auf uns gestürzt«, gab ich zur Antwort. »So aber kamen sie nicht dazu, ihren Plan auszuführen.«

»So ist das«, sagte Steinhand mit grimmigem Triumph. »Sie waren völlig überrascht, als wir sie niedermachten.«

»Wie geht es nun weiter?« erkundigte sich der Kleine.

»Sargon muß sich jetzt erst einmal ausruhen«, erklärte ich. »Morgen teilen wir den Elamitern mit, was geschehen ist. Wir werden uns aber großmütig zeigen und die Verwandten der Verräter nicht hinrichten lassen, sondern ihnen verzeihen, damit möglichst rasch wieder Friede einkehrt.«

»Frieden erreicht man nicht durch Milde, sondern durch Strenge«, murrte Steinhand. »Ich würde dem Vater, den Brüdern und Söhnen dieses Verbrechers die Köpfe abhauen lassen und sie auf die Zinnen von Susa pflanzen, damit jeder sieht, wie man Verräter bestraft.«

Wir suchten unsere Quartiere auf, und bald verrieten mir die Atemzüge der Gefährten, daß sie friedlich schliefen; ich aber lag die ganze Nacht grübelnd wach.

Am Morgen eilte ein akkadischer Leibwächter in unser Zimmer und rief: »Schnell, Herr – der *lugal* ist aufgestanden.«

Ich erhob mich und folgte ihm durch die spärlich beleuchteten Gänge. Sargon saß auf seinem Bett, die Hände an die Schläfen gepreßt. Akapsenni stand vor ihm. Ich schickte den Akkader mit den anderen Wächtern hinaus und verschloß die Tür.

»Was ist geschehen?« krächzte Sargon. »Mein Schädel fühlt sich an, als sei ein Mühlstein darübergerollt. Der Kopfschmerzdämon schlägt mich mit seiner Keule, und meine Zunge schmeckt, als habe man sie in einem Abwassergraben gebeizt.«

»Du hast Berglandgurke ermordet«, sagte ich.

Er starrte mich aus rotgeränderten Augen an. »Also doch«, murmelte er mit tonloser Stimme. »Ich hatte gehofft, es sei nur ein böser Traum gewesen.«

Ich schüttelte den Kopf. »Bist du denn völlig von Sinnen?« rief ich. »Welcher Wahn hat sein Leitseil über dich geworfen? Er war einer von den sieben, die aus Gutium wiederkehrten!«

Gepeinigt schloß Sargon die Augen. »Ich war betrunken«, brachte er mühsam hervor. »Ein Dämon muß in mich gefahren sein. Mein Mund schmeckte plötzlich Blut; es war nicht ich, der ihn erstach ...«

Er verstummte und dachte angestrengt nach. Dann straffte er sich, faßte mich fest ins Auge und fügte hinzu: »Er war ein Verräter. Gegen meinen ausdrücklichen Befehl kam er mit seiner gesamten Streitmacht nach Elam. Dafür hatte er den Tod verdient.«

»Wenn das so ist«, widersprach ich, »hättest du ihn doch unmittelbar nach dem Sieg zur Rechenschaft ziehen müssen, und nicht erst bei einem Gelage, mitten in der Nacht und vollständig betrunken!«

Sargon betastete sein Haupt und stöhnte: »Der Kopfwehdämon möge wie eine Taube in das nächste Mauerloch fliegen! Er möge wie ein Vogel zu einem ganz weit entfernten Loch fliegen!«

»Du hättest nicht soviel trinken sollen«, sagte ich. »Jetzt jammerst du zu spät.«

Er kratzte sich den Bart. »Es ist nun einmal geschehen«, murrte er. »Was verlangst du von mir? Soll ich öffentlich bereuen, Bußopfer bringen und vor aller Welt bekennen, daß ich falsch gehandelt habe? Ich bin der *lugal*, vergiß das nicht!«

»Wie könnte ich«, gab ich zur Antwort. »Wir werden erklären, daß Berglandgurke ein Verräter war, der seine gerechte Strafe bekam.«

»Weil er meinen Befehl übertrat«, sagte Sargon eifrig.

»Nicht deshalb!« fuhr ich ihn an. »Das würde doch keiner verstehen. Nein, weil er dich umbringen wollte!«

»Mich umbringen?« staunte Sargon. Dann hellte sich sein Gesicht auf. »Ein schlauer Einfall«, sagte er anerkennend. »Genauso machen wir es.« Dann überlegte er und fragte: »Aber was machen wir mit den anderen Elamitern?«

»Sie sind tot«, erklärte ich. »Steinhand und Igelspitz haben ganze Arbeit geleistet.«

»Das ist gut«, sagte Sargon.

»Wir haben sie schon verscharren lassen«, fuhr ich fort. »Du wirst jetzt den Bürgern von Susa die Aufdeckung eines Anschlags bekanntgeben und den Göttern ein Dankopfer für deine glückliche Rettung weihen. Auch den elamitischen Göttern, hörst du? Du wirst hier auch kein Strafgericht veranstalten, sondern die Verwandten der Toten verschonen und Susa ewigen Frieden geloben. Dann werden dir die Elamiter dankbar sein und sich nicht gleich wieder gegen dich erheben, sobald du die Hauptstadt verläßt.«

»Du hast recht«, sagte er und klopfte mir erleichtert auf die Schulter. »Ich bin froh, daß ich dich zum Bruder habe. Daß nur keiner plaudert!«

»Da ist nichts zum Plaudern«, beruhigte ich ihn. »Steinhand und Igelspitz halten die Geschichte für wahr.«

Mißtrauisch beäugte er mich. »Warum hast du sie belogen?« wollte er wissen. »Traust du ihnen etwa nicht?«

»Steinhand würde die Sache sicher für sich behalten«, erwiderte ich. »Aber Igelspitz trinkt zuviel. Außerdem genügt es wohl, wenn ich als dein Bruder die Wahrheit kenne. Wer weiß, wie Igelspitz und Steinhand sich verhalten würden, wenn sie wüßten, was wirklich geschah. Zumindest würden sie sich aus deiner Reichweite begeben, sobald du den nächsten Krug Bier trinkst, damit nicht auch sie zu Opfern von Rauschtaten werden. Aber der wahre Grund dafür, daß du Berglandgurke erschlugst, bestand weder im Bier noch in deiner Brunst, sondern in deiner Angst.«

Er sah mich überrascht an. »Angst?« fragte er ungläubig. »Ich?«

»Ja«, sagte ich. »Als Berglandgurke gestern mit seiner Streitmacht anrückte, hattest du Angst, er könne wirklich ein Verräter sein und sich auf uns stürzen. Denn dann hätten wir die Schlacht verloren und froh sein müssen, wenn wir das nackte Leben aus diesen Bergen gerettet hätten.«

»Ich hatte noch niemals Angst«, behauptete Sargon. »Noch nicht einmal in Gutium, geschweige denn hier.«

»Früher hattest du keine Angst«, gab ich zu. »Damals hattest du ja auch nichts zu verlieren als ein armseliges Kriegerleben. Jetzt ist das anders. Jetzt bist du der *lugal*, der Großherr der Welt. Als Berglandgurke erschien, glaubtest du einen Augenblick lang, du könntest diese Macht wieder einbüßen. Gib es nur zu! Ich sah es in deinen Augen. Heute nacht hast du dich daran erinnert und grausam dafür gerächt.«

»Wie ein Hund schnappst du nach deinem eigenen Schwanz«, wehrte sich Sargon. »Du selbst warst es wohl, der Angst hatte und sie deshalb bei mir suchte.« Er stöhnte wieder und betastete seine Schläfen.

»Nun, wenn du darauf bestehst«, erwiderte ich. »Sagen wir also, du hast Berglandgurke erschlagen, weil du besoffen warst und die Königin huren wolltest, wenn das in deinen Augen edlere Beweggründe sind.«

Sargon schnitt ein Gesicht. »Du hast alles gut bedacht«, gab er zu. »Ich hätte es nicht besser machen können. Berglandgurke! Mir ist, als hätte ich mir ein Bein oder einen Arm abgehauen.«

»Du hast noch vier Arme und Beine«, versetzte ich. »Igelspitz, Steinhand, Wahrlich und mich. Gib gut auf uns acht!«

Sargon runzelte die Stirn. Dann sagte er unwillig: »Nun aber Schluß! Gebt gefälligst selbst auf euch acht. Wo wärt ihr denn ohne mich? Ohne mich weht euer Schicksal im Wind! Wollt ihr über den richten, der über euch zu richten hat? Ihr seid *ensis*; der *lugal* bin ich!«

»Ich sehe in dir mehr einen Bruder als einen Herrn«, entgegnete ich, »und so habe ich auch gehandelt.«

Sargon erhob sich und blickte finster auf mich herab. »Ich bin der *lugal* und jedermanns Herr«, sagte er laut, »auch der deine, Bruder! Glaube nur nicht, daß dir dein Wissen über die Vorgänge von heute nacht etwa Macht über mich verleiht. Du hast wohl gesehen, wie ich Ungehorsam bestrafe.«

»Wenn du deinen Fehler schon nicht bereuen kannst«, antwortete ich heftig, »solltest du ihn doch wenigstens erkennen und die richtigen Schlüsse ziehen, damit du dir beim nächsten Sieg nicht wieder eines von deinen Gliedern abhackst.«

»Sage das dem Euphrat, wenn er über die Ufer tritt«, schrie Sargon. »Sage das dem Tigris, wenn er das Tiefland überschwemmt! Sage das Enlil, wenn er in seinem Zorn Menschen in Sturm und Wetter ertränkt!«

»Enlil ist ein Gott«, rief ich empört. »Du aber bist ein Mensch!«

»Ischtar hat mich erwählt«, brüllte Sargon in flammendem Zorn, »und nicht als ihren irdischen Knecht, sondern als ihren göttlichen Gemahl!«

Mit blitzenden Augen stand er vor mir. Nun stand auch ich auf. »Sei nur vorsichtig«, sagte ich spöttisch. »Einst erwählte Inanna den braven Dumuzi, und wo ist er heute? Im Winter ißt er den Staub der Trümmerstätte, und nur durch die Gnade anderer Götter kehrt er im Frühling zurück.«

»Genug davon«, sagte Sargon. »Für das, was du getan hast, danke ich dir. Ich bin der *lugal*, du aber bist mein Bruder und der letzte, den ich meine Macht spüren lassen will. Ich werde nach deinem Rat handeln. Du aber magst tun, was dir richtig erscheint. Gefällt es dir nicht mehr bei mir, so gehe nach Uruk zurück.«

»Das werde ich tun«, sagte ich trotzig.

Ich ging zu meinen Truppen und befahl ihnen, sich zum Abmarsch zu rüsten. Die Sonne stand noch nicht im Himmelsweg Anus, als ich Susa verließ.

Sargon verfuhr in allem so, wie ich es ihm geraten hatte. Die Elamiter waren sehr bestürzt, als er ihnen mitteilte, daß Berglandgurke ihm nach dem Leben getrachtet habe und dafür mit anderen Verschwörern hingerichtet worden sei. Und sie atmeten erleichtert auf, als sie feststellten, daß Sargon nicht das erwartete Strafgericht hielt, sondern die Verwandten der toten Verräter verschonte. Als er dann auch noch einen Elamiter und nicht, wie befürchtet, einen Akkader als neuen Herrscher einsetzte, priesen die Bürger des Landes den Großmut des *lugal* und beteten in ihren Tempeln für ihn.

Als ich nach Uruk zurückgekehrt war, ließ ich mich sogleich zu Beltanis Haus tragen, denn nach dem langen Feldzug war mir wie einem Wildesel, der in einem Tal ein Rudel hengstloser Stuten erspäht. Der Vorsteher des Haushalts warf sich vor mir zu Boden und berichtete mit vor Furcht zitternder Stimme, daß seine Herrin mit ihren Eltern nach Akkad abgereist sei.

»Wie das, Sklave?« herrschte ich ihn an. »Ohne meine Erlaubnis? Sprich, ehe ich dir die Ohren abschneide!«

»Der *lugal* selbst hat es befohlen«, erwiderte der Vorsteher hastig. »Er hat die Herrin zur Hohepriesterin Ischtars im Tempel zu Akkad ernannt. Gestern kam sein Sendbote mit der Befehlstafel; wir mußten sofort packen. Nun fährt sie wohl schon an Isin vorüber, und ich weiß nicht, ob sie je wiederkehrt!«

Das, Rimusch, ist damals wirklich in Susa geschehen, als dein Vater Elam eroberte und seinem Reich einverleibte. Er selbst war schuld an der Blutnacht von Susa; aus Unbeherrschtheit wurde er zum Mörder seines treuen Gefährten. Danach belog er das Volk, aber das ist nicht so schlimm, denn das tun alle Herrscher, und Sargon hat es später noch viele weitere Male getan; schließlich war es auch das Vernünftigste in dieser Lage, denn sonst wäre noch viel mehr Blut geflossen.

Danach zog Sargon nach Barachsi östlich von Elam und unterwarf auch dieses Land. Es war Sargons erster Feldzug als *lugal*, an dem ich nicht teilnahm, und er verlief besonders grausam. Sargon ließ die Krieger des Berglands wie schlachtreife Stiere zu Boden stoßen und die Gefangenen wie Auerrinder mit Keulen erschlagen. Wie ein böser Regensturm kam er über das Land. Leichenhügel häufte er auf, und Barachsis Götter vergossen viele gute Tränen über das Unglück ihres Volkes.

Es wunderte mich nicht, als ich davon hörte, denn ich wußte, daß die vielen Toten Sargons Sühneopfer waren; er wollte Berglandgurke trösten, indem er ihm möglichst viel Gefolgschaft in die Trümmerstätte schickte. Deshalb weidete sich Sargon an den Wunden der Toten, so wie sich ein Wolf am Blut gerissener Lämmer erquickt.

Dann kehrte Sargon nach Akkad zurück und hurte die Frauen, die er mir weggenommen hatte. Ich aber erwachte nachts mit knirschenden Zähnen und dachte bei mir: Hättest du doch auf Lugalzaggesi gehört! Dann wärst du selbst *lugal* des Landes und würdest ein besserer Herrscher sein.

Bei meiner Rückkehr nach Uruk merkte ich gleich, daß im Hafen mehr Schiffe lagen und auf dem Marktplatz mehr Händler Stände errichtet hatten also vorher. Auch drängte sich wieder mehr fremdes Volk durch die Straßen. Garküchen dampften an allen Ecken, und die Gesichter der Menschen strahlten neue Zuversicht aus. Es schien, als seien die großen Zeiten Uruks zurückgekehrt. Den Grund für die staunenswerten Veränderungen fand ich, als Ischma-Ja mich über seine Maßnahmen unterrichtete.

Der alte Tafelhausvorsteher hatte zahlreiche Neuerungen verordnet. Unter anderem hatte er ein einheitliches Flächenmaß für die Äcker sowie ein gemeinsames Hohlmaß für alle Getreidearten festgelegt und so die Abrechnungen sehr erleichtert. Außerdem war das Rechnungsjahr der Schaflisten so geändert, daß die neugeborenen Lämmer erst am Ende der darauffolgenden Zuchtzeit verbucht werden mußten. Auf diese Weise verlor zwar der Weiße Tempel von Uruk einiges Silber, aber die Viehzüchter schafften größere Herden an, und so glich sich der Verlust rasch wieder aus. Das wurde besonders an den Erträgen im Haus der Schafrupfung deutlich.

Auf ähnliche Weise hatte Ischma-Ja auch neue Wirtschaftsjahre für alle elf Arten von Rindern, vom Saugstierkalb bis zum älteren Zuchtstier, verfügt. Die Rechnungen für die Ablieferung von Butter und Käse waren vereinfacht worden. Die Lieferungen für die Rinder- und Schafmäststationen des Tempels wurden verlegt, so daß den Weiden mehr Zeit für das Grünwerden blieb. Um die Oberhirten am Betrügen zu hindern, mußte der Abgang gerissenen oder gefallenen Stechmastviehs aus dem Besitz des Tempels künftig durch Vorlage ihrer Häute bewiesen werden. Alle diese Maßnahmen führten dazu, daß Uruks Viehmarkt aufblühte und Käufer von weither erschienen, um am Überschuß der Fleisch- und Wollerträge teilzuhaben.

Noch günstiger wirkte sich Ischma-Jas Herrschaft auf den Handel aus. Wegen Sargons Verbot, an Uruks Kais Fernhandelsschiffe zu löschen, hatte der alte Tafelhausvorsteher mit zerbrochenem Silber des Weißen Tempels Schiffsholz aus dem fernen Gunstwindgebirge herbeischaffen und auf den Werften von Uruk eine Flotte für den Binnenverkehr bauen lassen. Die Fahrzeuge waren größer als die gewöhnlichen Flußschiffe und faßten sehr viel mehr Fracht; sie waren aber kleiner als Fernhandelsschiffe und mußten deshalb nicht ständig getreidelt werden. So fuhren sie auf dem Euphrat immer zwischen Akkad und Uruk hin und her und schlossen die Großstadt des Südens auf diesem Umweg erneut an den Überseehandel an.

Noch viele andere kluge Maßnahmen hatte Ischma-Ja ins Werk gesetzt: Der Tuchhandel mußte fortan seine Ware nach dem Wert des Rohstoffs versteuern, je nachdem ob es sich um die hellweiße Wolle des Grases, Wolle von Grasfäden oder Wolle von Gerstenährenfäden handelte. Die Fruchtmaße für Äpfel und Feigen wurden neu bemessen; Mehl von Enthülstem durfte auch zu Opferbrot verbacken werden, und auf die Wagenschmierfische wurden keine Abgaben mehr erhoben.

Viele Bürger von Uruk, von den höchsten Vorstehern und Verwaltern bis zu den Pflugführern und Ofenbrennern, Weichkäsemachern und Ziegenschlachtern, Tuchschneidern und Wollarbeiterinnen hatten durch Ischma-Ja neues Vertrauen in ihre Zukunft geschöpft und gingen ihren Pflichten mit größerem Eifer nach als zuvor; darin lag die günstigste Wirkung der klugen Herrschaft.

Ich berichte das so ausführlich, weil manche diese günstige Entwicklung später mir zuschrieben, so als ob Uruks Aufblühen mein Verdienst gewesen wäre. Wenn ich auch in Gutium und Elam Krieg führte, während dies alles geschah, so war es doch immerhin meine Entscheidung gewesen, den Mann, der dies bewirkte, an diese hohe Stelle zu setzen. Dennoch gebührt der Ruhm Ischma-Ja; ich lobte ihn sehr und sagte zu ihm: »Es ist, als besäßest du Enkis Klugheit; nun wird mir klar, warum dich Lugalzaggesi zu seinem Wesir machte. Deine Weisheit funkelt wie ein aufgehender Stern, wir anderen aber werden von deinen Gedanken wie Ochsen getrieben.«

Der alte Tafelhausvorsteher blickte mich unmutig an und erwiderte: »Ochsen? Ja, du hast recht, und du bist der dümmste von ihnen. Was ich getan habe, hättest auch du tun können, denn ich habe dir alles erzählt, was man dazu wissen muß. Aber du hast meinen Worten ja niemals Aufmerksamkeit geschenkt. Lieber ziehst du mit deinem Bruder und diesen beiden Bierbottichfliegen durch fremde Länder und schlägst Leute tot.«

»Der Feldzug war nicht mein Einfall; der *lugal* befahl ihn«, erwiderte ich gekränkt. »Auch ich lebte lieber in einer Welt ohne Kriege; doch wenn du willst, daß wir die Waffen einschmelzen, mußt du zuvor die Horde und alle anderen Räuber in Berg- und Wüstenländern zum Frieden bewegen. Du hast doch wohl nicht vergessen, wie es einst mit den Akkadern war. Und der Leichengeruch der von den Gutäern getöteten Bauern stinkt bis heute in meiner Nase.«

»Ach, Daramas«, seufzte der alte Tafelvorsteher. »Wie Krähen haltet ihr Ausschau nach den größten Malzkörnern, aber ihr seht sie nicht. Mit Werken des Krieges wollt ihr euch hervortun, doch es sind die Werke des Friedens, die überdauern.«

So sprach er, aber in meiner Unwissenheit verstand ich ihn nicht. Erst heute, viel zu spät, weiß ich, was Ischma-Ja meinte, und schmecke die Galle meines Versagens.

Immerhin war ich klug genug, ihn zum *girnita* von Uruk zu machen und ihm alle Freiheiten zu lassen, die Stadt nach seinem Gutdünken zu lenken. Ich selbst beschränkte mich darauf, die entsprechenden Gesetze und Verordnungen zu unterzeichnen; auch deshalb, Rimusch, wurde ich später für manches gerühmt, woran ich in Wirklichkeit keinerlei Anteil besaß.

Am Neulichtstag fraß ein Löwe, dessen Eindringen niemand bemerkt hatte, im achten Garten Babylons zwei Kinder, ehe man ihn entdeckte und tötete. Das wurde als böses Zeichen betrachtet, und das Jahr nach der Eroberung Elams wurde das Jahr des kinderfressenden Löwen genannt.

Einige Wochen später, als die Wasser des Euphrat zu fallen begannen und im Schwemmland die erste Saat ausgebracht werden konnte, führte der Oberste Hüter des Nordtores mit allen Zeichen der Ehrerbietung eine Frau und ein kleines Mädchen in den Saal des Herrschens. Hinter ihnen traten einige Dienerinnen und ein Trupp der akkadischen Leibwache ein. Die Frau war in Gewänder von solcher Pracht gekleidet, wie ich sie nie zuvor gesehen hatte; doch ihre Augen waren von Tränen rot und ihre Haltung die einer Unglücklichen. Das nicht weniger kostbar gekleidete Mädchen drückte sich ängstlich an sie.

»Abda«, rief ich verblüfft, als ich sie erkannte, sprang von meinem Hochstuhl und eilte ihr entgegen.

»Daramas«, sagte die Geliebte meiner Jugend mit brüchiger Stimme. »Ach, Daramas!«

»Geht hinaus«, befahl ich den anderen.

Meine Leute erhoben sich. Abdas Dienerinnen und die akkadischen Leibwächter aber machten keine Anstalten, sich zu entfernen.

»Hinaus mit euch«, befahl nun auch Abda.

Der Anführer des Trupps, ein vierschrötiger Akkader namens Kuppatiya, schüttelte den Kopf und erklärte: »Der *lugal* hat uns befohlen, nicht von deiner Seite zu weichen, Herrin.«

Zornig ging Abda auf ihn zu. »Weißt du nicht, wo wir uns hier befinden?« herrschte sie den Akkader an. »Was ich hier zu besprechen habe, ist nicht für deine Ohren bestimmt!«

Der Akkader blieb stehen. Ich winkte meiner sumerischen Leibwache, trat auf den Mann zu und sagte: »Wenn du nicht auf der Stelle verschwindest, schicke ich dich mit deinen Leuten zur uralten Trümmerstätte hinab, wo ihr den Staub der Finsternis essen und nachdenken mögt, ob es sich lohnt, dem Befehl eines *ensi* von Uruk zu trotzen.«

»Das wirst du nicht wagen!« erwiderte Kuppatiya mit drohendem Unterton. »Der *lugal* würde es dich büßen lassen.«

Ich schlug ihm mit der Faust auf den Mund, daß Blut aus den geplatzten Lippen rann, und riß mein Schwert empor. »Aus meinen Augen, Hund«, schrie ich. Die Dienerinnen eilten kreischend hinaus.

Haß flackerte in Kuppatiyas Augen. Meine Männer sprangen auf ihn zu und schlossen ihn samt den anderen Akkadern mit ihren Schilden ein, so daß sie sich nicht mehr zu rühren vermochten.

Ich befahl ihnen, Abdas Leibwächter in den Raum der Verwahrung zu sperren und streng zu bewachen. Die Dienerinnen wurden im Sklavenhaus untergebracht und angewiesen, sich dort bereitzuhalten, bis ihre Herrin sie rief.

Dann kehrte ich zu Abda und ihrer Tochter zurück, führte sie in den Raum der Überlegung und ließ sie dort auf bequemen Kissen lagern. Sie schienen sehr erschöpft, und ich gab ihnen kühle Milch zu trinken. Als sie sich ein wenig erholt hatten, seufzte Abda: »Ach, Daramas! So also sehen wir uns wieder.«

»Was ist geschehen?« fragte ich. »Du weißt wohl, wie sehr dein Besuch mich erfreut, aber warum hast du mir nicht geschrieben? Und wo ist Sargon?«

Sie deutete auf ihre Tochter und legte unauffällig einen Finger an die schönen Lippen.

»Encheduana«, sagte ich darauf zu der Kleinen. »Du bist groß geworden, und hübsch, meine kleine Nichte!«

Ich streckte die Hand aus und tätschelte ihr die Wange. Sie preßte sich noch ein wenig enger an ihre Mutter.

»Sie ist müde«, erklärte Abda. »Sie muß jetzt ein wenig schlafen.«

Wir betteten Encheduana in die Kissen; dankbar schloß sie die Augen. Ihre Mutter küßte sie zärtlich. Wir schlossen die Tür und kehrten zum Großsaal des Herrschens zurück. Dort setzten wir uns an einen der Tische, und Abda sagte: »Ach, Daramas. Die Große Göttin hat mich verlassen. Ich bin wie eine Frau, die keinen Mann besitzt. Ich bin wie ein Feld, das nicht bestellt, und wie ein Garten, der nicht bewässert wird. Wie ein Stück Steppe bin ich, das niemandem etwas nützt, und wie eine pestverseuchte Stadt, die niemand mehr aufsucht!«

Ich fühlte Mitleid und gedachte der Liebe, die ich empfunden hatte, damals, bevor Inanna uns trennte, weil ich das Gebot der Großen Göttin verletzt hatte. Abda fuhr fort: »Einst war ich die glücklichste Frau auf der Welt, geliebt von einem geliebten Mann, gesegnet mit gesegneten Kindern, geachtet von geachteten Menschen und behütet von gnädigen Göttern. Was habe ich nur getan? Welches Verbrechen beging ich, welchen Frevel lastet die Göttin mir an, daß sie mich jetzt so grausam bestraft? Wie eine Pariahündin bin ich verstoßen, wie eine Palme, die keine Früchte mehr trägt, schlug mich die Axt, wie einen dürren Strauch riß man mich aus!«

»Wer tat das?« fragte ich leise, obwohl ich die Antwort schon kannte.

Ihre schönen schwarzen Augen füllten sich wieder mit Tränen. »Dein Bruder«, schluchzte sie. »Vertrieben hat er mich wie einen Vogel aus dem Sumpf! Er, der mich einst mit dem Stern Ischtars verglich – wie eine häßliche, zahnlose Alte meidet er mich und erniedrigt mich mit seiner Gleichgültigkeit. Er, der mir ewige Treue gelobte – wie eine Diebin jagte er mich aus dem Haus. Er, der mich zur Oberpriesterin machte – wie eine Bettlerin schickt er mich fort, in ein Schicksal, von dem nur gewiß ist, daß es für mich keine Freude bereithalten wird, so lange ich denn noch lebe!«

»Das hat er dir angetan?« sage ich betroffen. »Aber warum? Freilich, auch ich habe schon gemerkt, daß er sich verändert hat, seit er als *lugal* über den Länderberg herrscht. Doch niemals hätte ich geglaubt, daß er die Mutter seiner Kinder verstoßen würde!«

Sie schluchzte wieder, und als ich ihr beruhigend den Arm um die Schultern legte, sank sie an meine Brust und schluchzte: »Oh, wie schändlich dein Bruder sich mir gegenüber verhält! Vor einigen Monaten kamen zwei Frauen aus Uruk, eine *entum*-Priesterin und ihre Mutter. Sargon ernannte die Tochter zur neuen Hohepriesterin Ischtars im Eulmasch und ihre Mutter zur Vorsteherin der Tempelverwaltung. Erst wunderte ich mich, daß er nicht wie früher Akkaderinnen bestimmte. Das Weib ist seine Hure, mit der er sich jede Nacht im Eulmasch vergnügt. Wie ein brünstiger Schafbock läuft er zu ihr. Wahrscheinlich hurt er auch die Mutter, vielleicht mit der Tochter zugleich, es sollte mich nicht wundern!«

»Wahrscheinlich«, konnte ich mich nicht enthalten zu sagen.

»Die beiden Huren haben ihn völlig in ihrer Gewalt«, fuhr Abda zornig fort, »mich aber verachtet er nun, als sei mein Leib grindig, mein Schoß von Disteln gesäumt. Wie eine Witwe bin ich, die keinen Samen mehr empfängt. Mein Zorn rührt ihn so wenig wie mein Schmerz. Kein Beschwörungspriester, den ich nicht bestellt, kein Liebeszauber, den ich nicht ausprobiert hätte! Ich aß *mangu*-Kraut, mit *aschallu*-Samen und Topföl vermischt, rieb Salamanderblut auf meinen Nabel und schlief nur noch in Decken aus Wolle vom Hinterschenkel des Bocks. Ich schüttete Samen von Hundszunge, vermischt mit Graupenmehl, in sein Bier und gab ihm Kehlfleisch von brünstigen Schafen zu essen, aber er kam nicht zu mir zurück.«

»Hast du es auch mit einem Abwehrzauber versucht?« wollte ich wissen.

»Natürlich«, erwiderte Abda. »Von jedem dieser Weiber verbrannte ich zweimal zehn Bilder aus zehn verschiedenen Stoffen. Ich räucherte mit Zypressenholz und goß Topföl mit Schlangenpulver auf ihren Weg, aber die Herrin der Wollust ist mir nicht gnädig, und selbst das zu

Asche verbrannte Hirn des Höhlenvogels schadete der Schönheit dieser Huren nicht.«

»Das ist schlimm«, gab ich zu.

Sie löste sich aus meinen Armen und berichtete weiter: »Als alles nicht half, tat ich, was mir als letztes zu tun blieb. Ich ging zu Sargon und stellte ihn vor die Wahl, sich entweder von mir oder von diesen Weibern zu trennen.« Sie verstummte. Auch ich sagte nichts. Dann brach es aus ihr hervor: »Er hielt es nicht einmal für notwendig, mich zu belügen. Statt dessen behauptete er, es sei sein gutes Recht, diese Weiber zu huren, weil er der *lugal* sei. Es sei sogar seine Pflicht, Ischtars Stellvertreterin zu begatten, zum Wohle des Reichs und der Menschen, die auf dem Länderberg wohnen.«

Mit blitzenden Augen sah sie mich an. »Bei der Großen Göttin«, sagte ich, »ich verstehe Sargon nicht. Du bist schöner denn je!«

Sie seufzte. »Ach, wenn das doch auch Sargon sähe«, antwortete sie. »Aber er ist blind; diese Weiber haben ihn verhext, mit einem Zauber, der stärker ist als der meine. Wie ein brünstiger Eselhengst eilt er des Abends zum Eulmasch und kehrt erst am Morgen zurück. Aber was er mir angetan hat, soll nicht ungerächt bleiben.«

»Was willst du tun?« fragte ich.

»Was mir befohlen ist«, sagte sie zornig. »Am Tage nach unserem Streit ernannte mich Sargon zur Oberpriesterin Inannas im Tempel zu Ur. Encheduana soll dort Priesterin Nannas werden. Unsere Söhne mußten natürlich bei ihm bleiben, ihrer hohen Ämter wegen!« Sie stieß ein bitteres Lachen aus.

»Ich werde dich nach Ur geleiten«, versprach ich. »Igelspitz wird dafür sorgen, daß es dir dort an nichts fehlt.«

Abda schnaubte verächtlich. »Der?« fragte sie. »Der sieht doch nicht weiter, als sein Trinkhalm reicht. Ich bin froh, wenn ich möglichst wenig mit ihm zu tun habe. Aber das wird leicht sein, nachdem der Kerl, wie ich höre, immer erst aufsteht, wenn es schon dunkelt, und beim ersten Schimmer Utus trunken in den Koben sackt.«

»Bleibe mit deiner Tochter ein paar Tage hier«, schlug ich vor. »Hier könnt ihr euch am besten erholen. Morgen beginnt das Fest des Königtums Anus. Danach sehen wir weiter.«

Sie dankte mir; ich befahl meinem Diener, sie und Encheduana in meine Gemächer zu führen. Dann setzte ich die Arbeit des Herrschens fort, konnte aber lange Zeit keinen klaren Gedanken fassen.

Abda ließ sich und ihre Tochter von Dienerinnen pflegen. Am Abend speisten wir zusammen. Wieder staunte ich über Encheduanas Schönheit, aber noch mehr über ihre Klugheit; obwohl sie erst elf Jahre zählte, wußte sie mehr als die meisten Erwachsenen.

Als sie müde wurde, legten wir sie in ein Bett. Dann schickte Abda auch die Dienerinnen zur Ruhe und bat mich um einen Rauschtrank, um ihren Kummer zu betäuben. Ich holte einige Krüge, denn ich empfand großes Mitleid mit ihr und fühlte auch selbst einen seltsamen Schmerz. Darum tranken wir beide, soviel wir nur konnten. Bald fühlte ich, wie mein Kummer verging, und auch Abda weinte nicht mehr. Wir sprachen über die alten Zeiten und unsere Liebe; nach einer Weile war es, als hätten wir uns nie getrennt.

»Ach, Daramas!« seufzte sie schließlich. »Hätte die Große Göttin es anders gewollt, wäre ich jetzt deine Frau. Du würdest mir nicht soviel Leid antun wie dein Bruder.«

»Nein«, gab ich zur Antwort. »Aber es ist alles meine Schuld. Das weißt du ja wohl schon, von Sargon.«

»Was sollte ich denn von ihm wissen?« fragte sie erstaunt. »Ich dachte, du warst eifersüchtig, weil ich damals opfern mußte, und später böse auf mich, weil ich deinen Bruder heiratete, Närrin, die ich war!«

»So weißt du das wirklich nicht?« wunderte ich mich.

Sie schüttelte heftig den Kopf. »Was denn?« fragte sie. »Warum hast du dich denn nach dem Opfer nie mehr bei mir blicken lassen? Auch auf meinen Brief nach Uruk erhielt ich nie eine Antwort.«

Da erzählte ich Abda, wie ich mich damals heimlich in den Tempel geschlichen hatte, um der Mann ihres ersten Opfers zu sein; wie Sargon mich niedergeschlagen hatte, ohne mich zu erkennen; und auch von meinem Traum, in dem sich Abda in die Große Göttin verwandelt und mich verflucht hatte. Abda geriet bei jedem Wort in größere Erregung, und als ich endete, flüsterte sie: »Das also war der Grund. Hätte ich das gewußt, niemals hätte ich Sargon geheiratet, sondern ich wäre mit dir nach Uruk gegangen.«

»Was geschehen ist, ist geschehen«, antwortete ich. »Die Große Göttin wollte es so. Wie sollten wir Sterbliche unser Glück gegen ihren Willen erzwingen?« In meiner Traurigkeit trank ich noch mehr. Abda ließ mich nicht allein, und gnädigere Götter als Inanna warfen einen Zauber über uns. Einige Male schlang Abda tröstend die Arme um mich; dann berührten sich unsere Stirnen und Wangen; ich streichelte ihr Haar, spürte ihren warmen Atem und roch den Duft ihrer Haut. Mit jedem Schluck sanken weitere Wächter von den Zinnen meines Gewissens. Als ich Abda küßte, führte sie meine Hand an ihre Brüste und schenkte mir ihre von Sargon verschmähte Liebe. Süß wie Rauschtrank waren ihre Küsse. Wir erwiesen einander jede Zärtlichkeit, so groß waren ihre Verzweiflung und meine Lust; als ich mich in sie ergoß, war mir, als hörte ich in der Ferne das Lied einer Flöte, und ich wußte, daß auch die Große Göttin in dieser Nacht nicht schlief.

VI

UTU

1

Den Wurm erkennst du
an seinen Spuren,
den Menschen
an seinen Taten.
Worte des Weisen von Eridu

Als Abda eingeschlafen war, löste ich mich vorsichtig aus ihren Armen, kleidete mich an und schlich hinaus. Den Wachen vor der Tür schärfte ich ein, niemandem zu sagen, daß ich das Gemach erst so spät verlassen hatte.

Am Morgen weckten mich die Geräusche der Schreiber, die in den Großsaal des Herrschens traten und mit ihrer Arbeit begannen. Ich erhob mich, stellte mich unter das Duschgefäß, wusch mir mit meinem Schwamm das Gesicht, salbte mich mit reinem Öl, ordnete Haar und Gewand und stärkte mich mit einem Mahl aus Milch und Käse. Trüb wie die faulige Flut des Schwemmlands kehrten meine Erinnerungen zurück, und mein Herz begann wie eine große Kriegstrommel zu schlagen.

Ich hatte gerade den letzten Rest Käse auf meine dreizinkige Gabel gespießt, als Abda mit Encheduana und ihren Dienerinnen erschien. Ich erhob mich, begrüßte sie ehrerbietig und sagte: »Ich hoffe, du fandest Schlaf in den bescheidenen Räumen meines Hauses, Herrin von Akkad.«

»Die Große Göttin wird dir deine Gastfreundschaft lohnen«, erwiderte Abda. »Nun aber müssen wir fort; meine Reise nach Ur duldet keinen Aufschub.« Unruhig fächerte sie sich Kühlung zu.

Überrascht erwiderte ich: »Hast du denn schon etwas zu dir genommen? Ich selbst pflege einfach zu speisen, dir aber sollen die Meister des Magens sogleich eine Mahlzeit bereiten, wie sie eines so hohen Gastes würdig ist.«

Abda schüttelte den Kopf.

»Aber du kannst noch nicht gehen«, sagte ich beschwörend. »Komm in den Raum der unbelauschten Gespräche! Ich habe dir etwas von großer Wichtigkeit mitzuteilen.«

Abda hieß ihre Tochter und die Dienerinnen warten, ging mir voraus und trat an ein Fenster, von dem der Blick bis zu den Uferkais am Euphrat reichte. »Warum hast du es so eilig, an den Ort deiner Verbannung zu gelangen?« fragte ich. »Willst du dem Mann die Treue halten, der dich betrog und verstieß? Die Große Göttin selbst wünschte, daß wir uns hier begegnen; hätte sie es sonst nicht verhindert?«

Abda sah mich traurig an und erwiderte: »Ach, Daramas! Glaubst du wirklich, daß wir nach Inannas Willen gehandelt haben? Es war unser Wunsch, nicht der ihre. Unsere Begierde, nicht unsere Frömmigkeit trieb uns an. Ich werde für dich und mich beten. Wer weiß, ob uns die Große Göttin nicht doch noch einmal verzeiht! Getanes kann man nicht ungetan machen. Aber wir können verhindern, daß es noch einmal geschieht.«

»Aber ich liebe dich!« rief ich heftig, »und habe dich immer geliebt! Weißt du nicht mehr, wie ich im Pappelwald meinen Schwurstein umfaßte und sagte, daß du meine Frau werden sollst?«

Sie seufzte wieder und antwortete: »Es kam anders. Ich bin die Frau deines Bruders.«

»Sei unbesorgt«, erwiderte ich. »Selbst wenn er von uns wüßte, würde er weder dir noch mir ein Haar krümmen. Aber er wird niemals davon erfahren.«

Abda schüttelte heftig den Kopf. »Die Akkader werden ihm sagen, daß du sie eingesperrt hast«, erwiderte sie. »Dann wird Sargon wissen, was geschehen ist.«

Ich zog sie an mich. »Bleibe bei mir«, forderte ich sie auf. »Ich werde dich beschützen. Selbst Sargon wird es nicht wagen, gegen Uruk zu ziehen, wenn ich darin befehle. Mein *me* ist nicht geringer als seines. Denn ich bin der Feldherr, der ihm die Schlachten gewinnt. Ich bin es, der ihm die Binde des *lugal* verschaffte!«

»Genug!« sagte sie und löste sich aus meinen Armen. »Du bist Sargons Bruder und kennst ihn doch nicht. Was redest du von *me*? Weißt du nicht, daß er ein rollender Kampfwagen wird, wenn sein Wille gegen ein Hindernis stößt? Daß er dann wie ein wildes Tier handelt, dem seine Beute streitig gemacht wird? Daß er unter denen, die sich widersetzen, wütet wie eine Pickaxt im Röhricht? Wie kannst du dem Regensturm widerstehen, wenn er über die Hochsteppe braust, das reife Korn niederwirft und selbst hohe Bäume entwurzelt? An Wissen magst du

Sargon überlegen sein, doch du besitzt nichts, was seinem Willen gleicht.«

Ich dachte an das, was Lugalzaggesi in seinem Käfig zu mir gesagt hatte, damals in Nippur, ehe ich ihn erlöste, und antwortete: »Das werden wir sehen, wenn es soweit ist. Vertraust du dem Mann, der dich erniedrigte, mehr als dem, der dich erhöhen will? Käme es wirklich zum Krieg zwischen Sargon und mir, wer weiß, was dann geschähe! Vielleicht wäre ich der Sieger und würde selbst *lugal* sein!«

Sie lächelte traurig.

»Wie könntest du je gegen deinen Bruder bestehen?« fragte sie. »Er ist es doch, den die Götter erwählten, nicht du! Ihn, nicht dich, machte Ischtar zu ihrem Gemahl. Ihm, nicht dir, ist die Lenkung des Länderbergs übergeben. Sargon können wir so wenig trotzen, wie Kinder einen mit Ziegelsteinen beladenen Wagen aufhalten können, der donnernd von einem hohen Berg rollt! Denkst du denn, ich will, daß er dich tötet? Nein, Daramas! Denn wie sollte ich dann leben?«

Schweratmend stand ich vor ihr und wußte nicht mehr, was ich sagen sollte; ich schmeckte Galle auf meiner Zunge und in meinen Augen brannten Tränen der Wut. Da legte Abda liebevoll ihre Hand auf meine heiße Stirn, küßte mich sanft auf die Wange und fügte hinzu: »Du weißt ja selbst, daß es so ist, wie ich sage, Daramas. Finden wir uns damit ab! Uns Menschen ist nicht gegeben, den Schicksalslauf zu verändern. Selbst Götter brechen sich die Hand, greifen sie unklug in das sich drehende Rad. Einmal wenigstens, einmal durften wir uns lieben, und niemals werde ich vergessen, wie es in deinen Armen war. Die Erinnerung soll mich trösten in meinen einsamen Nächten. Ich will von deiner Liebe zehren, so wie ein Wanderer in öder Wüste vom lebensspendenden Wasser des Ziegenbalgs zehrt. Niemals will ich aufhören, dich zu lieben, und werde stets an dich denken, wo du auch bist.« Sie stellte sich auf die Zehenspitzen, küßte mich auf den Mund und schritt zur Tür.

Ich befahl, die Akkader freizulassen; sie starrten mich finster an, ehe sie ihrer Herrin folgten. Dann geleitete ich Abda mit meiner Palastwache zum Kai der hochgestellten Besucher und verabschiedete sie mit den ihr zustehenden Ehren. Ich schaute ihrer Barke nach, bis das mit bunten Bändern geschmückte Fahrzeug hinter der Schildkröteninsel verschwand.

Danach trank ich viele Nächte allein.

Tage vergingen, Monate wurden lang, und das Jahr kehrte zu seiner Mutter zurück.

Zur Zeit des Frühlingshochwassers, am Liegetag des Schwarzmondes, las ich auf einer Meldetafel des Obersten meiner Stadtwachen, daß einige Bürger von Uruk in einem kleinen Tempel unweit des Zwanzigsten Kais einem neuen Gott huldigten. Da der Bericht keine näheren Angaben über Namen und Herkunft der Gottheit enthielt, ließ ich den Obersten kommen; aber auch er wußte nicht mehr darüber und sagte nur: »Das ist in Uruk nichts Ungewöhnliches, Herr. Früher, als hier noch die Fernhandelsschiffe anlegten, kam es häufig vor, daß Kaufleute fremde Götter aus Makan oder Meluchcha mitbrachten und sie bei uns verehrten.«

Da die sumerischen Götter ihre Macht und die Gaben der Gläubigen schon mit akkadischen Himmelsbeherrschern zu teilen hatten, wollte ich nicht dulden, daß sich noch andere Götter in Uruk niederließen. Darum befahl ich dem Obersten: »Bringe mich zu diesem Tempel! Wir wollen sehen, was diese Lästerer treiben. Wer den Glauben der Menschen stiehlt, ist schlimmer als einer, der nur ihr Gold nimmt.«

Am Abend gingen wir mit einigen Wächtern zum Tempel. Seine Ziegel waren kaum verwittert, die Farbe der Mauern frisch und die Wand trotz der Feuchtigkeit des nahen Flusses noch nicht von Schlingpflanzen überwuchert. Die Betenden strömten in großer Zahl durch die Zedernholzpforte. Wir winkten den Wachen, zu warten, und schlossen uns dem Strom der Gläubigen an. Im Inneren sahen wir ein großes Götterbild, wie ich es noch nie gesehen hatte, aber mit Zügen, die mir seltsam vertraut erschienen. Fassungslos starrte ich zu der neuen Gottheit empor; dann beseitigten die Worte des Priesters die letzten Zweifel, denn er rief mit wohltönender Stimme: »Sargon! Großer Gott und geliebter Gemahl der Herrscherin Ischtar, blicke gnädig auf uns herab und nimm gütig an, was wir dir weihen! Oh du starker Wisentstier mit den mehrfarbigen Augen; du rechter Sohn des Himmelsdrachens ...« So ging es eine ganze Weile weiter. Als er begann, Sargon Tauben zu opfern, rief ich die Wächter, ließ den Tempel räumen und den Priester festnehmen.

»Was wagst du, Kerl?« fuhr ich ihn an. »Sargon ist kein Gott, sondern ein Mensch! Wie kannst du ihn mit Lobsprüchen ehren, die nur Dumuzi, dem göttlichen Hirten und edlen Gemahl der Inanna, zukommen!«

»Sargon ist es, dessen Same dem Länderberg Fruchtbarkeit bringt und dessen Speer uns beschützt!« rief der Mann. Heiliger Eifer leuchtete aus seinen Augen.

Ich ließ ihn mit Stöcken prügeln und vor die Tür werfen, den Tempel schließen und eine Befehlstafel aufstellen, auf der ich den Bürgern von Uruk und allen Fremden bei Todesstrafe verbot, den *lugal* als Gott anzubeten. Dennoch hörte ich auch später immer wieder, daß dieser Frevel weiter geschah, vor allem am Zwanzigsten Kai, der Heimat der Diebe und Mörder.

Im nächsten Jahr, das später des Jahr des Wasserschöpfrads genannt wurde, brachte ein Bote aus Akkad eine Befehlstafel mit Sargons Siegel zu mir. Ich öffnete und las, daß ich mich mit der Hälfte des Heeres von Uruk sofort in die Hauptstadt begeben solle; es stehe ein Feldzug bevor.

Ich rief Ischma-Ja und berichtete ihm.

»Das habe ich mir schon gedacht, daß es euch bald wieder langweilig wird vor lauter Frieden«, sagte der alte Tafelhausvorsteher, »und da es in den Osttigrisländern jetzt keine Feinde mehr gibt, müßt ihr sie wohl im Gunstwind-Gebirge suchen. Denn was wäre das Leben, dürfte man nicht ab und zu ein paar Köpfe zerschmettern und Knochen zerhauen, auch Stadttore krachen und Mauern einstürzen lassen, was ja soviel Freude macht.«

»Jaja«, gab ich verdrossen zur Antwort, »beschwere dich bei Sargon, ich führe nur einen Befehl aus.«

Ich ließ die Vorzeichen prüfen und fand sie günstig. Am Tag der Frühlingsgleiche zog ich nach Norden. Als der nächste Schwarzmond lag, kam ich in Akkad an. Die Hauptstadt des Reiches war in der Zwischenzeit weiter gewachsen. Mein altes Sippar lag vor ihr wie eine Dienerin vor ihrer Herrin, und der Safranstadt Azupiranu ging es nicht anders. Aber die Bürger der kleinen Städte beklagten sich nicht, denn sie nahmen Anteil an Akkads Wohlstand und zogen große Vorteile aus ihrer Nachbarschaft.

Ich ließ mein Heer am Euphratufer lagern und zog mit meiner Leibwache durch das Uruk-Tor in die Stadt. Die Straße der Göttin Ischtar war schon damals breiter als selbst die Straße des Anu zu Uruk, und an ihren Rändern wuchs alle drei Doppelschritte ein Baum. Auch alle Simse, Vorsprünge und Dächer waren begrünt und die Stufen der Tempel mit Zedern bewaldet, so daß es war, als schritte man durch ein Gebirge. Auf Straßen und Plätzen wimmelten Menschen aus allen vier Weltteilen noch dichter als zuvor; der Frieden des Länderbergs lockte Kaufleute von den entferntesten Sitzen der Winde an. Meine sumerischen Schwerbewaffneten machten runde Augen. Am meisten staunten sie über Sargons neuen Palast, den er »Das Großhaus der Menschheit« nannte.

Wie eine Kuh, die ihre Augen zu ihrem Kalb wendet, hatte Sargon seine Liebe auf dieses Großhaus gerichtet, und wie ein Mann, der wenig Speise in seinen Mund tut, war er bemüht, alles für diesen Prachtbau zu geben. Alle Vorzeichen waren beachtet und günstig gefunden worden, und freudig hatten die Baumeister die Beschlüsse Sargons in Stein verwandelt, dazu bestimmt, die Ewigkeit zu überdauern. Unter nicht endenden Segenssprüchen von Priestern aller wichtigen Götter hatten die besten Ziegelmacher aus dem reinen Lehm des Euphrat Backsteine gefertigt und sie mit Zedernöl besprengt. Über den Grundmauern hatte Sargon die Segnung gesprochen: »Der Ziegelstein ruhe wie ein reines Tragpolster auf dem Scheitel des Landes.« Der Segensspruch zur Errichtung der Wände lautete: »Das Großhaus sei ein kostbares Gefäß auf dem Haupt des Landes.« Die dritte Segnung galt dem Großsaal des Herrschens und hieß: »Das Großhaus sei der junge Adler, der göttliche Vogel Im-gig.« Im Bogenfeld des Tores stand als vierte Segnung: »Das Großhaus sei der Panther, das schreckliche Raubtier, das sich erhebt.« Der zweiten Stufe des Baus galt die Segnung: »Das Großhaus sei der klare Himmel voller Glanz.« Der dritten Stufe war der Segen gewidmet: »Das Großhaus sei wie das Morgenlicht, welches die Länder erhellt.« Der Segensspruch für das Dach aber lautete: »Das Großhaus sei gleich dem klaren Himmel, der die Tiara des Mondes trägt.«

Im Hof des Palastes las ich auf der Säule aus Härtestein Sargons Inschrift in Lapislazuli: »Sargon, Ischtars Gemahl und rechtmäßiger Herrscher des Länderbergs«, stand dort zu lesen, »der nach dem Willen der Schicksalskenner das Reich von Akkad aufrichtete, baute das Großhaus gleich einem erhabenen Berg, der in den Himmel emporragt. Gleich einer Zeder ließ er das Großhaus der Menschheit entstehen und strotzen vor Pracht. Er machte es hoch wie die Spitze des heiligen Baumes, steil wie das Horn eines Stiers und strahlend wie ein Gestirn. Der Boden ward fest wie der Boden der Tiefe, und das Gebälk gleicht dem Drachen der Tiefe in seiner Kraft. Das Dach ward aus mit reinem Öl gestrichenen Stämmen von Zedern gefertigt. Die Säulenhalle, dem Antlitz des Himmels gleichend, nahm er zu seiner Wohnung.«

Wie ein Gebirge aus Blaustein erhob sich der riesige Bau in den Himmel. Ich bestaunte die Drachen und anderen Ungeheuer, die auf dem Zedernholztor zornig die Zungen zeigten, und den Junglöwen und Jungpanther über den Türflügeln. Verwundert erkannte ich, daß die kupfernen Nägel wie Drachenmenschen geformt waren, das Edelmetall auf den Türflügeln bunt wie die Schlange der Tiefe war und die Innenseite ein Bild vom Totengericht der Annunaki schmückte.

Im Innenhof hörte ich Wasser plätschern. Das breite Becken der Fußwaschung war ganz aus Stein und erschien wie ein See im hohen Gebirge; das kleine Trinkbecken aus Blei glänzte wie der Wasserkrug eines Gottes. Auf der Terasse fand ich die sieben Stelen, auf denen Sargons Gesetze verzeichnet waren. Mit offenen Mündern starrten meine Männer, die doch die Pracht von Uruk kannten, auf Ziergärten mit den schönsten Pflanzen des Landes und lauschten dem Gurren der Tauben, die hoch über uns in künstlichen Felsen wie in den Klüften des Silbergebirges wohnten. Weihrauch duftete in den großen Räucherpfannen zu beiden Seiten des Eingangs; ich sah, daß der Boden aus Marmorstein und die Wölbung aus dem Porphyr von Meluchcha bestand.

In seinem Inneren schien der Palast mit jedem Schritt an Herrlichkeit noch zuzunehmen. Wie meine Männer bestaunte auch ich die bunten Bilder an Böden und Wänden, die aus dem Leben der Götter erzählten. Viele waren akkadische Himmelsbeherrscher und Ischtar führte sie an. Ich freute mich aber, auch Enki dort zu erblicken, wie er die Menschen und Tiere erschuf, Enlil, wie er die Große Flut sandte, und Anu, von seinem Hofstaat umgeben, von den Berichterstattern und Beratern bis zu den Oberbäckern, Harfenspielern und Schlangenbeschwörern, dem Großtöpfer, Tischler und Säckelmeister, so daß es war, als wohnte man einer Sitzung im höchsten Himmelshaus bei. Auch die geringeren Götter Sumers geleiteten uns ein Stück des Weges: Agagigdugga, der Herr des Urteilsspruchs, neben Agissub, dem Schöpfer des Vermögens. Agubba, der Gott des Reinigungswassers, mit Alala, dem Verursacher der Fülle. Epa, der Gott der Kanäle, mit Erua, Göttin der Schwangerschaft; Engaragar, der Herr der Fettmilch, mit Kalumma, dem Dattelgott. Kakurdugdug, der Gott des Schmähenden Mundes, neben Enkibir, dem Gott des Scheiterhaufens; mir war heimatlich zumute, denn damals liebte ich alle sumerischen Götter noch sehr, außer

Inanna. Und da mir die Große Göttin soviel Schaden zugefügt hatte, war ich nicht traurig zu sehen, daß der Großsaal des Herrschens allein mit Bildern Ischtars geschmückt war und die Göttin in allen Formen ihrer Erscheinung zeigte: als Reine Weisung und Vorzeichen des Überflusses, aber auch als Wütende und Männerfängerin, am häufigsten jedoch als Herrscherin der Himmelsbilder; verdankte nicht Sargon sein Glück ihrem Stern?

Als ich den Eingang des Großsaals erreichte, stellte sich mir Akapsenni in den Weg. »Der *lugal* erwartet dich, Herr«, sagte er höflich, »doch er gab strengen Befehl, keinen Bewaffneten einzulassen, außer uns Akkadern, denen er vertraut.«

»Was wagst du, Hund?« fuhr ich ihn an. »Aus dem Weg, bevor ich dich mit Geißelhieben stäupe!«

Die Akkader wichen ein wenig zurück, aber ihr Anführer rief ihnen ein scharfes Wort zu und sie stellten sich wieder kampfbereit auf.

»Hier gelten nur die Befehle des *lugal*«, antwortete Akapsenni, »denn hier sind wir nicht in Uruk, wo du als *ensi* herrschst, sondern in Akkad, der Hauptstadt des Reichs. Gebt eure Waffen ab, dann dürft ihr hinein.«

Ich trat einen Schritt auf ihn zu. Meine Männer folgten mir mit stoßbereiten Lanzen, doch die Akkader wichen nicht. »Das ist eine Falle«, warnte mich eine Stimme in meinem Inneren. »Sargon hat von jener Nacht in Uruk erfahren und will sich jetzt an dir rächen!« Ich maß den Akkader mit zornigen Blicken. »Weit habt ihr Eselschänder es gebracht«, sagte ich dann. »Früher habt ihr euch wie Käfigschweine von unserem Abfall ernährt. Aus dem Weg, sonst haue ich dich nieder!«

Akapsenni starrte mich finster an; Wut und Haß verzerrten seine harten Züge. »Ich führe nur die Befehle des *lugal* aus«, stieß er mit gepreßter Stimme hervor. »Auch du wirst dich ihnen fügen!«

»Zur Seite«, schrie ich ihn an. »Sonst kehre ich auf der Stelle nach Uruk zurück. Du magst das dann vor deinem Herrn verantworten!«

In den Augenwinkeln sah ich, wie immer mehr Akkader erschienen und uns den Rückzug versperrten.

»Der *lugal* hat dich zu sich befohlen, und du wirst gehorchen«, antwortete Akapsenni. »Und nun die Waffen her, wenn ihr nicht sterben wollt!«

Ich rief meinen Männern einen Befehl zu; rasch ordneten sie sich so, daß wir uns nach allen Seiten verteidigen konnten. Bogenschützen legten auf uns an. »Die Waffen, *ensi*!« sagte Akapsenni mit höhnischem Lächeln und streckte fordernd die Hand aus.

»Wir werden zu unseren Müttern gehen«, sagte ich zähneknirschend, »du aber gehst uns voran!« Ich zog das Schwert. Da rief eine herrische Stimme: »Aufhören! Seid ihr von Sinnen?«

Sargon trat aus dem Eingang und gab Akapsenni von hinten einen so heftigen Stoß, daß der Akkader ächzend vor meine Füße fiel. »Daramas!« rief Sargon und umarmte mich. »Verzeihe mir diesen Empfang – es ist meine Schuld, da ich vergaß, diesem Holzkopf zu sagen, daß mein Bruder über meinen Befehlen steht.« Akapsenni erhob sich auf Hände und Füße. Sargon trat ihm von hinten zwischen die Beine; mit lautem Schmerzgeheul stürzte der Führer der Leibwache wieder zu Boden.

»Dummkopf«, zischte Sargon und zog mich mit sich. »Welche Freude, dich endlich wieder zu sehen. Wir wollen Bier trinken und miteinander reden.«

»Und meine Leute?« fragte ich.

Er sah mich ein wenig sonderbar an. »Wie?« machte er. »Deine Leute? Was ist denn mit ihnen? Lasse sie hier oder nimm sie mit dir hinein, was kümmert es mich?« Als ich zögerte, fügte er launig hinzu: »Aber was die Kerle dann drinnen verzehren, geht auf deine Kosten – meine Einladung gilt nur für dich!« Lachend hieb er mir auf die Schulter. Da verflüchtigte sich meine Angst; ich befahl meinen Leuten, im Vorhof zu rasten, und folgte Sargon in den Saal. Drinnen saßen Steinhand und Igelspitz. Fröhlich begrüßten sie mich, und es war, als seien die alten Zeiten wiedergekehrt.

Sargon winkte uns in den Raum der unbelauschten Gespräche. Dienerinnen von auserlesener Schönheit brachten uns Braten und Bier. Während wir aßen und tranken, sagte Sargon zu mir: »Fast hätte Akapsennis Dummheit tapfere Krieger das Leben gekostet. Du aber wärst mitschuldig gewesen. Warum hast du dem Kerl nicht befohlen, bei mir nachzufragen?«

»Das Leben ist ein Wagnis«, gab ich zur Antwort. »Wer Angst vor dem Wagnis hat, der hat auch Angst vor dem Leben.«

»Das klingt zwar ganz gut«, erwiderte Sargon, »aber besonders weise ist es nicht. Ich will dir keine Vorwürfe machen, aber beim Gott der Finsternis, du hättest nicht so starrköpfig sein dürfen. Dieser Verrückte hätte dich womöglich umbringen lassen! Und was soll ich ohne dich tun?«

»Warum hast du uns denn nicht gerufen?« wollte Igelspitz wissen. »Früher warst du doch auch nicht zu stolz, meinen Namen zu winseln, wenn dich der Gott der schlechten Träume besucht hatte und du vor Angst deine Decken naß gemacht hast.«

Die anderen lachten. »An euch habe ich gar nicht gedacht«, sagte ich in meiner Verlegenheit. »Ich war viel zu verblüfft, daß dieser Hund es wagte ...«

»Beruhige deine Leber«, unterbrach mich Sargon. »Akapsenni ist von schlichtem Verstand, aber als Leibwächter unübertrefflich. Wenn du willst, werde ich ihm befehlen, daß er sich vor dir demütigen soll. Er wird auf dem Bauch vor dir kriechen.«

»Der Kerl haßt mich genug dafür, daß ich Sumerer bin«, wehrte ich ab. »Ich will nicht beim nächsten Mal mit einem Pfeil im Rücken hier sitzen!«

Sargon legte mir beruhigend eine Hand auf die Schulter und sagte: »Genug davon. Wie steht es in Uruk?«

»Die Ernte war üppig, die Vorratshäuser sind voll wie das Becken des Euphrat im Frühling, die Steuereinnahmen steigen und die Leute arbeiten eifrig«, berichtete ich. »Auf den Märkten wird viel Silber ausgegeben, und die Meister der Rechtsprechung können den ganzen Tag schlafen.«

»Wie das eben so ist, wenn ein alter Tafelhausvorsteher herrscht«, spottete Igelspitz.

»Jedenfalls besser, als wenn ein *ensi* statt des Herrscherstabs nur das Saugrohr hält«, antwortete ich verärgert.

»Oho«, machte der Kleine.

»Außerdem gibt es in Uruk einen neuen Gott«, fügte ich nach einer Weile hinzu.

»So?« sagte Igelspitz und tätschelte einer jungen Dienerin die Hinterbacken, »Göttin wäre mir lieber! Wozu soll der denn gut sein?«

»Ich weiß auch nicht recht«, gab ich zur Antwort. »Ich erzähle nur davon, weil er einen so ungewöhnlichen Namen trägt. Aber das ist ja nicht weiter wichtig.«

»Stimmt«, sagte Steinhand. »Es gibt ohnehin zuviele Götter.«

»Wie hieß er denn?« wollte mein Bruder wissen.

Ich lächelte ihn freundlich an. »Sargon«, erwiderte ich.

Mein Bruder starrte mich an. Die beiden anderen brachen in Gelächter aus. »Nun hast du es endlich geschafft, großer *lugal*!« rief Igelspitz. »Du hast erreicht, was Gilgamesch verwehrt blieb, und bist auch ohne das Zauberkraut unsterblich geworden!«

»Was ist denn geschehen?« wollte Sargon wissen.

Ich erzählte ihm die Geschichte. »Du brauchst dir aber keine Sorgen zu machen«, schloß ich. »Ich ließ den Priester prügeln und den Tempel schließen. Wo kämen wir denn hin, wenn sich jeder selbst einen neuen Gott schnitzen könnte.«

Sargon lächelte ein wenig. »Laß den Mann doch«, sagte er. »Er hat es ja nur gut gemeint.«

»Willst du zulassen, daß man in Sumer zukünftig Menschen als Götter verehrt?« fragte ich. »Dann könnte sich jeder Bäcker von seinem Gesinde anbeten lassen!«

»Bäcker nicht«, sagte Sargon sanft, »aber *lugal*. Es gibt nur einen.« Er lächelte. »Auch Dumuzi war einst ein Mensch und ist heute ein Gott. Er war der Geliebte Inannas, ich aber bin Ischtars Gemahl.« Igelspitz tat, als ob er sich verschluckt hätte, und begann kräftig zu husten. Steinhand hieb dem Kleinen krachend auf die Schultern und warf mir beschwörende Blicke zu.

»Sieh dich nur einmal um«, fuhr Sargon gutgelaunt fort. »An allen Wänden meines Großhauses kannst du Götter erblicken; welcher von ihnen aber besäße so viel Macht wie ich? Die Unsterblichen teilen sich den Himmel, ich aber herrsche auf Erden allein.«

»Das habe ich schon einmal gehört«, sagte ich.

»Ist es deshalb etwa weniger richtig?« fragte Sargon. »Herrsche ich über den Länderberg nicht wie Anu über die Welt, mit dir als meinem Bruder und euch als meinen liebsten Gefährten? Du, Daramas, bist mein Enki, der Weise; du, Steinhand, bist mein Enlil mit Blitz und Donner ...«

Igelspitz hörte zu husten auf. »Und ich?« fragte er begierig. »Was bleibt für mich, oh Sargon, großer Gott?«

»Was glaubst du denn, warum er dich nach Ur schickte?« lachte Steinhand. »Du bist unser Nanna, der Herr der Nacht, der erst bei Dunkelheit erwacht und in regelmäßigen Abständen voll ist.«

Nun mußten wir alle lachen. Ich aber war am wenigsten froh, denn ich ahnte, daß Sargon begonnen hatte, wahrhaft an seine Göttlichkeit zu glauben; anders als Steinhand und Igelspitz machte ich mir große

Sorgen. »Es wird ohnehin höchste Zeit, daß etwas Ordnung in den Himmel kommt«, meinte Igelspitz fröhlich. »Was sagt ihr denn zu den Streitereien von Nippur? Unglaublich, daß heilige Männer sich monatelang in einen Tempel setzen und unter sich aushandeln, wer denn nun eigentlich die Welt erschuf! Wenn das Volk davon erfährt, könnte es leicht geschehen, daß die Leute überhaupt nicht mehr an Götter glauben.«

»So wie du«, sagte ich unmutig. »Götter an ihren Priestern zu messen, ist ungefähr so, wie vom Geplapper der Säuglinge auf den Verstand ihrer Väter zu schließen.«

»Da magst du recht haben«, sagte Sargon. »Jedenfalls schickte ich Aggar Befehl, mit diesem kindischen Streit aufzuhören. Es gibt kein Tafelhaus in meinem Reich, in dem nicht bisher gelehrt worden wäre, daß Enki die Menschen machte ...«

»Als Sklaven für die Götter, die sich allein nicht zu erhalten wußten«, warf Igelspitz ein. »Die Himmlischen hungerten und froren, weil niemand da war, der für sie die Ähren und Wolle schnitt, die Herden hütete und das Getreide barg.«

»... daß Enki den Menschen machte, aus dem Lehmboden über der Süßwassertiefe«, fuhr Sargon unbeirrt fort. »Da geht es doch nicht, daß Nippur jetzt plötzlich offenbart, in Wahrheit sei der erste Mensch entstanden, als Enlil eine Hacke in die Erde schlug.«

»Wenn sich die Priester von Nippur und Eridu nicht einig werden«, stichelte ich, »kannst du ja vorschlagen, daß man in Zukunft Sargon als Schöpfer der Menschen verehrt.«

»Es ist mir ernst damit«, sagte Sargon. »Der Glaube ist der Grundstein des Reichs.«

»Denn wenn die Götter nicht mehr sind, arbeitet jeder nur noch für sich selbst«, unterbrach ihn Igelspitz vergnügt. »Dann ist es vorbei mit der Prasserei in Tempeln und Palästen.«

»Glaubst du, daß Aggar gehorcht?« fragte ich. »Er wartet auf den Tag, an dem er sich rächen kann.«

»Dieser Tag wird niemals kommen«, antwortete Sargon grimmig. »Sobald die Schlange gefährlich wird, sperre ich sie wie den Mann von Uruk in einen Käfig. Aber zur Zeit ist der Kahlkopf so harmlos wie eine Maus. Die Krieger der Horde sind tot; wen könnte er gegen uns senden?«

»Lasse dein Mißtrauen trotzdem stets wachen«, riet ich. »Die Berge von Gutium werden nicht ewig menschenleer bleiben; während wir altern, wächst dort vielleicht eine junge Horde heran.«

»Du weißt doch, daß ich ständig Späher in alle Ostländer schicke«, sagte Sargon beruhigend. »Wenn sich dort etwas zusammenbraut, erfahre ich es sofort.«

»Dann geht es also diesmal nicht über den Tigris?« fragte ich überrascht.

»Nein«, sagte Sargon. »Die Könige der Gebirgsländer haben mir Boten geschickt und sich unterworfen. Ich sandte ihnen meine Standarten; sie stehen jetzt nicht nur in Elam, Wachschan und Barachsi, sondern auch in Schimaschki, Sabum, Ebich, Kimasch, im Land der Lullubäer und sogar im fernen Anschan.«

»Niemand herrschte je über ein so großes Reich«, sagte Steinhand stolz.

»Ischtar hat mich erwählt«, fuhr Sargon fort. »Es war meine Pflicht, die Osttigrisländer als erste für sie zu erobern, denn dort sandte sie mir den Stern und zeigte mir zum ersten Mal ihre Liebe. Nun aber lenkt die Göttin meinen Sinn auf andere Länder. Das Reich ist aufgerichtet, laßt mich es nun erweitern.«

»Also Mari«, sagte ich, und als Igelspitz eifrig nickte: »Aber warum? Von dort droht uns keine Gefahr. Seit alters leben die Städte der Hochsteppe mit den Jamniten in Frieden. Der Handel blüht, die Schiffahrt auf dem Großen Strom ist sicher, und unsere Kaufleute reisen ungehindert zum Silbergebirge. Es war nie Sumers Art, gute Nachbarn zu überfallen.«

»Zog nicht auch der Mann von Uruk einst auf dem Euphrat nach Norden, nach Tuttul, Mari und sogar ans Obere Meer?« fragte Sargon. »Glaubst du, ich will geringer erscheinen als er? Mein Stern soll seinen überstrahlen! Die Menschen ferner Zeiten werden von ihm nur noch wissen, daß sein Nacken einst meinem Fuß als Trittstufe diente!«

»Es war kein Eroberungszug«, stellte ich fest. »Lugalzaggesi begab sich als Freund zu den jamnitischen Städten, und seine Krieger taten dort niemandem etwas zuleide. Sie stahlen nicht einmal ein Schaf und aßen keine Feige, ohne sie zu bezahlen.«

»So werden auch die meinen handeln«, entgegnete Sargon, »sofern König Inin-Schamasch die Klugheit besitzt, sich freiwillig zu unterwerfen. Ich habe ihm das schon befohlen, aber er antwortet nicht.«

»Das kann ich gut verstehen«, meinte ich ärgerlich. »Welches Recht hast du, ihn zu deinem Diener zu machen? Die Jamniten haben nichts mit uns zu schaffen; sie sind weder Schwarzköpfige noch Akkader und beten zu anderen Göttern als wir.«

Steinhand und Igelspitz warfen mir warnende Blicke zu.

»Das dürfen die Jamniten auch künftig tun«, versetzte Sargon. »Aber daß sie nichts mit uns zu schaffen hätten, stimmt nicht ganz. In meinem Volk wird eine Legende erzählt, wonach die Urväter der Jamniten und der Akkader einst Brüder waren. Als ihr Vater starb, riß der Ältere das gesamte Erbe an sich und jagte den Jüngeren in die Wüste. Nun hat Akkad endlich einen Rächer gefunden!«

»Urväter!« schnaubte ich. »Wer lange genug in der Überlieferung gräbt, findet für alles Gründe. In Wirklichkeit gierst du nur nach Maris Gold!«

»Das müssen wir ja nicht jedem erzählen«, meinte Igelspitz und grinste verschwörerisch.

Sargon gab ihm einen strafenden Blick; dann sagte er zu mir: »Du redest wie ein alter Mann, der etwas Neues nicht mehr versteht. Mag sein, daß Sumer früher keine Kriege gegen friedliche Nachbarn führte – doch warum muß das noch heute so sein? Ischtar erwählte mich nicht zu ihrem Gemahl, damit ich in Decken am Ofen sitze. Die Welt ist groß und will erobert werden! Was scheren mich dabei die Rechte fremder Menschen? Sie sollen sich freiwillig beugen, sonst werde ich sie brechen.« Seine Stimme wurde lauter. »Wenn sie sich weiter widersetzen, komme ich wie ein Regensturm über sie«, drohte er, »den König aber überantworte ich wie einen Ur der Keule! Und nun genug gestritten! Ich bin der *lugal* und mein Wille gilt!«

»Jawohl, großer *lugal*«, sagte ich spöttisch. »Warum gibst du dich überhaupt mit uns ab? Wenn du Leute brauchst, die immer nur Ja sagen und mit dem Kopf nicken, brauchst du keine *ensis*, das schaffen ein paar alte Trunkenbolde aus der Kaschemme genauso gut, wenn du ihnen nur immer schön nachschenken läßt.«

Auf Sargons Stirn hob sich eine steile Falte des Ärgers.

»Beruhigt eure Leber«, sagte Igelspitz eilig. »Es wird nicht zu Kämpfen kommen. Ich habe mir Mari genau angesehen. Reich, aber schwach. Kaufleute, keine Krieger. Der alte Inin-Schamasch befehligt nur Wächter in seinem Palast und ein paar Streifscharen gegen die räuberischen Nomaden, zusammen nicht mehr als zweitausend Mann.«

»Die Stadt ist befestigt«, wandte ich ein. »Die Mauern sind fast zwei Rohr hoch.«

»Du hast wohl auf der Kriegsschule gut aufgepaßt«, sagte Igelspitz. »Aber hast du diese Befestigungen schon einmal mit eigenen Augen gesehen? Lehmziegelmauern, mindestens dreihundert Jahre alt! Ein kräftiger Stoß und sie brechen zusammen wie ein Haus, an dem der Wolf des Holzes nagt. Den Torturm kann Steinhand mit bloßen Fäusten zertrümmern.«

»Steinhand kann alles mit bloßen Fäusten zertrümmern«, sagte ich gallig.

Igelspitz schilderte nun die Beschaffenheit aller Befestigungswerke von Mari zum Land und zum Fluß hin. Er beschrieb die Bewaffnung, Ausrüstung und Kampfkraft der Krieger, zählte uns Maris wichtigste Heerführer auf und berichtete über die Lage der Schöpfwerke und Kanäle. Der gute Zustand der Fernhandelsstraße, sagte er, lasse einen raschen Vormarsch zu, so daß Inin-Schamasch kaum Zeit bleiben werde, die Mauern instandzusetzen und neue Truppen zu sammeln. Und da die Straße fast ständig am Ufer des Euphrat verlaufe, könne ein Teil des Heeres auf Schiffen herangeführt werden.

Sargon, der alles schon wußte, nickte bei jedem Satz und sagte am Ende: »Du siehst, Mari ist eine reife Frucht, die wir nur pflücken müssen. Ischtar will es und ich gehorche ihrem Befehl.«

Wir gingen in den Großsaal des Herrschens. Die Obersten des Heeres und die höchsten Verwalter des Reichs warteten mit ihren Unterführern, Beratern und Schreibern. Als Sargon eintrat, warfen sie sich auf die Bäuche.

»Was soll das?« flüsterte ich Sargon zu. »Ich komme mir vor wie am Hofe Lugalzaggesis. Das sind doch alles würdige Männer!«

»Ein bißchen Bewegung tut ihnen gut«, sagte Sargon. »Es hält sie jung.« Er winkte den Liegenden, sich zu erheben, und setzte sich auf den Hochstuhl des Herrschens. Wir fanden zu Sargons Füßen Platz.

Zuerst ließ Sargon den Meister der Vorzeichen sprechen. Der Hohepriester des Utu von Larsa bat um den Segen des Großen Richters für unser Unternehmen. Dann berichtete er von Ereignissen, die das Gelingen des Feldzugs versprachen: Am Vortag waren Kraniche über Akkad nach Norden geflogen. Heimkehrende Holzhändler hatten erzählt, daß sich im Stadttor von Mari eine Hyäne niedergelassen habe, bis sie getötet worden sei. Bei Nippur hatten Fischer im Kanal des Guten

Wassers eine Schildkrötenschlange gefangen, die erste seit sechzig Jahren. Zufrieden wedelte Sargon mit einem Fliegenfänger aus Lapislazulistein. Die Leber des Schafs sagte gleichfalls nur Gutes voraus.

Dem Meister der Vorzeichendeutung folgte der Hüter der Kundschaftstafeln. Vier Schreiber schleppten Körbe mit sorgsam verpackten Berichten vor Sargons Thron; sie stammten von Fernhändlern, Schiffern, Fuhrleuten, Vorstehern von Grenzfestungen und anderen, die etwas aus der Welt zu melden hatten. Nach jeder Frage Sargons zog der Beamte eine seiner Kundschaftstafeln hervor und las vor. Er begann mit Bazu, dem Land ferner Orte, und sagte: »Ein Pfad der Dürre, ein Boden des Salzes, ein Ort des Durstes. Kein Regen seit dreizehn Jahren. An der Brücke nach Makan sind sechzig Brunnen versiegt. Die Hirten haben das Land mit ihren Herden verlassen und sind durch die Blausteinwüste ins Maulbeerbaumland gezogen. Dort herrscht seitdem Krieg um die Weiden ...« Danach erhellte er uns die Lage in den neun Fürstentümern von Chanu zwischen Eridu an der Lagune und dem fernen Zederngebirge. Er berichtete auch, was aus den Ländern Subartus im Gunstwind- und Silbergebirge bekannt war; dort schien alles ruhig zu sein. Am Schluß bekamen wir Verschiedenes über Tuttul zu hören, dessen Herrscher mit Inin-Schamasch verbündet war.

Anschließend berichteten einige Oberste über das Heer, den Ausbildungsstand der Krieger und die Versorgung mit Waffen, Fahrzeugen und Gerät. Die acht ausgewählten Sechshundertschaften hatten bereits Marschbereitschaft gemeldet.

Als die Heerführer geendet hatten, gab Sargon ein Zeichen. Sofort tönten Klanghölzer und in den Saal traten, von Priesterinnen des Eulmasch begleitet, Beltani und Dambur.

Die neue Hohepriesterin Ischtars trug nach dem alten Brauch den glatten Rock aus Wolle mit breitem Bund; an ihren schmalen Schultern hing ein fußlanger Umhang aus dünnem Leinen. Ihr lockiges Haar fiel in Wellen bis in die Mitte des Rückens hinab. Betend hielt sie die linke Hand zwischen Daumen und Fingern der rechten; vor ihren nackten Brüsten baumelten Ischtars Schicksalssteine.

Beltanis Mutter war in den langen weißen Mantel der Vorsteherin gehüllt; in ihren schwarzen Augen blitzte Hohn, als sie mich entdeckte.

Die Jungpriesterinnen waren von erlesener Schönheit und trugen wie ihre Herrin die knospenden Brüste entblößt; der Feldzug nach Mari lag noch vor der Zeit, da Sargon die heilige Sitte von Sumer verbot.

In Sargons Augen leuchtete der Stolz der Macht. Anders als seine sumerischen Vorgänger blieb er sitzen, als die Statthalterin der Göttin erschien. Erst nach einer ganzen Weile erhob er sich, stieg die Stufen seines Thrones herab, trat feierlich auf Beltani zu und wechselte mit ihr die Worte des heiligen Grußes. Ein Ausdruck heiliger Verzückung lag auf ihrem schönen Gesicht.

Igelspitz stieß mir in die Rippen. »Bei der würde ich auch gern mal Dumuzi spielen«, flüsterte er und grinste.

Nach einigen Zeremonien nahm Beltani die Loswürfel von ihrer Brust. Mit großem Ernst vollführte sie die Bewegungen der Bestimmung und zeigte die Ergebnisse den von Sargon bestellten Zeugen der Zukunftsdeutung. Auf diese Weise wurden die passenden Tage für die Bekanntgabe des Feldzugs, den Aufbruch des Heeres und die Ankunft in Mari festgelegt. Die Entscheidung der Göttin war günstig; sie hatte beschlossen, daß wir die reiche Handelsstadt am Fest des Malz-Essens der Göttin Nansche einnehmen sollten.

Sargon sprach nun die heiligen Worte des Abschieds. Beltani erwiderte den frommen Gruß, wandte sich um und schritt mit ihrem Gefolge unter dem Klang der Hölzer hinaus; es war fast, als sei uns die Göttin leibhaftig erschienen.

Wir setzten die Beratungen noch eine Weile fort, legten Abläufe fest und stellten Befehlstafeln aus. Am Abend saßen wir wieder im Zimmer der unbelauschten Gespräche und ließen uns von Sargons Dienerinnen bewirten; wir aßen Honig und Rahm, Keulenfleisch von einem unbegatteten Zicklein mit Emmerbrot, Brust vom Mastkranich mit Weißbrot und hellweißem Honig sowie schließlich geröstete Bärentatzen. Dazu tranken wir unverdünntes Bier; es löste uns rasch die Zunge und weckte Vertrautheit in uns, wie sie nur Gefährten des Krieges empfinden.

Sargon trank viel mehr als früher. Als der Mond den Himmelsweg Anus durchquerte, war er so betrunken, daß ich ihn auf dem Weg zu seinem Schlafgemach stützen mußte. Fast hatte ich ihn tragen müssen; schwer wie ein Grunzochse hing er an mir. Die Wachen, die in allen Gängen standen, verzogen keine Miene; der Anblick des trunkenen Großherrn war ihnen offenbar längst nicht mehr fremd.

Sargons Gemach war ganz mit Zedernholz getäfelt und von so vielen Leuchten erhellt, daß es war, als wären wir in Utus Glanzhaus getreten. Überall an den getäfelten Wänden standen riesige Zedernholztruhen mit starken bronzenen Schlössern; in denen, die offenstanden, funkelten Silber und Gold, auch Lapislazulisteine, Türkise, Beryllen, Jaspis, Karneol und viele andere Kostbarkeiten aus den vier Weltgegenden, wie ich sie in solcher Fülle noch niemals gesehen hatte, nicht einmal in der Schatzkammer Lugalzaggesis. Die Goldbarren trugen die Siegel der Schmelzstätten Maris, Makans und Subartus, das Silber die Zeichen des Silbergebirges; aus elamitischem Kupfer hatten sumerische Kunstschmiede herrliche Bildwerke, Schmuckstücke und Gefäße geschaffen, aus Bronze prächtige Weiheplatten mit schönen Reliefs sowie fein ziselierte Waffen. Neben den Truhen drohten mächtige Löwen mit Zähnen aus weißem Muschelkalk und Zungen aus rotem Jaspisstein in den grimmig geöffneten Rachen; aus Jaspis bestand auch die Iris der Augen, die Augäpfel waren aus Muscheln, die Lider aber aus blauem Schiefer. Auf großen kupfernen Scheiben war der schreckliche Vogel Imdugud zu sehen, mit dem klaffenden Maul eines Löwen und ausgebreiteten Adlerschwingen. Auf kleinen Ziegelsteinsimsen standen goldene Helme, silberne Boote, Einlegearbeiten aus den verschiedensten Edelmetallen und kostbaren Hölzern, prachtvoll verzierte Harfen, auch Mosaikstandarten und herrlicher Edelsteinschmuck, so daß mir war, als sei ich in die Schatzkammer Anus, des Himmelsherrn selbst, eingedrungen.

Ich ließ Sargon auf das Prunkbett sinken; er fiel wie ein Sack Gerste in die Leinenkissen.

»Wo sind deine Diener?« fragte ich ihn. »Sie sollen die Lampen löschen – wenn wir das selber tun müssen, wird es Tag, bevor wir fertig sind.«

»Laß sie brennen«, brummte Sargon. »Ich liebe die Finsternis nicht.« Gähnend streckte er sich aus.

»Aber alle Menschen schlafen im Dunkeln«, sagte ich, »denn so hat Enki uns erschaffen!«

Er gab keine Antwort.

»Ach so«, sagte ich. »Als *lugal* rechnest du dich wohl nicht mehr zu uns Sterblichen.«

Müde hob er den Kopf. »Was redest du da?« ächzte er.

»Wenn du auch nicht die Macht eines Gottes besitzt«, antwortete ich, »trittst du jedenfalls wie einer auf. Zumindest, wenn Leute da sind, dich zu bewundern. Jetzt, wo es nicht mehr so darauf ankommt, liegst du da wie ein Käfigschwein.«

Er überlegte eine Weile. »Ach so«, sagte er dann. »Beltani und Dambur. Deshalb bist du so wütend. Ich hatte es schon vergessen.«

»Ich bin ja auch nur dein Bruder«, versetzte ich, »dem du wegnehmen kannst, was dir gerade gefällt.«

»Ärgere dich nicht mehr«, sagte Sargon. »Ich wußte nicht, daß dir so viel an diesen Weibern liegt. Hast du nicht andere in Uruk? Außerdem hast du dich lange genug mit ihnen vergnügt und solltest mir den Spaß nicht mißgönnen.«

»Darum geht es doch nicht«, sagte ich heftig. »Es ist wegen Abda.«

»Abda?« fragte Sargon. »Stimmt. Die habe ich dir auch weggenommen.«

»Das meine ich nicht«, rief ich wütend. »Wie konntest du sie so demütigen? Sie ist deine hohe Gemahlin!«

»Sie ist eine Frau«, erwiderte Sargon ungerührt. »Frauen wollen nicht nur immer alles wissen, was man tut, sondern noch dazu auch, was man denkt. Aber wie kann ein Mann einer Frau das erklären? Sie würde es nicht verstehen. Manchmal verstehe ich es selber nicht. Ich tue, was ich tun muß und weil ich es tun muß. Abda hat mich geliebt, aber nie verstanden.«

»Du hast ihr die Treue geschworen«, erinnerte ich ihn. »Im Angesicht der Großen Göttin!«

Sargon stützte sich auf den Ellenbogen. »War Gilgamesch treu?« fragte er. »Nein, er hurte ganz Uruk durch.«

»Du brauchst den Vergleich nicht so hoch anzusetzen«, erwiderte ich. »Auf fremde Weiber springt auch jeder Lastträger gern, wenn ihm in der Hafenspelunke das Mannesholz wächst. Wenn er aber kein Kupfer für käufliche Beischläferinnen besitzt, legt er sich im Rausch wohl zuhause auch auf seine Tanten und Nichten oder auf die eigene Tochter.«

Sargon lachte. »Wie dein Lieblingsgott Enki«, sagte er, »der seine Schwester schwängerte, bevor er seine Tochter mit der Enkelin betrog. Selbst seine Urenkelin besprang er ...«

»Wie anders hätten die Pflanzen entstehen können«, fragte ich zornig, »als dadurch, daß diese Urenkelin Enkis Samen entwand und über die Steppe ausstreute? Auf diese Weise zeugte der Gott der Wassertiefe das Grüne der Welt, ohne das weder Götter noch Menschen zu leben vermögen.«

»Und seinen Spaß hatte er auch noch dabei«, lachte Sargon.

»Und die akkadischen Götter?« versetzte ich. »Was ist mit Ischtar, die sich von Gärtnern, Hirten, sogar Hengsten huren ließ? Aber warum sollten Göttinnen auch geringere Rechte besitzen als Götter, und Frauen weniger Freude am Spiel der Paarung empfinden als Männer.«

»Was Göttinnen angeht, hast du ganz recht«, sagte Sargon, »nicht aber, was Frauen angeht. Bei euch Sumerern mag es früher so gewesen sein, daß nicht die Männer ihre Frauen, sondern die Frauen sich ihre Männer aussuchten und manche Stute wohl gleich mit zwei Hengsten zusammenlebte. Doch wir Akkader achten sehr darauf, wer seinen Samen in die Schöße unserer Frauen pflanzen will, denn wir wollen nicht, daß daraus Unkraut erwächst.«

»Und weil ihr euch so schreckliche Sorgen macht«, sagte ich, »schickt ihr eure Frauen so gern in die Fremde. Was macht dich eigentlich so sicher, daß Abda dir deine Untreue nicht mit Gleichem vergilt? Verdient hättest du es.«

Sargon lachte. »Du kennst die Frauen nicht«, sagte er, »und Abda schon gar nicht. Sie würde sich nie einem Fremden hingeben, nicht einmal, wenn ich es befehlen würde. Und ich glaube auch nicht, daß es jemand wagen würde, sich der Frau des *lugal* zu nähern, als ob sie nur eine brünstige Eselin wäre. Er würde danach weder Augen besitzen, sie noch einmal anzuschauen, noch Lippen, sie zu küssen, Hände, sie zu betasten, oder ein Mannesglied, sie zu bespringen, das magst du mir glauben.«

»Du verweigerst ihr deine Liebe«, warf ich ihm vor, »behandelst sie aber trotzdem, als wäre sie dein Besitz.«

»Es ist nun einmal so, Bruder«, sagte er, »daß die meisten Männer sich selbst mehr als ihre Frauen lieben. Dafür lieben sie dann ihre Söhne mehr als sich selbst.«

Er gähnte und ließ sich faul in die Kissen sinken. »Vielleicht war es wirklich kein guter Einfall von deinem Gott, das Glück des Mannes zwischen den Schenkeln der Frau zu verstecken«, schloß er. »Schlafen wir endlich.« Gleich darauf begann er zu schnarchen.

Ich trat an sein Lager und blickte auf ihn herab. So unangreifbar er mir auf dem Hochsitz des Herrschens erschienen war, so verwundbar lag er nun vor mir. Da fingen die Dämonen meiner Selbstsucht an, nach einer Lücke im Wall meines Wesens zu suchen, und die schwarze Schlange des Verrats kroch in mein Herz. »Schneide ihm die Kehle durch«, flüsterte sie. »Dann wirst du selbst *lugal* sein, mit Abda als deiner Gemahlin, und Sumer wird über Akkad herrschen!«

Lange stand ich so da. Meine Hand zitterte; es war, als zöge ein Treidelseil sie zum Griff meines Dolchs. Stumm betete ich zur Großen Göttin, dann auch zu Enki, mich vor der schändlichen Tat zu bewahren, aber sie gaben mir keine Antwort. Da versuchte ich mich in meiner Verzweiflung an jene Zeit zu erinnern, da wir noch Kinder waren und das Land am Steppenlöwenkanal durchstreiften. Vor meinem inneren Auge erschien das vertraute Gesicht meines Bruders, als er noch jung war und weder Neid noch Zorn uns entzweiten. Da endlich löste sich der Zauber. Mit einem Seufzer der Erleichterung wandte ich mich ab und suchte mir einen Platz zum Schlafen.

Drei Tage später zogen wir mit dem Heer von Akkad und Sumer dem Gunstwind-Gebirge entgegen. Igelspitz rollte mit den leichten Wagen der Vorhut kundschaftend voraus. Sargon folgte mit den akkadischen Truppen, Steinhand leitete den Transport des schweren Geräts, und ich fuhr mit den Schwerbewaffneten Uruks auf Schiffen neben Sargon her.

Am sechsten Tag schwand das schimmernde Grün des fruchtbaren Frühlingsgrases, und braune Halbsteppe breitete sich aus. Wir ließen die letzten Fruchtgärten hinter uns und gelangten zum Rand des Gebirges, der hügeldurchwachsenen Wüste, die seit alters spärliches Futter für die abgemagerten Schafe und Ziegen der Eselnomaden erzeugt. Diesmal verließen wir den Euphrat nicht wie damals vor zwölf Jahren, als wir zum Berg der Federn zogen und Akkad in der Geierschlacht schlugen, sondern blieben am Strom, wie er sich auch durch das öde Land wand.

Am siebenten Tag des Feldzugs erreichten wir das Lager jener Akkader, die nach Sargons Sieg nicht seßhaft geworden, sondern der Lebensweise ihrer Ahnen treu geblieben waren. Zweihundert Zelte aus schwarzem Ziegenhaar standen auf einer felsigen Anhöhe über dem Strom. An der Spitze der Stammesältesten sahen wir einen Graubart, der brüllte: »Wahrlich, das hätte ich nicht geglaubt, daß ihr euch noch einmal aufrafft und in diese Gegend wagt! Fett wie die Masteber seit ihr geworden und schleppt euch einher wie trächtige Muttersäue. Was treibt euch aus euren Koben? Ist euch das Bier ausgegangen, daß ihr den sauren Wein der Fremde sucht? Oder haben die dicken sumerischen Huren euch aus ihren Betten gescheucht? Wenn ihr glaubt, daß ihr euch dafür an meinen Frauen und Töchtern schadlos halten könnt, irrt ihr euch!«

»Wahrlich!« rief ich voller Freude. »Du stinkendes Röhrichtschwein! Wie lange habe ich dich nicht gesehen! Fühlst du dich immer noch wohl unter deinen Hungerleidern und Eselschändern, die nicht wissen, was ein Dach oder ein Zaun oder ein Stück Seife ist?«

»Wahrlich, das wird ein Mensch wie du wohl nie verstehen«, versetzte der Graubart, »daß es auch Leute gibt, die gern nach Art der Väter leben. Ihr Jungen wollt alles neu erfinden und denkt, es wird besser. Wir Alten aber wissen, was wirklich gut ist.«

»Deshalb lauft ihr auch nicht auf gepflasterten Straßen, sondern im Kot eurer Esel«, erwiderte Igelspitz, »der ist so schön weich.«

Wir lachten, erquickten einander noch eine Weile mit anderen Spottreden, wie es die Art von Männern ist, die Schulter an Schulter auf Leben und Tod gekämpft haben, umarmten uns voller Freude und tauschten einige übermütige Knüffe und Püffe aus. Dabei sah ich Sargons Schwester vor einem Zelt mit Ischtars Standarte; neben ihr stand eine andere junge Frau, in der ich zu meinem großen Erstaunen Sennaya erkannte.

Der alte Akkader schob mich auf Armeslänge von sich und sagte lächelnd: »Wahrlich, das ist für mich die größte Freude, daß ich dich endlich wiedersehe. Steinhand und Igelspitz kamen schon öfter einmal vorbei, aber nicht, um mich alten Mann zu besuchen, sondern um meine Eselinnen zu bespringen. Wie du weißt, taugt das Aussehen dieser beiden nicht zur Verführung von Frauen. Übrigens ebenso nicht zur Verführung von Eselinnen, doch denen nähern sie sich ja von hinten, so daß die armen Tiere sie zu spät bemerken.«

»Du glaubst doch wohl nicht, daß du wirklich der Vater von den vielen kleinen Kindern bist, die hier herumlaufen?« fragte Igelspitz höhnisch. »Sieh mal den Großen dort vorn – sieht er nicht Steinhand ähnlich? Und der Kleine dort hinten ...«

»Wenn die Zukunft des Reichs von eurer Zeugungskraft abhinge«, mischte sich Sargon ein, »müßte ich meine Männer wohl bald wie Enki aus dem Dreck unter meinen Fingernägeln erschaffen.«

Wir lachten wieder, folgten Wahrlich in sein Zelt, tranken gekühltes Bier und sprachen erst von alten Zeiten, dann von Neuigkeiten und schließlich auch über den Feldzug nach Mari. Als wir das Wichtigste beraten hatten, fragte ich Sargon: »Hat sich deine Schwester mit dir ausgesöhnt?«

Sargon schüttelte den Kopf.

»Die Akkaderinnen verzeihen nicht so bereitwillig wie die Frauen Sumers«, erwiderte er verdrossen. »Alle Geschenke, die ich ihr bringen lasse, schickt sie sofort zurück, und sie antwortet auch auf keinen von meinen Briefen. Es wird niemals Friede zwischen ihr und mir herrschen, und ich werde für den Rest meines Lebens vor ihr auf der Hut bleiben müssen.«

»Warum verheiratest du sie nicht?« fragte ich. »Das brächte sie vielleicht auf andere Gedanken, und wenn dann erst einmal Kinder da sind ...«

»Nein, das geht auch nicht«, brummte Sargon mißmutig. »Serida ist ... nun, sie ist ein wenig anders als andere Frauen. Sie schenkt ihre Liebe nicht Männern.«

Ich zog es vor, nicht zu widersprechen.

»Hast du das Mädchen nicht gesehen?« fragte Sargon. »Sie war doch die Vorsteherin deines Haushalts in Uruk! Sie folgte ihren einstigen Besitzerinnen nach Akkad. Eine Weile lebte sie bei ihnen im Eulmasch. Dann fuhren die Priesterinnen mit ihr zu Serida. Seitdem lebt sie hier. Es ist eine sonderbare Welt. Je mehr Siege wir Männer erringen, desto weniger Liebe empfinden die Frauen für uns.«

»Du mußt dich ja nicht beschweren«, versetzte ich.

Die Gefährten warfen mir warnende Blicke zu, aber Sargon erwiderte nichts, sondern zog es vor, an seinem Trinkrohr zu saugen.

Nun erkannte ich die Neigung, die Sennaya zu Beltani und dann zu Serida getrieben hatte. »Große Göttin«, sagte ich in meinem Innern zu mir, »warum läßt du das zu!« Denn damals verstand ich noch nicht, daß die Ursache für solches Verhalten von Frauen meist bei den Männern liegt.

In der Nacht lag ich ruhelos auf meinem Schiff; es war schwül und ich konnte nicht schlafen. Zu Anfang der dritten Wache plumpste ein Steinchen dicht neben mir ins Wasser.

»Daramas«, wisperte eine Stimme im nahen Ufergebüsch. Im Licht des Mondes erkannte ich eine vertraute Gestalt.

Lautlos ließ ich mich über die Bordwand gleiten und watete durch das Röhricht zum Ufer.

»Serida«, sagte ich. Sargons Schwester schlang die Arme um meinen

Hals und schmiegte sich heftig an mich. »Ach, Daramas«, seufzte sie unter Tränen. »Warum hast du mich verlassen!«

»Es war nicht meine Schuld«, murmelte ich lahm. »Ich bin *ensi* von Uruk, und du willst bei deinen Landsleuten leben.«

»Lügner«, flüsterte sie. »Hast du Sennaya nicht gesehen? Von ihr weiß ich, daß du keiner Frau treu sein kannst und nur an deine Lust denkst. Ich glaube, du bist zur Liebe nicht fähig.«

»Darüber habe ich noch nie nachgedacht«, sagte ich. »Ist das denn so wichtig? Die Große Göttin hat mich verflucht; ich werde nie Kinder haben. Wozu also sollte ich mich in eine Frau verlieben? Der Leib empfindet ein Verlangen, das befriedigt werden muß; alles andere ist für Glücklichere als mich bestimmt.«

»Oh, wie töricht du bist«, sagte Serida und stieß mich von sich; ihre Augen blitzten. »Alles könntest du haben, wenn du nur endlich zugreifen würdest. Wie ein Ochse läufst du an Sargons Leitseil!«

»Er ist der *lugal*«, erwiderte ich. »Und mein Bruder.«

»Meiner erst recht!«, stieß sie heftig hervor. »Und der Mörder meines Vaters! Du könntest selbst *lugal* sein, wenn du nur klüger wärst. Die Schwarzköpfigen würden dir doch viel lieber gehorchen als Sargon! Und auch in Akkad hast du mehr Freunde, als du ahnst.«

Mißtrauisch musterte ich sie und sagte dann: »Du redest gefährliche Dinge.«

»Töte Sargon und setze dich an seine Stelle«, rief Serida voller Verlangen. »So eine günstige Gelegenheit wie auf diesem Feldzug wirst du so schnell nicht wieder finden. Noch vertraut er dir!«

»Ich werde meinen Bruder nicht ermorden«, entgegnete ich, »sondern im Gegenteil alles tun, damit noch viele Jahre vergehen, ehe er zu seiner Mutter geht. Das ist meine Pflicht als Bruder und als *ensi*. Er ist es, dem ich mein Amt verdanke.«

»Und er verdankt dir seine Siege«, entgegnete sie. »Schon die Geierschlacht gewannst du für ihn; du brachtest ihn aus Gutium heraus, plantest den Krieg gegen Lugalzaggesi und hast die Eroberung Elams vollendet.«

»Ich war nur der Verstand«, sagte ich, »nicht der Wille. Hätte ich zu entscheiden gehabt, wären wir gar nicht nach Elam gezogen; auch Mari wäre dann sicher vor uns. Ich plane gut, Sargon aber vollendet, denn ihn, nicht mich, hat die Göttin erwählt.«

»Ischtar erwählt den, der daran glaubt«, flüsterte sie und zog mich zu

Boden. Ich widerstand ihr nicht, denn große Begierde erfüllte mich, und ich tat, was ihr Wille und mein Verlangen geboten.

Als wir die Wonnen der Großen Göttin genossen hatten, sagte Serida leise: »Du mußt dich ja nicht auf der Stelle entscheiden. Wenn du tust, was zu tun ist, werde ich dafür sorgen, daß dir auch Akkad gehorcht. Ich bin nicht von geringerem Blut als mein Bruder. Wenn du willst, werde ich deine Gemahlin und herrsche mit dir. Überlege es dir, doch überlege nicht zu lange!«

Damit verließ sie mich. Nach einiger Zeit hörte ich aus der Richtung, in der sie verschwunden war, Geflüster und wußte, daß dort Sennaya gewartet hatte.

Drei Tage später kamen wir nach Tuttul. Der König der Stadt zog uns mit seinen Würdenträgern entgegen. Als er vor Sargon stand, legte er seine Kopfbinde ab, zog seinen Netzrock aus, warf sich nackt in den Staub und sagte: »Mache mich zu dem geringsten deiner Sklaven, göttlicher Gatte Ischtars, und ich werde höher sein als zuvor.« Auch die Männer seines Gefolges entkleideten sich und sanken auf die nackten Bäuche nieder. Das gefiel Sargon; huldvoll winkte er dem Herrscher, sich wieder zu erheben und zu bekleiden. Dann setzte er ihn in seiner Stadt als *ensi* ein und versprach, Tuttul nicht zu plündern, sondern der jüngsten Stadt seines Reiches nur Tribute aufzuerlegen.

Danach besichtigten wir die Stadt, den Palast und den Tempel des Gottes Dagan, zu dem die Menschen von Martu beten. Sargon ließ die Schatzkammer des Königs leeren und ihren Inhalt nach Akkad schaffen; die Opfergaben des Tempels ließ er unberührt. Ich wunderte mich darüber und fragte: »Mit den Göttern Sumers treibst du Spott, aber die Götter der Fremdländer ehrst du?«

Er zwinkerte mir zu und antwortete: »Man plündert doch nicht seine Verwandten aus, auch wenn es nur entfernte sind.« Dann wurde er wieder ernst und erklärte: »Wenn wir die Schätze Dagans an uns nehmen, fliegt die Nachricht wie ein Hurenvogel vor uns her und bringt den ganzen Norden gegen uns auf.«

Am nächsten Morgen besichtigten wir erst die wertvollen Asphaltgruben, dann die Webereien und anderen Werkstätten Tuttuls, auch Lagerhäuser, Kais und Bewässerungsgräben. Für ihre Schöpfwerke bedurften die Jamniten keiner Esel; sie hatten am Euphrat gewaltige Räder mit Eimern errichtet, die durch die Strömung getrieben wurden, so daß das Wasser wie von selbst ununterbrochen und in stetem Gleichmaß in die Gräben floß. Diese Erfindung beeindruckte Sargon sehr. »Nun siehst du, daß es auch noch anderswo kluge Leute gibt«, sagte er spöttisch zu mir, »und nicht nur bei den Schwarzköpfigen, die wohl zu dumm sind, die Kraft des Wassers auf diese vernünftige Weise zu nutzen.« Er ließ zweihundert Männer kommen, die sich auf den Bau dieser Wunderräder verstanden, und befahl, die nützlichen Geräte auch in Akkad aufzustellen.

Am Abend ließ uns der frühere König und neue *ensi* in seinem Palast von seinen Frauen und Töchtern aufwarten; sie schenkten vier Arten Gerstenbier aus. Wir tranken viele Male auf die göttliche Ninkasi, die den Mund füllt, und Igelspitz fragte fröhlich: »Nun, Gefährten, wie gefällt euch der Feldzug? Das ist etwas anderes als immer gegen die Horde zu ziehen, diese mürrischen Kerle, die keine Gottesfurcht kennen!«

»Wahrlich, das ist erst der Anfang«, suchte der Graubart ihn zu übertreffen, »wartet nur, bis wir im Großhaus des Königs von Mari tafeln! Dort gibt es acht Sorten Gerstenbier, acht Sorten Weizenbier, drei Sorten Mischbier und den besten Sesamwein aller vier Weltgegenden.« »Beim Sturm der himmlischen Wonne, da hast du recht«, rief Igelspitz und leckte sich genießerisch die Lippen. Dann fiel ihm etwas ein, und er fügte hinzu: »Allerdings lockt dieser Saft den Kopfwehdämon schneller an als jeder andere Trank, den ich kenne.«

»Und das sind nicht wenige«, fügte Steinhand hinzu.

Um uns zu erheitern, tanzten die Töchter des einstigen Königs und boten sich uns als Beischläferinnen an. Wir zögerten nicht, die Rechte des Siegers zu nutzen, und Sargon schloß sich nicht aus, sondern hurte die Mütter und Töchter des Frauenhauses zugleich.

Am nächsten Tag ergänzten wir unsere Vorräte, ließen eine Sechshundertschaft als Sicherung zurück und zogen weiter. Der göttliche Strom rollte uns bald so reißend entgegen, daß wir die ganze Zeit treideln mußten. Singend stapften die Schiffer aus Uruk auf den Uferpfaden entlang und spannten die bunten Nattern der Seile; ich saß auf dem Hochsitz des Meisters der Flotte und blickte auf die langen Reihen der Krieger, der Kampfwagen und schweren Lastkarren. Sargons Prunkwagen war mit dem reinsten Metall und vielen edlen Steinen geschmückt. Wagenkasten und Staubwände waren aus Rohr geflochten und mit Leinentüchern bespannt. Die vier großen Scheibenräder zeigten die vier Zeiten Nannas, wenn er im Boot der Fülle über den Nachthimmel fährt; in die Felgen waren kupferne Nägel geschlagen, um die Abnutzung des Lederreifs zu verringern. Sargon nannte das Gefährt »Königswagen meines Gespanns« und ließ es nur von den erfahrensten Lenkern steuern.

Bewundernd betrachete ich das bunte Bild, das sich den Augen bot. Obwohl es doch Waffen waren, die in der Sonne blitzten, und Krieger, die den Staub der Straße aufwirbelten, war mir, als zögen wir nicht zu einem Feldzug, sondern zu einem Fest, und seien nicht gekommen, um fremde Städte zu unterjochen, sondern um eine Gottheit aus ihrem Winterhaus heimzugeleiten.

Das Land ohne Schatten wurde nun immer öder; bald tauchten jamnitische Streifscharen auf. Sargon befahl Wahrlich, mit den Akkadern die Flanke des Heeres zu sichern.

Der König von Mari hatte erfahren, was in Tuttul geschehen war und wieviel *me* Sargon besaß. Er schickte den Vorsteher seines Palastes und bot seine Unterwerfung an. Sargon befahl ihm, unverzüglich vor ihm zu erscheinen. Der König von Mari gehorchte. Er fuhr in seiner prächtigen Barke den Euphrat herab, legt die heilige Mütze und den roten Mantel des Herrschers auf die bloße Erde, zeigte uns demütig den Schiffskiel seines Rückens, küßte den Staub von Sargons Fuß und bat: »Göttlicher Löwe der Ebene, nimm, was dir nach Ischtars Willen gehört!« Daraufhin durfte er sich erheben und wurde als *ensi* der Stadt eingesetzt.

Am Fest des Malz-Essens der Göttin Nansche zogen wir, wie es bei der Tagewahl festgelegt worden war, in Mari ein, tranken die uns von Wahrlich versprochenen acht Sorten Gerstenbier, acht Sorten Weizenbier, drei Sorten Mischbier und den Sesamwein, hurten die Frauen und Töchter des Königs und machten uns schließlich daran, Maris Schätze zu sichten.

Mari besaß zu dieser Zeit etwa halb so viele Bewohner wie Uruk, war aber fast ebenso reich, denn die Stadt lag am Strom wie der Wurm des Blutes an einer Ader, und seine Fettöpfe füllten sich mit jedem Schiff, das auf dem Euphrat zum Oberen Meer fuhr. Schon damals war Kupfer das weitaus wichtigste Handelsgut; es kam noch in den kleinen Barren von je zwölf Minen, und eine Traglast kostete fünf Schekel Silber, halb soviel wie im Land der zwei Ströme. Für das gleiche Geld erhielt man zu jener Zeit in Mari vierzehn Minen Wolle, vierzig *sila* Öl oder fünfzig *linda* Getreide. Für einen starken Schwarzesel verlangten die Händler zwanzig Schekel Silber, für einen Slaven je nach seinen Fertigkeiten zwölf bis fünfzehn Schekel und für eine noch unberührte Beischläferin zehn Schekel. Für den Dienst eines Meisters der Baukunst bei der Errichtung eines größeren Wohnhauses von acht Schritt Länge und Breite mußte der Besitzer zwei Schekel Silber bezahlen, eineinhalbmal soviel wie in der Hochsteppe Eden.

In den Vorratshäusern von Mari schwoll die Fülle von Gerste, Weizen und Hirse, Datteln und Feigen, Kichererbsen, Linsen und Bohnen, Rüben, Zwiebeln, Knoblauch und Porree, Gurken und grünem Salat, Kresse und Senf wie die Flut des Euphrat im Frühling. Für die Bezeichnung verschiedener Arten von Schaffleisch gebrauchten die Leute von Mari zweihundert verschiedene Wörter. Stoffe und Gewänder, Möbel, Geschirr, Geräte und Schmuck waren bis an die Scheitel der Lagerhäuser gestapelt, und hinter versiegelten Türen fanden wir riesige Mengen edler Metalle.

So tüchtig wie die Händler, die Mari seit alters beherrschten, waren auch die Schreiber, die ihnen dienten. Mancher von diesen Meistern des Griffels arbeiten mit den Händen so flink wie ein Redner mit seinem Mund und schrieben die Worte so schnell, wie ihre Herren sie sprachen. Sie konnten aber auch sehr gut mit Ziffern umgehen; als ich einen noch recht jungen Zahlenschreiber auf die Probe stellte und fragte, wieviel Ziegel er benötigte, um eine drei Ellen dicke, zwei Rohr hohe und zwanzig *gar* lange Mauer zu bauen, fand er mit Rechenbrett und Zählholz die richtige Antwort, noch ehe ich ein Fladenbrot mit einem Rotaugenfisch aus der Garküche am Marktplatz aufessen konnte.

Der Palast des Königs von Mari ragte fast ebenso hoch wie Sargons Großhaus des Herrschens in Akkad und schien auch kaum weniger prächtig mit Malereien und Hölzern, wertvollen Härtesteinen, Wandbehängen und Wollteppichen geschmückt. Darüber staunte Sargon und murmelte: »Das Reich von Mari scheint größer zu sein, als ich dachte.«

»Es ist ein Reich des Handels«, erklärte ich, »das sich auf die Werke von Kaufleuten, nicht auf die Waffen von Kriegsleuten gründet und deshalb besonders gedeiht.«

»Gut so«, lobte Igelspitz. »Und jetzt nehmen wir ihnen alles weg.«

»Alles nicht«, widersprach ich. »Denn dann ziehen die Händler fort, und wir behalten eine tote Stadt. Kühe geben entweder Milch oder

Fleisch, aber nicht beides zugleich. Und der Handel braucht Gold, wenn er weiter blühen und fette Steuern abwerfen soll!«

»Sie werden genug Gold versteckt haben«, sagte Sargon.

Während er aufmerksam zusah, wie alles Gold und Silber aus dem Palast in Listen vermerkt und nach Akkad verladen wurde, ließ ich den Meister der Gedächtnisse kommen und ging mit ihm in den Raum der Herrschergeheimnisse. Dort quollen Hunderte Kisten und Körbe von Tafeln mit Briefen, Berichten und Verträgen über. Mit Hilfe des Vorstehers gewann ich bald einen Überblick über Maris Lage in dem Viertel der Welt zwischen Akkad und dem Oberen Meer. Dabei las ich manchen Namen, den ich seit meiner Jugend im Tafelhaus von Sippar nicht mehr gehört, und manchen, den ich überhaupt noch nie vernommen hatte. Ich ließ frischen Ton bringen, glättete ihn und vermerkte die wichtigsten Unterschiede zwischen den Angaben aus diesen Tafeln und dem Bericht, den uns der Hüter der Kundschaftstafeln in Akkad gegeben hatte. Vor allem die Längen der Wegstrecken stimmten oft nicht überein; das Meer des Sonnenuntergangs lag offenbar viel weiter entfernt, als wir geglaubt hatten.

Im Wohlleben des Palastes von Mari, der den von Tuttul übertraf wie die Sonne den Mond und in dem selbst Hunde noch mit dem Fleisch geschlachteter Ochsen gefüttert wurden, fragte Igelspitz gutgelaunt: »Wird der Feldzug nicht immer besser? Du, Daramas, hast von hohen Mauern gefaselt! Welcher König würde es wagen, sich zum Kampf zu stellen, wenn uns Sargon vorangeht? Sein Name wirft den Mut der Feinde wie ein Regensturm nieder; bald wird uns auch dieses Weltviertel untertan sein.«

Steinhand sog geräuschvoll an seinem Rohr. Wahrlich schlug die gelben Zähne in eine fetttriefende Hammelkeule.

»Mit Mari ist dieses Weltviertel noch nicht gewonnen«, erwiderte ich. »Ich habe mich einmal im Tafelraum umgesehen. Da gibt es zwar kein Bier und keinen Braten, aber Briefe und Berichte.« Ich erzählte ihnen nun, was ich in Erfahrung gebracht hatte.

Die Gefährten schwiegen. Sargon wiegte den Kopf. »So lange können wir nicht von Akkad fernbleiben«, sagte er schließlich. »Auch stimmt dann ja die ganze Tagewahl nicht mehr.«

»So ist es«, sagte ich. »Die Welt scheint mit jedem Stück, das du eroberst, ein Stückchen größer zu werden.«

»Das klingt fast so, als würdest du dich darüber freuen«, knurrte er.

»Du etwa nicht?« erwiderte ich boshaft. »Je größer die Welt, desto mehr bleibt dir zu erobern, und das ist es doch, wonach du dich am meisten sehnst.«

Sargon biß sich ärgerlich auf die Lippen. »Wie hat es der Mann von Uruk geschafft, in einem einzigen Jahr zum Oberen Meer zu ziehen?« fragte er zornig. »Soll ich geringer bleiben als er?«

»Er zog nicht dorthin, um Städte zu unterjochen und auszurauben, sondern um neue Handelswege zu finden«, erklärte ich. »Sein Heer war viel kleiner, und er bedrohte die Menschen nicht. Darum halfen sie ihm, gaben ihm Führer, zeigten ihm kürzere Wege. Wir haben zuviel Zeit mit dem Verladen der geraubten Schätze verloren.«

»Mißgönnst du mir, was die Göttin mir gab?« fuhr Sargon auf. Seine Augen funkelten, und die Gefährten warfen mir warnende Blicke zu. Ich aber achtete nicht auf sie, sondern antwortete: »Welchen größeren Schatz gäbe es als die Heimat. Ernten wir nicht, was andere säen! Je weiter wir uns von der Heimat entfernen, desto heimatloser werden wir sein.«

»Im Gegenteil«, rief Sargon heftig. »Je weiter wir uns entfernen, desto besser wird uns die Heimat schmecken, wenn wir zurückgekehrt sind.«

»Dir wird die Heimat niemals schmecken«, sagte ich, »weil du ein Heimatloser bist.«

»Die Welt ist meine Heimat«, schrie Sargon zornig.

Ich fing an zu lachen. Die anderen starrten mich an. »Das darf vielleicht Herr Sturmeswind von sich behaupten, der aus dem hohen Gebirge über die Weltteile fährt, so weit entfernt sie auch liegen«, sagte ich dann. »Du aber bist, wie wir, nur ein Mensch. Nicht von Antu, der Himmelsherrin, bist du geboren, sondern du entstammst dem Schoß einer *entum*-Priesterin, die ihr Keuschheitsgelübde brach. Als Frucht einer Freveltat bist du gezeugt; dein Vater war nicht der Länderherr mit der Hörnerkrone, sondern der Anführer einer Räuberbande. Aus Furcht vor Strafe verstoßen, schwammst du in einem Weidenkorb den Euphrat hinab, und hätte nicht mein Vater Akki dich aus dem Wasser gefischt, hätten dich wohl die Fische gefressen. Wird so ein Gott geboren?«

Sargons Blick war wie die Spitze eines Pfeils. »Alles, was du gesagt hast, ist wahr«, antwortete er, »und doch beweist es meinen Anspruch, nicht deinen Zweifel. Wäre ich nur ein gewöhnlicher Mensch wie alle anderen, warum hätte der fließende Gott, der Euphrat, mich dann eine so lange Strecke sicher auf seinem Rücken getragen? Wäre ich nur ein gewöhnlicher Mensch wie die anderen, warum hätten die Götter es dann so gelenkt, daß sich mein Weidenkorb in Akkis Schöpfrad verfing? Wäre ich nur ein gewöhnlicher Mensch wie ihr, warum hätte die Herrin der Himmelsbilder mich dann zu ihrem Gemahl erwählt?«

Ich stieß verächtlich die Luft aus. »Die Göttin erwählte sich auch einen Hengst«, sagte ich. »Hast du vergessen, wie Gilgamesch sie verachtete? Aber der Herr von Uruk war ja zu zwei Dritteln göttlich, während du nur ein gewöhnlicher Eselnomade bist.«

Sargon stand auf; seine Stirn war bewölkt wie der Himmel bei einem Gewitter, aus seinen Augen schossen Blitze, und seine Hand griff nach dem Sichelschwert. Bebend vor Zorn rief er: »Über mich magst du spotten, wenn es dir denn so gefällt, aber vermesse dich nicht, meine Göttin zu schmähen!« »Stoß nur zu«, erwiderte ich heftig. »Töte deinen Bruder für deinen Wahn!«

Eine Weile stand er vor mir; dann ließ er sein Sichelschwert los. Sein Atem ging schwer. »Es ist weit gekommen mit uns, Bruder«, sagte er. »Aber töten will ich dich nicht, denn das wäre, als wenn ich mich selbst töten würde.«

Ich drehte mich um und ging fort.

Ich sammelte meine Schwerbewaffneten, führte sie zu den Schiffen und ließ sie Hafen und Flotte sichern. Dann stellte ich einen Stuhl auf die Planken, trank Bier und sah Utu zu, wie er in seinem Glanzboot dem schwarzen Gestade des Abends entgegenfuhr. Als es dunkel wurde, gab ich Befehl, mir eine Beischläferin zu bringen, und hurte sie, bis ich müde war. Dazu trank ich noch mehr Bier, aber ich konnte trotz allem nicht schlafen, denn die Gedanken brausten wild durch meinen Kopf. Eine Stimme wie die eines bösen *udug* sagte zu mir: »Du bist selbst schuld daran, daß es soweit gekommen ist. Du warst es doch, der Sargon zum *lugal* machte! Hättest du ihm nicht die Schlachten, Feldzüge und Kriege gewonnen, könnte er sich heute nicht so anmaßend gebärden. Zum Dank hätte er dich nun fast getötet. Wie lange willst du noch hinnehmen, daß er sich über euch alle erhebt, als ob er von einer besseren Mutter geboren und von einem besseren Vater gezeugt worden wäre als du? Hättest du doch auf Lugalzaggesi gehört! Dann wärst du jetzt *lugal* und säßest in Maris Palast, nicht als verhaßter Eroberer, sondern als geliebter Gast; im Länderberg würden nicht Eselnomaden befehlen, die Völker im Umkreis lebten in Frieden mit uns, und Sumers Götter würden nicht mehr von einem Frevler geschmäht.«

So saß ich und grübelte. Nannas Silberboot legte am Rand der Nacht ab und schwamm zum Himmelsweg Anus. Als es das höchste Sternzeichen Enlils durchquerte, flammte weit unter ihm plötzlich ein greller Schein auf. Er wurde rasch heller, so daß ich schon glaubte, ich sei eingeschlafen und würde nun durch das Glanzschiff Utus geweckt. Dann aber erkannte ich, daß ich den Widerschein eines gewaltigen Feuers sah; was dort brannte, war der Palast von Mari.

Schwankend erhob ich mich und starrte trüben Auges auf die tosenden Flammen; ein Wind erhob sich und fuhr brausend über die Stadt hinweg, so als ob Enlil selbst den Brand entfacht hätte und ganz Mari in seinem Feuer vernichten wollte. Schreiend liefen Menschen zum Fluß, darunter auch viele Akkader aus unserem Heer. »Flieht!« riefen sie voller Entsetzen. »Wir sind verraten!«

Der Schreck traf mich wie ein Guß kalten Wassers. Ich sprang auf die Kaimauer, packte einen der Flüchtenden und schrie ihn an: »Seid ihr toll? Vor wem flüchtet ihr denn?«

»Der König von Mari hat uns in die Falle gelockt«, heulte der Mann. »Flieht, solange ihr noch könnt!«

Ich schüttelte ihn mit aller Kraft. »Wo ist Sargon?« herrschte ich ihn an.

»Siehst du nicht die Flammen?« stieß der Akkader hervor. »Niemand ist aus dem Palast entkommen. Der *lugal* ist tot!«

2

Der Gott goß in jedes seiner Geschöpfe
aus jedem Gefäß die gleiche Menge Gefühle.
Deshalb empfindet jeder Mensch jedes Gefühl
nur solange, wie das entsprechende Öl
in ihm reicht.
Das schwarze Öl nur
erneuert sich immer wieder
Wenn alle anderen Gefühle
verbraucht sind,
bleibt noch der Haß.

Worte des Weisen von Eridu

Immer mehr Flüchtlinge kamen zum Ufer des Euphrat gelaufen und nahmen den Ruf des Akkaders auf. »Der *lugal* ist tot«, hallte es über den Kai. Auch unter meinen Schwerbewaffneten aus Uruk brach Unruhe aus. Ich rief ein paar scharfe Befehle. Sofort stellten sich die drei Sechshundertschaften in Schlachtordnung vor meiner Barke auf.

»Der *lugal* ist tot«, rief der Akkader von neuem, und in meinem Inneren sagte eine Stimme: »So glaube doch endlich, was du hier hörst. Sammle dein Heer, eile nach Akkad und mache dich dort zum Großherrn des Landes. Sargon hat sein Schicksal selbst besiegelt; der Weg ist frei, säume nicht!«

Doch auch die Wächter meines Gewissens meldeten sich und riefen: »Wenn dein Bruder aber noch lebt? Rette ihn, solange noch Zeit ist!«

»Der *lugal* ist tot«, schrie der Akkader wieder, und erneut nahmen viele andere seinen Ruf auf.

Ich blickte auf meine Männer; sie standen in guter Ordnung und warteten auf meinen nächsten Befehl. Auf ihren Gesichtern las ich, daß sie bereit waren, mir überallhin zu folgen: in den brennenden Palast, um Sargon, falls er noch lebte, zu retten; aber auch nach Akkad, um mich dort mit ihren Waffen zum neuen *lugal* des Landes zu machen. Ich zögerte. Schon wollte ich den Befehl zur Abfahrt geben, aber etwas ließ mich innehalten.

»Der *lugal* ist tot«, rief der Akkader.

Ich packte ihn am Brustriemen, zog ihn zu mir und schrie: »Hast du das mit eigenen Augen gesehen?«

»Nein, Herr«, keuchte der Akkader, »aber wer könnte aus diesem Flammenofen entrinnen? Der *lugal* ist tot.«

»Der *lugal* lebt«, erwiderte ich. Ich hatte mich entschieden. Ich stieß den Mann von mir und gab den Befehl zum Angriff in Sechserreihen. Im Laufschritt eilten wir auf der Feststraße des Gottes Dagan zur Stadt. Wer uns entgegenkam und nicht rechtzeitig in eine Seitengasse entwich, wurde niedergehauen. Vor dem Großhaus des Herrschens trafen wir auf die Krieger des Königs von Mari. Sie warfen sich uns entgegen, aber vor den Hieben der Schwerbewaffneten mußten die leicht gewappneten Jamniten weichen.

Nach einigen Rammstößen brach das Palasttor entzwei. Im Innenhof lagen die Leichen von Kriegern aus Akkad und Mari dicht beieinander. Der Schein des Feuers beleuchtete Kämpfende auf allen Dächern und Simsen des Königspalastes. Als wir vorstürmten, schossen jamnitische Bogenschützen vom Tempel des Gottes Dagan nach uns. Wir liefen aber so schnell über die freie Fläche, daß nur wenige von uns getroffen wurden.

Am Tor des Großhauses stellte sich uns die Palastwache in den Weg, und wir kämpften uns schrittweise voran. Aus den Gängen stürzten uns immer mehr Krieger aus Mari entgegen.

»Sargon«, rief ich durch das Getöse der Schlacht. »Wo steckst du?« Aber es kam keine Antwort.

Krachend prallte eine jamnitische Streitaxt auf meinen Schild; der Krieger, dem sie gehörte, sank einen Wimpernschlag später unter dem Lanzenstoß eines meiner Leibwächter nieder.

Nach einiger Zeit erreichten wir endlich den Großsaal des Herrschens. Hier kämpften die Männer aus Mari mit noch viel größerer Wut. Der Waffenlärm hallte so laut wie die Brandung des Oberen Meeres bei Sturm, und ich schrie mit der ganzen Kraft meiner Lungen durch die Rauchschwaden: »Sargon! Hier bin ich. Gib mir ein Zeichen!« Doch Sargon antwortete nicht.

Wir schlugen uns unter brennenden Balken quer durch den Großsaal des Herrschens bis zu der Treppe, die zu den Räumen der Speisungen führte. Auch hier waren viele Krieger des Königs, die sich uns mit gellenden Kampfrufen entgegenwarfen.

»Sargon!« schrie ich so laut, daß ich glaubte, mir müßten die Lungen platzen. »Halte aus! Wir retten dich.«

»Wahrlich«, hörte ich daraufhin eine Stimme von oben sagen, »mir ist, als hätte dort unten dieser Säugling geplärrt, der immer schon nach dem ersten Krug Bier betrunken ist und nach Hause muß.«

»Wahrlich«, rief ich erfreut. »Wie viele seid ihr noch dort oben?«

»Was fragst du?« rief Igelspitz durch den Lärm der Stadt. »Wir sind noch immer vier, nachdem du uns so schnöde im Stich gelassen hast!«

Da faßte ich neuen Mut. Wir fegten die feindlichen Krieger von der steilen Stiege, wie eine Hausfrau Ameisen von ihrem Tisch wischt.

Sargon stand mit Wahrlich, Steinhand, Igelspitz, Akapsenni und den Überlebenden der akkadischen Leibwache vor dem Gemach der ungestörten Gelage, in dem wir zuvor gezecht hatten; weiß leuchteten ihre Augen in den vom Rauch geschwärzten Gesichtern.

»Höchste Zeit, daß du endlich kommst, Bruder«, sagte Sargon. »Dein Schlaf war wohl recht tief und friedlich, während wir hier um unser Leben kämpften.«

»Dein Fackelzeichen war groß genug«, erwiderte ich, »es kam nur ein wenig spät. Jetzt aber raus hier!«

Die Schwerbewaffneten nahmen ihn in die Mitte, und wir kämpften uns durch die jamnitischen Reihen ins Freie.

Am Kai standen die geflüchteten Krieger von Akkad. Als sie Sargon erkannten, jubelten sie laut und schrien: »Der *lugal* lebt!«

»Ja«, sagte Sargon, »aber nicht dank eurer Hilfe, ihr feigen Schakale! Mein Bruder war es, der mich rettete, mit seinen Schwarzköpfigen aus Uruk, über die ihr immer so verächtlich redet!«

Da schwiegen die Akkader beschämt. Wahrlich befahl ihnen, sich in Schlachtordnung aufzustellen, aber die Jamniten wagten nicht mehr, uns anzugreifen.

Sargon umarmte mich und sagte: »Das werde ich dir nie vergessen.«

Als Utu sein erstes Licht über die große Stadt breitete, griffen wir an. Schulter an Schulter rückten Sumerer und Akkader auf der Feststraße des Gottes Dagan vor. Wir trafen aber nicht mehr auf Widerstand, denn nach Sargons Rettung hatte König Inin-Schamasch Stadt und Reich verloren gegeben und sich in die Wüste geflüchtet. Sein Großhaus war nur noch eine rauchende Ruine.

Nun brach ein furchtbares Strafgericht über die Menschen von Mari herein. Sargon ließ alle gefangenen Krieger des Königs grausam zu Tode foltern; ihre Frauen und Kinder wurden zusammen mit allen Frauen und Töchtern des Königs in langen Reihen stromabwärts getrieben und später in Akkad als Sklaven verkauft. Die Händler von Mari, die Vorsteher, Obersten und Verwalter und alle anderen Wohlhabenden mußten Sargon die Hälfte ihrer beweglichen Habe ausliefern; auf diese Weise brachte Sargon drei Traglasten Gold, dreißig Traglasten Silber und mehr als fünfhundert Traglasten Kupfer an sich. Die Schätze des Tempels aber ließ er auch jetzt wieder unangetastet und brachte dem Gott Dagan sogar reiche Opfer dar.

Als das geschehen war, rief er Igelspitz, Steinhand und mich zu sich und sagte:

»Ihr habt die Zeit wohl nicht vergessen, als wir noch Kinder waren. Schon damals war ich euer *lugal*, ihr aber wart meine *ensis*, und jeder von euch verwaltete einen Teil meines Reichs. Du, Igelspitz, warst damals *ensi* von Palmenmauer und herrschtest vom Steppenlöwenkanal zum Abend hin bis an das Ufer des Euphrat; Datteln waren dein erster Tribut. Du, Steinhand, warst *ensi* von Ziegenbrunnen nach Morgen hin bis zur Fernhandelsstraße nach Kisch; Ziegenmilch brachtest du mir als deine erste Gabe. Und du, Daramas, solltest auf dem anderen Ufer des Steppenlöwenkanals befehlen.«

Er sah uns der Reihe nach an. Dann fuhr er fort: »Damals waren wir Kinder, heute sind wir Männer. Damals herrschte ich über ein kleines Stück Steppe, heute bin ich der Herr der Welt, so weit Utus Glanzscheibe strahlt. Damals teilte ich mein Reich nach raschem Entschluß, heute tue ich es nach reiflicher Überlegung. Und das ist nun meine Entscheidung: Du, Daramas, sollst auch künftig für mich über Sumer herrschen. Dein Sitz sei Uruk, wo man dich kennt und liebt. Du hast schon viel für die Stadt Gilgameschs getan; sei mein befehlender Mund im Land der Schwarzköpfigen und ehre die dortigen Götter.«

Ich räusperte mich und sagte: »Du sollst aber nie vergessen, daß es das Schwemmland war, in dem Enki die ersten Menschen erschuf. Sumer trägt die Krone des Alters und darf nie ein Sklavenland sein. Sumer ist Vater, Akkad Sohn.«

»So wie auch Anu und Enlil Vater und Sohn sind«, erwiderte Sargon lächelnd. »Der eine sitzt in seiner Weisheit dem hohen Himmelsrat vor, der andere lenkt mit seiner Stärke den Lauf der Welt. Ehrt nicht auch der brave Bauer den Greis, der nicht mehr zur Arbeit, wohl aber noch zur klugen Rede taugt? So soll es auch mit Akkad und Sumer sein.«

Danach wandte er sich Steinhand zu und sagte zu ihm: »Du liebst Lagasch nicht, ich weiß es. Darum sollst du bei mir in Akkad sitzen. Aber du sollst dort nicht nur mein Heer befehligen, sondern zugleich die Geschehnisse in den Ländern jenseits des Tigris verfolgen. Das Ziel deines Blickes sei Elam, wo man dich kennt und fürchtet. Dort und in den anderen Ländern jenseits des Tigris sei mein schützender Arm, der die Räuber von meinen Feldern fernhält! Jedes Jahr sollst du einmal in das hohe Gebirge ziehen. Ängstige seine Bewohner, aber ehre die dortigen Götter.«

Steinhand nickte stumm. Sargon sah daraufhin Igelspitz an und sagte: »Auch wenn ich auf diesem Feldzug noch nicht das Obere Meer erreichte, habe ich meinem Reich doch die vierte Weltgegend hinzugefügt. Nach Akkad, Sumer und den Ländern des hohen Gebirges gehorcht nun auch Martu meinem Befehl, und bald gilt mein Wort bis zum Zedern- und Silbergebirge. Du aber, Igelspitz, sollst fortan meine Stelle in diesem Weltteil vertreten. Denn du warst es, der als erster in dieses Land zog, du warst es, der die Grundlagen für diesen Feldzug schuf, und ich werde auch niemals vergessen, daß es dein Einfall war, den Palast anzuzünden und uns auf diese Weise zu retten. Baue das Großhaus des Herrschens wieder auf und lasse dich in ihm nieder. Die Hälfte des Heeres bleibt hier. Kundschafte aus, wie es um den Weg an das Obere Meer bestellt ist und wie lange wir von hier zum Gunstwind-Gebirge brauchen! Du sollst mein Auge sein und über diesen Weltteil wachen. Lasse Mari wieder erblühen und ehre seine Götter.«

»Und Wahrlich?« wollte Igelspitz wissen.

»Was kümmert es dich?« fragte Sargon. »Die Männer der Wüste sind wie der Wind, sie kommen und gehen; wer könnte das ändern? Wenn du Hilfe brauchst, wird er an deine Seite eilen.«

»Das habe ich nicht gemeint«, versetzte Igelspitz. »Ich will nur, daß er mir hier mit seiner Räuberbande nicht in die Quere kommt.«

Einige hundert *gar* stromaufwärts hatten Bildhauer des Dagan-Tempels einen gewaltigen Stier aus dem Fels eines Berges geschlagen; ursprünglich sollte er als Gabe des Königs in Mari aufgestellt werden. Sargon fuhr mit seinem großen Schiff zu dieser Stelle, ließ das Ufer abtragen, bis ein guter Landeplatz gewonnen war, und eine Straße anlegen. Dann zogen Sklaven den Stier über rollende Baumstämme auf das Schiff.

Mit Beute beladen wie Ameisen, die ein fremdes Nest geplündert haben, kehrten wir in die Heimat zurück. Ich forderte Sargon auf, wenigstens einen kleinen Teil des Silbers den Familien der gefallenen Krieger zu geben, aber er wollte nichts davon hören und ließ alle Traglasten in seine Schatzkammer bringen. Dann kaufte er zehntausend Zedernholzstämme, warb Baumeister an und beauftragte sie, den Palast um das Doppelte zu vergrößern. Das Großhaus bekam so viele Räume, daß mehr als zehntausend Menschen in ihm leben und arbeiten konnten. Am Eingang ließ Sargon den Stier von Mari aufstellen und eine Tafel aus Lapislazuli anbringen, auf der stand: »Sargon, König von Akkad, Priester des Anu, *ensi* des Enlil: Schon vom Unteren Meer an haben seine *ensis* die Herrschaft, nun steht auch Martu vor ihm. Vor Dagan fiel er huldigend nieder und betete. Das Obere Land gab der Gott ihm dafür. Sargon, dem Enlil einen Ebenbürtigen nicht gab: Im Oberen Land herrscht er nun, bis zu den Bergen mit Edelmetall. Fünftausendvierhundert Krieger essen täglich vor ihm ihr Brot. Wer diese Inschrift beseitigt – Enlil möge ihn entwurzeln und seinen Samen vertilgen, ihn und seine Nachkommen wegpicken, wie eine Taube die Eicheln des Berglandes wegpickt.«

Auch Akkad selbst vergrößerte sich immer weiter, so daß man schließlich von der Spitze des Ischtartempels aus kaum noch zu unterscheiden vermochte, wo die Hauptstadt endete und unser altes Sippar begann. Immer mehr Eselnomaden vom Rand des Gebirges und auch schon die ersten Jamniten aus Martu siedelten sich in der Hochsteppe an, und Sargon ließ für sie Kanäle graben. Die großen Schöpfwerke aus Tuttul aber bewährten sich nicht, denn im Tiefland waren die Ufer am Euphrat zu flach und seine Wasser nicht stark genug, die Holzräder zu bewegen. Sargon war deshalb zornig auf den Großen Strom und verbot, ihm zu opfern. Der Euphrat rächte sich, indem er zur Zeit des Hochsommers weniger Wasser führte als jemals zuvor und die Kanäle austrocknen ließ. Sargon gab aber nicht nach, obwohl ihn die Hohepriester des Landes mit Briefen bestürmten. Aggar von Nippur reiste sogar selbst nach Akkad, um den Streit zwischen dem Gott und dem *lugal* zu schlichten, aber auch ihm gelang es nicht. Im Gegenteil wurde nun allen Priestern des Landes bei Todesstrafe verboten, dem Euphrat zu opfern, und als sich die frömmsten Diener des Stroms in Babylon und Kazallu nicht daran hielten, ließ Sargon sie festnehmen und grausam töten. Diese Tat und eine durch die Trockenheit verursachte Hungersnot riefen große Unruhe in den beiden Städten, aber auch in vielen anderen Siedlungen auf der Hochsteppe Eden hervor.

Ich entschädigte die Hinterbliebenen der gefallenen Krieger von

Uruk mit Silber aus der Kasse des Weißen Tempels und befahl den Hohepriestern im Berghaus Enlils zu Nippur, im Haus Zababas zu Lagasch, im Glanzhaus Utus zu Larsa, im Haus Nininsinas in Isin, im Tempel Nannas in Ur und in Enkis Grundwasserhaus zu Eridu, Gleiches zu tun.

Dank Ischma-Jas Weisheit stand in Uruk alles zum besten; daher begab ich mich auf eine Reise durch die Hochsteppe, um die Maßnahmen des alten Tafelhausvorstehers auch in den anderen Städten einzuführen. Obwohl ich dabei stets erklärte, daß es sich nicht um meine eigenen Weisheiten handelte, rechneten die Menschen mir doch die Erfolge zu und ich ließ es schließlich geschehen; hatte ich denn nicht auch diese Lehren, wenn sie schon nicht von mir stammten, jedenfalls durchgesetzt und ihnen dadurch erst den wahren Wert verschafft? Sumer aber blühte auf, und seine Städte lagerten sich wie Kühe auf fetter Weide.

In diesem Jahr wurde wieder einmal ein dreizehnter Monat eingefügt. Ich hielt mich zu dieser Zeit in Girsu auf und wartete auf das Ende des Fastens. Der Tag und der Abend wurden meinem Magen so lang, daß ich einen Boten zum Marmortempel des Gottes der Gerechtigkeit schickte und nachfragen ließ, ob denn der neue Mond noch immer nicht erschienen sei. Während ich auf die Rückkehr des Mannes wartete, eilte ein noch vom Staub einer langen Reise bedeckter Schnellbote mit einer Geheimtafel des *girnita* von Ur in den Saal. Ich nahm die Tonhülle aus seiner Hand, zerbrach sie, zog die Tafel heraus und las nach der üblichen Anrede: »Komme sogleich in unsere Stadt, *ensi* von Uruk! Spute dich und säume nicht, denn uns bedroht eine große Gefahr. Encheduana, die Tochter des *lugal*, lästert die Götter Sumers, und die Gläubigen sind voller Zorn. Trotz strengster Bewachung der Tempel sind schwere Unruhen ausgebrochen. Komme mit deinen bewaffneten Scharen, denn ich weiß nicht, wie lange ich die Sicherheit noch gewährleisten kann. Eile herbei wie der Löwe der Steppe, versetze die Aufrührer durch dein Erscheinen in Angst! Auch dem *lugal* habe ich Botschaft geschickt.« Es folgten die üblichen Erklärungen der Ehrfurcht und Dienstbereitschaft.

Ich schlug die Tafel sorgfältig in Stücke, sammelte meine Streitkräfte und zog am Rand des Schwemmlands zum Euphrat. Schon am Abend des nächsten Tages standen wir vor den Toren von Ur.

Die Stadt war in jenen Tagen noch längst nicht so mächtig wie heute, da sie das reiche Uruk schon zu überflügeln beginnt; aber auch damals lag Ur schon prachtvoll wie ein Lasurstein am Großen Strom, und seine Bewohner waren von großem Stolz auf ihre Heimat erfüllt. Ich ging mit meiner Streitmacht oberhalb der Mauer über den Euphrat. Als ich auf das Uruktor zufuhr, eilte mir der *girnita* mit dem Obersten der Stadtwache entgegen. Beide waren sehr erregt. Ich ließ meinen Streitwagen auf die Feststraßen Nannas, des Herrn der Lichtfülle, lenken, die erst kurz zuvor verbreitert worden war. Der Tempel Ekissirgal erhob sich mächtig vor uns. Auf den drei großen Treppen, die an der fünfmal mannshohen Mauer auf der Vorderseite zum Tor des leuchtenden Kalbes führten, drängten sich empörte Menschen aus allen Schichten des Volkes ohne Rücksicht auf Rang und Würde in wilden Haufen, nur mühsam zurückgehalten von den Stadtwachen Urs. Auf der Treppe zum zweiten Geschoß stand der Hohepriester des Nanna, von seinem Gefolge umringt; mit zornigen Worten und Gesten versuchten die Diener des Gottes auf die nächste Treppe zu steigen. Dort aber stellte sich ihnen die akkadische Leibwache in den Weg, die Sargon seiner Frau und Tochter mitgegeben hatte. Der vierschrötige Kuppatiya, der mir in Uruk so frech entgegengetreten war, stieß barsche Befehle aus und scheute sich nicht, die heiligen Männer mit dem Schaft seines Speeres zu schlagen, was immer wieder neues Wutgeheul hervorrief. Auf der vierten und obersten Treppe, vor dem hohen Eingang des göttlichen Wohngemachs, stand Sargons Tochter, ernst und entrückt, einer Göttin gleich.

Zu jener Zeit, Rimusch, war deine Schwester vierzehn Jahre alt und voller Liebreiz wie Inanna selbst. Ein Kopfschmuck aus goldenen Blumen, deren Blütenblätter weiß und blau eingelegt waren, saß auf ihrem lockigen Haar; auf ihr Stirnband aus Feinleder waren Tausende von Lapislazuliperlen geheftet; das blaue Kleid zierten kleine goldene Stiere, Hirsche und Steinböcke, aber auch Zweige und Früchte, als hätten sich darauf die schönsten Gaben des Herrn der Lichtfülle vereint. Sie hielt die schlanken Arme zum Himmel erhoben und betete; als der Wind ihre Worte zu mir herabtrug, verstand ich sofort den Grund der Empörung, denn Sargons Tochter rief nicht nur den Gott von Ur an, als dessen Priesterin sie ihr Vater eingesetzt hatte, sondern in akkadischer Sprache auch Sin, den Mondgott der Eselnomaden, und dann klang jedesmal das laute Zorngebrüll der empörten Gläubigen auf.

»Nun hörst du es selbst, großer *ensi*«, sagte der *girnita* von Ur voller Sorge, »so geht das schon seit sechs Tagen.«

»Wo ist Sargons Gemahlin?« fragte ich ihn.

»Sie wurde vom Dämon des Sumpffiebers angefallen«, antwortete der *girnita*, »es geht ihr so schlecht, daß sie nicht aufstehen kann. Vielleicht will sie es auch gar nicht. Auf uns aber hört die junge Priesterin nicht; wenn wir etwas zu ihr sagen, ist es für sie, als ob der Wind pfeift.«

Ich stellte meine Schwerbewaffneten in Angriffsreihe auf und ließ sie die Lanzen einlegen. Als meine lauten Befehle ertönten, wandten sich immer mehr Menschen auf den drei Treppen nach uns um. Ich rief ihnen zu, den Tempel sofort zu räumen. Erst schienen sie nicht gehorchen zu wollen, aber als meine Scharen vorrückten, flüchteten sie von den Stufen und liefen schreiend davon.

Ich befahl meinen Obersten, den Tempel zu besetzen und gemeinsam mit den Stadtwachen auch alle Tore, den Hafen, das Großhaus und sämtliche Vorratshäuser zu sichern, wo die Volkswut gewöhnlich am ehesten tobt. Dann stieg ich mit meiner Leibwache zu den Akkadern empor. »Was treibt ihr hier für Unfug?« herrschte ich den Vierschrötigen an. »Zur Seite, Kerl! Das Mädchen ist wohl ganz von Sinnen.«

Der große Akkader wich nicht. »Nikkal, die große Herrin, spricht aus ihr«, gab er zur Antwort. »Sie, die den Überfluß gewährt, hat die Tochter des *lugal* zu ihrer Hülle erwählt!«

»Lästerer«, schrie der Hohepriester des Tempels erregt. »Wie kannst du es wagen, im Heiligtum Nannas und seiner Gemahlin Ningal den Namen einer fremden Göttin zu nennen? Fluch über euch alle! Wie die Schlangen eines Schutthaufens sollt ihr euch winden!«

Der vierschrötige Akkader wollte von neuem zuschlagen, doch meine Männer gingen mit ihren Schilden dazwischen und drängten die Eselnomaden zur Seite. Ich stieg zwischen ihnen zu Encheduana empor. »Hör sofort auf damit«, befahl ich. »Du bringst ja die ganze Stadt in Aufruhr. Was ist denn in dich gefahren?«

Sie schaute mich aus blauen Augen an, aber ihr Blick verriet, daß sie mich nicht bemerkte; er ging durch mich hindurch in weiter Ferne. Ihre Lippen aber formten unablässig weitere Schwurbitten an beide Götter in beiden Sprachen des Reichs: »Du, deren Aufgang strahlend ist, Nanna, lasse die Fruchtbarkeit über Ur fließen! Oh Sin, du Frucht, die aus sich selbst entsteht, gieße Wohlstand über deiner Stadt aus ...« Schließlich blieb mir nichts anderes übrig, als sie zu packen, auf meinen Arm zu heben und die Treppen hinabzutragen. Sie wehrte sich nicht, hörte aber auch nicht auf zu beten. Heiliger Eifer leuchtete auf ihrem anmutigen Gesichtchen. Die Priester des Nanna, die Akkader und meine Leibwächter folgten uns mit unsicheren Blicken.

Ich trug Sargons Tochter zu meinem Wagen, fuhr mit ihr zum Palast und zog sie an der Hand hinter mir her zu Abdas Gemach. Die akkadischen Dienerinnen wichen scheu vor mir zurück; erst die Vorsteherin der Ruheräume stellte sich mir in den Weg. »Die hohe Gemahlin kann dich nicht empfangen, Gebieter«, sagte sie zu mir.

»Wie geht es ihr?« fragte ich.

»Sie schläft«, antwortete die Akkaderin. »Morgen wird sie sich besser fühlen. Es ist nicht das erste Mal, daß der Dämon des Fiebers sie anfällt.«

»Wie lange geht das schon so?« wollte ich wissen.

»Seit sie von ihrem Gemahl ins Schwemmland geschickt worden ist«, antwortete die Vorsteherin.

Ich gab Encheduana in ihre Obhut und zog mich zurück.

Den restlichen Tag verbrachte ich damit, die Ordnung in der Stadt wiederherzustellen. Der *girnita*, der Oberpriester und die höchsten Vorsteher beschworen mich, dafür zu sorgen, daß Encheduana ihr Priesteramt niederlege. »Der Gott ist sehr zornig auf uns, weil wir nicht verhindern, daß seinem Namen Schande angetan wird«, sagte der Hohepriester. »Wenn die Tochter des *lugal* so weitermacht, wird Nanna sich an uns allen rächen!«

»Ich werde mit ihr reden«, versprach ich und sie schienen ein wenig Hoffnung zu schöpfen.

Am nächsten Morgen suchte ich Abda auf. Sie erwartete mich im Zimmer der unbelauschten Gespräche. Ihr schönes Gesicht war noch immer von Fieber gerötet; ihr Leib in wollene Tücher gehüllt; Encheduana saß neben ihrer Mutter und blickte mir freundlich entgegen.

»Der Fieberdämon möge rasch von dir weichen«, sagte ich zu Abda. »Er fahre in ein Schwein und laufe mit ihm in die Ferne!«

»Ich danke dir«, sagte Abda. »Aber das nutzt alles nichts. Die Meister der Heilkunst haben schon alles versucht. Sie legten sogar ein Schweineherz auf mein Herz, aber der Dämon ließ sich auf den Tausch nicht ein.«

»Hülle dich in Decken«, schlug ich vor. »Wenn das Wasser aus deinem Körper heraustropft, tropft auch der Krankheitsdämon aus dir heraus.«

»Aber er kehrt dann immer gleich wieder zurück«, seufzte Abda. »Ach, Daramas, schrecklich ist dieses Land! Die schwüle Luft des Sumpfes erfüllt meine Lungen mit Gift, Blutfliegen peinigen mich jede Nacht. Aber sooft ich an Sargon schreibe, er antwortet nicht, und sein Befehl, der mich von meiner Heimat fernhält, bleibt unverrückbar in Kraft.«

»Ich rede mit ihm, sobald ich wieder in Akkad bin«, versprach ich. »Nun aber zu dem, was mich herführt. Deine Tochter hat große Unruhe verursacht und die frommen Menschen von Ur gegen sich aufgebracht, weil sie im Tempel Nannas zu einem Gott der Eselnomaden betet.«

»Aber das ist nicht wahr«, rief Encheduana.

»Wie?« machte ich verblüfft. »Ich habe doch selber gehört, wie du erst Nanna, den Herrn der Lichtfülle, anriefst, und dann plötzlich Sin, den man am Rand des Gebirges verehrt.«

»Auch das ist falsch«, erwiderte Encheduana; wie am Tag zuvor glühte das Licht großer Frömmigkeit auf ihrem Antlitz.

Ich sah Abda an. »Kannst du mir verraten, was deine Tochter meint?« fragte ich.

»Sie wird es dir selbst erklären«, antwortete Abda und sank mit einem Seufzer in ihre Kissen zurück. »Große Göttin, verzeihe ihr und uns!«

»Also gut«, sagte ich. »Ich höre.«

Encheduana sah mich an; in ihren Augen schimmerte ein Schein rätselhafter Erkenntnis. Schweigend wartete ich. Nach einer Weile sagte sie:

»Wer ist Nanna? Wer ist Sin? Wer ist Utu? Wer ist Schamasch? Nanna ist Utus Vater, Schamasch aber Sins Sohn.«

Sie verstummte. Angestrengt dachte ich nach, was diese Worte bedeuten mochten. Encheduana sah mich erwartungsvoll an. Als sie erkannte, daß ich nicht verstand, fuhr sie fort: »Wer ist Inanna? Wer ist Ischtar? Wer ist Dumuzi? Wer ist Tammuz? Dumuzi ist der Geliebte Inannas, Ischtar gibt sich Tammuz hin.«

Wieder blickte sie mich gespannt an. Nach einer Weile sagte ich zögernd: »Du zählst die Götter Sumers und Akkads auf, als ob sie Brüder und Schwestern seien … nein, du tust ja, als seien diese Götter einander gleich und unterschieden sich nur durch den Namen.«

Da lächelte Encheduana, und mir war, als säße eine Frau mit der Weisheit des Alters vor mir. »Wie viele Boote fahren durch das blaue Nachtmeer?« fragte sie. »Wie viele Glanzschilde strahlen am Himmel des Tages? Wie viele Mütter kann ein Kind haben, wie viele Herren ein Reich?«

Jetzt erst erkannte ich die wahre Tragweite dieser Gedanken; die Wucht der Erkenntnis traf mich wie der Hieb einer Faust. »Du meinst …?« fragte ich atemlos. »Aber wie könnte das sein?«

»Wie nennt man denn Nanna in Uruk?«, fragte Encheduana. »Den Herrn der Lichtfülle nennt man ihn; Spender der Fruchtbarkeit und Erfinder der Fülle sind seine weiteren Namen. In Akkad aber heißt er Stern der Gnade, Mehrer des Wohlstands und Licht des Gedeihens. Fährst du auf deiner Barke von Ur nach Mari, ändert das Silberboot seine Gestalt ebenso, wie wenn du hier bleibst. Denn nur ein einziger Mond herrscht über Akkad und Sumer zugleich.«

Bei diesen Worten brach eine Flut der seltsamsten Empfindungen über mich herein, und ich wußte nicht, was ich sagen sollte. Encheduana fuhr fort:

»Wie nennen die Priester des Utu im Glanzhaus zu Larsa den Gott? Als den höchsten Richter bezeichnen sie ihn, und als Herrn der Säge, der jeden Morgen die Flügel der Himmelstür öffnet. Für Akkad aber ist Schamasch der Großherr der reinen Gebote, der Bringer der Gerechtigkeit und der Schutzherr der Weissagungen. Wenn du vom Schwemmland ins Gunstwind-Gebirge reist, steigt dann nicht, gleich wo du dich befindest, stets der gleiche Glanzschild am Morgen zu deiner Rechten empor und am Abend zu deiner Linken hernieder? Denn über Akkad und Sumer herrscht nur eine einzige Sonne.«

Ich wollte widersprechen, doch es fiel mir kein Gegenwort ein, und hilflos hörte ich weiter zu. Encheduana blickte mich prüfend an und erklärte weiter:

»Seit alters herrscht Anu über den Himmel und sitzt dem Götterrat vor. Aber auch die Akkader verehren einen Ältesten der höchsten Höhe; sie nennen ihn Gisch, den Ersten, und stellen ihm auch nicht weniger mächtige Diener zur Seite, als es die Schwarzköpfigen tun. Enlil ist der göttliche *lugal* des Länderbergs; so, wie er über das hohe Gebirge herrscht, herrscht er auch über die Wüste, nur daß er dort als

Marduk angebetet wird. Ischtar ist niemand anders als die Große Mutter Inanna, Dumuzi aber ist Tammuz, der jedes Frühjahr aus der uralten Trümmerstätte zurückkehrt. Meslamtaëa, der Herr der Unterwelt, Meister des Maulbeerbaums und Schonungslose der Erde, der König des Schwerts und Kriegsherr des Schreckensglanzes heißt bei den Akkadern Nergal und trägt nicht weniger gewaltige Namen: Den blassen König nennen ihn die Nomaden, den großen Verbrenner, Herrscher der Überwältigung und Dämon der Schlacht ...«

»Schweig«, fuhr ich sie an. »Kein Wort mehr davon! Welcher Wahnsinn verführt dich? Sind wir denn nicht verschiedene Menschen, die Schwarzköpfigen in der Hochsteppe und die Eselnomaden am Rand des Gebirges? Wir teilen weder Sprache noch Sitte, nicht Brauch, Broterwerb oder Lebensweise, erst recht nicht die Gemeinschaft und deren Gliederung, ja noch nicht einmal die Form des Gesichts oder die Beschaffenheit der Gestalt. Die Unterschiede zwischen den Söhnen Sumers und Akkads sind viel zu groß, du kannst sie nicht wie mit dem Feld-Einebner glätten. Wir sind wie Mungo und Schlange – wie könnten wir da gemeinsame Götter besitzen? Ich glaube eher, daß auch in dich ein Dämon gefahren ist, aber nicht einer, der Fieber, sondern einer, der schlechte Gedanken bewirkt, von denen du dich nun so schnell wie möglich reinigen sollst, wenn du nicht willst, daß dich Nannas Zorn trifft.«

Abda sah ihre Tochter an, als sei sie eine Fremde. Encheduana schüttelte lächelnd den Kopf. »Wie dumm du doch bist«, sagte sie voll tiefster Überzeugung, »und auch die anderen Schwarzköpfigen in diesem alten Land sind töricht und dumm. Wäre es so, wie du sagst, so würde das doch bedeuten, daß nicht die Götter die Menschen, sondern die Menschen die Götter erschaffen haben, ein jedes Volk seine eigenen in seiner eigenen Sprache.«

»Enki erschuf die Menschen, das weiß jedes Kind«, rief ich.

»Dann weißt du wohl auch, daß man den Gott der Süßwassertiefe in Akkad Ea nennt und ihm ganz ähnliche Beinamen gibt wie im Land der Schwarzköpfigen«, sagte Encheduana. »Denn Enki erschuf, wie du gesagt hast, die Menschen, nicht nur die Sumerer. Oder denkst du vielleicht, daß jedes Volk von einem anderen Gott gebacken wurde? Wie viele Menschheiten gäbe es dann, wie viele Welten und wie viele Himmel?«

»Lästerung«, schrie ich. »Schweige jetzt! Nie wieder sollst du so reden! Was soll mir Elam und Barachsi, was soll Mari, Martu oder das Land der Horde – hier ist das Innere der Welt, hier sind die Menschen erschaffen worden, der Lehm des Schwemmlands gab den Stoff; hier herrscht Herr Sturmeswind, hier fährt Dumuzi jeden Herbst in das lichtlose Trümmerhaus nieder, um jedes Frühjahr wiederzukehren, nicht in die Wüste der Akkader und auch nicht in die Gebirge der Elamiter, sondern hierher zu uns, in die Hochsteppe Eden! Der Himmel über uns ist der Götter Haus, die Erde unter uns bringt die Opfergaben hervor, die Menschen darauf sind der Götter erwählte Diener!«

»Leuchten über der Wüste denn nachts keine Sterne?«, fragte Encheduana ohne das leiseste Anzeichen von Erschrecken ob meines Gebrülls. »Wächst in den Tälern Elams kein Gras? Nährt sich das Vieh der Horde von Steinen? Auch anderswo gedeiht Getreide, werfen die Mutterschafe Lämmer, schwimmen Fische im Wasser und fördert der Regen das fruchtbare Grün. Du bist es, der lästert, nicht ich; aus Stolz auf deine Rasse machst du die Götter kleiner, als sie sind; ich aber mache sie größer. Nach deinen Worten herrschen sie nur auf der Hochsteppe, nach den meinen herrschen sie über die Welt. Du redest, wie du es in deinem Tafelhaus lerntest; ich aber sage, was mir die Götter selbst offenbarten«.

Ich starrte sie fassungslos an; nie zuvor hatte jemand solche Worte zu mir gesprochen. Auch Abda sagte nichts. Ihre Tochter fügte hinzu: »Ja, Daramas: Die Götter selbst befahlen mir zu verkünden, was ich verkünde. Ischtar erschien mir auf Enlils Befehl; der Tempel Nannas aber soll der Erkenntnis die Heimstatt bieten. Im Rat der Götter ist beschlossen, daß aus den Völkern von Akkad und Sumer ein einziges Volk wird, daß die Hochsteppe mit dem Rand des Gebirges zu einem einzigen Land verschmilzt und mein Vater Sargon als *lugal* über alle vier Weltteile herrscht. Größer als Gilgamesch wird er sein und wie Ziusudra ewig leben.«

Ich erhob mich. »Ich werde Sargon berichten«, erklärte ich. »Er soll entscheiden, was geschehen soll. Die Götter mögen uns erleuchten, daß wir das Richtige tun.«

Ich gab meiner Leibwache strenge Befehle, ging in den Großsaal des Herrschers, rief meine Schreiber und schilderte Sargon in allen Einzelheiten, was sich zugetragen hatte. Dann bestellte ich meinen besten Melder zu mir und befahl ihm, die Botschaft so schnell wie möglich nach Akkad zu bringen.

Am Tag des verbotenen Fischessens kam ein Enlilpriester zu mir und reichte mir eine geheime Tafel von Aggar aus Nippur. Auf ihr stand, daß er mich gern einmal aufsuchen würde, Sargon ihm aber verboten habe, das Berghaus Enlils zu verlassen. Falls ich wieder einmal nach Akkad reisen würde, solle ich ihn in Nippur besuchen; er habe mir etwas mitzuteilen, das für mich von großer Bedeutung sein könne.

Ich ließ eine Abschrift von dem Brief anfertigen und schickte sie Sargon.

Noch vor dem nächsten Mondwechsel brachte ein Bote aus Akkad mir den Befehl, daß ich in Ur bleiben solle, bis Sargon selbst dort eingetroffen sei. Kurze Zeit später kam Sargon in seiner Prachtbarke auf dem Euphrat herab. Ich empfing in am Kai der hochgestellten Besucher; er umarmte mich, küßte mich auf beide Wangen, legte den Arm um mich und ließ mich den ganzen Weg zum Palast als einzigen neben sich unter dem Sonnenschutz gehen. Im Zimmer der unbelauschten Gespräche fragte er mich: »Was hältst du von Encheduanas Eingebungen, Bruder?«

»Darüber reden wir gleich«, gab ich zur Antwort. »Erst will ich mit dir über Abda sprechen. Das Leben im Schwemmland ist nichts für sie. Ihr Körperfeuer brennt immer heißer, und wenn du ihr nicht bald erlaubst, nach Akkad zurückzukehren, stirbt sie.«

Sargon sah mich nachdenklich an. »Du liebst sie noch immer«, stellte er fest.

»Ich habe sie vor dir geliebt«, erwiderte ich. »Nun ist sie deine Frau. Du bist schuld daran, daß sie leidet. Und das alles nur, weil du so brünstig auf meine Beischläferinnen bist.«

Er lächelte. »Ich habe Dambur schon vor dir besprungen«, entgegnete er. »Auch an Beltani hast du keine Recht. Als *entum*-Priesterin darf sie nur mit einem Gott fleischlich verkehren.«

»So einem, wie du es bist«, sagte ich spöttisch.

Sargons Augen verengten sich. »Früher warst du frommer«, versetzte er. »Als du noch ein Knabe warst, hast du dich vor lauter Gottesfurcht gar nicht mehr eingekriegt.«

»Dafür hast du früher immer behauptet, die Götter seien Betrunkene oder Kinder«, erwiderte ich. »Du scheinst die Himmlischen erst ernst zu nehmen, seit du dich selbst für einen von ihnen hältst.«

Er lachte. »Was kann ich dafür, wenn die Menschen einen neuen Gott in mir erblicken?« antwortete er. »Warum sollte ich verbieten, was wie kein anderer Glaube geeignet scheint, die beiden Völker des Reiches für immer zusammenzuschmieden? Es gibt schon so viele Götter, daß sie kein Priester zu zählen vermag; auf einen mehr oder weniger kommt es da wohl nicht mehr an.« Dann wurde er wieder ernst und fuhr fort: »Ich habe Abda keineswegs nach Ur geschickt, um sie dort sterben zu lassen, sondern, weil ich ihr dort eine wichtige Tätigkeit zugedacht habe. Sie ist eine Oberpriesterin der Inanna. Als meine hohe Gemahlin und Dienerin der Großen Göttin vereint sie zwei Aufgaben von allergrößter Bedeutung und wird deshalb einen besonderen Beitrag leisten, Sumer mit Akkad noch enger zu verbinden.«

»Du denkst nur an Macht«, warf ich ihm vor, »nicht aber an das Glück der Menschen, die dich lieben.«

»Die mich lieben«, erwiderte Sargon, »freuen sich an meiner Macht. Die Gläubigen, die den Sturmgott verehren – wollen sie, daß Enlil schwach ist? Die Frommen, die zu Anu beten, wollen sie, daß der Himmelsherr stürzt? Und die sich zu Enki bekennen, wollen sie denn, daß der Gott in der Süßwassertiefe verfault? Nein, sie wollen höchstens, daß er aufwacht.«

»Als ich ihn einst im Land der Horde anrief, war er wach genug, uns den rettenden Nebel zu schicken«, gab ich zurück.

»Jaja«, machte Sargon beschwichtigend. »Ich sage ja gar nichts gegen deinen Gott. Aber was soll ich tun? Die Frau des *lugal* kann doch nicht Priesterin in einem Dorftempel werden.« Er beugte sich ein wenig vor. »Oder willst du vielleicht«, fragte er sanft, »daß sie Inannas Hohepriesterin im Weißen Tempel wird?«

»Du weißt genau, daß das nicht geht«, fuhr ich auf. »Ich bin der Hohepriester des Anu. Ich müßte mir ihr opfern.«

»Du würdest dich überwinden«, meinte Sargon freundlich.

»Für wen hältst du mich«, rief ich erbost. »Sie ist deine Frau!«

»Und die des *lugal*«, fügte Sargon hinzu. »Aber ich könnte mich von ihr trennen.«

»Du willst Abda verstoßen?« fragte ich zornig. »Nicht nur im geheimen, sondern auch öffentlich? Dann möchte ich sehen, was wohl aus der hehren Aufgabe wird, die du ihr angeblich zugedacht hast, und wissen, was deine Söhne dazu sagen.«

Sargon zuckte die Achseln. »Ich werde mit Abda reden«, erklärte er. »Wenn sie bereit ist, sich von mir zu trennen, darf sie Ur verlassen und zu dir nach Uruk gehen.«

»So ist das also«, sagte ich. »Du willst, daß sie der Trennung zustimmt, damit du vor deinen Söhnen nicht als der Alleinschuldige dastehst.«

»Ereifere dich nicht«, sagte Sargon. »Was hast du denn mit Beltani und Dambur gemacht, und dieser kleinen Sklavin? Damals zeigtest du soviel Gewissen wie ein Steinesel, der seine läufige Schwester bespringt.«

»Das war etwas anderes«, schrie ich erbost. »Hier geht es um Abda und nicht um läufige Steineselstuten!«

»Laß es gut sein, Bruder«, sprach er beruhigend. »Wir werden uns schon noch einigen. Jetzt aber müssen wir erst einmal darüber beraten, wie es mit meiner Tochter weitergehen soll. Es ist wahr, sie macht die ganze Stadt verrückt.« Er lächelte wieder. »Eigentlich bin ich stolz auf sie«, fügte er launig hinzu. »Adler brüten keine Tauben.«

»Sie paßt zu dir«, versetzte ich. »Wenn sich der Vater für einen Gott hält, darf sich die Tochter wohl wenigstens als Empfängerin göttlicher Eingebung fühlen.«

»Ich glaube, daß sie damit recht hat«, meinte Sargon.

»Das glaubst du?« fuhr ich auf. »Wenn wir es weiter zulassen, daß deine Tochter in ihrem Wahn die Götter der Hochsteppe lästert, werden die Schwarzköpfigen dich als einen noch größeren Unterdrücker empfinden als Lugalzaggesi. Sie werden deinen Namen verfluchen, und im Tempel Nannas wird das Blut Unschuldiger fließen. Die Götter werden dir das nicht verzeihen!«

Sargon erhob sich. »Ich sehe, daß wir uns nicht einigen«, sagte er. »Nicht ich, die Götter selbst geben Encheduana ein, was sie verkündet. Das ist die Wahrheit, ob es den Priestern paßt oder nicht. Es ist eine neue Zeit angebrochen, im Himmel wie auf der Erde. Wer sich ihr verschließt, altert und stirbt. Laß die Greise plärren – die Kinder sind es, denen die Zukunft gehört. Encheduana soll sagen, was ihr zu sagen aufgetragen ist. Sie ist meine Tochter. Wir müssen fest bleiben, dann kehrt am ehesten Ruhe ein.«

Ich schwieg und dachte eine Weile nach. Gern hätte ich ihm weiter widersprochen, aber ich dachte an Abda und wollte ihn deshalb nicht erzürnen. »Hoffentlich hast du recht«, meinte ich deshalb vorsichtig. »Sind wir Menschen doch zu dem einzigen Zweck erschaffen, den Göttern zu dienen ...«

»Das hast du klug gesagt«, fiel mir Sargon ins Wort, »dienen sollen wir ihnen und nicht etwa zwischen ihnen entscheiden. Zeigt Enchedu-ana uns nicht einen Weg, Akkad und Sumer zu verbinden wie Süß- und Salzwasser, das in der Lagune niemand zu trennen vermag?«

»Wenn es wahr wäre, was deine Tochter sagt«, wandte ich ein, »hätten dann nicht schon Gilgamesch und die anderen Vorzeithelden davon erfahren? Sind wir vielleicht größer als sie?«

Sargons Miene blieb undurchschaubar. »Der Ratschluß der Götter bleibt oft unerforschlich«, erwiderte er, »und wenn sie sich zanken wie derzeit der Sturm- und der Mondgott, sollten wir Menschen uns nicht einmischen.«

»Warum glaubst du, daß Enlil und Nanna sich streiten?« fragte ich verwundert.

»Warum sonst sollte wohl Aggar dir diese Botschaft geschickt haben?« erklärte Sargon. »Nannas Tempel zu Ur wird immer größer und reicher; vielleicht sieht der Kahlkopf zu Nippur bereits Gefahren für Enlils besonderen Rang in Sumer. Dieser Priester ist mir allmählich so lieb wie ein Wurm im Zahn. Reise so bald wie möglich zu ihm! Tue so, als habest du mich nicht von seinem Brief unterrichtet, und finde heraus, was die schlaue Schildkröte plant. Dann komme nach Akkad und erzähle es mir. Ohnehin wollen wir im Frühjahr wieder nach Martu ausfahren. Und diesmal werde ich nicht wieder umkehren, bevor ich das Obere Meer gesehen habe.«

Aber bevor das geschah, sollten noch Jahre vergehen. Denn die grause Dämonin Hallula, die Wegelagerin, die Männer freit und die eigenen Kinder verzehrt, wühlte schon unter der Erde.

3

> Der Mensch ist tot,
> wenn die Erinnerung an ihn
> verlöscht.
> *Worte des Weisen von Eridu*

Sargon spendete reiche Opfer im Tempel des Mondgottes, um Nannas Priesterschaft zu versöhnen, betete danach jedoch auch in Ischtars heiligem Haus. Er wohnte im alten Palast bei Abda und Encheduana. Nach ein paar Tagen begab er sich an die Lagune, um Enki, dem Gott der Tiefe, im Tempel des Süßwasserozeans vor der wassersprudelnden Vase seine Huldigung darzubringen. Danach reiste Sargon ins Schwemmland. Als Dumuzi in die Unterwelt ging und sich die Öde des Winters auf der Hochsteppe ausbereitete, kehrte Sargon über Kisch nach Akkad zurück.

Die Zeit verging. Oft schrieb ich an Abda und fragte nach ihrem Befinden. Ihre Antworten waren knapp, aber voller Klagen.

In den ersten Tagen des Frühlings in jenem Jahr, das seinen Namen nach der Wegelagerin erhielt, fuhr ich in meiner Barke auf dem Euphrat nach Nippur. Der Herr des Berghauses empfing mich im Saal der göttlichen Weisungen unter der hohen Standarte Enlils. Er berichtete mir von bedrückenden Vorzeichen. In einem Dorf bei Adab war ein Kalb mit zwei Köpfe geboren worden, und im Gerstenährenkanal hatte ein Fischer nachts eine Schildkröte gefangen, die auf dem Panzer das Bild Ereschkigals, der Herrin der Unterwelt, trug. Auch die drei Höfe um Sonne und Mond und die zwischen ihnen geöffneten Türen verhießen nichts Gutes.

»Das Unheil frißt sich durch den Länderberg wie eine Motte durch einen faulenden Fisch«, sagte Aggar. »Enlil zürnt den Schwarzköpfigen, weil sie den fremden Göttern mehr opfern als ihm, der doch die Menschen erschuf.«

»Den Streit überlasse ich euch Hohepriestern«, erwiderte ich. »Die schlechten Vorzeichen bedrücken mich freilich nicht weniger als dich.«

Der Herr des Berghauses faßte mich ins Auge und fuhr fort: »Ich weiß, daß du eher den Priestern von Eridu an der Lagune glaubst; doch

Enki schläft in seinem Süßwassertempel unter der Erde und wird von der Not seines Volkes nicht wach. Auf Enlil hat unsere Hoffnung zu ruhen!«

»Wir wollen den Menschen doch nicht befehlen, welchem Gott sie ihre Herzen zuwenden sollen«, antwortete ich. »Ebensowenig könnten wir den Winden sagen, wohin sie zu wehen haben.«

»Das ist allein dem großen Wisentstier vorbehalten«, sagte Aggar, »dem Gott aus dem hohen Gebirge, der Lüften und Stürmen befiehlt. Kein anderer, Enki nicht und auch nicht Anu, aber erst recht nicht deines Bruders Göttin, nimmt es mit Enlil auf. Die den Herrn des zuverlässigen Wortes befehden, erwartet den Tod; die ihm hingegen dienen, wandeln in Herrlichkeit.«

»Das habe ich in Gutium gesehen«, spottete ich, »als die Horde bei lebendigem Leibe verweste. König Lasirab sah aus wie ein Mann, den ein Gräberhund aus der Erde gescharrt hat.«

In Aggars Augen glomm ein düsterer Schein. »Die Horde ist tot«, sagte er.« Bald aber läßt Enlil im Bergland ein neues Heer wachsen, die Schwarzköpfigen zu züchtigen, die sich von ihm abgewandt und Ischtar ergeben haben.«

»Was schiltst du Menschen für die Taten von Göttern?« fragte ich ihn. »Möge sich Enlil nicht an den Schwachen vergreifen, sondern sich selbst mit Ischtar messen!«

»Das wird eines Tages geschehen«, sagte Aggar grimmig, »und dann wird jeder sehen, wer der starke Stier unter den Gottheiten ist. Dann werden auf dem Länderberg die Treuen belohnt und die Verräter bestraft.«

»Eifere nur immer für deinen Gott«, sagte ich, »mische dich aber nicht in die Belange des Herrschens! Du weißt wohl, was dir droht, wenn du dem *lugal* trotzt. Enlil selbst erkannte Sargon an, als wir auf der Spitze des Berghauses standen.«

»Möge dein Bruder das niemals vergessen«, versetzte der Oberpriester. »Nun aber höre! Ich habe dir etwas aus jener Zeit zu berichten, als der Mann von Uruk dich und deinen Bruder verfolgte.«

»Nicht nur der Mann von Uruk«, rief ich zornig. »Ich habe nicht vergessen, wie deine Leute mich in das hohe Gebirge verschleppen wollten!«

Auf Aggars glattem Gesicht zuckte kein Muskel. »Der Gott hatte es so befohlen«, erwiderte er. »Wie hätte ich es wagen können, mich ihm zu widersetzen? Außerdem wußte ich, daß er dich nicht vernichten, sondern im Gegenteil groß machen wollte. Schon bei der ersten Begegnung mit dir in diesem Haus, als du mit Ischma-Ja nach Uruk fuhrst, wußte ich, daß dir eine wichtige Aufgabe zugedacht ist. Ich ahnte sogar schon, daß ich einen künftigen *lugal* vor mir sah.«

»Sargon ist *lugal*«, erwiderte ich, »ich bin sein Diener.«

»Das muß nicht immer so bleiben«, sagte der Priester.

»Hüte dich«, rief ich. »Schon einmal wollte mich ein Mann gegen meinen Bruder aufwiegeln; er starb unter meinem Dolch.«

Aggar blickte mich forschend an. »Der Mann von Uruk«, murmelte er dann betroffen. »Das also war der Grund.«

»So ist es«, sagte ich. »Und so wird es auch jedem anderen ergehen, der glaubt, mich zum Verräter machen zu können.«

»Das habe ich niemals versucht«, behauptete Aggar. »Aber da kein Mensch unsterblich ist, ziemt es sich wohl, wenn man sich im höchsten Tempel des Reichs Gedanken darüber macht, was geschieht, wenn Sargon nicht mehr ist. Oder glaubst auch du, daß dein Bruder ein Gott ist, der nie in die uralte Trümmerstätte hinabsteigen muß?«

»Die Frage wird zu ihrer Zeit entschieden«, erwiderte ich. »Sargon ist sechsunddreißig Jahre alt.«

»In Mari hätte er umkommen können«, wandte Aggar ein. »Wenn du nicht eingegriffen hättest, wäre er jetzt tot.«

»Ich werde ihm immer beistehen«, sagte ich, »und er besitzt noch andere treue Gefährten.«

»Es ist Enlils Wille, wenn Menschen sterben«, sagte Aggar. »Das Schicksal der Weltteile liegt in Enlils Hand. Nun aber höre: Im Berghaus zu Safranstadt legte vor einigen Monden ein Mann einen Gottesbrief nieder. Darin bat er den Herrn der Hochländer um Rache für seinen Bruder und seinen Sohn. Die Männer aber, die Enlil bestrafen soll, sind dein Bruder und du. Du kennst diesen Mann. Er heißt Kaka und ist Ofenbrenner. Sein Bruder war Arsatuya, der Meisterwürger, den Sargon erstach. Und sein Sohn ...«

»Rübenkopf«, murmelte ich.

Er reichte mir eine Tafel; sie war mit ungelenken Schriftzeichen bedeckt. Mit jedem Wort wuchs meine Bestürzung. »Zu meinem König, dem Stier mit mehrfarbigen Augen«, stand auf dem Ton geschrieben, »zu meinem König, der einen Bart aus Lapislazuli trägt, spricht Kaka, der Ofenbrenner: Goldenes Standbild, an einem guten Tag geschaffen!

Herrlicher Wisentstier, in einer reinen Hürde aufgezogen! Dein Spruch ist wie ein Regenwind, der vom Himmel herabfällt. Oh Herr des großen Gebirges, das niemand begeht, dein Zorn ist ein loderndes Feuer, das auf das Feindesland regnet, dein Ausspruch aber ist wie guter Wind. Auf Lebende und Tote gibst du acht. Möge mein Herr nicht zulassen, daß die Ungerechtigkeit jubelt! Möge mein Herr nicht zulassen, daß der Mann, der den Tod meines Sohnes Sigki verursachte, *ensi* von Uruk bleibt! Möge mein Herr nicht zulassen, daß der Mann, der meinen Bruder Arsatuya ermordete, *lugal* des Landes bleibt! Möge mein Herr die Männer töten, die meinen Sohn und meinen Bruder umgebracht haben! Möge mein Herr mich erhören!«

Ich ließ die Tafel sinken.

»Der Mann vertraut darauf, daß seine Briefe nur von dem Gott selbst gelesen werden, so wie ihr es den Gläubigen immer versprecht«, sagte ich. »Dieses Vertrauen habt ihr mißbraucht.«

»Enlil selbst befahl es uns so«, antwortete Aggar ruhig. »Bisher schwiegen wir; doch jetzt will der Gott, daß wir dich unterrichten.«

»Warum?« fragte ich. »Mein Gott ist Enki, der Steinbock der Süßwassertiefe; mit dem Wisent des hohen Gebirges habe ich nichts zu schaffen.«

»Das wird vielleicht nicht mehr lange so sein«, erwiderte Aggar sanft. »Ich glaube, Enlil hat Pläne mit dir. Er ist es, der jetzt die Geschicke verwaltet, nicht Enki, der im Eabzu schlummert; jenen magst du auch künftig verehren, diesem jedoch sollte jetzt deine Treue gehören.«

Verwundert sah ich ihn an. »Es war Enlil, der einst die Sturmflut sandte«, sagte ich heftig. »Es war Enlil, der die Horde gegen den Länderberg schickte. Und es war Enlil, der einst das Ungeheuer aus dem Wasser ...« Ich verstummte.

»Ja«, sagte Aggar. »Enlil war es, der deinen Bruder zu seinem Stock machte, die Schwarzköpfigen zu züchtigen, weil der Mann von Uruk dem Anu und der Inanna mehr diente als ihm. Enlil brachte Unheil über den Länderberg, weil der Mann von Uruk lieber den alten Göttern huldigte als dem, der jetzt die Macht im Himmel besitzt. Nicht Anu oder Inanna herrschen über die Welt, sondern Herr Windeshauch ist jetzt der *lugal* der Götter. Vergiß das nicht!«

»Das mag heute so sein«, versetzte ich, »aber auch das wird nicht immer so bleiben.«

Der Oberpriester starrte mich an. »Welcher Gott dürfte es wagen, gegen Enlil aufzustehen?« fragte er grollend. »Anu ist alt, Inanna hat ihre Macht eingebüßt und Enki schläft.«

»Vielleicht geht es deinem Gott so wie einst seinem Vater«, antwortete ich. »Anu wurde von Enlil entmachtet; vielleicht verliert auch Enlil eines Tages die Macht an einen Sohn.«

Der Priester sah mich mißtrauisch an. »Wen meinst du?« wollte er wissen.

Ich zuckte die Achseln. »Wer liest die Tafeln der Zukunft?« erwiderte ich. »Enlil hat viele starke Söhne: Nanna, den Herrn der Lichtfülle, und Nusku, den Gott des Feuers, den kriegerischen Zababa von Kisch oder Meslamtaëa, den Herrscher der Trümmerstätte.«

»Nanna?« murmelte Aggar. »Hat das vielleicht etwas mit den Unruhen im Ekissirgal zu tun?«

»Die Priester von Ur achten sehr auf die Würde des Gottes«, antwortete ich. »Auch die Tochter des *lugal* darf nicht daran rühren.«

Aggar preßte die Lippen zusammen; dann wies er auf die Tafel. »Erinnerst du dich an diese Geschehnisse?« wollte er wissen.

»Ja«, sagte ich leise. »Das ist alles schon so lange her ..., es muß im Jahr der Rotschlange gewesen sein.«

»So ist es«, bestätigte Aggar. »Dein Vater fuhr damals mit dir zum Berghaus Enlils. Nach deiner Aussage konnte der Meister der Rechtsprechung Sargon nicht mehr verurteilen. Dennoch zahlte dein Vater den Angehörigen des Getöteten zwanzig Schekel Silber. Hast du dich jemals gefragt, warum er das tat?«

»Vermutlich wollte er damit Frieden zwischen unseren Familien machen«, gab ich zur Antwort. »Er sorgte sich um Sargon; mein Bruder war davongelaufen, an einen unbekannten Ort. Rächer hätten ihn in der Fremde aufspüren und töten können, oder ihm auflauern, wenn er zurückkehrte.«

Aggar dachte eine Weile nach. »Das mag sein«, sagte er schließlich. »Aber es gab noch einen anderen Grund. Dieser Sigki stand Sargon und dir näher, als ihr wußtet.«

»Was meinst du?«, fragte ich beunruhigt. »Er war wie die anderen ... ein wenig stolzer und stärker vielleicht; er führte die Jungen von Safranstadt an. Wir spielten Krieg; er herrschte jenseits des Gazellenkanals bis zum Tempel Enlils.«

»Habt ihr ihn getötet?« wollte Aggar wissen.

Bedrückt dachte ich an den Anblick des Erhängten. »Er ging aus eigenem Willen in die uralte Trümmerstätte«, berichtete ich. »Ich werde es niemals vergessen. Es war so ... unnötig. Er war unser Feind, aber irgendwie hatten wir nichts gegen ihn ..., ich meine, er war mutig und tapfer, ein ganzer Kerl, der uns wacker bekämpfte ... hätte er sich nicht umgebracht, wären wir später vielleicht sogar Freunde geworden.«

»Ihr wart mehr als das«, sagte Aggar.

Ich starrte ihn an.

»Ihr habt die Milch der gleichen Amme getrunken«, erklärte der Hohepriester, »und es ist so, als wärt ihr Brüder gewesen.«

Fassungslos schüttelte ich den Kopf.

Aggar schwieg einen Augenblick; dann fuhr er fort: »Aber ihr seid von verschiedenen Vätern gezeugt und von verschiedenen Müttern geboren. Sigki war der Sohn Hatamersas, die dir und Sargon als Amme diente. Sie war Kakas Frau und lebte einst mit dem Ofenbrenner im Haushalt eures Vaters.«

Die Überraschung traf mich wie ein Keulenschlag. »Ich dachte, Hatamersas Sohn sei gleich nach der Geburt gestorben«, sagte ich erschüttert. »Sie selbst hat es mir so berichtet.«

Der Hohepriester schüttelte den Kopf. »Die Wahrheit wurde vor euch verborgen gehalten«, sagte er.

»Also bin ich am Tod meines Milchbruders schuld«, sagte ich. »So wie ich auch den Tod Hatamersas verursacht habe.«

Aggar beugte sich vor und blickte mir fest in die Augen. »Dein Vater schloß mit Hatamersa einen Handel ab«, sagte er. »Die Amme schwor, sich fortan ganz Sargon und dir zu widmen. Damit das völlig sicher war, mußte Kaka mit dem Kind sogar aus Sippar fortziehen; er ließ sich in Safranstadt nieder. Hatamersa sah ihn nie wieder.«

»Was kann eine Frau dazu bringen, ihr eigenes Kind wegzugeben?« fragte ich voll schmerzlichen Staunens. »Welche Mutter hat jemals so etwas getan?«

Der Hohepriester sah mich wieder forschend an. Dann wiegte er das kahle Haupt und meinte: »Vielleicht gab dein Vater ihr Geld? Vielleicht war sie ohnehin unglücklich in ihrer Ehe mit dem Ofenbrenner? Kaka ist kein besonders angenehmer Mensch. Ich glaube sogar, daß er deinen Vater später erpreßte.«

»Woher weißt du das eigentlich alles?« fragte ich ihn.

»Von Kaka selbst«, antwortete der Oberpriester. »Wir haben ihn … befragt.«

»Hier?« wollte ich wissen.

»Ich ließ ihn zu mir nach Nippur bringen«, erklärte Aggar. »Die Sache war zu wichtig, um sie in Azupiranu zu regeln. Er hat mir alles erzählt. Aber auch er konnte keinen Grund dafür nennen, warum seine Frau sich damals für euch und gegen den eigenen Sohn entschied. Er war sehr zornig auf Hatamersa.«

»Wo steckt der Kerl?« fragte ich. »Ich will selbst mit ihm reden.«

»Das wäre sinnlos«, erwiderte Aggar. »Ich habe dir alles erzählt. Glaubst du mir nicht? Wenn ich nicht gewollt hätte, daß du davon erfährst, hätte ich dich nicht zu mir gerufen!«

»Du hast ihn umgebracht«, sagte ich.

Der Hohepriester schüttelte langsam den kahlen Schädel. »Nein, Daramas«, sagte er. »Kaka lebt jetzt im hohen Gebirge. Ich ließ ihn an einen fernen Ort bringen, damit ihn dein Bruder nicht findet.«

»Sargon?« fragte ich verblüfft. »Weiß er denn von der Sache? Warum hast du dann so geheimnisvoll getan?«

»Ich weiß nicht, ob der *lugal* von dem Ofenbrenner und seinem Gottesbrief weiß«, sagte Aggar, »und auch nicht, ob du ihm davon erzählen willst oder nicht. Aber ich weiß, daß der *lugal* vieles erfährt. Du bist zwar klüger und gebildeter als dein Bruder; außerdem bist du Sumerer, während er nur ein Eselnomade ist. Doch Sargon hat überall Augen und Ohren, im Berghaus wie in allen anderen Tempeln des Länderbergs und auch in deinem Palast.«

»Dort mag er getrost beobachten und lauschen lassen«, entgegnete ich, »ich habe nichts vor ihm zu verbergen.«

»Dann ist es ja gut«, erwiderte Aggar. »Wisse nur: Soviel Vertrauen du deinem Bruder entgegenbringst, so gering ist das seine zu dir. Sonst bräuchte er dich nicht von Spitzeln belauschen zu lassen.«

»Nur weiter so«, lachte ich grimmig. »Es wird dir nicht gelingen, einen Keil zwischen Sargon und mich zu treiben, und schon gar nicht mit solchen Lügen; eher könntest du mit einer Rolle Butter einen Felsen spalten.«

»Du verstehst noch immer nicht«, sagte Aggar mit sanftem Tadel. »Nicht um dir zu schaden, bat ich dich zu mir, sondern um dir zu nützen. Wenn du meinst, daß es nichts gibt, was du vor deinem Bruder geheimhalten müßtest, dann umso besser. An deinem Wohl ist mir gelegen, nicht an deinem Unglück; warum, meinst du wohl, ließ ich Kaka samt seinem Brief verschwinden? Auch der Priester, der ihn las und zu mir schickte, weilt nicht mehr im Länderberg; und alle anderen, die von der Sache erfuhren, bevor sie zu mir gelangte, leben jetzt fern im Gebirge.«

»Und das alles nur, weil dieser Ofenbrenner nicht von seinem Rachewunsch lassen wollte?« sagte ich betroffen. »Das kann nicht der einzige Grund sein. Was verschweigst du mir?«

»Ich habe dir alles berichtet«, gab Aggar zur Antwort. »Was immer Kaka wußte, er sagte es mir, dessen bin ich sicher. Es gibt keinen Menschen, der ein Geheimnis vor mir zu verbergen vermag, wenn er in meiner Gewalt ist. Wenn du hören willst, warum deine Amme dich ihrem Sohn vorzog, so frage sie selbst.«

»Aber wie?« rief ich zornig. »Sie sättigt sich im Land der Toten!«

»Die Toten vergessen nicht«, antwortete der Hohepriester.

Verblüfft sah ich ihn an. »Was willst du damit sagen?«, fragte ich. »Soll ich wie Enkidu in die uralte Trümmerstätte hinabsteigen? Dann gehe mir voran und führe mich.«

Auf Aggars glatter Stirn erhob sich eine Falte. »Du brauchst nicht zu spotten«, sagte der Hohepriester. »Ich weiß, daß diese Sache von großer Wichtigkeit ist; wie sonst wären all diese Vorzeichen zu erklären? Es kann kein Zufall sein, daß sie an jenen Tagen beobachtet wurden, da Kaka seinen Gottesbrief schrieb. Viele Male fragte ich Enlil, der alle Geheimnisse kennt, aber er antwortet nicht. Darum müssen wir selbst herausfinden, was damals wirklich geschah.«

Ich seufzte. »Das letzte Mal, als ich in die Vergangenheit drang«, sagte ich, »mußten zwei unschuldige Frauen sterben.«

»Sie mußten sterben«, bestätigte Aggar, »doch unschuldig waren sie nicht. Aus Lust brach Sargons Mutter ihr priesterliches Gelübde, und wer weiß, was eure Amme bewog, so zu handeln, wie sie ihrem Sohn gegenüber gehandelt hat.«

»Das werden wir erst erfahren, wenn wir uns eines Tages in der uralten Trümmerstätte des Todes wiedersehen«, murmelte ich düster, »und uns vom Staub der Finsternis nähren.«

»Es gibt einen Weg, es früher herauszufinden«, erwiderte Aggar, »wenn es dir nicht an Mut dazu fehlt.«

»Bist du von Sinnen?« fragte ich. »Kennst du die Schrecken der Totenwelt nicht aus deinen heiligen Schriften? Selbst die Große Göttin konnte nicht entkommen, als Ereschkigals Diener sie töteten und nackt an den Haken hängten! Hätte nicht Enki, der Gute, seine Geister mit Lebenswasser geschickt, wäre Inanna nie aus dem Reich ihrer Schwester wiedergekehrt; und für ihre Befreiung mußte sie den Göttern der Tiefe ihren Gemahl Dumuzi überlassen. Trauert man nicht alljährlich im ganzen Länderberg um den strahlenden Gott, den selbst Gazellenfüße nicht vor den Dämonen retteten, und auch nicht die Tapferkeit Geschtinannas, die das Versteck des Bruders nicht verriet, obwohl die Dämonen ihr kochendes Pech in den Bauch schütteten?«

»Das habe ich nicht gemeint«, sagte Aggar. »Keiner von uns könnte hoffen, aus der Unterwelt wiederzukehren. Aber es gibt Wege, Totengeister heraufzuführen.«

»Was verlangst du von mir!« rief ich entsetzt. »Selbst Gilgamesch, der zu zwei Dritteln göttlich war, konnte den Anblick des toten Gefährten Enkidu kaum ertragen, als der Starke der Steppe mit seinem wurmzerfressenden Leib aus der Unterwelt kam! Ich aber soll die Frau, die ich wie eine Mutter liebte, nun als Leichnam vor mir sehen, verwest und vom Staub der Trümmerstätte bedeckt?«

»Es führt kein anderer Weg zu der Wahrheit, die für dich und den Länderberg wichtiger als alles andere ist«, drängte Aggar. »Wenn dir jetzt vor den Toten bangt, wohnst du vielleicht bald selbst bei ihnen.«

Ich schwieg und überlegte. »Vielleicht hast du recht«, sagte ich, »aber auf andere Weise, als du jetzt denkst. Vielleicht bin nicht ich es, dem Gefahr droht, sondern es ist mein Bruder, dem jemand übel will, ein Toter oder ein Gott. Vielleicht bist du selbst es, Aggar, der Böses plant, weil du Sargon haßt, seit er dich vor deinem eigenen Tempel maßregelte. Aber wo finde ich einen Totengeist-Heraufführer, der die Diener Ereschkigals überlisten kann?«

»Im Emeschlam«, erklärte Aggar, »im schwarzen Hochtempel Meslamtaëas und Ereschkigals zu Kutha. Ich würde dich gern begleiten, doch das Verbot des *lugal* hindert mich. Eile nach Kutha und sage dem Hohepriester, daß du mit mir sprachst. Ich werde dir einen Brief für ihn geben. Lasse den Geist deiner Amme vor dir erscheinen und höre, was du zu hören begehrst! Du magst es mir anvertrauen, so daß ich dir raten kann. Traust du mir dann aber immer noch nicht, so ziehe selbst deine Schlüsse und tue, was Sumer von dir erwartet!«

»Ich werde über alles nachdenken«, sagte ich und stand auf. »Glaube aber nicht, daß ich nicht weiß, was du planst, Es wird dir nicht gelingen. Denn Sargon und ich sind wie Äste am gleichen Baum und Arme am gleichen Körper, die keiner entzweien kann.«

»Ich weiß, daß das so ist«, erwiderte Aggar. »Ich weiß aber auch, daß das nicht immer so sein wird.«

Ich kehrte in den Palast zurück, den ich in Nippur bewohnte, und dachte viele Stunden nach. Am Ende beschloß ich, nun doch nicht gleich zu Sargon zu gehen, wie ich versprochen hatte, sondern erst noch nach Kutha zu reisen.

4

Das Licht bringt dem Menschen
die Wahrheit,
die Dunkelheit bringt ihm
den Traum.

Worte des Weisen von Eridu

Kutha am Gerstenährenkanal war damals noch eine blühende Stadt und Mittelpunkt in der Enge zwischen den Strömen. Ich fuhr auf dem Euphrat bis Babylon und stieg dort am nächsten Morgen auf meinen Reisewagen. Die vier Halbesel zogen mich durch die Steppe; noch am Abend des gleichen Tages langte ich in der Heimstatt der Unterweltsgötter an. Der Schwarze Tempel war schon geschlossen, doch als die Wachen meine Standarte erkannten, zogen sie sofort die Zedernholztore auf. Der Hohepriester trat mir auf der vorderen Treppe entgegen. Ich ließ meine Leibwache am Fuß des Tempels zurück, trat in den Raum der unbelauschten Gespräche und gab dem Herrn des Emeschlam den Brief. Zu jener Zeit war Abum-rabi der höchste Priester des Schwarzen Tempels; er zählte wohl schon mehr als 90 Jahre.

Als wir allein waren, zerbrach Abum-rabi die Hülle, zog das geheime Schreiben hervor und hielt es im Licht einer Fackel dicht vor die Augen. Mit jeder Zeile vertieften sich die Runzeln auf seinem faltigen Antlitz; als er den Grund meines Kommens erfuhr, stieß er laut die Luft aus.

Als er sich wieder gefaßt hatte, sagte er: »Aber das ist ganz unmöglich, *ensi* von Uruk! Was hat dir der Herr des Berghauses denn da erzählt? Ja, in der alten Zeit erlaubten es die Herrscher der Tiefe noch manchmal, daß Lebende mit Toten sprachen; Gilgamesch konnte sich von Enkidu die Schrecken der uralten Trümmerstätte beschreiben lassen. Heute aber dürfen es selbst die Götter des Himmels nicht wagen, das Haus der Finsternis aufzusuchen, und ebensowenig läßt das Hohe Paar der Erdentiefe die Geister Verstorbener entschlüpfen.«

»Ich würde den Schwarzen Tempel nicht um diesen Dienst ersuchen, wenn es nicht wichtig wäre«, antwortete ich. »Auch werde ich es nicht an Opfern für die Götter der Finsternis fehlen lassen; wenn gelingt, was ich plane, will ich den Emeschlam reich belohnen.«

»Darum geht es nicht!« rief Abum-rabi mit dünner Greisenstimme. »Die Götter der Tiefe erlauben es nicht, und wer es trotzdem wagt, wird ihre Beute. Deshalb hat schon seit vielen Jahren niemand mehr einen Totengeistzauber versucht, und die dazu nötigen Worte und Handlungen sind längst vergessen.«

»Du brauchst dich nicht zu verstellen«, erwiderte ich, »wo anders, wenn nicht in Kutha, sollte man sich auf das Heraufführen von Totengeistern verstehen, und wer anders sollte diese Kunst beherrschen, wenn nicht du als der oberste Priester Meslamtaëas! Sträube dich nicht länger; es geht um die Zukunft des Reichs!«

Der Alte schüttelte seufzend den Kopf. »Du irrst dich«, sagte er eindringlich. »Diese Kunst ist verloren. Die Götter der Finsternis lassen höchstens zu, daß sehr fromme Menschen einmal Worte aus der Unterwelt hören; auch ich selbst habe schon einige Male auf diese Weise Botschaften aus der uralten Trümmerstätte erhalten. Aber das kann nur beim Großen Opfer geschehen, und es ist keineswegs sicher, ob die gestellten Fragen auch wirklich beantwortet werden.«

»Wir wollen es noch heute versuchen«, befahl ich und stand auf.

Der alte Hohepriester seufzte wieder tief. Nach einer Weile sagte er: »Ich sehe, du kamst nicht nach Kutha, um dich von deinem Vorhaben abbringen zu lassen. Doch bedarf es beträchtlicher Vorbereitungen. Komme morgen abend zur Pforte des *ensi*, wenn Nannas Boot den Himmelsweg Enlils durchquert. Dann soll sich alles weitere entscheiden.«

Darauf begab ich mich in den Palast des *ensi* von Kutha, der mich mit größter Ehrerbietung empfing. Er bewirtete mich mit dem Besten, was Küche und Vorratshäuser zu bieten hatten. Doch als wir uns aus Höflichkeit unterhielten, wichen meine Gedanken immer wieder vom Lauf des Gespräches ab. Deshalb verabschiedete ich mich bald und zog mich zurück.

Nach einer unruhigen Nacht trat ich in Enkis Tempel, vollzog die üblichen Reinigungen, opferte zwei Lämmer und sagte in meinem Inneren: »Feuriger Steinbock des Ozeans! Herr der Besonnenheit! Gott des Gefildes der Fülle! Vielfach erzeugender Mann, Herrscher der großen Kraft, Vater der lebenden Welt! Der du in deiner Süßwassertiefe schlummerst – nimm mich heute Nacht in deine Hut! Fürst des Meeres, Schicksalsherr, schütze mich mit deinem Schlagnetz und deinem bissigen Hund vor den Dienern der Schwarzen Göttin! Du, der du einst Inanna mit deinem Lebenswasser errettet hast, strecke nun deine Hand über meinem Kopf aus, daß mir die Geister der Toten nichts anhaben können! Möge mein Herr nicht erlauben, daß mich die Dämonen versehren!«

Anschließend nannte ich alle Preisnamen Enkis, sprach sieben mal sieben Bannformeln aus und reinigte mich mit heiligem Wasser aus Eridu an der Lagune. Dann kehrte ich in das Großhaus des Herrschens zurück und legte mich dort zur Ruhe.

Als es dunkel wurde, erhob ich mich, rüstete mich mit meinen Waffen und rief den Anführer meiner Leibwache, Ur-Enki, zu mir. Er war noch sehr jung, doch schon ein tüchtiger Krieger und stammte aus Uruks ältestem Adel. Seine Familie führte ihre Abstammung auf Gilgamesch zurück, doch das behaupteten damals viele vornehme Sippen der alten Hauptstadt Sumers. Gemeinsam schritten wir durch den üppigen Garten des *ensi* zu der kleinen Pforte, die sich dort in der Mauer des Tempels öffnete. Der alte Abum-rabi erwartete mich.

Ich befahl Ur-Enki, den Emeschlam mit meinen Kriegern zu umstellen, streng zu bewachen und niemanden hinein- oder herauszulassen, solange ich mich in ihm aufhielt. Wenn ich aber bis zum Morgen nicht zurückgekehrt sei, solle er die Priester des Tempels gefangennehmen und einen Boten zu Sargon schicken, damit er von meinem Schicksal erfuhr.

»Folge mir nicht!« schärfte ich ihm ein, »sonst könnte auch dir etwas zustoßen, und dann wäre niemand mehr da, dem *lugal* die Wahrheit zu sagen. Ich traue diesen Priestern nicht.«

Abum-rabi hörte meinen Befehlen verständnislos zu. »Was soll dir das nutzen?« fragte er, »wenn dich die Dämonen der Erdentiefe entführen, kann Sargon dich sowenig zurückholen wie es einst Gilgamesch möglich war, Enkidu dem Haus der Finsternis zu entreißen.«

Ich ließ den jungen Befehlshaber bei seinem Stein schwören und schickte ihn fort. Dann folgte ich Abum-rabi in den Emeschlam. Die Halle des Opferns war kaum größer als im Tempel Inannas zu Sippar, doch durch die schwarze Bemalung der Wände und die geringe Anzahl der Lampen wirkte es, als ob wir uns in einer riesigen Höhle im Bauch der Erde befänden. Die Priester des Schreckensglanzgottes standen zur Rechten des hohen Altars; sie waren in schwarze Wolle gehüllt und trugen silberne Masken, die sie wie die Annunaki, die sechshundert Götter der Tiefe aussehen ließen.

»Herr der großen Stadt«, sagten die Priester, »Gott der Wüstenei, König des Sonnenuntergangsorts! Dein Wille ist ein Baum, den niemand fällt, dein Wort ein Fels, den niemand umstößt. Oh Zorniger der Erde, unnachgiebiger Schwertgott, König der Überwältigung, nimm unser Opfer an! Möge der König des finsteren Auges uns niemals zürnen! Möge der Unwiderstehliche uns niemals grollen! Möge der große Verbrenner uns stets gnädig sein!«

Später wurden auch alle anderen Götter der Finsternis angerufen: Zuerst der Großpförtner der weiten Erde, dann die zwölf Torwächter im Haus der Finsternis, der Blitzer, der Lauerer, der Verfolger, der Verweher, der Herr der Fieberglut, der Blutstockung, des Schlaganfalls, der Dämon der *upru*-Krankheit, der Herr der Hitze, der Plagegeist, der Herr der Fallsucht und des Schüttelfrosts; danach auch die Obersten, Vorsteher und Verwalter des Hauses der Einschließung, die Herolde Meslamtaëas, die Schicksalsschreiberin Geschtinanna, die Salbenmischerin des Totenreichs, der Fährmann des Chubur-Flusses und noch viele andere; mit jedem Namen schlichen neue Befürchtungen in meine Brust.

Danach trat Abum-rabi an den Altar, nahm das heilige Messer des Gottes und schnitt mit fester Hand zwölf schwarzen Lämmern die Kehlen durch. Ein anderer Priester fing das Blut der Tiere in einem großen Gefäß aus schwarzem Härtestein auf. Abum-rabi hob das Gefäß an die Lippen, nahm einen Schluck und gab die Schüssel einem seiner Priester weiter. So wanderte das Gefäß von Hand zu Hand, und alle tranken daraus; der mir am nächsten stand, drückte mir den Rand so heftig gegen den Mund, daß ich mich fast verschluckt hätte und mir das warme Blut in den Bart lief.

»Trink!« befahl er mit hohler Stimme. »Huldige den großen Göttern der Tiefe!«

Der Hohepriester stellte das leere Gefäß auf den Altar, hob beide Arme und rief seinen Gott mit all seinen Preisnamen an. Dabei wurde mir plötzlich so schwindlig, daß ich mich kaum auf den Beinen zu halten vermochte. Die Fackeln flackerten, als ob ein heftiger Wind durch die Halle fuhr, dennoch war nicht der leiseste Luftzug zu spüren. Die Ziegel des Bodens schwankten unter meinen Füßen wie die Planken eines Makanschiffs, und mir war, als begänne der Tempel sich wie ein gewaltiges Rad zu drehen. Ich spannte alle Muskeln an, um nicht zu Boden zu stürzen; da spürte ich plötzlich einen festen Griff an meinem Arm.

»Komm«, ertönte die hohle Stimme. Schwankend drehte ich mich um. Der Druck der knochigen Finger verstärkte sich.

»Komm«, sagte die Stimme wieder und zog mich mit solcher Kraft, daß ich nachgeben mußte. Fast wäre ich gestolpert, doch nun packte mein Nachbar auch mit der anderen Hand zu; auf ihn gestützt taumelte ich aus dem Saal.

Ich hoffte, daß die Nachtluft mein Unwohlsein lindern würde, doch es war stickig und schwül, so daß mir am ganzen Körper der Schweiß ausbrach. Ich zitterte vor Schwäche und wollte mich am liebsten zu Boden sinken lassen. Der verkleidete Annunaki aber ließ mich nicht los, sondern führte mich vom Tempel fort in den dunklen Garten. Das Silberboot Nannas schien durch die Wipfel der Bäume, die ein schwacher Wind leicht bewegte. Vom Gerstenährenkanal drang das Quaken von Fröschen herüber; sonst war alles still.

Nach einer Weile kamen wir in ein Palmenwäldchen.

»Es geht schon wieder«, sagte ich, doch ich erhielt keine Antwort. Eine Fledermaus flatterte über uns hinweg, und von dem schwarzen Turm des Tempels erklang der Schrei eines Kopfwendevogels. Wolken schoben sich vor das Himmelsschiff Nannas zwischen den Hochsternen Enkis. Ich roch den fauligen Duft einer Chubur-Staude und mußte daran denken, daß man aus ihrer Milch den Trank des schnellen Abschieds mischt.

»Wohin bringst du mich?« fragte ich. »Bist du es, der die Totengeister heraufführt? Sage mir deinen Namen!«

»Komme mit mir«, antwortete die hohle Stimme.

Ich blieb stehen, stieß meinen Helfer zurück und legte die Hand auf mein Schwert. »Wer bist du?« wiederholte ich scharf. »Antworte! Ich befehle es dir!«

Unheimlich leuchtete der Mondglanz auf der Silbermaske des Annunaki. »Folge mir«, sagte die hohle Stimme erneut.

Ich packte ihn, um ihm die Maske vom Gesicht zu reißen, aber sie löste sich nicht. Er griff mit erstaunlicher Kraft nach meiner Hand und löste sie von seinem Annunaki-Gesicht; dabei ritzte mein Ring das gehämmerte Silber gleich unter dem rechten Auge. Zornig mußte ich feststellen, daß meine Schwäche mich hinderte, ihn zu entlarven.

»Vertraue mir«, sagte die hohle Stimme erneut. Dann wandte die Gestalt sich um und wurde mit unerklärlicher Schnelligkeit kleiner. Verblüfft rieb ich mir die Augen. Ein dunkler Arm erhob sich; erst jetzt erkannte ich, daß mein unheimlicher Führer auf einer steinernen Treppe in eine ummauerte Gruft stieg.

»Wer liegt hier begraben?« fragte ich.

»Ein Mann, der glücklicher ist als du«, antwortete die Stimme.

Zögernd trat nun auch ich auf die Ziegel der Treppe. Schwarz ragte die Mauer der Grabstätte über mir in den düsteren Himmel. Ein Windstoß fuhr in mein Haar, als wolle die lebende Welt mich zurückhalten, und die Frösche des Gerstenährenkanals schienen immer lauter zu quaken. Ich folgte dem Mann mit der Annunaki-Maske und gelangte bald vor den Eingang der Gruft. Bronzene Siegel schimmerten matt auf der Zedernholztür.

»Bist du bereit?« fragte die Stimme.

»Das bin ich«, antwortete ich.

Der Mann mit der Annunaki-Maske sprach einige seltsame Worte, die ich nicht verstand. Dann löste er die Siegel mit bloßen Händen; nie zuvor hatte ich so etwas gesehen. Knarrend öffnete sich die schwere Tür. Modergeruch fuhr uns entgegen.

»Folge mir in die Zwischenwelt«, sagte die Stimme. »Sprich nur noch, wenn ich es dir befehle.«

Er trat durch die Tür und hielt sie weit genug auf, daß ich hindurchschlüpfen konnte.

Im Inneren der alten Grabstätte war es so dunkel, daß ich die Hand nicht vor den Augen sehen konnte. »Folge mir«, sagte die Stimme wieder. Ich richtete mich nach ihrem Klang und schritt aus. Da verlor ich den Boden unter den Füßen; fast wäre ich gestürzt, doch seine Hand hielt mich fest, und ich merkte, daß wir am Fuß einer weiteren Treppe standen.

Langsam stieg ich nun hinter ihm in die Tiefe der Erde hinab. Nach einer Weile hatte ich sechzig Stufen gezählt, dann weitere sechzig und immer mehr; nie hätte ich es für möglich gehalten, daß sich im Garten des Schwarzen Tempels ein Bauwerk von solchem Ausmaß verbarg. *Gar* um *gar* näherten wir uns der Brust der Erdentiefe; dann war die Treppe plötzlich zu Ende und wir schritten durch einen langen Gang, der mir gewunden wie der Leib einer Würgschlange schien. Am anderen Ende leuchtete uns ein grünlicher Schimmer wie auf dem Grund eines Tümpels entgegen. Immer neue Fragen drangen in meinen Kopf, doch ich befolgte den strengen Befehl und schwieg. Das grüne Leuchten verstärkte sich, und endlich traten wir durch eine offene Pforte in einen Saal. Decke und Wände waren ganz mit Malachitstein verkleidet. Auch den Fußboden schmückte der herrliche Glanz, doch in der Mitte klaffte ein schwarzes Loch, das von einem großen Kupferring eingefaßt war. Es schien, als ob sich dort ein Brunnen öffnete.

Der Kupferring war so hoch, daß er einem Mann von durchschnittlicher Größe bis zur Hüfte reichen mochte. Um ihn standen Standarten mit den Emblemen Meslamtaëas und Ereschkigals. Auf das Kupfer waren die stärksten Abwehrzeichen gegen Dämonen und Götter der Unterwelt geritzt, Zaubermale, wie sie nur die höchsten Priester des Länderbergs kennen.

Neugierig wollte ich den seltsamen Brunnen näher betrachten, aber der Mann mit der Annunaki-Maske hielt mich zurück und sagte streng: »Setze nicht leichtfertig dein Leben aufs Spiel! Durch diesen Schacht steigen die Totengeister empor; der Zauberring schützt uns vor ihnen, denn sie sind voller Haß und trachten danach, sich an uns zu rächen. Bedenke das Leid dieser Geister an jenem furchtbaren Ort! Schmutz, wohin du blickst; kein Licht erhellt die Dämmerung. Auf Tür und Riegel ist Staub gestreut; Lehm ist die Speise der Toten und faulendes Wasser ihr Trank; nur den in der Schlacht gefallenen Helden wird reines Wasser zuteil, und sie können sich von ihren Eltern das Haupt halten lassen. Aber die anderen! Kälte lähmt ihre Glieder, die nur ein Flügelgewand umhüllt. Glücklich, wem Hinterbliebene Speise und Trank opfern; die meisten Toten entbehren diese Gunst und nähren sich von dem, was wir als Abfall auf die Straße werfen. Die Not der Toten erzeugt den Haß auf die Lebenden, und wen die Geister in ihre Gewalt bringen können, den reißen sie in Stücke.«

»Aggar wußte, daß es in Kutha noch Totengeistheraufführer gibt«, sagte ich, »aber warum hat mich Abum-rabi belogen?«

Der Mann mit der Annunaki-Maske stieß ein verächtliches Zischen aus. Dann nahm er eine frisch geglättete Tafel, reichte sie mir und befahl: »Schreibe den Namen der oder des Toten, den du zu sprechen wünschst, auf.«

Ich nahm Tafel und Griffel aus seinen Händen und ritzte Hatamersas Namen in den weichen Ton. Dann gab ich das Schreibzeug zurück. Der Totengeistheraufführer las; dann fragte er: »Wer ist diese Frau?«

»Meine Amme«, antwortete ich. »Sie ist – sie war Akkaderin.«

»Und was willst du von ihr wissen?« fragte er weiter.

»Als mein Bruder und ich zur Welt kamen«, erklärte ich, »gab sie ihr eigenes Kind fort, um uns zu stillen. Ich will erfahren, warum sie das tat.«

Der Totengeistheraufführer nickte. »Und wer bist du?« wollte er nun wissen.

»Du kennst mich nicht?« fragte ich erstaunt. »Ich bin der *ensi* von Uruk.«

»Bei den Toten zählen Titel nichts«, erwiderte der Mann, »auch nicht bei denen, die mit Toten Umgang pflegen. Darum sollst du mir schwören, daß du mir in allen Dingen widerspruchslos gehorchst, solange wir uns in dieser Kammer befinden. Wenn du auch nur einen einzigen meiner Befehle mißachtest, kehrst du vielleicht niemals auf die Oberfläche der Erde zurück!«

»Ich werde daran denken«, versprach ich.

Der Totengeistheraufführer blickte mich durch seine Annunaki-Maske an; die Fänge unter den hochgezogenen Lefzen blinkten im Fackelschein.

Er begann nun mit seiner Beschwörung und sprach dabei Worte, wie ich sie nie zuvor gehört hatte; dabei verbrannte er Räucherwerk in solcher Menge, daß die Kammer bald von dichten Schwaden erfüllt war. Zu seiner Rechten hielt er einen Stab mit den Emblemen des Lebensbrots und des Lebenswassers. Dann hob er die Tafel hoch, rief die heiligsten Preisnamen Meslamtaëas und Ereschkigals und ließ den Totenbrief in den schwarzen Schlund fallen.

Angestrengt lauschte ich auf ein Klirren, das uns verriet, daß die Tafel in der Brust der Erdentiefe aufgeprallt war, doch es ertönte kein Laut.

»Totengeist, der du gerufen wurdest, Totengeist, steige herauf!« rief der Mann mit der Maske und fügte wieder Worte hinzu, die ich nicht zu wiederholen vermag. Dann opferte er noch mehr Fichtenharz, legte ein Gewand aus Wolle, ein Paar Sandalen und einen Gürtel auf den Rand des Kupferrings und rief wieder in den Schacht: »Totengeist, der du gerufen wurdest, Totengeist, komme herauf!« Den Lebensstab ließ er fortan nicht mehr los.

Ich spähte in die Rauchschwaden, aber das einzige, was ich erkennen konnte, war die dunkle Gestalt des Beschwörers, der etwa drei Schritte von mir und ebensoweit von dem Schacht entfernt stand.

Nun legte der Totengeistheraufführer einen Krug sowie eine Schüssel mit Brot, Fleisch und Käse auf den Kupferring, warf neue Körner in die Räucherpfanne und rief zum dritten Mal: »Totengeist, der du gerufen wurdest, Totengeist, komme herauf!«

Plötzlich fuhr ein kalter Hauch durch die Kammer, als hätte sich eine verborgene Tür in der Malachitwand geöffnet. Die Fackeln flakkerten, und ich spürte, daß sich auf meiner Haut wie bei großer Gefahr die Haare aufrichteten. Aus der Tiefe des Schachts klang ein Keuchen und Schnaufen, als ob sich jemand mühte, mit einer schweren Last eine steile Treppe emporzusteigen. Der Totengeistheraufführer stand regungslos vor mir und hielt den Lebensstab vor sich; auch ich wagte mich kaum zu rühren.

Das Keuchen wurde langsam lauter und klang bald, als atme jemand durch eine Röhre, die den Schall seines Mundes verzerrte. Näher und näher kam das unheimliche Geräusch, dann wurde es plötzlich still, und am Rand des Kupferrings zeigte sich ein Kopf mit grauen Haaren.

»Hatamersa«, rief ich erregt. »Bist du es?«

Der Kopf des Totengeists drehte sich langsam; unter verfilzten Strähnen sah ich das eingefallene, von einer Schmutzkruste bedeckte Gesicht einer uralten Frau. Ihr Haar hing wirr in die Stirn, ihre Augen schimmerten wie sumpfige Tümpel im Staub der Steppe; die schlaffen Lippen öffneten sich, und eine Stimme wie aus weiter Ferne flüsterte: »Daramas! Mein Sohn!« Dabei blickte sie begehrlich auf die Speisen und den Krug.

»Hatamersa«, rief ich bestürzt und trat einen Schritt vor. Sofort hob der Totengeistheraufführer warnend den Arm. Ich blieb stehen und fuhr fort: »So sehe ich dich wieder, liebe Ziehmutter! Aber was ist mit dir? Bei allen Göttern …« Mehr brachte ich nicht heraus.

Wieder ertönte die Stimme der alten Amme: »Daramas«, sagte sie. »Mein lieber Sohn! Was führt dich an diesen Ort, und warum hast du mich gerufen?«

Sie stieg noch einen Schritt weiter empor, so daß ich nun auch ihre Schultern erkennen konnte; über der bloßen Haut lag ein eigentümlicher Schimmer. Der Totengeistheraufführer hob den Lebensstab, und Hatamersa blieb stehen. Gerührt trat ich einen Schritt auf sie zu, da stieß der Mann ein warnendes Zischen aus und hob die Hand, um mich zurückzuhalten.

»Stelle deine Frage, *ensi* von Uruk«, befahl er. »Das Tor zur Unterwelt darf nicht zu lange offenbleiben.«

»Ja«, sagte ich hastig und richtete meinen Blick auf meine Amme. »Es ist sehr wichtig«, erklärte ich ihr. »Höre nun also: Als wir uns zum letzten Mal sahen, damals am Brunnen der Freudentränen Inannas, hast du gesagt, dein Sohn sei kurz nach seiner Geburt gestorben; deshalb hättest du genug Milch besessen, Sargon und mich zu stillen. Nun aber höre ich, daß dein Sohn nicht starb, sondern daß du ihn fortgabst.«

Hatamersa stieg einen weiteren Schritt empor, und ich konnte den Oberkörper des Totengeists sehen. Auch er war von Schmutz und Staub bedeckt.

»Ist das wahr, Hatamersa?« fragte ich laut. »Sage es mir!«

Der Totengeistheraufführer hob seinen Lebensstab. »Nicht weiter«, rief er. »Berichte nun! Dann darfst du dir nehmen, was du begehrst.«

Die alte Amme schaute wieder gierig auf das Brot und das reine Wasser. Dann sah sie mich traurig an. In ihrem Blick lag soviel Liebe, daß ich am liebsten zu ihr geeilt wäre, um sie in meine Arme zu schließen.

»Ach, Daramas«, sagte sie traurig. »Nur um mich das zu fragen, rufst du mich auf die Erde zurück? Das alles ist doch schon so lange her...«

Der Mann mit der Maske winkte mir ungeduldig. »Tote vergessen nichts«, sagte ich eilig.

»Ja, Daramas«, antwortete Hatamersa, »sie vergessen nichts – auch nicht ihre Schwüre.«

»Du hast geschworen?« frage ich verblüfft. »Was denn? Mich zu belügen? Wem schworst du das? Und warum?«

Hatamersa seufzte tief. Mit einem tiefen Schritt erklomm sie die letzte Stufe, so daß der kupferne Ring sie nur noch von der Hüfte abwärts verdeckte, und streckte die Hand nach Schüssel und Krug aus. Der Totengeistheraufführer hob von neuem den Stab, und die Amme wich ein Stück zurück.

»Erst das Gewand, dann die Schuhe«, befahl er. »Beeile dich, unreiner Geist, sonst schicke ich dich ohne Wegzehrung in die Trümmerstätte zurück.«

Hatamersas Zunge fuhr gierig über die welken Lippen. Rasch raffte sie die Kleidungsstücke an sich. Dann sagte sie zu mir: »Dein Vater Akki war es, der mich zwang, mein Kind fortzugeben und statt dessen deinen Bruder und dich an meine Brüste zu legen. Drei Kinder hätte ich nicht stillen können.«

»Aber warum hast du eingewilligt?« fragte ich. »War es der Wunsch deines Mannes, dich mit seinem Sohn zu verlassen? Oder lockte mein Vater dich etwa mit Geld?«

Die Amme schüttelte traurig den Kopf. »Nein, Daramas«, sagte sie mit leiser Stimme. »Kaka liebte mich, und ich ihn. Und beide liebten wir unseren kleinen Sigki ...«

Ihre Augen füllten sich mit Tränen, und ich konnte mich nicht zurückhalten, wieder einen Schritt auf sie zuzutreten. Sogleich stieß der Totengeistheraufführer wieder ein Zischen aus, hob seinen Lebensstab und rief warnend: »Nicht weiter, *ensi!* Das ist sehr gefährlich! Bleibe, wo du bist. Und beeile dich. Wir müssen den Beschwörungsring wieder schließen. Er steht schon jetzt zu lange offen.«

»Also, warum dann?« fragte ich meine Amme wieder. »Sage mir endlich die Wahrheit!«

»Aber das kann ich nicht!« rief Hatamersa. Ein Schluchzen drang aus ihrer Kehle. »Ich habe es doch geschworen!«

»Wem?« rief ich.

»Deinem Vater«, sagte sie so traurig, daß ich selbst mit den Tränen zu kämpfen begann. »Verstehe mich doch. Mir blieb keine Wahl. Ach, wie oft habe ich es bereut! Dich aber, Daramas, liebte ich wie meinen eigenen Sohn.«

Diese Worte rührten mich so sehr, daß ich alle Vorsicht vergaß und noch einen weiteren Schritt auf sie zuging. »Nicht«, rief der Totengeistheraufführer warnend und hielt mich fest. Hatamersa griff wieder nach Schüssel und Krug, doch der Mann mit der Annunaki-Maske trieb sie erneut zurück.

»Nun seid ihr wohl zusammen, Kaka und du«, sagte ich zu Hatamersa. »Gewiß hat er eingesehen, daß du nicht anders handeln konntest!«

»Du irrst dich«, antwortete Hatamersa. »Kaka ist noch nicht zu uns in die uralte Trümmerstätte gekommen. Er lebt jetzt in Gutium, in den Ruinen der Festung von Malmothan. Ein Händler aus Sippar sah ihn dort zufällig mit Priestern Enlils aus Nippur und Azupiranu. Ein paar Tage später stürzte der Kaufmann mit seinem Karren in eine Schlucht und kam uns Leben. Danach hat er mir am Ort des Gefangenseins davon erzählt. Ich glaube nicht, daß Kaka mir verzeiht.« Wieder flossen Tränen über ihr Antlitz. »Wie könnte er mich je wieder lieben, nach dem, was ich ihm angetan habe?« schluchzte sie.

»Aber wir lieben dich, Sargon und ich«, rief ich schnell und meinte, ihr wenigstens damit ein bißchen Trost gespendet zu haben. Doch beim Namen meines Bruder verdüsterte sich Hatamersas Gesicht. »Sargon«, sagte sie zornig. »Was ist mit ihm? Bist du noch immer sein Sklave?«

»Aber er ist dein Milchsohn wie ich«, erwiderte ich überrascht. »Und er liebt dich wie ich. Er trauerte nicht weniger als ich, als er von deinem Tod erfuhr. Damals, als ich dich besuchte, am Brunnen der Freudentränen Inannas, hast du ganz anders von ihm gesprochen. Damals befahlst du mir, nichts zu tun, was Sargon schaden könnte. Was wandelte deinen Sinn?«

Der Totengeist zischte verächtlich. »Ja, damals«, kam die Antwort. »Da wußte ich noch nicht, was ich jetzt weiß. Nicht nur ermordete er seinen eigenen Vater; er hat auch sonst Unglück über sein und mein Volk gebracht. Nur nach Worten wurden die Akkader frei; in Wirklichkeit sind sie ebenso Sargons Sklaven wie die Sumerer. Nur in seinen Worten wünschte Sargon Frieden; in Wirklichkeit verwüstete er noch mehr Länder als selbst der grausame Lugalzaggesi und läßt die Akkader sogar gegen die Jamniten kämpfen, die doch ihre Brüder sind. Nur in Worten liebt Sargon die Götter der Wüste; in Wirklichkeit ist er ihr Feind und läßt es zu, daß seine Tochter sie mit den sumerischen Gottheiten gleichsetzt. Nur in seinen Worten ist Sargon Ischtars Gemahl, in Wirklichkeit will er sie nur zu seiner Beischläferin machen und selbst als Gott über Himmel und Erde herrschen. Niemals werde ich mir verzeihen, daß ich ihm einst meine Milch gab, die ihn wachsen ließ, zu werden, was er heute ist.«

»Alles geschah nach dem Willen der Götter«, erwiderte ich. »Enlil selbst hat meinen Bruder erwählt, auf seinem Berghaus zu Nippur; ich stand bei Sargon, als ihn der Gott mit seinen Blitzen erkor.«

»Du Narr«, antwortete Hatamersa. »Woher willst du denn wissen, was Enlils Blitze bedeuten – vielleicht galten sie dir! Woher weißt du, ob die Zeit des Ungeheuers nicht schon abgelaufen ist und es jetzt bald ins Wasser zurückkehren soll – durch deine Hand! Töte Sargon und nimm dir, was dir gehört! Du sollst der *lugal* des Landes sein. Dann werden die Toten dir mit den Lebenden danken.«

Nun brausten die Gedanken wie Winterstürme durch meinen Schädel, und ich rief voller Staunen: »Als Lugalzaggesi und Aggar von mir verlangten, daß ich meinen Bruder ermorden solle, war ich nicht weiter erstaunt; konnte ich sie doch nur zu leicht durchschauen. Daß du nun aber das Gleiche von mir verlangst, kann ich nicht glauben! Sorgte Sargon nicht stets für dich? Was bist du für eine Frau! Dein eigenes Kind gabst du fort, um Sargon zu säugen, und nun wünschst du deinem Ziehsohn den Tod. Wenn du schon jemanden hassen mußt, sollte ich es sein, da du deinen Sohn fortgeben mußtest, um mich zu stillen – nicht Sargon, der schon vor mir an deiner Brust lag.«

»Bist du dir dessen so sicher?« rief Hatamersa. »Was weißt du schon von dieser Zeit? Du Sklave mit einem Sklavengemüt dienst Sargon immer noch wie ein Diener seinem Herrn, wie ein jüngerer Bruder dem älteren, wie ein Geringerer einem Höheren, und weißt doch gar nicht, was damals wirklich geschah!«

»Dann verrate es mir endlich«, rief ich erregt. »Bin ich vielleicht der ältere von uns beiden? Meinst du, daß mir deshalb die Tiara des Reiches gebührte? Logst du damals oder lügst du jetzt? Und was würde sich ändern, wenn ich wirklich der ältere wäre? Sargon, nicht ich, wurde zum *lugal* erwählt: Soll ich ihn deshalb ermorden? Er ist mein Bruder und ich liebe ihn!«

»Er ist nicht dein Bruder, das weißt du«, antwortete der Totengeist. »Aus Schwäche, nicht aus Liebe, schließt du dich ihm an. Dein Geist ist nicht zum Herrschen, sondern zum Dienen, nicht zum Befehlen, sondern zum Gehorchen bereit. Ach, und dein Vater ...« Unsagbarer Schmerz lag auf dem Antlitz der alten Frau, die ich wie eine Mutter liebte. Mitleid übermannte mich, und ich drängte vorwärts, um sie an mich zu drücken.

»Zurück«, befahl der Mann mit der Maske; die alte Amme aber breitete sehnsüchtig die Arme aus. »Daramas«, rief sie. »Mein lieber Sohn!«

»Hatamersa«, antwortete ich. »Geliebte Amme!« Heftig stieß ich den Totengeistheraufführer zur Seite und stürzte vorwärts. Aber noch ehe ich Hatamersa erreichte, veränderte sich ihr Gesicht auf schreckliche Weise. Ihre Augen, die eben noch Tränen geweint hatten, funkelten jetzt voller Gier wie die Lichter des hungrigen Löwen; die welken Lippen, die eben noch so liebevolle Worte geformt hatten, spannten sich wie Peitschenschnüre und entblößten blitzende Zähne. Die alten

Hände, die sich mir eben noch flehend entgegengestreckt hatten, krümmten sich plötzlich zu Klauen. Ich stand wie gelähmt; der Totengeist aber stieß ein lautes Geheul aus und packte mich, um mich mit sich in die Tiefe zu ziehen. Schon lag ich halb über dem Zauberring; in seinem Inneren sah ich die Treppe, die sich wie ein Schlangenleib in die Tiefen der Erde wand. Auf ihren Stufen warteten in dichten Reihen andere Totengeister mit aufgerissenen Mündern und ausgestreckten Klauen; als sie mich sahen, begannen sie laut zu kreischen. Ihre gekrümmten Hände griffen nach mir, und ihre Lippen zuckten, als ob sie schon ihre Zähne in mein frisches Fleisch schlagen könnten, da riß eine feste Hand mich zurück. Ich taumelte. Der Mann mit der Annunaki-Maske rang mit dem Totengeist. »Fort!« rief er mir zu. »Schnell, ehe es zu spät ist!«

Neben den Kämpfenden kletterten schon weitere Tote über den kupfernen Ring. Mit ohrenbetäubendem Schreien eilten sie auf mich zu. Andere halfen Hatamersa, den Totengeistheraufführer niederzuringen und über die schützende Brüstung zu ziehen; ihm war nicht mehr zu helfen. Nur einen Wimpernschlag, ehe die ersten Geister mich packen konnten, lief ich aus der grünen Kammer in den gewundenen Gang.

Wie eine Gazelle der Steppe, die von einem Rudel Löwen gehetzt wird, eilte ich der langen Treppe entgegen. Hinter mir hallte grausiges Geheul. Da ich kaum etwas sehen konnte, stolperte ich am Fuß der Treppe und stürzte der Länge nach auf die Stufen. Triumphgeschrei erscholl, und eine Hand packte meinen Fuß. Mit aller Kraft riß ich mich los und hastete hinauf. Endlich erreichte ich die schwarze Pforte der Gruft. Ich warf mich gegen die Zedernholzbalken, drückte die Tür auf und stürzte keuchend ins Freie. Dort blendete mich Fackelschein. Männer mit Annunaki-Masken standen vor mir.

»Schnell, *ensi*!« rief eine Stimme. Völlig verwirrt sah ich auf; Abumrabi stand auf dem Rand der Gruft.

Stoßweise drang der Atem aus meiner bebenden Brust. »Die Totengeister«, rief ich. »Sie kommen!«

Der Herr des Emeschlam nickte. »Wir sind vorbereitet«, antwortete er.

Zwei seiner verkleideten Priester sprangen zu mir herab, packten mich bei den Armen und zogen mich auf die Oberfläche der Erde zurück. Die anderen stiegen zu der schwarzen Pforte hinunter und brachten neue Kupfersiegel an. Sie hatten ihre Arbeit noch nicht beendet, als ich sah, wie sich die Zedernholzbalken bogen; mit schrecklicher Kraft stemmten sich die Geister gegen das Bollwerk, das ihnen den Weg in die Welt der Lebenden versperrte.

Die Priester stimmten ein heiliges Lied zu Ehren Meslamtaëas an. Abum-rabi betete inbrünstig in einer Sprache, die ich nicht kannte; manche Worte ähnelten den Beschwörungen, die ich in der grünen Kammer vernommen hatte.

»Der Totengeistheraufführer! Er ist noch unten«, stammelte ich.

Abum-rabi nickte ernst.

Erschöpft sank ich zu Boden. Einige Priester hoben mich auf und trugen mich fort.

Als ich wieder zu mir kam, lag ich auf weichen Kissen in einem dunklen Raum. Von draußen klangen Stimmen herein.

»Er ist aufgewacht«, sagte eine Stimme. Ich blickte auf. Neben meinem Bett stand Sargon.

VII

MESLAMTAËA

1

Wie soll das Neue entstehen,
wenn nicht das Alte vergeht?
Worte des Weisen von Eridu

Sargon umarmte mich, küßte mich auf beide Wangen und sagte besorgt: »Endlich! Ich habe mir große Sorgen gemacht. Wie geht es dir? Beim König des furchtbaren Landes, du siehst schrecklich aus!«

»Wo kommst du denn her?« entfuhr es mir. Hinter Sargon stand Abum-rabi.

»Die Totengeister«, rief ich.

»Da hörst du es selbst, großer *lugal*«, sagte der Hohepriester. »Schon seit Tagen spricht er von diesen Dingen.«

»Seit Tagen?« fragte ich verblüfft. »Wovon redest du? Was ist geschehen?«

»Du batest den Gott der Tiefe um einen Traum«, antwortete Abum-rabi. »Meslamtaëa gewährte ihn dir. Möge er deine Fragen beantwortet haben! Als du bei der Opferfeier plötzlich auf dem Boden lagst und wir erkannten, daß der Gott dich erhört hatte, betteten wir dich auf dieses Lager. Seither sind schon drei Tage vergangen. Deine Leibwächter schickten, wie du es befohlen hattest, sogleich einen Boten zum *lugal*. Er traf ein, und du erwachtest. Alles ist gut. Fordere aber nie wieder ein solches Wunder von unserem Gott!«

»Du lügst«, fuhr ich auf. »Ich habe nicht geträumt! Der Totengeistheraufführer trug eine Annunaki-Maske wie deine Priester. Er führte mich in den Garten zu einer Gruft und stieg mit mir in die Erdentiefe hinab, wohl mehr als sechshundert Stufen. Unten gelangten wir in eine Kammer aus Malachit, und dort ...«

Ich verstummte. Sargon sah mich zweifelnd an. Abum-rabi schüttelte den Kopf. »Ich sagte dir doch, daß die Götter der Tiefe schon lange keine Totengeister mehr auf die bewohnte Erde schicken«, erklärte er, »und daß es deshalb auch schon lange keine Totengeisteraufführer mehr gibt. Statt dessen sendet Meslamtaëa zuweilen Träume; die Botschaften darin sind aber nicht weniger wahr als Schriften auf einer Tafel.«

»Glaubst du, ich könne nicht mehr zwischen Traum und Wirklichkeit unterscheiden?« rief ich zornig. »Du selbst sahst mich doch durch die schwarze Pforte fliehen, und deine Priester hielten die Totengeister mit Bronzesiegeln zurück!«

Erregt rüttelte ich Sargon an der Schulter. »Ich habe mit Hatamersa gesprochen«, sagte ich beschwörend, »über dich, mich, Kaka und den Rübenkopf.«

»Kaka?« fragte Sargon erstaunt. »Wer ist denn das?«

»Rübenkopfs Vater«, erklärte ich. »Ich sagte damals vor dem Stuhl der Besonnenheit aus ... Aber das habe ich dir doch schon einmal erzählt.«

»Kann sein«, sagte Sargon und lächelte mich beschwichtigend an. »Es fällt mir bestimmt auch gleich wieder ein.«

»Es war nur ein Traum«, beharrte Abum-rabi.

Ich sprang auf die Füße. Ein Schwindel befiel mich, ich schüttelte heftig den Kopf. Da kehrten meine Sinne zurück wie Wasser in einen ausgetrockneten Graben.

»Gehen wir hin«, sagte Sargon. »Aber langsam! Du warst sehr krank.« Auch Abum-rabi und seine Priester folgten uns; sie trugen keine Masken mehr. Ich ging in den Großen Kultraum des Tempels, dann durch das Tor in den Garten und zu dem Palmenwäldchen. Sargon spähte in jeden Winkel, aber wir konnten keine Gruft finden.

»Abum-rabi hat recht«, gestand ich schließlich. »Es war nur ein Traum.«

Der Hohepriester zuckte die Achseln. »Hier hat es nie eine Grabstätte gegeben«, erklärte er, »jedenfalls nicht, solange der Emeschlam besteht, und der wurde vor mehr als fünfhundert Jahren errichtet. Ihr irrt euch, wenn ihr glaubt, daß wir nichts von den Dämonen der Unterwelt zu fürchten hätten, weil wir ihren Herrschern dienen.«

Ich rief Ur-Enki zu mir. Er schien sehr erleichtert, mich lebend zu finden.

»Wie hast du deinen Auftrag ausgeführt?« fragte ich ihn.

Er fuhr sich mit der Zunge über die Lippen und sagte eifrig: »So wie du es befohlen hast, Herr. Die Männer stehen seit drei Tagen um den Tempel. Niemand kam heraus, niemand ging hinein. Außer dem *lugal* natürlich.«

»Natürlich«, sagte ich.

»Als du am Morgen nicht zurückgekehrt warst, schickte ich Boten zu ihm«, fuhr Ur-Enki fort.

»Ich kam, so schnell ich konnte«, fügte Sargon hinzu. »Der Mann hat seine Sache ordentlich gemacht.«

»Hast du nicht mit den Priestern gesprochen?« fragte ich Ur-Enki.

»Sie erklärten mir, du habest einen Traum von Meslamtaëa empfangen und lägst deshalb in tiefstem Schlaf«, erwiderte er.

»Hast du dich selbst davon überzeugt?« setzte ich nach.

»Wie hätte ich das tun können?«, erwiderte Ur-Enki. »Du hattest mir verboten, den Emeschlam zu betreten. Nun bin ich froh, daß du wirklich nur schliefst und nicht tot warst.«

»Ich auch«, seufzte Sargon.

»Ich auch«, sagte ich grimmig.

Ich dankte Ur-Enki für seine Umsicht und ging mit Sargon ins Großhaus des *ensi* von Kutha. Wir ließen uns im Raum der unbelauschten Gespräche nieder und erfrischten uns mit gekühltem Bier. Dann erzählte ich Sargon, was ich in meinem Traum erlebt hatte. Stumm hörte er zu; jeder Satz aus meinem Mund steigerte sein Staunen.

»Auch wenn es ein Traum war«, schloß ich, »er war von den Göttern gesandt, und was Hatamersa sagte, kann uns nicht gefallen.«

Sargon wiegte den Kopf. »Das stimmt«, meinte er nach einer Weile. »Wir müssen alles mit Sorgfalt durchdenken. Was soll das alles nur bedeuten? Bisher glaubte ich immer, daß ich in meiner Wiege schwamm, bevor du geboren wurdest. Aber dann müßte ja Hatamersa dich hassen und nicht mich, da du es doch gewesen wärst, für den sie den eigenen Sohn hatte aufgeben müssen.«

»Es sind so viele Rätsel«, seufzte ich. »Warst es denn wirklich du, der in diesem Korb auf dem Euphrat geschwommen kam? Wurdest du vielleicht mit Sigki vertauscht? Oder bin ich das Kind aus dem Korb? Wer will das heute noch sagen!«

Sargon sah mich ein wenig sonderbar an. »Mein Vater war Laïbu«, entgegnete er. »Siehst du etwa aus wie der Sohn eines Eselnomaden? Du bist ein Schwarzköpfiger, das ist so wenig zu leugnen wie meine Abstammung von den Akkadern.«

»Trotzdem stimmt hier etwas nicht«, beharrte ich. »Ich werde nach Gutium fahren und Kaka befragen.«

Sargon kratzte sich den dichtgelockten Bart. »Meinst du, daß dieser Kerl dir mehr erzählt als dem Hohepriester Nippurs?«

»Nein. Aber ich meine, daß Aggar mir vielleicht nicht alles gesagt hat.«

Sargon setzte den Krug ab und wischte sich Bier von den Lippen. »Da magst du recht haben«, gab er zu. »Aggar liegt die Täuschung im Blut. Aber warum willst du dich selbst auf diese gefährliche Reise begeben? Ich werde ein paar Leute hinschicken und Kaka zu dir bringen lassen; dann kannst du ihn so lange ausfragen, wie du willst.«

Er sah mich abwartend an; dann fügte er hinzu: »Noch besser wäre es, wenn wir die Vergangenheit ruhen ließen. Vergessen wir die Toten und wenden wir uns den Lebenden zu!«

»Nein«, erwiderte ich. »Ich traue Abum-Rabi so wenig wie Aggar. Hast du nicht gehört, daß ich im Schlaf gesprochen habe? Wenn der Herr von Nippur erfährt, was hier geschehen ist, ahnt er vielleicht, was ich plane, und kommt mir zuvor.«

»Und läßt diesen Kaka umbringen«, ergänzte Sargon.

Ich nickte. »Und auch die Priester, die ihn bewachen«, sagte ich.

»Also gut, wenn es so wichtig ist«, murmelte Sargon. »In Gutium ist es noch immer ruhig. Ischtar gebe, daß die Horde niemals zurückkehrt! Dennoch solltest du eine von meinen Sechshundertschaften aus Akkad mitnehmen. Was hat Aggar dir nun eigentlich erzählt?«

Ich berichtete ihm von dem Gottesbrief. Sargon hörte schweigend zu.

»Der Kerl ist wohl ganz von Sinnen«, sagte er schließlich. »Daß er mich haßt, kann ich ja noch verstehen, obwohl ich ja damals nur zustach, um mich zu wehren. Aber was kannst du dafür, daß sich sein Sohn erhängte?«

»Die Sippe des Meisterwürgers wollte, daß das Gericht von Safranstadt dich als Mörder verfolgte«, erklärte ich. »Der Rübenkopf hatte vor dem Stuhl der Besonnenheit im Enliltempel verschwiegen, daß sein Onkel sich den Schurz vom Leib riß, um dich zu mißbrauchen. Er hat so getan, als ob der Meisterwürger betrunken gewesen wäre und du ihn bestehlen wolltest; als er das merkte und dich packen wollte, hättest du ihn erstochen. Als ich dann erzählte, daß Arsatuya sich entblößte, ehe er sich auf dich stürzte, sprach man dich frei. Das konnte Kaka weder mir noch seinem Sohn verzeihen.«

»Aber du hast nichts als die Wahrheit gesagt«, wandte Sargon ein.

»Nicht die ganze Wahrheit«, erwiderte ich.

»Nicht?« fragte Sargon. »Was war da denn noch?«

Ich sah ihm in die Augen. Dann sagte ich: »Ich verschwieg, daß auch deine Männlichkeit steif war.«

Sargon schnitt ein Gesicht. »Ach so«, sagte er. »Darüber sprachen wir schon mal.«

»Ja«, sagte ich. »Hätte ich das damals erzählt, hätte man annehmen können, du wärst mit Arsatuya einverstanden gewesen und hättest ihn dann aus einem ganz anderen Grund umgebracht – vielleicht, weil er dir keinen Lohn für den Liebesdienst geben wollte.«

»Unsinn«, knurrte Sargon ärgerlich. »Ich und ein Lustknabe!«

»Dein Glied war steif«, erinnerte ich.

Er dachte eine Weile nach. Dann räusperte er sich und antwortete: »Ich habe es dir schon einmal gesagt. Wenn ich jemanden töte, ist mir, als ob ich bei einer Frau läge. Ich weiß, das ist ungewöhnlich, aber es ist nun einmal so. Und nun will ich nichts mehr davon hören. Der Rübenkopf war selbst schuld. Er hätte seinem Vater und erst recht dem Stuhl der Besonnenheit nicht verschweigen dürfen, daß sein Onkel Knaben liebte.«

»Er hat sich geschämt«, erklärte ich. »Aber wenn ich von dieser Sache berichtet hätte, könnte der arme Kerl noch leben, und das weiß Kaka.«

»Wer soll es ihm erzählt haben?« fragte Sargon. »Sein Sohn? Bevor er sich aufknüpfte?«

»Das ist eine der Fragen, die ich Kaka stellen will«, sagte ich.

»Du hast recht«, sagte Sargon. »Das Geheimnis ist zu wichtig, um es ungelöst zu lassen. Komme mit mir nach Akkad und suche dir die besten Männer aus. Versprich mir, daß du gut auf dich aufpaßt. Was soll ich tun, wenn du nicht mehr bei mir bist?«

»Du wirst mich stets an deiner Seite finden«, versprach ich, »ganz gleich, was geschieht.«

Gerührt schloß er mich in die Arme.

Wir zogen zur Hauptstadt. Im Großsaal des Herrschens wartete Wahrlich auf uns. »Was macht ihr denn für Gesichter?«, fragte er fröhlich und drängte uns zwei Krüge auf. »Begrüßt man so einen alten Gefährten? Wahrlich, ihr seht aus wie zwei Männer, die in ihrer Trunkenheit zu spät erkennen, daß sie statt hübscher Mädchen weibische *assimu*-Priester küssen.«

»Was machst du denn hier?« erwiderte ich. »Hast du schon alle deine Eselinnen geschwängert und suchst nun neue Liebschaften in den hiesigen Pferchen?«

»Nur kein Neid«, lachte der graubärtige Akkader. »Morgen früh reise ich nach Kazallu, um neue Schafböcke zu kaufen. Heute nacht aber wollen wir die Erinnerung pflegen; wahrlich, bei meinen Akkadern in der Wüste wird mir manchmal einsam wie einem Pariahund, der sein Rudel verloren hat.«

Wir tranken und tauschten unsere Erinnerungen aus. Am nächsten Morgen reiste Wahrlich mit seinen Akkadern weiter. Ich suchte mir eine Sechshundertschaft aus, die »Ischtars Löwen« genannt wurde, überprüfte die Ausrüstung und legte dann den Abmarsch auf den nächsten Tag fest.

Während wir uns dem Tigris näherten, dachte ich über die Worte des Totengeists nach und fragte mich immer wieder: Warum hatte Aggar nur mir und nicht auch Sargon von dem Gottesbrief berichtet, da er doch wissen mußte, daß ich vor meinem Bruder keine Geheimnisse hatte? Warum hatte er mich bedrängt, die tote Hatamersa zu befragen, wo doch Kaka genausoviel über die Vorgänge im Jahr der großen Rotschlange wissen mußte? Und warum hatte der Herr des Berghauses mich zum Schwarzen Tempel nach Kutha geschickt, wenn doch der Herr des Emeschlam behauptete, es gäbe gar keine Totengeistheraufführer mehr? Hatte ich die grüne Kammer nur im Traum oder wirklich betreten? Wenn es ein Traum war, warum hatte ich danach drei Tage lang wie ein Toter geschlafen? Würde Abum-rabi auch Aggar davon berichten? Und wenn er es tat – würde der Hohepriester Enlils dann zulassen, daß ich den Ofenbrenner befragte? Eilten vielleicht schon Männer aus Nippur vor uns durch die Hochsteppe, um Kaka und seine Bewacher zum Schweigen zu bringen?

Der Fluß führte Frühlingshochwasser, und wir benötigten mehr Zeit als gewöhnlich, das kleine Heer auf Hammelbälgen überzusetzen. Am jenseitigen Ufer lagerten wir. Schon früh am anderen Morgen zogen wir weiter. Die Fluren waren bestellt, die Saat grünte schon auf den Äckern und vor stillen, friedlichen Dörfern weideten Kühe, Ziegen und Schafe in großer Zahl, so daß jeder sehen konnte, was für ein Segen der Tod der Horde von Gutium für die Schwarzköpfigen war.

Als wir den Fluß der neun Toten erreichten, fühlte ich wieder die Angst von damals, obwohl ich doch wußte, daß von den Gutäern keine Gefahr mehr ausging. Noch immer bezeichneten Schädel die Grenze zwischen dem Länderberg und dem hohen Gebirge, und die leeren Augenhöhlen ließen mich wieder erschauern. Am Berg der Mutter glaubte ich noch einmal das Schreien der Sterbenden und das Stöhnen der Verwundeten zu hören, wie damals, als der König von Kisch uns verraten hatte.

Die Spuren zahlreicher Räder im Lehm der Gebirgswege zeigten uns, daß die Strecke oft befahren wurde. Wir folgten ihr durch immer dichtere Wälder. Diesmal nahm uns kein Nebel die Sicht, und wir erschraken über die Tiefe der Schluchten. Oft zogen wir so nahe am Abgrund entlang, daß uns schwindelte und wir fürchteten, hinunterzustürzen.

Einige Tage später ragte der Berg vor uns auf, an dem die alte Hauptstadt von Gutium lag. Schon aus großer Ferne erblickten wir die hohen Mauern der Burg; sie standen noch immer unzerstört über dem Tal. Als wir die letzte Paßhöhe überquert hatten, bot sich auch die Unterstadt unseren Blicken dar. Angestrengt hielt ich nach Menschen oder dem Rauch eines Kochfeuers Ausschau, aber es war kein Zeichen von Leben zu sehen. Als ich durch das Tor trat, stellte ich jedoch fest, daß einige Häuser bewohnt wurden. Wir suchten nach ihren Besitzern, konnten aber niemanden finden. Sie schienen in großer Eile geflohen; ihre Gerätschaften zeigten, daß es sich um Angehörige anderer Bergvölker handelte, die sich nach der Vernichtung der Gutäer hier angesiedelt hatten.

»Räuber, wie die Gutäer!« schimpfte Ur-Enki neben mir. »Die Kerle haben sich hier wohl eingenistet, um Händler zu überfallen, die töricht genug sind, sich ohne Schutz in die Wildnis zu wagen.«

»Dann hätten sich die Handelszüge längst eine andere Straße gesucht«, sagte ich. »Hier aber liegen die Hufabdrücke der Zugochsen so dicht beieinander wie Körner auf einer Darre. Das bedeutet, daß hier wieder ehrbare Leute wohnen, ein paar Fernhändler vielleicht, dazu Schmiede, Stellmacher und andere Handwerker, die man für die Instandsetzung von Fuhrwerken braucht, dazu wohl noch ein paar Bäcker und Bierbrauer. Sie bauen Malmothan wieder auf.«

»Warum flohen sie dann vor uns?« wunderte sich Ur-Enki. »Kennen sie die Standarten von Uruk nicht?«

»Sie flohen nicht vor uns«, sagte ich düster.

Der junge Oberste starrte mich überrascht an.

Ich stieg zum Tor der Festung hinauf. Die Knochen Lasirabs und der anderen letzten Gutäer bleichten unbestattet auf dem schwarzen Fels. Zwischen ihnen lagen Männer in Netzröcken tot auf der Erde.

»Enlilpriester«, rief Ur-Enki überrascht. »Sie sind alle tot! Aber der hier war keiner von ihnen«. Er beugte sich nieder und untersuchte die Hände des Toten. Vielleicht ein Ziegler oder Maurer«, meinte er.

»Er war Ofenbrenner«, sagte ich.

Ur-Enki sah mich staunend an. Ich schritt suchend zwischen den Toten umher. Plötzlich sah ich im wuchernden Gras etwas blinken. Ich griff zu und hielt eine silberne Annunaki-Maske in der Hand.

»Was ist das?« fragte Ur-Enki.

»Die Götter der Tiefe«, murmelte ich. »Wir sind zu spät gekommen.«

»Götter der Tiefe?« wiederholte Ur-Enki. »Wurden diese Menschen von Dämonen umgebracht?«

»Nein«, antwortete ich. »Solche Masken tragen die Diener Meslamtaëas im Schwarzen Tempel zu Kutha. Das heißt aber nicht, daß sie die Mörder waren. Wahrscheinlich will man uns damit nur in die Irre führen.«

»Das verstehe ich nicht«, meinte Ur-Enki.

»Ich werde es dir schon noch einmal erklären«, sagte ich. »Daß du aber niemandem etwas erzählst, hörst du?«

Er nickte eifrig und griff an den Schwurstein vor seiner Brust.

Ich trat zu Kaka. Der Tote starrte mich aus blicklosen Augen an. Sein hageres, bärtiges Antlitz trug die Spuren großer Qual.

»Armer Mann«, sagte ich mitleidig. »Du hättest deinen Haß in einen Käfig sperren sollen, statt ihn wie einen Schreivogel fliegen zu lassen.«

Wir schlugen in der leeren Stadt ein Lager auf, das leicht zu verteidigen war. Danach befahl ich Ur-Enki, mit einigen Kriegern durch den Wald zu streifen und einen der Bewohner Malmothans aufzugreifen, die sich dort zweifellos versteckten. Noch vor der Abenddämmerung kehrte sie mit einem Radmacher aus Lullubu zurück. Der Mann hatte sich in einer Höhle verborgen und zitterte am ganzen Leib.

»Ich bin der *ensi* von Uruk«, erklärte ich ihm. »Wir tun niemanden etwas zuleide. Wage es aber nicht, mir etwas zu verschweigen oder mich gar zu belügen!«

»Nein, Herr!« versicherte der Lullubäer furchtsam. »Ich werde alles sagen, und es wird die Wahrheit sein.«

»Wer hat euch überfallen?« fragte ich ihn.

Der Mann rollte furchtsam die Augen und schwieg. Sein bärtiges Gesicht war grau.

»Heraus mit der Sprache!« herrschte Ur-Enki ihn an.

»Ich wage es nicht«, antwortete der Radmacher mit vor Angst verzerrtem Gesicht. »Ihr werdet glauben, daß ich euch belügen will.«

»Erzähle es uns«, sagte ich sanft, »auch wenn es unglaubwürdig erscheint.«

Der Lullubäer blickte furchtsam zwischen Ur-Enki und mir hin und her. Ich nickte ihm aufmunternd zu. »Annunaki«, flüsterte er kaum vernehmbar.

»Was?« rief Ur-Enki, der nicht gleich verstanden hatte.

»Die Götter der Tiefe«, stieß der Lullubäer hervor. »Oh Schrekken ... Sie kamen mit dem Mond. Wir sahen ihre grausigen Gesichter und flohen ...«

»Nicht alle sind entkommen«, unterbrach ich ihn.

Fragend sah er mich an. Ich deutete mit dem Kopf auf die Burg über der Stadt.

»Meinst du die Priester Enlils?« fragte der Lullubäer. »Was ist mit ihnen?«

»Sie sind tot«, sagte ich.

»Tot?« flüsterte der Radmacher furchtsam.

Ich gab ihm Zeit, die Nachricht zu verarbeiten; er schluckte daran wie ein Kormoran an einem zu großen Fisch. Dann fragte ich ihn: »Was weißt du über diese Priester?«

Der Lullubäer knetete die Hände. »Sie kamen vor ein paar Wochen«, berichtete er. »Erst waren es zwei oder drei, dann zehn oder zwölf. Wir dachten, sie wollten den Bau eines neuen Tempels für Enlil vorbereiten. Der Gott besitzt viele Diener im hohen Gebirge; auch wir Lullubäer beten zu ihm.«

»Sage deinen Leuten, daß sie zurückkehren können«, befahl ich. »Es droht ihnen keine Gefahr mehr.«

Es drängte mich, sogleich nach Nippur zu reisen und die Toten an ihrem Mörder zu rächen. Doch ich bezähmte meine Ungeduld und ließ erst die Leichen begraben, auch die Gutäer; denn ich wollte nicht, daß Kaka und die anderen als Totengeister durch meine Nächte wandelten. Um den Ofenbrenner zu versöhnen, brachte ich an seinem Grab besonders reiche Speise- und Trankopfer dar.

»Kaka«, sagte ich dabei zu ihm. »Vergib mir und sage auch deinem

Sohn Sigki, er soll mir verzeihen. Ich will dafür sorgen, daß es euch in der Stätte des Staubes weder an schmackhafter Nahrung noch frischem Wasser fehlt. Dein Sohn tötete sich selbst; du, Kaka, bist daran nicht weniger schuld als ich. Für deinen Tod aber soll mir Aggar, der Herr des Berghauses zu Nippur, bezahlen.«

So schwor ich dem einen Feind für den Tod des anderen Rache.

Die Leute von Malmothan hatten sich inzwischen aus ihren Verstekken hervorgewagt. Ich gab dem Radmacher Silber und beauftragte ihn, den Toten von Zeit zu Zeit Opfergaben zu reichen, so als ob sie seine Verwandten wären; er gelobte es mir bei dem Schwurstein vor seiner Brust. Dann sammelte ich meine Krieger und kehrte in das Innere des Länderbergs zurück.

Jenseits des Tigris wandte ich mich mit der Sonne. Zwei Tage später lag Nippur vor uns. Auf dem Hügel vor der Stadt, wo ich mit Sargon gelagert hatte, ehe ihn Enlil mit seinen Blitzen zum *lugal* des Landes erhob, ließ ich mein Großzelt aufstellen. Dann befahl ich den Hohepriester zu mir. Aggar erschien kurze Zeit später; sein glattes Gesicht verriet weder Schuldbewußtsein noch Neugier.

»Du weißt wohl, was mir in Kutha geschah«, sagte ich zu ihm. »Und ebenso, was ich in Malmothan fand.«

»Ich habe mir schon gedacht, daß du keine Ruhe haben würdest, ehe du selbst mit dem Ofenbrenner gesprochen hast«, antwortete der Priester. »Nun weißt du wohl, daß ich dich nicht belog.«

Ich lachte verächtlich und versetzte: »Darum hast du wohl die Männer ausgeschickt, die Kaka und seine Bewacher umbrachten!«

Auf Aggars Gesicht erschien ein Ausdruck von Überraschung. »Was ist geschehen?« fragte er.

»Das weißt du so gut wie ich«, rief ich. »Du hast sie nur am Leben gelassen, solange nicht die Gefahr bestand, daß sie mir mehr verrieten, als ich wissen sollte. Was verbirgst du vor mir? Heraus damit!«

Der Priester schüttelte langsam den Kopf. »Ich habe dir alles gesagt, was ich weiß«, gab er zur Antwort. »Wenn ich nicht gewollt hätte, daß du von diesen Dingen erfährst, warum hätte ich dir dann überhaupt von Kaka erzählen sollen? Nein, diesen Mord beging ein anderer als ich.«

»Spare deine Lügen für deine Gläubigen auf«, schrie ich und griff nach meinem Schwert. »Antworte auf meine Frage, oder ich schlage dir den Kopf ab!«

Aggar seufzte tief. »Ach, Daramas«, sagte er dann. »Du suchst den Feind bei denen, die dir wohlgesonnen sind, den Freund aber bei denen, die dich hassen. Nur zu, haue mich nieder. Dann aber wirst du niemals *lugal* sein.«

Ich packte ihn am Gewand. »Das will ich auch gar nicht«, schrie ich.

»Eines Tages wirst du es wollen«, antwortete der Priester. »Hoffen wir, daß es dann nicht zu spät ist.«

Mit einer Kraft, die ich nicht erwartet hatte, löste er meine Finger und befreite sich aus meinem Griff.

Wir maßen uns eine Weile mit Blicken. Dann sagte ich: »Noch kann ich dir diese Schandtat nicht nachweisen. Aber ich werde nicht ruhen, bis ich die Männer gefunden habe, die dieses Verbrechen begingen, und sie mir ihren Auftraggeber nennen. Dann komme ich wieder.«

»Wenn dir das gelingt«, gab Aggar zur Antwort, »wirst du wissen, daß ich dein Freund bin.«

Ich zog nach Akkad.

Schon nach wenigen *gar* bemerkte ich auf den Feldern zu meinem Schrecken zahllose abgestorbene Pflanzen; Halme und Blätter leuchteten nicht grün wie sonst um diese Zeit des Jahres, sondern sie waren gelblich und bräunlich verfärbt und welkten unter der glühenden Scheibe Utus dahin. Die Ernte schien zerstört, so weit das Auge reichte. Nach einer Weile ließ ich meinen Reisewagen halten, ging ein Stück weit in ein Gerstenfeld und schaute mir die Spuren der Verwüstung aus der Nähe an. Dabei erkannte ich bald, daß es Hallula war, die männerfreiende Dämonin, die hier wütete. Überall im Lande hatte die Wegelagerin schreckliche Verheerungen angerichtet.

Ich zog meinen Dolch und grub einige Gerstenpflanzen aus. Unter den Wurzeln fand ich die Gänge der Erdwölfe, der gefräßigen Gehilfen der Dämonin, die ihre eigenen Kinder verzehren; sie waren so zahlreich, daß es mir grauste. Überall, wo mein Dolch Löcher in das Erdreich riß, quollen die graubraunen Ungeheuer hervor. Entsetzt sprang ich auf die Füße und suchte sie zu zertrampeln; dann gab ich auf und floh zu meinem Wagen.

In allen Dörfern, die wir durchquerten, standen Bauern mit flehend erhobenen Armen am Straßenrand und riefen, als sie mich erkannten: »Oh Herr, die grausame Männerfreierin hat uns überfallen und unsere Ernte vernichtet, so daß wir nicht wissen, was wir unseren Kindern zu essen geben sollen. Bitte den *lugal*, daß er uns Korn aus den Vorratshäusern schickt, sonst müssen wir elend verhungern!« Das versprach ich ihnen und kam in großer Sorge in Akkad an.

Als Sargon hörte, was in Gutium geschehen war, geriet er in große Wut und rief: »Warum hast du Aggar nicht auf der Stelle niedergestoßen? Laß uns das Heer zusammenrufen und dieser Schlange die Giftzähne ausbrechen!«

»Nein, das wäre nicht klug«, erwiderte ich. »Erst müssen wir wissen, was er vor uns geheimhalten will. Das aber können wir nicht durch Gewalt, sondern nur durch List erfahren.«

Sargon überlegte eine Weile; dann sagte er: »Du hast recht. Wir müssen schlau wie Mungos sein.«

Er ließ den Hüter der Gerechtigkeit und den Obersten der geheimen Kundschafter kommen und ordnete an: »Ich will, daß eure Leute in allen Schenken des Reiches und auch an den anderen Plätzen, an denen sich Gesetzesbrecher treffen, umhören. Irgendwann wird sich einer der Mörder verraten; dann bringt ihn zu mir.«

Später wollte Sargon mit mir den neuen Feldzug zum Zederngebirge beraten; da sagte ich zu ihm: »Bist du von Sinnen? Weißt du nicht, daß deinem Reich eine schreckliche Hungersnot droht? Die Männerfreierin hat Akkad überfallen; schnell, schicke Korn aus deinen Vorratshäusern in die Dörfer; die Menschen dort haben bald nichts mehr zu essen!«

Sargon schnitt ein Gesicht. »So schlimm wird es nicht sein«, murmelte er verdrossen. »Die Leute wissen sich schon zu helfen; Ich brauche meine Vorräte für wichtigere Dinge, oder willst du etwa nicht, daß wir nun endlich die Oberen Länder erobern?«

»Ich rede nicht nur für die Schwarzköpfigen«, sagte ich, »sondern auch für die Akkader, die du selbst hier angesiedelt hast. Seit du sie zu Bauern gemacht hast, können sie nicht mehr wie früher mit ihren Herden vor einer Dürre oder anderen Gefahr fliehen, sondern sie müssen hierbleiben, auf ihrem Land – du aber mußt ihnen helfen. Das Malz, das die Witwe auf ihrem Dach ausgelegt hat, fressen die Vögel des Himmels nicht weg – zeige du wenigstens so viel Mitleid wie diese Tiere! Die Oberen Länder magst du ein anderes Mal erobern; jetzt gilt es nicht, Neues zu gewinnen, sondern zu retten, was dir schon gehört.«

Sargon war damit gar nicht einverstanden; lange Zeit beharrte er auf seinem Plan, noch in diesem Jahr auszuziehen und sein Reich größer zu machen. Erst als ich ihm vor Augen hielt, daß ohne seine Hilfe viele tausend Menschen sterben müßten, Männer und Frauen, und deshalb auch viele tausend akkadische Krieger ungeboren bleiben würden, gab er endlich nach und sagte unwillig: »Nun gut, wenn es denn gar nicht anders geht, so mag das Obere Meer noch ein weiteres Jahr auf mich warten. Dann aber will ich die Länder dort unter die Füße nehmen, was auch immer kommen mag, Hungersnot oder Seuche! Denn ich bin dazu bestimmt, meinen Namen größer zu machen als alle anderen Herrscher vor mir. Weder Dämonen noch Götter sollen mich daran hindern.«

2

Die Spitze des Tempelturms
ragt weithin sichtbar über die Welt;
sein Fundament in der Tiefe jedoch
bleibt den Blicken verborgen.
So ist es auch mit der
Erinnerung

Worte des Weisen von Eridu

Bald wurde die Not so groß, daß ich befahl, die Vorratshäuser zu öffnen und den Hungernden Gerste zu geben. Wer Kupfer besaß, sollte es geben, wer nicht, das Getreide umsonst bekommen. Damit die Anweisung auch überall befolgt wurde, versprach ich, das Korn für die Ärmsten selbst zu bezahlen, und stellte dazu sechstausend Minen aus dem Schatz des Weißen Tempels bereit. Ich teilte Silberstücke aus, so wie ein Bauer aus seiner Tasche Saatkörner streut. Die Priester des Anu klagten darüber sehr und sagten, daß bald nichts übrigbleiben werde, wenn sich die Menschen weiter vom Besitz der Götter nehmen dürften. Auch sagten sie, daß es in der alten Zeit keinem *ensi* Uruks in den Sinn gekommen wäre, Götter hungern zu lassen, damit sich Menschen sättigen konnten. Ich mußte mir eingestehen, daß auch ich früher nicht so gehandelt hätte, damals, als meine Gottesfurcht noch größer gewesen war. Durch die Erfahrungen meines Lebens aber schien sie immer mehr abzunehmen, und ich gab den Priestern zur Antwort: »Es ist die Pflicht der Sterblichen, die Götter zu erhalten. Wenn aber die Menschen verhungert sind, was können sie Anu dann opfern? Schlachtet nicht die Kühe, deren Milch ihr trinken wollt, und schont die Schafe, deren Wolle euch auch noch im nächsten Winter wärmen soll!«

Sargon aber handelte in Akkad nicht wie ich, sondern ließ sein Getreide nur an die geben, die bezahlen konnten, und erhöhte sogar den Preis. Auf diese Weise sammelte er so viel Silber, daß er die Schatzkammer in seinem Großhaus fast bis zur Decke füllen konnte. Wer kein Edelmetall besaß, mußte ihm Land übereignen, so daß er für ein *sila* Gerste oft einen ganzen Acker erhielt. Dabei machte er auch keinen Unterschied zwischen Schwarzköpfigen und Eselnomaden. Hungernde aber, die ihn wegen seines Wuchers verfluchten, ließ er ergreifen und grausam zu Tode foltern.

Deshalb entstand große Unruhe in den nördlichen Ländern des Reichs. Viele Akkader verkauften in ihrer Verzweiflung sogar ihre Frauen. Ich sandte eine Botschaft zu Sargon und schrieb ihm, sein Handeln sei falsch. Er aber antwortete, ich solle nicht sein Mitleid, sondern das jener Götter anrufen, die uns das Ungeziefer geschickt hätten. Diese Worte ärgerten mich so sehr, daß ich in meine Barke stieg und nach Akkad eilte.

In der Hauptstadt bot sich mir ein erschütterndes Bild. Lange Reihen Verhungernder schleppten sich durch die Straßen; vor den Vorratshäusern lagerten Verzweifelte in Scharen, Tote bedeckten die Felder, und die Kreischvögel fraßen sich satt.

Sargon empfing mich freundlich, küßte mich auf beide Wangen und sagte: »Schön, daß du mich wieder einmal besuchst!« Dann führte er mich in den Großsaal des Herrschens und ließ mir die edelsten Speisen vorsetzen. Ich aber rührte sie nicht an, sondern sagte: »Wie können wir hier prassen, während unsere Völker darben!«

»Die Götter darben ja auch nicht«, erwiderte Sargon, »nicht einmal jene, die an diesem Unglück schuld sind.«

»Die Götter sind auch nicht verantwortlich für das menschliche Wohl«, entgegnete ich heftig. »Wir aber sind es, da wir zu Hütern der Völker eingesetzt sind. Welcher Hirte läßt seine Herde hungern? Die Macht des Reiches ruht nicht in seinen Schätzen, sondern in den Menschen, die sie erarbeiten und vermehren.«

Du wirst dich an dieses Gespräch gut erinnern, Rimusch, auch wenn du damals noch klein warst. Du ergriffst für deinen Vater Partei, dein Bruder Manischtuschu aber stellte sich auf meine Seite.

»Wenn wir alles verschenken«, sagtest du mit deinen vierzehn Jahren, »womit sollen wir dann das Heer rüsten, mit dem mein hoher Vater ausziehen will, sein Reich noch größer zu machen?« Da nahm dich Sargon gerührt in den Arm und sagte: »Das ist mein Sohn!«

Manischtuschu aber entgegnete dir: »Wie kannst du an ferne Kriegszüge denken, wenn der Feind mitten im Land steht! Wer jetzt das Reich erweitern will, wird es zerstören.« Da sagte Sargon unmutig: »Kleinmut ziemt sich nicht für den zukünftigen Erben des Landes.«

»Mache mich zu deinem Nachfolger«, hast du da gebettelt, »ich bin deiner eher würdig als dieser Feigling.«

Daraufhin packte dich Manischtuschu beim Schopf. Ihr habt miteinander gerungen und seid zu Boden gefallen. Wie balgende Hunde rolltet ihr unter die Tische. Die hohen Beamten und Heerführer lachten, als sie das sahen, und riefen Sargon zu: »Ein starkes Geschlecht ist deinen geheiligten Lenden entsprungen, *lugal*, und deinem Heldentum wachsen würdige Erben heran!«

Sargon sah eine Weile zu. Als Manischtuschu über dich die Oberhand gewann, stand er auf und zerrte euch auseinander. »Genug damit!« befahl er barsch. »Vertragt euch wieder und reicht euch die Hände!«

Dein Bruder streckte gehorsam die Hand aus. Du aber, Rimusch, schlugst mit blitzenden Augen von neuem auf ihn ein.

»Schluß jetzt«, rief Sargon lächelnd und trennte euch wieder. Manischtuschu war stärker als du; aber er blutete aus dem Mund, während du, Rimusch, keinen Kratzer abbekommen hattest.

Sargon schickte euch hinaus, damit euch die Diener reinigen konnten.

»Wann willst du endlich die Nachfolge regeln?« fragte ich ihn betroffen. »Wenn du das Recht deines Erstgeborenen nicht bald bestätigst, gibt es noch Mord und Totschlag zwischen deinen Söhnen.«

Sargon nickte lächelnd. »Verdammte Ungeheuer«, schimpfte er, doch jeder konnte sehen, daß er nicht zornig, sondern stolz war. »Man muß ständig aufpassen, daß sie sich nicht gegenseitig auf die Hörner nehmen.«

»Es scheint dir zu gefallen, daß sie so wenig brüderlich sind«, sagte ich ärgerlich.

Sargon grinste. »Du meinst, nicht so brüderlich wie wir«, antwortete er.

Dann fragte ich ihn nach Abda. Er zuckte die Achseln. »Sie will nicht, daß wir uns trennen«, sagte er. »Aber vielleicht ändert sie ihre Meinung noch.«

»Oder sie stirbt«, sagte ich zornig.

»Es liegt in ihrer Hand«, versetzte Sargon ungerührt.

Danach schilderte ich ihm viele Stunden lang die Not des Landes und versuchte, ihn zu bewegen, die Vorratshäuser von Akkad zu öffnen, aber er ließ sich nicht dazu überreden, und voller Sorge kehrte ich nach Uruk zurück.

Kurze Zeit später ernannte Sargon seinen älteren Sohn im Tempel der Ischtar zu seinem Nachfolger als *lugal* und feierte dieses Ereignis mit einem großen Fest. Daß du, Rimusch, daran nicht teilnahmst, wurde mit einer Krankheit erklärt. Ich aber wußte gleich, daß du gesund warst und dich nur Neid daran hinderte, deinen Bruder zu ehren, wie es deine Pflicht gewesen wäre.

Viel mehr Kopfzerbrechen bereitete mir, was ich von dem Totengeist erfahren hatte. Es war nicht von Bedeutung, ob ich die Worte nur im Traum gehört hatte: Ihren Sinn mußte ich enträtseln, wenn ich das Böse verhindern wollte, das über mir und Sargon schwebte. Immer wieder fragte ich mich, welche Götter dahintersteckten, aber ich fand keine Antwort. Immer wieder betete ich zu Enki um Erleuchtung, aber der Herr der Süßwassertiefe gab keine Antwort. Nur soviel war klar, daß Aggar alles versuchte, Sargon zu töten und selbst zum *lugal* emporzusteigen, wie es schon einem anderen Priester gelungen war: Lugalzaggesi. Daher beschloß ich, geheime Kundschafter in das Berghaus von Nippur zu schicken, um endlich herauszufinden, was Aggar vor mir verbarg. Auch nach Akkad sandte ich Spione, aber nicht, um etwas über Sargon zu erfahren, was er mir vielleicht verheimlichen wollte, sondern um herauszufinden, wer Aggars Vertraute im Großhaus des Herrschens waren. Außerdem schickte ich Leute in die Osttigrisländer, nach Ur und nach Mari und traf auch sonst Maßnahmen für die Erhaltung des Reichs.

Encheduana ließ nicht davon ab, die Götter der Eselnomaden mit denen der Schwarzköpfigen gleichzusetzen, und zu meinem Erstaunen nahmen nicht nur die Akkader, sondern auch immer mehr Sumerer den neuen Glauben an. Das empörte die alten Priester des Nanna noch mehr, und ich ließ fortan Tag und Nacht eine Sechshundertschaft im Tempel wachen.

Auch in Mari brachen bald Unruhen aus, denn Igelspitz weigerte sich, Übergriffe seiner Krieger zu ahnden. Darum fielen seine Leute immer öfter über die Kaufleute her, schlugen und beraubten sie und schändeten ihre Frauen und Töchter. Viele Jamniten flohen aus der Stadt und siedelten sich stromaufwärts an. Dadurch gingen Mari hohe Steuereinahmen verloren. Auch der Handel litt, denn nun gelangte kaum noch Zinn vom Oberen Meer in die Hochsteppe und die Schmiede wußten bald nicht mehr, wie sie Bronze herstellen sollten. Sie hatte bald einen viel zu geringen Anteil an Zinn und wurde brüchig. Davon waren wiederum Handwerk und Feldarbeit betroffen.

Erneut sandte ich eine Botschaft zu Sargon und drängte ihn, Igel-

spitz abzuberufen. Er aber antwortete: »Warte nur, Bruder! Bald holen wir unser Zinn selber vom Oberen Meer.«
In den Osttigrisländern gingen viele Botschaften zwischen den Königen hin und her. Ich schloß daraus, daß sie nur auf die Gelegenheit warteten, Sargons Joch abzuschütteln. Ich warnte ihn auch vor dieser Gefahr, aber er schrieb: »Sorge dich nicht! Wenn wir vom Oberen Meer zurückgekehrt sind, werden wir dieVerräter in ihren Bergen aufsuchen und ihr Blut rinnen lassen.«

Sooft ich ihn auch beschwor, den Feldzug zu verschieben und erst das Reich zu festigen, Sargon wies alle Ratschläge zurück und hielt an seinem Willen fest. Es bedurfte himmlischer Mächte, ihn umzustimmen. Schon als Dumuzi im Herbst wieder in die alte Trümmerstätte hinabstieg, mehrten sich schlimme Vorzeichen; Schafslebern stanken, Hyänen saßen in Tempeltoren und Mißgeburten ängstigten die Menschen. Als der Gott der Frucht im Frühling wiederkehrte, fegte ein schrecklicher Regensturm über das Land. Und als die erste Ernte auf den Feldern stand, fielen die eiergefüllten Heuschrecken, die Schakale des Himmels, in riesigen Schwärmen über das ganze Land her. Wieder herrschte Hunger und die Bauern ließen die Arme hängen.

Als Sargon erkannte, daß er auch im neunten Jahr seiner Herrschaft nicht größer als Lugalzaggesi zu werden vermochte, begann er so schrecklich zu toben, wie ich es noch nie erlebt hatte. Rasend vor Zorn wälzte er sich auf dem Boden, schlug mit den Fäusten auf den Leib der Erde ein und verfluchte alle Götter außer Ischtar. Seine Augen rollten wild und zeigten das Weiße, sein Antlitz färbte sich rot wie Blut und Speichel sprühte von seinen Lippen, so daß selbst Igelspitz und Steinhand Angst vor ihm bekamen.

»Enlil«, schrie Sargon wie von Sinnen. »Dafür sollst du die gerechte Strafe erhalten!«

Die anderen wagten kein Wort zu sagen, ich aber rief ihm zu: »Fordere den Gott nicht heraus, sonst wirst du es sein, der bestraft wird.«

Doch Sargon wollte nicht hören, sondern fuhr fort, den Herrn des Berghauses und auch die anderen Götter Sumers zu beschimpfen, bis ich es nicht mehr ertrug und hinausging.

Wieder drängten sich Hungernde in den Straßen der Städte, wieder gab ich Silber aus dem Weißen Tempel für sie und befahl auch den anderen Hohepriestern, den Armen Nahrung zu kaufen.

Der Streit zwischen Encheduana und den Nanna-Priestern spitzte sich weiter zu, denn Sargons Tochter behauptete plötzlich, aus ihr spräche Nikkal, die bei den Akkaern als Gattin des Mondgottes gilt. Wieder schrieb ich Sargon einen Brief; er aber gab mit herrischen Worten zur Antwort, die Götter des Landes Sumer hätten es durch ihre Boshaftigkeit selbst verschuldet, wenn sich nun immer mehr Gläubige von ihnen abkehren und den akkadischen Gottheiten zuwenden würden.

Abda litt unter immer schlimmerem Fieber, und es dauerte immer länger, bis sie meine Briefe beantworten konnte. Zugleich erfuhr ich, daß sie im Tempel Inannas Gebete zu sprechen begann, die nicht weniger seltsam erschienen als die ihrer Tochter. Doch während Encheduana sumerische und akkadische Götter gleichsetzte, sprach Abda von Inannas Macht und sagte den Sieg der Großen Göttin über die Ischtar der Eselnomaden voraus. Auch das schrieb ich sofort an Sargon. Seine Antwort klang verärgert; er habe, erwiderte er, anderes zu tun, als sich mit dem Gerede einer fiebernden Priesterin zu befassen; Abda solle sich gefälligst mit Kranichfett einschmieren, das werde wohl helfen. Den Gläubigen von Ur aber schien die Verkündigung aus Abdas Mund zu gefallen, und der Reichtum ihrer Opfer überstieg bald jedes Maß.

Aus Enlils Berghaus gingen sehr viele Botschaften in alle Osttigrisländer, aber auch nach Babylon und Kazallu, deren Bewohner von allen Sumerern mit Sargon am unzufriedensten schienen. Außerdem opferte Aggar viel Silber für seine Tempelkrieger, vermehrte ihre Zahl und verbesserte ihre Bewaffnung. Im Bethaus der Totengöttin zu Kutha wurden die Mauern verstärkt. In Umma kam es zu einem Aufruhr, als frühere Anhänger Lugalzaggesis im Tempel Nisabas erklärten, der tote *lugal* werde aus dem Haus des Staubes wiederkehren und Sumer von den Akkadern befreien. In Lagasch behaupteten einige Priester sogar, Lugalzaggesi sei gar nicht tot, sondern sitze bei Ziusudra auf Dilmun und warte auf die Zeit, in der ihm bestimmt sei, zusammen mit dem Sintfluthelden das Ungeheuer ins Wasser zurückzutreiben. Andere meinten, Lugalzaggesi habe einen Sohn hinterlassen, der unerkannt im Gebirge aufwachse und dort Krieger um sich schare, das Reich seines Vaters zurückzugewinnen.

Nach den Heuschrecken fielen Fliegen und anderes Ungeziefer in Schwärmen über das Stromland her und peinigten Menschen und Tiere. Später zogen Sandstürme über die Steppe, so daß es war, als wollte Enlil mit den Akkadern auch die Sumerer vernichten. Wahrsagepriester wanderten durch alle Städte, verfluchten Sargon und kündigten an: »Der *lugal* wird Schlimmes erleben; sein Herz wird nicht froh sein. So lange er herrscht, wird ein Bruder den anderen essen; die Menschen werden ihre Kinder erst für Silber, dann für Kupfer verkaufen. Die Männer werden ihre Frauen und die Frauen ihre Männer verlassen. Mütter werden die Türen gegen die hungernden Töchter verriegeln. Ein Mensch wird den anderen nicht schonen, vom Schwemmland bis zum Rand des Gebirges werden sie unfriedlich leben und einander erschlagen, bis alle zu Boden gestreckt sind. Sargon sei das Ziel des Zerstükkelns! Sein Leben sei ihm genommen, sein Same fortgepickt! So lange Sumer sich nicht von ihm befreit, muß die Hochsteppe Hunger leiden.«

Diese Prophezeihungen ängstigten die Sumerer sehr, und in allen Tempeln brannten große Opferfeuer.

Als Menschen und Länder sich langsam erholten, rief Sargon trotz aller Nöte zum Feldzug ans Obere Meer. Die Bürger murrten und sagten untereinander, der *lugal* solle erst einmal sein Reich und sein Ansehen bei den Göttern in Ordnung bringen, ehe er ausziehe, das eine zu vergrößern und die anderen zu versuchen. Auch ich war dieser Meinung, aber ich sagte nichts, sondern ließ die schlimmsten Aufrührer mit Stöcken prügeln und machte mich dann mit dem Heer von Uruk auf, Sargon Gefolgschaft zu leisten. Die Vorzeichen fielen diesmal so ungünstig aus, daß es den Priestern kaum gelingen wollte, einigermaßen brauchbare Tage für Opfer und Abmarsch zu wählen. Sargon ließ sich davon nicht schrecken, sondern sagte: »Meine Gefährtin Ischtar schreitet an meiner Seite.«

Aber noch ehe wir Tuttul erreichten, holten uns Schnellboten ein: der *ensi* von Kazallu, Kastubila, hatte nach unserem Auszug alle Akkader in seiner Stadt umbringen lassen und die Schwarzköpfigen aufgerufen, das Joch der Fremdherrschaft abzuschütteln. Das war der erste Aufstand gegen Sargon in Sumer; noch viele sollten ihm folgen.

Sargon kehrte sofort um, zog in Eilmärschen nach Kazallu, stürmte die Stadt, der zu Kastubilas Unglück niemand zu Hilfe gekommen war, und hielt ein furchtbares Strafgericht. Der *ensi* hatte sich einen Dolch in die Kehle gestoßen. Wer von seinen Vorstehern und Verwaltern lebte, wurde auf grausame Weise getötet, die anderen Einwohner und alle Frauen und Kinder wurden als Sklaven verkauft. Danach ließ Sargon die Stadt niederreißen und in eine solche Einöde verwandeln, daß sich dort nicht einmal mehr Vögel niederließen. Als das geschehen war, schickte er Boten in alle Städte des Reichs, ließ verkünden, was geschehen war, und drohte: »Wer meint, daß diese Strafe streng war, weiß nicht, was die nächste Stadt treffen wird, die es wagt, sich meinem göttlichen Willen zu widersetzen.«

Über diese Untaten kam es zu einem schweren Streit zwischen uns und ich sagte: »Noch einmal werde ich meine Hand nicht dazu leihen, Schwarzköpfige so grausam zu quälen, nur weil sie sich die Freiheit wünschen. Mit Verbrechern magst du so verfahren, nicht aber mit Männern von Ehre.«

Sargon aber erwiderte nur: »Sie waren allesamt Verräter und haben nichts anderes verdient.«

Als ich danach auf meinem Hochstuhl des Herrschens saß, merkte ich, wie einsam ich war. Sargon war mir fremd geworden, Igelspitz und Steinhand sah ich nur noch, wenn wir in einen Krieg ziehen wollten. Abda antwortete wie immer nur knapp und förmlich auf die Briefe, in denen ich nach ihrem Befinden fragte. Serida und Sennaya schienen mich längst vergessen zu haben; von Dambur und Beltani wußte ich, daß sie mich haßten. Der alte Tafelhausvorsteher Ischma-Ja gab mir nur immer mahnende Worte, schimpfte auf Sargon und drängte mich, Sumers Gesetze selber zu machen, bis ich mir schließlich jeden Versuch, Sargon und mich zu entzweien, verbat.

Laomer und Berglandgurke waren tot, Wahrlich zog irgendwo durch die Wüste. Die käuflichen Beischläferinnen, die ich nachts herbeischaffen ließ, wärmten mein Lager, nicht aber mein Herz. Voller Neid dachte ich an Manischtuschu, auch an dich, Rimusch, und eure Schwester Encheduana und dachte bei mir: Alles, was die Götter einem Mann schenken können, hat Sargon erhalten: Ruhm, Macht und Zukunft; du aber, Daramas, bist wie ein Obstbaum, der keine Frucht trägt und den man deshalb schon bald umhauen wird.

Bald kamen wieder besorgniserregende Nachrichten aus Ur. Boten der Priesterschaft Nannas sandten mir einen Brief, in dem sie sich über neue Gebete beklagten, die Encheduana im Haus der Lichtfülle eingeführt habe und die völlig anders als alle Preislieder und Lobsprüche seien, mit denen man bisher das Wohlwollen Nannas für Sumer gesichert habe. So ging das Jahr zuende.

Im nächsten Frühling wurde meine Sehnsucht so groß, daß ich die Geschäfte des Herrschens vergaß und nur noch darüber nachdachte, wie ich Abda für mich gewinnen könnte. Ich fühlte, daß mein Herz sich bald in einen Stein verwandeln würde, wenn ich es nicht rasch mit Lebenswasser der Liebe tränkte, und daß mein Schicksal besiegelt war, wenn es mir nicht gelang, mich endlich mit der Großen Göttin auszusöhnen. Wie aber, so fragte ich mich, konnte das leichter geschehen, als wenn ich Inanna gemeinsam mit Abda im Weißen Tempel das heilige Opfer darbrachte? Der Gedanke an Abdas Umarmung ließ mich erschauern; ich träumte fast jede Nacht von ihr, und wenn ich erwachte, spürte ich an meinen Schenkeln die Feuchtigkeit meiner Lenden, auch wenn ich vorher noch so oft versucht hatte, meine Lust an käuflichen Beischläferinnen zu stillen.

Auch in diesem Jahr fielen die Vorzeichen äußerst ungünstig aus, auch dieses Jahr aber ließ sich Sargon nicht davon abhalten, so daß die Wahrsager schließlich verzweifelt riefen: »Wir haben dir die Zukunft enthüllt, großer *lugal*, bestrafe uns nicht, wenn eintrifft, was wir vorhergesagt haben!«

Wieder marschierten wir am Großen Strom dem Gunstwind-Gebirge entgegen, und wieder kamen wir nicht über Tuttul hinaus, da holten uns Schnellboten ein. Diesmal war es Babylon, die Stadt des Göttertores, die sich gegen Sargon erhob. Ihr *ensi* hatte alle Akkader ergreifen und umbringen lassen, die Tore geschlossen und Sendboten zu allen anderen Hauptorten Sumers geschickt. Und diesmal war der Aufruf zur Empörung nicht ganz ungehört verhallt; in Umma, Adab und Lagasch sammelten sich treue Diener der alten Götter und forderten von ihren *ensis*, sich dem Aufstand anzuschließen. Die *ensis* hielten Sargon jedoch die Treue und ließen die Aufständischen ergreifen.

Bei diesen Nachrichten geriet Sargon vor Wut außer sich. Er rief alle Babylonier aus seinem Heer zu sich, ließ die Unglücklichen fesseln, mit Pech überschütten und als lebendige Fackeln am Ufer des Euphrat verbrennen. Ich versuchte vergeblich, ihn daran zu hindern; Sargon schrie, ich solle die Babylonier in das Haus des Staubes begleiten, wenn mir Verräter lieber seien als er; und als ich entgegnete, daß diese Männer treue und tapfere Kriegsleute seien, die keine Schuld an dem trügen, was in ihrer Heimat geschah, gab Sargon zur Antwort: »Ihr Tod wird die Lebenden lehren!«

Eilig zog er mit dem Heer nach Babylon. Ich folgte mit den Männern von Uruk. Sargon schickte seine Leute jeden Tag mit Leitern, Rammböcken und Enterhaken gegen die Tore und Mauern. Ich aber hielt mich abseits und vom Kampf zurück.

Der *ensi* von Babylon und seine Männer verteidigten sich mit dem Mut der Verzweiflung. Sie hofften wohl immer noch auf Verstärkung vom Unteren Meer. Außerdem schickte der *ensi* mir eine Botschaft und forderte mich auf, nicht als Gefolgsmann des Ungeheuers zu handeln, sondern als gottesfürchtiger Sumerer.

Ich ging zu Sargon und zeigte ihm den Brief.

»Da siehst du, was herauskommt, wenn man so halbherzig kämpft«, schalt er mich. »Meinen Freunden raubst du den Mut, meinen Feinden aber machst du Hoffnung.«

Steinhand und Igelspitz sahen mich grimmig an.

»Wenn ich dich verraten wollte«, gab ich zur Antwort, »hätte ich dir den Brief nicht gezeigt.«

»Ich weiß, daß du nicht hinter diesen Aufständen steckst«, erwiderte er. Verblüfft wollte ich ihn zur Rede stellen, aber er schnitt mir das Wort ab und fuhr fort: »Aggar ist es, der die Hochsteppe gegen mich aufwiegeln will. Seit ich dem Priester verbot, das Berghaus Enlils zu verlassen, läßt er sein übles Geschäft von wandernden Priestern besorgen. Aber eines Tages finde ich Beweise, und dann ist es vorbei mit dem Kerl! Ich werde seinen Kopf in einem Mörser zerstampfen und die Krümel von Vögeln wegpicken lassen.«

»Du denkst immer nur ans Töten«, warf ich ihm vor. »Nur weil du Kazallu so grausam bestraftest und niemals Güte zeigst, kämpfen nun auch die Babylonier bis zum letzten Blutstropfen gegen uns. Denke doch einmal daran, daß diese Männer nur Freiheit wollen, nichts anders als einst deine Eselnomaden!«

»Das sind keine Freiheitskämpfer, das sind Verräter!« schnaubte Sargon. »Halte ich nicht meine segnende Hand über Sumer wie über Akkad? Liebe ich etwa die Schwarzköpfigen nicht ebenso wie meine Eselnomaden? Nahm ich nicht eine Frau aus Sumer, dient meine Tochter denn nicht in einem der ältesten Tempel? Nein, Daramas, nicht Freiheit wollen diese Leute, sondern Macht. Sind sie aber erst stark genug, werden sie uns auch in Akkad bekämpfen und unser Reich zerstören.«

»So wie du damals das Reich Lugalzaggesis zerstört hast«, sagte ich. »Auch du hast damals nicht um Freiheit, sondern nur um Macht gekämpft.«

»Und sie errungen«, bestätigte er. »Niemand soll sie mir wieder entreißen.«

»So werden sich die Babylonier niemals ergeben«, entgegnete ich.

»Wenn du ihnen aber versprichst, sie, ihre Stadt und ihre Habe zu schonen, werden sie dir gehorchen und du brauchst kein Blut mehr zu vergießen.«

»Und nächstes Jahr geht in der nächsten Stadt der nächste Aufstand los«, schnaubte Sargon. »Nein, damit muß jetzt ein für allemal Schluß sein! Du aber, Bruder, sollst mir dabei helfen. Denn erst wenn diese Narren begreifen, daß sie dich nicht gegen deinen Bruder aufwiegeln können, werden sie aufhören, sich mir ständig zu widersetzen.«

»Ich gab ihnen keinen Grund, mich für einen Verräter zu halten«, erwiderte ich scharf. »Auch sandte Kastubila aus Kazallu damals keine Botschaft an mich.«

»Doch«, sagte Sargon. »Ich habe sie abgefangen.« Er klopfte mir auf die Schulter. »Mache nicht so ein Gesicht«, befahl er. »Ich habe dir das ja nicht aus Mißtrauen verheimlicht. Ich wollte nur, daß du dich nicht mit solchem Schmutz beschwerst. Es sind ja doch nur billige Finten, erdacht von Männern, die andere für so schlecht halten, wie sie selber sind.«

»Du hättest es mir trotzdem sagen müssen«, murrte ich.

»Ja, es war ein Fehler«, gab Sargon zu. Dann legte er mir brüderlich den Arm um die Schulter und führte mich vom Wachtfeuer fort, so daß die anderen uns nicht hören konnten.

»Ich weiß, wie großherzig zu bist«, sagte er dort. »Aber frißt der großherzige Löwe etwa Gemüse? Und als Löwen sind wir nun einmal geboren. Wir sind die Söhne des Steppenbaums! Ich will nicht, daß wir länger streiten. Ohnehin sind wir in letzter Zeit für mein Gefühl viel zu oft verschiedener Meinung. Höre nun also: Solange man das merkt, wird es immer Menschen geben, die diesen Unterschied zwischen uns zu ihrem Vorteil ausnutzen wollen. Wenn ihnen das gelingt, wird es unser Nachteil sein. Darum müssen wir immer und überall zeigen, daß wir zusammenhalten wie die starken Äste der Zeder im hohen Gebirge, die niemand umbiegen kann.«

»Früher hast du auf meine Meinung noch etwas gegeben«, wandte ich ein. »Heute ist es so, als wäre ich nichts weiter als ein Sklave vor deinem Thron.«

Sargon schüttelte heftig den Kopf. »Nein, Daramas«, sagte er beschwörend, »du bist der einzige, auf den ich höre, wenn ich auch zugeben muß, daß mir nicht immer gefällt, was du sagst. Aber damit du erkennst, daß ich dir auch einmal nachgeben kann, mache ich dir einen

Vorschlag: Hilf mir, Babylon zu bestrafen! Zeige den Schwarzköpfigen endlich, daß sie sich irren, wenn sie in dir den Befreier erhoffen und glauben, du würdest sie gegen mich führen! Erweise dich in allen Dingen als mein Bruder! Dann will ich Abda erlauben, Ur zu verlassen, und sie soll gehen, wohin sie will.«

Ich wollte widersprechen, aber noch ehe ich meinen Mund öffnen konnte, sah ich vor meinem inneren Auge Abda in ihrer Not und Verzweiflung vor mir; da wußte ich, daß ich nicht ablehnen konnte, auch wenn mich meine Sumerer verfluchen würden, und murmelte: »Es soll geschehen, wie du sagst.«

»Es war mein Wort«, erwiderte Sargon, »aber dein Wille.«

So geschah es, daß meine Liebe zu Abda mich noch tiefer als zuvor in den Verrat an meinem Volk verstrickte.

Am Morgen trieb ich die Krieger von Uruk so heftig zum Kampf gegen Babylon an, daß Ur-Enki verblüfft rief: »Mit aller Ehrerbietung, Herr, gestern schien mir, als sei dein Eifer ein wenig erlahmt, jetzt aber gehst du wie Adad voran und brüllst noch lauter als der Gott des Krieges selbst!«

»Rede nur nicht zu vertraulich mit mir«, sagte ich ärgerlich, und er verstummte.

Als wir die Stadt erobert hatten, flüchtete Babylons *ensi* in das Haus der Stadtgöttin Baschila. Als er dort vor Erschöpfung einschlief, trieb ihm die Hohepriesterin den heiligen Nagel durch beide Schläfen.

Nun hielt Sargon ein noch schlimmeres Strafgericht als in Kazallu, denn er ließ nicht nur alle Aufrührer grausam zu Tode foltern, sondern er überantwortete die gesamte männliche Einwohnerschaft der Keule. Die Frauen und Mädchen verkaufte er in die Sklaverei. Die Stadt aber ließ er nicht nur bis auf die Grundmauern schleifen, sondern er befahl sogar, die Fundamente herauszureißen und in den Euphrat zu werfen. Diese Arbeit mußten die gefangenen babylonischen Krieger mit eigenen Händen verrichten; danach ließ er die Unglücklichen töten.

Nur die Göttin Baschila und ihre Priesterinnen wurden verschont. Sargon lud das Standbild der Göttin auf eines der Schiffe und ließ es nach Akkad treideln. Den Dienerinnen der Gottheit aber gelobte er, bald eine neue Heimstatt für sie zu finden, wo sie nicht als Sklaven, sondern unter freien Menschen leben sollten.

»Recht weit von diesem Ort entfernt, Herr«, baten die Priesterinnen, »dort, wo uns nichts mehr an Babylons Schicksal erinnert.«

Selbst als der Ort, an dem die Stadt vorher gestanden hatte, sich nur noch als wüste Fläche vor unseren Augen ausbreitete, war Sargon noch nicht zufrieden. Er befahl, die oberste Schicht abzutragen und in großen Körben nach Akkad zu schaffen. Dort ließ er die Erde auf ein großes Feld nördlich der Hauptstadt streuen und ordnete an, ein neues Babylon zu errichten, das ganz in seiner Gewalt sei und dessen Gehorsam er jeden Tag nachprüfen konnte. So wurde Sargon der erste Herrscher, der einer Stadt befahl, aufzustehen und sich an einer anderen Stelle niederzulassen, als sei sie eine Kuh. Niemals zuvor war so etwas geschehen, und das Entsetzen überall im Länderberg war groß.

Danach entließ Sargon die Heeresteile, die nicht aus Akkad stammten, und befahl ihnen, sich im Frühling des nächsten Jahres wieder bei ihm einzufinden, gleichgültig, was die Vorzeichen auch immer sagten. Mir aber gab er einen Brief an Abda mit, in dem er ihr erlaubte, Ur zu verlassen und sich einen Wohnsitz ihrer Wahl zu suchen.

»Bringe ihr das«, sagte er beim Abschied.

Ich eilte zu meinem Schiff und rief Befehle. Die Ruderer legten sich gewaltig ins Zeug, und mit einem Ruck schoß die Barke los.

Nie schien mir der Euphrat so langsam zu fließen wie nun, da ich auf meiner Barke nach Ur fuhr. Obwohl ein heftiger Wind vom Gunstwind-Gebirge wehte, schien mir die Reise ewig zu dauern. Immer wieder sah ich vor meinem Auge, wie ich zu Abda gehen und ihr Sargons Brief zeigen würde; wie sie ihn lesen, erleichtert aufatmen und mir dann froh um den Hals fallen würde. Ich roch schon den Duft ihrer Haut, schmeckte das Salz ihrer glücklichen Tränen und kostete den süßen Rauschtrank ihrer Lippen, mit denen sie mir für ihre Rettung danken und ewige Liebe verheißen würde. Dann, dachte ich in meinem Herzen, wäre der Fluch Inannas gelöst, mein Schicksal gewendet, der Sinn meines Lebens wiedergekehrt. Wie andere Männer würde auch ich Kinder haben, im Alter auf Enkel schauen und wie andere betrauert werden, wenn für mich der Tag der Mutter gekommen war. Mein Same wäre nicht sinnlos verstreut, mein Name würde geehrt und die Erinnerung an mich nicht ausgelöscht sein wie die an einen Hund, den man vergißt, kaum daß er verscharrt ist.

Ohne Aufenthalt fuhr ich an Uruk vorüber. Zwei Tage vor Ende des Ziegelmonats, als Staubstürme durch die Wüste fegten, legte mein Boot am Kai der hochgestellten Besucher an. Nur der junge Ur-Enki konnte meinen schnellen Schritten folgen, als ich dem Tempel Inannas zustrebte. Die Wächter senkten ehrerbietig die Waffen. Ich eilte durch die langen, mit Stiftmosaiken geschmückten Gänge. Aufgeregt stellten sich Dienerinnen mir in den Weg, aber ich schob sie achtlos zur Seite. Abda lag in Decken gehüllt auf ihrem Bett. Erstaunt sah sie mir entgegen.

»Daramas«, rief sie. »Welche Dämonen hetzen dich?«

Es war leicht zu sehen, wie krank sie war. Der Schweiß des Fiebers glänzte auf ihrer Haut, ihre Augen waren stumpf und ihre Lippen schlaff.

Tiefstes Mitleid überkam mich, als ich sie so elend sah; am liebsten hätte ich sie in die Arme genommen. Aber ich hielt mich zurück, holte tief Luft und sagte: »Deine Leiden sind zu Ende; lies diesen Brief.«

Verwundert schaute sie auf das Siegel. »Von Sargon?« fragte sie.

Ich zerbrach die tönerne Hülle und hielt ihr die Schrifttafel vor die Augen. Doch anders, als ich erwartet hatte, strahlte nicht Freude auf ihrem Antlitz, sondern Zorn umwölkte ihre Stirn und Tränen schossen ihr in die Augen.

»Du weinst?« fragte ich entgeistert. »Freust du dich nicht? Es ist vorbei, du kannst dieses Fieberland endlich verlassen.«

Doch Abda hörte nicht auf zu weinen und rief: »Darum also hast du dich an diesem Gemetzel beteiligt. Darum rührte es dich nicht, wie Sargon in Babylon raste. Ich bin der Preis, den er dir dafür zahlte, daß du ihm halfst, die heilige Stadt zu zerstören und sogar ihre Erde wegzuschleppen. Wie konntest du, ein Sumerer, so etwas tun? Hat unsere Heimat nicht schon genug Unheil erlitten? Wie oft habe ich zu Inanna gefleht, um sie mit dir zu versöhnen. Du aber tust nichts dazu, sondern erzürnst nun auch noch alle anderen Götter Sumers. Das ist zuviel!« Weinend schlug sie die Hände vor das Gesicht.

»Ich dachte, du liebst mich!« rief ich enttäuscht.

»Aber das ist doch der Grund!« schluchzte sie. »Weil ich dich liebe, bin ich so verzweifelt! Wie soll ich denn nach dieser Untat in Babylon noch weiter hoffen, daß dir die Große Göttin vielleicht eines Tages verzeiht und uns erlaubt, miteinander glücklich zu werden? Mit allem, was du tust, ziehst du nur immer neuen Götterzorn auf dich und unsere Heimat herab. All das Unheil dieser Jahre! Männerfreierin und Himmelsschakale, Hunger und Kriege – oh, Daramas, begreifst du denn nicht? Statt unseren Göttern zu dienen, bist du einem Ungeheuer gehorsam und machst dich mitschuldig an seinen Verbrechen! Welches

Preislied soll ich nun noch singen und welches Opfer darbieten, um die Göttin mit dir zu versöhnen?«

Da wurde ich wütend und sagte: »Es gibt noch andere Götter. Anu, dessen höchster Diener ich bin, oder Enki an der Lagune. Komme zu mir nach Uruk, dann werden wir sehen, ob wir im Himmel nicht auch Freunde haben.«

»Oh, Daramas«, rief sie und streckte abwehrend die Hand aus. »Dein Zorn macht alles nur noch schlimmer. Sollen wir so die Schuld sühnen, die wir in jener Nacht auf uns luden? Vielleicht komme ich zu dir nach Uruk. Aber das wird nicht geschehen, weil du es willst, sondern allein nach dem Ratschluß der Großen Göttin. Zu ihr will ich heute beten, damit sie mir ihre Entscheidung verkünde, und tun, was sie von mir verlangt. Nur in Inanna finde ich Heil, sie allein zeigt mir den Pfad meiner Pflicht und weist mir die Straße meiner Bestimmung.«

»Aber sie ist eine zornige Göttin«, rief ich verzweifelt. »Unsere Liebe kümmert sie nicht, sonst hätte sie es nicht gelenkt, daß du Sargons Frau wirst. Sie hat mit mir so wenig Mitleid wie mit dem Hirten, den sie erst verführte und dann verdarb, als sie ihn in einen Wolf verwandelte und mit den eigenen Hunden zu Tode hetzte.«

»Wie kannst du so reden?« fragte Abda traurig. »Wer kennt das Leiden besser als die Große Göttin, wer hätte mehr ertragen als sie? Aus freiem Willen stieg sie in die Totenwelt hinab. Die Diener ihrer Schwester Ereschkigal hängten sie nackt an den bronzenen Haken. Jedes Jahr auch verliert Inanna aufs neue ihren geliebten Gefährten Dumuzi, der zur uralten Trümmerstätte hinabsteigen muß. Oh, Daramas! Wird auch von uns ein solches Opfer verlangt?«

»Was redest du da«, versuchte ich sie zu beruhigen. »Ich bin kein Gott, der sich selbst opfern müßte, damit die Erde sich wieder begrüne. Ich habe auch noch alle Zähne, also schweige mir vom Sterben? Mein *me* ist längst noch nicht erschöpft, mein Weg nicht zu Ende und ich plane auch nicht, etwa freiwillig zu meiner Mutter zu gehen. Nicht einmal in Gutium fand mich der Gott der Toten, und auch nicht in meinen anderen Schlachten. Um mich brauchst du dir keine Sorgen zu machen.«

»Du hast recht«, sagte Abda erschöpft. »Der Mensch kehrt erst zu seiner Mutter zurück, wenn sein Schicksal erfüllt ist. Dann aber wollen wir nicht klagen. Ich werde zu Inanna beten. Vielleicht gibt sie uns ein Zeichen.«

Als Utus Glanzscheibe den Rand der Erde erklomm, stand ich auf, wusch mich, schor mir Haupt und Wangen, stieg in meine Barke und fuhr auf dem Euphrat zu meiner Stadt. Als ich dort anlegte, eilten mir Oberste, Vorsteher und Verwalter entgegen und warfen sich klagend zu Boden.

So erfuhr ich, daß sich Ischma-Ja das Leben genommen hatte.

Ich eilte in das Großhaus des Herrschens. Der alte Tafelhausvorsteher lag wie schlafend auf seinem Kissen. Ich nahm den Becher aus seiner Hand. Die kleinen grauen Körner am Rand des kleinen Gefäßes verrieten mir, daß er den Trank des schnellen Abschieds genommen hatte.

Neben dem Leichnam entdeckte ich eine Tafel mit meinem Namen. Ich hob sie auf und las.

»Daramas«, stand dort. »Finstere Tage, dunkle Monate, Jahre des Unglücks sind über das Land der Schwarzköpfigen gekommen. Das Unheil wogt wie eine Flut, die ein böser Sturm in Bewegung gesetzt hat. Die Herzen der Menschen flattern wie Vögel, für die niemand Mitleid empfindet. Wie eine Taube klagte ich bei Tag und Nacht, doch die Götter schweigen, weil dein Frevel sie empört. Daraus sind mir Schmerz, Krankheit und Verderben erwachsen, und ich bin elend geworden wie Lehm in dunklem Raum.«

Ur-Enki trat zu mir. Unwirsch sah ich ihn an, und er wich zurück. Ich las weiter: »Daramas! Hunger und Durst herrschen heute in deiner Stadt Uruk wie überall in der Hochsteppe Eden, aber nicht nur der Hunger des Magens und der Durst des Mundes sind es, die das Volk der Schwarzköpfigen quälen, sondern mehr noch der Hunger nach Recht und der Durst nach Freiheit. Das Ungeheuer hat den Stolz des Landes wie ein Rohr geknickt. Schonungslos und unbarmherzig vergießt es das Blut seiner Söhne, du aber bist taub und verstehst nichts.«

Ich atmete tief. Meine sumerischen Krieger schauten mich fragend an. Ich winkte sie hinaus und schloß die Tür. Dann las ich weiter: »Daramas! Das Gesetz ist getilgt, das Unrecht braust wie ein Sturmwind über das Land. Die rechte, alte Ordnung ist gestürzt, die Zeit der guten, alten Herrscher ist vergangen. Kazallu liegt in Trümmern, Babylon ist verschleppt und steht nun an fremdem Ort. Was habt ihr aus dem Länderberg gemacht? Überall herrschen Hunger und Not. Statt Liebe wohnt Haß in den Herzen der Menschen. Die Götter haben sich abgewendet. Schmutziges Wasser fließt in den Kanälen der Hochsteppe Eden, schütteres Gras deckt die Felder und auf der Steppe wächst nur noch bitteres Kraut, so daß selbst die wilden Tiere nicht satt werden können. Wann wird das alles enden? Du, Daramas, hieltest das Schicksal des Landes in deinen Händen. Aber du folgtest dem Ungeheuer und nicht deinem edlen sumerischen Blut. Du dientest lieber einem Verbrecher statt selbst nach dem Stab des Hirten zu greifen und Frieden zu bringen zum Segen der Menschen an den beiden Strömen. Halte endlich ein! Erkenne, was deine Pflicht ist! Gehe zum Weisen von Eridu! Du darfst keinen Tag mehr vergeuden, wenn du dich und dein Land retten willst. Wenn du das aber nicht tust, sollst du verflucht sein. Mögen die Götter dein Herz dann in einem Kohlenbecken verbrennen! Möge dein Samen fortgepickt werden wie Malzkörner von den Vögeln des Berglands! Möge dein Name vergessen sein wie die Namen der ersten, mißlungenen Menschen, die von unkundigen Göttern geformt wurden, ehe der Herr der Süßwassertiefe die Schwarzköpfigen erschuf!«

Betroffen ließ ich den Brief sinken. Dann zerschlug ich die Tafel in kleine Stücke. Niemals, Rimusch, habe ich darüber zu einem Menschen gesprochen. Du bist der erste, der davon erfährt.

Ich ordnete sechs Tage Trauer an und ließ Ischma-Ja wie einen *ensi* bestatten. Danach befahl ich allen Tempeln der Stadt, dem Toten reiche Opfer zu bringen, damit er im Haus des Staubes nicht dürsten noch darben müsse. Die Menschen Sumers klagten aber viel länger, als ich befohlen hatte; nicht nur in Uruk, auch in allen anderen Städten des Länderbergs wurde des Toten mit reichen Gaben gedacht. Ebenso wurden in dieser Zeit allen Himmlischen und auch den Herrschern der Unterwelt sehr viele Opfer gewidmet. Aber die Götter kümmerten sich nicht um die Nöte der Menschen; es war, als ob sie weder den Rauch der Altarfeuer rochen noch die Gebete und Preislieder hörten, so laut diese auch in allen Bethäusern angestimmt wurden.

Enlil schickte einen langen, heißen und trockenen Sommer. Schon bald war sicher, daß die verdorrte Erde den Menschen die Frucht ihres Schweißes ein weiteres Mal verweigern würde. Daraufhin brachen überall in der Hochsteppe schwere Unruhen aus. Wieder wollte ich mit Silber helfen, aber die Schatzkammer des Weißen Tempels enthielt kaum genug für die Priester, und in den anderen Gotteshäusern des Länderbergs sah es nicht besser aus. Deswegen ließ ich in allen Städten der Hochsteppe Eden Aufrufe verlesen, in denen ich auf die mißliche Lage der Tempel verwies und erklärte, es werde sofort wieder Silber verteilt, sobald die Priester neue Einkünfte verbuchen könnten. Das werde spätestens im nächsten Jahr geschehen. Die unverständige Menge aber wollte nichts davon hören, sondern die Menschen riefen überall: »Jetzt, nicht nächstes Jahr brauchen wir Korn. Denn jetzt, nicht nächstes Jahr hungern wir und werden jetzt, nicht nächstes Jahr sterben!« In einigen kleineren Orten wurden sogar Vorratshäuser geplündert.

Da ich der Lage allein kaum mehr Herr werden konnte, schrieb ich an alle *ensis* und befahl ihnen, die Wachen an den Lagerhäusern zu verdoppeln.

Zu Beginn des Erntemonats wurde der Aufruhr so schlimm, daß Sargon mir eine Botschaft sandte und fragte: »Soll ich dir helfen?« Ich aber antwortete: »Kümmere du dich nur um deine Eselnomaden!« Doch die Akkader hielten Sargon auch in schweren Zeiten die Treue, so daß ich dachte: »Ach, wenn mir doch meine Schwarzköpfigen nur einen Teil dieser Liebe entgegenbrächten!«

Kurz darauf schrieb mir Sargon erneut und forderte mich auf, nach Akkad zu kommen, um noch unter dem gleichen Mond mit ihm nach dem Oberen Meer aufzubrechen. Ich sammelte das Heer von Uruk und fuhr in die Hauptstadt. Sargon küßte mich auf beide Wangen und sagte: »Schön, daß du so schnell gekommen bist, Bruder.«

»Du mußt verrückt sein«, erwiderte ich. »Die Menschen hungern, überall brechen Unruhen aus, und du willst fort?«

Besänftigend legte mir Sargon den Arm um die Schulter. »Es wird schon nicht so schlimm sein«, meinte er. »Auf Akkad kann ich mich verlassen ...«

»Aber nicht auf Sumer«, unterbrach ich ihn. »Hast du mir nicht vor kurzem selbst deine Hilfe angeboten? Wenn du schon ausziehen willst, sei wenigstens so klug und lasse mich hier, damit ich das Reich für dich hüten kann.«

»Ich brauche dich auf dem Feldzug«, entgegnete Sargon. »Das hier erledigen meine Söhne. Mit den paar rebellischen Sklaven werden die beiden schon fertig. Sie haben viel bei mir gelernt.«

»Das kann ich mir denken«, sagte ich. »Einen besseren Meister der Unterdrückung gibt es wohl kaum.«

Sargon schnitt ein Gesicht. »Das eine gebietet das Herz, das andere der Verstand«, sagte er. »Ich weiß, du zeigst dich gern milde. Aber gerade in Notzeiten braucht das Reich eine starke Hand. Du liebst Sumer zu sehr. Ich sage es ungern, aber die Leute würden dir besser gehorchen, wenn du von Zeit zu Zeit einen von diesen Aufrührern vor seiner

Stadt aufspießen lassen würdest. Schön langsam, damit er recht lange schreit.«

»Du bist ein Ungeheuer«, sagte ich.

Er lachte. »Sagte das nicht schon die Prophezeihung?«, fragte er. Dann wurde er wieder ernst und sagte: »Ich denke nicht weniger oft an das Wohl der Menschen als du, das kannst du mir glauben. Aber wer über die Welt herrschen will, braucht nicht ein weiches Herz, sondern vor allem eine harte Hand. Denn so sind nun einmal die Menschen, daß sie nur gehorchen, wenn sie Angst empfinden, und fromm sind, wenn Strafe droht. Du wirst sie mit deiner Güte nicht ändern. Aber damit du erkennst, daß ich es gut mit dir meine, gebe ich dir ein Versprechen. Denn dir, Bruder, will ich nicht wie einem Diener befehlen. Ich will dich überzeugen, und du selbst sollst entscheiden, ob du mir helfen willst oder nicht. Höre also! Wenn du jetzt mit mir ausziehst und hilfst, meinem Reich auch die Oberen Länder hinzuzufügen, will ich es gleich nach unserer Rückkehr vor meinen Söhnen auf mich nehmen, mich von ihrer Mutter zu trennen. Dann wird Abda frei sein. Wenn du es wünschst, ernenne ich sie sogar zur Hohepriesterin der Großen Göttin zu Uruk. Dann könnt ihr zusammenkommen, so oft ihr wollt.«

»Wie meinst du das?« fragte ich mißtrauisch.

Sargon klopfte mir auf die Schulter. »Ich habe nicht vergessen, was ich dir damals angetan habe«, murmelte er versöhnlich. »Auch wenn mich kaum Schuld daran trifft, da ich dich damals im Tempel ja nicht erkannte. Außerdem hättest du später nur auf Abdas Brief antworten müssen. Wer weiß, ob du sie nicht noch immer liebst? Dann will ich dir nicht länger im Weg sein. Sind wir nicht Brüder? Und war mir Abda nicht stets eine gute Frau? Ich war sehr ungerecht und möchte wieder gutmachen, was ich ihr angetan habe.«

»Woher willst du denn wissen, daß sie mich immer noch liebt?« fragte ich vorsichtig.

Sargon lachte. »Das mußt du schon selbst herausfinden«, gab er zur Antwort. »Notfalls mußt du sie eben fragen. Nun, ist dir das den Feldzug wert?«

»Noch niemand hat versucht, die Länder am Oberen Meer zu erobern, selbst Lugalzaggesi nicht, der sie nur als Besucher bereiste«, erwiderte ich. »Wir kennen weder den Weg noch die Strecke, die Beschaffenheit der Landschaft oder die Stärke der Feinde, die dort auf uns warten mögen.«

»Aber wir kennen die Richtung«, fiel Sargon mir ins Wort, »und das allein ist, was wir wissen müssen. Ziehe mit mir dem Gunstwind-Gebirge entgegen, Bruder! Ziehe mit mir zu den Zedern und in die Berge des Zinns! Holen wir uns das Silber und Kupfer, das dort auf uns wartet! Dann werden du und ich wie Gilgamesch und Enkidu sein.«

4

> Die Geister,
> die wir am meisten fürchten,
> hausen in unseren Herzen.
> *Worte des Weisen von Eridu*

Wir zogen aus, und Sargon zog uns voran. Die Zeichen waren günstig, die Tage gut gewählt.

Manischtuschu blieb als Statthalter in Akkad zurück. Dich aber, Rimusch, ernannte Sargon zu meinem Vertreter in Uruk. Ich erinnere mich gut, wie unzufrieden du damit warst, da du die Schwarzköpfigen schon damals nicht liebtest, und auch ich war nicht froh über Sargons Entscheidung. »Achte auf meine Länder und zeige den Menschen Sumers, wie gut du dich schon auf das Herrschen verstehst«, bat ich dich, »damit sie dich lieben.« Du aber gabst zur Antwort. »Es sind die Länder meines Vaters, wie du wohl weißt, und wie ich zu herrschen verstehe, werde ich ihnen zeigen, ob sie mich lieben oder nicht.«

Sargon schrieb Botschaften an alle *ensis* von Sumer und Akkad und wies sie streng an, peinlich genau auf Ordnung zu achten und jeden Aufruhr sofort zu zerschlagen. Wer seine Pflicht nicht erfülle, dürfe nicht mit Nachsicht rechnen.

Wie in den Feldzügen zuvor führte Sargon die Vorhut selbst, da Igelspitz in Mari auf uns wartete. Steinhand leitete den Transport des schweren Geräts, ich fuhr mit meinen sumerischen Schwerbewaffneten auf dem Fluß. Eines der Schiffe trug das Bild der Göttin Baschila von Babylon, und die Preislieder der Priesterinnen begleiteten unsere Reise.

Bald wich das schwache Grün dem welken Braun des Winters. In der Ferne ragte der Berg der Federn über den Rand des Gebirges, und meine Gedanken kehrten zur Geierschlacht vor achtzehn Jahren zurück.

Wahrlichs Begrüßung im Lager der Eselnomaden war laut wie stets, und wir tranken viel Bier miteinander. Aber die alte Fröhlichkeit wollte sich nicht wieder einstellen. Statt wie früher von Kriegstaten zu erzählen und nach hübschen Mädchen zu spähen, blickten wir in unser Innerstes und redeten über den Tod.

»Wahrlich, ich beklage mich nicht, denn ich habe mich stets nach dem Alter gesehnt«, sagte der alte Akkader, dessen Bart längst weiß geworden war. »Schade nur, daß dieses Alter so kurz ist. Mein Totenhaus ist schon gebaut.« Er deutete auf einen Hügel. »Es ist sehr schön ausgemalt«, fügte er hinzu. »Wollt Ihr es einmal sehen?«

»Erst wenn du eingezogen bist«, sagte ich und alle lachten.

Auch Steinhand hatte sich verändert. War er früher selbst dann nicht von seinem Weg abgewichen, wenn dort ein zorniger Wisentstier stand, so änderte der alte Gefährte seinen Schritt nun für jede Blume, die noch blühte, und hinderte auch seine Männer, sie zu zertrampeln. Außerdem rettete er ständig Spinnen und Käfer, indem er sie mit seinen riesigen Händen aufhob und zum Rand der Fernstraße trug. Abends, wenn wir am Euphrat lagerten, blickte er viele Stunden lang auf den Großen Strom und freute sich, wenn er die schillernde Sonnenbraut, die Genossin des Himmels, den großen Totenbefrager oder den grünen Abernter der Wasseroberfläche entdeckte.

Später, hinter Mari, merkte ich, daß auch Igelspitz nicht mehr derselbe war. Er litt an Gliederschmerzen, beizte sich den Hals mit Alaun, redete häufig von den Erzeugnissen seiner Gedärme, legte sich Talg von der linken Hammelniere um seinen After, und seufzte nach jedem Satz, daß früher alles besser gewesen sei. »Ja, das waren noch Zeiten!« sagte er oft voller Wehmut, »aber sie sind nun vorbei und kommen nicht wieder. Beim Geifer des Südwinds, die Wirkungen der Dürre und der Nässe fressen beständig wie Würmer an mir. Fluch allen vierzehn Krankheitsdämonen! Die Götter mögen sie in Schweine fahren lassen. Ach, wäre ich doch eine Schlange, dann könnte ich im Liegen wandern.«

Am meisten aber hatte sich Sargon verändert; doch das erkannten wir erst, als wir dorthin kamen, wo Gilgamesch einst Chuwawa besiegte.

Zu mir sagten die Gefährten oft voller Neid: »Wie machst du das nur, Daramas? Du bist weder fett noch grau, und es ist, als könne die Zeit dir nicht schaden!« Wenn sie dann aber sahen, daß ich mich darüber freute, folgte sogleich ein spöttischer Satz wie »Auch sein Verstand ist noch so jung wie früher« oder »Er wird so wenig älter wie klüger«.

Ich aber empfand keine Freude an solchen Schmähreden mehr. Tag und Nacht dachte ich an Abda, und mein Herz war wie ein gefangener Vogel.

Mari schien nur noch ein Schatten vergangener Tage. Der Handel mit Kupfer und Zinn, Holz und den anderen Waren vom Oberen Meer hatte sich neue Orte gesucht und machte die Städte am oberen Euphrat reich, während die am mittleren Strom allmählich verfielen. Sargon aber erfüllte nun sein Versprechen, die Reichtümer des Westens an ihrer Quelle aufzuspüren, und nahm die Städte nacheinander wie die Perlen einer Kette in die Hände.

Wundersam waren die Länder, die wir betraten. Wundersam waren die Werke, die Sargon in ihnen vollbrachte.

Ehe der Euphrat nach Mari fließt, durchzieht er das karge Land Suchi. Dort gibt es nur wenige Weideplätze, denn der Rand des Gebirges reicht bis an die Ufer des göttlichen Stroms. Unser Heer kam in wegloser Wüste nur langsam voran. Nur wenige Kaufleute wagten es damals, auf Wagen durch diese Einöde zu ziehen. Erst Sargon ließ dort später eine brauchbare Fernhandelsstraße bauen.

Hinter Suchi weitet sich das Tal des Euphrat, und sein Wasser befruchtet grünende Auen. An dieser Stelle gesellt sich dem göttlichen Strom ein Gefährte zu, der Chabur heißt und im Silbergebirge entspringt. An seiner Mündung liegt seit alters die reiche Handelsstadt Tirka. Sie beherbergt in ihren Mauern den größten Tempel des Gottes Dagan, der über die Oberen Länder von Tuttul bis in das Gunstwindgebirge gebietet. Der Tempel wird »Haus der Kälteschauer« genannt, weil Dagan im Zorn manchmal Schnee auf das Land wirft. In Tirka herrschte damals König Ischarlim von Chana. Er schickte uns Boten entgegen, erklärte sich für unterworfen und bat Sargon, seine Stadt und sein Volk zu schonen. »Herr, du schreitest voran wie ein Sturmwind, der selbst das tosende Wasser hemmt«, schrieb er. »Du bringst die Welt unter deine Macht, und dein Name faßt alle Länder bis zu den Grenzen des Himmels zusammen. Meine Schätze gehören dir, meine Krieger sind deine Sklaven und meine Frauen werden dir als Dienerinnen aufwarten, wann immer du wünschst. Unser guter Gott Dagan segne dich, der du Ischtars Gemahl bist.«

Diese Worte gefielen Sargon über die Maßen, und er befahl den Boten: »Geht und sagt eurem Herrn, daß ich ihn wie einen jüngeren Sohn bei mir aufnehmen werde. Euren Göttern aber will ich nicht weniger opfern als ihr.«

Als wir die Stadt erreichten, kam uns der König mit seiner Familie und allen Würdenträgern entgegen, warf sich vor Sargon in den Staub und bot ihm den Nacken als Trittschemel dar. Sargon lächelte huldvoll, befahl dem Herrscher aufzustehen und zog ihn mit eigener Hand zu sich auf den Wagen. Die Leute von Chana jubelten laut, als sie das sahen, und waren von Herzen froh. Durch eine dichtgedrängte Menge rollten wir zum Palast und richteten uns dort zur Rast ein.

»Wir wollen vorsichtig sein«, riet ich. »Denkt daran, was in Mari geschah, dessen Herrscher sich anfangs nicht weniger unterwürfig gebärdete.«

»Du bist ja bei uns«, rief Sargon fröhlich.

Am Abend schickte der König die schönsten Frauen aus seinem Harem zu uns, und die Gefährten hurten sie mit Behagen. Ich aber hatte keine Lust zu diesem Zeitvertreib, denn wie jeden Tag beschwerten Gedanken an Abda mein Herz, und ich sehnte mich nach dem Tag, an dem sie endlich für immer mein werden würde, wie Sargon es mir versprochen hatte. Daher zog ich mich bald auf mein Lager zurück.

Am nächsten Morgen begaben wir uns zum Tempel des Gottes. Es war Dagans Reinigungstag, an dem die Statue des Gottes gewaschen wurde. Sargon opferte gut und viel: Lämmer, Zicklein, Getreide, Mehl, Brot, Bier, Hönig, Öl, Datteln und Fische. Am Schluß sagte er zu dem Standbild: »Herrscher der Oberen Länder! Du sollst fortan nicht mehr nur in deiner Heimat, sondern wie meine hohe Gemahlin Ischtar auch in meinem Reich verehrt und angebetet werden. Ich werde dir in Akkad einen Tempel errichten. Damit du jedoch nicht als Fremder in unsere Hochsteppe kommst, gebe ich dir die Göttin Baschila von Babylon zur Gemahlin. Sie hat ihre Heimat verloren, doch nicht durch eigene Schuld; möge sie nun bei dir eine neue Wohnstätte finden.«

Dann winkte er einigen Männern, die sich bereitgehalten hatten. Sie trugen das Bild der Göttin. Sargon schritt ihm entgegen und geleitete es in den Tempel. Die Leute von Chana jubelten und riefen immer wieder »*Lugal!* Sargon, Ischtars Gefährte! Sargon, Dagans Freund!«

Ich aber dachte bei mir: »Erst wollte er nur der Gemahl einer Göttin sein, und seine Tochter setzt Götter verschiedener Völker gleich. Jetzt tritt Sargon schon selbst wie ein Gott auf, verheiratet andere Götter und macht eine Göttin zu seiner Statthalterin.«

Der Hohepriester des Tempels dankte Sargon mit vielen Worten und pries ihn als einen Gefährten von Göttern, der selbst wie ein Gott sei.

Bei diesen Worten jubelten alle Gläubigen wieder sehr laut. Dann nahm der Hohepriester die Hörnerkrone vom Standbild des Gottes und reichte sie Sargon.

»Großer *lugal*«, sagte er. »Der Gott hat erhört, der Gott hat beschlossen, der Gott hat gegeben. Dagan, der Schutzherr der Oberen Länder, der Vater, Erzeuger und Hüter der Völker, gibt dir die Herrschaft über die Menschen von hier bis zum Oberen Meer. Herr mit dem Lapislazuli-Bart, nimm Dagans Länder für dich und dein Haus in Besitz! Wir wollen uns dir beugen, dir den Tragkorb tragen. Sei fortan auch unser *lugal*! Bringe uns deine Macht, beglücke uns mit deiner Weisheit und schenke uns deinen Schutz, daß unsere Heimat wie deine anderen Länder gedeihen.«

Bei diesen Worten dachte ich an Sargons grausame Taten, er aber nahm die goldene Krone und setzte sie sich auf das lockige Haupt.

»*Lugal*!«, riefen die Menschen wieder. »Dagan ist mit dir!«

Am nächsten Tag schickte Sargon Boten in alle Städte auf unseren Weg zum Oberen Meer. Er teilte den Königen mit, daß Dagan ihn zum Herrn aller Oberen Länder erhoben habe, und befahl, ihm Tribute und Geiseln zu schicken. Städte, die gehorchten, würden geschont; Städte, die nicht gehorchten, würden vom Wasser abgeschnitten, gestürmt und niedergebrannt.

Wir blieben längere Zeit in Tirka, sandten Boten nach Akkad, warteten auf Nachrichten von dort und erkundeten die Umgebung. Als Manischtuschu und Rimusch mitteilten, daß alles ruhig sei, zogen wir weiter.

Du kennst die Oberen Länder, Rimusch. Groß ist ihre Zahl, vielfältig sind ihre Völker. Auch in Baschar hatten sich viele Händler aus Mari niedergelassen, die Sargon kannten und den Fürsten rieten, sich freiwillig zu unterwerfen. Urschu, die Hauptstadt von Ibla, legte ihr Schicksal ebenfalls in Sargons Hände. Überhaupt jubelten fast alle Menschen am Großen Strom Sargon zu. Wo sich Widerstand erhob, steckten meist Fürsten dahinter, die ihre Macht nicht aufgeben wollten und lieber das Wagnis eingingen, daß mit ihnen auch ihre Männer das Leben verloren. Diese schlechten Hirten ihrer Völker ließ Sargon stets streng bestrafen, sofern er ihrer habhaft werden konnte. Viele Fürsten und Häuptlinge flüchteten in die Wüste, um wiederzukommen, wenn Sargon nach Akkad heimgekehrt sei. Darum ließ Sargon in allen Städten Festungen bauen und bemannte sie mit seinen Kriegern. Denn anders als Lugalzaggesi wollte er diese Länder nicht nur zu seinem Ruhm bereisen, sondern für immer besitzen.

In jeder Stadt, die sich ergab, brachte er Dagan reiche Opfer dar. Wenn eine Stadt sich aber nicht unterwerfen wollte, fuhr er mit seiner Hörnerkrone vor die Mauern. Er flößte den Feinden durch seine Erscheinung mehr Angst ein, als es seine Krieger mit ihren Waffen vermochten; oft genug öffneten sich dann die Tore, noch bevor es zum Kampf kam.

Da die Fernhandelsstraße den Euphrat in Urschu verläßt und nach Westen zum Oberen Meer führt, ließen wir unsere Schiffe und das schwere Belagerungsgerät mit zwei Sechshundertschaften zurück. Die ersten Tage zogen wir durch eine Wüste. Dann kamen wir wieder in fruchtbares Land und betraten das Reich von Jarmuti. Dort leben die Menschen so zahlreich wie Schafe. Die Hauptstadt Ebla war damals kaum kleiner als Kisch. Die eblaitischen Kaufleute reisten durch alle Oberen Länder bis über das Silbergebirge hinaus, nach Gubla am Oberen Meer und auf die Insel des Zinns. Sie handelten mit edlen Hölzern, die sie auf großen Wagen zum Euphrat brachten, aber auch mit Metallen, Waren aus Wolle und Leinen sowie Gefäßen aus Ton, die ihre Handwerker nicht minder kunstvoll bemalten als die berühmten Töpfer von Uruk.

Die Stadt lag in einer fruchtbaren und dicht besiedelten Hochebene. Als wir den Tempelturm Dagans bestiegen, sahen wir in der Ferne bereits das Zederngebirge aufragen. Der König hieß Abiram. Er zeigte sich ebenso klug wie sein Schwager Ischarlim von Chana und gab sein Reich in Sargons Hände. »Dein *me* ist größer als meines, Herr«, sagte er. »Nutze es Dagan zum Dank und den Oberen Ländern zum Segen.«

Sargon gewann große Achtung vor den Eblaiten, von denen es damals hieß, daß sie die weisesten Tafelhausvorsteher, auch die geschicktesten Handwerker und die frömmsten Priester der Oberen Länder besäßen. Deshalb beschloß Sargon, dort die Wintermonde zu verbringen. Ich ließ mir den Tafelraum des Palastes zeigen und fand dort nach einigen Tagen mehr über Martu, Subartu und alle anderen Länder am Oberen Meer als selbst in Mari. Die Eblaiten besaßen mehrsprachige Wörterlisten, mit denen sie sich in allen fremden Sprachen verständigen konnten. Ihre Schreiber arbeiteten fast so geschickt wie die von Uruk und rechneten kaum weniger schnell.

Nach den Tafeln lag Ebla nicht, wie wir gedacht hatten, nahe am

Rand der bewohnten Erde, sondern schien sich im Gegenteil eher in ihrer Mitte zu befinden. Die Tafeln mit den Entfernungsangaben wiesen zwar aus, daß das Obere Meer gleich hinter dem Zederngebirge lag, aber die Küste erstreckte sich offenbar sehr weit nach Norden und Süden. Zum Gunstwind-Gebirge hin lagen noch viele andere Länder, von denen selbst ich noch niemals vernommen hatte. Auch in der entgegengesetzten Richtung war die Welt längst nicht zu Ende: Dort lagen aufgereiht mindestens ebensoviele Städte wie am Großen Strom. Dagegen war alles, was jenseits des Tigris lag, den Eblaiten völlig unbekannt; es schien fast, als höre für sie an diesem Fluß der Länderberg auf. Darüber staunte ich sehr und sagte zu Sargon: »Mit jedem Schritt machst du die Welt zwar größer, dein Reich aber kleiner.«

»Wie meinst du das?« fragte Sargon mißmutig und warf ein paar Kohlen ins Becken des Warmhaltewagens.

»Wärst du nicht ausgezogen, dürftest du jetzt in Akkad sitzen und glauben, daß dir die Erde gehörte«, sagte ich und zeigte ihm die Tafeln. »Jetzt aber mußt du lernen, wie hinter jeder Stadt, die du eroberst, zwei weitere Städte liegen, und hinter jedem Land drei andere Länder.«

»Einmal stehen wir am Rand der Weltenscheibe«, sagte Sargon überzeugt. »Dort werden wir sagen können, daß wir wie Gilgamesch und Enkidu Göttliches taten.«

»Darüber habe ich auch etwas entdeckt«, sagte ich und reichte ihm eine andere Tafel. »Das ist ein Brief von einem Kaufmann aus Mari«, erklärte ich. »Er warnt vor sumerischen Fernhändlern, die den Zwischenhandel umgehen und das Holz selbst aus dem Zederngebirge herbeiholen wollten.«

»Sehr vernünftig«, lobte Sargon. »So machen wir es in Zukunft auch.«

»Und hier ist die Antwort aus Ebla«, sagte ich. »Der Holzhändler schreibt seinem Partner nach Mari, er solle allen sumerischen Kaufleuten möglichst viel von den Schrecken des Zederngebirges erzählen, so daß sie sich gar nicht erst nach Ebla wagen.«

»Lügnerisches Gesindel«, knurrte Sargon. »Aber wir sind keine feigen Krämer, die man mit ein paar Schauergeschichten von Räubern und wilden Tieren verjagt.«

»Es klingt fast«, fügte ich hinzu, »als sei die ganze Geschichte von Gilgamesch und dem Dämon im Zedernwald eine Erfindung von eblaitischen Holzhändlern, lästigen Wettbewerb zu verhindern.«

Sargon dachte eine Weile nach. »Da kannst du recht haben«, gab er schließlich zu. »Kaufleute lügen kaum schlechter als Priester. Aber was tut es? Es kommt nicht darauf an, was ist, sondern nur darauf, was die Menschen glauben. Und da sie glauben, daß Gilgamesch einst im Zederngebirge den grausen Chuwawa erschlug, ist es auch so gewesen.«

»Wenn das so ist«, erwiderte ich, »wirst du eines Tages vielleicht wirklich ein Gott.«

»Und du auch«, sagte Sargon. »Wir dürfen nur nicht zu früh sterben.«

Ich aber dachte bei mir: »Was nützt es mir, ein Gott zu sein, wenn Abda nicht bei mir ist; halte ich sie aber endlich in meinen Armen, bin ich auch als Mensch glücklich.« Meine Sehnsucht nach ihr war so groß, daß ich jede Nacht an sie dachte und oft bis zum Morgen nicht einschlafen konnte.

Da auch die Vorsteher, Obersten und Verwalter von Ebla sehr tüchtig schienen, riet ich Sargon, sie in ihren Ämtern zu lassen. Als Heerführer setzte Sargon jedoch Akkader ein. Als wir nach dem Neujahrsfest weiterzogen, ließ er drei Sechshundertschaften zurück, so daß unsere Streitmacht um ein Drittel geschrumpft war.

Obwohl wir das Zederngebirge schon in der Ferne erblickt hatten, war der Weg dorthin viel länger, als wir gedacht hatten. Tag um Tag zogen wir durch die Hochebene, und mit jedem Schritt wuchs Sargons Ungeduld. Als wir die ersten Hügel erreichten, sahen wir, daß dort schon sehr viele Bäume abgeholzt worden waren. Tiefe Risse im Boden und nacktes Felsgestein zeigten, daß die Regenstürme seither die kostbare Krume fortgeschwemmt hatten. Denn so wie Sargon durch zuviel Bewässerung Salz auf die Böden der Hochsteppe brachte, opferten die Eblaiten ihr fruchtbares Land der Geschäftstüchtigkeit ihrer Händler, die mit jedem Langholz ein Stück Leben ihrer Heimat verkauften.

In den ersten Wäldern, die aus Eichen und Buchen bestanden, wurde Sargons Verhalten sehr seltsam. Er trug seine Hörnerkrone nun jeden Tag und begann immer öfter, sich mit Gilgamesch und mich mit Enkidu zu vergleichen. Einmal verschwand er nachts aus dem Lager. Als wir ihn suchten, fand ich ihn schließlich um Mitternacht in einem Teich. Nackt saß er im eiskalten Wasser.

»Bist du verrückt?« fuhr ich ihn an. »Du wirst krank werden und sterben!«

Er aber lachte und antwortete: »Ich bade meinen Hintern in einem Quell, der rein genug wäre, die Lippen von Göttern zu netzen.«

Als wir die erste Zeder erblickten, sprang Sargon von seinem Wagen, schrie nach einer Axt und ruhte nicht, bis er den wertvollen Baum umgehauen hatte. »Chuwawa«, brüllte er dabei aus Leibeskräften. »Hier bin ich, mit dir zu kämpfen!« Der Schweiß lief ihm in den Bart, denn es war ein hartes Stück Arbeit, das feste Holz zu durchschlagen. Die Krieger schauten ihm mit einer Mischung aus Furcht und Bewunderung zu, und auch ich wußte nicht, ob seine Kampfeswut echt oder nur vorgetäuscht war.

Als wir auf einem Hügel lagerten, zeigte Sargon zu den Sternen und sagte: »Wer will bei einem solchen Himmel noch wissen, was auf der Erde geschieht! Wenn erst einmal mein eigener Stern dort oben erstrahlt, sollen die anderen vor ihm wie Diener vor ihrem Herrn sein.«

Ich staunte über soviel Anmaßung und fragte: »Hast du denn gar keine Furcht vor dem Zorn derer, die uns erschufen?« Doch Sargon antwortete: »Wer ein Gott werden will, darf keine Angst vor den Göttern haben. Du brauchst dich nicht um mich zu sorgen, Bruder. Die Herren über den Wolken sind alt und müde geworden. Ich nehme sie an der Hand und führe sie zu ihren Ruhesitzen, auf denen sie froh ihre Tage verbringen, wenn ich an ihrer Statt herrsche.«

Als wir die Schulter des Zederngebirges erreichten, begann schon der Sommer. Von der Höhe des Waldes aus, der wie eine Wohnung von Göttern duftete, blickten wir auf das Obere Meer zu unseren Füßen. Es schien uns noch größer zu sein als das Untere Meer, denn wir blickten viel weiter auf die Wüste des Wassers hinaus als von den niedrigen Dünen des Schwemmlands.

Einige Tage später stand das Heer vor Ugarit. Auch der Fürst dieser Stadt hatte die Botschaft aus Tirka bekommen und eilte heraus, sich Sargon zu unterwerfen. »Heil dir, Sohn Dagans«, rief er. »Du edler Schützling des Gottes der Oberen Länder, Jungstier aus seiner besten Hürde und treuer Gefolgsmann der anderen Himmelsbeherrscher! Wie deinem großen Ahn Lugalzaggesi wollen wir dir in Demut und Treue dienen. Herrlich wie dein göttlicher Vater, mächtig wie dein menschlicher, schreitest du deinen Kriegern voran. Die Wogen des Meeres, das Lugalzaggesi einst für euer Reich in Besitz nahm, schwinden vor deinem mächtigen Fuß.«

Sargon starrte den König ungläubig an. Seine Brauen senkten sich auf die Nasenwurzel wie die eines Adlers, der zustoßen möchte, und seine Kinnbacken verhärteten sich wie die eines Wolfes beim Biß. Ich erhob mich schnell und sagte laut, so daß es alle hören konnten: »Warte einen Augenblick, großer *lugal.* Die Sonne brennt heiß und hat offenbar den Sinn dieses Mannes verwirrt. Gönne ihm eine Rast; dann soll er die Zeremonie wiederholen.«

Sargon nickte ungnädig, da ihm nichts anderes übrigblieb; man konnte ihm ansehen, daß er dem Fürsten am liebsten den Kopf abgehauen hätte. Ich hob den König auf und führte ihn in den Schatten. Dort erklärte ich ihm seinen Fehler. Er wurde bleich.

»Aber das konnte ich doch nicht wissen, Herr«, rief er. »Ich wollte es doch nur besonders gut machen. Lasse mich noch einmal zu ihm, ich werde ihn wieder versöhnen.«

»Strenge dich an«, ermahnte ich ihn. »Dein Leben und das deiner Leute hängen davon ab.«

Der König eilte zu Sargon und stürzte so heftig nieder, daß Staub aufwallte. Dann rief er mit lauter Stimme: »Heil dir, Bruder Dagans! Du edler Wohltäter des Gottes der Oberen Länder, du starker Stier mit lapislazulifarbigen Augen, der selbst unter den Göttern nicht Seinesgleichen findet! Alle Länder lagern vor dir auf fetter Weide. Auswurf bedecke die Grube, in der die Leiche des Mannes von Uruk verwest, den in der Totenwelt weder Speise noch Trank laben mögen. Vergessen sei sein Name, sein Same sei weggepickt! Du aber schreitest deinen Kriegern wie ein Gott voran. Die Wogen des Meeres, die keines Vorgängers Fuß je befleckte, nimmst du als erster Herrscher der Welt in Besitz und vereinigst damit die Oberen und die Unteren Länder in deiner göttlichen Gewalt.«

Furchtsam schielte er nach oben. Sargon winkte ihn gnädig zu sich. Erleichtert erhob sich der König und eilte an die Seite seines neuen Herrn.

Wir blieben zwei Monde in Ugarit und schickten Botschaften zu allen Städten der Küste. Sie schickten Tribute und Geiseln, denn sie waren Kaufleute, keine Krieger, und wußten von Berichten aus Ebla, daß Sargon Unterwerfung belohnte, Widerstand aber mit großer Grausamkeit brach.

Die Leute am Oberen Meer bauen ihre Städte stets auf erhöhten Plätzen und schützen sie mit hohen Mauern. Denn in der Nachbarschaft leben räuberische Nomaden, die mir noch gefährlicher als selbst die Akkader erschienen. Sie tragen bemalte Gewänder, kämpfen mit Bogen, Stock oder Wurfspieß und sind so wild wie die Tiere der Steppe. Wenn sich viele von ihnen unter einem starken Häuptling zusammenschließen, greifen sie auch die befestigten Städte an. Die Küstenbewohner geben ihnen dann freiwillig Gold und Silber. Denn selbst das edelste aller Metalle, sagen die Leute vom Oberen Meer, sei weniger wert als das menschliche Blut; jenes könne man immer wieder aus dem Erdboden graben, dieses aber sei, wenn es vergossen sei, unwiderbringlich verloren.

Sargon spottete über die Feigheit der Städter, ich aber war von ihrer Klugheit beeindruckt und sagte: »Der Wolf wird wegen seines Wagemuts bewundert, das Schaf wegen seiner Schwäche geschmäht, doch es gibt mehr Schafe als Wölfe.«

Die Küstenbewohner handelten wie die Eblaiter hauptsächlich mit Holz, aber sie brachten es nicht zum Sonnenaufgang in die Hochsteppe, sondern gen Mittag über das Meer. Dort, sagten sie, blühe ein anderes Land, das aber nicht von zwei Flüssen, sondern nur von einem einzigen Strom bewässert werde. Dieses Reich werde von einem mächtigen Herrscher regiert, der sich von seinen Untertanen als Gottheit verehren lasse. Das meiste Holz werde wie in der Hochsteppe zum Bauen von Häusern und Schiffen benötigt, denn das Einstromland sei an Bäumen ebenso arm wie unser eigenes Reich.

Sargon ließ sich alles über dieses Land erzählen. Vor allem wollte er wissen, ob die Bewohner des Einstromlandes sehr zahlreich und kriegstüchtig seien, Burgen und Mauern besäßen und sich auf die Kunst verstünden, von schlagender Achse zu fechten. Der Fürst bestätigte das und sagte, er habe den Herrn dieses Landes im Mittag stets für den mächtigsten König der Erde gehalten, natürlich nur solange, bis er Sargon begegnet sei.

»Wir sollten in dieses Land ziehen und sehen, ob wir es nicht erobern können«, meinte Sargon darauf und fragte mich: »Wie denkst du darüber, lieber Bruder? Bisher ist uns alles geglückt.«

»Dieses große Reich wird sich gewiß nicht so schnell ergeben wie die kleinen Städte, die du bisher erobert hast«, sagte ich. »Und um einen so schweren Feldzug zu planen, wissen wir viel zu wenig über den Feind. Wir müssen erst Kundschafter ausschicken, und es kann lange dauern, bis wir das Notwendige erfahren. Außerdem hörst du ja selbst, daß man dieses Reich nicht auf dem Landweg angreifen kann, weil unüberwindliche Wüsten den Weg versperren. Machen wir uns also erst mit diesen Schiffen vertraut! Dann werden wir sehen, ob es Erfolg verspricht, mit einer Kriegsflotte in dieses Stromland zu fahren.«

Sargon wollte erst nicht auf mich hören, und wir stritten heftig miteinander, ehe er sich schließlich überzeugen ließ.

Am nächsten Tage schickte er Botschaften in alle Städte der Küste. Schon nach wenigen Wochen lagen mehr als sechzig große Fernhandelsschiffe mit hohen Vorder- und Hintersteven im Hafen. Das größte kam aus Gubla. Sargon befahl drei Sechshundertschaften mit Eseln und Wagen an Bord und ließ die Flotte zur Zinninsel fahren. Wir hatten günstigen Wind; deshalb erschreckte das Meer die Männer weit weniger als erwartet. Schon nach einem Tag und einer Nacht erreichten wir unser Ziel.

Die Zinninsel wird von Menschen bewohnt, die sich besser als alle anderen Völker auf das Fördern und Schmelzen der edlen Metalle verstehen. Darum sind die wie Häute von Tieren geformten Kupferbarren der Insel bis in das Stromland, ja sogar bis Elam berühmt. Auch mit Zinn und Bronze treiben die Leute Handel. Als unser Heer landete, liefen sie nicht erschrocken davon, sondern versammelten sich auf dem Kai, um uns willkommen zu heißen. Ihr Fürst verneigte sich vor Sargon und bat für ihn um die Gnade von Göttern, deren Namen keiner von uns je vernommen hatte. Er warf sich aber nicht auf den Bauch, noch zeigte er Zeichen von Furcht, sondern begrüßte Sargon mit so freimütigen Worten, daß es mir eine heimliche Freude war.

Sargon fand weit weniger Gefallen daran als ich und fragte den Fürsten: »Hast du noch nie von mir gehört, daß du so tust, als seist du mein Gastgeber und nicht mein Knecht? Andere Herrscher, die ich traf, verloren für Geringeres ihre Macht.«

»Meine Macht kannst du mir nehmen«, antwortete der Fürst. »Mir liegt nicht deshalb an ihr, weil ich mich durch sie größer dünkte! Sie ist mir nur eine Bürde. Es wird daher das Beste sein, wenn ich sie gleich in deine Hände lege. Ich bitte dich nur, darauf zu achten, daß die Löhne der Arbeiter pünktlich ausgezahlt, die neue Holzkohle für die Schmelzen rechtzeitig bestellt und die Preise für die Barren neu festgelegt werden. Drei Öfen müssen instandgesetzt werden. Vier Kupferschmiede sind krank, wir brauchen unbedingt Ersatz, wenn wir die Herstellung nicht einschränken wollen. Außerdem wurde das Futter für unsere Lastesel trotz der Verträge noch nicht geliefert; es ist also höchste Zeit, daß jemand von deiner Willensstärke ein ernstes Wort mit den pflichtvergessenen Bauern spricht.«

Sargon staunte bei jedem Wort mehr und sagte schließlich unmutig: »Was faselst du da von Bauern und Eseln, Kerl? Das ist nicht meine Sache. Ich bin der Herr der Welt und nicht der Schreiber eines Arbeitshauses, der sich um jede Kleinigkeit kümmern muß.«

»Dann«, seufzte der Herr der Zinninsel, »bleibt diese Aufgabe wohl auch in Zukunft an mir hängen.«

Ich mußte lachen.

»Was findest du denn daran so komisch?« fragte Sargon aufgebracht.

»Es hat keinen Zweck, diesen listigen Leuten Angst machen zu wollen«, antwortete ich. »Sie wissen, daß der Schatz ihres Landes nicht in den Reichtümern des Bodens besteht, sondern zuerst in der Kunstfertigkeit der Bewohner. Wenn du sie umbringst – sollen dann unsere Krieger das Kupfer finden, ausgraben und schmelzen? Wir können höchstens ein paar Lagerhäuser plündern. Aber das wäre in der Tat eines Weltherrschers wenig würdig.«

»Schon gut«, erwiderte Sargon. »Ich habe nichts dergleichen vor. Aber ein wenig seltsam ist es schon, daß die Menschen am Oberen Meer so wenig kriegerisch sind. Sie sind weich wie Wachs.«

»Und das zerhaut man nicht mit dem Schwert«, sagte ich fröhlich.

Der Fürst, der unsere Sprache nicht verstand, schaute fragend zwischen uns und dem Übersetzer aus Ugarit hin und her.

»Zeige uns, wie ihr das Kupfer gewinnt«, befahl Sargon.

Der Herr der Zinninsel führte uns zu großen Öfen. In ihnen glühte ein Feuer, so heiß, wie ich es nie gesehen hatte. Sie erreichten diese Hitze mit Hilfe großer Säcke. Sobald sie mit den Füßen auf das Leder traten, kam Luft heraus und fuhr in die Flammen, die dann jedesmal wie in einem Sturmwind aufloderten. Die Leute von der Zinninsel nannten diese Geräte »Blasebälge«. Ich ließ mir ihre Herstellungsweise genau erklären und fertigte einige Zeichnungen an, um sie in Uruk nachbauen zu lassen.

Außerdem stellte ich fest, daß die Leute der Zinninsel das Erz mit einer besonderen Beimischung schmolzen: sie fügten bestimmte Kiesel sowie in großen Mengen Muschelschalen hinzu. Auf diese Weise erhielten sie eine zähe schwarze Schlacke, von der sich das rote Metall sehr gut trennen ließ.

Danach besuchten wir auch Bronzegießereien, in denen wir große Zinnvorräte fanden. Daraufhin wollte Sargon auch sehen, wie das weiße Metall aus der Erde gewonnen wurde. Aber der König schüttelte lächelnd den Kopf und antwortete: »Das ist nicht möglich, großer *lugal.* Zinn findet sich hier leider nicht. Wir müssen es selber kaufen.«

»Wo?«, fragte Sargon.

»Es kommt von einer anderen Insel weiter draußen im Meer«, antwortete der Fürst. »Sie liegt sechs Schiffstage von hier entfernt.«

Sargon sah ihn verblüfft an. »Deine Insel ist also nicht die letzte vor dem Rand der Weltenscheibe?«

»Wo denkst du hin, Herr«, lachte der Fürst. »Auch die nächste besitzt noch kein eigenes Zinn, wohl aber tüchtige Kaufleute, die das edle Metall von einer Küste fern im Sonnenuntergang holen. Diese Küste liegt mindestens so weit entfernt wie das Land der zwei Ströme. Bei günstigen Winden fährt man zwei volle Monde dorthin.«

»Das lügst du«, fuhr Sargon auf.

»Warum sollte er das tun?«, sagte ich beschwichtigend. »Die Welt ist größer, als du glaubst. Wir werden auf diesem Feldzug nicht ihre Grenzen erreichen. Wer weiß auch, ob es Menschen überhaupt bestimmt ist, über den Rand der Weltenscheibe hinabzublicken.«

Sargon sagte ärgerlich: »Gilgamesch sah den Berg Maschu, dessen Spitze zum Himmel reicht und dessen Grund die Unterwelt berührt. Er redete mit den Skorpionenmenschen, die den Aus- und Eingang der Sonne bewachen, und sogar mit Ziusudra, dem Bezwinger des Sintflutmeers!«

»Wenn ihr wollt, bitte ich einen der Händler, euch auf seinem Schiff nach Sonnenuntergang mitzunehmen, damit ihr ins Zinnland kommt«, schlug der Fürst vor. »Doch euer Heer wird bis zum nächsten Jahr hierbleiben müssen, denn so viele Schiffe besitzen unsere Nachbarn nicht.«

Mißmutig kratzte sich Sargon den Bart. »Ein andermal vielleicht«, brummte er. Zu mir aber sagte er: »Das Reich im Süden schützen Wüsten, die Heimat des Zinns aber liegt noch weiter entfernt als Meluchcha! Nun will ich sehen, ob ich vielleicht nach Mitternacht hin an die Enden der Erde gelange.«

Wir segelten wieder nach Ugarit, ließen zwei Sechshundertschaften zurück und zogen am Ufer des oberen Meeres entlang. Noch ehe die Stadt ganz aus unseren Blicken entschwand, sahen wir an einer hohen

Felswand eine Inschrift. Sie lautete: »Hier habe ich, Lugalzaggesi, den Saum meines Reiches befestigt. Bis hierher reicht meine Macht, bis hierher hört man mein Wort, bis hierher gilt mein Gesetz.«

Sargon ließ ein Gerüst errichten, die Inschrift zerstören und eine neue darübersetzen: »Ich, Sargon, *lugal* des Länderbergs, Herrscher von Akkad und Sumer, König von Kisch und Ischtars Gefährte, kehrte am Oberen Meer nicht um, sondern schritt weiter den Enden der Erde entgegen. Der du diese Inschrift liest: Folge mir!«

Die jüngeren Krieger jubelten laut, als sie das sahen, die älteren aber blickten einander betreten an, denn sie hatten insgeheim gehofft, daß es nun bald nach Hause gehen würde.

Das Gunstwind-Gebirge ragt fast so schroff und steil empor wie die Berge von Gutium. Auf seinen Schultern wachsen Fichten und Tannen, und unsere Lungen genossen die reine Luft kühler Wälder. Die Bewohner dieser Berge brachten uns eine Blume, die sie »Rose« nannten, eine Baumfrucht namens »Feige« sowie grüne Trauben, aus denen sich ein süßer Saft pressen ließ; wenn er vergor, wurde ein Rauschtrank daraus, der stärker wirkte als jedes Bier.

Sargon und ich stiegen mit ein paar Männern auf eine Bergspitze, von der wir die Zinninsel sehen konnten; sie schwamm wie eine Wildkuh in der Ferne des Meeres. Zur Mitternacht hin aber sahen wir immer weitere Berge, und hinter ihnen noch andere, so weit der Blick reichte; die Bergketten folgten einander so dicht wie die Wellen des Meeres.

Nach ein paar Tagen führte uns ein breites Tal zwischen steilen Felswänden nach Sonnenaufgang zum Silbergebirge. Hier hoffte Sargon, nun endlich das Ende der Welt zu erreichen. Wir überwanden steile Berge und mächtige Ströme, bis wir in Gegenden kamen, in denen nicht einmal mehr Nomaden zu finden waren. Die Welt wurde leer, der Himmel schien sich herabzusenken; da sagte Sargon: »Nun kann es nicht mehr lange dauern, und ich werde wie einst Gilgamesch die Wesen der Zwischenwelt sehen.«

Er konnte es kaum erwarten, so sehr trieb ihn die Ruhmsucht an; er zerrte mich auf seinen Wagen, und wir rollten dem Heer voraus. Ein schmaler Weg wand sich durch schattige Schluchten. »Einmal ist diese Straße zu Ende«, sagte Sargon, als wir schon seit Tagen keinen Menschen mehr gesehen hatten, »dann werde ich die Hüter der Erdgrenzen erblicken. Werden es Ungeheuer sein oder Dämonen, Mischwesen oder

Geister? Wer weiß, vielleicht pflücken sie mir das Kraut der Unsterblichkeit, und ich werde Gilgamesch noch übertreffen.«

Eines Abends rasteten wir auf einem Hügel über dem Wald, der nur noch aus einer Wagenspur im Geröll bestand. Langsam senkte sich Dunkelheit über uns. Die wenigen Krieger, die uns begleiteten, zündeten Wachtfeuer an. Wir aßen von unseren Vorräten und unterhielten uns. Da fragte ich Sargon: »Wie lange willst du noch durch diese Berge ziehen? Sei endlich zufrieden mit dem, was du schon erobert hast!«

»Nein«, erwiderte Sargon. »Ich werde niemals zufrieden sein, ehe ich nicht die Enden der Erde gefunden und in Besitz genommen habe.«

»Welcher Wahn hetzt dich?« fragte ich. »Siehst du nicht, wie ermattet das Heer ist und wie sehr sich die Krieger nach der Heimat sehnen? Es sind nicht Menschen wie du, die für Ziele des Ruhmes alles vergessen! Dennoch halten sie dir die Treue und klagen nicht. Sie haben es wohl verdient, daß du sie nicht länger quälst.«

»Und wenn sie alle umkehren würden«, erwiderte Sargon, »ich würde weiterziehen, auch allein. Denn es ist mir von den Göttern bestimmt, daß man mich in Weltgegenden erblicken soll, die weiter entfernt sind als selbst die Orte, die Gilgamesch einst befuhr.«

»Gilgamesch war zu zwei Dritteln göttlich«, erinnerte ich ihn.

»Ich will eines Tages zu allen drei Dritteln göttlich sein«, sagte er. »Das aber werde ich nur erreichen, wenn ich nicht wie ein Mensch denke und handele, wie du es immer von mir verlangst, sondern endlich nur noch wie ein Gott. Und das ist nicht leicht. Was sollen mir diese Füße aus Fleisch, ich brauche die Schritte des Sturms! Was sollen mir diese Arme mit schwachen, verletzlichen Adern – ich brauche die Fäuste des Feuers! Was soll mir die Waffe aus Bronze, ich brauche das Beil des Blitzes, das Fangnetz der Flut und den Hammer der bebenden Erde, um alle die zu vernichten, die mir zu trotzen wagen!«

»Aber es ist nun einmal eine alte Erfahrung auf Feldzügen, daß die gewöhnlichen Krieger nicht so weit zu blicken vermögen wie ihre Führer und dann in ihrer Unwissenheit leicht zu Mutlosigkeit und Verzweiflung neigen«, wandte ich ein.

»Was soll mir die Erfahrung von Menschen, wenn ich der Erfahrung von Göttern teilhaftig bin«, entgegnete Sargon. »Was soll mir das Alte, wenn ich das Neue zu schaffen vermag. Was schert mich Vergangenes, wenn mir die Zukunft gehört. Was zählen Jahre des Kampfes, wenn ewiger Sieg auf mich wartet!« Und dann brach es aus ihm heraus. »Fragt denn der Sturm nach dem Schicksal der Bäume, die er entwurzelt?«, rief er. »Fragt der Berg nach dem Schatten, den sein Gipfel wirft? Fragt das Wasser des Meeres denn nach den Schiffen, die es verschlingt?«

»Und fragt der Eselhengst nach den Fohlen, die aus der Brunft entstehen?« unterbrach ich ihn grob. »Nein, er befriedigt nur seinen Trieb, der ihn durch Berge und Hochsteppe hetzt. So treibt dich dein Drang nach göttlichen Ehren!«

Sargon runzelte die Brauen. »Wie eine Kuh, die nicht gekalbt hat, suchst du nach einem Kalb, das dir nicht gehört«, erwiderte er.

»Du irrst dich«, versetzte ich. »Mir liegt nichts an dieser Art Herrschaft; ich bin mit dem zufrieden, was ich bin.«

»Dann ist es ja gut«, sagte Sargon. »Mir ist ein Weg bestimmt, den ich nun bis zum Ende gehen werde. Mögen dann andere über mich richten, Götter und Menschen, mir ist es gleich. Wenn ich getan habe, was mir gegeben ist, wird die Zeit nicht mehr mein Feind, sondern mein Freund sein. Die Erinnerung an andere wird verblassen, mein Ruhm aber wird glänzen, solange es auf der Welt Ruhm gibt; das Denken an meine Taten wird niemals vergehen. Noch in fünftausend Jahren, wenn von dir und allen anderen niemand mehr weiß, werden sich Götter und Menschen meiner erinnern. Dann wird niemand mehr wissen, ob ich als Mensch oder als Gott geboren wurde. Dann hallt nur noch mein Name durch die Welt: Sargon!«

Ich schwieg. In den Bäumen lärmte ein Tischlervogel. Sargon fuhr fort. »Wann immer ferne Nachgeborene darüber reden, was auf der Welt geschah zu der Zeit, da zum ersten Mal ein Mensch begann, den Göttern zu gleichen, werden sie sagen: Sargon! Ich werde der sein, an den Männer denken, wenn sie kämpfen, und Frauen, wenn sie lieben. Ich werde der Mann sein, der das Vergessen bezwingt und die Vergänglichkeit zu seiner Sklavin macht. Bis in die fernste Ewigkeit wird niemand so werden wie ich, denn ich werde der erste Sterbliche sein, der niemals stirbt. Ich werde niemals zweifeln und niemals ein anderer sein. Härtestein ist nicht härter als ich! Ich trinke das Wasser des Meeres und tilge den Sand aller Wüsten. Sonne und Mond sind meine Diener; nicht mehr lange, und ich tausche Tag gegen Nacht. Denn die Macht ist bei mir. Die Götter des Himmels weichen vor mir und sagen: Befiehl über uns! Die Götter der Totenwelt fürchten mich; käme ich jemals zu ihnen, wäre es mit ihrer Herrschaft vorbei. Ja, ich will herrschen, im Himmel und auf der Erde. Die Grenzen der menschlichen Vorstellungskraft sind nicht meine Grenzen. Die Gebete der Götter sind nicht für mich gemacht. Kam ich nicht in einem hölzernen Korb, hilflos, als Findelkind? Siehe: Heute bangt die Welt vor einem Zucken meiner Braue, ein Lob von meinen Lippen ist den Menschen die größte Labsal; meine Güte macht sie glücklich, mein Zorn aber stürzt sie in tiefste Verzweiflung, und ihre Sehnsucht ist es, meinen Willen zu tun. Mein Gram ist ihr Kummer und meine Lust ihre Liebe, mein Befehl ihre Verzückung, mein Sieg ihre Erfüllung. Sie leben und sterben für mich, denn ich bin ihr Gott.«

»Selbst wenn das alles so wäre«, sagte ich leise, »fehlt es dir doch an dem wichtigsten, das jeder Herrscher braucht: Du kannst nicht lieben.«

Sargon schwieg eine Weile. »Du hast recht«, gab er dann zu. »Aber das können andere für mich tun. Liebe du die Menschen, Daramas! Dafür brauche ich dich. Sei die Sonnenseite meines Wesens, tue, was mir als einziges versagt blieb! Denn das ist deine Stärke. Tue es aber auf meinen Wunsch und nach meinem Willen! Denn wenn wir, du und ich, einst miteinander kämpfen müßten, würde es anders werden als damals bei Gilgamesch und Enkidu, anders als bei Ebbe und Flut, Sonne und Mond, Tag und Nacht. Dann würde es sein wie ein Kampf zwischen Liebe und Haß oder Leben und Tod. Und so wenig es einen Frieden zwischen dem Licht und der Finsternis gibt, so wenig würde es dann zwischen uns Frieden geben.«

So gingen wir auseinander. Das kühle Schwert des Schicksals hatte uns berührt und seine Schneide begann zu trennen, was niemals hätte getrennt werden dürfen.

Bin ich daran schuld, daß Sargons Größe zu groß für mich war? Bin ich daran schuld, daß ich ein Teil der Welt bin, die Sargon verließ? Bin ich daran schuld, daß ich ein Mensch blieb, als er ein Gott zu werden begann? Nie habe ich mich so einsam gefühlt wie in jener Nacht, da Sargon vor mir seine Einzigartigkeit bekannte.

Am Morgen zog Sargon nicht weiter, sondern blieb auf dem Hügel und wartete auf das Heer. Wir sprachen nur Belangloses miteinander, und jeder von uns wußte, woran der andere dachte. Unsere Männer merkten die Verstimmung und schlichen scheu zwischen uns umher. Am Nachmittag begann ich Bier zu trinken. Als es dunkel wurde und die Wächter des Himmels herauskamen, unterhielt ich mich mit den

Kriegern. So wie uns einst Amarezen vom Berg der Mutter und Fluß der neun Toten berichtet hatte, erzählte nun auch ich ihnen von Gutium, von den Schrecken der Berge, den Raubzügen der Horde und den Schlachten gegen sie. Die Männer hörten mir aufmerksam zu; sie waren jung und kannten das Grauen des Krieges noch nicht. Als ich von den menschlichen Schlachtopfern der Gutäer erzählte, hörten wir plötzlich ein dumpfes Brüllen. Die Krieger fuhren erschrocken zusammen. Sargon sprang auf und kniff die Augen zusammen.

»Was ist das?« fragte ich, da ich schon lange nicht mehr so gut sehen konnte wie er.

»Ich weiß nicht«, murmelte er. »Aber was es auch sei, es soll sich erklären!« Er formte mit den Händen einen Trichter vor seinem Mund und rief: »Wer du auch bist, Mensch oder Gott, gib dich uns zu erkennen!«

Wenige Herzschläge später hörten wir ein lautes Rumpeln. Unsere Krieger eilten zu Sargon und legten ihre Spieße ein, um ihn zu schützen, gleich welches Ungeheuer nun hinter dem Fels hervorkäme. Atemlos starrten wir in die Dunkelheit, und Sargon rief: »Bist du ein Skorpionenmensch oder ein anderer Wächter von den Enden der Erde? Zeige dich uns! Ich bin Sargon, Ischtars Gemahl!«

Vergeblich versuchte ich, meine Blicke zu schärfen, da glaubte ich plötzlich die Umrisse eines Ungeheuers mit vielen Köpfen zu erkennen. Sargon rief: »Enthülle uns deine Gestalt, du Geschöpf, stammst du auch selbst aus Tiamats Leib! Ich will dich sehen!«

Wieder ertönte ein dumpfes Brüllen. Dann hörte ich eine Stimme auf Sumerisch sagen: »Ja, ja, ihr alten Ochsen. Verfluchte Finsternis! Das kommt davon, wenn man sich nicht zur rechten Zeit nach einem Lagerplatz umschaut. Aber da vorne steigt der Weg an, da wird es trokkener und dann habt ihr es erstmal geschafft. Bei Mutter Chuburs Riesenmolchen, hier kann es einem ja unheimlich werden! Es dauert nicht mehr lange und ich höre Stimmen, ohne einen Menschen zu sehen.«

Einige weitere Flüche folgten. Sargon und ich schauten einander an.

»Vielleicht ein Kundschafter«, murmelte Sargon. »Aber von welchem Volk? Hier wohnt niemand mehr! Oder vielleicht doch von den Göttern?«

»Dann würde er wohl kaum soviel fluchen«, erwiderte ich.

Sargon winkte den Kriegern. Sie hoben ihre Lanzen und liefen los. Wimpernschläge später hörten wir den Fremden rufen: »Bei allen fünfzig Wasserdämonen! Laßt meine Tiere zufrieden! Hilfe! Diebe! Räuber! Mörder! Verfluchtes Gesindel! Geschmeiß des Gebirges! Aber ich werde euch lehren!«

Ich eilte hinzu und sagte: »Sei ruhig, Mann! Wer bist du? Und was machst du ganz allein in dieser von allen Göttern verlassenen Gegend?«

»Ein Schwarzköpfiger!«, rief die Stimme. »Wenn du der Anführer dieser Unholde bist, so sage ihnen, daß sie mich in Ruhe lassen sollen. Sonst bürge ich für nichts!«

Endlich kam ich so nahe, daß ich im Licht der Sterne ein Fuhrwerk erkennen konnte. Das vermeintliche Ungeheuer waren sechs Zugochsen, die vor Hunger laut brüllten. Vor ihnen stand ein gedrungener Mann mit einem Speer in der Hand. Unsere Krieger umringten ihn mit ihren Spießen.

»Laßt ihn«, befahl ich, und die Krieger wichen ein wenig zurück.

Ich trat auf den Fremden zu. »Wer bist du?« wiederholte ich.

»Wer will das wissen?« fragte der Kleine aufgeregt zurück.

»Du hast nichts zu befürchten, wenn du ein ehrlicher Mann bist«, sagte ich besänftigend.

»Bist du denn einer?« versetzte er. »Wenn nämlich nicht, nützt mir meine ganze Ehrlichkeit nichts.«

Sargon war zu uns getreten. »Also heraus mit der Sprache«, sagte er streng. »Was hast du in diesem weltfernen Gebirge zu suchen?«

»Noch so ein Neugieriger«, meinte der Fremde. »Erst hetzt ihr diese Raufbolde auf mich und jetzt wollt ihr mich auch noch ausquetschen wie eine Traube. Aber nichts da! Was ich hier mache, geht mich ganz allein etwas an. Kümmert euch gefälligst um eure eigenen Angelegenheiten. Und jetzt aus dem Weg! Meine Ochsen sind hungrig und müde; wenn ich sie losbinde, rennen sie euch über den Haufen.«

Sargon wollte den Kleinen packen, aber ich hielt ihn zurück und sagte: »Also gut. Wir haben dir Angst eingejagt, so habe denn nun zum Trost deinen Willen. Ich bin der *ensi* von Uruk.«

»Ach ja?« machte der Fremde. »Dann bin ich der *lugal* von Akkad.«

Sargon schnaubte entrüstet. »Ich rede im Ernst«, sagte ich und trat auf den Fremden zu. Schweigend musterte er mich und rieb sich dabei mit den Fingern die kahlgeschorenen Wangen.

»Ich sehe, daß du wirklich ein Schwarzköpfiger bist«, sagte ich. »Niemand sonst schabt sich Haare und Bart.«

»Und ich sehe, daß du wirklich der *ensi* von Uruk bist«, sagte der Kleine vorsichtig. »Ich bin ein frommer Diener Anus und opfere oft im Weißen Tempel. Aber beim Dämon des Schüttelfrosts, was ziehst du durch dieses weltferne Land?«

»Wir wollen die Enden der Erde erreichen«, antwortete ich.

»Wo denn?« fragte der Fremde verblüfft. »Hier?«

Sargon hielt es nicht länger aus und stellte sich neben mich. Der Fremde glotzte ihn mit offenem Mund an.

»Willst du auch wissen, wer ich bin?« fragte Sargon drohend.

»Nein, Herr«, antwortete der Kleine. »Ich meine, nein, großer *lugal*. Dich kenne ich gut.«

»So?« fragte Sargon. »Und woher? Warst du denn schon einmal Gast in meinem Großhaus zu Akkad?«

»Nein, Herr«, sagte der Mann. »Aber ... nun, auch in diesen Bergen kennt dich inzwischen jeder.«

Sargon entspannte sich ein wenig. »Sage mir deinen Namen«, befahl er.

»Urki«, antwortete der Sumerer. »Ich bin Kaufmann.«

»Und woher kommst du?« wollte Sargon wissen.

»Aus Eridu natürlich«, sagte der Kleine fröhlich, da er sich nun in Sicherheit sah, »wo alle guten Kaufleute herkommen.« Er grinste selbstgefällig.

»Und du fährst allein durch diese Berge?« forschte Sargon. »Hast du denn keine Angst?«

»Vor diesen Maulwurfshügeln?« spottete Urki. »Wo ich jetzt herkomme, wachsen die Berge zum Himmel wie die Pfosten des Hauses zum Dach. Auf den Paßstraßen ziehe ich mit meinen Ochsen durch Wolken dahin.«

»Vorhin hast du um Hilfe gerufen«, erinnerte ihn Sargon.

»Wenn es vom Schicksal bestimmt ist, steige ich in die uralte Trümmerstätte hinab«, versetzte der Kleine. »Und du ebenso, magst du dann auch von einem noch so großen Heer umgeben sein.«

Sargon holte zornig Luft. Ich legte ihm rasch die Hand auf den Arm und sagte: »Das ist wacker gesprochen, Landsmann. Komm und lagere mit uns! Dann sollst du uns erzählen, wo deine Reise begann und wohin sie führt, auch, was es über diese Berge zu berichten gibt und schließlich, wie weit wir noch von den Enden der Erde entfernt sind.«

Urki lenkte sein Fuhrwerk ohne weiteres in unser Lager, spannte die

Ochsen aus, fütterte sie und setzte sich dann zu uns ans Feuer. Ich reichte ihm Fladenbrot und kaltes Fleisch, das er mit großem Behagen verschlang. Dazu trank er drei Krüge Bier. Als er Hunger und Durst gestillt hatte, dankte er uns und sagte: »Nun also, was wollt ihr wissen? Ich werde euch alles sagen, auch wenn das sonst nicht die Art guter Kaufleute ist.«

»Deshalb fährst du wohl am liebsten allein«, lächelte ich.

»Ein gutes Geschäft ist wie eine schöne Frau«, gab er zur Antwort. »Je mehr andere daran beteiligt sind, desto weniger Spaß macht es. Wir aus Eridu sind in dieser Beziehung besonders eigen.«

Ich mußte schmunzeln. Sargon blieb ernst. »Wieviele Tagesmärsche ziehen sich diese Berge noch hin?« wollte er wissen.

Urki zuckte die Achseln. »Ich weiß nicht«, antwortete er. »Ich war nie weiter als bis Buruschanda.«

»Buruschanda?« fragte ich. »Ich dachte, diese Stadt liegt im Sonnenaufgang von hier.«

»Sie liegt dreißig Tage von hier gegen Mitternacht«, klärte uns Urki auf, »und das weiß ich deshalb so genau, weil ich soeben von dort komme.« Er schilderte nun die Stadt, und wir erfuhren, daß außer ihm auch noch anderere sumerische Händler dort ihre Waren verkauften. Sie handelten mit Leuten von einem nördlichen Meer, das viele Tagesreisen entfernt sei.

»Nun siehst du es«, sagte ich zu Sargon. »Es ist uns Menschen nicht bestimmt, die Welt auszumessen. Erobere das mittägliche Einstromland, fahre über das Meer zu den Küsten des Zinns und durchquere die Berge zu diesem Mitternachtsmeer, gehe über Gutium gar der Sonne entgegen; dann wirst du die Enden der Welt erreichen. Wie aber willst du das in einer Lebenszeit schaffen?«

Sargon gab keine Antwort, sondern fragte Urki: »Und jetzt kehrst du nach Eridu heim?«

Der Kleine nickte eifrig. »Ja, Herr«, erwiderte er. »Ich muß neue Ware holen. Habe alles verkauft.«

»Womit handelst du denn?« fragte Sargon.

»Mit dir, Herr«, lächelte Urki.

Sargon sah ihn verblüfft an. »Mit mir?« fragte er.

»Ja«, sagte der Kleine. »Bist du nicht der Herrscher der Welt? In allen Ländern bewundert man dich und preist deinen Namen. Hier in den Bergen hält man dich sogar für einen Gott und errichtet dir große

Tempel. Und wie von anderen Göttern möchten die Menschen gern Statuen von dir besitzen. Ich lasse sie in Eridu aus Ton fertigen und verkaufe sie in Buruschanda.« Er rieb sich vergnügt die Hände. »Zum zwanzigfachen Preis«, fügte er fröhlich hinzu. »Die Leute könnten sich selbst welche machen, aber sie glauben, daß die Statuen nur Wunder wirken können, wenn sie aus dem Lehm des Schwemmlandes gebacken sind.«

»Ein gutes Geschäft«, bemerkte Sargon etwas säuerlich. »Wie sehen die Dinger denn eigentlich aus?«

»Alle verkauft«, lachte Urki. »Aber im nächsten Frühjahr komme ich wieder durch Akkad ...«

»Sei diesem Mann dankbar«, spottete ich. »Er sorgt dafür, daß man dich auch dort erblickt, wo du nicht hinkommst.«

Am nächsten Morgen kehrten wir um. Der Händler zog bis zum Rand des Silbergebirges mit uns. Als wir den Chabur erreichten, trennten wir uns. Urki verkaufte uns Wagen und Ochsen, baute sich ein kleines Floß und fuhr auf dem Fluß davon. Wir wandten uns nach Sonnenuntergang und kamen kurz vor dem Winter wieder nach Ugarit.

Im Palast des Fürsten ruhten wir uns von den Anstrengungen der Reise aus. Sargon empfing und beantwortete Botschaften aus der Heimat. Ich ließ inzwischen alle Nachrichten über die oberen Länder niederschreiben. Steinhand übte das Heer, damit Körper und Kampfeseifer der Krieger nicht erschlafften. Igelspitz reiste, als Händler verkleidet, nach Gubla, um dort mehr über das Einstromland zu erfahren. Er rollte auf einem Karren die Küste entlang, denn im Winter wird das Wasser des Oberen Meeres von heftigen Sturmwinden aufgewühlt, und seine Wellen würden dann selbst große Schiffe auf die gefährlichen Klippen der Felsküste schleudern.

Eines Abends rief Sargon mich zu sich in seine persönlichen Räume. Als ich eintrat, konnte ich gleich sehen, wie erregt er war. Niemals habe ich Sargon weinen sehen, jetzt aber schien er den Tränen so nahe wie nie. In seiner zitternden Hand hielt er einen Brief von dir, Rimusch, und du weißt, was in ihm stand.

So erfuhr ich, daß Abda den Goldenen Becher getrunken hatte.

VIII

DUMUZI

1

Gewinne Ruhm!
Erwirb dir ein Vermögen!
Baue ein größeres Haus
als dein Nachbar!
Schreite über dein Land von
Morgen bis Abend!
Sei stolz auf deine Kinder!
Töte deinen Feind!
Sitze zur Rechten des Königs!
Gewinne der Götter Gunst!
Werde selbst Herrscher!
Nichts wird dir soviel bedeuten,
wie die Liebe der Frau,
die du liebst.

Worte des Weisen von Eridu

Abda! Herrlich wie eine Göttin wohntest du in meinem Herzen – warum bist du gegangen? Sanft wie der kühlende Hauch in der Wüste war deine Hand – warum entzogst du sie mir? Hell wie das Jubelholz klang deine Stimme – warum ist sie nun für immer verstummt? Niemand diente den Göttern so treu und ergeben wie du. Niemand liebte so wie du die Menschen.

Abda! Warum hielten die Schicksalstafeln für uns nur Unglück bereit? Warum mißgönnte die Große Göttin uns unsere Liebe? Warum büßt du für meine Frevel, warum nahmst du die Strafe für Sargons Grausamkeit an? Mehr als jede Göttin hättest du es verdient, im hohen Himmel zu wohnen; mehr als jede Sklavin mußt du nun leiden. Denn jene, mag sie auch noch so arm sein, sieht jeden Morgen die Sonne; du aber lebst nun in lichtloser Finsternis.

So dachte ich, als ich den Brief las. Tränen flossen aus meinen Augen, und ich schluchzte wie ein Kind. Du aber, Rimusch, schriebst über den Tod deiner Mutter wie über den Tod einer fremden Frau.

Als ich las, wie Abda vor dem Weißen Tempel zu Uruk das Opfer des Goldenen Bechers verkündet hatte, war mir, als bohrte sich eine Nadel in meine Leber. Als ich erfuhr, wie die frommen Sumerer ihr dankten und sie in Lobliedern priesen, fühlte ich Schmerz wie von einem Messer im Magen. Als sich mir dann auch enthüllte, wie sich nach uralter Sitte Priesterinnen und Dienerinnen, Krieger und Fuhrleute fanden, um Abda in die uralte Trümmerstätte zu folgen, traf mich die Wehmut wie ein Beilhieb auf die Brust. Deine Worte, Rimusch, die uns schilderten, wie Abda schließlich den Goldenen Becher leerte und ihn dann den anderen reichte, um als erste niederzusinken, stießen wie Speerspitzen in mein Herz. Und als ich erkannte, daß Abda nie wieder zurückkehren würde, wurde ich von meiner Trauer wie unter Felsblöcken begraben, ein Toter, den nur der Atem von einem Lebenden unterschied.

Auch Sargon trauerte sehr. Er befahl, Abda Speise- und Trankopfer darzubringen und kostbare Gewänder zu verbrennen, damit die Tote im Haus des Staubes nicht hungern, dürsten noch frieren müsse. Auch unsere Krieger zeigten sich tief erschüttert, die Akkader, weil sie noch nie von einer solchen Tat vernommen hatten, die Sumerer aber, weil sie Abda mit Schagschag verglichen: jene war in glücklichen Zeiten aus Angst vor der Mißgunst der Götter gegangen, diese aber hatte sich in einer Zeit der größten Not geopfert, um zornige Götter gnädig zu stimmen. Nun hofften die Schwarzköpfigen, daß Abdas Hingabe belohnt und die Hungersnot bald beendet sein werde. Einige gingen sogar soweit zu behaupten, daß Sargon an Abdas Tod schuld sei, da er den sumerischen Göttern den Gehorsam verweigere und nur akkadischen Götzen diene. Einige Hitzköpfige fingen daraufhin an, sich zu prügeln. Sargon befahl daher, die akkadischen und die sumerischen Sechshundertschaften für eine Weile zu trennen. Die Eselnomaden bezogen Quartiere um den Palast im oberen Teil der Stadt; die Schwarzköpfigen übernahmen die Unterkünfte am Tempel.

Ich ging in mein Gemach und befahl, niemanden zu mir zu lassen. Drei Tage sprach ich kein Wort. Sargon besuchte mich einige Male, um mich zu trösten, und seufzte: »Du glaubst es mir vielleicht nicht, Bruder, aber ich habe sie einst sehr geliebt. Ach, könnte ich das Opfer ungeschehen machen!«

Einige Tage später stand plötzlich ein Melder mit einer Brieftafel vor mir. Bevor er zu einer Erklärung ansetzen konnte, packte ich ihn und warf ihn vor die Tür.

»Wieso laßt ihr den Kerl herein?« schrie ich Ur-Enki an, der draußen wachte. Der junge Befehlshaber stellte sich schützend vor den Mann.

»Der Brief ist von der Hohepriesterin der Inanna von Uruk«, erklärte er.

Ich packte ihn am Brustriemen. »Was sagst du da?« fragte ich.

Er hielt mir den Brief vor die Augen. Auf der tönernen Hülle erkannte ich Abdas Siegel.

Ich ließ Ur-Enki los, nahm den Brief und ging in mein Zimmer. Dort schlug ich die tönerne Hülle entzwei, zog Abdas Brief hervor und las:

»Daramas, du einziger Geliebter meines Herzens! So fern bin ich dir nun, und doch so nah. Verzeihe mir, daß ich so grausam zu dir war. Nicht dir galt mein Zorn, sondern Sargon, der unsere Götter mißachtet und unser Volk hungern läßt, während er in seinem Großhaus die Schätze des Länderbergs türmt. Das Korn seiner Vorratshäuser ist für seine Krieger bestimmt, mit denen er immer und immer wieder ausziehen will, um sich auch alle anderen Länder zu unterwerfen. Die Menschen aber, die ihm schon untertan sind, bedeuten ihm weniger als selbst das wilde Getier in der Steppe.«

Die Lettern zitterten vor meinem Auge.

»Wer, wenn nicht die Götter, kann das Land retten?« las ich weiter. »Wer, wenn nicht Inanna, kann sie besänftigen und davon abbringen, den Länderberg zu zerstören? Wer, wenn nicht ihre Hohepriesterin, kann die Göttin dazu bewegen? Nach dem Rat und mit dem Beistand der höchsten Priester Sumers will ich handeln, wie einst Inanna gehandelt hat, und wie sie nun auch mir zu handeln befahl, im Traum zu Nippur, als ich bei Aggar weilte, um mit ihm und den anderen Hohepriestern das Schicksal Sumers zu beraten. Ja, Daramas: Die Göttin selbst befahl mir das Opfer des Goldenen Bechers, als sie in ihrem Malachithaus zu mir sprach. ›Wie einst ich sollst nun auch du, meine treueste Dienerin, in die uralte Trümmerstätte hinuntersteigen‹, befahl sie mir. ›Durchschreite wie einst ich die Sieben Tore! Befehle wie einst ich dem Großpförtner, dich bei den Göttern der Tiefe zu melden! Wie einst ich sollst du die dunkle Behausung betreten. Wie einst ich gib dann die heilige Krone des Hauptes dahin! Wie einst ich sollst du die heiligen Ohrringe opfern, die kostbaren Ketten des Halses lösen, die Schmuckstücke von deiner Brust nehmen und den Gebärsteingürtel an deinen Hüften öffnen. Wie einst ich sollst du die Spangen der Hände und Füße abnehmen, wie einst ich auch Gewänder und Schamtuch zu Boden fallen lassen. Wie einst ich nehme die Schmerzen der sechzig Krankheiten auf dich! Wie einst mich wird man dich dann an den bronzenen Haken hängen, so wie die Meister der Rechtsprechung die Verträge der Menschen im Haus der Besonnenheit an Bronzehaken verwahren. Wenn du das aber getan hast, wird der Hunger aus eurer Hochsteppe weichen. Not und Armut werden Vergangenheit sein, die Arm- und Beinfesseln der Unfreiheit werden sich lösen und alle Menschen werden in Frieden zusammenleben für alle Zeit.‹ So sprach die Göttin zu mir, ihr Antlitz glänzte wie Gold und ihre Stimme hallte wie Donner aus weiter Ferne. Darum will ich noch heute den Trank ohne Wiederkehr kosten. Möge die Große Göttin uns endlich verzeihen. Mein Leben endet, nicht aber meine Liebe zu dir.«

Das Blut floß heiß wie geschmolzenes Zinn in mein Herz. Ich sprang auf und stürzte zu Sargon. Er saß im Großsaal des Herrschens.

»Was ist mit dir?« fragte er besorgt. »Du zitterst ja am ganzen Leib!«

Ich zerrte ihn hinter mir her in den Raum der unbelauschten Gespräche und hielt ihm den Brief hin.

»Lies!« sagte ich.

Sargon runzelte die Stirn. »Du einziger Geliebter meines Herzens«, las er laut vor. »Was hat das zu bedeuten?«

»Du weißt, wie nahe Abda und ich uns einst standen«, erklärte ich. »Durch meine Schuld verlor ich sie. Als du dich von ihr trenntest, versuchte ich sie zurückzugewinnen. Wir haben aber nichts getan, was deine Ehre kränken könnte.«

»Dir schrieb sie einen letzten Brief«, knurrte Sargon. »Mir nicht.«

»Wundert dich das, nach allem, was du ihr angetan hast?« sagte ich schnell. »Aber das ist jetzt nicht wichtig. Lies doch! Fällt dir nichts auf?«

»Man hat mir von dieser Versammlung in Nippur berichtet«, sagte er vorsichtig. »Wenn mich nicht alles täuscht, habe ich dir davon erzählt. Aber damals konnte keiner ahnen, was diese Priester ausheckten und daß sie Abda ...« Er brach ab.

»Endlich verstehst du«, sagte ich. »Es war nicht Abdas Entschluß, es war der Wille der Priester. Und ganz besonders war es Aggars Wille. Er hat Abdas Frömmigkeit ausgenutzt. Er ist schuld an ihrem Tod.«

»Ja, das mag sein«, murmelte Sargon. »Aber was sollen wir tun? Wer immer Abda überredete, geopfert hat sie sich aus freien Stücken, denn niemand konnte sie zwingen. Es war der Wunsch der Göttin selbst.«

»Du verstehst noch immer nicht«, sagte ich heftig. »Göttertraum! Malachitkammer! Goldenes Antlitz! Hohle Stimme! Alles in Nippur,

Aggars Drachennest! Erinnerst du dich nicht mehr? Auch ich träumte einst einen Traum, auch ich ging in eine grüne Kammer, auch mir sagte jemand, was ich zu tun hätte und auch mir klang diese Stimme hohl wie durch eine Maske!«

Sargon sah mich überrascht an. »Glaubst du etwa ...?« fragte er kopfschüttelnd. »Aber das kann nicht sein. Außerdem hast du den heiligen Traum in Kutha und nicht in Nippur empfangen.«

»Wer weiß, welcher Täuschung ich damals erlag«, versetzte ich zornig. »Vielleicht ist auch Abda ein Opfer von Aggars Tücke!«

»Wir werden es herausfinden«, sagte Sargon. »Sobald wir zurückgekehrt sind, gehen wir nach Nippur und suchen die grüne Kammer. Wenn wir sie wirklich finden, ziehe ich diesem Hund von einem Priester persönlich die Haut ab. Wir werden Abdas Tod rächen, auch wenn das heimlich geschehen muß, damit es unter den Gläubigen nicht zuviel Unruhe gibt.«

»Wenn Abda wirklich tot ist«, sagte ich.

Sargon sah mich verblüfft an. »Wie meinst du das?« fragte er. »Sie hat das Opfer des Goldenen Bechers vollbracht und den Trank ohne Wiederkehr geleert. Rimusch hat es berichtet, und hier schreibt sie es auch selbst.«

»Vielleicht ist auch das eine Täuschung«, sagte ich. »Wer weiß, was dieser Priester plant! Er ist schlau wie die Schlange des Schutthaufens. Selbst in unserem Heer hat Abdas Opfer die Menschen entzweit. Wieviel größer wird der Streit werden, wenn Abda nicht nur Inannas Gang in die Totenwelt wiederholt, sondern, wie einst die Göttin, aus der uralten Trümmerstätte zurückkehrt?«

Sargon stieß zischend die Luft aus. »Du meinst, der Hund hält Abda irgendwo verborgen, um sie am Neujahrstag im Weißen Tempel zu zeigen, als sei sie aus der Totenwelt wiedergekommen?« fragte er. »Ich breche noch heute auf!«

»Nein«, sagte ich. »Du bleibst hier. Ich werde gehen. Ich liebe Abda, und darum ist es meine Sache, sie zu finden, wenn sie noch lebt.«

»Du bleibst hier«, sagte Sargon. »Ich gehe selbst. Sie ist die Mutter meiner Kinder!«

»Du hast sie verstoßen«, erinnerte ich ihn. »Außerdem darfst du dein Heer nicht verlassen, wenn du nicht willst, daß Eselnomaden und Schwarzköpfige einander anfallen wie tolle Hunde. Nur dein *me* hält sie auseinander. Wenn du nicht mehr hier bist, werden sie sich gegenseitig zerfleischen. Dann wirst du alles verlieren: erst das Heer, dann die Oberen Länder und am Ende dein Reich.«

Sargon überlegte eine Weile. »Also gut«, sagte er dann. »Was willst du tun?«

»Ich fahre so schnell wie möglich zum Weißen Tempel und breche die Kammer des Eingangs zur Unterwelt auf«, sagte ich. »Finde ich Abda dort, warte ich, bis du zurückgekehrt bist, und ziehe mit dir nach Nippur. Finde ich sie aber nicht, gehe ich gleich nach Nippur und suche sie dort. Dann wird geschehen, was auf meiner Schicksalstafel steht.«

»Sei nur vorsichtig, Bruder«, sagte Sargon. »Aggar ist zu jeder Tat fähig und würde dich eher ermorden als zulassen, daß du eins seiner Verbrechen entdeckst.«

Noch in der gleichen Stunde brach ich auf. Ich lenkte meinen Wagen selbst und trieb die sechs starken Halbesel mit der großen Peitsche aus Grunzochsenleder an. Wie ein zorniger Auerstier sich seinen Weg durch das dichte Gestrüpp bahnt, rollte mein Kriegswagen über die Steppe dem Sonnenaufgang entgegen. Hinter der Staubwolke, die meine Räder aufwirbelten, folgten Ur-Enki und meine Leibwächter. Sie hatte alle Mühe, nicht den Anschluß zu verlieren. Während ich unter Utus glühender Glanzscheibe durch die Halbwüste stürmte, betete ich zu Inanna und sagte: »Strafe mich, Große Göttin, aber beschütze Abda! Schade mir, soviel du willst, Mutter der lebenden Wesen, aber hilf Abda! Lasse das Unglück der Welt auf mich stürzen, Herrin der Erde, doch mache, daß ich die Geliebte meines Herzens wiedersehen darf!«

Schon nach acht Tagen hatten wir Urschu erreicht. Wir stiegen auf mein Schiff und ließen es mit den Rudern aufspringen wie einen kauernden Löwen der Steppe. Das Frühlingshochwasser hatte den Großen Strom mächtig anschwellen lassen. Wütend warf er sich gegen die Felsen und Böschungen an seinen Ufern und riß den braunen Lehm des Landes mit sich zum Unteren Meer. Tückische Wasserwirbel schleuderten unser Fahrzeug umher, als sei es nur das Bastelwerk von Kindern, und meine Männer fürchteten sich wie die Rüsselochsen Meluchchas, wenn sie an Akkads Überseeekai von schwankender Planke an Land klettern sollen. Ich aber steuerte flugs in die Mitte des Flußes, wo die Strömung am stärksten war, und unser Schiff eilte dahin wie ein Halbesel, der in der Steppe den Schweif wehen läßt.

Als Utu seinen Glanzschild unter den Himmelsrand senkte, warteten meine Männer darauf, daß ich zum Ufer steuern und an Land ein Nachtlager aufschlagen würde, denn so waren sie es gewohnt. Ich aber zündete ein großes Feuer auf dem Deck meines Schiffes an, opferte dem Großen Strom und bat ihn laut um seinen Schutz, denn ich wollte auch in der Nacht auf dem Rücken des Euphrat bleiben. Darüber ängstigten sich meine Männer noch mehr, und Ur-Enki sagte beklommen: »Ist das nicht zu gefährlich, Herr? Wenn unser Schiff in der Dunkelheit an einem Felsen zerschellt! Niemand fährt nachts auf dem Strom, der nicht die Götter versucht.«

»Beruhige deine Leber«, erwiderte ich. »Der Mond ist hell genug.«

»Habt keine Angst«, sagte Ur-Enki darauf zu den Männern. »Seht ihr nicht, daß uns Nanna den Silberschein seines Glanzbootes sendet? Der Gott der Fruchtfülle ist mit uns.«

So fuhren wir durch die Nacht. Das Licht des Mondes spiegelte sich auf den schäumenden Fluten des Großen Stroms. Schwarz wie ein Staken stieß der Euphrat durch das bleiche Land. Am Silbergebirge erhob sich ein kräftiger Wind und umfaßt mit Macht unser Segel. Da fingen die Männer vor Angst an zu schreien, und Ur-Enki sagte besorgt: »Herunter mit dem Tuch, sonst sind wir verloren!«

»Der Wind ist unser Gefährte«, erwiderte ich. »Wollt ihr lieber, daß ich euch an die Ruder befehle?«

Ur-Enki schüttelte den Kopf. »Auch Enlil ist auf unserer Seite!« rief er den Männern zu. »Vertraut auf unsere Götter!«

Als der Morgen graute, sahen wir einen jamnitischen Hirten am Ufer. Bei unserem Anblick trieb er die Tiere eilends davon. Ich befahl anzulegen. Meine Männer verfolgten die Herde und kehrten mit einigen Schafen zurück. Wir schlachteten und brieten sie auf dem Schiff, während wir schon weiterfuhren.

In der zweiten Nacht wurde der Wind zum Sturm. Es war, als ob Vierwind und Siebenwind, Wirbel- und Unheilswind, Südsturm und selbst Imschullu, der böse Zyklon, sich alle zugleich erhoben hätten. Die Männer gerieten deshalb in noch größere Furcht und beschworen mich, am sicheren Ufer auf besseres Wetter zu warten.

»Sie haben recht, Herr«, sagte Ur-Enki. »Du wagst zuviel. Wenn das Schiff in der reißenden Strömung kentert oder am steilen Ufer zerbirst, werden wir viele Männer, vielleicht sogar unser Leben verlieren.«

»Der Fluß verschlingt nur den, dem Angst den Arm lähmt«, versetzte ich. »Wer auf seine Kraft und Kunstfertigkeit vertraut, meistert die Wogen wie ein geschickter Fuhrmann das schnelle Halbeselgespann.«

Das Mondlicht beschien seine zweifelnde Miene, aber er rief den Männern zu: »Habt Vertrauen! Der Euphrat selbst hütet uns in seinem Schoß.«

Am Morgen des sechsten Tages erreichten wir Mari. Wir füllten unsere Vorräte auf und legten schon wieder ab, als hohe Beamte herbeieilten, mich zu begrüßen.

»Was ist geschehen, Herr?« riefen sie mir vom Ufer aus nach. »Wohin eilst du, und wo ist der *lugal*?«

»Er wird bald erscheinen«, gab ich zur Antwort. »Beunruhigt euch nicht!«

Am achten Tag unserer Fahrt kamen wir zu Wahrlichs Lager. Wir steuerten unsere Schiffe in eine Bucht und vertäuten sie. Der weißbärtige Akkader eilte den Hügel herab. »Was ist geschehen, Daramas?« rief er von weitem. Gibt es Schwierigkeiten?« Keuchend umarmte er mich. »Wahrlich, das hätte ich nicht gedacht, daß ich solange auf eure Rückkehr warten muß«, stieß er schnaufend hervor. »Aber warum fährst du mit so wenigen Männern? Und wann kommt dein Bruder?«

»Bald, alter Gefährte«, erwiderte ich. »Mehr kann ich dir jetzt nicht sagen. Es handelt sich um eine Angelegenheit, über die vorerst nur Sargon und ich wissen dürfen.«

»Wahrlich, das habe ich nicht verdient«, sagte er. »Mir kannst du es doch verraten! Ich schweige wie ein Totenhaus.«

»Sei nicht so neugierig, Alter«, sagte ich. »Schaffe uns lieber ein paar fette Hammel herbei, und Bier, falls ihr frisches gebraut habt. Wir haben nicht viel Zeit.«

»Wahrlich, alles soll geschehen, wie du es sagst«, antwortete der Akkader und schrie Befehle zum Lager empor. Eilige Gestalten huschten zwischen den Zelten herum. Serida schaute zu uns herab; Sennaya konnte ich nicht entdecken.

»Sie ist schon im Sommer ins Schwemmland gereist«, erklärte Wahrlich. »Sie will ihre Eltern besuchen, die wohl schon sehr alt sind und vielleicht nicht mehr lange leben. Wahrlich, das Leben ist kurz wie ein Kälberstrick und führt uns auch so an der Nase herum. Es setzt uns wie Pflugochsen in die Spur und läßt uns Furchen ziehen, bis wir erlahmen; dann werden wir an die Hunde verfüttert.«

Ich ließ die Vorräte auffüllen und legte ab.

Wieder fuhren wir Tag und Nacht, wieder trug uns der reißende Strom auf seinem Rücken und wieder trieb uns ein Sturm aus dem Silbergebirge voran. Schon nach vier Tagen flog unser Schiff wie ein Vogel an Akkad vorüber. Wenig später blickte ich auf das Ufer von Sippar, wo Sargon einst an Land gespült worden war. Auf den Böschungen wuchs schon das erste Grün. Menschen kamen aus ihren Hütten und sahen uns nach. Dann ragte in der Ferne der Turm des Berghauses in den dunstigen Abendhimmel. Wir fuhren in der Nacht an Nippur vorbei. Zehn Tage später kamen wir zu einer Insel vor Uruk. Ich befahl zu landen und zu rasten. Ur-Enki überprüfte die Waffen der Männer und meldete mir Kampfbereitschaft.

»Willst du mir nicht sagen, gegen wen wir ziehen?« fragte er leise.

Ich schüttelte den Kopf. »Schwöre mir erst, daß du alles tun wirst, was ich dir befehle«, erwiderte ich.

»Ich werde gehorchen«, versprach er und rieb den Schwurstein vor seiner Brust.

Als ich ihm sagte, was ich plante, schlug er sich vor Schreck auf den Schoß. »Wir werden sterben«, flüsterte er.

»Wir werden die Wahrheit wissen«, sagte ich.

Dann rief ich die Krieger zu mir und sagte zu ihnen: »Ihr kennt weder Ziel noch Zweck dieser Fahrt und werdet auch jetzt nichts darüber erfahren. Das aber sage ich euch: So seltsam euch bisher wohl manches erschien, es wird sich noch Seltsameres ereignen. So wenig ihr bisher verstandet, es steht euch noch Unverständlicheres bevor. Ich werde euch auffordern, Dinge zu tun, die ihr noch niemals getan habt. Ihr werdet nicht wissen, warum das geschieht. Es wird sein, als wärt ihr allesamt Kinder, von denen ihr Vater etwas verlangt, was sie mit ihrem Verstand nicht begreifen können. Dann handelt wie gute Söhne! Stellt nicht in Frage, was ich euch auftrage! Grübelt nicht darüber nach! Denkt nicht, sondern handelt! Befolgt meine Befehle! Vertraut mir! Zweifelt nicht, sondern gehorcht! Habt keine Angst! Später werdet ihr verstehen, was ich euch jetzt noch nicht zu erklären vermag.«

Sie griffen an ihre Schwursteine. »Befiehl uns«, gelobten sie, »wir werden gehorchen. Denn wir sind Sumerer, und du bist unser Herr.«

Um Mitternacht stiegen wir auf die Schiffe und fuhren nach Uruk. Am Kai des weißen Tempels legten wir an. Die Männer nahmen Aufstellung. Zum Kampf geordnet zogen wir vor das Tor. Zwei Wächter stellten sich uns in den Weg. Ur-Enki und ich schlugen sie nieder, ehe sie Warnrufe ausstoßen konnten, und fesselten sie.

Vier Männer schleuderten bronzene Haken über die Mauer und zogen sich an Seilen empor. Andere folgten ihnen. Wenige Herzschläge später öffneten sie das Zedernholztor. Wir eilten hinein, schlossen es wieder und überwältigten die schlafenden Tempelkrieger in ihrem Quartier. Dann besetzten unsere Männer Tor und Mauern. Ur-Enki folgte mir in den Innenhof. Das Haus des Eingangs zur Totenwelt war mit bronzenen Zauberzeichen versiegelt.

Aus dem Eanna liefen Priesterinnen auf mich zu. »Was tust du, Herr?« riefen sie von weitem. »Halte ein, wir bitten dich! Die Große Göttin wird uns alle vernichten!«

»Halte mir diese Weiber vom Leib«, befahl ich Ur-Enki.

»Herr«, entgegnete er betroffen. »Sie dienen der Mutter der lebenden Wesen und meinen es gut mit uns. Schreckliche Strafen drohen uns, wenn wir den Tempel entweihen!«

»Vor Stieren hast du keine Angst«, spottete ich, »aber vor Kühen. Du sollst sie ja nicht mit dem Schwert niederhauen! Sorge aber dafür, daß sie mir nicht in die Quere kommen.«

Kopfschüttelnd rief er Befehle. Unsere Leibwächter bildeten einen Kreis um uns, den die Frauen trotz aller Anstrengungen nicht durchdringen konnten.

»Herr!« riefen sie immer wieder und suchten nach mir zu greifen. »Störe nicht die Ruhe derer, die wie Inanna und Dumuzi zu den Göttern der Tiefe gegangen sind!«

»Äxte herbei!« befahl ich.

Zwei Männer drängten sich mit Beilen durch die Schar der Priesterinnen.

»Öffnen!« herrschte ich die beiden an.

Sie hoben die scharfen Waffen, wagten aber nicht zuzuschlagen.

»Her damit!« fuhr ich sie an, entriß dem ersten das Beil und hieb mit aller Kraft gegen die Zedernholztür.

Mit jedem Schlag erklang aus den Kehlen der Priesterinnen ein neuer Schrei des Entsetzens.

»Was stehst du da und schaust mir zu?« herrschte ich Ur-Enki an.

Zögernd nahm er die zweite Axt aus den Händen des Kriegers, der kaum seine Augen zu uns zu erheben wagte, stellte sich neben mich und schlug in das splitternde Holz.

»So ist es recht«, rief ich und hieb noch heftiger zu. Bald lösten sich die Bretter der Tür. Aus dem Loch drang ein kühler Wind.

»Der Hauch Ereschkigals!« riefen die Priesterinnen entsetzt. »Rettet euch!« Sie rafften die Röcke und stürzten davon. Auch meinen Männern stand die Angst im Gesicht.

Ich nahm eine Fackel und stieg durch die Öffnung. Ur-Enki folgte mir.

Hinter der Tür erhellte das brennende Holz farbige Ziegel mit den Beschwörungsbildern der Totenwelt. An Halbsäulen mit längst verloschenen Leuchten fand ich sechs Krieger; die Kupferspeere noch in den Händen, kauerten sie auf dem mit Härtesteinen gepflasterten Boden. Unter den Helmen klafften leere Augenhöhlen, und die verfaulten Lippen zeigten das Grinsen des Todes.

Hinter ihnen stießen wir auf neun Frauen. Sie lehnten mit den Rükken an der mit Stiftmosaiken geschmückten Wand. Ihr Kopfschmuck war aus Gold und Lapislazuli, in ihren Haaren steckten silberne Kämme, und ihre Ohrringe waren wie Nannas Sichel geformt. Neben ihnen standen Gefäße mit längst vertrockneten Speisen.

Vorsichtig stiegen wir über die Beine der toten Dienerinnen hinweg. Einige Schritte weiter öffnete sich die Kammer des Eingangs zur Totenwelt. Die Leichen von zehn Frauen lagen in zwei Reihen nebeneinander; sie hatten sich nach dem Trank ohne Wiederkehr niedergelegt, um gemeinsam in die uralte Trümmerstätte hinunterzusteigen. Sie trugen rote Kleider und goldenen Kopfschmuck mit Karneol und Lapislazulisteinen.

Neben einer Frau lag eine kostbare Harfe. Das hölzerne Querjoch war vergoldet, die Saitenwirbel trugen goldene Knöpfe und den Schallkasten zierte ein Mosaik aus roten Steinen, weißen Muscheln und Lapislazulisplittern. Nie werde ich vergessen, daß die Hand der Toten immer noch wie spielend auf den Saiten lag.

Hinter den Priesterinnen fand ich sechs Ochsenkadaver. Das Blut der Tiere war zu einem riesigen schwarzen Fleck geronnen. Die Leichen zweier Fuhrleute lagen neben der Deichsel eines vierrädrigen Wagens, den goldene Löwenköpfe verzierten. Auf ihm stand die Zedernholztruhe des Todes. Dahinter schimmerte silbern das Boot, bereit, den Totenfluß zu überqueren.

»Abda!« sagte ich. Ein unheimlicher Widerhall verzerrte den Namen meiner Geliebten.

Ur-Enki hielt sich dicht hinter mir; er wagte kaum zu atmen.

Ich stieg auf den Wagen. Der Deckel der Zedernholztruhe war mit den stärksten Beschwörungszeichen bemalt. »Inanna«, betete ich leise. »Hilf mir!«

Ich sammelte all meinen Mut und griff nach dem Deckel der Truhe.

»Herr!« ächzte Ur-Enki, »tue es nicht!«

Ich mußte alle Kraft aufbieten, um den schweren Zedernholzdeckel zu heben. Langsam öffnete sich ein Spalt.

»Herr!« rief Ur-Enki. »Halte ein, ich bitte dich! Wir dürfen die Ruhe der Gräber nicht stören, sonst kehren die Toten zurück!«

Die Muskeln meines Armes begannen zu schmerzen, aber ich gab nicht nach.

»Nein, Herr!« schrie Ur-Enki entsetzt.

Der Deckel fiel polternd zu Boden. Eine dichte Staubwolke stieg auf, und wir mußten husten.

Als die Luft sich wieder klärte, nahm ich alle inneren Kräfte zusammen, hob die Fackel und sah in den Sarg. Die Truhe war leer. Das Licht enthüllte nur einige Tücher. Wie betäubt ließ ich die Fackel sinken.

»Was ist, Herr?« fragte Ur-Enki und spähte furchtsam zwischen den Fingern hervor. »Ist sie ...?«

»Sie ist fort«, sagte ich mehr zu mir selbst als zu ihm. »Hier ist niemand. Sie ist verschwunden.«

»Es ist uns nicht beschieden, die Geheimnisse der Toten zu enträtseln«, flüsterte Ur-Enki.

»Aber die Geheimnisse der Lebenden«, sagte ich grimmig.

Ur-Enki starrte mich an. »Du meinst, sie lebt noch?« fragte er ungläubig. »Aber wie könnte das sein? Und wo wäre sie dann?«

»In Nippur«, sagte ich. »Rasch! Wir müssen uns beeilen. In vierzehn Tagen beginnt das Fest des Neuen Jahres.«

Ich sah, wie ihn das Grauen packte. »Sie kehrt zurück?« fragte er furchtsam. »Wie einst Inanna, und wie Dumuzi, der aus der uralten Trümmerstätte emporsteigt? Aber wie kann das geschehen? Niemals ist das einem Menschen gelungen. Die Toten dürfen nicht wiederkehren, sonst sind wir Lebenden verloren!«

Wir fuhren auf dem Großen Strom nach Nippur. Ich ließ das Schiff die ganze Strecke von wechselnden Mannschaften treideln und zögerte nicht, die Sklaven zu prügeln, wenn sie erlahmten. Auch diesmal warteten wir auf einer Insel die Mitte der Nacht ab. Dann fuhren wir zum Berghaus und überfielen den Ekur wie zuvor den Eanna.

Im Innenhof eilten mir Priester entgegen. »Was ist geschehen, Herr?« fragten sie, als sie mich erkannten. Dann bemerkten sie unsere Waffen und riefen empört: »Was wagst du, *ensi* von Uruk! Der Herr des Gewittersturms wird dich zerschmettern!«

Ich stieß sie zurück und eilte in Enlils heiliges Haus. Als die Priester sahen, daß ich das geweihte Gebäude mit Schuhen betrat, schrien sie noch viel lauter und liefen hinter mir her, um mich zurückzuholen, doch meine Leute hielten sie auf.

Ur-Enki folgte mir mit einigen Männern; am Eingang legten sie die Sandalen ab.

Ich hastete zur Treppe. Wie ein Steinbock des hohen Gebirges sprang ich die Stufen empor. Ur-Enki und die anderen hatten Mühe, mir zu folgen. Auf der sechsten Ebene schlug ich mit meinem Schwert an die Zedernholztür.

»Komm heraus, Priester«, rief ich. »Wo hast du Abda versteckt?«

Ur-Enki und die anderen Männer blieben in heiliger Scheu am obersten Absatz der Treppe stehen.

»Ihr braucht keine Angst zu haben«, rief ich ihnen zu. »Aggar ist ein Betrüger, der nicht für seinen Gott handelt, sondern nur eigene Ziele verfolgt. Darum wird ihn Enlil weder schützen noch rächen.«

Daraufhin kamen sie langsam und vorsichtig näher.

Ich hieb wieder gegen die Tür und schrie: »Öffne mir, du lügnerischer Priester! Gib Abda heraus, wenn du dir einen leichten Tod wünschst!«

Als sich nichts rührte, sage ich: »Äxte!«

Ur-Enki warf mir einen besorgten Blick zu. Dann rief er Befehle nach unten. Kurz darauf keuchten die beiden Krieger mit den schweren Bronzebeilen herauf.

»Schlagt die Tür ein!« befahl ich.

Voller Furcht starrten sie auf das Emblem des Gottes. Wieder riß ich einem der Männer das Beil aus der Hand. Dann hieb ich mitten in die funkelnde Hörnerkrone. Splitter von kostbaren Hölzern und Lapislazulisteinen flogen umher.

Ur-Enki und die anderen wichen zurück. Grauen verzerrte ihre Gesichter, da sie nun jeden Moment einen Blitz aus dem hohen Himmel erwarteten.

Ich hob das Beil und schlug erneut in die Tür. Krachend fuhr die Schneide in das Holz, und wieder folgte kein Donnerschlag aus den schwarzen Wolken.

»Glaubt ihr mir jetzt?« rief ich. »Es ist Enlils Wille, daß wir seinen untreuen Priester bestrafen. Hätte er uns sonst den Sturm aus dem Silbergebirge geschickt? Hätte er sonst dem Euphrat erlaubt, uns auf seinem Rücken so rasch in die Heimat zu tragen? Würde er uns sonst jetzt nicht mit seinen Blitzen verbrennen?«

»Du hast recht«, sagte Ur-Enki und griff sich ein Beil. Nach einer Weile lösten die anderen Männer uns ab, bis in der Tür ein großes Loch klaffte.

»Du kommst mit«, sagte ich zu Ur-Enki. »Ihr anderen wartet hier!«

Ich nahm eine Fackel und stieg durch die Öffnung. Ur-Enki folgte mir. Das flackernde Licht zeigt uns ein mit kostbaren Möbeln gefülltes Gemach. An den mit vielen Bildern aus Enlils Götterleben geschmückten Wänden standen Truhen aus eblaitischer Eiche mit trüffelartigen Deckeln und Schränke aus Bitterkornbaum mit Türen aus dem Schwarzholz Meluchchas. Der Tisch aus *taskarinnu*-Holz war mit Kupfer plattiert und stand auf vier Ochsenklauen. Die Männer- und Frauenstühle aus Apfelbaumholz ruhten auf Klauen von Wisentstieren und waren mit Kissen aus weißem Schafsleder bedeckt. In einer Ecke stand das Bett der Ermüdung aus *ildakku*-Holz mit Beinen aus *Bambu* und einem Schirmdach mit Schleiern zum Schutz gegen Fliegen. Auf dem Tisch der Pflege im Raum des Bades lagen goldene, mit Edelsteinen besetzte Ohrlöffel, Schermesser. Nagelfeilen und sogar ein Schminkspachtel, wie bei einem weibischen *assimu*-Priester, der sich im Tempel den Männern hingibt, die am eigenen Geschlecht Gefallen finden. Neben dem silbernen Waschgeschirr erblickte ich Krüge mit Kassiawasser, Jungfernbier und Zypressensaft, die den Geruch des Körpers verbessern; selbst vom mit Asphalt bezogenen Sitz des Sickerschachts duftete es nach *maschtakal*-Kraut und wohlriechendem Zedernöl. Die Wolldecken auf der Matratze aus Ziegenhaar waren zerwühlt und noch warm. Das Fenster stand offen. Als ich hinaussah, entdeckte ich an einer Tamariske ein Stückchen Stoff.

»Er ist an den Bäumen hinuntergeklettert«, sagte ich zu Ur-Enki.

»Dann rasch hinterher«, rief der junge Befehlshaber eifrig.

»Erst will ich Abda finden«, sagte ich. »Gewiß wird sie hier irgendwo versteckt. Schaffe mir einen von diesen Priestern herbei!«

Ur-Enki verschwand nach unten. Kurze Zeit später kam er mit einem Diener Enlils zurück. Als der Priester mich erblickte, begann er, mir mit den grausamsten Strafen zu drohen. Ich hieb ihm so heftig in das Gesicht, daß ihm das Blut aus Mund und Nase rann.

»Wo ist sie?« fragte ich.

»Gottloser Hund!«, heulte der Getroffene unter Schmerzen.

Ich schlug so heftig zu, daß er Zähne ausspucken mußte. »Heraus mit der Sprache!« schrie ich ihn an.

»Wen meinst du denn überhaupt?« jammerte der Priester. Blut färbte sein weißes Gewand. Ur-Enki und seine Männer sahen betreten zu.

»Du weißt es genau«, brüllte ich. »Abda, die Hohepriesterin der Inanna!«

»Sie weilt in der Totenwelt«, rief der Priester entsetzt. In seinen Blikken las ich, daß er mich für wahnsinnig hielt.

Ich hielt die Fackel an sein Gesicht. »Heraus damit«, sagte ich, »wenn du nicht willst, daß deine Augen verbrennen.«

Ur-Enki schien es nicht mehr auszuhalten, denn er war plötzlich verschwunden. Der Priester wand sich in höchster Qual und rief: »Ich weiß nicht, was du meinst, Herr! Enlil, hilf deinem Diener!«

»Den Gott der Gerechtigkeit rufst du an?« fragte ich zornig. »Nun gut, ich will dir dabei helfen. Komm, wir gehen zu ihm! Dort sollst du selbst mit ihm reden!

Ich zerrte ihn auf die Treppe zur siebenten Stufe. Als er merkte, was ich wollte, verlor er fast den Verstand. »Nein«, heulte er ängstlich. »Alles, nur das nicht! Foltere mich, töte mich, aber zwinge mich nicht, das Gebot meines Gottes zu übertreten.«

Ich stieß ihn die Stufen empor. Verzweifelt krallte er sich an die Ziegel der Wände, nicht achtend, daß seine Fingernägel zerbrachen. Schaum stand auf seinen zerbissenen Lippen, und er heulte wie ein verwundetes Tier.

»Herr«, rief Ur-Enki von unten.

Unwillig wandte ich mich um. Er hielt eine silberne Annunaki-Maske empor. Ich stieß den Priester von mir, ging zu Ur-Enki und nahm ihm das Göttergesicht aus der Hand.

»Woher hast du das?« fragte ich.

Er deutete mit dem Kopf zu der zerbrochenen Tür. »Sie lag in einer seiner Truhen«, sagte er. »War er etwa einer von diesen Mördern in

Malmothan? Damals sagtest du doch, es seien Diener der Totengötter von Kutha gewesen!«

Prüfend musterte ich die Maske. Unter dem rechten Auge fand ich den Kratzer, den mein Ring dort vor Jahren eingeritzt hatte.

»Was ist mit dir, Herr?« fragte Ur-Enki. Auch die anderen musterten mich besorgt.

Mein Herz schlug wie rasend, mein Mund war trocken, und meine Hände zitterten. »Aggar«, dachte ich bei mir. »Wie hast du mich betrogen, und ich habe es nicht gemerkt. So hast du nun auch Abda getäuscht. Jetzt aber werden deine Lügen offenbar.«

Ur-Enki und die anderen sahen mich wartend an, aber noch war ich nicht fähig, neue Befehle zu geben, denn ich dachte in meinem Herzen: »Anu! Enlil! Inanna und all ihr anderen Götter Sumers! Wie konntet ihr zulassen, daß dieser Mann die Menschen, die an euch glauben, betrog? Seid ihr am Ende wirklich nur Kinder oder Betrunkene, wie Sargon sagt?«

Dann eilte ich die Treppen hinab und hastete durch den Großraum des Opfers zum Standbild Enlils.

»Was suchen wir?« wollte Ur-Enki wissen.

»Wo ist der Weg in die Tiefe?« herrschte ich die Diener des Gottes an. »Leugnet nicht! Ich kenne euer Geheimnis!«

Ich suchte eine ganze Weile, konnte aber keinen Zugang zu den Fundamenten finden. Da fiel mein Blick durch das offene Tor auf die Umrisse einer hohen Staude mit Blättern wie Fledermausflügel. Der Mond beleuchtete die fahlen Blütenkelche.

Nun war mir wie einem Leitesel, dem sein Besitzer die Scheuklappen abnimmt. Erinnerung und Erkenntnis flossen in meinem Geist zusammen wie Euphrat und Tigris im Unteren Meer. Ich lief aus dem Berghaus Enlils in den Garten, bis ich vor dem Chuburbaum stand. Sein fauliger Duft umhüllte uns wie eine Wolke. Ur-Enki hielt sich die Nase zu und sagte: »Puh! Ich dachte, diese Bäume wachsen nur in Kutha.«

»Das dachte ich auch«, erwiderte ich, schaute nach den Hochsternen Enkis und folgte ihnen in dichtes Gestrüpp. Schon bald trat ich ins Leere und wäre fast eine Treppe hinuntergestürzt.

»Hier ist es«, sagte ich.

Wir stiegen zu der Tür der Gruft hinab. Das Bronzesiegel schimmerte im Mondlicht.

»Wessen Gebeine liegen hier?« fragte Ur-Enki mit belegter Stimme.

»Aggar ließ die Gruft für sich bauen«, antwortete ich. »Vor seinem Tod aber nutzt er sie noch für andere Zwecke.«

Wir warteten, bis meine Leibwächter mit Fackeln folgten. Dann schritten wir in die Brust der Erdentiefe hinab. Mit jedem Schritt wuchs meine Sicherheit, daß ich dort unten Abda finden würde. Voller Grimm dachte ich daran, wie Aggar mich in der Maske des Annunaki getäuscht und mich glauben gemacht hatte, daß ich mit einem Totengesicht spräche. Voller Ungeduld wartete ich auf den Moment, an dem ich endlich die näheren Umstände dieses Betruges herausfinden würde, mit Augen, die nicht durch einen Trank getrübt, und mit Verstandeskräften, die nicht durch Lügen beeinträchtigt waren.

Die Tür zu der Malachitkammer war verschlossen. Einer der Krieger reichte mir seine bronzene Axt. Der Riegel brach schon nach wenigen Schlägen und wir traten ein. Der Widerschein unserer Fackeln ließ die Wände schimmern, so wie Utus Glanz die grünen Weiden der Hochsteppe an einem Sommertag aufleuchten läßt. Der Malachit glänzte so hell, daß ich geblendet die Augen schloß. Als ich sie wieder öffnete, erkannte ich einen runden Sockel aus riesigen Steinen. Er stand genau dort, wo einst der kupferne Ring den Totenschacht eingefaßt hatte.

Auf dem Sockel stand ein Prunkstuhl aus kostbarsten Hölzern, mit gleißenden Edelsteinen verziert, als sei er für Utu, den Herrn des Glanzhauses, geschaffen. Aber er trug nicht das Zeichen der Sonne, sondern Inannas Emblem. Auf diesem herrlichen Thron saß Abda, gehüllt in die Pracht reichsten Schmuckes. Auf ihrer Tiara leuchteten die kostbarsten Steine Meluchchas, um den zierlichen Nacken rankten sich Tilmuns teuerste Perlen, und ihr Gewand war aus den feinsten Glanzstoffen Uruks gewirkt. In ihrer Linken hielt sie Dumuzis Hirtenstab, in ihrer Rechten Inannas heiligen Speer. Ihre Augen waren geschlossen; ein träumendes Lächeln lag auf ihrem schönen Gesicht.

»Abda!« rief ich und eilte zu ihr. »Wache auf! Was hat man mit dir gemacht?« Dann besann ich mich und fügte etwas ruhiger hinzu: »Habe keine Angst. Ich bin es, Daramas. Fürchte dich nicht! Du bist nicht im Haus des Staubes; Aggar hat dich getäuscht.«

Als sie noch immer nicht erwachte, berührte ich sanft ihre liebliche Wange, da war es mir, als hätte ich in das Eis des hohen Gebirges gefaßt. Abdas Kopf neigte sich; unendlich langsam sank sie zur Seite.

Ur-Enki und die anderen sprangen entsetzt hinzu, packten mich grob an Armen und Beinen und zerrten mich zu Boden.

»Abda«, schrie ich und schlug wie von Sinnen um mich.

Ur-Enki erhob sich; die anderen hielten mich fest, so daß ich mich nicht rühren konnte.

»Abda«, ächzte ich unter dem Druck ihrer Körper.

Vorsichtig näherte sich Ur-Enki dem Prunkstuhl. Sorgfältig befühlte er Abdas Wangen, dann ihren Hals und die Handgelenke. Schließlich richtete er sich auf und sagte: »Sie ist tot. Wohl schon seit Stunden.«

Die Männer warteten, bis ich mich nicht mehr wehrte. Dann führten sie mich aus dem Raum und durch den Gang zurück nach oben. Ur-Enki folgte als letzter. Als wir wieder in dem Garten standen, fragte er mit rauher Stimme: »Warum ist das alles geschehen? Und was sollen wir nun tun?«

Ich gab keine Antwort; der Schmerz wühlte wild in meinem Herzen, und ich verspürte nur noch den Wunsch, meiner Geliebten sogleich in die uralte Trümmerstätte des Todes zu folgen.

»Abda«, dachte ich in meinem Herzen. »Wie haben die Götter uns beide getäuscht und belogen! Wie mögen sie nun deiner Frömmigkeit spotten und deinen Glauben verhöhnen! Mehr als jede andere Sterbliche hast du ihnen vertraut, schlimmer als jede andere wurdest du nun von ihnen betrogen. Deine Hingabe rührte sie nicht. Dein Opfer war ihnen nichts wert. Wie konnten sie es geschehen lassen, daß Böses siegte und Gutes verdarb? Wie konnte sie es geschehen lassen, daß dieser Priester Gewalt über dich gewann? Die Träume, die erst mich und dann auch dich verwirrten, sie wurden uns nicht von den Göttern geschickt. Aggar war es, der uns mit seinen Listen bezwang; gegen den Willen der Götter aber wäre ihm das nicht gelungen.«

Ich spürte Galle auf meiner Zunge und hätte vor Zorn und Verachtung am liebsten auf alle Götter gespien. »Abda«, dachte ich. »So wie ich dich nun niemals wieder in den Armen halten werde, so will ich auch nie wieder die Götter anbeten, die dich so grausam mißbrauchten. Wenn der Länderberg Schuld auf sich lud, wo war dein Beitrag dazu? Wenn die Schwarzköpfigen Unrecht getan haben, wo war dein Fehler? Wenn ich schwere Strafe verdiene, wo ist dein Anteil an meinem Versagen? Nie waren unsere Götter gerecht und stets fiel es mir schwer, ihre Absichten zu verstehen. Nun aber durchschaue ich ihre Kälte und Boshaftigkeit.«

Die Woge des Hasses schwemmte den letzten Rest meiner Frömmigkeit fort, und zum ersten Mal in meinem Leben empfand ich keine Furcht mehr vor Anu oder Inanna, Enki oder Enlil. »Tod allen Göttern«, schrie ich. »Tod diesen grausamen Mächten und all denen, die ihren bösen Willen erfüllen! Nieder mit den heiligen Bildern, Feuer in alle Tempel und Kot auf alle Altäre!«

Ur-Enki und die anderen sahen mich voller Entsetzen an, ich aber schrie: »Göttin, die du dich groß nennen läßt, und Mutter der lebenden Wesen! Welche Art Mutter bist du? Bist du wie die trunkene Mörderin in der schmutzigen Hütte am Strom, die ihre neugeborenen Kinder vergräbt? Bist du wie die Eifersüchtige, die ihre treuesten Freundinnen mordet? Oh, wieviel Liebe und Treue brachte dir Abda entgegen. Oh, wie grausam wurde sie dafür bestraft!«

Mein Herz war kalt wie der Firn ferner Gipfel, ich schmeckte Blut und mein Zorn hieß mich rufen: »Welche Macht du auch immer besitzt, Dämonin, die du dich Göttin zu nennen beliebst – ich werde dir trotzen. Und auch euch anderen Göttern, ihr Vorsteher des Verrats und Meister der Mitleidlosigkeit! Welches Lügennetz ihr auch über die Menschen des Länderbergs werft, ich will es zerreißen! Welcher Gifttrank auch meine Sinne verwirren soll – ich werde euren Zauber durchschauen! Was ihr auch plant, ich werde eure Absichten zunichte machen! Lieber fahre ich heute noch in die uralte Trümmerstätte hinab, als euch noch einmal zu glauben.«

Eine Hand berührte meinen Arm. Ich fuhr herum. Ur-Enki stand vor mir, als käme er aus der Totenwelt.

»Was willst du tun, Herr?« fragte er mit tonloser Stimme.

Ich erwachte wie aus einem Traum. Die Krieger sahen mich voller Angst, die Priester voller Haß an. »Ich werde ihn töten«, sagte ich.

»Aber wo sollen wir ihn suchen?« fragte Ur-Enki.

»Ich weiß, wo er ist«, erwiderte ich. »Und du auch.«

»In Malmothan?« fragte er.

»In Malmothan«, sagte ich.

Scheu deutete er auf den Eingang der Gruft. »Und sie?« fragte er. »Was soll nun mit der Hohepriesterin geschehen?«

»Die Priesterinnen Inannas sollen sie in den Weißen Tempel zurückbringen«, sagte ich. »Sie sollen das aber heimlich tun. Denn wenn die Menschen Sumers den Betrug erkennen, könnten sie ihren Glauben verlieren. Was aber soll dann aus dem Land der zwei Ströme werden?«

2

Mancher lebt noch
und ist doch schon tot.
Worte des Weisen von Eridu

Ich schickte nach dem *girnita* von Nippur. Kurze Zeit später stand der Beamte vor mir. »Was ist geschehen, Herr?« fragte er aufgeregt. »Waffen im Tempel! Aggar wird zornig sein.«

»Wenn ich mit diesem Hund erst einmal abgerechnet habe«, sagte ich grimmig, »wird sich hier niemand mehr vor ihm fürchten.«

»Herr«, rief der *girnita* entsetzt. »Bedenke, was du da sagst! Er ist der oberste Diener des Schicksalslenkers.«

»Er wird nie wieder in diesen Tempel zurückkehren«, sagte ich. »Die Gründe dafür sollt ihr erfahren, wenn Sargon und ich es für richtig halten.« Dann befahl ich, schnelle Wagen und starke Halbesel herbeizuschaffen. Wir stiegen auf und rollten auf schwankender Achse der Sonne entgegen.

Zwei Tage lang fuhren wir durch das gepeinigte Land, und in der ganzen Zeit sprach ich kein einziges Wort. Niemand wagte es, seine Rede an mich zu richten. Ur-Enki zog wie ein Schatten mit mir.

Am dritten Tag erreichten wir die Berge. Diesmal jedoch kam ich nicht als Krieger, der froh war, lebend zurückzukehren, und auch nicht als Suchender, der eine Antwort auf drängende Fragen erhoffte, sondern als Rächer, der zu Ende bringen wollte, was ihm als Ziel seines Lebens noch blieb.

Wir zogen den gleichen Weg wie damals mit Sargon, als wir noch nicht wußten, wessen *me* größer war. Vor meinem inneren Auge erschien nun sein Bild, und zum ersten Mal nach langer Zeit dachte ich wieder an ihn wie an einen Bruder.

»Sargon«, sagte ich in meinem Herzen zu ihm. »Ich werde handeln, wie auch du handeln würdest, und mein Schwert soll deines sein.«

Als wir zur alten Hauptstadt der Horde kamen, sahen Ur-Enki und die Männer gleich, daß ich recht hatte. Die Befestigungswerke der Burg waren erneuert, Bewaffnete spähten auf uns herab, und auf dem Tor stand die Standarte Enlils.

Ich ordnete meine Krieger zum Angriff, aber Ur-Enki sagte zu mir: »Herr, hier ist keine Aussicht auf Sieg. Aggar hat dreimal mehr Männer als du. Wir werden sterben, ehe du dich rächen kannst.«

»Das Recht ist auf unserer Seite«, erwiderte ich.

»Aber du selbst hast uns gelehrt, daß es im Krieg nicht Gut und Böse, sondern nur Freund und Feind gibt«, rief er bestürzt.

»Wir werden sie vernichten«, schrie ich.

»Herr«, rief Ur-Enki und rüttelte mich an der Schulter, was er noch niemals gewagt hatte. »Verschließe dich nicht vor der Wahrheit! Dort steht die Standarte Enlils. Sollen wir gegen den Weltenherrn selbst kämpfen? Mit Göttern ist schlecht streiten!«

»Götter?« lachte ich bitter. »Es gibt keine Götter. Es gibt nur machtgierige Priester, die ihrem Volk etwas vorgaukeln, damit die Opfer noch reichlicher fließen. Der schlimmste von diesen Verbrechern aber verbirgt sich dort hinter der Mauer. Du wirst zusehen, wenn ich ihn töte. Dann wirst du wissen, daß er ein Betrüger war und sein Gott nicht mehr Macht besitzt als eine Maus.«

»Herr«, sagte Ur-Enki darauf. »Wenn es keine Götter gibt, kämpfen auch keine auf unserer Seite. Wie aber sollen wir dann gegen diese Übermacht siegen?«

Schweratmend stand er vor mir; die Zuneigung in seinem Blick trieb die Nebel des Hasses aus meinem Herzen, so daß es nach langer Finsternis wieder vom Licht des Verstandes erhellt werden konnte. Mein von Zorn getrübtes Auge sah wieder scharf, meine von Wut gelenkte Zunge sprach wieder Worte der Besonnenheit und ich sagte: »Du hast recht. Mit roher Gewalt erreichen wir nichts. Wir werden listig sein müssen.«

Wir schlugen vor der Stadt ein Lager auf und schickten einige Kundschafter aus. Als es dunkel wurde, kam Ur-Enki in mein Zelt, gefolgt von einem Priester Enlils.

»Er ist ein Bote«, rief Ur-Enki schnell.

Ich steckte den Dolch in den Gürtel zurück. »Sprich«, sagte ich.

Der Priester holte tief Luft. »Ich bringe dir eine Botschaft«, begann er.

»Das weiß ich«, erwiderte ich. »Sonst wärst du schon nicht mehr am Leben.«

»Du tötest, aber du verstehst nichts«, sagte der Priester. Als ich auffuhr, fügte er rasch hinzu: »Das sind nicht meine Worte, sondern die meines Herrn. Du tötest, aber du verstehst nichts. Du glaubst deinen Feinden, doch deinen Freunden glaubst du nicht. Die Menschen, die dich lieben, willst du strafen, denen aber, die dich hassen, vertraust du wie ein Schaf seinem Schlachter. Dennoch will ich dir nun alles sagen, was mir zu sagen erlaubt ist. Du sollst erfahren, was du wissen mußt, um zu verstehen.«

Ich stieß ein höhnisches Zischen aus. Der Priester hob die Hand und fuhr fort: »So spricht mein Herr: Ich sende meinen Diener, dich zu führen. Komme zu mir und vertraue mir. Wenn du das tust, werde auch ich dir vertrauen. Vorher aber muß ich mich vor dir schützen. Denn wenn du mich tötest, wirst du erst recht der Unglücklichste aller Sterblichen sein. Was auch soll aus dem Länderberg werden, wenn ich nicht mehr bin, ihn zu hüten?«

Ich lachte. »Der Wolf trägt die Maske des Hirtenhunds«, spottete ich, »aber sein Heulen verrät ihn. Noch einmal wird mich dein Herr nicht betrügen!«

Der Priester wandte sich um und trat aus dem Zelt.

»Es ist eine Falle, Herr«, murmelte Ur-Enki.

»Wie soll ich hoffen, Abdas Tod zu rächen, wenn mir schon vor Priestern bangt?« sagte ich zornig, raffte meine Waffen und folgte dem Diener Enlils. Ur-Enki und die Leibwächter hasteten hinter uns her.

Zu unserer Überraschung ging der Priester nicht zu der Burg, sondern an der noch immer zerstörten Stadtmauer entlang und dann ein Stück auf der Straße nach Elam. Nach einer Weile bog er nach links in einen finsteren Forst, der sich an einer Bergflanke ungefähr zweitausend *gar* weit dahinzog. Nannas Glanzboot fuhr strahlend über den Himmel und leuchtete uns auf dem Weg durch den Wald.

Zwischen riesigen Felsen wand sich ein schmaler Pfad immer höher zur Schulter des Berges. Schweigend folgten wir unserem Führer, und ich fieberte vor Erwartung, Abdas Mörder endlich gegenüberzustehen.

Als sich die silberne Sichel der Fruchtfülle schon Anus Himmelsweg näherte, hörten wir in der Ferne ein Rauschen. Es klang wie der Sturmwind Enlils, und hinter mir erhob sich unruhiges Gemurmel.

»Es ist nur ein Wasserfall«, rief ich den Männern zu.

Das Brausen wurde rasch immer stärker und wuchs zu einem donnernden Getöse. Der Priester wandte sich um. »Das Brüllen Enlils«, sagte er. »Ihr steht jetzt an heiliger Stätte.«

Hinter ihm loderte ein großes Feuer. Im Licht der Flammen erkannten wir einen Altar. Neben ihm war die Standarte Herrn Windeshauchs in den Boden gerammt. Gischtwolken sprühten empor.

Ich trat an den Rand der Schlucht und blickte in die wilden Wirbel unter uns, in denen jeder Schwimmer gleich zerschmettert werden mußte.

»Wo ist dein Herr?« fragte ich unseren Führer.

Der Priester hob den Arm. Ich folgte seinem ausgestreckten Finger mit dem Blick. Einige Schritte oberhalb von der Stelle, an der wir standen, führte ein hölzerner Steg in schwindelerregender Höhe über das tosende Wasser. Aggar stand am anderen Ufer. Schweigend sah er uns entgegen.

Ich zog mein Schwert und eilte auf ihn zu. Aber als ich die schmale Brücke erreichte, sah ich, daß sie in der Mitte durch ein Bronzegitter versperrt war. Die Stäbe liefen in so scharfen Spitzen aus, daß es wohl selbst den vierhändigen Affen Meluchchas unmöglich gewesen wäre, das Hindernis kletternd zu überwinden.

Ich trat dicht an das Gitter heran und prüfte zornig seine Festigkeit, die mich davon abhielt, meinen Todfeind auf der Stelle niederzuhauen. Der Hohepriester des Berghauses kam von der anderen Seite her auf mich zu.

»Aggar«, sagte ich voller Haß. »Noch hindert mich der Ort, den du gewählt hast, dich zu bestrafen. Aber das wird nicht immer so sein. Von jetzt lasse ich nicht mehr von deiner Spur. Ich finde den Weg durch den Fluß. Dann wirst du Abdas Tod sühnen.«

Auf Aggars Antlitz lag ein Ausdruck tiefster Trauer. »Du tötest, wo du nicht verstehst, denn du bist ohne Götter«, antwortete er.

»Schweige mir von den Göttern«, fuhr ich ihn an. »Zu lange schon hast du die Menschen des Länderbergs mit deinen Lügen getäuscht. Auch mich wolltest du zum Verrat, ja sogar zum Mord an meinem Bruder verleiten.«

»Er ist nicht dein Bruder«, erwiderte Aggar. »Er ist das Ungeheuer aus der Prophezeiung. Nicht morden würdest du ihn, sondern richten, nach Wunsch und Willen Enlils wie der anderen Götter Sumers.«

»Spare dir deine Worte«, antwortete ich verächtlich. »Sie verwehen vor meinen Ohren wie Spreu von der Tenne. Reden wir nicht von dem Mord, den ich für dich begehen sollte, reden wir von dem Mord, den du selber begingst. Und von deinen anderen Verbrechen; wie du mich in Kutha mit einem Verwirrungstrank täuschtest und später in Malmothan Kaka samt deiner eigenen Priester erschlugst. Nicht Sargon ist das Ungeheuer, sondern du bist es. Nicht Lugalzaggesis Untreue gegen Enlil war der Grund für Sumers Untergang, sondern der Machthunger seines obersten Priesters!«

»Du irrst dich«, erwiderte Aggar. »Wie könnten die Götter je sterben? Wie könnten wir leben, wären sie tot? Wer hätte uns erschaffen, wenn nicht sie? Denkst du vielleicht, wir wären aus uns selbst heraus entstanden? Aber dein Unglaube ist ja nur eine Folge des Nichtwissens und Nichtverstehens. Wenn du alles weißt und verstehst, kehrt auch dein Glaube zurück. Dann wirst du wissen, welchen frommen Schicksalsdienst du deinem Volk leisten mußt.«

»Hast du so auch Abda überredet?« schrie ich voller Zorn. »Lügner! Heuchler! Betrüger!«

»Dummkopf«, entgegnete Aggar. »Denen, die lügen, vertraust du, die aber, die dir die Wahrheit sagen, hältst du für Lügner.«

»Dann ist es wohl auch nicht wahr, daß du Abda umgebracht hast?« schrie ich.

»Enlil sei mein Zeuge«, antwortete der Hohepriester. »Auch jetzt darf ich dir nicht das letzte Geheimnis enträtseln, das aber sollst du erfahren: Abda wurde ermordet, doch nicht von mir. Ja, ich betrog sie und täuschte ihr vor, daß sie sich im Haus des Staubes befände. Getötet aber hat sie ein anderer, den du gut kennst. Und noch besser kennst du den Mann, der den Befehl dazu gab: Sargon.«

Als ich das hörte, begann ich vor Zorn und Verachtung am ganzen Körper zu zittern und rief: »Wie eine Viper verspritzt du dein Gift immer wieder!«

Aggar schüttelte den Kopf und sagte eindringlich: »Ich weiß, du glaubst, ich wolle dich gegen Sargon aufhetzen, um selbst über Sumer zu herrschen. Aber herrscht der Herr des Schicksals nicht längst schon über den Länderberg, und bin ich nicht sein oberster Diener? Welche Macht könnte die Macht meines Herrn übertreffen? Ihr alle seid seine Geschöpfe, mag Sargon auch glauben, er sei selbst ein Gott. Aber auch du hast den Zorn der sumerischen Götter herausgefordert, und das ist der wirkliche Grund für die Not, die auf dem Land lastet.«

»Nur weiter so«, sagte ich. »Spucke deinen Geifer aus, solange du noch kannst.«

»Welchen Vorteil hätte ich aus Abdas Tod ziehen sollen?« fragte Aggar. »Er war das Gegenteil von dem, was ich plante. Ich wollte dem

Volk der Schwarzköpfigen Abdas Wiedererweckung zeigen, damit es neuen Mut schöpfte und auf die Macht seiner Götter vertraute. Wäre es mir gelungen, würden schon jetzt überall in der Hochsteppe die hellen Feuer der Freiheit entflammen.«

»Das also war der Grund«, entfuhr es mir. »Und für Kakas Tod? Die Morde der Annunaki in Malmothan? Willst du vielleicht behaupten, daß du auch daran unschuldig bist?«

»Ja«, sagte Aggar fest. »Warum hätte ich den Ofensetzer erst nach Malmothan schaffen sollen, um ihn zu ermorden? Warum hätte ich dich überhaupt wissen lassen sollen, wo er versteckt war? Aber damit du auch wirklich verstehst, will ich dir alles von Anfang an schildern.«

»Ich höre«, sagte ich höhnisch.

»Höre aber nicht nur mit Haß«, sagte der Hohepriester Enlils, »sondern auch mit Verstand. Ja, du hast recht, wenn du sagst, daß du von mir getäuscht worden bist. Aber was hätte ich tun sollen? Die Wahrheit wolltest du ja nicht hören, dachtest auch nicht an deine Pflichten, sondern nur immer an dein Vergnügen. Sogar eine *entum*-Priesterin hast du entehrt. Versuche nicht, es abzustreiten! Ich weiß es von Sennaya, die meine treue Dienerin war. Von ihr erfuhr ich vieles aus dem Akkaderland. Sie war es auch, die dich in der Maske Hatamersas täuschte.«

»Sennaya?«, murmelte ich verblüfft.

Aggar hob die Hand. »Ich war es, der Enlil bat, das Ungeheuer zu schicken«, fuhr er fort. »Denn ich war zornig auf Lugalzaggesi, der meinem Gott nicht die gebührende Achtung erwies. Aber ich bat den Herrn der Schicksalstafeln nicht nur um das Ungeheuer, sondern auch um einen Mann, der es vernichten sollte, wenn Lugalzaggesi zur Strecke gebracht war. Viele Jahre beteten meine Priester und ich vor dem Standbild Enlils. Dann endlich erfuhren wir durch verschiedene Zeichen, daß wir erhört worden waren. Das Ungeheuer kam aus der Fremde, wie wir es erbeten hatten, sein Bezwinger aber kam aus Sumer. Beide wart ihr im gleichen Jahr geboren.«

Ich wußte nicht mehr, was ich sagen sollte, und rief: »Ich bin Sargons Bruder und nicht sein Feind.«

»Ja, ihr seid Brüder«, erwiderte Aggar, »doch Brüder wie Gut und Böse, die man oft nicht mit dem Verstand, aber immer mit dem Herzen unterscheiden kann. Wir gaben damals nicht den ganzen Text der Prophezeiung bekannt. Denn das Ungeheuer sollte erst den *lugal* besiegen und allen die Macht meines Gottes vor Augen führen. Dann wollte ich die Schwarzköpfigen trösten und ihre Rettung herbeiführen. Aber die Götter lenkten es anders. Als Sargons Zeit gekommen war, tat er, was ihm bestimmt war. Als aber deine Zeit kam, hast du versagt. Du bist es doch, dessen Arme Sargon ins Wasser zurückstoßen sollen! Denn so lautete der zweite Satz der Weissagung Enlils, die ich vor nun schon mehr als zwanzig Jahren empfing.«

»Vor zwanzig Jahren schon?« fragte ich ungläubig.

»Ich war noch sehr jung«, berichtete Aggar. »Als Sargon Mundschenk wurde, fiel mein Blick auf ihn. Ich wollte seine Sterne prüfen, aber niemand in eurer Stadt wußte etwas von ihm, und auch kein Nachbar konnte etwas darüber berichten, so heftig ich ihnen auch drohte.«

»Du wirst sterben, Priester«, sagte ich. »Wenn Sargon mit dem Heer vom Oberen Meer zurückkehrt, stürmen wir Malmothan.«

»Dann bin ich längst nicht mehr hier«, erwiderte Aggar. »Ich gehe nach dem Sonnenaufgang zu den Urvölkern Enlils, in Berge, vor denen die Berge von Gutium nur wie die Hügel von Maulwürfen sind, und nach Ländern, die so weit entfernt sind, daß sie selbst der Adler Etanas nicht sieht. Niemand kann mir dorthin folgen, schon gar nicht Sargon mit seinem Heer. Wenn er aber eines Tages vom Stoß deiner Arme ins Wasser zurückkehrt, werde ich wiederkommen und dir die Binde des *lugal* reichen.«

»Du hast mich zu oft und zu lange getäuscht, als daß ich dir glauben könnte«, sagte ich.

»Es blieb mir nichts anderes übrig«, erklärte der Hohepriester. »Du fielst mir schon auf, als du mit Ischma-Ja in meinen Tempel kamst. Ich stellte deine Sterne fest, ließ dich in Uruk beobachten und erkannte bald, daß Lugalzaggesi viel mit dir vorhatte. Hätte ich zulassen können, daß er dich ganz für sich gewann? Nein, ich mußte eingreifen und euch entzweien. Denn deine Bestimmung war nicht, den *lugal* zu retten – du solltest ihn rächen! Daher ließ ich dich entführen. Ich wollte dich zu den Gutäern bringen; dort solltest du auf deine Stunde warten. Sagen durfte ich dir nichts. Denn das stand im dritten und letzten Satz der Prophezeiung Enlils: Du wirst erst von Sargon erfahren, wer du in Wirklichkeit bist. Die Götter schöpfen gern das ganze Maß des Menschenlebens aus, ehe sie uns ihre Gnade gewähren.«

»Bin auch ich auf dem Euphrat nach Sippur geschwommen?« fragte ich spöttisch.

»Wenn du erst einmal erfahren hast, was ich dir nicht verraten darf, wird dir nicht mehr nach Spotten zumute sein«, sagte Aggar. »Nun aber höre weiter: Der Mann, der dich entführte, war Kudur, der Held deiner Jugend. Der Elamiter war ein treuer Diener Enlils, auch darin ein würdiger Sohn seiner Berge. Niemals verzieh er sich, daß du ihm damals entkamst. Später wurde er Sargons tapferster Gegner. Er fiel, weil Sargon siegen sollte.«

»Was ist das für ein Gott, der seine treuesten Diener sterben läßt, um sein eigenes Volk bestrafen zu können?« fragte ich.

»Denkst du, wir reden von einem Streit zwischen spielenden Kindern?« rief Aggar. »Begreife endlich, es geht um das Schicksal der Welt!«

Vor meinem inneren Auge sah ich das Antlitz des Riesen von Elam. »Kudur«, dachte ich erschüttert. »Bewunderter Held meiner Jugend! Du glaubtest einem Gott, der dich wie ein Dämon betrog.«

»Nach Sargons Sieg über Lugalzaggesi hatte das Ungeheuer den Sinn seines Lebens erfüllt«, fuhr Aggar fort. »Ich hoffte, du würdest es schnell beseitigen. Aber du dachtest gar nicht daran. Sargon siegte weiter, du aber warst es, der ihm half. Sargon nahm die Macht, du aber warst es, der sie ihm reichte. Sargon schuf ein Reich, du aber bautest es mit ihm auf. Selbst daß er dir Abda genommen hat, schien dich nicht weiter zu stören.«

»Inanna, die sich Große Göttin nennt, ist nur eine Dämonin, so wie dein Enlil und alle anderen Götter nur böse Geister sind«, sagte ich.

»Auch Ischma-Ja versuchte, dich auf den Weg der Bestimmung zu führen«, erklärte Aggar. »Der alte Tafelhausvorsteher wußte nicht alles, aber genug, um in seiner Verzweiflung den Trank ohne Wiederkehr zu kosten.«

»Das habe ich nicht gewollt«, murmelte ich betroffen.

»Als ich merkte, daß du die Wahrheit nicht glauben wolltest, blieb mir nichts anderes übrig, als es mit einer Täuschung zu versuchen«, fuhr Aggar fort. »Ich lockte dich nach Kutha. Dort stand ich in Verkleidung neben dir. Ich war es, der den Trank der Träume in das Opferblut mischte. Ich war es, der dich nach draußen zog. Ich war der Totengeistheraufführer mit der Annunaki-Maske.«

»Ur-Enki fand sie in deiner Truhe«, sagte ich. »Wie konntest du mich nach Nippur schaffen, ohne daß er es bemerkte? Oder ist auch er ein Verräter?«

»Er ist dir treu ergeben«, erwiderte Aggar. »Du bist sein Held, wie

Kudur einst der deine war. Aber auch in deiner Leibwache gibt es genügend gehorsame Diener Enlils. Hätte ich es gewollt, wärst du längst tot. Aber wie sollte sich dann die Prophezeiung erfüllen? Immer wieder dachte ich darüber nach, wie ich dich dazu bewegen könnte, endlich zu tun, was dir vom Schicksal bestimmt ist. Als ich den Gottesbrief des Ofenbrenners fand, erkannte ich wieder ein Zeichen Enlils. Durch Kaka erfuhr ich von eurer Amme. Er wußte, wie innig du sie einst geliebt hattest. Darauf stützte sich mein Plan. Kaka erzählte Sennaya alles von seiner Frau. Dann ließ ich ihn nach Malmothan bringen. In meiner Gruft zu Nippur, die einst meine Hülle bewahren soll, ließ ich den Totenschacht bauen. Dann lockte ich dich nach Kutha.«

Gedanken flogen durch das Gebäude meines Verstandes wie stürmische Winde durch ein leeres Haus.

»Im Tempel der Totengötter von Kutha«, fuhr Aggar fort, »gab ich dir einen starken Schlaftrunk und führte dich in den Garten. Als dir die Augen zufielen, trugen meine Männer dich durch einen geheimen Gang unter der Mauer nach draußen. Abum-rabi ließ ihn später zuschütten. Er hatte große Angst, daß du dahinterkommen könntest, wie wir dich betrogen. Wir brachten dich nach Nippur in meine Gruft. Noch bevor du erwachtest, flößte ich dir den Trank der Befohlenen Träume ein.«

»Ich habe davon gehört«, sagte ich zornig. »Ihr mischt ihn für Leute, denen ihr etwas vorgaukeln wollt, ohne daß sie hinterher wissen sollen, ob es die Wirklichkeit oder nur ein Traum war. Wie einen Ochsen habt ihr mich in die Richtung gelenkt, die ich einschlagen sollte.«

»Es gehört noch etwas mehr dazu als nur ein Trank«, sagte Aggar, und in seinen Augen war plötzlich ein seltsames Glühen, das gleich wieder verschwand. »Dein Verstand war nicht zu überzeugen, also zielten wir auf dein Gefühl. Mit jener Kunstfertigkeit, die Frauen sonst einsetzen, sich zu verjüngen, machte Sennaya sich zum Totengeist einer Greisin. Als sie dir alles gesagt hatte, was ich ihr aufgetragen hatte, wollten wir dir noch einen tüchtigen Schrecken einjagen, damit der falsche Traum noch echter wirkte. Deshalb verkleidete ich einige treue Männer als Totengeister. Draußen vor der Gruft erwartete dich Abum-rabi. Wir flößten dir dann wieder einen Schlaftrunk ein und brachten dich nach Kutha zurück. Es war höchste Zeit, denn Sargon stand schon vor dem Tempel. Wie ein Dämon riecht er, was man gegen ihn braut. Statt das Geheimnis des Traumes zu hüten, hast du ihm alles erzählt.«

»Und deshalb hast du den Ofenbrenner umbringen lassen«, fügte ich hinzu.

Aggar schüttelte wieder heftig den Kopf. »Nein«, sagte er. »Ich wollte doch, daß er dir bestätigte, was du im Traum erfahren hattest.«

»Warum hast du mir nicht selbst von dem Gottesbrief erzählt?« wollte ich wissen.

»Hättest du mir denn geglaubt?« fragte Aggar.

»Nein«, gab ich zu.

»Das wußte ich«, sagte Aggar. »Sargon ließ Kaka und meine Priester in Malmothan niederhauen. Die Mörder trugen Annunaki-Masken, um dich zu täuschen: Du solltest später denken, daß Abum-rabi oder ich selbst dahintersteckten. Und so ist es dann auch gekommen. Der Mann aber, der diesen Anschlag ausführte, ist einer von euren alten Gefährten. Ihr pflegt ihn Wahrlich zu nennen.«

»Das kann nicht sein«, entfuhr es mir.

»Wahrlich und seine Akkader eilten vor dir nach Malmothan, töteten Kaka und ließen die Annunaki-Maske zurück. Du suchtest die Schuld bei mir und schicktest Spione in meinen Tempel. Als ich erkannte, daß mein Plan gescheitert war, suchte ich nach einem neuen. Wieder half mir Sennaya. Als Abda nach Nippur kam, um sich mit mir und den anderen Hohepriestern Sumers zu beraten, gab ich auch ihr den Trank der Befohlenen Träume. Dann erschien Sennaya als Große Göttin vor ihr und verlangte von ihr das Opfer des Goldenen Bechers. Abda war sehr gläubig; es war nicht schwer, sie zu überzeugen. Ihre Frömmigkeit war überall im Länderberg berühmt.«

»Und du hast das ausgenutzt«, sagte ich zornig.

»Ich sagte dir doch schon, daß ich nicht Abdas Mörder bin«, erwiderte Aggar. »Ich brauchte ein Wunder, um das Volk aufzurütteln, endlich gegen Sargon aufzustehen und das Joch der Fremdherrschaft abzuwerfen. Wenn das geschah, so hoffte ich, würde es vielleicht gelingen, dich an die Spitze dieses Freiheitskampfes zu stellen, damit sich die Prophezeiung endlich erfüllte. Deshalb sorgte ich dafür, daß sich im Goldenen Becher nicht der Trank ohne Wiederkehr, sondern nur ein starker Schlaftrunk befand. Als Abda und ihre Gefolgsleute die Augen schlossen, glaubten die Frommen, sie seien tot. Bevor die Opfernden wieder erwachten, drang ich in das Haus des Eingangs zur Totenwelt ein. Ich tötete die anderen, Abda aber flößte ich, wie damals dir, den Trank der Befohlenen Träume ein. Während sie nicht wußte, wo sie war, brachten wir sie auf dem Euphrat nach Nippur. Nachts zeigten wir ihr die Wasser des Großen Stroms und sagten, daß wir auf dem Chubur ins Totenreich führen. Sennaya erschien ihr als Tafelschreiberin der Totenwelt und später als Göttin der Tiefe. Ich redete als Großpförtner des Schattenreichs und dann als Meslamtaëa zu ihr. Dabei sagten wir ihr, daß wir und die anderen Götter über Sargon erzürnt seien und das Land solange quälen würden, bis das Ungeheuer ins Wasser zurückgekehrt sei. In der heiligen Kammer der Toten zu Nippur taten wir mit ihr, was Ereschkigals Diener einst mit Inanna taten. Dann schläferten wir sie wieder ein und hielten sie in der Dunkelheit ihrer Sinne. Am Neujahrstag sollte sie erwachen, nicht in Uruk, sondern in Nippur, bei mir, in der Mitte des Landes. Aus meinem Tempel wäre sie wiedergekehrt, gerettet durch Enlil, den wahren Schöpfer der Welt, und hätte allen Menschen Sumers von ihrer Reise zu Ereschkigal erzählt. Dann hätten die Schwarzköpfigen erkannt, was ihre Pflicht ist; auch du hättest dich dann nicht länger geweigert, Sargon zu töten und *lugal* des Landes zu werden.«

»Das also war dein Plan«, sagte ich fassungslos. »Eine Lüge sollte den Länderberg retten. Täuschung statt Treue, Verrat statt Vertrauen! Habt ihr wirklich geglaubt, ein solcher Betrug könne gelingen?«

»Nur einer konnte es verhindern«, sagte Aggar. »Sargon. So schlau mein Plan war, das Ungeheuer durchschaute ihn. Wenn ich nur wüßte, wer ihm verriet, daß ich Abda bei mir versteckte!«

Ich dachte an Abdas Brief und mein Gespräch darüber mit Sargon; Entsetzen kroch wie eine Schlange in mein Herz. Die Peitsche der Erkenntnis schlug auf mich ein, und die Trommel der Wahrheit dröhnte: Du selbst bist schuld an Abdas Tod. Du selbst hast sie an ihre Mörder verraten!

Aggar sah mich prüfend an, dann fuhr er fort: »Auf einem Weg, den ich nicht kenne, beauftragte Sargon den Mann, den ihr Wahrlich nennt, Abda zu töten, bevor das Wunder der Wiederkehr aus der Totenwelt seine Herrschaft gefährden konnte.«

»Er hat ihm wohl eine Botschaft geschickt«, sagte ich erschüttert, da ich nun die Zusammenhänge erkannte. »Dennoch war ich früher als Wahrlich in Nippur und hätte alles verhindern können. Aber ich war zu dumm und eilte weiter nach Uruk. Als ich zurückkehrte, war es zu spät.«

»Woher hast du eigentlich von der Sache gewußt?« forschte er.

Ich erzählte ihm von Abdas Brief. Entsetzt rief er: »Du hättest ihn Sargon nicht zeigen dürfen!«

»Ja«, gestand ich. »Aber damals wußte ich doch nicht, wie die Dinge standen!«

Eine Weile konnte keiner von uns sprechen. Aggar faßte sich als erster und sagte düster: »Wahrlich wandte das gleiche Mittel an wie ich. Er vertauschte den Trank der Träume mit dem Trank ohne Wiederkehr. Aus meiner eigenen Hand empfing Abda das Gift. Dennoch bin ich unschuldig an ihrem Tod.«

»Woher weißt du, daß es Wahrlich war?« fragte ich; der Wunsch nach Rache überspülte mein Herz wie die Woge den Strand.

»Er hatte sich Haare und Bart geschoren«, berichtete Aggar, »aber Sennaya erkannte ihn trotzdem. Sie beobachtete ihn. Als er das merkte, lockte er sie in ein abgelegenes Zimmer und stieß sie nieder. Er hielt sie für tot, aber sie lebte noch lange genug, mir von ihm zu berichten. Zu spät!« Bewegt fuhr er sich über die Augen.

»Sennaya ist also auch tot«, sagte ich. »Du hast dich in deiner eigenen Schlinge gefangen. Wenn du jetzt Sargon anklagen willst, mußt du zuvor deinen Betrug enthüllen. Vielleicht habe ich wirklich versäumt, zu tun, was mir bestimmt ist. Ihr aber, Sargon und du, habt getan, was keinem Sterblichen zugedacht ist. Ihr glaubtet, wie Götter handeln zu dürfen oder sogar selbst Götter zu sein. Das ist der wahre Grund für das Unglück unseres Landes.«

»Mir sind nun die Hände gebunden«, gab Aggar zu. »Das Ungeheuer hat mich besiegt. Du aber bist noch frei. Erfülle deine Bestimmung! Hüte den Glauben Sumers und vertreibe den Unglauben aus diesem Land! Diene den Göttern Sumers und verbiete den Dienst an den Götzen von Akkad! Zügele Sargons Tochter, jage sie fort! Ziehe gegen Sargon und töte ihn! Treibe das Ungeheuer ins Wasser zurück! Dann wird es sein wir früher. Sumer wird Herr sein, Akkad sein Knecht, du aber sollst als *lugal* über uns herrschen.«

3

Die Schwachen verneigen sich
vor dem Starken.
Die Gräser verneigen sich
vor dem Wind.
Die Palmen verneigen sich
vor dem Sturm.
Die Diener verneigen sich
vor ihrem Herrn.
Die Herren verneigen sich
vor ihrem König.
Der König verneigt sich
vor seinen Göttern.
Das Herz verneigt sich
vor dem Haß.

Worte des Weisen von Eridu

Ich drehte mich um, ging zu meinen Männern und befahl: »Zu den Wagen!«

»Wohin fahren wir?« fragte Ur-Enki.

»Nach Kutha«, erklärte ich.

Er machte runde Augen. »Zum Tempel der Totengötter?« staunte er. »Warum?«

»Je weniger du weißt, desto besser ist es für dich«, antwortete ich. »Führe nur immer meine Befehle aus, auch wenn du sie nicht verstehst.«

»Ich werde gehorchen, Herr«, sagte Ur-Enki entschlossen.

Wir eilten auf der Fernhandelsstraße nach Kutha. Als wir zum Tempel kamen, erfuhren wir, daß Abum-rabi nicht mehr am Leben war.

»Er trank den Trank ohne Wiederkehr«, berichtete der Vorsteher des Emeschlam. »Gestern geleiteten wir ihn in das Haus des Eingangs zur Totenwelt.«

»Und jetzt, Herr?« fragte Ur-Enki.

»Wieder zum Oberen Meer«, sagte ich. »Dort soll sich nun alles entscheiden.«

Vier Tage später kamen wir nach Akkad. Ich ließ meine Männer ausruhen und ging zu Manischtuschu. Als ich in den Großsaal des Herrschens trat, sprang Sargons Sohn vom Thron seines Vaters auf und eilte mir entgegen.

»Daramas!« rief er. »Onkel! Wo kommst du so plötzlich her? Was ist geschehen? Hat mein Vater dich geschickt? Wie geht es ihm?«

»Gut«, antwortete ich. »Es geht um geheime Dinge, die niemand außer Sargon und mir wissen darf. Wenn dein Vater zurückgekehrt ist, wird er dir selbst alles sagen.«

Er führte mich in das Zimmer der unbelauschten Gespräche, und ich erzählte lange vom Oberen Meer. Die Augen deines Bruders glänzten, Rimusch, doch anders als deine leuchteten sie nicht aus Ruhmsucht, sondern aus Sohnesliebe.«

»Morgen breche ich wieder zum Gunstwind-Gebirge auf«, schloß ich. »Der Feldzug ist aber so gut wie beendet.«

Darüber freute sich Manischtuschu und sagte: »Ich will den Göttern hundert Lämmer opfern.«

»Ist Wahrlich in letzter Zeit hier gewesen?« fragte ich.

»Ja«, sagte Manischtuschu. »Hätte ich gewußt, daß du mit ihm sprechen willst, hätte ich ihn gebeten zu warten.«

»Ich sehe ihn ja bei den Akkadern«, sagte ich.

Fünf Tage später kamen wir zu dem Akkaderlager am Euphrat. In der Bucht lag Sargons Barke mit einigen anderen Schiffen. Da wußte ich, daß ich zu spät gekommen war. Von den Zelten drang das Geschrei der Klageweiber zu uns herab.

»Wer mag da gestorben sein?« fragte Ur-Enki.

»Wahrlich«, antwortete ich zornig.

Sargons Prunkzelt stand auf einem Hügel hoch über dem Strom. Vor dem Eingang war die Standarte Ischtars in den Boden gerammt.

Ich stieg den sandigen Abhang empor. Meine Männer folgten mir mit entschlossenen Mienen. Vor dem Zelt stellt sich uns Akapsenni mit der akkadischen Leibwache in den Weg.

»Zur Seite!« herrschte ich ihn an.

»Nein, Herr«, antwortete er entschieden. »Diesmal schließt der Befehl des *lugal* dich ein.«

Sie waren etwa zehnmal so viel Männer wie wir.

»Das will ich aus dem Mund meines Bruders selbst hören«, sagte ich zornig.

Der Vorhang wurde zur Seite geschoben und Sargon trat hervor. Er sah sehr müde aus.

»Du bist auf schnellen Schiffen gefahren«, sagte ich. »Wo ist das Heer?«

»Zwei oder drei Tage hinter uns«, sagte Sargon. »Steinhand führt es.«

Er trat auf mich zu, sah mir fest in die Augen und nahm mir mit einer leichten Bewegung das Schwert aus dem Gürtel. »Akapsenni hat recht, Bruder«, sagte er sanft. »Verzeihe mir.«

»Was soll ich dir denn verzeihen?« fragte ich spöttisch. »Den Mord an Abda? Den an Wahrlich? Den an Berglandgurke?«

»Nicht vor deinen Männern«, sagte Sargon warnend. »Sie wissen schon jetzt zuviel.«

»Nicht von mir«, entgegnete ich. »Ich habe ihnen nichts erzählt.«

»Gehe ein Stück mit mir«, sagte Sargon. »Wenn wir allein sind, sollst du alles zu mir sagen, was du willst.«

Wir stiegen vom Hügel herab und liefen am Ufer des Euphrat entlang, bis uns niemand mehr hören konnte. Auf einem Felsen ließ sich Sargon nieder.

»Wir gingen einen langen Weg gemeinsam, Bruder«, begann er, »und ohne dich wäre ich niemals so weit gekommen. Darum möchte ich, daß du jetzt weder vorschnell urteilst, noch eine Entscheidung im Zorn triffst.«

»Du hast Abda ermorden lassen«, stieß ich hervor. »Du hast sie getötet, damit ihr Opfer nicht deine Macht gefährde!«

»Was hätte ich anderes tun sollen?« seufzte Sargon. »Glaube mir, leicht fiel es mir nicht. Nicht nur wegen Abda, die ich einst liebte und zur Mutter meiner Kinder machte, sondern auch wegen dir.«

»Wie edelmütig!« höhnte ich voller Haß.

»Nenne es, wie du willst«, versetzte Sargon ruhig. »Ich werde dir nun sagen, wie es wirklich war. Aggar macht die Menschen glauben, ich sei das Ungeheuer aus einer Prophezeiung. Aber hat dieser Priester nicht immer wieder gelogen? Ich habe diese Prophezeiung nicht empfangen, du ebenfalls nicht und auch sonst kein Mensch außer Aggar, der damit seine eigenen Ziele verfolgt. Lugalzaggesi konnte er mit seinen Reden Angst machen, mir nicht.«

Ich schmeckte Blut auf der Zunge. »Warum hast du dann Abda umbringen lassen?« fragte ich.

»Was blieb mir anderes übrig?« erwiderte er. »Wäre sie als Rückkehrerin aus der Totenwelt wie einst Inanna selbst vor die Leute getreten, hätten ihr dann die Sumerer nicht alles geglaubt, was sie gesagt, und alles getan, was sie verlangt hätte? Abda jedoch war Aggars Werkzeug; mit ihrer Hilfe hätte er in der ganzen Hochsteppe Aufstände gegen mich entfesseln können, als ich mit meinem Heer fern am Oberen Meer saß.«

»Ich selbst war es, der dich darauf brachte«, sagte ich bitter. »Hätte ich dir nur Abdas Brief nicht gezeigt!«

»Ich weiß schon lange, daß Aggar nur auf einen günstigen Augenblick wartet, um alle Schwarzköpfigen zugleich gegen mich aufzubringen«, erwiderte Sargon. »Ich weiß auch, wie oft er versuchte, dich auf seine Seite zu ziehen. Ich weiß aber auch, daß du ihm bisher widerstanden hast, selbst als er dir versprach, du würdest der neue *lugal* sein. Aber du bist nur ein Mensch. Wann wärst du schwach geworden?«

»Du hättest dich auf mich getrost verlassen dürfen«, sagte ich zornig. »Ich hätte diesem Priester niemals zu deinem Schaden geholfen, das weißt du genau.«

Sargon wiegte zweifelnd den Kopf. »Dem Priester vielleicht nicht«, erwiderte er. »Aber Abda? Wenn sie dich aufgefordert hätte ... Du hast sie so sehr geliebt, daß du jetzt kommst, mich zu töten!«

»Auch Abda hätte uns nicht entzweit«, sagte ich schnell.

»Nein?« sagte Sargon. »Trotzdem habt ihr mich betrogen, damals in Uruk, als du die Nacht bei ihr schliefst.«

Ich fuhr ein wenig zurück. »Das hast du gewußt?« fragte ich heiser.

Er nickte ernst. »Du wirst verstehen, daß ich danach etwas vorsichtiger sein mußte, was dich betraf. Dann erzähltest du mir von diesem Ofenbrenner, Hatamersas Mann, der uns beide haßte.«

»Kaka«, murmelte ich.

»Ja«, sagte Sargon. »Du wolltest ihn in Malmothan suchen, damit er dir bestätigte, was du in diesem Traum vernommen hattest. Ich dachte mir damals gleich, daß Aggar uns zu täuschen versuchte.«

»Daß ich nach Malmothan fuhr, bedeutet noch lange nicht, daß ich auf Aggars Spiel hereingefallen wäre«, wandte ich ein.

»Die Möglichkeit bestand immerhin, das wirst du mir zugeben müssen«, sagte Sargon. »Ich wußte auch nicht, was du wußtest. Also beschloß ich, den Ofenbrenner zu töten.«

»Hat auch das Wahrlich für dich getan?« fragte ich.

Er nickte wieder. »Er war der einzige, dem ich vertrauen konnte«, erklärte er bedauernd. »Bei Igelspitz und Steinhand war ich nicht sicher, ob sie dir nicht doch einmal alles verraten würden, als alte Gefährten, wenn ihr ohne mich Bier sofft! Du selbst hast mich vor ihren losen Mäulern gewarnt, damals, als Berglandgurke ...«

Er unterbrach sich und schaute sinnend über den Strom. »Es scheint, daß ich meinen Gefährten kein Glück bringe«, fuhr er fort. »Dabei habe ich euch alle geliebt. Dich aber liebe ich am meisten. Denn wenn wir auch nicht blutsverwandt sind, wie wir früher glaubten, sind wir doch Brüder.«

Ich wußte nicht, was ich darauf antworten sollte. Sargon berichtete weiter: »Nur Wahrlich und seine Akkader konnten schnell genug nach Gutium gelangen. Nur er und seine Leute schweigen gut genug. Mit dem Tod des Ofenbrenners war Aggars Plan von der Tafel getilgt. Aber der Priester dachte sich einen neuen aus. Wieder beruhte sein Plan auf Täuschung, wieder zielte er auf dich, diesmal war Abda das Opfer.«

Er hielt inne und fuhr sich mit der Hand über die Augen. »Und wieder hätte ich die Gefahr nicht rechtzeitig bemerkt, hättest du mir nicht geholfen«, fuhr er fort. »Als du mir Abdas Brief zeigtest, durchschaute ich alles sofort. Natürlich konnte ich dir das nicht sagen. Du wolltest zuerst nach Uruk; ich war darüber froh, denn das bedeutete, daß Wahrlich doch noch vor dir in Nippur sein konnte. Ich schickte Akapsenni als Boten zu ihm. Gemeinsam fuhren sie zum Berghaus Enlils.«

»Daß Wahrlich für dich einen Ofenbrenner und ein paar Priester umbringt, verstehe ich«, sagte ich. »Wie aber konntest du ihn überreden, Abda zu töten? Sie war die Mutter deiner Söhne! Er mußte wissen, daß sich Manischtuschu und Rimusch rächen würden, wenn sie es jemals erfuhren.«

»Ich kannte Wahrlichs Preis«, erklärte Sargon. »Ich versprach ihm Serida zur Frau. Er liebte sie schon lange. Durch die Heirat wäre er mein Schwager geworden, und sein Blut hätte sich mit dem Blut meiner Sippe vermischt. Daran lag ihm sehr viel.«

»Und was sagte deine Schwester dazu?« wollte ich wissen.

Sargon zuckte die Achseln. »Ich hatte keine Gelegenheit, sie zu fragen«, gestand er.

»Dein Versprechen war also Betrug«, sagte ich. »Du wußtest nicht, ob du es erfüllen konntest.«

»Vielleicht kannst du selbst besser einschätzen, ob Serida eingewilligt hätte oder nicht«, sagte Sargon.

»Warum ich?« fragte ich.

Er lächelte freudlos. »Kannst du dir das nicht denken?« sagte er. »Seit sie mit einem Messer durch meinen Palast schlich, ließ ich sie überwachen. Schließlich muß ich mich ja davor schützen, daß sie eines Nachts mit einem Dolch an meinem Bett steht.« Er lachte kurz. »Der Witz ist, daß auch diese Aufgabe Wahrlich zugeteilt war«, fuhr er fort. »Er sah dich in ihr Zelt schleichen. Und später beobachtete er euch hier im Schilf.«

»Das hatte nichts mit dir zu tun«, sagte ich.

»Jedenfalls hast du erst meine Schwester und dann meine Frau gehurt«, sagte Sargon.

»Und du hast mir Beltani weggenommen«, entgegnete ich trotzig.

»Ich bitte dich!« sagte Sargon. »Eine *entum*-Priesterin! Wenn das herauskommt, werden dir selbst deine treuesten Männer nicht länger folgen, das kannst du mir glauben.«

»Du aber darfst das?« schnappte ich wütend.

»Bei mir kommt es nicht so darauf an«, erklärte er. »Denn mir gehorcht man nicht, weil ich die fromme Hoffnung der Sumerer wäre. Für uns Akkader sind diese Gebote nicht wichtig.«

»Das weiß ich«, sagte ich grimmig. »Schon dein Vater handelte so.«

»Den lasse lieber aus dem Spiel«, sagte Sargon.

»Das glaube ich, daß du über deinen Vater nicht so gern sprichst«, sagte ich. »Wieviele Menschen hast du schon auf dem Gewissen? Im Zorn erschlugst du Berglandgurke, der einer von den Sieben war, die damals aus Gutium wiederkehrten. Wahrlich tötete für dich erst den Ofenbrenner und die Enlilpriester, dann Abda und auch Sennaya ...«

»Wen?« fragte Sargon.

»Sennaya«, wiederholte ich aufgebracht. »Du kennst sie wohl! Sie war die Vorsteherin meines Haushalts in Uruk und lebte dann mit Serida.«

»Ja, jetzt fällt es mir wieder ein«, sagte Sargon. »Sie war es, die Wahrlich im Berghaus erkannte.«

»Und deshalb hast du dann auch ihn ermordet«, fuhr ich fort. »Den Zuverlässigsten deiner Gefährten, wie du selbst sagst.«

»Er hätte dir sagen können, daß ich sein Auftraggeber war«, meinte Sargon. »Vor allem dann, wenn ihn Serida abgewiesen hätte, wie es ja leider zu erwarten war. Enttäuschte Liebhaber sind immer gefährlich. Ich konnte das Wagnis nicht eingehen. Außerdem: Er hat Abda ermordet! Wie konnte ich diese Tat ungerächt lassen? Falls es dich aber tröstet: Wahrlich starb einen raschen Tod und hat ein würdiges Begräbnis erhalten. Seine Leute denken, daß er einer Krankheit zum Opfer fiel, die er sich im Stromland holte.«

»Die Krankheit kenne ich«, sagte ich. »Sie heißt Akapsenni.«

»Es ging sehr schnell«, bestätigte Sargon. »Der Kerl ist mit dem Messer ziemlich geschickt.«

»Wie alle Akkader«, sagte ich. »Sie lieben diese unedle Waffe und stoßen am liebsten von hinten zu, nicht wahr? Lügnerische Mörderbande, die ihr seid!«

»Das ist gut«, sagte Sargon. »Erst hurst du hinter meinem Rücken meine Schwester, dann meine Frau, verhandelst mit meinen Feinden, verschweigst mir, was du planst ...«

»Ich habe dir immer die Wahrheit gesagt«, rief ich zornig, »jedenfalls wenn ich sie kannte. Du warst es, der ein heimliches Spiel trieb! Aber was soll man vom Sohn eines dreckigen Eselnomaden erwarten, der erst die Mutter seiner Kinder verstößt, um ungestört huren zu können, und dann seine Frau sogar umbringen läßt ...«

»Das hatte nichts mit den anderen Frauen zu tun«, antwortete Sargon scharf. »Wirf mir nicht etwas vor, was ich nicht getan habe!«

»Du hast recht, das wäre unnötig«, erwiderte ich heftig. »Denn du hast genügend Verbrechen begangen, über die kein Zweifel besteht. Wenn ich an der Prophezeiung gezweifelt hätte – jetzt wüßte ich, daß du ein Ungeheuer bist.«

»Du verstehst immer noch nicht«, sagte Sargon erregt. »Ich tue was mir bestimmt ist. Glaubst du, es fällt mir leicht? Es ist mein Schicksal, zu herrschen. Die Göttin selbst hat mich erwählt! Was zählt da ein Mensch? Trotzdem tut es mir leid, und ich wollte, Abda wäre noch am Leben. Aber dann müßte ich vielleicht jetzt dich töten! Verstehst du denn immer noch nicht?«

»Töte mich nur«, sagte ich voller Abscheu. »Das paßt zu dir. Erst dein Vater, dann deine Frau, dann dein Bruder – wann werden deine Söhne an der Reihe sein?«

Sargon stand auf. »Ich hätte dich schon oft töten können«, sagte er mit gepreßter Stimme. »Aber ich tat es nicht, denn ich liebe dich mehr als jeden anderen Menschen. Ich möchte das niemals bereuen!«

»Bereue es nur«, spottete ich in meinem Haß. »Dein Messer steckt in deinem Gürtel – was zögerst du also? Oder soll ich dir vielleicht den Rücken zuwenden, damit du leichter zustoßen kannst?«

Schweratmend stand Sargon vor mir. »Du bist noch immer mein Bruder«, stieß er hervor; Schweiß troff von seiner Stirn.

»Wie sollte das einen Mann stören«, lachte ich, »der seinen Weg mit der Ermordung des eigenen Vaters begann!«

»Nein«, rief Sargon. »Du weißt, daß ich damals keine Ahnung hatte, wen mein Messer traf. Niemals hätte ich die Hand gegen meinen Vater erhoben!«

»Das sagt sich leicht«, rief ich voller Verachtung. »Töte mich und sei nicht mehr nur ein Vater- und Gatten-, sondern auch noch ein Brudermörder!«

»Ich habe es nicht gewußt«, beteuerte er verzweifelt.

»Das macht keinen Unterschied«, sagte ich kalt und freute mich, endlich etwas gefunden zu haben, das ihn verletzte. »Du hast ihn in das Haus der Finsternis geschickt. Dort verflucht er dich und lechzt dem Tag entgegen, da auch du einmal hinabsteigen mußt und er sich an dir endlich rächen kann, du Ungeheuer!«

»Schweig endlich!« schrie Sargon wie von Sinnen. »Du bist der letzte der mir das vorwerfen darf! Denn du selbst bist der Mörder deines Vaters! Wie ich nahmst du den Dolch dazu. Wie ich wußtest du nicht, wen du erstachst!«

Ich starrte ihn fassungslos an. »Was sagst du da?« brachte ich mühsam heraus. »Wie hätte ich Akki ...«

»Wer spricht denn von dem!« rief Sargon. »Der Wasserausgießer war weder mein noch dein Vater, er zog uns nur auf. Dein Vater war ein ganz anderer, Daramas, ein Mann, den du sehr gut gekannt hast. Denkst du nicht manchmal an ihn? Oft genug sprichst du ja über ihn, zum Beispiel mit Aggar, wenn er dir rät, mich umzubringen und neuer *lugal* des Landes zu werden. Errätst du es immer noch nicht? Denke nur einmal daran, wann du dein Messer benutzt hast, um jemanden zu töten!«

Ich grübelte und geriet in immer größere Verwirrung. Dann sah ich plötzlich vor meinem inneren Auge einen Käfig auf einem Wagen vor dem Berghaus zu Nippur und den verkrümmten Leichnam eines nackten Mannes.

»Ich wollte es dir nie verraten«, sagte Sargon mit harter Stimme. »Denn ich weiß, wie es ist, wenn man mit einer solchen Schuld leben muß. Nun aber ist es heraus. Du bist Lugalzaggesis Sohn.«

IX

SARGON

1

Der Krieg macht
Männer zu Mördern,
Mörder zu Königen,
Könige zu Bettlern,
Bettler zu Weisen,
Weise zu Kindern
und Kinder zu Männern.
Worte des Weisen von Eridu

An diesem Tag, Rimusch, habe ich meine Abstammung erfahren. Endlich enthüllte sich mir die Vergangenheit meines Blutes, endlich verstand ich, warum ich über vieles so anders als Sargon dachte. Endlich erkannte ich auch, daß Aggar recht hatte, und war bereit, zu tun, was meine Bestimmung befahl: Ich, der Sohn eines Usurpators, sollte einen noch schlimmeren töten. Ich, der Sohn eines Hohepriesters, sollte einen Gott ermorden und endlich das Ungeheuer ins Wasser zurücktreiben, das schon soviel Unheil auf den Länderberg gehäuft hatte! Und während in meinem Verstand noch Verwunderung herrschte, formte sich in meinem Herzen bereits der Wille, endlich zu vollbringen, was schon so viele Male von mir verlangt worden war.

Eine Weile sprach keiner von uns ein Wort. Dann sagte Sargon: »Vielleicht hätte ich dir das alles schon früher verraten sollen. Dann wäre manches ungeschehen geblieben.«

»Ja«, sagte ich. »Weil dann einer von uns beiden schon lange tot wäre.«

Sargon blickte mich prüfend an. Dann sagte er: »Du warst es, der mir das Geheimnis um meine Mutter verriet. Ich werde dir dafür nun das Geheimnis um deine enthüllen. Meine Mutter war eine *entum*-Priesterin. Auch deine Mutter diente im Tempel. Sie war eine Sklavin der Göttin Nisaba von Umma, der Herrin der Gerste und Wirtschafterin des Weltenlenkers Enlil.«

»Lugalzaggesi war dort Verzückungspriester«, entfuhr es mir.

Sargon nickte. »Auch Akki lebte damals dort«, fuhr er fort. »Er arbeitete als Sklave in den Tempelgärten. Seine Frau bekam keine Kinder. Akki wünschte sich unbedingt einen Sohn. Er brachte Nisaba und Enlil oft Opfer dar. Auch legte er viele Gelübde ab. So schwor er, jedes fremde Kind, das ihm von gnädigen Göttern zugedacht sei, als eigenes aufzuziehen. Dann starb seine Frau, und Akki war ganz verzweifelt.«

Atemlos hörte ich zu, und vieles was ich bisher nicht verstanden hatte, begann sich mir zu erhellen. Sargon berichtete weiter: »Lugalzaggesi verliebte sich in eine Tempelsklavin. Als sie schwanger wurde, trennte er sich von ihr. Damit die Sache nicht ruchbar würde, schlug er Akki vor, die junge Frau zu heiraten. Akki glaubte, daß ihn Nisaba endlich erhört habe. Lugalzaggesi gab beiden die Freiheit und Geld. Akki erwarb einen Palmengarten in Sippar. Dort brachte dich deine Mutter einige Monde später zur Welt. Aber sie starb bei deiner Geburt. Akki nahm daraufhin eine Amme für dich. Es war Hatamersa; sie hatte ihren Sohn am Tag zuvor zur Welt gebracht. Am nächsten Tag trug mich der Euphrat zum Schöpfwerk am Steppenlöwenkanal. Dort fand mich Akki. Er nahm an, daß auch Enlil ihm einen Sohn schenken wollte, und brachte mich in sein Haus.« Er lächelte ein wenig, dann fügte er hinzu: »Daß Enlil etwas mit meiner Ankunft in Sumer zu tun habe, glaubt ja auch Aggar.«

»Denn damit war der erste Teil der Prophezeiung erfüllt«, sagte ich. »Aber das alles ist, als hätten es nicht Götter, sondern Dämonen gewollt.«

»Drei Kinder konnte Hatamersa nicht stillen«, fuhr Sargon fort. »Akki beschwatzte sie deshalb, ihren Sohn mit dem Vater fortzuschikken, nach Safranstadt zu der Verwandtschaft des Ofenbrenners, wo es genügend Frauen gab, den kleinen Jungen zu betreuen. Aber nach der Trennung entfremdete sich Hatamersa von ihrem Mann. Sie wurde Akkis Geliebte.«

»Deshalb also dieser Haß«, sagte ich. »Und Lugalzaggesi wußte das alles?«

»Du bist sein einziges Kind«, sagte Sargon. »Als er in das Alter kam, in dem Männer an ihre Nachfolger denken, erinnerte er sich deiner und befahl Ischma-Ja, dich nach Uruk zu bringen.«

»Dann kannte also auch der Tafelhausvorsteher das Geheimnis meiner Herkunft?« fragte ich.

»Das weiß ich nicht«, gestand Sargon. »Vielleicht hatte Ischma-Ja einen Verdacht. Es war ja nicht zu übersehen, wie Lugalzaggesi dich förderte.«

»Es kamen damals aber noch elf andere junge Männer nach Uruk«, wandte ich ein. »Sie erhielten die gleiche Ausbildung wie ich und waren gewiß nicht weniger tüchtig.«

»Sie dienten nur zur Tarnung«, erklärte Sargon. »Als du gereift warst, verschwanden sie.«

»Wohin?« fragte ich betroffen.

Sargon zuckte die Achseln. »Vielleicht hat Aggar einige von ihnen entführen lassen«, vermutete er, »und umgebracht, als sich herausstellte, daß sie die falschen waren. Vielleicht ließ Lugalzaggesi sie töten, damit sie dir nicht zu Rivalen wurden. Wie es weiterging, wirst du inzwischen von Aggar erfahren haben.«

»Warum hat mir Lugalzaggesi damals nicht gesagt, daß ich sein Sohn bin?« fragte ich.

»Er wollte dich wohl vor Aggar schützen«, erklärte Sargon. »Du warst noch ziemlich jung, und junge Leute reden viel, vor allem, wenn sie so Bedeutendes erleben.«

»Aber damals, als er im Käfig lag!« rief ich verzweifelt.

»Hättest du ihn dann noch töten können?« fragte Sargon. »Außerdem kannte er die Prophezeiung und wußte, daß ihr erster Teil schon eingetroffen war.«

»Und woher wußte der Priester das alles?«

Sargon zuckte wieder die Achseln. »Vielleicht kam er darauf, als er dich damals im Berghaus von Nippur zum ersten Mal traf. Angeblich sah der Mann von Uruk in seiner Jugend so aus wie du heute. Ich kann das nicht beurteilen, aber ein paar von den alten *ensis* haben es mir gesagt. In diesem Fall brauchte Aggar nur noch den Tag deiner Geburt herauszufinden und in Umma Nachforschungen anzustellen.«

»Und wie hast du es herausgefunden?« wollte ich wissen.

»Ich erfuhr es von Aggar selbst«, erklärte Sargon. »Er sagte es mir vor einigen Jahren. Bis heute weiß ich nicht, warum. Er mußte doch befürchten, daß ich dich ermorden lassen würde!«

»Er ist felsenfest davon überzeugt, daß seine Prophezeiung nur dann in Erfüllung gehen kann, wenn ich das Geheimnis meiner Geburt aus deinem Mund erfahre«, erklärte ich.

Sargon sah mich prüfend an. »Vielleicht hat er recht damit«, sagte er. »Wenn du könntest, würdest du mich jetzt töten. Eigentlich müßte ich dich jetzt auf der Stelle niederstoßen. Dann würde Aggar wohl endlich einsehen, daß die Götter auf meiner Seite sind, nicht auf seiner, und seine Prophezeiung niemals in Erfüllung gehen wird. Aber ich kann dich nicht töten, Daramas. Wir sind doch Brüder!«

»Was willst du also tun?« fragte ich trotzig.

Er überlegte eine Weile. »Nach Uruk kehrst du nicht zurück«, sagte er dann. »Dort soll in Zukunft Rimusch herrschen. Auch oberster Heerführer kannst du nicht bleiben. Am besten wäre es, wenn du dich in einen Tempel zurückzögst. Wir könnten sagen, daß du fromm geworden wärst und deine Tage fortan nicht mehr dem Reich, sondern den Göttern zu widmen gedächtest. Dann bräuchte niemand etwas zu erfahren. Aggar kann wohl kaum darüber plaudern, wie er versuchte, sein eigenes Volk zu betrügen.«

»Das glaube ich, daß du am liebsten Schweigen über deine Untaten breiten willst«, sagte ich. »Deine Leute würden dich wohl verachten, wenn sie wüßten, daß du deine treuesten Gefährten umgebracht hast. Deine Söhne aber werden dich hassen, wenn sie erfahren, daß du der Mörder ihrer Mutter bist.«

»Manischtuschu bestimmt«, erwiderte Sargon. »Bei Rimusch bin ich mir nicht sicher. Aber was werden deine Schwarzköpfigen sagen, wenn sie erfahren, daß du am Tod ihrer geliebten Hohepriesterin mitschuldig bist? Daß du Abda zum Ehebruch verleitet hast? Daß du deinen eigenen Vater umgebracht hast? Und daß du, der Sohn des *lugal*, dem Mann gedient hast, der deinen Vater mit einer Nackengabel in einem Käfig zur Schau stellte?«

Die Erinnerung an den nackten und gedemütigten Mann, der mein Vater gewesen war, machte mich zornig und ich erwiderte: »Auch dafür werde ich dich töten.«

»Ich werde dafür sorgen, daß du keine Gelegenheit dazu bekommst«, seufzte Sargon. »Auch meine Schwester versucht schon seit Jahren, mich umzubringen. Ist das der Preis meiner Macht? Ist es eine Voraussetzung dafür, göttlich zu werden, daß man von den Menschen, die man liebt, gehaßt wird? Aber wenn es so ist, will ich diesen Preis bezahlen. Wie dein Weg ist auch der meine auf der Tafel des Schicksals verzeichnet, und beide werden wir ihn bis zum Ende gehen.«

»So soll es sein«, sagte ich entschlossen.

»Du schläfst heute unter Bewachung«, erklärte Sargon. »In Akapsennis Zelt. Widersetze dich nicht, sonst muß ich dich fesseln lassen. Morgen sollst du überlegen, in welchem Tempel du Priester sein willst. Uruk, Ur und Akkad kommen nicht in Frage. Gehe nach Umma, wo du gezeugt worden bist, oder nach Eridu, wo dein Gott Enki ruht! Ich werde dafür sorgen, daß dich niemand behelligt. Lebe dann dort dein Leben! Vielleicht kannst du mir eines Tages verzeihen.«

»Das wird niemals geschehen«, erwiderte ich.

Als wir zum Lager zurückkehrten, sah ich Serida auf dem Felsen über dem Euphrat stehen. Hinter ihrer schlanken Gestalt sank Utus Glanzschild langsam in die Wüste nieder.

Sargon führte mich in sein Zelt. Wir aßen und tranken. Akapsenni und die anderen Leibwächter sahen mir mißtrauisch zu; ihre grimmigen Gesichter zeigten, daß sie mich am liebsten gleich niedergehauen hätten.

Auf einmal machte mich das Bier sehr schläfrig; als ich es merkte, war es schon zu spät. »Nun hast du mich wieder betrogen«, sagte ich.

»Zu deinem Besten, Bruder«, sagte Sargon leise. »Schlafe und ruhe dich aus, damit dein Kopf wieder klar wird! Morgen fahren wir nach Akkad; auf dem Schiff haben wir Muße, alles in Ruhe zu besprechen. Ich will nicht, daß du einen Fehler machst, der entweder mein oder dein Leben kostet.«

»Einer von uns beiden muß sterben«, erwiderte ich, »das weißt du genau.« Dann schlief ich ein; das letzte, was ich spürte, war, wie Hände mich an Armen und Beinen packten.

Als ich wieder erwachte, wußte ich nicht, wie lange ich geschlafen hatte. Das erste, was ich bemerkte, war ein übler Geruch. Um mich herum war es dunkel wie in einem Maischbottich. Ich wollte aufstehen, konnte aber weder Hände noch Füße bewegen. Erst glaubte ich an einen bösen Traum, dann aber erkannte ich, daß ich an etwas Weiches gefesselt war. Ich drehte den Kopf und spürte einen Bart an meiner Wange.

Da merkte ich, daß ich in Wahrlichs Totenhaus lag.

Entsetzt bäumte ich mich auf, ein Schrei des Entsetzens entfuhr meiner Brust, und ich begann vor Ekel zu würgen. Verzweifelt versuchte ich, mich zu befreien, aber der tote Gefährte hielt mich wie mit eisernen Ketten umklammert; so eng war ich mit dem Leichnam zusammengeschnürt, daß ich nicht einen Finger zu rühren vermochte. Auch erheben konnte ich mich nicht, auch nicht, als ich versuchte, den Toten mit mir in die Höhe zu ziehen; die Stricke waren an den Steinen des Grabes befestigt, in dem ich Kopf an Kopf mit dem Toten verfaulen sollte.

Voller Grauen begann ich wieder zu schreien, so laut ich konnte, aber ich wußte, daß mich niemand hören konnte, denn Wahrlichs Totenhaus lag viel zu weit vom Lager entfernt und außerdem tief in der Erde. Nur sein Totengeist mochte durch meine Rufe zurückgelockt werden und sich dann an mir, dem Lebenden, für seine eigenen Leiden rächen. Wirklich hörte ich nach einiger Zeit ein Schaben und Scharren. Verzweifelt spannte ich die Muskeln an, um mich vielleicht doch noch mit einer letzten Kraftanstrengung loszureißen, da drang plötzlich Mondschein in das Totenhaus und eine Stimme rief halblaut: »Daramas!«

»Serida!« schrie ich. »Schneide mich los!«

»Nicht so laut!«, mahnte Sargons Schwester und kletterte zu mir in die Totenkammer. Kurz darauf fühlte ich ihre suchenden Hände an meinem Körper. Rasch schnitt sie alle Stricke durch, die mich an den Leichnam banden.

»Den Göttern sei Dank«, ächzte ich und sprang auf. »Du hast mich gerettet.« Erleichtert schlang ich die Arme um sie.

»Töte Sargon«, flüsterte sie. »Töte ihn und werde neuer *lugal* des Landes. Dann will ich deine Gemahlin sein.«

Sie hob sich auf die Zehenspitzen und küßte mich. Ein Zucken ging durch ihren Körper, dann erschlaffte sie plötzlich, und ich schmeckte Blut auf den Lippen.

»Serida«, rief ich erschrocken.

Ein Messer traf meinen Arm und ich hörte Akapsennis Stimme: »Jetzt bist du an der Reihe, du Hund!«

Er packte mich mit der Linken am Hals und stieß mit der Messerhand zu. Unwillkürlich drehte ich mich zur Seite; da ich Serida immer noch in meinen Armen hielt, traf ein zweiter Stoß ihren Leib.

»Du hast es wohl mit Leichen«, lachte Akapsenni. »Erst schläfst du mit einem toten Mann, dann schützt du dich mit einer toten Frau!«

Mit einem Schrei packte ich ihn und rang mit ihm. Er war stark und gewandt, aber mein Haß verlieh mir doppelte Kräfte. Ich bog den Arm des Akkaders zurück, bis ich ihm die Waffe entwinden konnte, und stieß ihm dann das Messer in den Rücken. Röchelnd sank er zu Boden.

»Fahre in die uralte Trümmerstätte hinab«, rief ich dem Sterbenden nach. »Dein Herr soll dir noch heute folgen!«

Ich hob Serida aus dem Grab. Der Glanz Nannas lag auf ihrem schönen Gesicht.

»Serida«, rief ich.

Sie schlug die Augen auf. »Daramas«, flüsterte sie. »Sei klug! Hier kannst du nichts gegen Sargon ausrichten. Deine Männer sind alle tot. Fliehe, ehe Sargons Leute dich doch noch ermorden! Gehe in die Wüste, wo dich niemand findet! Warte auf deine Stunde! Wenn sie gekommen ist, räche mich.«

»Ich werde an dich denken«, versprach ich. »Und an Abda.«

Ihr Kopf sank zur Seite. Sie war tot.

Ich schlich in weitem Bogen um das Lager herum. Mein Schiff und meine Leute waren verschwunden. Der zerwühlte Boden zeigte, daß es einen Kampf gegeben hatte.

Vorsichtig schlich ich ein Stück flußabwärts. An einem Weidenbusch, der in die Strömung ragte, fand ich den Leichnam Ur-Enkis. Sein Gesicht zeigte einen Ausdruck ungläubigen Staunens. Aus seiner Kehle ragte ein akkadischer Pfeil.

»Kehre heim zu deiner Mutter, treuer Gefährte«, flüsterte ich bewegt. »Auch du sollst einen Rächer finden.«

Ich löste den Leichnam von dem Hindernis und sandte ihn mit den Wassern des Euphrat davon. Dann schwamm ich durch den göttlichen Strom und lief nach Sonnenaufgang zum Rand des Gebirges.

Zwei Tage später fand ich ein kleines Nomadenlager. Die Akkader kannten mich nicht. Sie nahmen mich gastfreundlich auf. Wie ein Schaf mit langer Wolle ließ ich Bart und Haare wachsen. Dann ging ich durch die Halbwüste nach Akkad. Ich mietete mich in einer Schenke im schlechtesten Viertel ein, an einem Ort, wo man Fremden keine Fragen stellt. Dort wartete ich auf meine Stunde.

Sargon hatte seine Rückkehr in Akkad mit vielen Opfern gefeiert, vor allem im Tempel der Ischtar, aber auch in den Häusern der anderen Götter. Dann befahl er, alle Schätze, die er aus den Oberen Ländern mitgebracht hatte, durch die Straßen der Hauptstadt zu tragen. Zur gleichen Zeit ließ er überall die Geschichte seiner Herkunft verkünden, aber nicht so, wie Eingeweihte sie von Aggar und aus der Prophezeihung kannten, sondern so, als handele es sich um die wundersame Geburt eines Gottes. So schlug er die Priester Enlils mit ihrer eigenen Waffe.

»Sargon bin ich, der mächtige Herr, der König von Akkad«, schrieb er auf seine Lapislazulitafeln, »*entum*-Priesterin war meine Mutter, nicht kannte ich den Vater ... Azupiranu hieß meine Geburtsstadt am

Euphrat, dem Großen Strom. Als mich die Mutter empfangen, gebar sie mich im Geheimen, legte mich in ein Binsenkörbchen, verpichte den Deckel und setzte mich aus im Fluß, wo er nicht überströmte. Abwärts trug mich die Flut zu Akki, dem Wasserschöpfer. Akki hob mich heraus ... Ischtar aber bedachte mich mit ihrer Liebe.«

So ließ Sargon schreiben; viele, die diese Zeilen lasen, schlossen daraus, daß seine Mutter ihn von einem Gott empfangen habe. Außerdem ließ Sargon auf seinen Tafeln vermerken, daß er Urzababa einst für dessen Absicht bestraft habe, das Trankopfer für den Gott der Stadt Kisch zu verfälschen. So stellte er sich als getreuen Diener auch der sumerischen Götter dar. Und schließlich ließ er seine Inschriften noch um seine neuen Taten ergänzen. »Im elften Jahr nach dem Tag, da mich Enlil zum *lugal* gemacht hatte, zog ich zum Oberen Meer«, stand nun darauf. »Ich huldigte Dagan, dem Gott der Oberen Länder, er gab mir die Welt bis zum Gunstwind- und Silbergebirge dafür. In Mari, Jarmuti und Ebla, im Zedernwald und in den Bergen mit Edelmetallen setzte ich meine *ensis* ein, ich, Sargon, dem Enlil einen Ebenbürtigen nicht gab.« Außerdem baute er einen Tempel für Dagan und forderte auch die *ensis* der anderen Städte auf, den Gott zu ehren.

Über mich ließ Sargon verbreiten, daß meine Barke auf dem Euphrat an einem Felsen zerschellt sei und ich mit allen meinen Männern ertrunken wäre. Später habe der göttliche Strom mich an Land gespült; er Sargon, habe mich in der Nähe von Tuttul mit allen Ehren bestattet. Er ließ mir in den Tempeln des Landes reiche Totenopfer darbringen, damit es mir im Haus des Staubes an nichts fehle. Gleichzeitig warnte er alle *ensis, girnitas* und Obersten der städtischen Wachen, daß ein Unbekannter durch Akkad und andere Orte ziehe und behaupte, der frühere *ensi* von Uruk zu sein. Er sähe dem Toten auch ähnlich, sei in Wirklichkeit aber ein Aufrührer und Betrüger, der die Ordnung des Landes erschüttern wolle und deshalb sofort festzunehmen sei.

Da ich sicher war, daß mich niemand erkennen konnte, ging ich jeden Abend in die Schenken, in denen die Palastwachen in ihrer dienstfreien Zeit verkehrten. Ich gab mich als Kaufmann aus Ebla aus, der nach Akkad gekommen sei, geschäftliche Verbindungen zu knüpfen. Durch meine Großzügigkeit erwarb ich bald das Vertrauen einiger Krieger. Von ihnen erfuhr ich zu meinem Erstaunen, daß Sargon seine Leibwache seit Akapsennis Tod nicht mehr von einem Akkader, sondern von einem Sumerer befehlen ließ.

»Ich dachte, der *lugal* vertraut nur Leuten aus seinem eigenen Volk«, sagte ich.

»Das stimmt«, sagte der junge Leibwächter, der mit mir beim Bier saß. »Der Mann aber, der seinen Schlaf jetzt bewacht, ist einer von Sargons ersten Gefährten. Käme er jetzt herein, würdest du sogleich erkennen, daß nur er dieser Mann sein kann, denn er ist ein Riese und hat Fäuste wie Felsbrocken. Seinen richtigen Namen kennt niemand; alle nennen ihn ›Steinhand‹.«

Da wußte ich, daß ich keinen Fehler machen durfte.

Die Zeit verging.

Am Abend vor dem Neujahrstag verließ ich mein Versteck und schloß mich den Feiernden an, die durch die Straßen zogen. Die Ernten waren gut ausgefallen und es gab keinen Hunger mehr. Akkader wie Sumerer freuten sich auf Dumuzis Wiederkehr aus der Totenwelt und auf seine Vereinigung mit der Göttin, ob sie nun Ischtar oder Inanna hieß. Überall ertönte Musik, an allen Ecken standen Buden mit Braten und Bier. Köstliche Düfte durchzogen die Luft, und Männer wie Frauen warteten voller Begierde auf den Moment, an dem es ihnen gestattet war, sich so oft und mit so vielen Partnern zu paaren, wie sie nur konnten. Viele trugen Masken von Löwe und Esel, Bär oder Fuchs und vielen anderen Tieren. Junge Mädchen trugen die Brüste entblößt, um ihre Reife zu bekunden. Männer zeigten prahlend ihre aufgerichteten Glieder, und an manchen Ecken sah man schon Männer und Frauen sich gegenseitig an die Geschlechtsteile greifen. Ich kaufte mir eine Eselsmaske mit langen Ohren sowie eine kleine Harfe und zog als Musikant mit vielen anderen zum Palast. Die Wachen prüften nur sehr lasch, wer in das Großhaus des Herrschens ging, denn damals, in der alten Zeit, war in der Neujahrsnacht alles ganz anders als sonst: Hoch und Niedrig tauschten die Plätze, die Schwachen herrschten, die Starken gehorchten, die Magd befahl ihrer Herrin, und der Herr war seinem Diener untertan. Jede Frau konnte sich einen Mann wählen, der ihr gefiel, ob sie verheiratet war oder nicht. Ihr Gatte wiederum durfte sich mit seiner Nachbarin vergnügen, ohne daß deren Mann etwas dagegen einwendete.

Auch mir winkten die Frauen zu, und einige Mädchen hängten sich an meinen Hals, aber ich wehrte sie mit freundlichen Worten ab. Denn ich war in dieser Nacht nicht unterwegs, um zu lieben, sondern um zu töten.

Der Großsaal des Herrschens war mit Menschen gefüllt wie eine Reuse mit Fischen. Lautes Geschrei übertönte die Jubel- und Klanghölzer. Ich ließ mich von der Woge der Feiernden einmal in diesen, einmal in jenen Winkel des Saales tragen. Auf dem Thron saß damals der alte Gärtner mit dem verwirrten Verstand; du wirst dich an ihn erinnern, Rimusch, denn als das Fest vorüber war, wollte er seinen Platz nicht wieder räumen, sondern *lugal* bleiben, und dein Vater ließ ihn dafür niederhauen.

Nach einer Weile sah ich Steinhand und Igelspitz. Der Riese trug die Maske eines Stiers mit gewaltig ausladenden Hörnern; er überragte die anderen Menschen wie eine Zeder. Der Kleine hatte sich als Löwe verkleidet; wäre mir nicht so ernst gewesen, hätte ich darüber schmunzeln müssen, denn er sah eher aus wie eine von Läusen zerfressene Maus.

»Also bis morgen«, sagte Steinhand. »Ich muß nach oben.«

»Sargon ist ja wieder ziemlich voll«, meinte Igelspitz. »Er säuft jeden Tag mehr.«

»Ja«, sagte Steinhand. »Aber du auch, du altes Käfigschwein. In deinem Alter solltest du etwas mäßiger sein.«

»Wieso?« fragte Igelspitz. »Der Wind ist auch alt und weht immer noch.«

Beide lachten.

»Paß nur schön auf ihn auf«, sagte Igelspitz. »Ich gehe zum Hafen, da ist mehr los als hier bei diesen vornehmen Weibern.«

Ich folgte ihnen. Igelspitz bog zum Tor des Palastes, Steinhand schritt die Treppen zu Sargons Gemächern empor. Ich hörte, wie er Posten überprüfte, und kehrte in den Saal zurück.

Einige Zeit später sah ich dich, Rimusch, mit deinem Bruder; du warst als Wisent maskiert, Manischtuschu als Auerstier, so wie es eurer Würde entsprach. Ihr hattet einige Buhlpriesterinnen der Göttin Nisaba bei euch und wart sehr beschäftigt mit ihnen, erinnerst du dich? »He, Esel, spiel uns auf, wir wollen tanzen!«, riefst du mir zu. Ich aber tat, als würde ich dich nicht hören, und verschwand rasch im Gewühl.

Kurz vor Beginn der dritten Nachtwache stieß ich hinter dem Thron auf Dambur und Beltani; sie tranken aus goldenen Bechern und waren in eine Unterhaltung vertieft.

»Wie will er das nur wieder schaffen?« fragte Dambur. »Er säuft wie ein Ochse, oder besser, wie ein Schwein; so wird er morgen das heilige Opfer mit dir nicht vollziehen können.«

»Bisher hat er es jedes Jahr geschafft«, antwortete Beltani. »Sorge dich nur nicht. Ich werde ihn auch diesmal ausdauernd wie eine Bachstelze machen.«

»Hoffentlich«, sagte Dambur. »Wenn Sargon versagt, wird das nicht ihm, sondern vor allem dir abträglich sein. Vielleicht macht er am Ende eine andere zur Hohepriesterin Ischtars.«

»Eine bessere als mich?« fragte Beltani stolz. »Niemand versteht es so gut, die Lust in ihm zu erzeugen, das weißt du genau. Er würde nicht einmal im Traum daran denken, mir eine andere vorzuziehen.«

Ich schwenkte meinen Krug und trat auf sie zu. »Ihr kommt mir gerade recht, ihr zwei Täubchen«, rief ich mit künstlich tiefer Stimme. »Mein Herr, der *lugal*, schickt mich, euch zu holen. Der Hengst ist brünstig und schachtet schon aus, also beeilt euch!«

»Wer?« fragte Beltani verblüfft. »Sargon? Wer bist du?«

Ich packte die beiden Frauen und zerrte sie mit mir. »Sargons neuer Esel«, sagte ich laut und fröhlich. »Viele Tage lang ziehe ich mit meinen Freunden seine Wagen in die Schlacht. Jetzt bringe ich ihm zwei Stuten zum Liebesgefecht, wie er es befahl. Hinterher sollt ihr auch mir Vergnügen bereiten; so könnt ihr mir dafür danken, daß ich gerade euch ausgesucht habe.«

»Weißt du eigentlich, wer wir sind?« fragte Beltani ungehalten.

»Ist das nicht völlig gleich?« antwortete ich mit übermütigem Lachen. »Hübsch genug seid ihr jedenfalls, und mehr will mein Herr nicht. Hauptsache, ihr seid zwei, denn mit einer ist er nicht zufrieden. ›Bringe mir zwei Weiber‹, befahl er mir, ›aber nicht die Hohepriesterin Ischtars, denn die muß ich morgen Kraft meines Amtes beglücken.‹« Ich hielt Beltani auf Armeslänge von mir. »Bist du das etwa?« fragte ich sie.

»Nein«, sagte Beltani zornig. »Also gut, Leibwächter, führe uns zu ihm! Er soll viel Freude an uns haben!«

Wir drängten uns durch die Menschenmenge, verließen den Saal und stiegen die Stufen zu Sargons Haushalt empor. Die Wächter erkannten Dambur und Beltani und schöpften keinen Verdacht.

Auf der zweiten Treppe war von dem Lärm und der Musik kaum noch etwas zu hören. Wir bogen in den langen Gang zu Sargons Gemach; auf der Tür glänzte Ischtars Emblem.

Einige Schritte davor stand eine weitere Pforte weit offen; als wir näherkamen, trat Steinhand heraus. »Holla«, machte er. »Was habt ihr denn hier zu suchen?«

»Das weißt du recht gut, du alter Ochse«, sagte Beltani wütend. »Steckst ja mit Sargon unter einer Decke! Denkst wohl, wir sind dumm und merken nicht, was hier vorgeht!«

»Wie?« machte Steinhand verblüfft, da er nichts verstand.

»Du brauchst dich gar nicht zu verstellen«, rief Beltani hitzig.

»Aber ich weiß wirklich nicht, was du meinst«, sagte der Riese.

Ich schlich indessen hinter ihn und schlug ihm den schweren Krug gegen den Schädel. Er sackte zusammen; ich fing ihn auf und legte ihn auf den Boden.

»Was tust du denn da!« rief Dambur erschrocken.

Ich packte Beltani und setzte ihr die Klinge an die Kehle. »Keinen Laut«, warnte ich. »Sonst schneide ich euch beiden die Hälse durch.«

Beltani ächzte unter dem Druck meiner Finger. Dambur starrte mich aus schreckgeweiteten Augen an. »Aber das ist doch nicht möglich«, flüsterte sie.

Ich stieß die beiden Frauen in das Wachzimmer, schleifte Steinhand an den Füßen hinterher und schloß die Tür. Dann nahm ich Stricke aus der Gerätetruhe und fesselte erst Steinhand, dann Dambur und zum Schluß Beltani. »Wenn ihr vernünftig seid, wird euch nichts geschehen«, sagte ich zu den Frauen.

»Jetzt erkenne ich dich«, sagte Dambur. »Du bist Daramas. Aber wie kann das sein? Sargon hat dich doch bei Tuttul begraben!«

Ich stopfte ihnen Knebel in die Münder und trat vorsichtig auf den Gang hinaus. Die Wächter unter uns hatten nichts bemerkt.

Vorsichtig schlich ich durch den von Fackeln erhellten Gang zu Sargons Herrschergemach. Durch die Ritzen der Zedernholztür drang der Schein vieler Leuchten, die er jede Nacht brennen ließ. »Wovor fürchtest du dich, Sargon?« dachte ich. »Lauern die Dämonen der Rache schon vor deinem Lager, drängen die Totengeister der Menschen, die du gemordet hast, zu deinem Bett? Sind sie es, die du mit Licht von dir fernhalten willst? Jetzt steht der Rächer vor deiner Tür, aber er kommt nicht als Toter, sondern als Lebender, und das Licht, mit dem du dich schützen willst, hilft mir, dich zu finden.«

Vorsichtig drückte ich gegen die mit rotglänzender Bronze verstärkte Tür. Sie war nicht geschlossen; offenbar hatte Sargon von seinen Dienern ins Bett gebracht werden müssen. Mit leisem Knirschen drehte sich der Zapfen im Schwellstein. Ich schlüpfte hinein, lehnte die Tür geräuschlos hinter mir an und blickte mich um.

Sargon lag schnarchend auf seinem Prunkbett. An den mit Zedernholz getäfelten Wänden seines Gemachs standen noch mehr Truhen als früher; sie waren nicht übereinandergestapelt, sondern mit offenen Deckeln nebeneinander aufgereiht, so daß man sehen konnte, was sie enthielten. Die edelsten Metalle und die kostbarsten Steine der Welt gleißten dort in solchen Mengen, daß es schien, als habe Sargon alle Schätze der Erde in seinem weiten Gemach zusammengetragen. Unermeßlich kostbare Steine lagen auch lose umher oder waren in große Säcke gefüllt, als handele es sich um Bohnen.

Meine Augen bestaunten die funkelnde Pracht, doch der Haß ließ mich in meinem Herzen sagen: »Nichts davon wirst du mitnehmen, Sargon, wenn ich dich jetzt in das Haus des Staubes hinunterschicke. Wie die ärmsten Totengeister sollst du dort hungern, darben und frieren, deine Schätze aber sollen denen wiedergegeben werden, denen du sie geraubt hast.«

Ich trat an Sargons Lager. Auf kleinen Tischchen aus kostbarsten Hölzern erblickte ich dort noch weitere Schätze, und sie schienen mir noch herrlicher als alles, was ich zuvor gesehen hatte. Ringe mit riesigen Rubinen, Armbänder aus Sternsteinen und Topas, Halsketten mit den größten Perlen Tilmuns und Diademe aus Korallen des Unteren Meeres erzeugten vor meinen Blicken ein Farbenspiel, das selbst den Glanz des Regenbogens übertraf. »Die kostbarsten deiner Besitztümer willst du wohl stets in der Nähe haben«, sagte ich nun zu dem Schlafenden. »Aber auch davon sollst du nichts mitnehmen, wenn du jetzt in die uralte Trümmerstätte hinabsteigst.«

Ich ging zum Kopfende des Prunkbetts und packte meine Waffe fester. Neben dem Kissen, auf dem Sargon ruhte, lag eine goldene Schüssel mit noch viel größeren Kostbarkeiten. Denn in Griffweite neben sich hob Sargon auf, was ihm am wertvollsten erschien: Edelsteine, wie ich sie in solcher Erlesenheit noch nie gesehen hatte. Ein blutfarbener *laptanu*-Stein, groß wie ein Taubenei, lag zwischen zwei sternengleichen *marchasu*-Steinen von ungewöhnlicher Reinheit. Der *sirrimanu*-Stein, der nach dem herrlichen Grau wilder Esel benannt ist, war von vielfältigen *burrumitu*-Steinen begleitet. Als König in diesem Reich funkelnder Fürsten schimmerte in der Mitte der Schüssel ein *zaginduru*, der wie das Auge des *ansu*-Adlers erstrahlte.

»Auch diese Schätze wirst du jetzt für immer verlieren«, sagte ich leise zu Sargon. »Das Kostbarste, das du besitzt, das, was du selbst noch schlafend betasten möchtest, wird dir genommen sein, wenn du jetzt gleich vor den Göttern der Totenwelt stehst.«

Ich hob den Dolch und beugte mich vor, um Sargons Kehle zu treffen, da drehte er sich im Schlaf plötzlich um. Ein Arm schwang durch die Luft und fiel dicht neben der Goldschüssel nieder.

»Nur zu«, sagte ich grimmig. »Berühre ein letztes Mal, was dir so kostbar erscheint. Lasse deine Finger noch einmal streicheln, wonach du dein Leben lang strebtest. Es wird das letzte Mal sein.«

Dann fiel mein Blick auf Sargons Hand; etwas Helles schimmerte zwischen den Fingern. Erst dachte ich, es wäre vielleicht das Täfelchen seiner Geburt. Dann aber begann ich am ganzen Leibe zu zittern. Denn seine Finger öffneten sich, und als ich erkannte, was sie verborgen hatten, wußte ich, daß ich verloren war.

Denn in Sargons halb geöffneter Faust entdeckte ich das einzige, was mich abhalten konnte, mich an ihm zu rächen; etwas, an das ich seit vielen Jahren nicht mehr gedacht hatte. Niemals hätte ich geglaubt, daß Sargon es für so kostbar erachtete, daß er es in seiner Hand hielt, wenn er schlief. Es war, was ich ihm geschenkt hatte, als wir noch Kinder waren: die silberne Muschel aus dem Steppenlöwenkanal.

2

Wenn der Löwe brüllt,
schweigen die Tiere.
Wenn die Nachtigall singt,
schweigen die Menschen.
Worte des Weisen von Eridu

Dieses kleine Stück Kalk, Rimusch, hinderte mich daran, deinen Vater zu töten. Dieses kleine Stück Kalk war die Ursache dafür, daß Sargon *lugal* blieb und daß du nach ihm *lugal* werden konntest. Denn als ich es erblickte und seine Bedeutung verstand, schossen mir Tränen in die Augen; meine mordbereite Faust öffnete sich, und der Dolch fiel neben Sargons Haupt auf das Bett. Obwohl ich wußte, daß ich ihm seine Verbrechen niemals würde verzeihen können, wußte ich nun doch auch, daß ich niemals fähig sein würde, ihn zu töten.

Ein letztes Mal sah ich in Sargons Gesicht; dann schlich ich wie ein Dieb davon.

Ich entkam glücklich aus dem Palast und lief zum Hafen. Dort wartete ich, bis der Morgen graute. Am Uruk-Kai heuerte ich als Ruderer an. Niemand wußte, wer ich war. In Nippur wechselte ich das Schiff. Um meine Spur zu verwischen, wanderte ich über Land nach Schuruppak und weiter nach Adab. Dort verdingte ich mich an einen Mehlhändler aus Eridu; von dieser Stadt aus hoffte ich über die Brücke von Bazu nach Makan oder Meluchcha entkommen zu können, den einzigen Ländern, die Sargon noch nicht erobert hatte und wo ich vor ihm wenigstens für eine Weile sicher war.

Der Mehlhändler fuhr auf dem Iturungal nach Umma, erreichte bei Larsa den Großen Strom und kam kurz darauf an die Stelle, wo die Wassermaurer mit dem Imun-Kanal begannen. In den Häfen hatte ich viele Krieger gesehen; an dieser wichtigen Abzweigung, wenige Stunden vor Eridu, hielten Bewaffnete jedes einzelne Schiff an und gingen an Bord, um den Frachtraum gründlich zu durchsuchen. Als ich das sah, ließ ich mich über die Bordwand ins Wasser gleiten, schwamm ans Ufer, kletterte über den Damm und machte mich durch das Fruchtland in Richtung des Abends davon.

Nach kurzer Zeit hörte das Gartenland auf, und ich kam in die Halbsteppe. Ich wollte einen Bogen schlagen und hinter dem Wachtposten wieder zum Euphrat zurückkehren, da hörte ich hinter mir plötzlich lautes Geschrei und sah Wächter in Kriegswagen durch die Fruchtgärten fahren. Es blieb mir nichts anderes übrig, als weit hinaus in die Wüste zu fliehen.

Ich lief, so schnell ich konnte. Erst als es dunkel wurde, fiel ich keuchend in einen gemäßigten Schritt. Ich wanderte die Nacht hindurch und richtete mich nach den Sternen.

Als der Morgen graute, entdeckte ich vor mir ein kleines Tal. Es war so dicht bewachsen, daß ich zu träumen glaubte. Zwischen den herrlichsten Palmen reckten Obstbäume aller Art ihre Zweige, Büsche mit schmackhaften Beeren wuchsen mit Sträuchern voll riesiger Nüsse, ich hörte ein Quellbächlein plätschern, und aus dem duftenden Röhricht klang mir das Zwitschern von Vögeln entgegen.

Ich wartete eine Weile und beobachtete die Oase. Dann kletterte ich vorsichtig über die Felsen hinab. Ich aß ein paar Äpfel und beugte mich zu dem Bächlein hinab. Als ich getrunken hatte, sagte eine Stimme hinter mir ruhig: »Habe keine Angst. Du bist nicht in Gefahr.«

Ich fuhr herum. Auf einer kleinen Böschung, über der ich erst jetzt den Eingang zu einer kleinen Hütte erkannte, sah ich einen sehr alten Mann. Er trug das schlichte Gewand eines Gärtners; in seiner Rechten hielt er einen Grabstock. Sein Lächeln war voller Freundlichkeit, sein Antlitz edel wie das eines Gottes, und in seinen Augen lag alles Wissen der Welt.

So, Rimusch, fand ich den Weisen von Eridu; hätte ich ihn früher aufgesucht, wäre wohl manches anders gekommen.

Drei Tage blieb ich in diesem Tal; in diesen drei Tagen lernte ich mehr als in den dreißig Jahren zuvor. Denn der Weise von Eridu öffnete meinen Blick für die Vergangenheit und die Zukunft. Er lehrte mich viele verborgene Dinge, enthüllte vor mir die Hintergründe des Schicksals und deckte die Geheimnisse der Götter auf. Von alledem sollst nun auch du, Rimusch, etwas erfahren. Nicht alles, aber doch soviel, daß du verstehst. Mir nützt dieses Wissen nichts mehr, dir aber mag es helfen, das Rechte zu tun, zum Segen Sumers und damit auch zu meinem Trost.

Am ersten Abend, als ich ihm alles von Sargon und mir erzählt hatte, sagte der Weise von Eridu: »Ich habe auf dich gewartet, Daramas, aber du bist nicht gekommen. Jetzt ist es zu spät. Aber eines kann ich doch tun: dich lehren, zu verstehen, was Sargon und dich unterscheidet, und warum geschehen ist, was geschah. Denn nur dann kannst du aus freiem Willen annehmen, was dir bestimmt ist und deinen Frieden finden. Höre also: Einst warst du fromm und den Göttern treu; dann wuchsen Zweifel in dir und du verlorst deinen Glauben. Sargon ging den umgekehrten Weg: Einst lachte er über die Götter und verspottete sie; jetzt aber erkennt er sie an, mehr noch, er will selbst einer von ihnen werden. Darum hat er gesiegt.«

Ich sah zu den Sternen empor und fühlte den Nachtwind auf meiner Haut. Der Weise fuhr fort: »Du, Daramas, bist der Sohn deines Volkes, ein Mensch des bebauten Landes, der Ordnung, des Rechts und der Pflicht. Auch Sargon ist ein Sohn seines Landes, ein Mensch des unbebauten Landes, der Wüste, der Wildnis und der Wanderung. Du bist im Gewohnten erstarrt, er blieb zum Ungewöhnlichen fähig. Darum gehört dir die Vergangenheit, Sargon aber die Zukunft.«

Im Schilf sang eine Nachtigall. Der Weise hüllte sich tiefer in seinen wollenen Umhang und sagte: »Du und Sargon, ihr seid wie Verstand und Instinkt, Wunsch und Wille, Gedanke und Tat, Kunst und Kraft. Er, der Gilgamesch gleichen will, ist in Wirklichkeit Enkidu, doch statt dem Heldenfreund zu unterliegen, hat er dich niedergerungen. So wie ihr beide seid, so sind auch Sumer und Akkad, Schwarzköpfige und Eselnomaden. Sumers Bauern haben die Hochsteppe in einen blühenden Garten verwandelt, doch mit den Hirten kommt eine neue Zeit, mögen sie euch auch dumm und ungebildet erscheinen. Sumer ist alt, Akkad ist jung; wie kann das Alte dem Neuen trotzen? Kämpft gegen die Akkader, und sie werden euch vernichten; verbündet euch mit ihnen, und ihr herrscht gemeinsam über die Welt. Sargon hat das erkannt, du aber wolltest es nicht begreifen. Du hast ihm lange die Treue gehalten; insgeheim aber warst du neidisch auf ihn, denn er war *lugal*, und du wolltest es sein.«

In dieser Nacht schlief ich tief und fest. Denn so scheußlich der bittere Becher der Wahrheit häufig auch schmeckt: Wer bereit ist, ihn bis zur Neige zu leeren, wird von ihm gewärmt und geheilt wie von keinem anderen Trank.

Am zweiten Abend erzählte der Weise von Eridu mir von der Erschaffung der Welt und sagte: »Das Land, das die Schwarzköpfigen ernährt, war anfangs längst nicht so geordnet wie heute, sondern von der

Zerstörung beherrscht. Euphrat und Tigris suchten sich jedes Jahr einen anderen Lauf. Zwischen ihnen breiteten sich Sumpf- und Schwemmland aus. In dieser Wildnis hausten Tiere, die man heute nur noch durch die alten Göttertaten kennt. Das Ungeheuer Tiamat war eine Wasserschlange, die aus den Strömen an Land kroch und starke Stiere erwürgte. Die Drachen, die wir heute auf den Bildern unserer Tempel bewundern, waren Warane, wie sie noch auf manchen Inseln des Unteren Meeres zu finden sind. Menschen konnten hier damals nicht leben.«

In einer Palme über uns gurrte eine Taube. Der Weise sah eine Weile schweigend ins Feuer; dann fuhr er fort: »Die Sumerer halten sich für die ältesten Menschen und glauben, daß alle anderen erst nach ihnen hierher gekommen seien. Aber in Wahrheit waren schon lange zuvor viele andere Völker in diesem Weltteil zuhause. Sie wanderten schon seit Jahrtausenden durch den Rand des Gebirges. Mutige Jäger zogen wohl ab und zu auch in das Schwemmland hinab, um den mächtigen Auerochsen und Wisenten nachzustellen. Aber sie kehrten stets rasch in ihre Heimat zurück, denn im Sumpf kann man nicht lagern, man lebt dort halb im Wasser; auch plagte sie Ungeziefer und schließlich fürchteten sie sich vor den Waranen und Wasserrindern. Diese Tiere sind es auch, von denen der Große Hymnus der Schöpfung erzählt, nur daß sie darin andere Namen tragen. Denn den Priestern späterer Zeiten erschienen sie nicht mehr furchterregend genug und sie dachten sich neue, schrecklichere aus: Drachen, Riesenmolche und den Ziegenfisch. Die ersten Schwarzköpfigen kamen vor achthundert Jahren in dieses Land. Sie fuhren auf großen Schiffen die Meeresküste entlang. Sie stammten aus jenen hohen Bergen im Sonnenaufgang, die man die Heimat des Lapislazuli nennt und zu denen Aggar jetzt wandert. Die Einwanderer zählten wenige tausend Menschen; dort, wo ihre Schiffe anlegten, steht heute Eridu, die älteste von allen Städten Sumers.«

Darüber staunte ich sehr, denn ich hatte geglaubt, Kisch oder Uruk seien die ältesten Städte. Der Weise berichtete weiter: »Die ersten Sumerer waren nur wenige, aber sehr tüchtige Menschen. Sie erkundeten das Land. Dann begannen sie, Hügel aufzuschütten, auf denen sie wohnen konnten. Aus ihnen sind unsere ältesten Tempel entstanden: Erst das Haus der Süßwassertiefe in Eridu, dann der Weiße Tempel in Uruk, der Ekissirgal in Ur, das Glanzhaus in Larsa und der Eninnu in

Lagasch, in denen die Götter wohnen. Diese Götter aber waren früher Menschen.«

Ein leichter Wind bewegte die Palmen. »Ja, Daramas«, sagte der Weise. »Sargon ist nicht der erste auf dem Weg vom Menschen zum Gott. Enki, der Führer der Einwanderer, ging ihm voraus. Er war es, der den Sumerern zeigte, wo sie Hügel und Dämme aufschütten, das Sumpfland durch Kanäle trockenlegen, die Steppe durch Gräben bewässern, Häuser und Mauern errichten, pflügen und Saatgut ausstreuen, Gärten anlegen und schließlich Ställe und Zäune für ihre Herden aufstellen sollten. Er war es auch, der den Eabzu, den Tempel der sprudelnden Wasservase, erbaute, in dem er heute selbst als Gott gefeiert wird. Das habe ich noch niemandem erzählt; du, Daramas, bist der erste. Ich weiß, daß dich nichts anderes trösten kann als die Wahrheit.«

»Und die anderen Götter?« fragte ich.

»Enkis engste Gefolgsleute waren Dumuzi und seine Frau Inanna, Nanna und sein Sohn Utu sowie Ningirsu und seine Frau Baba«, erzählte der Weise. »Sie waren Landmacher wie er. Als Eridu stand, schickte Enki sie aus, sich eigene Städte zu bauen. Ihre Söhne, Enkel und Urenkel wußten natürlich, daß sie Menschen waren. Später aber verklärte sie die Erinnerung ihrer Nachkommen zu Göttern. So wird es einst auch mit Sargon geschehen. Enlil aber kam erst später ins Stromland, als Gott von Menschen, die mit den Schwarzköpfigen Handel trieben. Er ist ein fremder Gott. Vielleicht sind auch die Götter der Akkader und anderer Völker auf solche Weise entstanden. Möglicherweise wurden sie von Priestern erfunden. Ich weiß es nicht.«

»Aber wenn Enki und die anderen nur Menschen waren«, fragte ich erschüttert, »zu welchen Göttern beteten dann sie?«

»Zu Anu und Antu, die heute als göttliche Voreltern gelten«, antwortete der Weise. »Sie herrschten als König und Königin in den Bergen, aus denen die Schwarzköpfigen einst aufbrachen, um sich eine neue Welt zu erobern. Vor ihnen herrschte Abzu, der Uranfängliche, und vor ihm mögen noch andere Götter verehrt worden sein, die früher Menschen waren und deren Namen vergessen sind.«

»Aber der Ritus der Heiligen Hochzeit!« staunte ich. »Er ist es doch, der das Leben auf Erden erhält!«

»Das tut er«, lächelte der Weise, »aber anders, als die Menschen heute glauben. Sie denken, daß die heilige Handlung die Liebe der Großen Göttin zum göttlichen Hirten symbolisiert. Aber der Ursprung dieses Brauchs liegt sehr viel tiefer. Warum stirbt der Gott, warum trägt er Hörner? Die Bestellung der Äcker und die Zucht von Vieh sind die Türme der ältesten Ordnung. Das fruchtbare Land ist in Inanna zur Göttin geworden, das fruchtbare Tier in Dumuzi zum Gott. Das Land welkt im Herbst und begrünt sich im Frühjahr von neuem, aber es bleibt immer da und vergeht nie; so ist auch die Große Göttin unsterblich. Das Tier aber muß sterben, um den Menschen zu ernähren, und darum ist der Tod Sache des Gottes. In den Lämmern, die im Frühjahr geworfen werden, kehrte er zurück, im ewigen Kreislauf von Leben und Sterben. Sumer ist die Göttin, Akkad der Gott; wenn ihre heilige Hochzeit gelingt, wird das Reich nicht vergehen.«

»Wer aber hat das alles geschaffen«, fragte ich. »Himmel, Erde und Totenwelt, Land, Sumpf und Meer, Halbsteppe, Steppe und Wüste, Ebene, Bergland und hohes Gebirge, Pflanzen, Tiere und Menschen und schließlich die Geister, Dämonen und niederen Götter in der belebten und der unbelebten Welt?«

»Wenn es eine Gottheit gibt«, sagte der Weise, »ist sie gewiß kein Wesen wie wir und auch nicht irgendein riesiger, bärtiger Kerl, der in seiner Wut mit Regenstürmen um sich wirft, oder ein Weib mit sechzig Brüsten, sondern so rätselhaft, daß wir sie weder mit Augen erkennen noch mit Ohren hören oder mit dem Verstand begreifen können. Vielleicht ist diese Gottheit wie ein Feuer geformt, vielleicht ist sie unsichtbar wie die Luft, vielleicht so fern wie die Sterne und vielleicht so groß, daß die Welt nur ein Scheibchen an ihrer Halskette ist. Spätere Völker werden vielleicht einmal mehr davon wissen. Für eine solche Gottheit aber wären wir nur Ameisen, unsere Taten nur Rascheln des Laubs und unsere Sehnsüchte nur das Schlagen der Wellen an den Meeresstrand.«

»Aber wie sollen wir die Gottheit dann erkennen?« fragte ich. »Und wo ist sie?«

Der Weise von Eridu lächelte wieder. »Siehst du den Schmetterling dort?« fragte er. »Dann siehst du die Gottheit. Und diesen Käfer? Göttlich auch er! Oder die fleißigen Ameisen drüben am Baum? Auch sie sind Teile der Gottheit. In allen Menschen und Tieren der Welt, doch auch in allen unbelebten Dingen steckt etwas Göttliches. Denn die Gottheit ist in allem, alles ist ein Teil von ihr.«

Überwältigt fragte ich: »Woher weißt du, was allen anderen Menschen, selbst den klügsten, verborgen ist?«

Der Weise von Eridu antwortete: »Weil ich ein Nachkomme Enkis bin. Ja, Daramas: Enki und seine Frau Ninhursaga hatten acht Kinder, die ebenfalls Götter wurden. Sein ältester Sohn, Asalluchi, den die Menschen als göttlichen Zaubergroßmeister verehren, fand diese Quelle und schuf diesen Garten. Die Menschen, die ihn hier besuchten, hielten ihn schon zu Lebzeiten für einen Gott, das Tal aber nannten sie Garten von Eden. Auch Asalluchis Sohn lebte hier, und dessen Sohn und so fort, bis die Reihe an mich kam. Auch mein Sohn, der jetzt als Priester im Haus der Süßwassertiefe zu Eridu dient, wird einst hier leben.«

In dieser Nacht war mein Schlaf noch ruhiger als zuvor. Denn wenn auch noch nicht alle Rätsel gelöst waren, wußte ich doch, daß ich die Antworten bald hören würde.

Am dritten Abend fragte ich: »Wenn die Götter ursprünglich Menschen waren und du das weißt, warum duldest du dann, daß Priester in allen Ländern die Unwahrheit sagen?«

Der Weise von Eridu lachte leise und antwortete: »Denkst du, es machte die Gläubigen glücklich, wenn sie die Wahrheit erführen? Nein, sie würden mich hassen, wenn ich ihnen den Glauben raubte. Die Menschen haben sich die Götter, die sie sich vorstellen können, selbst erschaffen und können nicht ohne sie glücklich sein. Sie dürfen nie erfahren, daß ihre Götter wie Menschen gelebt, gedacht und gehandelt haben. Vieles übrigens wurde später von Priestern hinzugelogen: Enki würde doch niemals mit seiner eigenen Tochter geschlafen haben, erst recht nicht mit seiner Enkelin, und als seine Urenkelin auf die Welt kam, war er schon tot. In Wirklichkeit übten die ersten Könige noch das Recht aus, mit allen jungen Mädchen als erste zu opfern, bevor sie heiraten durften. Und wenn die Herrscher älter wurden, konnte es schon so wirken, als ob sie mit ihren Urenkelinnen schliefen. Erst als die Städte wuchsen und so viele Mädchen geboren wurden, daß die Herrscher der heiligen Pflicht nicht mehr nachkommen konnten, änderten sie den Brauch. Aber das ist nicht weiter wichtig. Den Menschen kommt es allein darauf an, daß ihre Götter möglichst viel Macht besitzen. Sie wünschen sich Schutz und Hilfe; da sie aber wissen, daß auf der Welt auch Böses geschieht, fürchten sie ihre Götter zugleich und ängstigen sich vor dem himmlischen Zorn. Für die Menschen, Daramas, sind die Götter Wirklichkeit geworden. Sie schleudern mit Blitzen, schicken verheerende Regenstürme und schlagen die Menschen mit Hunger und Seuchen. Sie zeigen kein Gewissen; so handelt auch Sargon. Und sie leben ewig, denn es wird immer Menschen geben, die sie verehren.«

Der Nachtwind frischte auf, und ich begann zu frösteln. »Wenn es aber keine Götter, keinen Himmel und keine Totenwelt gibt«, fragte ich, »was ist dann das Leben? Woher kommen wir und wohin werden wir gehen?«

»Der Mensch«, antwortete der Weise, »ist immer schon Teil der Welt und wird auch immer ein Teil von ihr sein. Bestehen wir nicht aus Erde und zerfallen wir nicht nach dem Tode zu Staub? Das Leben ist ein kurzer Traum in einem langen Schlaf. So wie der Mensch es nicht merkt, wann er einschläft, und auch nicht weiß, wann er aufwachen wird, sondern sich später nur an seine Träume erinnert, so lebt er auch ahnungslos vor der Geburt und nach seinem Tod. Der Schoß seiner Mutter wird ihm zur Pforte, durch die er für eine begrenzte Zeit ins Licht des Bewußtseins und der Erkenntnis tritt. Das, Daramas, soll dir Trost sein.«

Wir schwiegen lange. Dann sagte ich: »Wir tragen unser Schicksal mit uns umher wie eine Schildkröte ihren Panzer. Wenn wir uns noch so oft drehen und wenden, schütteln wir doch nicht ab, was uns bestimmt ist. So wie eine Schildkröte dazu verurteilt ist, für immer mit ihrem Panzer zu leben, lebt jeder Mensch mit seinem Anteil an Glück und Unglück, Hoffnung und Enttäuschung, Liebe und Haß, bis er stirbt.«

»Jeder Mensch lebt in seiner Zeit«, sagte der Nachkomme der alten Götter. »Manchmal aber wird einer geboren, mit dem eine neue Zeit anbricht. Enki war so ein Mann; mit ihm begann Sumers Geschichte. Auch Sargon ist so ein Mann; mit ihm endet diese Geschichte und eine neue fängt an. Du, Daramas, hättest ihn nicht daran hindern können; wärst du aber früher zu mir gekommen, hättest du dir viel Leid und Enttäuschung erspart. Denn dann hättest du gewußt, wie sinnlos es ist, sich gegen das Schicksal auflehnen zu wollen. Die Welt verändert sich, die Menschen bleiben; die Wahrheit werden sie niemals ergründen. Denn es ist uns nicht vergönnt, das Geheimnis des Lebens zu kennen. Wir können an einen Weltschöpfer glauben, aber wir werden nie wissen, ob es ihn wirklich gibt. Mit unserem Tod fallen wir wieder in den großen Schlaf der Erde zurück. Alles, was von uns übrigbleibt, ist die Erinnerung in den Herzen der anderen Menschen. Das ist es, was man

Unsterblichkeit nennt. Sargon mag ein Gott von der Art werden, wie sie von dummen Menschen angebetet werden – von der wirklichen Gottheit aber, die niemand kennt und niemand versteht, steckt trotzdem in jedem von uns ein Teil; denn so wie der Schmetterling oder die Ameise ein Teil der Schöpfung sind, sind es auch wir.«

»Dann«, sagte ich bitter, »war es ganz überflüssig, daß ich lebte, und was ich tat, war ohne Sinn.«

»Nein, Daramas«, antwortete der Weise. »Du bist nicht weniger wichtig als Sargon; nur in deiner Aufgabe unterscheidest du dich von ihm. Jede Zeit besitzt ihre außergewöhnlichen Menschen. Ihr Schicksal ist bedeutsamer, ihre Kraft größer, ihre Siege glanzvoller und ihr Scheitern tragischer als bei anderen. Sie leben als einzelne, einsam und außerhalb menschlicher Regel, damit die anderen innerhalb dieser Regel zu leben vermögen. Sie halten dem Volk die Vergangenheit fest, sichern seine Gegenwart und gehen ihm auf dem Weg in die Zukunft voran. Diese Menschen, Daramas, magst du Helden oder Heroen nennen; ihre Völker verehren sie als Stammväter oder Götter. Diese Menschen sind es, die für andere wachen, kämpfen und leiden. Sie sind es, die den Völkern Ursprung und Dauer verleihen. Sie sind es, an denen das Schicksal seine Allmacht und Unausweichlichkeit zeigt. Sie sind es, die das Gewohnte verlassen und über die Grenze gehen, damit sich die Welt im Fortschritt verändert und nicht im Schlaf als lebender Leichnam erstarrt. Leben ist Bewegung, Stillstand Tod. Der einzelne muß sterben, die Menschheit wird ewig sein. Diese Menschen, Daramas, kämpfen einen Kampf, den sie nicht gewinnen können, der aber dennoch immer wieder aufgenommen werden muß, wenn die Welt nicht untergehen soll. Darum ist der Tod solcher Menschen zugleich ihre Wiedergeburt. Das, Daramas, ist das eigentliche Geheimnis der Unsterblichkeit: Wenn die Hülle vergangen ist, lebt die Erinnerung; mit der Erinnerung aber lebt auch die Achtung; durch die Achtung der Nachwelt lebt der Wille des Toten fort; so kann er als Toter erreichen, was ihm als Lebenden verwehrt geblieben ist.«

»So wird es bei Sargon sein«, sagte ich. »Wo aber ist mein Anteil?«

»Für alles, was kommt, muß etwas weichen«, antwortete der Weise. »Für alles, was wächst, schwindet etwas, für alles, was aufgeht, geht etwas unter; so ist es vom Schicksal bestimmt. Sargon und du, ihr seid wie Sonne und Mond, Tag und Nacht, Licht und Schatten; einander feindlich und doch untrennbar verbunden. Sein Wort wird gelten, wenn das deine längst im Wind verweht ist. Und doch hätte Sargon nie werden können, was er ist, wenn du nicht gewesen wärst. Du halfst ihm zu dem, was er tat, und das wird so bleiben, bis euer beider Bestimmung erfüllt ist. Ihr seid beide auf ewig untrennbar verbunden. Das mag dein Trost sein, was auch geschieht.«

In dieser Nacht schlief ich, als hätte ich alles Leid, alles Unglück und alle Enttäuschung vergessen; in meinem Herzen kehrte endlich Frieden ein.

Am nächsten Morgen sah ich Krieger auf den Dünen.

»Es ist soweit«, sagte der Weise von Eridu. »Nimm an, was dir bestimmt ist, und habe keine Angst. Denke nicht mehr so viel an die Götter – auf uns Menschen kommt es an. Suche die Ursache für das Unglück der Welt nicht in der Bosheit von Göttern, suche sie in der Unfähigkeit von Menschen, das Rechte zu tun. Und hoffe nicht auf himmlische Gnade, sondern auf deinen menschlichen Geist.«

Ich küßte seine Hände. Alle Angst war von mir gewichen.

Sargon kam allein. Er verneigte sich vor dem Weisen und sagte dann zu mir: »Ich dachte mir schon, daß du über die Brücke von Bazu willst.«

»Es ist nicht mehr wichtig«, erwiderte ich.

Er nickte und setzte sich zu uns an das Feuer.

Wir schwiegen eine Weile. Dann sagte Sargon: »Du hättest mich töten können. Warum hast du es nicht getan?«

»Du bist Sargon«, sagte ich. »Und ich bin dein Bruder.«

»Ja«, sagte Sargon. »So war es immer, und so wird es immer sein. Darum soll dir auch niemals etwas geschehen, solange ich lebe. Akapsenni handelte ohne Befehl; nie hätte ich gedacht, daß er das einmal tun würde. Sein Haß auf dich machte ihn zum Verräter an mir. Wahrscheinlich wollte er nach deinem Tod behaupten, du seist in die Wüste entflohen. Als ich die Leichen in Wahrlichs Grab fand, wußte ich gleich, was geschehen war. Ich erklärte dich für tot und ließ die Geschichte vom Doppelgänger verbreiten, denn ich wollte nicht, daß dir etwas geschieht, und das will ich noch immer nicht.«

»Mit immer neuen Lügen?« fragte ich.

»Nein, mit den alten«, erwiderte Sargon. »Dambur und Beltani sind tot.«

»Wie ein Hund frißt du Leichen«, sagte ich entsetzt. »Schlimmer als deine Feinde behandelst du die, die dich lieben. Wann wird dein Durst nach Blut endlich gestillt sein?«

»Hättest du es vorgezogen, an ihrer Stelle zu sterben?« entgegnete Sargon. »Nicht für mich, sondern für dich habe ich sie geopfert, Bruder, und es fiel mir nicht leicht, das magst du mir glauben! Sie starben schnell und schmerzlos nach einem Becher, dessen Inhalt sie nicht kannten. Um deinetwillen mußte ich sie zum Schweigen bringen. Denn wenn die Schwarzköpfigen wüßten, was wirklich geschah, müßten wir gegeneinander kämpfen, und einer von uns würde dann den anderen töten. Steinhand hat dich zum Glück nicht erkannt. Nun wissen nur noch wir beide, daß du am Leben bist; und solange das so bleibt, muß niemand mehr unseretwegen sterben. In Eridu wartet ein Fernhandelsschiff auf dich; es bringt dich nach Makan. Im Frachtraum findest du eine Truhe mit Ischtars Enblem; von ihrem Inhalt wirst du wie ein König leben. Ich habe dir auch einen Schutzbrief ausgestellt. Niemand wird wagen, Hand an dich zu legen.«

»Ich werde fahren«, sagte ich.

»Du heißt jetzt Ili-Dagan«, schloß Sargon, »und bist ein vertriebener Fürst vom Oberen Meer, Gewänder und Siegel liegen in deiner Truhe. Hüte unser Geheimnis gut! So lange du bei mir warst, hatte ich große Angst. Es kann nur einer herrschen. Verlasse nun meine Welt und kehre niemals zurück! Denn wenn wir uns wiedersehen, muß einer von uns beiden sterben.«

3

Wer alt ist,
lebt von Resten.
Worte des Weisen von Eridu

Zwanzig Jahre lebte ich an diesem Ort wie ein Mann, der keine Nachbarn besitzt. Wie ein Mann ohne Familie aß ich allein, wie ein Mann ohne Freunde trank ich allein und schlug mich durch einsame Tage. Die vergangene Zeit wurde zu Lehm.

Als ich die Heimat verließ, um für immer im Land des Staubs und der Fliegen zu wohnen, lag auf der Hochsteppe des erste Grün. Sargon brachte mich auf seinem Wagen nach Eridu an der Lagune. Am Mittag-Kai lag das Schiff, das er aus Akkad befohlen hatte.

Die alternde Sonne drang nur noch mit Mühe durch den fauligen Dunst des sterbenden Tages, der kühle Hauch des Abends wehte wie aus weiter Ferne herbei und das Wasser wälzte sich schwarz wie die Fluten des Totenweltflusses gegen den Kai. Als wir ausliefen, sangen die Fischermädchen im Hafen ein trauriges Liebeslied. Flammenvögel gründelten in der Lagune. Sargon stand am Kai und sah mir lange nach.

Als wir das offene Meer erreichten, wehte ein Wind vom Gunstwind-Gebirge. Er trieb uns voran, und schon drei Tage später erreichten wir die Insel Dilmun. Dort nahm der Schiffsführer frisches Wasser an Bord.

»Willst du dir nicht ein wenig die Beine vertreten, Herr?« fragte er.

»Nein«, sagte ich.

Wir segelten weiter; nach sieben Tagen kamen wir an die Küste von Makan und segelten an ihr dem Sonnenaufgang entgegen. Viele Stunden lang blickte ich auf das öde Land, in dem ich zu leben verurteilt war. Schwarz verbrannte Berge säumten die Küste. Am zehnten Tag sah ich vor uns einen Felsen, der wie ein Salznapf geformt war. Er stand vor den Bergen im Meer wie ein Hundertschaftsführer vor seinen Männern. Die Wellen schlugen dort besonders heftig gegen den Stein, und die Brandung klang wie ferner Donner. In einer kleinen Bucht drängten sich einige Häuser um eine Anlegestelle. Aus einer Quelle floß reines Wasser ins Meer. Alle Fernhandelsschiffe machen dort halt, um ihre Fässer für die Weiterfahrt nach Meluchcha zu füllen.

So sah ich zum ersten Mal den Platz, an den mich Sargon verbannt hatte, und dachte: Von diesem Ort führt dich nur der Tod fort.

In jenen Jahren herrschte Fürst Ennamati über Makan. Er wohnt drei Tagesreisen entfernt in einem grünenden Tal des hohen Gebirges. Einige Wochen nach meiner Ankunft schickte er mir einen Boten und lud mich zu sich ein. Ich stieg auf seinen Wagen und ließ mich zu seinem Herrschersitz bringen. Der Fürst wohnte damals in einem zweigeschossigen Lehmziegelhaus mit einem Dach aus Palmenzweigen. Er empfing mich sehr freundlich und wollte viel von mir wissen. Ich sagte ihm, was ich mir zurechtgelegt hatte. Als ich ihm Sargons Schutzbrief zeigte, bot er mir eine Wohnung in seinem Palast an, aber ich zog es vor, mir ein eigenes Haus zu erbauen. Ich wählte dazu einen Platz auf dem Salznapffelsen, von dem ich so weit auf das Meer blicken konnte wie von einem Tempel Sumers auf die Hochsteppe Eden.

Die Jahre vergingen, vieles geschah, und von manchem hörte auch ich. Denn jedesmal, wenn ein Fernhandelsschiff aus Akkad anlegte, schickte ich Boten zu seinem Besitzer, lud ihn zu mir und fragte ihn aus. Es wunderte mich wenig, als ich auf diese Weise erfuhr, daß Encheduana die Gleichsetzung der akkadischen und der sumerischen Götter auch weiter mit großem Eifer betrieb und Sargon ihr dabei nach Kräften half. Aber ich war doch erstaunt zu hören, daß sie sogar die Aufstellung der Götterbilder im Tempel des Nanna veränderte, und mit Betroffenheit vernahm ich, daß ihr die Priester daraufhin einen Dolch geschickt hatten, mit den Worten: »Das paßt zu dir!«; nie zuvor war so etwas geschehen. Ich aber wußte damals längst, daß sie den Himmel nur verändern wollte, um ihrem Vater zu helfen, die beiden Völker des Reichs zu einem einzigen zu verschmelzen.

Es überraschte mich auch nicht, daß Sargon dieses Ziel noch auf mancherlei andere Weise verfolgte. Hatte er doch schon zu meiner Zeit damit begonnen, das ganze Land mit einer straffen Verwaltung zu überziehen. Neu war nur, daß er die Obersten und Vorsteher sämtlich in seinem Großhaus zu Akkad ausbilden ließ, ehe er sie in die anderen Städte entsandte. Zu Recht nannte er diese Männer »Söhne Akkads«; sie dienten ihm als feste Knoten des Fangnetzes, das er über die Hochsteppe warf.

Ich mußte schmunzeln, als ich hörte, daß Sargon dazu übergegangen war, auch den höheren Beamten einen Teil des Gehalts in Naturalien auszuzahlen, hauptsächlich in Zwiebeln, Knoblauch und Bier: Je höher sie standen, desto mehr bekamen sie, so daß man bald am Atem eines Mannes erkennen konnte, wie wichtig er war.

Ich freute mich, als ich erfuhr, daß ihr geheiratet hattet, erst Manischtuschu, dann du; ich freute mich auch, als ihr Väter wurdet, obwohl ich dabei auch Gedanken der Bitterkeit dachte: Warum, so fragte ich oft, blieb mir dieses Glück versagt? Traurig aber war ich, als mir berichtet wurde, das Manischtuschu sich mit Sargon überworfen, sein Amt als *ensi* niedergelegt und auf die Thronfolge verzichtet hatte, weil er seinem Vater nicht verzeihen konnte, daß er sich einst von seiner Mutter getrennt hatte. Vielleicht spürte er damals schon, daß Sargon für Abdas Tod verantwortlich war. Für dich aber, Rimusch, war das wohl der glücklichste Tag, da du nun von deinem älteren Bruder bekamst, was dir als jüngerem anders nicht hätte zufallen können.

Wohlbegründet erschien mir Sargons Befehl, daß künftig alle Beamten und hohen Heerführer des Reichs das Sumerische und das Akkadische beherrschen mußten und daß er neue Tafelhäuser einrichten ließ, in denen Kinder zweisprachig unterrichtet wurden. Erstaunt erfuhr ich, daß er dafür sogar eine neue Schrift entwickeln ließ. Dankbar war ich zu hören, daß die auf Sargons Befehl neu verfaßten Lerntexte alle Überlieferungen Sumers enthielen. Dadurch band Sargon Zukunft und Vergangenheit wie mit einem Treidelseil zusammen.

Klug fand ich auch, daß er die Jahre fortan nur noch nach sich selbst benannte. Denn so blieb die Furcht vor ihm auch im Frieden lebendig. Wenn jemand sagte: »Das war doch in dem Jahr, da Sargon nach Simurrum zog«, wurde er gleich an das traurige Los der Stadt erinnert, die Sargon nach einem Aufstand zu einer Einöde machte, wo nicht einmal mehr die Fische im Schilfdickicht laichten. Denn auch das wußte ich: Sumers Widerstand gegen Sargon würde nicht enden, solange Aggar am Leben war. Kämpfst nicht du selbst, Rimusch, immer noch gegen Nippurs Trotz? Wie emsig der Hohepriester Enlils all die Jahre hindurch im Geheimen wirkte, erkannte ich daran, daß es fast in jedem Sommer in einer anderen Stadt zu Unruhen kam und immer wieder andere Schwarzköpfe den Aufstand wagten, immer wieder freilich besiegt und grausam getötet wurden, denn die Stunde war noch nicht gekommen, in der das Ungeheuer ins Wasser zurückkehren mußte.

Schon bald nach meiner Verbannung führte Sargon das Gotteszeichen vor seinem Namen.

So viele Kriege, so viele Tote! Betroffen hörte ich, daß Sargon immer wieder versuchte, neue Länder zu unterwerfen; daß er von neuem Krieg gegen Elam führte, Subartu unterwarf, noch einmal in das Silbergebirge marschierte und dabei sogar die Stadt Buruschanda erreichte, von der uns einst der tüchtige Kaufmann Urki berichtet hatte. Als mir ein Fernhändler davon erzählte, sagte ich in meinem Inneren zu Sargon: »Gern wäre ich an deiner Seite dorthin gezogen!«

Später hörte ich, daß Sargon in seinen Inschriften sogar behauptete, er habe Dilmun, Makan und Meluchcha erobert, dreimal die Meere umfahren, Länder betreten, die vor ihm nur Gilgamesch sah, und schließlich die Enden der Erde erreicht.

Aber ich lud nicht nur Fernhändler ein, die aus der Hochsteppe kamen, sondern auch alle, die aus Meluchcha zurückkehrten und nach der langen Seereise oft redselig waren. Da sie wußten, daß ich ihre Geschäfte nicht stören würde, vertrauten sie mir vieles an, was man in Akkad bis heute nicht weiß. So liegt Meluchcha längst noch nicht am Ende der Welt, sondern dahinter erheben sich noch viele andere Küsten und Eilande aus dem Unteren Meer. Und wenn die Haut der Menschen Meluchchas so braun wie ein Ziegelstein ist, sind ihre Nachbarn im Sonnenaufgang so schwarz wie die Asche des Herdes. Sie reiten auf Rüsselochsen, jagen Vögel so groß wie Stiere und hüten die herrlichsten Edelsteine der Welt.

Als ich so alt geworden war, daß ich für meinen Schädel kein Schermesser mehr benötigte, kamen Eselnomaden nach Makan. Sie drangen aus der Wüste zur Küste vor und überfielen die Kupferbergwerke. Der Fürst zog mit seinen Kriegern aus, konnte aber die Räuber nicht stellen, denn er besaß keine Wagen. Er bat mich um Rat, und ich schlug ihm vor, in Akkad Kampfwagen kaufen zu lassen. Doch ehe die Schiffe zurückkehrten, starb er. Sein Sohn war noch sehr jung; er hieß Scharru-Sin und bat mich, ihm zu helfen.

Ich sammelte die besten Männer aus seinem Heer und übte mit ihnen, bis sie die Kunst des Kampfes auf Wagen ebenso gut beherrschten wie einst meine Männer aus Uruk. Dann rollten wir durch die Berge in das Innere von Makan. Das ist ein böses Land, in dem die Schlangen und Skorpione so häufig sind wie die Sommerfliegen über dem Wasser des Euphrat. Die Eselnomaden flohen vor uns, aber wir holten sie ein und machten sie nieder. Die Männer töteten wir, die Frauen und Kinder machten wir zu Sklaven. Sie redeten in einer Sprache, die dem Akkadischen ähnlich klang.

Im nächsten Jahr kamen andere Räuber, und schließlich wurde es zur Gewohnheit, daß ich jeden Winter einmal in die Wüste von Makan zog. Deshalb hielt ich meine Männer die ganze Zeit über in guter Zucht und bildete sie ständig weiter aus.

Während Sargon als *lugal* das Zweistromland bis zu den beiden Meeren beherrschte, war ich nun also zum Heerführer eines Kleinfürsten geworden; während Sargons Reich sechzig Länder und blühende Städte umfaßte, bestand meine Welt aus einer Wüste, in die sich nur Räuber verirrten, und doch war ich damit zufrieden.

Im »Jahr, in dem Sargon die unbotmäßige Göttin von Umma bestrafte«, brachte ein Fernhändler mir eine Tafel mit dem Emblem Enlils. Ich dankte ihm, plauderte ein wenig mit ihm und schickte ihn dann fort. Als er verschwunden war, zerbrach ich mit zitternden Händen die tönerne Hülle, zog das Schreiben hervor und las: »Halte dich bereit.«

Wieder ein Jahr später kam die Nachricht, daß die Horde zurückgekehrt war.

Zahlreicher als je zuvor, so lauteten die Berichte, stiegen die Krieger von Gutium aus ihren Bergen, und ihre Scharen fielen wie Heuschreckenschwärme über die Hochsteppe her. Als ich erfuhr, daß sich zur gleichen Zeit auch alle Städte Sumers gegen Sargon erhoben hatten, wußte ich, daß der Tag der Entscheidung nahe war, der Tag, an dem ich wählen mußte, ob ich Sargons Retter sein wollte – oder der Rächer Sumers.

Kurze Zeit später kam ein Brief von Sargon, der erste seit all den Jahren. »Nur du kannst mir jetzt noch helfen«, schrieb er. »Vergib mir und kehre zurück!«

Ich ging zu Scharru-Sin und sagte ihm, was in Sumer und Akkad geschah.

»Was hast du damit zu schaffen?« fragte der junge Fürst.

»Ich schulde Sargon ein Leben«, erwiderte ich.

»Und ich schulde dir eine Freundestat«, sagte Scharru-Sin. »Fahre mit deiner Hundertschaft aus, aber sei auf der Seite des Sieges, damit uns aus deiner Treue nicht Schaden erwächst.«

Ich ließ Wagen und Tiere auf Schiffe verladen und segelte mit meinen Männern nach Eridu. An einer abgelegenen Stelle gingen wir nachts von Bord und versteckten uns in einem Palmenwald an der Schilflagune. Am Morgen fuhr ich mit den Schiffsleuten in den Hafen ein. Wir hatten uns als Kaufleute verkleidet. Ich hörte, daß Sargon in Akkad belagert wurde. Das ganze Land war in Aufruhr. Schwarzköpfige und Gutäer kämpften Seite an Seite; nie hätte ich gedacht, daß es einmal so weit kommen würde.

Ich befahl den Schiffsleuten, in Eridu auf uns zu warten. Dann kehrte ich zu meinen Leuten zurück und rollte mit ihnen nach Norden. Die Stöße der schlagenden Achsen ließen mich meine Jahre spüren wie nie zuvor, und während ich mich mit schmerzenden Muskeln an die Staubwand des Kampfwagens klammerte, dachte ich an jene Zeiten zurück, als Sargon und ich noch jung gewesen waren und uns weitaus schlimmere Strapazen kaum etwas ausgemacht hatten. Überall lagen Tote umher. Dörfer brannten und plündernde Krieger durchstreiften das Land. Wenn wir auf sumerische Truppen stießen, wies ich mich mit dem Emblem Enlils aus; stießen wir auf Akkader, zeigte ich Sargons Brief.

So kamen wir ohne Kampf bis nach Sippar. Dort hörte ich, daß Sargon in der Nacht zuvor einen Ausfall gemacht hatte und in die Wüste entkommen war. Sumerer und Gutäer waren hinter ihm her; du, Rimusch, warst in Akkad geblieben. Bewundernd dachte ich: »Sargon, alter Löwe! Du lockst deine Jäger dorthin, wo du sie zu Gejagten machen wirst, denn wer wäre dir und deinen Akkadern in eurer Wüste gewachsen? Sie werden sich in ihrem Eifer zerstreuen, weil jeder dich als erster finden will. Du aber wirst sie einzeln stellen, und ihr Siegesgeheul wird zum Todesschrei werden. Ich aber weiß, wo du dich versteckst.«

Die Scharen der Gutäer und Sumerer suchten Sargon in allen Winden. Wir setzten auf einer Fähre über den Strom und rollten nach Westen. Von weitem sah ich Rauchwolken über den Freudentränen Inannas. Als wir näherkamen, säumten immer mehr Leichen den Weg. Krieger aus Akkad, Sumer und Gutium lagen, wie sie der Todeshieb getroffen hatte.

»Sargon«, rief ich, als ich das sah. »Halte aus!« Wie wild schlug ich auf meine Halbesel ein, und meine Männer hatten Mühe, mir zu folgen.

Vor der Mauer, die das kleine Dorf umgab, lagen viele tote Sumerer und Gutäer. Ich sprang vom Wagen und stieg über sie hinweg auf das bröckelnde Bauwerk. Auf der anderen Seite sah ich tote und schwerverletzte Akkader.

»Hilf uns«, röchelten sie und streckten die Hände nach mir aus.

Ich eilte an den Sterbenden vorbei. Vor den ersten Hütten lag die Standarte Ischtars im Staub. Dahinter fand ich Igelspitz. Aus seiner Brust ragte ein Speer mit Geierfedern. Neben ihm lagen tote Gutäer.

»Sargon«, schrie ich wieder und hastete zwischen den Hütten hindurch. Auf dem freien Platz vor dem Brunnen lag Steinhand mit einem Dutzend toter sumerischer Schwerbewaffneter, die Sichelkeule noch in der blutigen Faust.

»Daramas«, rief eine matte Stimme. Ich ging um den kleinen, gemauerten Brunnen herum. Sargon lehnte an der anderen Seite. Ich kniete zu ihm nieder. Es war das erste Mal, daß ich meinen Bruder küßte.

Sargons Bart und Haare waren weiß, sein Gesicht und die Hände von Altersflecken bedeckt, so daß er nicht mehr nur die Augen, sondern auch die Haut eines Leoparden besaß. Die Jahre hatten ihn gezeichnet. Sein Blick war voller Liebe; aus seiner Brust quoll hellrotes Blut.

»Sargon«, sagte ich traurig. »Ich bin zu spät gekommen.«

»Nein«, sagte er. »Alles wird gut. Hilf mir!«

Mühsam stützte er sich gegen die Wand des Brunnens und versuchte sich aufzurichten.

»Wohin willst du denn?« rief ich erschüttert. »Lasse mich dich verbinden, vielleicht gibt es doch noch Hoffnung.«

»Nein«, keuchte er mit schmerzverzerrtem Gesicht. »Man wird kein Gott, wenn man im Liegen stirbt.«

Ich stützte ihn. Langsam kam er auf die Beine. Das Blut sprang wie ein Quell aus seiner Brust.

»Hast du mich verraten?« fragte er.

»Wie denn!« sagte ich bitter. »Und an wen?«

Er sah mich nachdenklich an. »Ich glaube dir«, sagte er. »Aber wer hat mich dann hier gefunden?«

Ein heftiger Stoß ließ uns erbeben. Dann begann der Boden unter unseren Füßen zu wanken; es war, als stünden wir plötzlich auf einem Schiff in stürmischer See. Angestrengt versuchte ich mich auf den Beinen zu halten; dabei prallte ich mit ausgestreckten Armen heftig gegen Sargon. Der unverhoffte Stoß brachte ihn aus dem Gleichgewicht; er verlor den Halt und stürzte über die niedrige Mauer in den Brunnen hinab.

»Sargon!« schrie ich.

Ich hörte, wie sein Körper ins Wasser schlug. Dann stürzte der Brunnen ein. Die Hütten brachen zusammen, und ich wurde auf die Erde geschleudert.

So, Rimusch, wurde die Prophezeiung erfüllt. Durch meine Arme kehrte das Ungeheuer ins Wasser zurück. Nun war vollbracht, was zu vollbringen war, und ausgeführt, was auf den Schicksalstafeln stand.

Als das Erdbeben vorbei war, kroch ich zu dem zerstörten Brunnen. Schweigen lag über dem rauchenden Land.

Meine Männer eilten herbei.

»Hier bist du also, Herr«, riefen sie erleichtert. »Wir haben dich schon überall gesucht.«

Ich blickte auf. Zwischen den Hütten stand eine hohe Gestalt, umringt von sumerischen Schwerbewaffneten mit der Standarte Enlils.

»Du hast das Ungeheuer ins Wasser zurückgestoßen«, hörte ich eine Stimme sagen.

Ich schüttelte den Kopf. »Nein, Aggar«, erwiderte ich. »Ich wollte Sargon retten. Es war ein Erdbeben.«

»Es war Enlil«, sagte der Hohepriester von Nippur. Auch er war alt geworden; tiefe Falten furchten sein dunkles Antlitz und die Gicht hatte seine Hände zu Klauen gekrümmt. »Der Gott war es auch, der mich erleuchtete, das Ungeheuer an dieser Stelle zu suchen.«

Langsam trat er auf mich zu. In seiner Rechten hielt er eine weiße Binde.

»Nimm«, sagte er. »Jetzt bist du der *lugal* des Landes.«

Er wandte sich seinen Männern zu. »Daramas, unser *lugal*!« rief er mit hallender Stimme. »Daramas, der von Enlil erwählte wahre *lugal* des Landes!«

»*Lugal*!« riefen seine Krieger begeistert. »*Lugal*! *LUGAL*! *LUGAL*!«

Die Männer aus Makan starrten mich staunend an.

Ich nahm die Binde aus Aggars Hand und betrachtete sie. Es war ein kleines Stück Stoff.

»Bringe das Rimusch«, sagte ich. »Schließe Frieden mit ihm, damit nicht noch mehr Blut vergossen wird. Er, nicht ich, ist Sargons rechtmäßiger Erbe. Du hast dein Ziel erreicht. Begnüge dich mit Sargons

Tod und söhne dich mit Rimusch aus. Er wird dich wieder in deine Rechte einsetzen. Dann schicke die Horde in ihre Berge zurück und lasse sie nie wiederkehren!«

Aggar sah mich verwundert an. »Du bist der Sohn Lugalzaggesis«, sagte er.

»Ich bin ein alter Mann aus einer vergangenen Zeit«, erwiderte ich. »Den größten Teil meines Lebens lebte ich fern von der Hochsteppe, habe auch keinen Sohn – wem soll ich nützen? Mag das alte Königtum von Sumer mit mir sterben! Aber vor allem deshalb kann ich nicht euer *lugal* sein, weil ich nicht mehr an eure Götter glaube.«

»Aber du kannst jetzt nicht einfach fortgehen!« rief der Priester. »Die Prophezeiung! Du bist Daramas! Du bist es, den unsere Götter erwählten!«

Ich drehte mich noch einmal um. »Nein«, sagte ich. »Daramas ist tot. Er starb mit Sargon in diesem Brunnen. Ich bin Ili-Dagan vom Oberen Meer.«

Ich ließ ihn stehen und ging mit meinen Männern davon.

»Sargon«, sagte ich in meinem Inneren. »Nun ist unser beider Bestimmung erfüllt.« Dann gedachte ich der Frauen, die mich einst geliebt hatten, und sagte in meinem Herzen zu ihnen: »Abda – hättest du es so gewollt? Serida – wärst du nun froh? Sennaya – wärst du getröstet?«

An Abdas Grab in Uruk wartete Manischtuschu auf mich. »Ich wußte, daß du hierher kommen würdest«, sagte er und umarmte mich. Dann fragte er: »Wohin wirst du jetzt gehen?«

»Nach Makan«, erwiderte ich. »Lieber lebe ich im Schmutz der Wüste als hier, wo alles tot ist, was ich liebte.«

»Ich bringe dich dorthin«, sagte Manischtuschu. »Ich will nicht, daß du jetzt ganz allein dorthin fährst.«

»Wenn ich einen Sohn hätte«, antwortete ich bewegt, »müßte er so sein wie du.«

Wir stiegen auf unsere Schiffe. Auf der Fahrt erzählte ich ihm vieles von Sargon und mir, auch aus unseren Kindertagen, so wie ich jetzt auch dir davon berichtet habe, und er war oft sehr erschüttert.

Es war ein warmer Frühlingstag, als wir die Insel Dilmun erreichten. Ruderfußvögel lüfteten tauchend die Hinterteile. Ein süßer Duft wehte vom Ufer. Es roch nach Mädchen und jungem Glück; in meinem Herzen war Frieden.

»Willst du dir nicht ein wenig die Beine vertreten?« fragte der Schiffslenker, als wir am Hafen angelegt hatten.

»Nein«, sagte ich.

»Aber so komm doch«, bat Manischtuschu, und seufzend ließ ich mich überreden.

Wir wanderten langsam am Kai entlang, da hörte ich plötzlich eine Melodie, die ich vor so vielen Jahren gehört und seither nie vergessen hatte. Und als die Töne in mein Herz drangen, sah ich auf einmal die junge Priesterin Enkis wieder vor mir, so wie damals, als sie in jenem Lager am Gazellenkanal vor den Kriegern getanzt und mich zum Mann gemacht hatte.

»Was ist?« fragte Manischtuschu.

»Das Lied«, ächzte ich zitternd. »Das Lied der Tänzerin Enkis!«

»Der Tänzerin?« fragte Manischtuschu verblüfft. »Aus deiner Jugendzeit? Hier? Auf Dilmun?«

Ich stürzte davon, den süßen Tönen entgegen. Tränen strömten aus meinen Augen, und mein gequältes Herz trieb mich voran.

»Warte, Daramas«, rief Manischtuschu und versuchte mich einzuholen.

Ich bog um eine Ecke. Im Schatten einer Palme saß ein Bettler. Obwohl er längst noch nicht so alt sein konnte wie ich, ließen ihn die Spuren eines harten und entbehrungsreichen Lebens fast wie einen Greis erscheinen. Sein ausgemergelter Körper war von Lumpen umhüllt. Der Mann war blind; seine knochigen Finger umklammerten eine hölzerne Flöte.

Ich trat langsam näher und lauschte. Keuchend blieb Manischtuschu hinter mir stehen. Als der Blinde geendet hatte, fragte ich: »Wo hast du dieses Lied gelernt?«

Suchend drehte der Bettler den Kopf nach mir. Ich drückte ihm ein Stück Kupfer in die Hand.

»Ich danke dir, Herr«, sagte er. »Ich lernte es von meiner Mutter, schon vor langer Zeit. Es ist sehr schwer zu spielen.«

Manischtuschu packte mich am Arm. »Daramas«, bat er.

Ich riß mich los und fragte weiter: »Deine Mutter? Wo ist sie? Ich möchte gern mit ihr sprechen.«

»Daramas«, rief Manischtuschu beschwörend. »Zerstöre nicht deinen letzten Traum!«

»Sie ist schon lange tot«, sagte der Blinde. »Sie hinterließ mir die Flöte und dieses Lied.«

»Armer Mann«, flüsterte Manischtuschu; Tränen schimmerten in seinen Augen.

»Wann war das?« fragte ich.

»Schon vor langer Zeit«? seufzte der Bettler. »Ich war erst zehn Jahre alt.«

»Und dein Vater?« forschte ich.

»Daramas!« rief Manischtuschu flehend. »Frage nicht weiter!«

»Ich habe ihn nie gekannt«, antwortete der Blinde. »Meine Mutter hat mir nur einmal von ihm erzählt. Er war ein junger Krieger. Sie traf ihn im Land der zwei Ströme, als sie von einer Stadt namens Azupiranu nach Dilmun zurückkehrte und sich eine Zeitlang einem Trupp aus Kisch anschloß.«

Ich atmete tief. »Wann?« fragte ich.

»Im Jahr der großen Rotschlange«, sagte der Bettler.

Manischtuschu liefen Tränen über das Gesicht.

Ich bat den Bettler, mit uns zu kommen und mir noch oft vorzuspielen. In Makan gab ich ihm alles, was er begehrte. Er freute sich sehr und sagte oft: »Jetzt habe ich in meinem Leben doch noch einmal Glück gehabt.« Kurze Zeit später starb er als zufriedener Mann. Ich habe ihm nie verraten, daß er mein Sohn war. Hätte er es erfahren, hätte er sein Leben verflucht.

Jetzt bin ich allein, Rimusch, und das ist mir recht. Wenn ich in dieser Wüste sterbe, werden fern in der Hochsteppe Eden die Bäume grünen, die Blumen blühen, das Korn wird auf den Feldern reifen, die Nachtigall wird in der Hecke singen und die Gazelle zur Tränke ziehen. Der Mond wird scheinen, der Wind wird wehen, und es wird sein, als wenn nichts geschehen wäre. Sumer, großer Berg, Land von Himmel und Erde! Dein *me* ist wie mein *me* vergangen. Ich bin ein Mann aus der gestrigen Zeit, und ich bin stolz darauf. Die Welt wird sich verändern, ich aber werde immer bleiben, wie ich bin. Ist das der Sinn meines Lebens? Wir alle, Starke und Schwache, Gute und Böse, Reiche und Arme, Weise und Törichte sind gleichermaßen jeder ein Teil dieser ewigen Welt, die vor uns bestand und nach uns bestehen wird.

Von den Sieben, die einst aus Gutium wiederkehrten, zahlte jeder seinen Preis für Sargons Größe. Die Söhne des Steppenbaums flogen fort und kehren nicht wieder. So, Rimusch, wird auch euer Geschlecht vergehen, und man wird fragen: Wer war König? Wer war nicht König?

Das, *lugal*, ist Sargons und meine Geschichte. Beherzige ihre Lehren wohl! Brüder dürfen nicht gegeneinander kämpfen. Menschen dürfen nicht glauben, Götter und ewig zu sein. Der Stolz ist mehr wert als der Sieg, die Einsicht mehr als der Erfolg und der Tod mehr als die Unsterblichkeit. Größer als alle Sieger ist der, dem am Siegen nichts liegt; mächtiger als der Mächtigste ist der, dem an Macht nichts liegt. Weiser als der Weiseste aber ist der, der weiß, daß es dem Menschen nicht gegeben ist, das Rätsel des Lebens zu lösen. Der Traum des Lebens hat Anfang und Ende; nutze deine Zeit! Wenn mein Leben zu Ende geträumt ist, will ich wie Enki schlafen. Wenn die Erinnerung an mich verloschen ist, bin ich frei.

ENDE

ZEITTAFEL

MESOPOTAMIEN		ANDERE KULTUREN
3300	Die Sumerer wandern vermutlich aus Zentralasien nach Mesopotamien ein. Die ersten Tempel entstehen.	
2900		Mit Pharao Menes beginnt die 1. ägyptische Dynastie. Ober- und Unterägypten werden vereinigt.
2780	König Mebaragesi von Kisch führt Krieg gegen Elam.	Djoser läßt seine Stufenpyramide errichten.
2750	Gilgamesch wird König von Uruk.	
2740	Krieg gegen Agga von Kisch.	
2700		Cheops erbaut die größte der drei Pyramiden von Gizeh.
2600	König Mesilim von Kisch übt eine Oberherrschaft über sumerische Städte aus.	Beginn der chinesischen Seidenraupenzucht.
2500	Mit Urnansche beginnt der Aufstieg der Stadt Lagasch.	Die Kanaaniter besetzen Palästina und gründen feste Städte. Übergang zur Bronzezeit im östlichen Mittelmeerraum und zur Kupferzeit in Europa.
2480	Eannatum von Kisch führt Krieg gegen Ur, Uruk und Mari.	Entstehung der jungsteinzeitlichen Indus-Kultur Indiens und der chinesischen Shantung-Kultur.
2375	Urukagina von Kisch schränkt durch Reformen die Herrschaft der Priester ein.	Ägyptische Feldzüge nach Lybien. In China herrscht die Yao-Dynastie.

2370	Lugalzaggesi besiegt Lagasch und schafft sich die Ausgangsbasis für die Eroberung ganz Sumers.	Ägyptische Seefahrer erreichen das Goldland Punt. In Kleinasien bilden sich Hethiterstaaten.
2365	Lugalzaggesi erobert Sumer, führt den Titel *lugal* und entwickelt Handelsbeziehungen zum Mittelmeer.	Kultkammern der Pyramiden von Abusir werden mit Szenen aus dem täglichen Leben bemalt.
2340	Sargon wird König von Kisch.	Ägyptische Seefahrer entdekken die afrikanischen Pygmäen.
2335	Sargon erobert Uruk und wird *lugal.*	Östliche Fremdvölker gründen die chinesische Shun-Dynastie.
2329	Sargon erobert Mari.	China wird in zwölf Provinzen eingeteilt.
2323	Sargon stößt zur Mittelmeerküste und nach Kleinasien vor.	Die Priesterschaft des Sonnentempels von Heliopolis stellt eine Neunheit von ägyptischen Göttern mit Isis und Osiris auf.
2284	Sargon stirbt. Sein Sohn Rimusch wird neuer *lugal.*	Bau der Pyramiden von Sakkara. Megalithkulturen in Europa.

GLOSSAR

abzu	Mythischer (Ur-)Süßwasserozean.
Annunaki	Unterweltsgötter.
ansu-Adler	Mythischer Ur-Vogel, Symbol des dunklen Staubsturms.
Aschakku	Krankheiten hervorrufende Dämonen.
aschallu	Hanf, Haschisch.
assimu-Priester	Männliche Tempel-Prostituierte.
Bambu	Bambus.
chuluppu-Baum	Mythischer Weltenbaum.
dimme	(„schreckeinjagende Leiche"), Krankheiten hervorrufende Dämonin.
Eanna	(„Haus des Himmels"), Tempel der Göttin Inanna in Uruk.
Eabzu	(„Haus des Süßwasserozeans"), Tempel des Gottes Enki in Eridu.
Ebabbar	(„Haus des Glanzes"), Tempel des Sonnengottes Utu in Larsa.
Egalmach	(„Großes Haus"), Tempel der Göttin Nininsina in Isin.
Ekur	(„Berghaus"), Tempel des sumerischen Hauptgottes Enlil in Nippur.
ensi	Stadtkönig.
entum-Priesterin	Zur Keuschheit verpflichtete Priesterin ähnlich den Vestalinnen Roms.
gar	Längenmaß (6,93 Meter).
girnita	Höchster Beamter einer Stadt.
giskim	Dämonen.
gu	(„Traglast"), Gewichtseinheit (30,3 Kilogramm).
gur	Hohlmaß (60,62 Liter).
igigu	(„Nachkommen der Fürsten"), Dämonen.
ildakku	eine Art Pappel.
Imdugud	Mythischer Adler mit Löwenkopf als Symbol böser (Wetter-)Gewalten, die Haustiere bedrohen.
kadischtu-Priesterin	Tempelprostituierte.

Kassiabaum	Heil- und Gewürzpflanze.
kischkanu-Baum	Legendärer Weltenbaum von Eridu (vermutlich eine Birke). Seine Krone reicht bis zum Himmel, seine Wurzeln breiten sich hundert Meilen in der Meerestiefe aus.
linda	Hohlmaß (40,42 Liter).
lugal	(„Großmensch"), Oberherrscher, Großherr.
mangu-Kraut	Aphrodisiakum
me	das Numinose, Heilige, Geheimnisvolle, eine göttliche Kraft, die nach sumerischen Vorstellungen in den lebenden, aber auch in den leblosen Dingen anwesend ist und das Schicksal wesentlich mitbestimmt.
Mine	Gewichtseinheit (505 Gramm).
Schekel	Gewichtseinheit (8,4 Gramm).
Sebettu	Dämonen
sila	Hohlmaß (0,842 Liter).
Talent	Gewichtseinheit (30,300 Kilogramm).
taskarinnu	Buchsbaum.
udug	Dämon.
Utukku	Dämonen.

Bitte beachten Sie auch
die folgenden Seiten

Alex Comfort

Göttlicher Nero

Die Erinnerungen seines Leibarztes

304 Seiten, gebunden

War Nero wirklich der prunksüchtige, ausschweifende, grausame Herrscher, wie uns überliefert wurde? Der Grieche Callimachus, fünfzehn Jahre lang Leibarzt des Imperators, räumt mit Legenden auf: der »Göttliche«, dargestellt aus einer ganz neuen, höchst originellen Sicht.

Ullstein

Simon Wiesenthal

Segel der Hoffnung

Christoph Columbus auf der Suche nach dem gelobten Land

240 Seiten, 16 Seiten Abbildungen, gebunden

1992 jährt sich die Entdeckung Amerikas durch Christoph Columbus zum 500. Mal. Ebenfalls vor fünfhundert Jahren wurden die Juden per Dekret aus Spanien vertrieben. Das Zusammentreffen dieser beiden Daten veranlaßte Simon Wiesenthal, nach einem möglichen Zusammenhang zu fragen. Und er kommt zu einer verblüffenden Antwort.

Ullstein

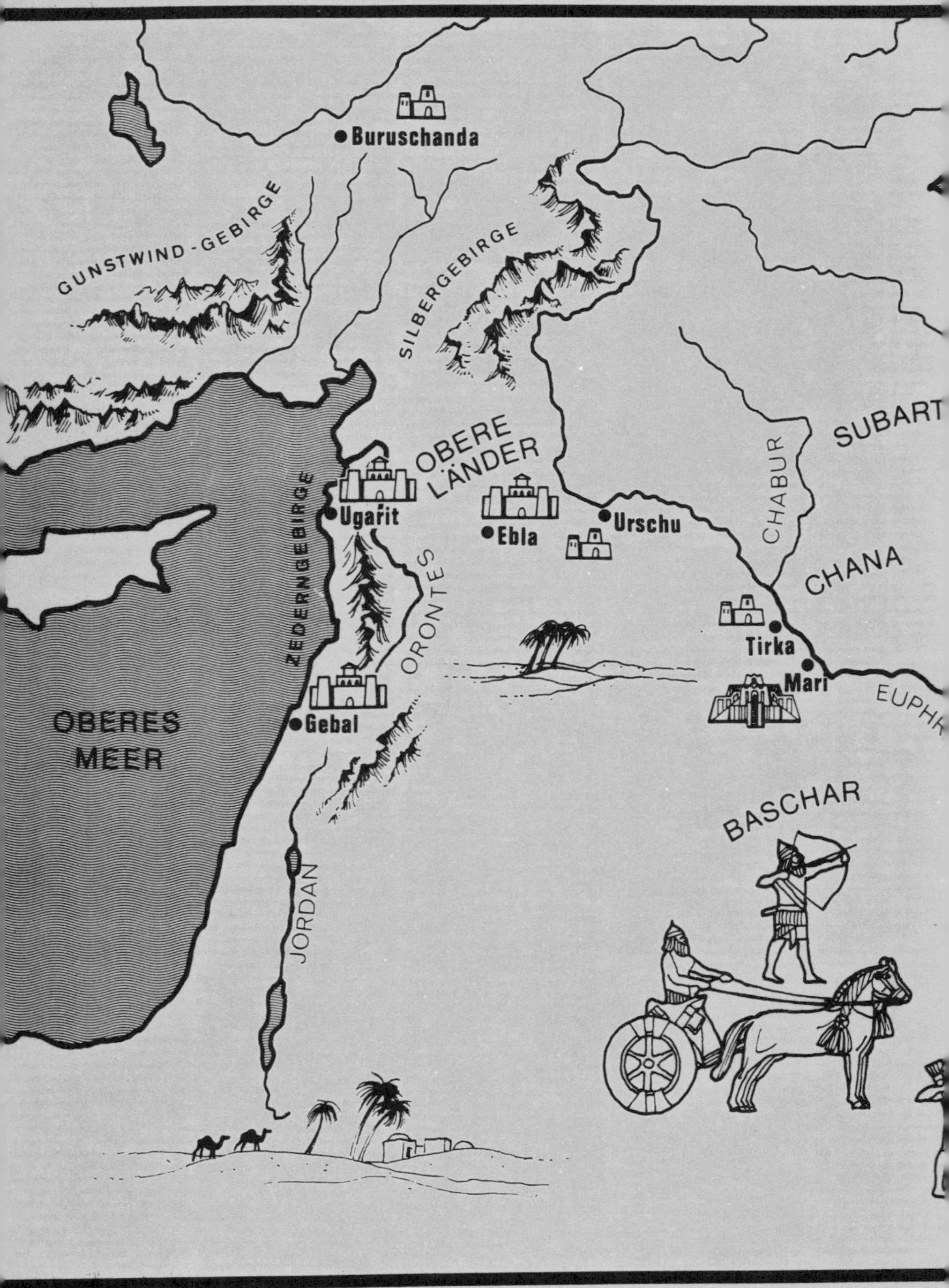

Buruschanda
GUNSTWIND-GEBIRGE
SILBERGEBIRGE
OBERE LÄNDER
Ugarit
Ebla
Urschu
SUBART
CHABUR
CHANA
ZEDERNGEBIRGE
ORONTES
Tirka
Mari
EUPHR
Gebal
OBERES MEER
BASCHAR
JORDAN